朔方文庫

明清時期寧夏文書檔案彙編

胡玉冰◎主編

黄河出版傳媒集團
寧夏人民出版社

圖書在版編目（CIP）數據

明清時期寧夏文書檔案彙編 / 胡玉冰主編. -- 銀川：寧夏人民出版社，2023.12

ISBN 978-7-227-07958-3

Ⅰ. ①明… Ⅱ. ①胡… Ⅲ. ①文書檔案—史料—彙編—寧夏—明清時代 Ⅳ. ①G279.274.3

中國國家版本館CIP數據核字（2024）第030278號

明清時期寧夏文書檔案彙編 胡玉冰 主編

責任編輯 管世獻 周淑芸 陳 晶 陳 浪
責任校對 姚小云
封面設計 張 寧
責任印制 侯 俊

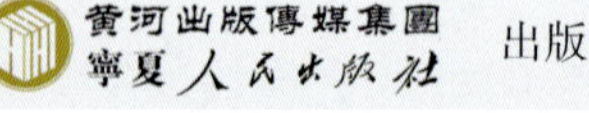

出版發行

出 版 人 薛文斌
地　　址 寧夏銀川市北京東路139號出版大厦（750001）
網　　址 http：//www.yrpubm.com
網上書店 http：//www.hh-book.com
電子信箱 nxrmcbs@126.com
郵購電話 0951-5052104 5052106
經　　銷 全國新華書店
印刷裝訂 寧夏銀報智能印刷科技有限公司
印刷委託書號 （寧）0029002

開本 787 mm × 1092 mm 1/16
印張 170.5
字數 2450千字
版次 2023年12月第1版
印次 2023年12月第1次印刷
書號 ISBN 978-7-227-07958-3
定價 980.00元（全四册）

國家社會科學基金重大項目
“《朔方文庫》編纂”（批準號: 17ZDA268）經費資助出版

寧夏回族自治區“十四五”重點培育學科
“中國語言文學”學科建設經費資助出版

整理説明

一、本編專題整理彙輯明代、清代有關寧夏的諭旨、硃批奏摺等文書檔案史料(下文簡稱"史料"),史料所涉時間包括明代天啓、崇禎二朝,清代順治、康熙、雍正、乾隆、嘉慶、道光、咸豐、同治、光緒、宣統等十朝,所涉地域範圍包括今寧夏回族自治區所轄五個地級市、二十二個縣、市(區),所涉内容與寧夏衛鎮、寧夏府、寧夏道、固原直隸州、隆德縣及其各自轄境的政治、社會、歷史、地理、軍事、文化、人物、氣候等直接有關。具摺人包括川陝總督、陝甘總督、陝西巡撫、甘肅巡撫、寧夏將軍、寧夏總兵、固原提督、固原總兵等。

二、中國第一歷史檔案館、臺北故宫博物院、臺灣"中研院"史語所等藏有數量衆多、内容豐富的清代諭旨、硃批奏摺,編譯、影印了相關大型檔案資料匯編,如中國第一歷史檔案館編《康熙朝漢文硃批奏摺匯編》,臺北故宫博物院編《宫中檔康熙朝奏摺》,臺灣"中研院"史語所編《中央研究院歷史語言研究所現存清代内閣大庫原藏明清檔案》(簡稱《明清檔案》),中國地震局、中國第一歷史檔案館編《明清宫藏地震檔案》,等等。本編主要取材於這些資料匯編及《清實録》等。每條史料於文末"【　】"中括注其出處,包括書名或篇名、輯數或册數、起始頁碼、條數等,其編著者、版本等情況詳見《參考文獻》。

三、《明清檔案》共 324 册,184372 頁。本編出處標作"【《明清檔案》A—

數字,B—數字】",其中A起首的表示册數、件數的編號,B起首的表示印行總頁數的編號。如【《明清檔案》A2—168,B819—B820】,表示《明清檔案》第2册第168號檔,總頁數爲第819頁至第820頁。《明清檔案》原注、本編其他參考文獻中"硃批"字樣内容均保留。《明清檔案》原影印文書首頁一般照原行款格式録文。

四、各條諭旨、硃批奏摺等史料一般均據原參考文獻所編順序,據具摺或製文、發文的時間先後繫年編排。個别排序有變化者,以脚注説明。史料時間相同者,按先諭旨後奏摺、先滿文後漢文的順序編排。凡日期不詳者,繫於同月史料之末;月份不詳者,繫於同年史料之末;年份不詳者,繫于同朝史料之末。

五、同一條史料若在不同參考文獻中都被收録,則據出版時間較早,或内容多而全的參考文獻録文,其他收録該史料的參考文獻注明"亦見"。如清朝提督陝甘等處地方李林盛《奏報陝甘地方雨水情形摺》,注其史料出處爲"【《宫中檔康熙朝奏摺》第1輯第39頁。亦見《康熙朝漢文硃批奏摺匯編》第1册第72頁第51條】"。同一條史料在參考文獻中重複收録,或史料内容完全相同,本編脚注説明其重出情况,不再重複輯録。

六、諭旨、硃批奏摺等史料原本均無標題,不同的整理者擬題格式有别。本編凡諭旨類史料,標題統一爲"所諭之事+時間",如《諭内閣著秦雄飛補授寧夏兵備道　乾隆三十三年九月十八日》。凡奏摺類史料,標題統一爲"具摺人+所奏之事+時間",如《寧夏總兵衛汝貴奏爲恭謝天恩欽賞各件摺　光緒十七年正月二十日》。標題前無任何符號者,係參考文獻原擬標題;有"※"者,表示其原文爲滿文;有"△"者,表示本標題係本書編者重擬。

七、凡因清代文書制度規定而出現的抬頭、轉行、留空、頂格等格式不再保留。正文或脚注中以"□"和"□……"符號代表漫漶不清或殘缺的文字,一個"□"符號代表一個字,字數不詳者以"□……"符號代表。所列日期、銜名字迹過密過小無法辨識者，亦用"□……"符號表示。有些篇幅較長的史料中雜見相關寧夏的史料，爲省文起見，本編僅輯録與寧夏相關的史料，其餘冗長且與寧夏無關的史料以"……"符號代替，某些省略并以脚注注明。原文不清，整理者據上下文補字處，以▭套住。

八、一些諭旨、奏摺僅有發文或具摺的年份、月份，具體日期不詳，在"日"字前留空，本編整理時留空均以"□"代替。奏摺貼黄内容之前，本編加"【貼黄】"字樣。奏摺中凡"臣""奴才""職"等小字，改同正文，均以五號宋體字排版。正文行間的硃批、夾注等，以小五號宋體字排版。正文首幅、末幅的硃批、諭旨等内容，以五號楷體字排版。

九、本編録文編輯時，諭旨、硃批奏摺等文書檔案史料原本附着的特殊符號如"◎""○""⊙"之類，一律不録。原參考文獻的編者整理出版史料時使用的有特殊含意的標點符號如"(　)""[　]"之類，本編録文時一般照録，并於首見處脚注説明，其餘不再一一注明。有些輯録自標點本的諭旨、奏摺等，標點符號、分段等未盡從原標點本，不再一一注明。

十、校勘條目和注釋條目均當頁脚注注明，用圈碼①②③之類排序。校勘以校异文爲主，酌校内容异同。明顯的誤、脱、衍、倒等現象，於正文中校改後出校説明。雖有异文，但意可兩通者，不改正文，僅在校記中説明。明顯的誤抄之字，如"戊""戌"誤作"戍"，"己""已""巳"互混等，皆徑改，以"正字〔誤字〕"格式隨文標明，不一一出校記。避諱字，亦徑改，不出校記。古體字、俗體字等，或前後用字不一者，均按出版要求，適當統改成規範、統一的字形，不出校記。漢語數目字的大寫"壹""貳""叁"之類，一律遵從原文不改。注釋内容主要包括干支記時換算成公元記時、注明文獻出處等。

十一、校注中，凡引用文獻，均衹注明書名、卷次、篇名等，其作者、版本等情況詳見《參考文獻》。若被引用文獻已有整理成果，一般直接吸收其合理意見，不再重複叙述校注理由，注明“參見××”字樣。

十二、本編所有地震類檔案均係北方民族大學馬建民副教授在胡玉冰指導下輯録。寧夏大學民族學專業博士研究生徐遠超、孫佳、苗麗，中國古典文獻學專業碩士研究生林光釗、孔德成、王婧哲、田清、丁卓源等在胡玉冰指導下，自清代内閣大庫檔案、陝甘總督任内奏稿中輯録寧夏史料，并承擔了部分檔案的校對整理工作。主要分工如下。《中央研究院歷史語言研究所現存清代内閣大庫原藏明清檔案》（全324册）：馬建民整理第1册至第20册，徐遠超整理第21册至第60册，孫佳整理第61册至第100册，苗麗整理第101册至第140册，林光釗整理第141册至第180册，孔德成整理第181册至第220册，田清整理第221册至第260册，丁卓源整理第261册至第300册，王婧哲整理第301册至第322册。《陝甘總督任内奏稿》（全2册）：田清整理第1册，丁卓源整理第2册。

目　録

順治朝

目錄

檔案彙編

目録

目録

目錄

檔案彙編

康熙朝

目錄

檔案彙編

目録

檔案彙編

目錄

檔案彙編

目錄

檔案彙編

目
録

檔案彙編

目録

檔案彙編

雍正朝

目錄

檔案彙編

目錄

檔案彙編

目録

檔案彙編

目錄

檔案彙編

目錄

目録

檔案彙编

目
錄

檔案彙編

目錄

目錄

檔案彙編

目錄

檔案彙編

目録

檔案彙編

目録

檔案彙編

目錄

檔案彙編

目
録

檔案彙編

目録

目錄

檔案彙編

目錄

目
録

檔案彙編

目
錄

目錄

目録

檔案彙編

目錄

乾隆朝

目録

目録

檔案彙編

目錄

檔案彙編

目錄

檔案彙編

目錄

目錄

檔案彙編

目錄

檔案彙編

目
録

檔案彙編

乾隆七年（1742） …… 1012

目録

檔案彙编

目錄

目錄

檔案彙編

目録

檔案彙編

目録

檔案彙編

目錄

目錄

檔案彙編

目録

目録

檔案彙编

目錄

檔案彙編

目
録

檔案彙編

目録

檔案彙編

目録

檔案彙編

目録

檔案彙編

目錄

目錄

目錄

檔案彙編

目錄

目錄

檔案彙編

目録

檔案彙编

乾隆五十三年(1788)

檔案彙編

目錄

嘉慶朝

目録

目録

檔案彙編

目錄

檔案彙編

目錄

目錄

檔案彙編

目錄

檔案彙編

目録

檔案彙編

目録

檔案彙編

目録

檔案彙編

目錄

道光朝

目録

目錄

檔案彙編

目錄

目録

檔案彙編

目錄
檔案彙編

目録

咸豐朝

目録

檔案彙編

目
録

同治朝

光緒朝

目録
檔案彙編

目錄

檔案彙編

目錄

檔案彙編

檔案彙編
目録

目錄

檔案彙編

目録

目錄

目錄

檔案彙編

目録

檔案彙編

目錄

目錄

目録

目
錄

檔
案
彙
編

目錄

目錄

檔案彙編

目錄

目錄

目録

檔案彙編

宣統朝

天啓朝

天啓四年（1624）

兵部爲按例代進陝西套虜歲貢馬匹事行稿（缺尾）

一件遵例代進陝西套虜歲貢馬匹等事。

行稿。

……孫允中。

兵部爲遵例代進陝西套虜歲貢馬匹，照例乞請賞賚，以昭聖恩事。

武選清吏司案呈，准職方清吏司手本，奉本部連送該本部題本司案呈，奉本部送兵科抄出宣大總督王題前事。等因。奉聖旨："該部知道。欽此欽遵。"抄出到部送司。卷查萬曆三十五年六月内，該陝西督撫官徐等題，爲仰仗天威，收撫已叛夷酋，輸誠受罰，重定款局，遵旨請開市賞，以示羈縻，并申善後機宜，以固疆圉事。内稱，延鎮、寧鎮套虜悔過，乞款乞要，許其款貢。自三十年分爲始，以後恭順年分，市賞照例，挨次補給。本部覆奉欽依，準其市賞，已經行文該督撫道遵行去後，案呈到部。看得宣大總督題稱，延鎮夷人都督同知卜失兔、阿禾害等……

【《中國明朝檔案總匯》第3冊第233條，第68頁】

崇禎朝

崇禎三年（1630）

鎮朔將軍董繼舒爲遵例自陳不職懇乞罷訴以重邊防事奏本

崇禎三年十月（日不詳）

董繼舒題遵例自陳不職等事。

崇禎三年十二月初七日到。

初十日□□。梁士昌。

兵部呈于……兵科抄出欽差鎮朔將軍鎮守宣府蔡等處地方總兵官、右軍都督府、右都督臣董繼舒謹奏：爲遵例自陳不職，乞賜罷斥，以重邊疆，以肅軍政事。

本年柒月内，準山西等處承宣布政使司、分守口北道、右參議荆之琦手本，蒙督宣大、山西等處地方軍務兼理糧餉、兵部尚書兼都察院右副都御史魏雲中案驗，準兵部咨，該本部題奉欽依。崇禎三年，正係伍年考選之期，及照京營并邊腹總兵、副總兵但係都督職銜者，亦應照五府公侯伯事例，許令自陳。又，準後軍都督府咨同前事，各等因。到臣。

竊照臣係萬全都司龍門守禦千户所試百户，於萬曆二十七年八月内襲職，十月内到任。三十一年八月内，委用松樹堡防守。三十七年七月内，委用分巡口北道標下中軍。四十一年伍月内，推陞宣府鎮團操坐營。四十五年六月内，推陞薊鎮滦陽營都司僉書管庭游擊事，未任，奉撫院咨，以新陞都司職銜留管標下中軍事。四十七年九月内，推陞大同邊兵營游擊，未任，奉撫院咨，部題以新陞游擊職銜照舊管中軍事。四十八年四月内，推陞在京神樞二營參將，未任，奉撫院題留照舊中軍。

天啓元年正月内，奉撫院咨，部推陞獨石參將。天啓二年四月内，蒙兵部推陞陝西寧夏東路副總兵。赴任間，本月蒙總督軍門咨，准兵部題覆，奉命董繼舒以副總兵管軍門標下中軍事。天啓三年五月内，蒙兵部會推甘肅總兵官，本年九月内到任。天啓三年十月内，蒙兵部札付，恭遇皇太子誕生，加陞實授都督僉事。天啓六年七月内，蒙督撫會疏代題，臣積勞成疾，暫准回衛調理。本年十月内，奉兵部題奏，宣叙甘肅節次斬獲虜級七百餘顆，奉聖旨："董繼舒加陞署都督同知，蔭一子，本衛副千户世襲，賞銀二十兩，綜紵絲一表裏，遇衝邊員缺起用，欽此。"

崇禎二年拾二月内，奉兵部札調入衛。本月拾九日，奉旨召封，欽賞銀二十兩，一表裏。本日奉旨朝陽門外，□撫過滿帥官兵五百三十三員名。崇禎三年正月内，奉兵部等衙門會推宣府總兵官。本年三月内，奉兵部題叙甘鎮捷功，奉聖旨："這甘鎮屢次奏捷，文武各官，勞績可嘉。董繼舒實授都督同知，賞銀十五兩，紵絲一表裏，給與應得誥命。欽此。"本年六月内，奉兵部札付，恭遇册立盛典，加陞右都督。本年拾月内，奉兵部札付，爲請查城守原委，懇乞一體補叙，以均優渥事。題奉聖旨："董繼舒既鎮岩疆，當勉策殊勛，以膺懋賞。城守前勞，著與紀録。"欽旨何地，而臣敢以冒昧非據，誤皇上之任使耶？合行引分乞休。伏祈聖明俯鑒，特賜罷斥，別選廉勇，以飭邊防，庶大典光、軍政肅，而臣伏處草莽，獲免竊禄之罪矣。爲此具本，謹具奏聞。

崇禎三年十二月初二日，奉宣聖旨："董繼舒見任岩鎮，著用心供職，不准辭。該部知道。"此欽遵外，伏念臣駑駘下乘，世受國恩，歷試岩疆，未能寸樹。近以在籍養病，一聞虜警，義切勤王，此自臣子分所應爲，亦區區報國積忠，必不肯以賊遺君父憂。隨蒙皇上優渥，叨受今職。當兹東西叠燧，疆事戒嚴，抑豈臣敢自安之時？緣臣久在戎行，枕戈乘障，晝夜晏勤，自甘肅中積病之後，而目疾時時或發。邇因防邊出剿，仗皇上威靈，薄有斬獲，而終不能自贖瘝曠之愆。且目若未清，兼以左腿酸痛，恐穿楊之莫必而據鞍之奚裨也。封疆重寄上。

【《中國明朝檔案總匯》第 8 冊第 701 條，第340 頁】

崇禎四年（1631）

兵部爲寧夏營赴京援兵逃散事行稿

崇禎四年十一月十三日

盈字一百四十九號。

一件各營兵馬屢逃屢散等事。

寫訖。

行稿。□□日上。主事□□對訖。吏□□、書王言承。

兵部爲各營兵馬屢逃屢散，本營孤軍難支，伏候明示，以便團練事。

職方清吏司案呈，奉本部送。據陜西固原營統領夷漢丁守備史天佑塘報，竊照卑職統領固原道屬夷漢丁一百五十名，爲頭運赴京勤王，于去年六月十四日抵都，蒙本部發防遵化、薊州。于八月内，蒙本部調發永寧，隨孫總兵剿敖出哨，一載有餘。于本年十月二十二日，蒙宣府巡撫沈票文將永寧駐防孫總兵所遺各營夷漢丁豫調團練，以備剿援事。各營兵馬于十月二十八日自永寧起行，于本月初五日行至順義縣。本縣不容進城，兵丁站立露地一晝夜。初六日，約二鼓時分，各營兵馬喊叫亂走，及明點查，有寧夏營兵丁逃散，卑職不知的數，不敢妄報。獨固原營兵馬一百五十名，卑職加意撫恤，獨居一方，并無逃散隱匿情弊。于初八日蚤，行至三河縣，中途有臨洮營軍丁復行逃走，卑職亦不知的數，不敢妄報。各營軍心離散，不肯前往。獨卑職本營兵丁一百五十名，駐札三河縣，孤軍難動。伏候明示，點發團練。若不預爲塘報，白皂不分，爲此理合塘報。等因。到部。送司。

照得援兵逗遛三河、順義之間，以索餉爲詞，紛紛潰逃，大干法紀。合移薊督緝拿，以肅軍律。案呈到部，擬合就行。爲此，一咨薊遼總督，合咨前去，煩爲查照來文事理，嚴查寧夏、臨洮二營兵丁因何脱逃，逃去幾何，作何議處。一面飛檄經過地方，多方緝拿，務在必獲。仍一面嚴飭領兵將領，用心撫御〔禦〕。毋使乘機效尤，以肅紀律。

崇禎四年十一月十三日。

尚寶司卿管司事李繼貞、協贊司事員外郎華允誠。

【《中國明朝檔案總匯》第 11 冊第 933 條，第 476 至 480 頁】

崇禎七年（1634）

※陝西巡按范復粹爲舉劾將領官員貪贓等事題本

崇禎七年正月三十日

陝西巡按范復粹題舉劾將領官員等事。

兵部呈于胡軒、方應春、嚴曰垣、繆瑞英。

兵科抄出巡按陝西監察御史臣范復粹謹題：爲舉劾將領官員事。

崇禎五年十一月十五日，奉都察院勘札，準兵部咨，該前按臣吴甡題參延綏雙山堡守備杜國楣、固原左營都司僉書夏有啓、寧夏中軍守備宣廷詔貪

肆不簡情繇，該部覆，奉聖旨："杜國楣，著革了職，該撫按提問追擬具奏。夏有啓、宣廷詔，俱革任回衛。欽此欽遵。"移咨札行前按臣金蘭，依奉案行陝西按察司勘問，及臣接管批駁去後。

今據該司呈，問得犯人杜國楣，年四十六歲，鳳翔府鳳翔縣人。先年中式武舉，蒙選將材，效勞有功，推陞延綏雙山堡守備。崇禎三年七月内到任，今革職。狀招：延綏地方，荒盜五載，邊方苦區，國楣不合不恤窮軍，惟恣侵橐本堡。原設夷丁三名，每名額食糧銀五兩六錢。自崇禎五年起，國楣又不合分外虛立東夷三名，共計三月，冒領官銀一十六兩八錢，領狀存證。本堡前任守備李繼牧任内效丁役過月餉銀五十兩，國楣又不合不行給散，陸續侵費，原無八十兩情繇。本堡每月逃倒軍馬申報撫院，并餉到榆林道，隨即開除。查有文據，原無虛冒情繇。國楣奉文買驗戰馬費銀一百四十兩外，國楣又不合于内侵扣銀四十五兩入己，原無一百五十兩情繇，在官王爵證。本堡逃亡效丁遺糧三石，國楣自宜招補爲是，又不合令隨任家人三名頂食，共冒領糧銀三十一兩六錢，原無頂食逃糧九名、效丁二十四名情繇，領狀存證。本堡賣回崇禎四年鹽引抵餉，國楣又不合索受會頭常例銀四十五兩入己，原無侵銀六十兩、綾四匹，又扣正項銀捌十兩情繇，在官田有德證。本堡原有額徵屯糧奉文停免，國楣又不合指稱催徵，將在官大户劉天德等用刑追比，索銀四十兩入己，原無六十兩情繇，劉天德證。本堡徵輸夾道糜糧，額解延綏撫院公費，在官花户李邦國等俱已照數上納。除解報外，國楣又不合于内侵銀二十三兩入己，原無追免銀九十兩、止解五十兩情繇，李邦國等證。

崇禎五年九月内，該前巡按御史吴甡訪得國楣前項贓迹，參行兵部，覆奉欽依，移咨札行前巡按御史金蘭，案行按察司，轉行西安府行提國楣一干犯證，到官嚴審。國楣供稱，流賊犯搶王家□呈討米價一款，干證俱亡。本犯執有撫院餉司詳文，原無侵扣情繇。國楣又不合將前效丁及買馬并會頭常例各贜隱未盡吐，妄稱總兵杜文焕往府谷河曲征賊，經過八次雇募夫馬，馱運軍器，用銀一百六十三兩二錢，俱係國楣出備，致准問擬。國楣監守盗錢，雜犯徒罪，照例立功五年。招稱，本司覆詳，蒙臣駁批，杜國楣被參贜款，應一一嚴訊，招贜止一百九十兩，其餘任其支飾，置之不究，何以警貪弁乎？軍職犯贜，有例，擬以立功，得無輕縱？事關具奏，何敢輕忽？該司覆究另詳。

蒙行本府該前署印同知張俊英覆審，國楣又不合將李繼牧任内效丁役過銀五十兩，止供三十兩；買馬扣銀四十五兩，止供四十兩；索受會頭常例銀四十五兩，止供四十兩。致凖看得，污吏貪官，人所痛恨，讞者每欲畫法究問，以懲貪婪，孰肯爲若輩寬也？如貪弁杜國楣，原參贜迹八款，銀共四百餘兩，今止招二百二十一兩矣。再四嚴究，本弁嗷嗷稱冤諸證，俱號天代辨。觀此情狀，似難苛求。及查國楣，乃中式武舉，非係軍功世職，侵受之贜，似與軍官所犯情异，罪止雜犯。前擬立功，委非輕縱。仍問國楣前罪，招稱，本司覆詳，呈蒙臣駁批，杜國楣原參八款，各有指證，不照原款訊究，却題外添入，稱國楣雇募夫馬，馱運軍器，出備公費一百六十三兩，因而冒丁剋餉，總屬撫詞收掌侵欺之律，情罪協否？凛凛聖旨，敢不恪遵。該司速覆勘確招，另詳蒙行本府。該署印推官王昪鎮行拘國楣訊究，方將原侵效丁銀五十兩，買馬扣銀四十五兩，受會頭常例銀四十五兩，一一供出。再審雇募夫馬，出備公費一百六十三兩，委係妄招，希摭前罪。前情明白具招，呈詳本司。

該署司事提學道參議史高胤覆詳，看得杜國楣心本奸貪，行復卑污，侵冒官銀，屢勘而猶未盡吐。未雇夫馬，狡猾而巧于摭飾。兹按款推敲，方將所隱贜銀，一一從實供出，令前後招案，計入已贜銀共二百五十餘兩。此外雖不能羅織，此内則無容姑貸也。仍照府擬收掌侵欺之律，革職立功，庶奸弁無所逃罪矣。至于流寇犯搶呈討米價一款，證佐云亡，并照府記免究。將國楣取問罪犯外，結得銀每兩值鈔八十貫，招結是實。議得，杜國楣所犯，除冒支軍糧外，合依官物應給付與人，已出庫而未給付，但有人收掌侵欺者，計贜以監守自盗論，四十貫，律斬。係雜犯，準徒五年。照例軍官有犯，發邊方立功五年，滿日革職。照出杜國楣官紙銀二錢五分，并冒領侵欺等贜銀共二百五十一兩，追貯西安府常濟庫，扣抵延綏鎮軍餉年例支銷，取實收之管繳銀。等因。崇禎六年十二月初六日，招呈到臣，覆詳無异。除批候題請明文外，該臣會同延綏撫臣陳奇瑜看得，杜國楣奸窮貪弁，惟知愛錢。官銀冒領，則虚設夷丁，月餉侵糜，則不行給散。指買馬而侵扣，以家人而占役。至索常例、隱屯糧、侵公費，猥鄙實甚。屢經嚴駁，贜數未多，而鼠腹已竭，擬徒立功，無所逃罪。既經該司勘擬前來，相應具題，伏乞皇上敕下部院覆議上請，合無將杜國楣行臣等追贜完日，聽兵部定奔邊方，立功五年，滿日，奔回原籍，爲民當差。緣係云云，謹題請旨。

崇禎七年正月三十日奉聖旨：“該部知道。”

【《中國明朝檔案總匯》第16册第1293條，第125至129頁】

※陝西巡撫練國事爲狡虜踏冰犯邊官兵勇戰堵回事題本

崇禎七年二月十九日

陝西巡撫練題狡虜踏冰犯邊等事。

兵部呈于方應春。

兵科抄出欽差巡撫陝西等處地方贊理軍務、都察院右僉都御史臣練國事謹題：爲狡虜踏冰犯邊、官兵勇戰堵回事。

崇禎七年正月二十二日，據署靖虜參將事、原任都司吴弘基塘報内稱，六年十二月二十七日亥時，傳到烽炮，卑職即統馬步官兵張焕奎、李秉錡等馳援。間據永安大廟守操官周基等差夜役李起中等口報，達虜約有千餘，從紅柳溝過河，徑奔濫泥溝、乾沙河，又有千餘在子河北紅柳溝駐札。等情。卑職急力催兵前進迎。據永安守備塔兒灣操守差夜役林大青等口報，接傳白羊川烽炮兵馬馳至大墩臺，迎遇達虜約有四五百騎，圍困對敵。卑職聞報，飛馳截援。間又迎據永安塔兒灣守操官差夜役王二等報稱，前虜與我兵對敵數陣，即過河歸巢去訖。卑職見得虜賊遁歸，恐從蘆溝等隘復犯，督兵于適中設防間。正月初二日辰時，據永安堡守備周基塘報，十二月二十七日辰時，據大廟操守葉崇榮差水手劉均友報稱，本日黎明，瞭見濫泥溝對直河北紅柳溝火光、烟塵大起，約有十餘里。等情。卑職整兵援剿間，至巳時，城北墩放炮一個。

卑職回靖營防禦，把總李唐漢帶領馬步軍丁向烽馳至小黄羊坪，迎遇中軍操守官差人口報，二十七日辰時，河北紅柳溝出來達虜約有千餘，徑奔冰橋。二官率領軍丁齊用槍炮攻打堵回訖。又，據塔兒灣操守張國琰差人口報，本日辰時，聽見白羊川墩放炮一個，過河達子約有四五百騎奔堡，與官兵對敵。等情。卑職後截山飛馳，至商場兒，催兵追剿間，據張國琰差人走報，達虜從古墩子、白羊川溝岔突出，徑奔塔兒灣，當有官兵對敵，日暮，虜即過河去訖。又，據塔兒灣操守張國琰、永安堡中軍譚時俊、大廟堡操守葉崇榮各報相同。查得各營與虜對敵，當陣射死塔兒灣軍人謝臣、程彦京，勇夫宋思道、王才，殺傷走報夜役陳安召、商尚朝，射重管隊趙一明、袁朝海，又殺傷永安堡走哨水手宋朝春、楊受，古墩子報警墩軍王國、李彦京收獲虜弓一張、折箭一捆、皮撒袋須一個，被虜拿去濫泥溝墩鐵炮一位、鑤炮一杆。此外再無傷掠人畜。除仍嚴行各官加謹堤備外。等情。塘報到臣。

該臣會同督臣洪承疇看得，靖虜邊疆，與虜爲鄰，銀歹諸酋，素稱鷙鷔。每乘寒冬，踏冰入犯。臣等屢飭各該將領巡河哨防，先事戒嚴。乃該道缺官，向委臨鞏道帶攝，遠在西陲，鞭長難及。而臣等又征討流賊，移鎮東鄙，一切邊報虜情，月餘方到。昨鎮臣楊麟節報，零虜或一二百騎，或三四百騎，不時跳梁，賴該鎮督兵屢戰堵回。茲于十二月二十七日，虜衆千餘踏冰過河，意欲大逞。幸各營官兵齊力堵敵，虜旋退歸。然犬羊之性，狡黠叵測。且寧鎮又報插套警急，賀蘭一帶，密邇靖疆，各堡兵馬，屢經徵調，營伍單弱，殊切隱憂。除嚴飭新任參將王繼勛督率守操等官，明烽遠哨、加意堤備外，伏乞敕下兵部，轉行甘肅巡按御史，查前虜入犯，曾否搶掠人畜，有無隱匿重情，其對陣傷亡軍兵，果否止于前數，照例核勘施行。緣係云云，謹題請旨。

崇禎七年二月十九日，奉聖旨："兵部知道。"

【《中國明朝檔案總匯》第16册第1302條，第176至178頁】

兵部尚書張鳳翼等爲陝西寧夏鎮斬獲虜級并陞賞官員事題行稿（缺行稿）

題稿。

題年終類報零功事。

八月初二日，□堂稿訖。廿二日上。郎中雲禮具稿，員外馮起綸對訖。□。馬廷相。

題行。行。

太子少保、兵部尚書仍加俸一級臣張等謹題：爲年終類報零功事。

武選清吏司案呈，奉本部送，兵科抄出陝西巡按范復粹題稱，崇禎六年四月二十一日，奉都察院勘札，準兵部咨，該前寧夏巡撫、今逮問耿好仁，會同總督軍門洪承疇類題：崇禎四年分，寧夏河西、東兩道屬地方軍丁陸續斬獲虜首一百五顆、擒獲奸細二名情繇，奉聖旨："兵部知道。欽此欽遵。"該部看得，寧撫題請，内有轉行，照例核勘，分別陞賞，及地方有無失事重情，一并查議，徑自具奏。其小賞、優恤、湯藥等項，于本鎮廣裕庫收貯撫賞銀梭内照數開銷，合咨前去，煩爲轉行陝西巡按御史，將前項有功員役作

何賞賚、地方有無失事，逐一查議，湯藥、動給銀布明白開銷。等因。移咨札行前來。依奉案行陝西布政司分守河西道右參議朱查勘去後。

續據呈稱，督同平凉府推官鄭志親詣寧鎮各營堡查勘得，崇禎四年分，酋首補打大碗冲合、收氣包、六鐵雷等各部落陸續入犯。安定等地方官兵共斬首級一百五顆，内願陞恰首二顆，據降丁猛克塞認識是真。强壯一百三顆，内願陞一十一顆，願賞九十二顆。及查崇禎四年正月十七日，河東安定堡把總孫鳴鳳領兵斬首一顆。十八日，花馬營把總范愛衆等領兵斬首三顆。二十三日，石溝營民兵李世青等斬首二顆，活綁二名。二十九日，興武營中把官濮懷忠等領兵斬首四顆。二月初一日，河西洪廣、鎮北等堡中操官姜顯猷等領兵斬首三顆。初四日，古水堡把總周繼官領兵斬首二顆。十五日，河東永清堡設防游兵營把總吕之翰等領兵斬首三顆。二十日，花馬池高窑子地方民丁徐丑和斬首一顆。二十八日，河東金積堡百總温天佑斬首一顆。三月十六日，河西玉泉營中軍官遠士達領兵斬首二顆。十八日，河東中營堡民兵馬文秀斬首一顆。二十八日，花馬營把〈總〉范愛衆等領兵斬首二顆。四月初八日，花馬營把總孫鳴鳳等領兵斬首三顆。初十日，花馬池地方鄉丁李國臣斬首一顆。十八日，河西金積、潘昶等堡地方平虜營中軍韓嘉爵領兵斬首二顆。五月初一日，河西金貴堡操守耿廣業領兵斬首二顆。初五日，興武、永清地方署靈州營事、游擊吕學詩等領兵斬首六顆。十二日，永清堡操守馬文林領兵斬首一顆。本日，興武營守備李枝芳等領兵斬首五顆。六月初三日，興武營操把官濮懷忠等領兵斬首四顆。初十日，紅山、鎮虜二堡設防正兵、游兵，清水各營先未陣亡守備戴堯天等領兵斬首四顆。二十一日，靈州營操把官陳學召等領兵斬首五顆。本日，興武營中把官濮懷忠等領兵斬首八顆，内恰首二顆。二十二日，花馬營把總范愛衆等領兵斬首二顆。七月十二日，花馬營把總范愛衆領兵斬首七顆。本日，威鎮堡操守吕芳領軍丁斬首二顆。二十五日，棗園堡操守馬雲領兵斬首二顆。二十九日，鎮北堡操守錢國賨領兵斬首三顆。八月十二日，河西中衛營先未被論副將王家棟領官兵斬首六顆。十八日，中衛營中軍李琦領兵斬首二顆。二十二日，李綱堡操守朱緯領兵斬首一顆。二十七日，棗園堡操守馬雲領兵斬首一顆。二十九日，廣武營中軍鍾鳴陛領兵斬首二顆。九月二十八日，平虜營操守官吕芳領兵斬首二顆。十一月二十七日，李綱、王澄等堡操守朱緯領兵斬首二顆。閏十一月十七日，興武營守備李枝芳領兵斬首三顆。二十一日，大填堡把總徐世顯領兵斬首二顆。又，河西寨坐堡李先春同壯丁徐得才在本堡黑龍廟擒獲奸細二名。以上領軍各官雖有部下獲功，但係零功，例不敘賫。

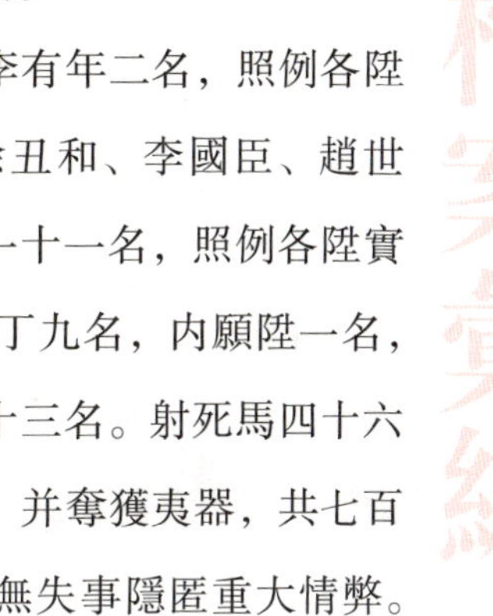

再，查斬首一百五顆，内恰首願陞爲首李正榮、李有年二名，照例各陞實授二級。强壯願陞，爲首孟述孔、于諫、戴禄、徐丑和、李國臣、趙世英、趙延禧、郭衛民、徐成、程雲漢、姚禮一，以上一十一名，照例各陞實授一級。願賞强壯九十二顆，奸細二名。願賞陣亡軍丁九名，内願陞一名，有父、母、妻、子願賞八名。重傷四十二名，輕傷三十三名。射死馬四十六匹，奪獲馬駝六十匹隻，内除抵補射死官馬外餘馬駝，并奪獲夷器，共七百五件枝，給賞原獲人役訖。傷亡軍丁，委止前數，并無失事隱匿重大情弊。分别陞賞等項造册，崇禎七年五月初一日呈報到臣，覆核相同。

除批候奪請明文外，查得先後題準事例内一款：寧夏一帶虜賊，二人共擒斬一名顆，爲首陞一級；驗係壯男，與實授、爲從，俱給賞，每實授一級，賞銀五十兩。一款：給賞陝西三邊旗軍舍餘總小甲人等，每名賞銀二兩、布二匹，折銀四錢。一款：陣亡旗軍舍餘人等，有子有父，願陞者，陞實授一級，不願陞者，賞銀三十兩；無父子，或有祖，并祖母及母、妻、幼女，各賞銀十兩。一款：各邊除係大敵决勝、一鼓成功外，其陸續零斬功次，核驗之時，寧多擬賞，毋多擬陞。一款：議準近邊地方壯夫，若有斬獲功，照例陞級。一款：官軍陣傷，聽將沿身瘡口長闊深淺分寸，從實開報紀功，官處定議輕重議賞。又，前按臣條議一款：不係本省本鎮籍，于例有違，不陞級，姑準改賞。等因。遵依外，查得原報願陞程雲漢，直隸茂山衛人，不係本省本鎮籍貫，于例有違，不准濫陞，姑准改賞。及查寧鎮陸續斬獲首級一百五顆，内恰首二顆，願陞爲首李正榮、李有年，照例各陞實授二級。强壯願陞一十顆，爲首孟述孔、于諫、戴禄、徐丑和、李國臣、趙世英、姚禮一、趙延禧、郭衛民、徐成，以上一十名，照例各陞實授一級。以上共一十二名陞級，雖係零功，而奮勇血戰之功難泯，應陞職級，聽部議覆。

願賞河東道屬六十四顆，河西道屬二十九顆。强壯爲首劉天雲等九十三名，每名照例賞銀五十兩，共銀四千六百五十兩。奸細二名，爲首李先春、徐得才，各賞銀三十兩，共銀六十兩。陞賞二項小賞，并爲從劉漢等小賞，共銀五百六十二兩二錢、梭布二百一十四匹。陣亡軍丁九名，棺木銀九兩。内有子願陞一名哈賽，照例陞實授一級。有父子願賞温國用、高進科、李思榮、周定、李江、李名、李上仁、周英，以上八名，照例每名賞優恤銀三十兩，共銀二百四十兩。重傷迭賣等四十二名，照例每名賞湯藥銀五錢，共銀二十一兩。輕傷必令等三十三名，每名賞湯藥銀三錢，共銀九兩九錢。以上賞功、優恤、湯藥銀，通共五千五百五十二兩一錢，内小賞、湯藥、棺木銀，共三百五十四兩九錢，梭二百一十匹。先于廣裕庫撫賞銀梭内動賞訖，合準開銷。尚該未賞銀五千一百九十七兩二錢，候請發至日給賞。除陞賞軍丁等項備造核册賫部，聽候例議覆外，爲照寧鎮兩河總計一年之内斬獲虜首一百五顆，擒獲奸細二名，皆賴軍丁用命，例應陞賞，以示鼓勵。至于文武各官，雖申飭守防，發縱指示，但係零功，照例免叙。并地方亦無失事重情，相應具奏，伏乞敕下兵部，將册開獲功陞賞、陣亡等項，覆議上請行，臣遵奉施行，賞過銀、梭，照數開銷，未賞銀兩，乞賜照數解發該鎮給賞。等因。崇禎七年六月十九日奉聖旨："兵部知道。欽此欽遵。"于本月二十日抄出到部送司，案呈到部。

查得題准事例内開，陝西各邊官兵，二人共擒斬一名顆，係强壯，爲首者，陞實授一級，不願陞者，每實授一級，賞銀五十兩。爲從，俱給賞。又開：旗軍舍餘陣亡，有子有父願陞者，陞實授一級，不願陞者，賞銀三十兩優恤。又開：二人共斬小頭目首級一顆，爲首願陞，應陞，實授二級，不願陞者，賞銀一百兩。又開：軍功賞賜等格，在給賞旗軍人等，每名銀二兩、布二匹。又查，凡賞功銀兩，奉有神宗皇帝聖旨："萬兩以下者，行禮部關，請内庫給發。"各等因。在案。今照寧夏鎮崇禎四年分，河西、東兩道屬地方陸續斬獲虜首一百五顆，擒獲奸細二名，該按臣核勘，内恰首二顆，願陞爲首李正榮、李有年，應照例，各陞實授二級。又，强壯願陞一十顆，爲首孟述孔、于諫、戴禄、徐丑和、李國臣、趙世英、姚禮一、趙延禧、郭衛民、徐成，以上一十名，照例各陞實授一級。願賞河東道屬六十四顆，河西道屬二十九顆，爲首劉天雲等共九十三名，每名照例賞銀五十兩，共銀四千六百五十兩。奸細二名，爲首李先春、徐得才，各賞銀三十兩，共銀六十兩。陞賞二項小賞，并爲從劉漢等，共該賞銀五百六十二兩二錢、梭布二百一十四。陣亡軍丁九名，棺木銀九兩，内有一子願陞一名哈賽，照例陞實授一級，有子願賞温國用等八名，照例每名優恤銀三十兩，共銀二百四十兩。重傷迭賣等四十二名，每名湯藥銀五錢，共銀二十一兩。輕傷必令等三十三名，每名湯藥銀三錢，共銀九兩九錢。以上賞功、優恤、湯藥銀，通共五千五百五十二兩一錢，内小賞、湯藥、棺木銀，共三百五十四兩九錢，梭布二百一十四。先于廣裕庫撫賞銀内動賞訖，令准開銷外，尚該未賞銀五千一百九十七兩二錢。既經該臣核勘明確，題請前來，相應覆請，合候命下，將李正榮、李有年照例陞實授二級，應各陞總旗。孟述孔、于諫、戴禄、徐丑和、李國臣、趙世英、姚禮一、趙延禧、郭衛民、徐成、哈賽，照例陞實授一級，應各陞小旗。其應賞未賞銀五千一百九十七兩二錢，係萬兩以下，應咨禮部關，請内庫給發。緣係年終類報零功事理，未敢擅便，謹題請旨。

太子少保、兵部尚書仍加俸一級臣張等謹題：爲年終類報零功事。

照得陝西寧夏鎮崇禎四年分功級，今崇禎七年六月十九日奉旨到部，據奏斬獲虜首一百五顆，擒獲奸細二名，内斬恰首二顆。願陞李正榮等，照例陞二級，各陞總旗。斬强壯首級，願陞一十顆，孟述孔等一十名及陣亡有子哈賽一名，俱陞一級，應各陞小旗。其餘願賞應賞，并優恤、湯藥銀，通共五千五百五十二兩一錢，内除撫賞銀兩動賞外，尚該未賞銀五千一百九十七兩二錢，係萬兩以下，應咨禮部關，請内庫給發。謹題。

【《中國明朝檔案總匯》第 16 册第 1334 條，第 372 頁】

兵部爲延綏甘肅二鎮即遵旨督發援兵及寧夏固原州發兵事宜事行稿

寅字三百八十六號。

飛調援師等事。

行。行。

徐淳。

兵部爲飛調援師、亟紓國憤事。

職方清吏司案呈，奉本部送，兵科抄出陝西總督洪題稱，本年八月二十四日，正在寧鎮玉泉營調度堵插，接兵部差官賫咨前事。該本部題奉聖旨："延綏、甘肅、固原，各調兵三千名，寧夏二千名，著該督撫選委能將，申明紀律，措給軍需，作速遣發。依限隨賊，向往堵剿。經過州縣，預辦芻糧接濟，不許遲誤。一應行糧等項，作何動支銷算，著會同户部，酌議速奏。其餘省分各兵，不必調。鳳陽等處，應解站銀，另本來行。欽此欽遵。"備咨到臣。又，準兵部咨前事。該本部會同户部議得，師行糧從，勢不容緩。檄調延、寧、甘、固援兵，所有應給行鹽，業經户部酌定則例，經過州縣，均應預備接濟，務使官兵隨到隨給，于應解户部新餉内動支。事平之日，造册開銷，或行撥補，庶士馬飽騰有賴。合敕該省，兵馬過處，盡給本色，毋以折色抵塞，令士卒枵腹市買，返致耽延時刻。等因。題奉聖旨："這援兵行鹽則例，及動支解部新餉，事平銷算撥補，依擬，著該督撫按，嚴飭經過州縣，備辦本色，隨到即給。如有玩延，以違誤軍興論。欽此欽遵。"并咨到臣。

臣即在寧夏軍前料理，如延綏、甘肅二鎮即時差人飛督，各撫鎮就近挑選，勒限督發。如寧鎮，臣見其該鎮堵插，督行鎮道挑選，刻期督發，已于閏八月十一日拜疏，官兵于本月十六日督發啓行。但沿途平、凉、邠、乾、西、慶一帶，流賊塞路，臣疏未知何日得達御前。至于固原調兵三千名，臣督行固原總兵楊麒、固原道右參政陸夢龍作速挑選。臣仍每三日馬上差人飛催，期于勒限起行去後。

續據固原總兵官楊麒呈稱，本職先蒙兵部札付，又蒙總督軍門憲牌挑選東援兵馬。固鎮原在腹裏，向因流賊猖獗，左營陞任游擊費邑宰領兵見在商雒防剿，右營游擊崔重亨領兵見在漢興防剿。原任參將吴弘器、標下千總路騰蛟領兵，先在西安省城，近又在寶鷄、清水一帶防剿。兹東援緊急，不敢遲緩，先已會同固原道參政陸夢龍，將鎮城見在兵馬并外路營堡，逐一定派挑選。先選完軍丁一千名爲頭運，又選軍丁一千名爲二運。各馬駝、盔甲、器械完全，并找補舊欠月糧各四五個月不等。頭運先委左營游擊賀奇勛統領，二運議委西路游擊丁世虎統領。擬于閏八月初五、初八兩日發行，不意流賊蹂徽秦直入隆德、静寧各處搶掠。本職卧病月餘，不能動履。該固原道陸參政親同游擊賀奇勛、坐營都司石崇德統領鎮城兵馬，并原挑選東援兵馬，前赴堵剿。因地利未諳，冒然輕進，官兵失利，陸參政與游擊賀奇勛、都司石崇德俱經陣殁。本職又同固原知州署監收同知張京從頭整飭挑選，多方措借錢糧，復挑完頭運軍丁一千名正，馱馬、駝騾三百五十匹頭隻，委西路游擊丁世虎統領，定于閏八月二十日督發起行。二運兵丁一千名正，馱馬三百四十二匹，委加銜都司馬中驥統領，定于閏八月二十五日督發起行。至沿途行糧，將原發長單給各領兵官，照部議在經過州縣關支。署監收同知張京，仍遵照明文，每運措給領兵將官銀六百兩隨帶，以爲沿途缺少行鹽地方支用。尚有一千名見在挑選，另呈督發。等因。到臣。

該臣看得，奴酋匪茹，肆犯宣雲，率土同讎。臣聞警，恨不能親提一旅協力堵剿。軍前接調兵咨文，即飛行固原鎮臣楊麒、道臣陸夢龍同二將領兵，馳堵失利，道將俱亡。鎮臣同署監收同知固原知州張京又從頭整飭挑選，及多方措處錢糧，復料理選完頭運兵丁一千名正，馱馬、駝騾三百五十匹頭隻，定于閏八月二十日自固鎮起行。二運兵丁一千名正，馱馬三百四十二匹，定于閏八月二十五日自固鎮起行。盔甲、器械，俱各完全，各軍在鎮積欠月糧四五個月不等，俱酌量補給。沿途行鹽，遵照兵部題準應支則例，填給印信、長單，在于經過州縣，照例關支。猶恐荒盜之時，沿途僻小地方，一時行鹽缺少，仍每運措給領兵將官銀六百兩，以爲不時之需。統領將官，如頭運固原西路游擊丁世虎、前總兵楊肇基曾任延綏，本官隨任多年，以在薊、遵剿奴，恢復四城，功陞都司。臣以其剿賊積勞，題補西路游擊。二運加銜都司馬中驥，曾隨總兵楊麒在薊遵〈剿〉奴，恢復四城，功陞守備，臣臨行給以加銜都司札付，以便彈壓鈐束各兵。二將在固鎮俱稱能將，督委領兵馳援，輕熟堪資。中千把總皆多方揀選，久經戰陣。臣在寧鎮，仍措處銀兩、官折、花幣，紅藍旗管隊軍丁，俱逐加犒賞。復嚴牌禁，諭軍丁遠涉從征，領兵官務要沿途加意體恤，仍時刻鈐束，恪守紀律，秋毫無擾。如軍丁有犯，許將官徑以軍法處治。如體恤失宜，鈐束欠嚴，將官無所辭罪。尚有一千名，嚴催鎮臣，速選續發。官兵應行道路，前寧鎮援兵，臣以身在極邊，流寇猖獗，道路多阻，久未見邸報，未知奴酋向往信息。已督令繇河南徑赴真保定，直趨紫荊出關，隨賊堵剿。兹固鎮兩運官兵，臣俱督令出陝西潼關渡河，繇山西太原，直趨宣雲，隨賊堵剿。至于固鎮發兵，臣遠在寧夏堵插，鎮臣患病，道臣陣歿，監收同知久缺。凡兩番整飭，兵馬甲仗設處，各項錢糧，俱署監收。同知固原知州張京以一身竭力拮据，方得就緒。臣謹會同巡撫陝西都察院右僉都御史練、巡按陝西監察御史傅永淳，合詞具疏上聞，伏乞皇上敕下兵部，覆議施行。等因。

崇禎七年十月初十日，奉聖旨："援兵停發，已有旨了。兵部知道。欽此欽遵。"抄出到部送司，案呈到部，擬合就行。爲此一咨陝西總督、陝西巡撫，合咨貴部院、貴院，煩爲遵照明旨内事理，欽遵施行。

十五。

崇禎七年十月十五日。

郎中鄒毓祚、鄭覲光。

【《中國明朝檔案總匯》第 18 册第 1431 條，第 18 頁】

崇禎十一年（1638）

※陝西巡按謝秉謙爲馳報插回蜀賊進犯平凉等地事題本

崇禎十一年三月二十八日

陝按謝秉謙爲馳報折回蜀賊等事。

兵部呈于孫森。

兵科抄出巡按陝西兼管監軍監察御史官謝秉謙謹題：爲馳報折回蜀城自鞏犯平事。

賊自正月末旬還犯階，陝西禮臣不敢，待侵軼所屬境内，當即篝燈具疏，于二月初十日，拜發撫臣孫傳庭，亦于十五日酌留道將駐商，躬自還省兼顧。兹得二月二十二日分巡關西道副使萬谷春塘報，據平凉府署印監收同知田舜年報，據華亭縣知縣高録報稱，二月十二日，三鄉川巡簡司報，流賊操馬數十餘人，將客人行李盡劫入故關。至縣境南四十里地名上三鄉，名上三鄉鎮犯搶，責差捕兵探至高山堡，見賊在鎮放火燒房。生員張雲梯等具禀，約有三四百名，馬賊一半，其餘步賊。本縣督同防守官兵士民人等護守城池。十三日子時，馬硤鎮鄉約任湖報稱，死賊頭目不知姓名，從南來，夜至本鎮，居民預逃，將房屋焚毁，沿莊搜搶，苗頭往西去訖。又，據署崇信縣事平凉衛經歷劉文清報稱，流賊頭目一斗穀塘馬百騎，十二日到本縣地方上三鄉武家剁等處，虜去男、婦不知姓名，當日去訖。又，據署静寧州事知縣蔣三捷報稱，流寇一斗穀等在于本州西路地名祁家岔接連會寧等處一帶犯搶。又，據塘軍尚鐵報稱，賊從上清水溝出來，殺人二名，奔赴羊川去訖。等因。

又，據西慶平鳳監軍道僉事張京塘報，二月初十日，本道塘丁屈奉先報稱，四川各股大賊，盡數折回秦中，探得闖將過天星、混天星、六隊裹等賊從階文透出，路險崖深，疲困至亟，見在階文地方盤踞歇息。

又，探得大天杆、混天杆及六隊闖將遺下零賊，合成一股，繇陽平關奔金竹二郎壩遠出西和、禮縣、秦川、伏羌地方，自初一至初八、九等日犯搶，至十一日，已至通渭。十三日，塘馬撤至青家驛，離静寧州八九十里。當據拿獲賊營奸細供稱，此賊要趁兵馬未到，犯搶平固、慶陽。等情。到道。看得此賊素弱，馬賊近千，步賊亦三四千，去歲春夏之間，常在鳳寶、平固等處犯搶。職已一面呈報總督洪承疇發兵援剿，一面傳檄各該地方嚴加備禦。其延、寧二鎮兵馬，已奉總督部院委令臨鞏、漢興監軍張參議監督赴西、禮等處，迎擊階文大賊訖。

又，本月十四日，據清水防守都司藍登雲報稱，有逃兵一股，計百十餘人，在于清水馬鹿坡等處假妝流賊，劫殺四人，虜去六人，見今奔往長寧驛地方犯搶。未知的是何營逃兵，查確另報。等因。

二十四日，又據鎮防漢中原任副總兵鄒宗武報，據沔縣快手李再頂報稱，前去陽平關探的，棒賊馬步五營約有千餘，在地方青崗坪札營。正月二十二日辰時，遇四川從松潘復回大賊，將棒賊殺死數百，奪去什物、馬匹，其餘棒賊各逃向寧羌州屬地方訖。又，據陽平關逃出難民張進禀稱，遍地大賊，俱在白水壩等處札營，塘馬撤至陽平關，未知向往。等因。

又，據鄒宗武報，據漁凌壩守備秦鴻奇報，據塘丁張國興等探至馬安山，見得死賊于正月二十五日，從西鄉地名鶩軍壩移營頭運至坪北等處，焚掠攻寨老營，尚在鶩軍壩老户經可繼家屯札苗頭，往下行走。除再探的另報。等因。二十五日，又據固原道右參議劉夢桂報，據本道發出偵探把總高官攀龍報稱，死賊搔兒約有百餘，在静寧州二十里土各寨一枚土陳家莊殺傷人口，往東南訖。又，據本官報稱，二月十六日，死賊大營從西到西言寺山處來到州西城下住札。死賊後有向往另報。本日，又據西路撥丁馬朵力卜歹報稱，聞得死賊俱在隆德群牧等處地方堡子柳家岔、馬見堡、辛寨窠一帶犯搶。南路撥丁楊汝桂報稱，探得華坪、田家莊、鄧家川、馬頭莊住札死賊不知其數。十陸日早間，馬賊攻搶馬頭坡堡寨。等因。塘報到臣。

該臣看得，賊敗于漢而走蜀，阻于水而返秦，民之受其焚掠者慘，而賊亦復疲于東馳西騖，强半蟄伏養鋭。其流劫于静寧、隆德、華亭、崇信、莊浪等處者，猶零寇而非大夥。寧帥祖大弼以二月初九日抵秦州，業奉督臣洪承疇檄，同王洪西發備賊，督臣亦有還至徽州聲息，沉舟破釜，夾擊殲之，使蟄伏之賊有所懾而不敢鴟張豕突，繼圖犯，其出犯山口，不血刃而坐斃，原有望于督臣。倘于北，更復失之，賊志將必益驕，延慶、西鳳，惟所欲逞，恐三月之師期易逾，而十年之剿局難繼也。其道臣所報逃兵，查都司李國政入商，逃于藍田者，拾獲正法，而外鼠竄僅十五人。都司魯文彬、參將鄭嘉棟募到新兵九百名内，先後逃去五十餘人，見在追捕，涇州已有拾獲。所過地方，未有以搶掠報者。北股稱有十餘人，且自西而之東，似皆非前兵也。風聞剿兵營内，頗有私逃者，已行道官確查未至，臣不敢以意懸揣。且殺虜事在清水，聽甘肅按臣查奏。臣所爲憂心如焚者，惟賊之始終窟于秦耳。伏祈聖鑒，嚴敕施行。

崇禎十一年三月二十八日，奉聖旨："該部知道。其剿兵私逃，并殺虜事情，著各按臣確查速奏。"

【《中國明朝檔案總匯》第29冊第2226條，第485至488頁】

陝西孫福孫傳庭爲秦地寇警迭起謹陳剿禦情形事題本

陝撫孫傳庭題爲恭報東西寇警等事。

崇禎十一年三月卅日。

兵部呈于憲之字五十一號。潘俊。

兵科抄出陝西巡撫孫傳庭謹題：爲恭報東西寇警，并陳剿禦情形，以祈聖鑒事。

部據分巡關西、分守河西、守巡隴右并固原、洮岷、商雒，及分巡關内臨、鞏、漢、興監軍各道所報東西賊情，臣已塘據關部訖。三月初三日，據潼關道按察使丁啓睿塘報，准分守河南道陸參議手本内稱，二月二十七日，蒙河南按院憲檄，寇于二十一、二十二日薄沈丘項城。東南大兵雲集苗頭，北潰西奔，一面調虎鎮兵備汝郟登密間，另一札命本道知會潼關道合兵兩路堵剿，合用手本，前去查照，轉聞陝西撫院。等因。又，據該道稟稱，曹操之賊，素未知其强弱何如，但晋兵奉宣大盧制臺命，皆旋矣，駐陝州之猛將已于三月初一渡河，靈寶之虎帥亦必于初三日渡河，豫中院道皆檄之，不聽，職復馳字懇留，虎帥想益視職言爲輕微矣。等因。并抄河南按院手札内云，馳告潼關兵憲孫撫臺公，曹操等寇欲入秦，一出函關，截賊于盧靈，一繇商州，截賊于商雒。此中地形未悉，聽彼自爲之。一刻千金，以殺賊不得，專致書，萬望馳報彼中爲懇。等因。

初四日，又據邠州知州鄧光復報，據本州探役郝鹿才等報稱，二月二十四日，至涇州地方探得，西賊從秦州地方奔出，一股到固原地方回回墓，又一股到鎮原地方，兩股俱往東北慶陽地方去訖。等情。同日，又據西安府同知嚴、三水縣事孔弘燮報，據西路探兵潘登峰報稱，死賊塘馬二百餘騎直至鎮原縣城下，意欲攻克。幸該縣嚴守，不敢敵攻，衆賊隨將近城蓮花池用火焚燒，搶去頭畜，砍傷居民。各賊往慶陽府環縣苗頭，意向東犯。又據北路探兵報稱，前賊已至慶陽府寧州焦村董枝原劫搶，東南離本縣百餘里，西南離邠州五十里。等情。同日，又據西、慶、平、鳳監軍道僉事等京塘報，二月二十七日，據本道義兵守備田自峰報稱，小的蒙委往平、固探賊，小的直至固原、平凉二處，探得賊因打糧不出，四散分掠，故不見多。今小的于十八日探至静寧，始知此股有六隊勁賊，及大天柱、混天柱等俱徙静寧州，過黎明走起，直行至晚，賊勢甚衆，難以數計。過静寧州後，仍散漫分掠，一股往西，徑奪海剌都地方，克了大嘴堡，一股往固原，克了開城一小堡，一股直搶，至平凉川裹，從大小南川透出，合爲一處。至二十三日，已至白陽城。小的遇著逃出鄉民，説賊盗商量，趁無兵馬，且往鎮原、慶陽住些時，或透出耀州、三原，或透出三水、淳化，看那裹無兵馬，即往那裹走。等情。到職。除職定于二十九日，自秦州督兵，經赴平、固返剿外。等因。

據此，臣隨檄行該道内云，六隊等賊逼犯平、固，本院先據該道及凉平、固原二道原報，已于二月二十九日移文援剿，張總兵自鳳翔統兵急赴平凉，督同参將馮攀官兵，及固鎮官兵，相機援剿，仍檄平、固二道，酌賊緩急，調度督發。斯時度已到彼，兹該道既督吴、崔二將官兵追剿。據稱，兵止二千，正可督張鎮兵及會同平、固二道，督發平、固各官兵，隨賊向往，共力擊剿。本院已檄游擊李國政統兵急赴耀州，又檄副將王根子、都司張文耀督兵，俱赴三水、淳化，各偵賊迎堵。該道急督各鎮，將從西驰逐，務逼賊東奔，毋容西折，即係該道將之功。本院官兵從東迅擊，庶成夾剿之勢，此股之賊，自可殲掃。若該道將驅堵不力，致賊復西遁，即係該道將之責。

若本院各官兵不能從東擊殲，亦即各將之罪。除檄各將遵照外，爲此仰道查照，速移會張總鎮并平、固二道，調度各鎮將及平、固官兵，同心奮鋭，相機出奇，合力擊剿，務期盡數殄滅，慎毋容賊西折，以便標兵從東夾擊，一鼓殲滅。如更致賊掉頭西返，則本院之兵必不能以兼顧遠及，賊又緩緩逸去矣。且本院即將本院之兵發隨諸將，同尾賊後，逼賊復西，或合闖過，或竄漢南，則賊愈難□□事，所憂益大。該道所督吴國偉、崔重亨等兵，俱係新調精鋭，又益以固鎮、平凉額兵，及張總鎮之兵，以較本院所發李國政、王根子、張文耀之兵，不啻多矣。本院特檄各將與該道分任東西之責，强猶在西，而弱猶在東。惟該道加意鼓勵，不得隙疏貽誤，備行去後。

該臣看得，自入蜀大寇復返階文，臣慮其飽而愈横，且有左曹等兵逐之于後，恐賊即出我不意，疾走西鳳。故臣從商雒還省内顧，然猶不敢逃撤商雒斷截之兵者，誠以慮旨責成甚疾。又，臣荒山久戍之苦，卒不忍自弃耳。及嵩盧之小醜宵奔，平固之警聞復迫，臣方欲移緩就急，儘臣所有之兵，悉索西援。乃河南按臣，恐又傳帖，馳約夾剿，情事正急，且有一刻千金之囑，而靈陝之晋兵又因期畢渡河，臣何敢以西援廢東顧？故臣先將盛略之兵調至臨潼，又將李國政之兵調至省城。其趙大胤及王萬策之兵亦擬并調出山，發之使西，而今不敢盡調矣。乃六隊大天柱、混天柱諸賊，已從平、固分道而來，左曹之兵，俱落賊後，又兩帥抱而不脱，且仍與闖過相持，不能分圍此賊。祖、王之兵，危在賊前，或緣道左相失，今亦俱落賊後，遂聽其緩緩東奔。據各處塘報，此賊分合無常，飄忽不定，衆家之勢，似猶未確。及得督軍道張京之報，該道哨探最真，此賊固儘非小弱，督臣洪承疇已摘發一旅，付該道分提尾逐，轉瞬之間，此賊便當越平虜，突邠、乾，瞰淳、三矣。臣朝夕摩厲，與賊一决，正在此候，其又何敢藉口于商雒之斷截，奉有畫一之責成，而遂任此賊鴟張内地、剽掠惟意乎。第臣之兵，合之差堪自强，分之未免見弱，然臣不敢以弱自諉也。臣且將總兵張天禮之兵，移令與該道合力逼賊，又嚴檄該道，謂賊在東而兵在西，且賊塘已至鎮寧。該道惟逐賊使東，勿縱賊復西，即該道之功。若夫迎頭堵擊，設奇殲剿，臣當惟力是視，成敗利鈍，悉臣任之矣。

臣今將李國政、王根子、張文耀之兵，檄繇耀、淳、邠、乾之間，隨西賊所向，奮力迎擊，而發參將解文英之兵與萬策兵分駐商雒，偵探東賊，以應河南之夾剿。潼關有韓郃、參將王永祥兵，并關兵馬步千名，堪與王萬策、解文英兵犄角聲援，其趙大胤兵暫更回省，并付將盛略兵、中軍鄭嘉棟新兵，亦俱屯駐近省，聽臣酌量東西緩急，檄發策應。此臣目前調度之大略也，謹題請旨。

崇禎十一年三月二十九日，奉聖旨："兵部知道。"

【《中國明朝檔案總匯》第 30 册第 2229 條，第 1 頁】

巡視陝西茶馬監察御史姚士恒爲直陳目擊捷功請敕部優叙事題本

陝西茶馬御史姚士恒屬直陳目擊擾功等事。

十一。八。十一。

崇禎十一年八月初十日到。

兵部呈于寅八字□號。胡軒。

兵科抄出巡視陝西茶馬監察御史姚士恒謹題：爲直陳目擊捷功，仰祈聖明查叙事。

流寇數年猖獗以來，首先搶掠騾馬，以供馳逐之用。今村鎮堡寨無可虜劫者，惟苑監爲牧馬之區，洮河係中馬之地，無刻不垂涎而虎視者也。臣自二月二十二日在鞏昌，知寇騎繇通渭、静寧，直趨平、固，即移文督臣洪承疇，請兵援剿。督臣撥王洪步兵千餘名，令崔重亨統之北行。各兵俱望敵却走，竟不知逍遥何地。萬安、清平等各監監官，申報寇警甚迫，臣身無戎旅之護，手無調遣之符，但職守所關，即生命，亦所不顧，遂于四月初四日，單騎疾趨固原，欲與固原道參議劉夢桂面商防勦之策。乃固原馬兵甚少，不能分顧，止撥銃手二十名、馬兵六十名，貼防清平監，雖稍資城守之用，無能爲追勦計也。六隊之賊，自延安抵慶陽，初聞督臣洪承疇大兵俱在邠州苗頭已北，走下馬關。及知督臣急追過天星一股至鳳翔，六隊復從下馬關折回平固，勢甚凶猛。自五月十八日以後，不惟萬安、清平、開城等各監岌岌難保，即平凉藩封重地，道將府縣總無一官，賊至，如入無人之境，其可慮更甚于各監也。臣等即憂心如焚，計無所出。

至二十九日五鼓，固原道參議劉夢桂傳鼓進見，臣驚起迎之。夢桂云，勦寇總兵、降五級、戴罪左光先已至慶陽，彼若南走，而尾過天星之後，則事省而功易成。若西走而迎六隊之頭，則兵單而力倍。若誰肯捨易就難，欲臣移一手本，强之使來。臣即于燈下作一手本，遣人急投之，亦諒其未必肯赴也。不意左光先奮勇直趨，率領參游李國奇、尤捷、解盤、阿吉素等，于大暑中，一日走一百四十里。六月初三日，在大寨子，與六隊相遇。各賊亦出意料之外，倉皇對敵，斬獲壯級三百六十一顆，生擒及遺弃弓箭、馬匹無數。固原道又以馬兵從白馬城協應，槍炮俱發，揚塵蔽空。六隊之賊，驚魂無定，疑大兵隨後追勦，即踉蹌而奔崇信、隆德。左光先復乘勝長驅，繇鳳翔直趨秦徽。今各賊聞風股慄，相維乞撫，各監之幾失而復全、藩封之幾危而幸保者，皆左光先一擊之力也。近日勦撫情形，督撫諸臣已經具題，臣何敢越俎。止平固一捷，惟臣身共安危，惟臣目睹勝負。督撫因未躬親其事，故題疏未及。而保護藩封、監牧，功亦不小。伏乞皇上敕下兵部，查明優叙，使勞臣知勸而岩疆得安矣。

崇禎十一年八月初九日，奉聖旨："兵部知道。"

【《中國明朝檔案總匯》第 30 册第 2273 條，第 430 頁】

※陝西總督洪承疇爲報軍前官兵發回防秋并援勦總兵患病勢難統兵事題本

崇禎十一年八月二十一日

兵科抄出。胡軒。

兵科抄出欽差總督陝西三邊兼攝總河南、山西、湖廣、保定等處軍務洪承疇謹題：爲恭報軍前官兵發回防秋，及收調官兵見在隨征，并陳援勦總兵患病情真，勢難統兵勦賊，仰祈皇上敕部覆議事。

本年六月初九日，據寧夏總兵、削去府銜降二級戴罪祖大弼塘報，蒙督發本職統兵追勦六隊等賊。六月初一日至環縣，各賊已走固原。初三日，統兵至賈家驛。據萌城驛塘報，五月二十七八日，有賊塘撤至本驛地方，該驛求兵甚急，不得不先赴本管信地勦除。隨撤兵北行，至山萌城，待探的勦殺，再赴平固。伏候明示。等情。

六月十一日，又據該總兵塘報，原差撥夜可天才報稱，哨探六隊死賊已奔隴州關山，相距寫遠。頃接寧鎮各邊塘報，俱稱狡虜竊發，已無寧日。近諸酋會合，的有入犯情形，撫道各有公移，皆言虜報孔棘。職前奉明旨，秋防回鎮，今轉眼七月，距期不遠，官兵暫駐下馬關，應否再赴勦賊，飛請明示，以便遵行。等情。

據此，臣案查，先准兵部咨，爲官兵起行日期、兵馬駝騾數目恭報聖聞，并懇留推陞將員，以備征勦之急需事。該本部題覆，奉聖旨："奏内給馬留官，俱依議。蜀賊出秦，急應大勦。祖大弼，著即鼓勵將士，蕩掃凶氛，以膺懋賞，俟秋防回鎮。欽此欽遵。"備咨到臣。臣原于五月二十五日，自邠州督發總兵祖大弼官兵，繇慶陽追勦六隊等賊。彼時各賊已奔環縣西北地方，大弼統兵追至山萌城，離寧鎮僅三百里。及各賊奔下馬關，往固原，正值總兵左光先于固原大寨勦殺，大弼統兵仍赴下馬關，而各賊已過關山，奔清水、秦州。臣即嚴催總兵左光先、曹變蛟，各就近急勦。若再催祖大弼官兵繇下馬關南下秦州，道路相距千有餘里，追官兵馳至，各賊又不知奔往何處，徒疲兵力，無濟征勦。且下馬關距寧鎮僅四百里，秋防屆期，虜情蠢動。前欽奉明旨，准俟秋防回鎮。臣再四躊躇，以秦中各股大寇，勦降數多，勢將消滅。時下急督鎮將官兵速滅秦賊，以圖出關合勦豫楚之賊。後來内防外勦，正須多集兵力，則官兵似未便輕發回鎮。但該總兵自鐵鎖關敗後，心懷恇怯，力難鼓奮，且素性酗酒，紀律不嚴。官兵原欠整練，馬匹盡多疲弱，留之勦賊，終非實用。不如就臨近本鎮，姑責其防邊，使盡本等職業。臣謹遵秋防回鎮之明旨，已于六月十一日檄行總兵祖大弼統官兵回寧鎮，料理防秋事務。其官兵歷過應支行糧，臣俟餉到，即差官照數查發找補。甘肅副將盛略、加銜都司王萬策所領甘鎮官兵，先在臣軍前隨征，後奉明旨，聽陝西撫臣孫傳庭調度勦賊。至今年五月二十三日，准撫臣移咨，以標兵足用，額餉難繼，將副將盛略所領官兵九百五十二員名、馬騾五百三十九匹頭，先移送臣軍前。尚有加銜都司王萬策所領甘肅官兵，撫臣仍留陝西標下。臣以甘肅官兵原不比標下官兵，久練慣戰，若合全營，則兵力稍厚，猶可收一臂之用。若將一營官兵分爲兩處，未免俱屬單薄。移咨撫臣商酌去後，隨准撫臣咨，將都司王萬策所領民兵四百七十七員名、馬五百八匹、騾三十九頭，于六月十五日，再移送到臣。臣兩次共收到甘肅官兵一千四百二十九員名、馬騾一千八十六匹頭，見在軍前隨征。

又，臣先因勦兵寡薄，于四月内，檄行甘肅總兵柴時華，挑選夷漢健丁二百名、馬二百五十匹。再檄行凉州副將劉成功、西寧副將魯胤昌，各挑選夷漢健丁一百名、馬各一百五十匹，俱令擇委慣戰守備中千官，領赴臨、鞏地方，協勦流賊。續據總兵柴時華呈報，選委守備湯虎、千總韓應舉等，副劉成功選委内司守備屈養才，副將魯胤昌選委内司守備馬雲，各挑選前項兵馬，依限起行，于六月初十日前後，俱到秦州。臣行令標下傳號游擊牛冲漢在秦州逐一點查，共計調到夷漢丁四百名正、馱馬五百五十匹，即委牛冲漢管領，同甘肅副將盛略、都司王萬策所領官兵，俱聽總兵左光先調度，見在秦州成縣哨探，以力圖南北夾勦。原任薊鎮總兵、降二級張天禮原奉明旨，統領内丁四百餘名、馬騾一百餘匹頭，于上年十一月内，繇固原、平凉將赴臣軍前。適臣于十二月遠赴四川征勦，該總兵所領步兵，難以隨行，即檄行暫駐西安、鳳翔，預備堵勦。臣擬各處調兵丁四五百名，合内丁，期足一千。

又，具疏懇請皇上准留茶馬一千匹，查給各丁騎征，俾成一旅。乃軍前勦兵，原自有限，各邊抽調，實難猝應，勢未能添足兵數。及臣繇川回秦，該總兵時抱病慶陽，不能領兵。臣行令多方調理，速期痊可。一面將各内丁委該總兵内司加銜都司范百勝管領，先隨監軍道張京，四月、五月内，于鄜延南北勦賊。六月内，隨臣赴寶鷄圍勦過天星，復隨臣至徽州督發，赴略陽陽平關，聽總兵曹變蛟調度勦賊。其原奉明旨准留茶馬一千匹，皆係河州、洮州等處額解。臣三月内，親督總兵左光先、曹變蛟等，赴洮河圍勦闖將，就近催完河州西寧馬四百餘匹，因征勦緊急，遂分給左、曹兩總兵及副將馬科等官兵騎征。近又催到莊浪、洮岷馬二百餘匹，已查給范百勝所領内丁騎征，其餘見候催解分給。

惟總兵張天禮，嚮來屢次具呈患病，情詞懇切。監軍道張京，屢次代禀，病勢真篤。臣因未經親驗，不敢憑信。及臣督兵至真寧、邠州，合勦過、混等賊，該總兵自慶陽勉强扶病，赴邠州見臣。臣睹其身患痰火，手足拘攣，動履甚艱，目睛帶有血絲，流泪不止，薄暮昏花，視物不真。又，其牙關蟲蛀，與鼻竅潰爛相通，濃血嘗流，飲食少進，肌體瘦弱，將成殘廢之疾。六月初旬，臣令扶隨同至寶鷄，益見其形貌支離，實不能以領兵，即留于寶鷄暫養，候臣代題。臣待罪征勦，苦不能多得一總兵，即得一總兵之力，但察其病勢，委非旦夕可愈。留之，徒滋冗費，無裨征勦。謹懇聖恩垂鑒，張天禮病非假托，合無俯准回衛調理。其原統内司官丁范百勝等，俱盡留軍前，聽臣督發隨征。統乞皇上敕下兵部，覆議施行。

崇禎十一年八月二十一日，奉聖旨："該部核議具奏。"

【《中國明朝檔案總匯》第30册第2277條，第464至468頁】

崇禎十六年（1643）

※兵部爲趙希魁等員頂補陜西總督旗鼓守備等官缺請寫敕書事行稿

崇禎十六年二月初八日

缺官事。

推補陜西總督旗鼓趙希魁等、四川旗鼓孫志爵等、寧夏團練小將張承惠等、甘肅練兵將楊國雄，共十六員各缺。堂稿寫訖。

西右府王敬、何之祚。

兵部爲缺官事。

職方清吏司案呈，崇禎十六年正月初六日，奉本部送，兵科抄出該本部尚書張等題：爲封疆多事，總繇武途不清，謹呈畫一之法，以肅邦政事。等因。十五年十二月初六日具題，十六年正月初四日奉聖旨："武功不振，皆因邊鎮蠹冒多端。提衡厘飭，全在該部。覽奏停考，覽分科目、核世職、酌推陞、禁咨題、定俸薦、反季終，全造御册，均切實可行。其敘功及加銜四款，尤爲扼要。以後非衝鋒破敵，不許題敘。定限奏覆，不得沉勒。署銜實授及府銜副總兵，不許濛溷濫加。俱依議。其分五路陞轉，有無拘礙，還再酌妥奏奪。欽此欽遵。"抄出到部送司，案呈到部。

臣等仰遵明旨，仍照往例，止分南北推陞具疏覆請外，照南北守備，懸缺頗多，封疆不可久缺料理，所有一應員缺，亟應敘推。臣等公同職方司郎中尹民興再四參酌，分南北缺，先儘過堂已到武進士，次將未到武進士，照序挨補，俱補舊缺。次及三科武舉、副榜、會舉，先儘先到，次儘未到，照序挨補。以三運無欠、三薦合式之世職，俱補新缺，仍分南北，使已到者，免珠桂之苦，未到者無俟河之憂，并一洗掣簽做簽之弊，而選法庶幾均平矣。謹將履歷開具于後，恭候命下之日，臣部備察原擬責任，應請敕者，請敕各札，令欽遵任事。計開：

趙希魁，陝西人，推陝西總督旗鼓守備，頂李遇春題留員缺。

孫志爵，南直人，推四川巡撫標下旗鼓守備，頂羅大爵陞任員缺。

尤調元，江西人，推四川安綿道中軍守備，頂宮之聲參革員缺。

王福謙，湖廣人，推四川遵義道中軍守備，頂劉允濟病故員缺。

以上已到武進士二十四員。

趙之禎，陝西人，推陝西岷州守備，頂張國寶陞任員缺。

以上未到武進士二十三員。

張承惠，宣府人，推寧夏練兵小將，頂王仲德陣亡員缺。

姚世揚，宣府人，推寧夏團練馬步小將，頂哈揚武革職員缺。

申毓岳，河南人，推寧夏團練馬步小將，頂王安民革職員缺。

施永祚，南直人，推四川川北總兵旗鼓守備，新設缺。

彭繼先，大同人，推寧夏團練馬步小將，頂李躍龍革職員缺。

以上三科武舉五員。

張光祚，京衛人，推寧夏左協副總兵中軍守備，頂王賢陣亡員缺。

宋尊陛，京衛人，推寧夏右協副總兵中軍守備，頂任學詩革職員缺。

以上新舊會舉八員。

丘祖淮，四川人，推四川川北總兵中軍守備，新設缺。

以上世職三薦一員。

楊國雄，京衛人，推甘肅練兵小將，頂馬彩參革員缺。

王天良，陝西人，推延綏左翼營中軍守備，頂劉永隆告病員缺。

宋應元，保定人，推寧夏團練馬步小將，頂劉大業革職員缺。

以上丁丑科副榜十員。

以上武進士，應以守備職銜管事，三科會舉副榜，應以小把總職銜管事，世職，應以署守備職銜管事。等因。

崇禎十六年正月二十二日具題，本部尚書張等具題，二十五日，奉聖旨："是。欽此欽遵。"抄出到部送司，案呈到部，擬合就行。爲此除札仰趙希魁、趙之禎俱定限十六年三月廿日，孫志爵、尤調元、王福謙、施永祚、丘祖淮，俱定限十六年四月十八日，張承惠、姚世揚、申毓岳、彭繼先、張光祚、宋尊陛、宋應元，俱定限十六年四月初一日，王天良定限十六年三月初十日，楊國雄定限十六年四月初五日。各到任外，一，咨陝西、延綏、寧夏、甘肅督撫都察院，轉行陝西、甘肅、四川各巡按，合咨前去，煩照欽依内事理，行令各官，依限到任。如或過違，照例參究施行。一，合具揭帖，差主事賫赴内府翰林院，請寫敕書施行。計開：請敕官一員守備陝西岷州地方署指揮僉事趙之禎，察得本官原擬責任，務要操練軍馬，修理城池，撫馭番夷，保固地方。所在衛所，俱聽調度。仍聽鎮守該路副總兵等官節制，尤須持廉秉公，用副委任。如或貪貨害人，法難輕貸。

崇禎六年二月四日。

郎中尹民興。

【《中國明朝檔案總匯》第 43 册第 3145 條，第 361 至 369 頁】

順治朝

順治元年（1644）

慶藩奉國中尉朱帥欽謹疏薦

順治元年七月□日

啓言：邦家淪覆之際，爲人臣子，聲義討賊，皆分誼，宜無不特。居宗戚者，不忍言功，即疏流寒士，奮袂而起，亦唯同讎飲恨、自鳴肝膽。初非乘禍亂而邀功名，況此番掃蕩，又皆殿下神武，與平西王忠義所激，成此偉烈，在外諸臣方含愧引慝之不暇，安敢張皇粉飾、自涉貪冒者哉。顧事莫難于首倡，勞莫著于忘家，義莫烈于攖鋒，誠莫真于輸己。德州起義之時，寇氛方熾，諸紳衿將卒不顧利害，誅僞舉義，或傾家弱産以助軍需，或沐雨披風而共艱險，抑何忍没之，以灰勞臣義士之心耶。如伍營將領金光緒、徐纘益、周臣明、高捷、李永恩等，皆忠勇，可堪大用，固山石廷柱，一見即不忍釋，可知聖朝自有特鑒，不使贅引者也。其餘紳衿將士，勤劬供事，才猷著聞，曷可不一一陳之，以待殿下擢用。前勞既獲相酬，後效自當策勵。進賢圖報，亦無出于此矣。

其一爲原任建極殿大學士謝陞，解職歸山，鴻冥已久，一聞僞牧播惡，即密授方略于其弟，謝陞手刃吴徵文、閆杰而義旗始舉。其一爲雲南道御史盧世淮，德城失守，即投繯求死，爲家人解救而蘇，因共謀誅逆，大書復讎之旗，泣草討賊之檄，衆議始定。一爲廣西道御史趙繼鼎，一爲原任淮揚兵備道楊櫝，措辦軍餉，輸助必先，料理城隍，勞怨不避。一爲原任真定府推官季贊明，秉方剛之膂力，懷骯髒之肝腸，奮發有爲，擔當獨往。一爲江西建昌府通判程泰，一爲工部主事程先貞，忠孝世家，純良夙望。其父子始終效節，表裏如一。以上諸臣，皆當不次超擢，以獎忠藎者也。

舉人張錦、宋登洲、李允禎、宋炳、馬寬、趙景星，貢生李士貞、陳鍾英等，皆慷慨義烈，可當大用者也。見任德州同知李秩，堅貞不貳，風節凛然；判官白琦，委蛇濟變，綽有長才；判官沈自立，忠良自勵，温厚居身；吏目閆廷輝，敏給多才，呼猝辦事；教官許諾，綦德厚，要弘濟，談忠孝以勵愚頑，明節義以率多士；德營秋防游擊王永爵，雍雍儒將，侃侃貞臣。

以上諸臣，皆當加級特用者也。

其相從起義，始終不渝，在文則有參謀生員何真、宋儒贊畫，武舉劉學孔贊畫，生員楊璽、楊大猷、方策、郝開明、楊紘、金光統、謝子元、李元薦、張吕韜等，智足應機，才堪御衆，皆當膺民社之責，以究其用。原任德營千户王會成，忠貞雅練，大有儒風，可授丞尉，以盡其才者也。在武則有署副總兵生員謝陞、都司署參將馮龍衮、宋鍾昌，指揮署參將滿家瑞等，應襲鎮撫。署游擊王三重、指揮署中軍游擊方允中、千户署中軍游擊陳拱極，都司署游擊高同陞、吴寶、張士龍、戴興、張維等，千户署中軍都司彭承榮、陳廷誎、陳永年、陳之盛、殷昌祚，千總署都司劉聖宗、應襲千户署衝鋒都司李國璽、把總署都司董進孝等，回兵營署守備金守榮、德營署守備高國柱、城操營署守備高顯亨，皆負英武之姿，懷忠義之氣，或可當一面，或可寄專城，皆當簡任，以備禦侮者也。至于聽用守備宋武烈、高順、秦璉火，總把總張世恩等，奔走勤劬，積有勞勛，亦應實授，以充器使者也。

念自解兵散伍，已逾一月，諸文武將吏，多有拂歸農藝黍稷以將父母者，不能强之仕進，即見在者，亦粗舉一二，不敢過瀆睿聽，以開濫舉端。伏乞俯鑒愚誠，初無妄謬，即敕吏、兵二部，將啓内有名諸官紳將士，量才推補，感激新恩，應圖報無量矣。至于收復各州縣功次，另啓以聞，恭候令旨。

順治元年七月□日具啓，七月十九日，奉令旨："啓内有名官紳將士，除已經奉旨諸臣外，其餘的都著行文該撫按官將才品履歷，確核具報，以便酌用。吏、兵二部知道。"

【《明清内閣大庫史料合編》第8册，第27頁】

※慶藩奉國中尉朱帥欽辨明心迹疏

順治元年七月二十二日

臣啓：爲濟變類多權宜，軍中不無過誤，請從薄譴，以謝人言，以明朝廷恩豢之兩盡事。

臣自十四日赴闕，後屏居旅舍，静聽處分。事非涉己，毫不經意。忽驚聞招撫山東等處侍郎王鰲永有論臣一疏，不知指摘何事。據傳者謂，稱王聚衆，爲拒命計，恨張國治不從而殺之，且云"大兵十日不至德州，將有大變"等語。臣于是甚嘆羅國士構陷之深，而王鰲永偏聽之過也。

德州招兵聚衆，在四月二十七日殺僞官之時。彼時賊勢炎炎，群以齊王之號加臣，非愛臣也，特賊來以臣禦患耳。况已急遣間使，奉蠟書，達平西王，叩問北京聲息。六月初八日，纔得迓服。初九日，隨遣使納款，具明稱

王之故，以謝僭擬之罪。蠟書與啓本現在，一一可質也。

新任德州知州張有芳，屬在舊知，臣聞其來，遣使遠迓。管倉主事張國治與逆紳羅國士合謀，遍布流言，追捕臣使，因是擒而斬之，則斬國治者，爲公義乎，爲私嫌乎？初八日，臣啓本先上，十九日，張知州纔到任，二十二日，固山額真石廷桂等兵纔至德州，是爲歸命乎，拒命乎？設有他腸，初八日至二十二日，此十五日内，何以安坐而待乎？臣逆知後日必有乘機陷害者，因于第一啓奏中，約略言之。行至滄州，接得令旨，内有云："踴躍在事，具見才猷。止當矢志效忱，不必疑慮。"臣心已久在睿照中矣。

或謂臣不應設立部寺等官名。不知此乃闖賊正熾之時，假之以鼓豪杰，非設于清朝定鼎之後也。况文職則加一"行"字，武職加一"署"字，初非遽然直任，即使當日帝制自爲，今日束身投順，亦可以宥過矣。况久已削去乎？或者戎馬倥偬之際，不無跅弛之徒假臣名以行其私者，臣實不知也。即歸過于臣，亦止無知人之明遠，馭之才誤也，非罪也。幸際盛朝，録舊存孤，肆眚布澤，王仁所曁，萬物煦戴，知必不忍使流離孤孽獨負沉冤，但區區心迹不可以不明。伏望矜察，奉矜察之也。念此顛沛餘生，原屬殿下再造，今日即就斧鉞，亦所甘心。倘蒙憐而宥之，俾還畎畝，則耕鑿餘年，又無非歌咏堯舜之日矣。謹伏闕待罪，不勝觳栗之。

順治元年七月二十二日具啓，七月二十四日，奉令旨："朱帥欽心迹已明，不必疑慮，察知州員缺陞用。吏部知道。"

【《明清内閣大庫史料合編》第8册，第97頁】

※慶藩奉國中尉朱帥欽上疏

順治元年七月二十五日

積勞成病，復被馬驚墜傷，乞放歸調理，□啓爲病體日不可支，謹望闕

叩辭事。

臣積勞所感，每患昏暈。近又以長途暑雨，冒觸而進，益復難支旅次。延醫調治無效，然猶强起櫛沐，未嘗淹纏床褥也。于二十二日，跨馬訪一貧交，忽被馬驚墜地，半晌方蘇，街市聚觀者，皆以爲不可救矣。一二僮僕扶舁而歸，環視腰脅，盡遭跌損。今乃眠卧之間，亦不能動展，呻吟楚痛，達于夜旦。伏蒙洪恩優渥，區區依戀之懷，可忍言去。但病勢如此，煢煢孤旅，實可哀憫。懇乞特准放歸調理，雖死，亦載恩彼矣。謹伏枕百叩，懇請之至。

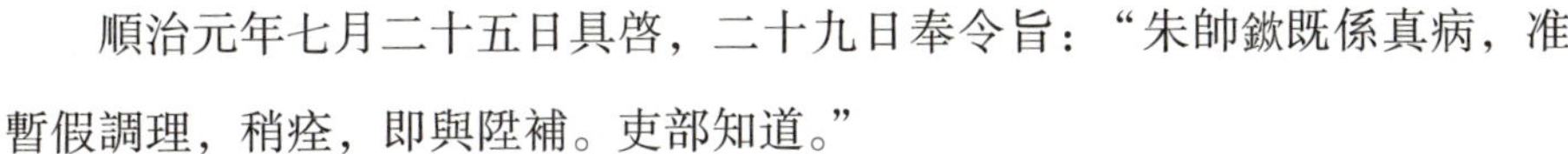

順治元年七月二十五日具啓，二十九日奉令旨："朱帥欽既係真病，准暫假調理，稍痊，即與陞補。吏部知道。"

【《明清内閣大庫史料合編》第 8 册，第 149 頁】

※慶藩奉國中尉朱帥欽直糾凶悖之臣疏

國家所賴者忠良，人臣所重者節義。乃有食君之恩，漠然不顧君父之難。且又傾心寇讎，肆行險惡，以鳴得意，如未任禮部主事羅國士。其人者。國士，以市井寒微之子，幸中進士，兩宰大邑，次陞禮曹，受先朝恩不可謂不厚。乃闖賊襲陷都城，君家蒙難，國士恬不爲意。聞僞將郭陞至德州，遂同叛黨張國治倡逆迎賊。國治自移户部公署以待郭陞，國士又争延郭陞至其私宅，凡可得陞歡心者，無所不至。脅肩諂笑，口口稱賊恩臺。妙舞清歌，晝夜大張筵宴。賊黨張周明求與陞結兒女姻親，陞因大悦，許授國士以科道官，此即彼闔家童僕可證者。

陞在彼私宅，逼取州、衛、所儒學各印信共一百餘顆，國士贊令當時碰碎，違者即欲梟斬，此州衛各官所共證者。

及賊官酷比鄉紳，人人痛憤。國士自言："郭將軍與我説過，衹叫出五千兩，此極容易。”足高氣揚，得意之甚。至謝陞手刃僞官，乃頓足曰：“青頭孩子，壞我大事。”此闔州士民所共聞知者。

誅僞之後，共議守城。國士悍然自稱總督，生員李嗣亮等慮其爲變，糾衆拒賊。狡謀不遂，密商諸張國治，碎磔李嗣亮、陳可維，以快其憤。此闔學生員沈文炳等、合州百姓秦連等所共見稱冤者。

昌撫何謙，素有才望，因請至德州，期與共禦寇氛。國士與張國治合謀，各調垛夫千餘人，立逐何謙出城，且倡言：“人道此公有才，我正以其有才逐之。”此又闔州耳目所共見聞者。

流賊餘黨，屯駐油方村，距德州不百里，欲害孤臣，而國士猶指使家丁露刃，直入門者止之，乃曰：“爾等能出我手乎？縱活，能有幾日？”此又闔州軍民所共寒心者。

及選有新知州張有芳，國士即揚言惑衆曰：“此係香河人，明是勾引達子來殺掠吾州，爾等徒死無益，何不大家厮殺一場。”此又合州軍民所共灼知者。

固山等領兵到州，國士自恐罪盈惡極，難逭天誅，乃又襲與賊結婚之故智，復央指揮李廷柱入營求親。幸固山鄙薄其人，拒而未允，不然，幾以獻賊之兒女，復污清朝。此又李廷柱、金光緒可證者。

一日，在衆紳席間，大言曰：“而今説忠、孝兩字，真是酸腐人。”在座劉學孔、宋儒聞之，莫不駭异。夫不忠不孝，將禽獸不如。即此一言，真萬古罪人。又嘗對劉學孔等言曰：“吾性好殺。”夫人可妄殺乎？國士又何如人而可殺人乎？總之，其悖戾狠愎之狀，人人畏憚。即同輩鄉紳，亦莫不斂手避之。

今聞彼又鑽營求官，其家既富，黨羽又廣，必有稱譽而援引之者。廢姓孤臣，自知言出禍隨。然目見奸邪將進，而不一言入告，是負國恩。如此反覆傾險、無父無君之人，新朝方奬勵臣工，以敦忠義，又安用此梟獍爲也。

因不避斧鉞，敢攖凶直糾，伏乞大奮乾斷，提解訊問，以伸兩觀之誅，有裨于天下後世，非淺解矣。

奉令旨："據糾羅國士，罪惡多端，著彼處撫按官，確察速啓。該部知道。"

【《明清内閣大庫史料合編》第 8 册，第 33 頁】

順治二年（1645）

皇帝敕命焦安民爲寧夏巡撫

順治二年四月九日【注一】

巡撫寧夏敕稿。

皇帝敕諭都察院右副都御史焦安民：玆命爾巡撫寧夏等處地方、贊理軍務。該鎮當寇亂初定之際，正宜宣布德意，綏輯凋殘，操練兵馬，甄別將領，修葺城池，儲積糧餉。文官司道以下，武職副總兵以下，悉聽節制。嚴飭各官，令其約束衙門員役，一遵法紀，不敢作弊生事，擾害兵民。

今賊衆雖平，恐有潛伏遺孽，爾仍時往來靈州、花馬池、下馬關等處，以便彈壓搜捕。如遇近邊及鄰界地方寇賊生發，即會總兵官計議，統率道將，勠力剿滅。果有真心投順，弃戈歸農，方准招撫。賀蘭邊外，多有住牧部落，必會同該鎮，申飭將領，多方備禦，如法輯綏，期于内外寧謐。河東西田土，夙稱膏腴，近經寇亂，荒蕪必多。須責成該道，廣招屯種，疏通水利，嚴禁侵占濫徵，使兵民樂業、户口日增。大小各官，果實心任事，廉能著效，即行舉薦。如粉飾欺僞，貪酷殃民，及武官剋軍冒餉，遇警退縮，殺良冒功，應拿問者，先行拿問，應參奏者，飛章參奏，候旨處分。爾仍聽陝西總督節制。年終，將行過事宜，及兵馬錢糧數目，造册送部察考。爾受玆重任，宜持廉秉公，攄忠竭力，以稱委托。毋容因循怠忽，或偏執乖方，貽誤重地。責有所歸，爾其慎之。故諭。

三百九十一字。

十三□□卅一日。

袁澄上□□□。十二日派。十八日用寶。□□【注二】

【注一】參看《順治實録》卷十五・葉十四背，二年四月辛酉（九日）敕。

【注二】本底餘紙記注。

【《明清檔案》A2—168，B819—B820】

全陝總督孟喬芳奏報康元勛冒功侵銀審實乞請乾斷

順治二年五月二十二日

副奏。

總督全陝軍務、節制文武兼理糧儲、刑部左侍郎臣孟喬芳奏：爲遵旨傳諭事。

于伍月初伍日，準兵部咨，奉聖旨傳諭："據臣奏，劉達等陸員投誠歸順，准察議酌用。石鳳臺，陽順陰逆，著孟喬芳嚴加防察。康元勛，妄殺冒功事情，俟質審明確，具奏定奪。該部密行傳諭到臣。欽此欽遵。"謹照依明旨内事理，一一遵行。

爲照劉達等陸員已蒙英王令札，各赴信地，料理事務，聽候部覆外，有石鳳臺，臣多方鈐制。其羽翼陳繼泰，該臣申諭我皇上威德，并陳之以利害，已調入省城，付定西侯唐通標下監紀事務，以爲羈縻之術。至于所聚黨類，馬步共約陸百餘名，强悍者，分撥各營食糧，土著者，俱解散爲農。黨類既散，無能爲虞矣。

有康元勛妄殺冒功事情，該臣傳集省城大小文武唐通、石鳳臺等齊赴公所會審問。據惠應詔、鄭輔供稱，職等同康元勛、馬元、白士元等，自米脂縣，奉英王令旨，往寧夏等處招撫牛成虎[①]、陳之龍等，行至靈州，康元勛觀望不前，職同馬元仗賴我皇上恩威，馳至寧夏城内，招降僞巡撫陳之龍、僞總兵牛成虎。職等將我皇上恩威，并英王令旨，傳諭各官，陳之龍、牛成虎等即恭率大小文武官紳，排設香案，叩頭投降訖，隨各具表文，差官丁柒拾叁員名，賫繳僞印柒顆，貢獻馬拾貳匹。行至途中永清堡，被康元勛不憤，差官兵攔回，至甜水河，截殺劫奪，冒爲己功。又擅調[illegible]兵，圍困已順寧城，幾乎致變，且將闖將遺銀叁千兩鯨吞肥己。等情。

又據康元勛供稱，職被牛成虎誘哄進城門樓擺酒，被辱毆打。第牛成虎已投降朝英王隨征去訖，無從對證。又據康元勛供稱，高一功從榆林反至寧夏地方，攻陷惠安堡，殺死通判壹員。黄巡撫有書，令職發兵攔截，獲衛寧夏，因而發兵前去。偶遇牛成虎等送印賫表，官兵未暇問明，誤認爲高一功之兵，遂殺死肆拾捌名。原係營兵誤殺，職在靈州城内，未曾親去。等情。又據康元勛供稱，擅調狪兵，原因牛成虎返復無常，狡謀難測，是以調集狪兵是實。等語。又據康元勛供稱，逆闖曾發銀付張定國買馬，本人報稱剩銀叁千兩，解至職收，除將貳拾壹封半交與黄巡撫外，餘銀捌封，半帶至寧夏城内，被城虎兵丁搶去。等情。

又據康元勛原差官施汝心當面首出當日調兵原票壹張，不敢隱匿。等情。及閲票内硃筆注云，本鎮慮恐鎮城陳撫院、牛總兵，并惠、馬二副府差人進表，所以令本官將夷丁領赴横城一帶防堵，如果有差人本章，拿來有賞。等語。案照先據牛成虎至省城口稱，職總至愚至蠢，少知禮法，豈敢擅打安官。康元勛原殺死職同馬元、惠應詔等差官朱伏保、徐繼岳、盧效忠等，其尸親各告冤狀盈案，或有相構。職實未嘗相角，則搶銀事屬無憑。等情。各供到臣。據此，該臣等看得康元勛，奸險立心，貪饕成性，奉差招撫

①成虎：下文又作“城虎”。

寧鎮，畏縮不前，逗遛靈州，嫉他人成功，而截殺降人柒拾叁命。及審，托言誤殺。施汝心之硃票，即元勛之罪案也，欲誰欺乎？如擅調徊兵，圍繞寧夏，致已降之士民，抱奮驚慌。且侵匿寇銀，托言被劫。種種不法，事確情真。第係殺降重務，微臣未敢擅便，謹將元勛羈候西安。伏乞皇上睿斷，敕下微臣，以便遵奉施行。曷任戰栗待命之至。

順治貳年伍月貳拾貳日。

刑部左侍郎臣孟喬芳。

【《明清檔案》A2—203，B893—B895】

皇帝敕命臧延齡爲固原東協副總兵

順治二年六月七日【注一】

固原東協副總兵敕稿。

敕游擊臧延齡：兹命爾管固原東協副總兵事，統領新定經制兵捌百名，駐札西安府。舊制，東協信地及西安先設參將信地，俱屬爾管轄。省會係全秦根本，特移駐副總兵，以資保障。營務首宜振舉，爾須加意操練兵馬，修浚城池，稽察奸宄，申定紀律。額兵皆選補精强，毋容積猾，及老弱糜餉。尤須約束所部，不得侵擾商民。潼關、商雒諸處，久經寇賊出没，恐有遺孽潛伏。務廣設方略，預爲消弭，遇警即勠力剿捕，期盡根株，慎毋養癰滋蠹。一切本折糧料，聽撫道計處支給。戰守機宜，仍聽總督撫鎮官節制。詞訟錢穀，俱係地方有司職掌，不得干預。爾受兹委任，當竭忠奮勇，急公固圉，斯稱厥職。如執拗虚憍，黷貨剥兵，疏防僨事，國憲具存，必不姑貸。故敕。

廿三行，十一字。

李。又六月七日派。【注二】

【注一】參看《順治實録》卷十七・葉四，二年六月戊午（七日）敕。

【注二】本底餘紙記注。

【《明清檔案》A2—235，B977—B978】

陝西寧夏總兵官劉芳名啓請明定統轄疆界

順治二年七月二十四日

啓。

欽差鎮守陝西寧夏等處地方總兵官、都督同知臣劉芳名謹啓：爲請定統轄疆界，并陳凋殘大略，仰祈聖慈垂鑒事。

微臣受事寧夏，一切機宜，遵敕奉行。恭誦敕諭，并未載有“慶陽”字樣。然查舊案，曾蒙督臣憲檄，著將慶陽壹帶，派與寧夏。蓋爲當時辦賊之策，或非永久一定之制也。況今該府地方，聞有遺孽，未盡革心，則消弭搜捕，必得專責。合乞皇上速頒聖旨，分定疆界，日後有事，庶免耽誤。至于微臣所轄營路城堡，兵荒之後，凋殘萬狀。或有民而無兵者，或有兵而無民者，或有偏僻小堡，并其兵民四散，尚未招集復業者。經制官兵，雖經部堂酌定，惟是窮邊遠塞，事勢不同。且閲邸報，奉有“這寧夏營制月餉，俟新鎮到日另議”之旨，則未盡機宜，容臣與新撫臣從長確議，另疏上聞，伏乞聖慈垂鑒施行。爲此具本，專差官趙文科賫捧，謹具啓聞。

順治貳年柒月貳拾肆日。

鎮守陝西寧夏等處地方總兵官、都督同知臣劉芳名。

【貼黄】

欽差鎮守陝西寧夏等處地方總兵官、都督同知臣劉芳名謹啓：爲請定統轄疆界等事。

微臣受事寧夏，恭誦敕諭，并未載有“慶陽”字樣。然查舊案，曾蒙督臣憲檄，著將慶陽壹帶，派與寧夏。蓋爲當時辦賊之策，或非定制。今該府地方聞有遺孽，消弭搜捕，必得專責。合乞聖旨分定疆界，日後庶免耽誤。至于臣轄營路城堡，凋殘萬狀。經制未盡機宜，容臣與新撫臣確議，另疏上聞。謹具啓聞。

【《明清檔案》A3—39，B1109—B1110】

署陝西固原總兵官何世元揭謝部撥兵餉并請備辦衣裝器械

順治二年十月二日

何世元。

順治貳年十月十九日到。

欽差鎮守陝西平慶、西鳳、固原等處地方署總兵官、都督僉事何世元：爲恭謝天恩，并奏明開銷款項，以便支領事。

案照職于本年柒月初柒日，因職鎮城遭闖賊蹂躪，營伍空虛，拜疏請餉募兵。柒月叁拾日，奉聖旨："户、兵貳部知道。欽此欽遵。"抄出到部。蒙户部開稱，募兵必須現餉，移咨秦督，發銀壹萬兩，備札到職。仰見我皇上俯念殘疆，使職無掣肘之虞，職雖捐糜，未足鳴報也。謹恭設香案，望闕叩頭謝恩外，伏念職職司閫寄，念兹國帑，絲毫不敢虚糜，尚未赴領。但查延綏各鎮，俱請軍器、馬匹。職于經制之外，不敢多募壹兵，亦不敢指馬匹、軍器分毫冒破。但職所募兵丁，人雖勇壯，而弓矢器具，多有未備。語云："器械不備，以其卒與敵也。"或容職就此壹萬兩内，點驗各兵裝束，諒辦衣裝、器械，則各兵必感激思奮，而職鎮安于磐石矣。但恩典出自聖裁，職等未敢擅便，伏乞敕部議覆施行。除具奏外，爲此理合具揭。須至揭帖者。

順治貳年拾月初貳日。

總兵官何世元。

【《明清檔案》A3—84，B1231—B1232】

兵部揭覆固原兵數不准議增

順治二年十月（日不詳）

順治貳年十月□□日到。

兵部題：爲經制難因舊額布置，務在隨時謹量衝緩，按地設兵，仰祈聖鑒事。

據鎮守陝西固原署總兵官何世元奏前事，奉："户、兵二部，確議具奏。欽此欽遵。"抄出到部。□□發餉銀聽户部議覆外，看得三秦九鎮兵□數目，已經職部議定，奉旨頒行督撫鎮，各遵行久矣。固原一鎮，近在腹裏，上有督撫，乃該鎮復出意見，嘵嘵而議增兵，應敕遵照定制，嚴爲簡練，不得藉口委卸也。除具題外，理合具揭。須至揭帖者。

順治貳年拾月□日。

【《明清檔案》A3—102，B1271】

陝西寧夏總兵官劉芳名揭請準以正俸抵還借銀并撥給田地

順治二年十二月十六日

順治貳年十二月□□日。

欽差鎮守陝西寧夏等處地方總兵官、都督同知劉芳名：爲報明借用公中銀兩，仰祈□□□。[①]

□□職奉……二個月又……始得藉以携帶□口内……僅供盤費，到寧

①據文書例，"仰祈"二字後疑爲"聖鑒事"三字。

時，囊已罄。總兵□□□廪薪紅□賞養廉之類，加以糧餉按月内丁名食其餉，故可。當今大興鼎新，百務重創。職感隆恩，凛遵功令。一切舊習，痛行禁革。飲冰茹蘗，淡泊自甘。計自柒月任事，至拾貳月止，歷陸個月，止支俸廪壹月，而且尚無定制。衙門原有夏秋租報，前任南一魁收去之外，雖有□百石遺下，其如家口繁多，不□□用。查有前任南一魁與前撫臣分派廢王□産市房租息等銀撫鎮衙門各叁百貳拾餘兩，本職衙門所分□數，已經南一魁收去壹百□拾陸兩柒錢□分零，并各户應欠未交之外，存剩銀壹百貳拾壹兩零。職因窘迫無奈，遂將前銀借用，謹特據實報明。伏乞聖上鑒職下情，容將正項廪俸，抵還前數。倘蒙聖慈，别賜定奪，又非職愚敢必矣。

抑職再有請焉。廢宗田地，見奉清查，敢懇聖上允給肆拾分，約略貳頃，與職親丁耕種，仍舊壹體輸課上糧。浩蕩天恩，或所不□。職可勝悚□感戴待命之至。除奏外，爲此理合具揭。須至揭帖者。

順治貳年拾貳月拾陸日。

【《明清檔案》A3—178，B1477—B1478】

順治三年 (1646)

陝西寧夏總兵官劉芳名揭報收過官兵馬騾數目

順治三年正月四日

劉芳名。

順治叁年二月初五日到。

欽差鎮守陝西寧夏等處地方總兵官、都督同知劉芳名謹揭：爲恭報收過官兵馬騾數目事。

去年拾壹月内，蒙總督孟都御史憲牌，内開：董總兵奉旨赴京陛見，所有原統兵馬，擬合分撥。爲此牌仰該鎮，即將發去官兵陳朝剛等共壹千叁百肆員名，馬騾玖百肆匹頭，長槍貳百貳杆，盔甲貳拾玖頂副，照數查收入伍。等因。到職。隨即查點間，據陳朝剛等禀稱，各兵丁中有不願食糧各回原堡爲民者，有中途脱逃者，見在官兵陸百肆拾壹員名，馬騾叁百壹拾玖匹頭，長槍壹百貳拾玖杆，盔甲壹拾伍頂副，現在交割。等情。除前項官兵馬騾，職與撫院兩標分撥收伍外，除具題外，爲此理合具揭。須至揭帖者。

計開：

撫院標下收伍官兵壹百玖拾員名，馬騾壹百捌拾叁匹頭，長槍叁拾玖杆，盔甲玖頂副。

職標下收伍官兵肆百叁拾玖員名，馬騾壹百貳拾肆匹頭，長槍玖拾杆，盔甲陸頂副。

河西道標下後司收伍兵丁壹拾貳名，馬騾壹拾貳匹頭。

順治叁年正月初肆日。

【《明清檔案》A3—216，B1565—B1566】

陝西寧夏總兵官劉芳名揭報固原叛賊敗遁并陳進止情形

順治三年正月十九日

劉芳名。

順治叁年三月十七日到。

欽差鎮守陝西寧夏等處地方總兵官、都督同知劉芳名謹揭：爲恭報叛賊宵遁，并陳微職進止情形，仰祈聖鑒事。

微職去年拾貳月貳拾日奉督臣檄，調統兵伍千員名赴鞏合剿。正會撫臣挑選束裝間，貳拾柒日，接得固原武大定叛逆之報，即經具疏報聞。然以寇在鄰封，自難捨近圖遠，登時督發標下原任游擊樊朝臣等，帶領内丁星馳偵探，續發參將猛先功，游擊田充國、馬世榮等，各率官兵分駐境上，相機進

剿。壹面移知延鎮，期約興師。惟是秦地初定，伏莽實繁，因見武逆之變，各處乘機，蠢蠢思動。一時靈州則報秦州、鳳翔遥傳寇亂，中衛則報漢中叛矣。靈州又報武逆調王老虎賊要攻靈州矣。即職鎮城各軍，亦因缺餉，于貳拾貳日假稱禁烟，鼓衆肆搶，幸職蚤已堤備，立擒爲首貳人，會同撫臣梟斬正法。爲從叁人，各捆打壹百棍，貫叁箭游示，旋即鎮定，否則亦爲固原之續矣。職受隆恩，謬辱簡命，統轄百有餘處城堡，千有餘里封疆，當此肆郊多事之時，内則勉圖彈壓，外則籌維剿禦，殫心竭力，期保萬全，不敢膠執率妄，以負聖上暨皇叔父攝政王任使至意。今得不如各鎮蠱壞决裂，再費收拾，皆仗朝廷之福也。

本年正月拾玖日，接前探樊朝臣等塘報，内稱，武賊于拾叁日出固原西門，在營官丁盡隨兵馬去，苗頭奔西北去，本城軍民從肆門盡出城去，卑職等領兵赴固原。等情。具報到職。職以固鎮軍民，賊殘肆散，鄰誼相關，親統官兵，馳赴安撫。行至中途，適接固原中協參將曹志塘報，逆賊焚掠而去，尚有監收、同知、知州等官現在守城。等語。是民社猶幸有主，而招撫之事，無煩職爲代籌。且恐殘破之區，人或厭兵，遂即駐扎境上，星夜請詳督臣，赴鞏與否，統候批示。此則微職進止情形也。至于職屬之兵，窮苦之極，身無衣褲，手無器械，經職屢次籲請，屢疏頻言，今則奉調進征矣。雖有數千兵馬，不及滿洲數百，微職徒有報效之心，奈無報效之具，衹得據實直陳。伏乞聖上照鑒。緣叙塘報，字稍逾格，統望聖慈矜宥。除具題外，爲此理合具揭。須至揭帖者。

順治叁年正月拾玖日。

【《明清檔案》A3—219，B1571—B1572】

陝西寧夏總兵官劉芳名揭報挑選精兵前赴秦州候調

順治三年八月二日

劉芳名。

順治叁年九月十二日到。

本揭對同。

欽差鎮守陝西寧夏等處地方總兵官、都督同知劉芳名：爲恭報官兵起程日期事。

本年柒月拾肆日，蒙督臣孟都御史憲牌，奉肅王令旨，行調寧鎮官兵貳千，前赴秦州，候隨征進。職隨轉行各營路挑選精壯馬步官兵貳千員名，責令東協副將趙之璧，并職標中軍中營游擊程廷俊，暨守備貳員尚宗堯、楊逢源，把總肆員李英、張顯謨、勉進朝、趙世龍統領，于捌月初貳日督發起行，前赴秦州附近，聽候肅王調遣征剿。除具題外，爲此理合具揭。須至揭帖者。

順治叁年捌月初貳日。

【《明清檔案》A4—193，B2099—B】

管理陝西寧夏糧儲盛昭之啓報寧夏倉場順治二年十至十二月錢糧數目

順治三年八月二十一日

啓。

管理陝西寧夏糧儲、户部貴州清吏司郎中臣盛昭之謹啓：爲稽考邊儲事。

臣奉敕管理寧夏餉務，“欽此欽遵”。到任受事以來，每見庫藏如洗，軍士盼切，陸續解到銀兩，酌量緩急，照依河東道臣張尚、河西道臣楊聲華各

具挂過號册印領。臣仍稽核無异，如數放給各營見在官軍月餉、馬騾料草外，今據慶陽府管理寧夏監收同知王陟宦、中路同知漆紹開、西路同知張羽翀造完自順治貳年拾月初壹日起，至本年拾貳月終止，冬季分各倉場收放過壹應兵馬錢糧，分别管、收、除、在數目文册到臣。該臣再三覆核相同，除造青册報部查考外，今將本鎮壹應兵馬銀、糧、料草總册，理合開坐具本，專差百户劉顯禎賫捧進繳，謹具啓聞。

計繳總册壹本。

自“爲”字起，至“本”字止，計貳百貳拾柒字。紙壹張。

右謹啓聞。

順治叁年捌月貳拾壹日。

管理陝西寧夏糧儲、户部貴州清吏司郎中臣盛昭之。

【貼黄】

管理陝西寧夏糧儲、户部貴州清吏司郎中臣盛昭之謹啓：爲稽考邊儲事。

造完寧夏鎮貳年冬季分壹應兵馬支放銀、糧、料草總册。謹具啓聞。

【《明清檔案》A4—198，B2109—B2110】

管理陝西寧夏糧儲盛昭之啓報寧夏倉場順治三年一至三月錢糧數目

順治三年八月二十一日

啓。

管理陝西寧夏糧儲、户部貴州清吏司郎中臣盛昭之謹啓：爲稽考邊儲事。

臣奉敕管理寧夏餉務，“欽此欽遵”。到任受事以來，每見庫藏如洗，軍士盼切，陸續解到銀兩，酌量緩急，照依河東道臣張尚、河西道臣楊聲華各

具挂過號册印領。臣仍稽核無异，如數放給各營見在官軍月餉、馬騾料草外，今據慶陽府管理寧夏監收同知王陟宧、中路同知漆紹開、西路同知張羽翀造完自順治叁年正月初壹日起，至本年叁月終止，春季分各倉場收放過壹應兵馬錢糧，分别管、收、除、在數目文册到臣。該臣再三覆核相同，除造青册報部查考外，今將本鎮壹應兵馬銀、糧、料草總册，理合開坐具本，專差百户劉顯禎賫捧進繳。謹具啓聞。

計繳總册壹本。

自“爲”字起，至“本”字止，計貳百貳拾陸字。紙壹張。

右謹啓聞。

順治叁年捌月貳拾壹日。

管理陜西寧夏糧儲、户部貴州清吏司郎中臣盛昭之。

【貼黄】

管理陜西寧夏糧儲、户部貴州清吏司郎中臣盛昭之謹啓：爲稽考邊儲事。

造完寧夏鎮本年春季分壹應兵馬支放銀、糧、料草總册。謹具啓聞。

【《明清檔案》A4—199，B2111—B2112】

管理陜西寧夏糧儲盛昭之啓報寧夏倉場順治三年四至六月錢糧數目

順治三年八月二十一日

啓。

管理陜西寧夏糧儲、户部貴州清吏司郎中臣盛昭之謹啓：爲稽考邊儲事。

臣奉敕管理寧夏餉務，“欽此欽遵”。到任受事以來，每見庫藏如洗，軍士盼切，陸續解到銀兩，酌量緩急，照依河東道臣張尚、河西道臣楊聲華各

具挂過號册印領。臣仍稽核無异，如數放給各營見在官軍月餉、馬騾料草外，今據慶陽府管理寧夏監收同知王陟宦、中路同知漆紹開、西路同知張羽翀造完自順治叁年肆月初壹日起，至本年陸月終止，夏季分各倉場收放過壹應兵馬錢糧，分别管、收、除、在數目文册到臣。該臣再三覆核相同，除造青册報部查考外，今將本鎮壹應兵馬銀、糧、料草總册，理合開坐具本，專差百户劉顯禎賫捧進繳。謹具啓聞。

計繳總册壹本。

自“爲”字起，至“本”字止，計貳百貳拾陸字。紙壹張。

右謹啓聞。

順治叁年捌月貳拾壹日。

管理陝西寧夏糧儲、户部貴州清吏司郎中臣盛昭之。

【貼黄】

管理陝西寧夏糧儲、户部貴州清吏司郎中臣盛昭之謹啓：爲稽考邊儲事。

造完寧夏鎮本年夏季分壹應兵馬支放銀、糧、料草總册。謹具啓聞。

【《明清檔案》A4—200，B2113—B2114】

△陝西寧夏總兵官劉芳名啓報爲擒王元等懇敕部叙擢以彰勸典事

順治三年八月二十九日

啓。

欽差鎮守陝西寧夏等處地方總兵官、都督、同知臣劉芳名謹啓：爲擒殲渠魁，奠安全，鎮文武，協力共奏膚功，謹特馳報，仰慰聖懷，并懇敕部叙擢，以彰勸典事。

竊照前任撫臣焦安民被害，故由捉拿王大鬍等一激而成，查其倡禍之首，實係王元壹人。密奏上聞之後，臣蒙督臣孟都御史密諭，及接按臣趙端手札，遂與餉臣盛昭之、道臣楊聲華朝夕商酌，雖將王大翻等按律擬罪，焉足以償撫臣之死。須擒王元肆諸市朝，始可以肅國家之法。

惟緣元之手下，亡命尚繁，結聚不散，藉如機未可乘，猝猝舉動，必致格鬥焚毀，玉石不分，所傷居半，則非凋敝之區所宜再誤，于是密切熟籌。如馬德原係脅從者也，壹面稟聞督臣，令其帶領門下員役，暫署東協副將，以分其勢。間有散而歸農、遠去貿易者，悉聽其便，而羽翼漸覺減矣。然元之奸險，不啻狡兔，身處鎮城，則用死黨周旋擁護，又于城外地名磁窑寨，營一窟穴，聚集無賴，遥爲聲援，自謂如虎負隅，莫之敢攖。微臣明示，疏忽以懈其志，暗行布置，使中吾機。元于本月貳拾捌日蚤晨，率衆逸出鎮城，意欲兔脱。迨至河邊，臣之内司將官原任柳鎮前探營督司樊朝臣，督同原任都司高崇信、官進俸、劉光德，守備姜友成、李才、蘭養鳳、劉萬成、趙文科、周鴻芳等，兩脅衝出。中協副將馬寧統領原任參將胡江、王學寧、侯一位、姚台賴、杜茂松等躡尾疾追。元猶麾衆對敵，衝擊射砍，自寅至辰，餘衆潰敗，王元成擒。臣思王大翻、王二翻、趙鋭、張龍，雖經擬辟監禁，若不剪除，恐又勾聯釀禍。臣與司道諸臣令同王元一并正法，以絶根株。庶幾上伸國憲、下快人心，我皇上西顧聖心，亦可慰矣。

至于惡黨王詔，素係助虐梟獍，本日潛糾多凶，埋伏城中，圖爲内應。微臣預令原任副將謝禎榮，游擊田充國、馬烜，旗鼓守備高棟，中軍守備趙文英、鄭永泰、屠有德等，分信堤防。詔聞王元事敗，率衆衝突，齊擁奪門，各官并立追拒。臣標都司楊海量，奮勇當先，就陣擒斬。共陣傷兵丁王虎等拾名，輕傷兵丁貳名胡德龍、張臣，陣亡兵丁壹名楊珍，射死馬陸匹，射傷馬柒匹，共得獲盔甲伍頂副，馬、騾貳拾叁匹頭。内外餘衆，多被迫脅，臣同司道諸臣仰體朝廷好生德意，現在計議招撫，又緣人心震動，恐生他釁，復與司道同委監收同知王陟宦、署理刑事張晳，巡查撫慰，家喻户

曉，使民安堵，地方貼然。計此擒厥渠魁，奠安疆土，全賴督臣指授、司道同心、各官用命所致。維時稍有挫衄，不獨臣之身家，俱不能保，即兩河捌路千有餘里封域，皆將重費收拾。其不爲賀武諸寇逆我顔行，勤勞滿洲士馬，費用如許錢糧者幾希。况乎元之黨類，既繁有徒，元之狙詐，軼于賀武，非仗皇上赫聲濯靈，又安能殄滅大憝如此之速也。

寧兵月餉不繼，除將王元家資清出，公同司道諸臣，即日分給犒賞，各兵鼓勵之中，并寓接濟，各犯家口，另文呈報督臣外，懇祈聖上暨皇叔父攝政王俯鑒臣言不謬，敕下該部，即將有功文武諸臣，從優叙擢，以彰激勸，岩疆吏士頂踵，亦所樂捐矣。緣有叙述，字稍逾格，統乞聖慈矜宥施行。爲此具本，專差守備王上登賫捧，謹題請旨。

順治叁年捌月貳拾玖日，鎮守陝西寧夏等處地方總兵官、都督同知臣劉芳名。

【上海圖書館藏《寧夏總兵劉芳名啓本》】

順治四年（1647）

陝西巡按趙端揭報降將反側

順治四年三月（日不詳）

趙端。

順治四年四月廿日到。

本揭對同。

巡按陝西監察御史：爲塘報逆叛事。

本年三月二十四日，據寧夏河東道副使馬之先塘報：三月初三日，據鐵柱泉操守鄭朝民報，據傳報，兵丁孫剛、李大斌説稱，署花馬池馬副將于初二日□時帶領隨任親丁，披甲上馬，將本城軍餘行客，盡劫一空，向南而

去。等情。據此爲照，王元倡逆，聞馬德原被脅從，厥後總鎮四鎮，非馬德開門迎兵馬進城，則王元未必即能授首。是以總鎮安撫，署事花馬，以服其心，然未免首鼠怦怦。本道到任，慮及于此，曲意牢籠無异。不期秉本道與總鎮出兵，又有此變，爲此理合塘報。等因。

又準寧夏總兵劉芳名塘報，内稱：馬德自署東協以來，頗與地方相安。近緣河西袁兵道赴任經過，馬德彼時患病痔瘡，未曾迎候，西道遂曰："凡是别病，本道俱能醫治，止有心病，便不可醫。"以致馬德復生驚畏，具稟本鎮，惶懼不安。原稟垷在，已經發諭安撫。今見本鎮與東道俱住惠安堡，遂即逃遁南去。除本鎮督發官兵追剿外，理合塘報。等因。到職。

該職看得，逆弁王元戕殺撫臣焦安民，而馬德其脅從也。及王元伏誅，德蒙皇上浩蕩之恩，待以不死，宜忘頂踵以報，何因道臣袁噩數語，疑而復報。蓋德反側之情未化，遂借端起釁耳。然道臣亦未免失言之咎矣。除移文撫鎮相機剿撫，并行該道確查劫掠情形另報外，今據前因，相應奏聞，伏乞聖鑒施行。爲此除具題外，理合具揭。須至揭帖者。

順治肆年叁月□日。

監察御史趙端。

【《明清檔案》A5—123，B2545—B2546】

陝西巡撫雷興塘報賊寇勾結叛將荼掠情形

順治四年四月十日

塘報。

雷興塘報花馬池叛將馬德報賀弘器。

四月廿四日。

欽差巡撫陝西等處地方贊理軍務、都察院右副都御史雷興：爲塘報

賊情事。

本年四月初七日，據分守河西道僉事沈加顯塘報，三月二十一日申時，據原任游擊齊景耀報稱，本月二十日，據土門溝逃出鄉民報稱，賀弘器差人調來花馬池馬叛將賊約有千餘，從西北過來土門溝住歇，將頭畜窖口盡開一空，不知去往何處。等情。

二十二日，又據東川防守余躍龍報稱，本月二十一日早，有元空寺鄉民來報，有花馬池叛賊下來。卑職差人去探到，四耳掌哨得死賊從土門溝起身，過東四耳掌，離月落八十餘里。等情。又據參將南一龍報稱，二十一日，奉本道手本，即差親丁郭達子克太，前往東川偵探賊情。二十二日，據探役回稱，馬叛將二十日在土門溝住歇。等情。二十三日，又據南一龍報稱，奉本道手本，即差陳進孝、一素太，前來東川偵探，死賊于二十二日五更掌號去東溝，往第二將東去訖。等情。又據齊景耀報稱，據土門溝逃出鄉民報稱，賀弘器調來馬叛將賊千餘，在土門溝，將牲畜窖口，盡掃一空，隨即差人呈報，職于二十一日率領鄉兵跟趕至半途，拿回本地馱鹽驢九頭，賊遇搶去，職奪回，即令原主認領。今賊寇跟隨，徑往蘆保兒嶺地方去訖。等情。又據防守余躍龍報稱，二十二日晚，有鄉民來報，花馬池叛賊從西來，于二十一日晚，到柔遠舊城歇下，將下人鄉民捉住不殺，要飯吃，殺耕牛一隻。將龍差去堡民孫文顯捉去，究問爾是何人，文顯言是月落防守差去各堡催糧草接應大兵，又搜出糧票，大怒，捆去殺了。賊于二十二日五更掌號起身，過第二將去。等情。又據東路參將蔣承恩報稱，二十三日，據探役張貴報稱，據鄉民口稱，賊從西來，到柔遠舊城，將下人鄉民捉要飯吃，復將防守余躍龍差去催糧堡民孫文顯殺死。從東溝第二將，通北溝白馬廟、東華池一帶。等情。

二十四日，又據協防環縣都司梁廷濟報稱，有花馬池馬叛將賊馬步約有十餘，職差人偵探得從耿家河鐵角城一路徑奔東南去。等情。又據環縣知縣貢駿業所報相同。據此，又據東華池防守薛儒報稱，二十三日，據閻通祥報稱，有賀弘器調來西賊馬步約有二千，在于北溝中明亭住扎，未知向往。等情。

二十五日，又據慶陽府報，據月落防守余躍龍報，據北溝堡賀伏棟、賀良賓差堡民李希盈報稱，二十二日晚，有西來馬賊約有六七百，在荒山馬家吊嶺苗頭去東，又風聞鶯窩監有猖賊千餘，不知的實。等情。

二十六日，又據合水縣尹家集堡防守薛登元報，據權仲倉從東嶺過來，行至大段樹嶺，陡遇死賊騎馬二匹，步賊約有六七十名，從南嶺上來往北，元誠恐不的，親到南嶺，果有踪迹。等情。又據東路營蔣承恩塘報，與薛登元所報相同。

二十七日，又據北岔堡堡頭賈希成報，二十五日，死賊約有一千，從北溝來暗至堡前，周圍□去牛、驢八隻頭，復來攻堡。至早止晚，方纔攻罷。射死堡人王招民，中傷七人，又將堡外糧窖草束盡開一空。射死賊三名，帶傷數十人。二十六日，向南走去。等情。又據新集堡生員李慎修等報稱，二十五日，據井義溝鄉民趙宗信説，前往定邊馱鹽，半路被賊趕回。賊首係花馬池馬叛將，馬步約有一千，住歇上李家崖瑶開氏，問粟糧十餘窖。二十四日，起身苗頭，順嶺南行。等情。又據慶陽府各報相同，俱到道。

爲照各賊結連馬寇，攻堡殺人，蹂躪地方，除塘報侍郎土大人并移會陳副總兵酌議發兵外，伏乞憲臺急賜裁酌施行。等情。塘報到職。據此爲照，賀弘器叛逆無常，勾引花馬池馬叛將賊兵約有千餘，在于前項地方，劫掠牲畜，殺擄人口，荼毒生民。除該道業已塘報户部土大人，并移陳副總兵，就近酌發官兵，相機剿殺外，理合塘報。須至塘報者。

順治肆年肆月初十日。

右副都御史雷興。

四月廿四日。

【《明清檔案》A5—132，B2571—B2573】

陝西巡撫雷興塘報安定賊寇殺傷官兵

順治四年四月二十五日

塘報。

雷興塘報安定土寇殺差官。

四年五月初五日到。

欽差巡撫陝西等處地方贊理軍務、都察院右副都御史雷興：爲塘報賊寇當陣殺傷官兵事。

本年肆月貳拾伍日，準臨鞏總兵范蘇塘報，肆月初叁日，據鋪路川防守王養恩塘報稱，叁月貳拾玖日午時，據鄉民報稱，賊寇數百從安定監地方紅土崖劫掠客商貨物數拾餘馱，沿途殺傷鄉民不計其數，經過卑職地方。等情。據報到職，即率親丁武光顯等，并箭手陸賢、史光榮，鄉夫等衆出城。趕賊間，偶有本鎮差官許攀桂，本日從平凉至川宿歇，聞知賊過，亦帶領親丁薛崇書奮勇當先，直至地名捌節川，與安定監官兵挾趕。攀桂砍傷賊寇數人，不料寇賊猖獗，衝鋒對敵間，將攀桂失馬當陣殺死。卑職與本官親丁薛崇書救援，又將崇書身中箭矢，卑職左背中箭，見今命在旦夕。又殺傷安定監官兵黄三并鄉夫等衆數拾餘人。其賊寇已向往固原地方去訖。其攀桂尸首跟同本官親丁用棺木收殮貯放處所，干係匪輕。等情。到鎮。

據此，照得安定、通渭等縣北山一帶，與平、固交界。彼地土民慣盜成性，出沒劫殺，爲害于臨鞏地方，伏莽久矣。前本鎮因一條城報賊，發兵于安、會兩縣防禦，頗覺清寧。各該縣官，動稱無賊，又後准劉守道于本將兵馬撤回。今未幾而群盜嘯聚，掠殺經民。該地方官，疏于覺察，預防安在？除即會行該道嚴檄該縣跟踪密探，果係何處土盜，查明的確。一面另行塘報，一面會行彼處官兵撲剿外。等情。

塘報到職，准此爲照安定、通渭等縣北山一帶，界連平、固，素爲盜藪出没不常，邀劫客商，道路梗塞。兹報賊寇數百，突犯安定監之紅土崖，劫掠客商。防守王養恩等率領兵丁，與同□鎮差官許攀桂挾剿，不意攀桂失馬，被賊殺死。及傷官兵，流毒地方。除行固原分巡關西貳道會同臧總鎮遣發官兵襲踪密探、撲剿外，理合先行塘報。須至塘報者。

順治肆年肆月貳拾伍日。

右副都御史雷興。

【《明清檔案》A5—143，B2601—B2602】

寧夏巡撫胡全才揭報地方情形并請敕部速覆遠地本章

順治四年四月（日不詳）

胡全才。

順治四年六月初七日到。

本揭對同。

欽差巡撫寧夏等處地方贊理軍務、都察院右僉都御史胡全才：爲恭報地方情形，并陳撫循實著，乞敕部速覆力行，以固嚴疆事。

職以菲材，叨肩重寄，蚤作夜思，期裨益地方，以報聖恩之萬一。不意寧地廢弛，匪朝伊夕。如文職則州縣原無，止有六廳，今止存一人矣。武職則陣亡，緣事調征不一，莅任者數人，率家口無度，乞討俸薪不給矣。兵丁則中協、中衛尚未補足。糧餉則本色壓欠，京、民二運不來矣。問民之食，則糟皮充腹。問民之衣，則花布不産、草衣遮體矣。甚至河東之石田難耕，人烟斷絶，鄰封之伏莽窺伺，敉撫未結，百孔千瘡，亟需整頓。職今將補官、選將、議兵、請餉、恤民、平寇等事，恐字數多端，各本題請。

所可慮者，寧鎮遠在天末，凡有本章，兩閱月而後聞旨，數閱月而後部覆，甚至已經部覆、温旨煌煌，而各官奉行不力，以致緊亟軍需，竟成畫餅。如鎮臣劉芳名于順治叁年貳月内，具疏求討馬匹、牛隻等項，部覆奉旨，允給户部馬壹百匹，餘兑茶馬肆百匹，撥給牛共肆百隻。今歷年餘矣，壹馬、壹牛并未到寧。以後再復如此，豈能濟封疆萬一哉！伏乞皇上、皇叔父攝政王，念職孤處遠地，凡有題請，敕部速覆。仍敕内外諸臣，欽遵聖旨，力行無誤，則職藉諸臣之力，得以竭忠圖報，而嚴疆之裨益，非淺鮮也。爲此除具題外，理合具揭。須至揭帖者。

順治肆年肆月□日。

右僉都御史胡全才。

【《明清檔案》A5—161，B2655—B2656】

寧夏巡撫胡全才揭爲寧鎮不産花布請撥兵護送布商

順治四年五月（日不詳）

胡全才。

順治四年六月廿八日到。

本揭對同。

欽差巡撫寧夏等處地方贊理軍務、都察院右僉都御史胡全才：爲寧鎮不産花布，衣被無資，仰乞敕行通商，以利嚴疆事。

竊照寧鎮地處遐荒，絲綢、梭布從來不産。往例絲羅，皆在江南、湖廣等處差買，其綢布在山西、河南招商販運。今變亂有年，路途多盜，商賈寡行，勿論絲羅無有，即粗布每匹價至捌玖錢，甚至壹兩有餘。窮軍饑民，衣被最難，因之披氈裹體，結草禦寒，子女有拾伍陸歲，尚赤身無底衣者。職目擊于斯，曷勝扼腕。除發示花馬、興武、靈州等處，凡遇綢布客商，本屬將領撥兵護送，務使到鎮外，其山西、河南等處商賈經行之地，非職所轄，不便疏通。伏乞皇上、皇叔父攝政父敕下該部，轉行各省撫臣，嚴飭所屬郡邑地方，凡遇客商運販綢布等物來寧者，許撥兵快挨程護送，務使無虞，庶商販源源而來，窮邊大有攸賴矣。爲此除具題外，理合具揭。須至揭帖者。

順治肆年伍月□日。

右僉都御史胡全才。

【《明清檔案》A5—194，B2749—B2750】

陝西巡按趙端揭報屬官賫金投賊審實擬罪

順治四年五月（日不詳）

【注】誣告律，非其質矣。任聞喜引收錢律，亦不合。該道再確議以報，速速依蒙備案。仰府仍該署印馬政趙同知覆審，路周方將投賊寢謀實情一一供吐。聞喜將從逆實情未曾供明致准，仍擬聞喜、路周等各原罪招由到道，覆詳無异。

看得任聞喜既署開城監事，未能保守臣節，乃爾賫銀獻賊，豈得藉口路周之迫脅，罔念效死之大義。本宜按法重究，以正厥典，第獻銀即回，未受賊職，姑開一面。路周迫官諛寇，罪在不宥，旋亦歸還本所，與任聞喜均應援例，得從末減，仍各擬軍徒，似非枉縱。其廣寧監署官，于緝唐、武安監監正鄭瑞生各原被劫銀兩、馬匹，情非得已，俱應開豁，各照原擬杖懲。將任聞喜、路周各問擬逃叛，雖不自首，能還歸本所，減等徒罪，仍將路周引刁軍挾制官吏起滅詞訟、把持衙門事例充軍。于緝唐、鄭瑞生，俱不應杖罪，招呈按院詳批。路周、任聞喜賫銀獻賊，律□明條所議，猶□相合，按察司提問究擬報，速速依蒙行提一□人犯到官，該按察使鄭清審得，任聞喜供稱，于順治二年五月内，奉軍門札委平凉衛經歷。七月初九日，署開城監

事。武大定賊于二年十二月二十七日到開城監，本監前後已失五次，城内止有三十家。人聞賊破固原，官民先往頭營堡，後賊至堡下，有鄉約即堡頭路周同聞喜至固原見賊，押追大糧銀三十八兩送賊，後將此銀衆人賠完解巡道訖。審路周供稱，武大定自固原發，賊到頭營堡要官，官出，又要堡頭路周與任聞喜俱于本日齊到固原州見靳中軍。問此官好否，周應云“好”，將周即放回。其任聞喜交銀留住賊營，後賊給聞喜告示，于正月初七日方回。

審于緝唐供稱，先授固原州同知，于二年七月初七日到任，十一月初二日委署廣寧監，此監在固原鎮城内。武賊于十二月二十二日叛噪，劫去庫貯軍餉銀一百一十四兩三錢六分，并牧軍吴教馬一匹，砍傷劉宗唐馬一匹，今已喂好。又奉茶院分付變價銀二兩，已解苑馬寺取獲托收訖。

審鄭瑞生供稱，蒙英王札委署武安監事。本監自崇禎三年殘破之後，十餘年來，衙門無存，房内無人，本官住三道溝小堡，賊未曾到。止于二年十二月二十八日，搶去監屬白水鎮牧軍冉得禄馬一匹，王君臣馬一匹，藺成海馬一匹，梁秀子母馬二匹。再，審吴敖、冉得禄等，各供相同。

看得任聞喜，委署開城，即當存亡共之，一聞武賊噪變，乃爾弃監入堡，已失效死之義。及賊衆招呼，又不能抗節死拒，輒與路周同就賊營，投獻官銀。不思身爲王臣，腆顔叛黨，旬日方歸，抑何以自解耶！且也受賊僞示，料理監務，不又彰明較著哉！改徒擬絞，庶蔽厥辜。其路周雖曰當日回堡，然既已濡足，何辭從逆？所當并擬城旦者也。他如廣寧監于緝唐、武安監鄭瑞生被劫銀、馬，已經茶院題豁，無庸更議。但二官臨變疏防，拜杖不枉。將聞喜等取問罪犯，議得任聞喜、路周，俱合依謀叛未行，任聞喜爲首，律絞，路周爲從，律杖一百，流三千里。于緝唐、鄭瑞生，俱依不應得爲而爲之事理，重者律各杖八十。任聞喜係重刑，路周係徒罪，于緝唐等俱杖罪。統候具題，奉旨發落。照出絞罪任聞喜，徒罪路周，并于緝唐、鄭瑞生各免紙。其路周、任聞喜，原獻餉銀三十八兩，應在路周名下追還正項。

等因。招呈到職。

除批候題請外，該職看得，任聞喜蒙委署監，避堡圖存，當賊衆逼臨之時，輒與堡頭路周賫銀投獻，臣節已失。且領示復任，附逆更明，分别首從，絞、徒匪枉。廣寧署官于緝唐、武安署官鄭瑞生，疏防杖斥，均蔽厥辜。至所失餉銀、馬匹，既已豁除，無庸復議。既經該司招呈前來，職謹會同撫臣黄爾性、茶臣蘇京，合詞具題，伏乞敕下該部議覆施行。爲此除具題外，理合具揭。須至揭帖者。

順治肆年伍月□日。

監察御史趙端。

【注】此前有闕幅。

【《明清檔案》A5—198，B2757—B2760】

寧夏巡撫胡全才揭請速發難馬匹

順治四年六月（日不詳）

胡全才，

順治四年六月初七日到。

本揭對同。

欽差巡撫寧夏等處地方贊理軍務、都察院右僉都御史胡全才：爲營伍□馬甚急，懇恩速發，以信前旨，以資征剿事。

准鎮臣劉芳名手本稱，寧鎮馬匹，原自無多，兼之調徵行間，以致營難數馬。查順治叁年貳月内，本鎮具疏籲請，該户部議覆："本部先發壹百匹。給該鎮騎操，其餘于茶馬兑給，以資馳驟。"本月貳拾陸日，奉聖旨："依議行。欽此。"本鎮隨即具呈督臣孟喬芳批准，給茶馬肆百匹，□洮泯、西寧、河州等處茶馬司發給。及差官趨行，竟以空文回答，壹匹不與。目下

□□□□□□鴟張，徵調不息，徒步之卒，寧能勝騎馬□□□□合會愬急發。等因。到職。

該職查得，寧夏馬匹□□西寧等處發給茶馬壹千肆百匹，以資□□，成例已久，原非創舉。今鎮臣劉芳名具疏請討，蒙恩允給户部馬壹百匹，餘兑給茶馬，督臣批准肆百匹，已逾壹載，俱未發給。事屬望梅，騎征何資？伏乞皇上、皇叔父攝政王敕下該部，將壹百匹速發來寧，并敕行巡茶□□□蘇京將中完茶馬，急措肆百匹，交寧夏□□□營□皇上明旨，庶□□□□疆，而克敵制勝，大有裨益矣。爲此除具題外，理合具揭。須至揭帖者。

順治肆年六月□日。

右僉都御史胡全才。

【《明清檔案》A5—216，B2809—B2810】

陝西巡撫黄爾性揭報秦地蝗災請准議蠲

順治四年七月二十日

黄爾性。

順治四年八月初七日到。

本揭對同。

欽差巡撫陝西等處地方贊理軍務、都察院右僉都御史黄爾性：爲彙報异常蝗蟲食踐秋苗，伏乞聖明電鑒，以救灾傷事。

本年七月初八日，據固原兵備道吴一元呈，據海剌都操守田天俸塘報，據本所民賀應武稟稱，六月二十四日，异常蝗蟲滿天，從打麥水正西來，至關橋、雙河等堡，方圓百十餘里，遮天蔽日。落地，秋夏田苗一空。有農民田天受向前驚打，蜂擁衝倒，遍身落埋，約有三尺餘高。即日，伊家找尋，止漏片衣，翻尸命斃。等情。到職。理合塘報。等情。據此，查得海剌都，

離固鎮一百八十里，見今蝗蟲食傷田苗，至于窮黎，亦因之斃。天灾甚慘，擬合呈報。等情。

七月十二日，據布政司呈，據藍田縣申稱，六月二十八日，偶有飛蝗自東而來，遮雲蔽日，本縣即致祭南壇，至午後，盡飛西南而去。一面曉令百姓打捕，并查有灾地方另報外。等情。本月初九日，又據渭南縣申稱，六月二十五日，忽有飛蝗起自東北方，漫天蔽空，連綿不絶，秋禾盡被殘食，據五十六里鄉約地方結稱，灾傷不一，見在捕打未息。等情。初十日，又據延安府塘報，據米脂縣報稱，據五里士民常真儒、白雲生等告稱，六月初十日，偶遭蝗蟲從北飛來，遮天蔽日，震山動地，四野遍落，不論禾苗、柴草、根芽俱無，農業失望，哭聲遍野，赤地堪憐，凶灾可憫。伏乞轉申請蠲、請賑。等情。到縣。據此，卑職郊外祭禱，見得蝗蟲堆積數尺，周旋蠶食，已經四日，未見高飛遠舉，此從來未聞之天灾也。理合塘報。等情。到府。

又據綏德州塘報，據鄉民劉應乾等、生員李如蘭等呈告，六月十四日，飛蝗遮天蔽日，從西北而來，所過地段田苗、根楂盡絶，并野草無留，遺糞滿地，錢糧指何完納？等情。到州。爲照飛蝗經過，禾苗無存，士民擁州告苦，男婦哭聲遍野，尚不知蝗蟲底止。緣係灾傷，據實塘報。等情。到府。

又據綏德衛報，據守西川下五寨千總喬光榮塘報，據地方王尚秀報稱，六月十三日，蝗蟲從岔把川掌來，將西川自彼起，沿川吃至苗家坪、董家灣，奔南去訖。落下之處，田苗一掃罄絶，野草無留，遺糞滿地，錢糧賴何完納。等情。又據各百户下生員鍾玉鉉等、屯丁陳舜典等呈稱，蝗蟲食田緣由，到衛，各報到府。據此，理合塘報。等情。

又據延安府塘報，據膚施縣報稱，六月二十日，蝗蝻從北而來，遮天影日，落止田中，根苗無存，申報到府。查議間，未時有蝗蟲自北飛來，遮天蔽日，落地三尺，老幼呼天籲地，捶胸跌足。本府即率所屬大小官員，望北虔誠遥祭，不一時，往東南飛騰，未卜向往何地。據此，理合先行塘報。等情。

又據葭州塘報，六月初十日，狂風大作，隨有蝗蟲遮天蔽日，寬約數十里，俱從西北飛來，一股向東，一股向南，落地處所，田苗、根楂未留，此天降异灾，擬合塘報。十一日，又據臨潼縣申，據本縣鄉約趙光祉、緱允中等告稱，七月初二等日，蝗蟲飛自東來，蔽天影日，已過三日，飛向西南。所過地方，種成秋禾，被蟲食踐無存。等情。又據本縣新義、懷仁等里王鍷、陳修等各投告灾傷情詞，到縣。據此，竊思潼民屢經殘破，叠罹奇荒，今突然灾從空墜，老稚哭泣，目擊心傷，擬合申報。等情。各報到司。

該本司左布政使劉弘遇看得，秦遭劫運，苦荒苦盜，不一而止。自入聖世，時稔風和。今年二麥薄穫，滿望恃此秋禾爲果腹之資，何期天不秦吊，偶降飛蝗，一過根芽無存，俾終歲之勤勞，付之空忙，煢煢孑遺，從何仰賴？據報堪憐，何吾民不辰以至此也！除行各屬痛加修省外，事關民瘼，相應呈報，合候本院鑒奪請恤。等因。又據固原兵備道吴一元呈，據下馬關駐防副將折增修呈，爲申報灾傷事。又據華陰縣申，爲申報异常蝗灾事。又據高陵縣申，爲苦遭暴蝗飛殘民命事。又據韓城縣申，爲飛蝗慘食難堪，乞急申救以保孑遺事。又據鄜州塘報，爲异常蝗蝻事。又據延長縣申，爲蝗旱灾异，乞暫停徵，以蘇疲困事。又據甘泉縣塘報，爲异常天灾殃民事。又據洛川縣塘報，爲急報蝗蝻灾傷事。又據延川縣申，爲异常蝗灾殺絶民命事。又據清澗縣申，爲飛蝗灾傷事。又據吴堡縣申，爲蝗灾异常事。又據安塞縣申，爲申報异常灾傷事。又據白水縣申，爲蝗食田苗事。各報所屬地方蝗蟲食踐禾苗，大略與前所報相同。等因。到職。

該職看得，秦民不辰，灾旱頻仍。數年以來，夏田間有收穫，秋禾屢歲未布。幸今歲雨暘時若，秋禾暢茂，滿望西成。詎意突降天灾，遍地飛蝗，食踐青苗，所過盡皆赤土，甚至擁斃人命，從來未聞。雖各屬申報蝗蝻寬狹不一，然而均屬异災。嗟此小民，終歲勤動，竟付烏有。不惟俯仰無資，而國課將何辦納？據其哀苦情狀，真令鄭圖難繪、賈泪徒灑者也。敢望皇上、皇叔父攝政王弘施浩蕩，破格議蠲，以蘇殘黎。然此皆職等奉職無狀，致有异常災傷。除即恭自修省，以期消弭外，既經各報前來，職謹會同督臣孟、王，合詞具題。伏乞敕下該部，速爲議覆。事于彙報災傷，字多逾額，并乞聖宥施行。爲此除具題外，理合具揭。須至揭帖者。

順治肆年柒月貳拾日。

右僉都御史黄爾性。

【《明清檔案》A6—24，B2871—B2874】

陝西寧夏總兵官劉芳名揭報剿獲逆賊并請叙録有功

順治四年八月十日

劉芳名。

順治四年九月初十日到。

本揭對同。

欽差鎮守陝西寧夏等處地方總兵官、都督同知劉芳名謹揭：爲文武協力擒斬逆渠，謹特馳報，仰祈聖鑒，并懇敕下叙録，以信賞罰事。

竊照逆賊馬德，初被王元迫脅，戕害撫院。繼緣微職自鞏昌回，馬德從中勸元開城受撫。維時恐其結聚不散，終爲隱憂，遂稟督臣委署花馬池事，以分王元之勢。曾經□奏，緩其斧誅。豈意狼子野心，疑畏不釋，突于今年叁月間，率其部卒逃匿慶境。因爲地脉乾枯，苦于無水，盛暑之際，難以用兵。職與撫道諸臣，籌之至再，不期賊德糾合亡命，公然悍法，于柒月間□□蟻聚，越境犯搶。微職遵奉督臣憲檄，發兵□剿。隨于前月貳拾陸日，同河西道臣袁噩，親督署中協副將馬寧，撫標原任參將王嘉惠，職標原任副將劉登樓、王學寧、侯一位，道標守備郭崇志，鎮標右營游擊田充國，洪廣營參將沈世芳，署興武營游擊樊朝臣，職標原任游擊劉進朝，後營守備楊逢源，撫標守備李先篤，并原任副參沈應時等，統領官兵，兼程進發，于捌月初壹日，在固鎮預望城南一戰，殺賊千餘。馬德敗遁，職等同督臣所發監營官本巴等躡尾疾趨。初陸日，天雨如注，星馳壹百柒拾餘里，至慶陽紅德成火焰山地方，哨見賊踪，即遣原任副將劉登樓等追趕捌拾餘里。逆德猶麾殘衆，恃□對敵。官兵連砍數陣，賊衆被殺，滚溝墮崖者百拾餘人。雨大天黑，無處找踪，馬德幸脱。

職等次蚤撒撥分投找探，至初玖日黎明，據報賊在河兒平地方，即督官兵奮勇剿殺，馬德授首，餘黨殺死之外，盡皆星散。陣亡官丁喬一元等貳拾貳員名，陣傷官丁杜茂德等伍拾壹員名，陣失馬共叁拾壹匹，重傷馬陸拾捌匹，奪獲馬、騾、驢、牛共柒拾貳匹頭隻。計此一役，先挫狂鋒，使賊披靡者，則署中協副將馬寧；陷陣斬馘者，則原任副將劉登樓，原任游擊王顯昇，原任參將王嘉惠，加銜守備郭崇志；四面合圍并力堵截者，則右營游擊田充國，洪廣營參將沈世芳，署興武營游擊樊朝臣，職標原任游擊劉進朝，撫標原任游擊張柱國、甘九明、李世奇，火器都司閆虎、王大定、范友義，職標旗鼓守備高棟，撫標守備李先篤，後營守備楊逢源，原任游擊都司劉國玉、白臣、宣尚、高拱極、劉光德、楊海量、高崇信、姜友成、邵科、劉芳聲、李世耀、鄭隆、周士榮，原任守備劉榮先、鄧奎、李才、蘭養鳳、羅一萬、劉世禄、劉萬成，加銜守備郝有才、王汝秀、任萬邦、齊芳、張玄、靳宗臣、劉昇新、白捷、王者昇、閆大順、王善、楊育桂、藺光耀、尚紹相、賈平、高光先、王惠民、楊思科，千總陳福、陳俊、曹士英、敖貴初等。自備鞍馬□急同讎者，則原任副將王學寧、侯一位、王雄、□應時，原任參將鄭輔、周世虎，原任游擊張定國、王緯臣、張弘猷、左安邦、李雄、薛良、王珍，原任都司李明才等也。

總之，仰賴聖上暨皇叔父攝政王赫聲濯靈，及督臣孟之指縱秘密，撫臣胡全才之帷籌深遠，河西道臣袁噩之念切奠靖、决策周詳，河東道臣馬之先之挽輸接濟，署理刑事貢生張哲、原任都司梁真宸、加銜都司杜景聖借撫餌誘，預爲躧探，故能不旬日間，于深溝險壑之中，孤軍奏績，殲厥渠魁。除陣獲馬、騾即賞有功官丁外，微職與河西道臣親□行間，經見真切，謹特據實□上垂鑒，敕部叙録，庶功賞罪罰，裨益勸懲，匪渺小矣。除具題外，爲此理合具揭。須至揭帖者。

順治肆年捌月初拾日。

【《明清檔案》A6—58，B2981—B2984】

陝西茶馬御史蘇京揭報安定賊寇殺官掠馬

順治四年八月（日不詳）

蘇京。

順治四年八月廿七日到。

本揭對同。

巡視陝西茶馬監察御史：爲塘報賊情事。

八月初五日，據守隴道劉世杰報稱，據鞏昌府報，七月二十二日，通安驛陳鳳鳴報稱，東賊約有數千，于本月十九日，假妝跟隨新苑馬寺蔣寅丁先入安定縣城内百餘，至四鼓時分，起手搶掠。蔣苑馬寺逃走，趙知縣被殺，闔縣殺傷，不知其數，擄去男婦、馬、騾甚多。二十日，細搜一日。二十一日，起行往東路鐵木山去訖。等情。

初七日，又據固原道帶管苑馬寺吴一元報稱，七月二十七日，據原差買馬委官蕭良棟稟稱，蒙差西寧買馬，行至蘭州清水驛，遇見新任蔣苑馬寺，説棟不可去，隨我回，另换文買馬同行，復至安定縣。不期十九日夜，至四更，賊入城，殺死縣官，將蔣苑馬寺家眷、馬匹及縣內人口，盡行殺掠。有棟被賊捆縛一日夜[①]，官銀、衣服盡掃一空。二十八日，安定監報稱，二十四日，有新任蔣苑馬寺被賊擄去，復至會寧縣，差人執票到監，催夫馬迎接。二十五日，已接到監城內。又據該監報稱，委官蕭良棟呈稱，領官銀捌百伍拾兩，公文、馬牌并騎監馬叁匹，自清水驛，復至安定縣，因賊破城，盡搶一空。各報到職。

該職看得，七監荒廢之極，新陞苑馬寺蔣三捷，發奮整頓，于西寧帶來茶馬大小兒騾貳百捌拾陸匹，與帶管苑事吴一元差官賫銀買馬，以實厩牧，各經呈報到。【注】

【注】此後有闕幅。

【《明清檔案》A6—82，B3055—B3056】

順治五年（1648）

寧夏巡撫李鑒揭報到任日期

順治五年六月（日不詳）

李鑒。

順治五年七月初十日到。

本揭對同。

欽差巡撫寧夏等處地方贊理軍務、都察院右僉都御史李鑒：爲恭報到任日期，仰謝天恩事。

職才不通，方性喜寡。援一旦遭時遇主，拔之于淪落之餘。初授巡撫宣府，再授總督大同，維時賊氛未靖，妖孽狂興，雖鋤暴安良，頗費心血。然

①有棟：前文作“良棟”。

恩重則難塞，即捐軀頂踵，猶存愧歉之心。兹者荷蒙皇上、皇叔父攝政王終不以職謭劣可弃，復頒新命，填撫寧夏。夫寧夏，古朔方地也。密邇羌套，雜處漢回，俗獷人悍，地僻民窮。操之太急，則生彼心；縱之過弛，則狎我法。非操非縱，時威時懷。使貢雉獻獒，遠暨于窮廬絶塞；賣刀買犢，近睹于東鄙西陲。此職克盡職掌之事，今正區區思竭之時也。職于前肆月念日，陛辭就道，跋涉肆千柒百餘里，乃于陸月拾伍日，接受關防壹顆，到任訖。除設香案九叩謝恩外，爲此除具奏外，理合具揭。須至揭帖者。

順治伍年陸月□日。

右僉都御史李鑒。

【《明清檔案》A8—169，B4467—B4468】

寧夏巡撫李鑒揭請頒給令旗令牌

順治五年六月（日不詳）

李鑒。

順治五年七月初十日到。

本揭對同。

欽差巡撫寧夏等處地方贊理軍務、都察院右僉都御史李鑒：請頒令旗、令牌，并報明撫臣帶去旗牌情由，仰乞聖鑒事。

職衙門舊有欽頒令旗陸面、令牌陸面，前因王元之變，焚失無存。案查前任撫臣張尚于順治叁年伍月内，具疏請討，業蒙敕部頒發。維時張尚奉旨互調甘肅，遂將旗牌携帶赴甘。嗣後前任撫臣胡全才接管，移文會查，准張尚回咨，内開：本院撫寧時，特疏請頒令旗、令牌各陸面到寧。因奉旨與黄圖安互調，行至凉州交代，詢甘撫任内□□欽頒旗牌，所以本院將所領旗牌留未交寧，于恭報受事日期疏内，奏徹聖明矣，當另請頒可也。等因。回覆到寧。該前撫臣胡全才曾已繕疏具請，因全才奉旨勘問原疏未封進，今職莅任，當急請頒發，以肅軍令。伏乞皇上、皇叔父攝政王敕部查議，將前項旗牌照例另頒。庶仰藉王命之重，以爲彈壓之資。爲此除具題外，理合具揭。須至揭帖者。

順治伍年陸月□日。

右僉都御史李鑒。

【《明清檔案》A8—170，B4469—B4470】

寧夏巡撫李鑒揭報監司通賊有據請旨處分

順治五年六月（日不詳）

李鑒。

順治五年七月廿三日到。

本揭對同。

欽差巡撫寧夏等處地方贊理軍務、都察院右僉都御史李鑒：爲監司通逆有據，僞札、私書、馬匹俱已盤獲，謹據實密聞，仰乞聖鑒事。

職前赴任寧夏，行次山西，即見陝西按臣劉明偀備陳鎮臣劉芳名原揭河西道参議，今以别案降壹級調用袁噩壹疏，甚駭异之。及次西安府，詢之當事諸臣，共有作事乖張之訾。入境，又聞該道馬匹、盔甲與内司官丁甚多，城中人心，甚洶洶不寧。職到任伍日，據噩具文呈稱，本道奉旨調用所有任内原帶内司官丁，并自馬原食官料草不便帶回，呈送本院標下入營征操。共送馬貳拾匹，盔甲貳拾頂副，内司官丁肆拾陸名。職查内馬伍匹，係白捷等自備，照舊給還騎操。餘馬拾伍匹，盔甲貳拾頂副，則噩之置也。職以入川之兵，正苦乏馬，鎮臣曾具疏控請，即將前馬并盔甲發中協調兵騎征披戴，官丁白捷等收入職標，少殺該道之勢。

本年陸月貳拾伍日，准鎮臣劉芳名手本，爲會報監司顯悖聖旨、暗通回叛，贓證確實，國法一日難容事，内稱“竊緣河西回逆梗化，本鎮分投布置”去後。于本月貳拾肆日，據中衛參將董熙昌并委防鎮標將官劉進朝等塘報，内稱：本月拾捌日，在中衛地方，有河西道差官王炳文、牛三戎、王汝秀等手執西道令箭，趕空馬伍拾餘匹，并無部單，亦無三院牌票。職等再三盤詰，止有僞總統都督冶札付貳張，上寫前朝“大明戊子年[①]閏肆月”字樣，大有可疑。又書壹封。等情。塘報到鎮。本鎮見報驚駭，因思去年寧鎮剿賊缺馬，移會撫茶及總督各院賫價購買，繼被章京盤留入告。奉旨下部，蒙念馬匹在營騎征，始從免議。而袁參議已邀陸拾壹匹之恩。嗣後，袁參議又買馬貳百伍拾餘匹，豈期兵戈搶攘之時，又復買馬伍拾餘匹，安然到鎮。推求其故，總由平日暗與逆回勾通，今則給與去官王炳文、牛三戎僞札，是以直走賊營。本鎮前揭袁道，修寨創業，招納亡命，另建白旗，造甲蓄馬，謂其肺腸不可測識。兹且差官通賊，確有實據。設非仰藉皇上洪福、皇叔父攝政王威靈，盤獲敗漏，則寧之爲寧，未可知也。除僞札鎮留壹張備照，今將僞札壹張、書壹封，并原馬應送貴院研審。等因。到職。

職即會同鎮臣劉芳名、餉臣李起元，暨在城各廳與副、參、游等官，齊集于職衙門，當堂驗看。書壹封，係回逆冶秉忠與噩之回書，内係買馬往來之語。刊刻僞札貳張，係給噩買馬差官王炳文、牛三戎即牛國本者，内鈐私鑄篆文關防。札内狂悖諸語，職閱之，不覺眦裂髮指，面詰兩逆，各唯唯無辭。及訊噩當日曾否知情，兩逆皆供不知。加以刑拷，始供先時不知，後給札一事，噩亦知之。又詰其札内總統、都督冶者何人？皆供即回噩書内之冶秉忠也。如是，則素日通賊無疑矣。據此，除將炳文等寄監，并將盤獲過馬、騾伍拾柒匹印烙，又恐喂養不到，致有瘦損，遂分發各營兵暫收喂養，

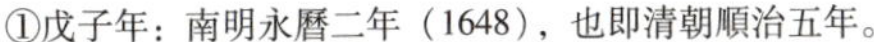

①戊子年：南明永曆二年（1648），也即清朝順治五年。

或解京，或發各營騎操，候旨定奪。

職又聞袁噩尚有自養馬匹與自造盔甲，留彼未便。即行該道署中軍官靳宗臣，將噩所養騾若干、盔甲若干，據實開數報院。據報，除迎接新道臣騎去馬拾叁匹，俟回日另解外，于該道衙内盤獲見在馬壹百貳匹，騾貳拾頭，盔甲陸拾貳頂副，俱呈驗到職。職將馬、騾印烙，亦暫發各營喂養，盔甲寄庫訖。該職等看得，各鎮買馬，奉有聖旨，未奉部單者，不許私買，而盔甲亦嚴禁各鎮不得多造。乃袁噩借備兵之名，私買馬匹，打造盔甲如許，雖久已潛蓄异志，而情形未顯著也。今逆回冶秉忠交通之私書，與給差官王炳文等之僞札，一朝俱獲，秘謀叛迹，和盤托出，真法紀所難貸者。則鎮臣向日之所揭，豈屬風影之詞乎？查該道業准部咨，降級調用，其原管印務，職行河東道參議謝允復兼攝，將袁噩羈住候旨。其僞札貳張，除鎮臣留壹張備照，今將壹張并私書壹封呈送，内院馬匹、盔甲數目造册移送兵部核查外，職謹會同督臣孟喬芳、按臣劉明俣，合詞據實密封上聞。伏候皇上、皇叔父攝政王聖裁處分，行職等遵奉施行。爲此除具題外，今將後開僞札、私書，理合具揭呈送。須至揭帖者。

計開：僞札壹張，私書壹封。

順治伍年陸月□日。

右僉都御史李鑒。

【《明清檔案》A8—176，B4485—B4488】

寧夏巡撫李鑒揭報盤獲私馬

順治五年六月（日不詳）

李鑒。

順治五年七月廿四日到。

本揭對同。

欽差巡撫寧夏等處地方贊理軍務、都察院右僉都御史李鑒：爲再報盤獲私馬事。

本年陸月貳拾伍日，准鎮臣劉芳名手本，據中衛參將董熙昌報稱，本月拾捌日，有前任胡撫院差人王之祥買到馬叁拾壹匹，未知真假。又據廣武堡塘報相同。等因。移會到職。職即差人前去廣武，將王之祥等并馬匹一同盤獲。内有西寧副將張世耀差家人鄭環、曹自先貳名騎馱馬叁匹，與之祥等同行，并盤到職審，係本官自馬差回宣府原籍，實非私馬，當即釋放訖。又盤獲同行王之祥、劉信義、劉思貴等，面審，情詞不壹，職批行理刑同知張元初再三駁審，回報到職。

據此，該職看得，王之祥、劉信義初供，以别案革職聽勘舊撫胡全才差去買馬，及索其牌票，無隻字可據，又推卸于挂號之人未回，繼批理刑廳研審。又供，係出假托全才名色，除之祥等供止帶馬陸匹，客人劉思貴等馬玖匹，尚餘壹拾陸匹無所著落。駁審至再。據詳供，係别人同行之馬，壹聞公差盤馬，各皆逃去，情詞閃爍無定。劉思貴等壹行陸人，騎馱馬共玖匹，情似可原。然驗其馬，則皆騍馬，又係私買孳生之馬而來者。職今一面移會全才，查其曾否差買，一面再行西寧道，查之祥并思貴等當日在役各買馬若干匹，曾否上税挂號。俟其確有實據，方行究擬。但前項馬匹與袁疆馬騍同日盤獲，不敢不先具報聞。除將各犯保候馬匹分發各營兵丁暫行喂養，造具毛齒文册，移送兵部存查外，謹將盤獲私馬，理合具題。伏乞皇上、皇叔父攝政王敕下該部議覆，行職遵奉施行。爲此除具題外，理合具揭。須至揭帖者。

順治伍年陸月□日。

右僉都御史李鑒。

【《明清檔案》A8—177，B4489—B4490】

陝西巡撫黄爾性揭報入漢鎮兵中途噪變并派兵剿撫緣由

順治五年十月十八日

黄爾性。

順治五年十一月初三日到。

本揭對同。

欽差巡撫陝西等處地方贊理軍務、都察院右僉都御史黄爾性：爲恭報入漢鎮兵中途噪變事。

本年十月十六日，准剿撫四川左路總兵陳德塘報，據寧夏領兵游擊馬世榮、田充國報稱：卑職等蒙調，初至省城，固山額真各已分旗，即有正黄旗下寧夏領兵署撫標右營游擊事甘九明所統兵丁，夜晚上弓弄箭，傳説寧夏將各丁家眷起解前來，是以各丁不安。卑職等每每戒諭，不啻再三。今于本月十三日自省起身至咸陽，次日西行三十里至地名馬跑泉，有甘九明傳令各丁吃乾糧。少頃，放炮一聲，其穿黄號衣兵丁一時先起噪變。甘九明同該營千把總何三捷等，即帶領馬兵，并邀截卑職等馬兵，一并統領往北奔走。卑職等即馳馬追趕召呼，奈槍箭如雨，不能近前，并二營千把總回至咸陽投見。等情。到職。

據此，爲照寧鎮之兵，驕悍成習，職戒諭防範，不啻諄切。據報行至馬跑泉，有叛將甘九明輒然邀截倡變，是誠憫不畏死矣。當據馬世榮、田充國之報，一面即差官口報在省各部院，一面傳令延鎮官兵，盡出咸陽城外，以防不測。職即督統所部馬兵飛馳追趕，前至醴泉縣地名方山，叛兵倚山列陣，抗不受撫。有叛將甘九明勒馬陣前，大言今日不敢受撫，須回寧夏見了各兵家口如何，方得放心。職即督率兵丁奮力撲砍，彼用火炮齊打，鏖戰多時，殺死叛兵一百餘名，箭傷我兵一名、戰馬二匹。時已天晚，收營休息，再行追擊。等情。十七日，又准該鎮塘報，十六日未時，據固原領兵游擊賈應魁差兵杜世旺、李明投至乾州口報，延綏、固原兩營兵丁，十五日晚一更時分，在扶風縣，忽然放炮噪逃，多半奔往北走。有賈游擊同延綏領兵守備孫國泰今在扶風縣，其見在兵丁共約有四五百名。等情。到職。

據此，爲照調到各鎮兵丁，率皆驕悍，先據游擊賈應魁稟報，兵至武功，可謂安静，并無别情。及見寧夏兵變，遂爾效尤，令人憤恨之極。除會領兵各大人督發多兵，相機剿撫外，俟有另情再報。等因。到職。該職爲照入漢馬步官兵調集省城，俱各分旗，因漢糧不足，固山額真墨勒根蝦將馬兵陸續進發，留步兵于省城。至本月初六日，檄調入漢，遂將各鎮兵丁按月給餉，俱付與總兵陳德統領前去，不意中途噪變。但此兵驕悍已極，掉臂成風，聞報之時，職即會同吏部侍郎哈哈木公議，令陳德統該鎮馬兵追趕去後。又恐無以懾伏，隨發城守工部理事官趙山等統領滿兵星馳前去，協同該鎮相機剿撫，俟有成局，另行馳報。并移延綏、寧夏、固原各撫鎮官，行令各該營路整兵堵禦，亦相機剿撫外，事于援兵鼓噪，相應具題，伏乞聖鑒，敕部議覆施行。爲此除具題外，理合具揭。須至揭帖者。

順治伍年拾月拾捌日。

右僉都御史黄爾性。

【《明清檔案》A9—111，B4885—B4887】

陝西茶馬御史史詥揭爲舉劾將領

順治五年十一月（日不詳）

史詥。

順治五年十一月廿日到。

本揭對同。

巡視陝西茶馬監察御史：爲循例舉劾將領官員事。

職因茶路梗阻，前具疏題，奉有諭旨："商人赴産茶地方中茶，仍令經過地方，量撥兵丁防護，是疏通茶路，端有資于將領之保障也。"又捧奉敕諭一款："文武屬員，聽爾指實舉劾。"兹巡視茶馬已竣，職在茶言茶，于武職亦不得不約略言之也。其有防禦著勞，或征剿著績，或彈壓地方，有裨茶法者，職何敢不一薦揚。若夫庸懦廢事、貽誤地方者，職又何敢寬也。除川湖路阻，不敢臆爲舉劾外，謹將陝西耳目所及，職所深知與司道開報僉同者，備爲我皇上、皇叔父攝政王陳之。計開：

應薦將領官壹拾肆員。

副總兵壹名員。寧夏中協副總兵李逢茂，智勇兼資，德威并著，軍民共服，嚴明邊陲，攸資保障，可當專閫。

叁將壹員。漢鳳營叁將齊陞，秉性直樸，負才果毅，練兵一旅，稱雄臨陣，萬夫莫敵，真大將材也。

游擊柒員。總督標下右營游擊張勇，長才逐電，英烈追風，具千人辟易之氣，負百折不回之雄，征剿叛回，厥功尤茂。陝西撫標左營游擊胡來覲，威烈奮揚，韜略熟練，提勁旅以深入，掃妖氛而凱旋，屢戰屢捷，膚功茂建。總督標下左營游擊祖澤厚，驍壯之才，願良之質，約兵秋毫無犯，列陣奇正不測。總督山陝餉部標下中軍游擊王禎，恪慎居心，勤敏應務，績著運輸，士馬賴以飽騰，威揚壁壘，群氛因而揚蕩。寧羌營游擊王明德，謀略慎密，勇力奮揚，運籌一毫不爽，決勝百戰奏捷。提督標下後營游擊佟透，屢著犁庭掃穴之功，克饒攘外安内之略，干城上選。延安營游擊王永强，力敵萬夫，謀克百勝，當鋒勁旅，立摧綏衆，秋毫無犯，允稱禦侮之才。

都司叁員。陝西屯政都司僉書劉承蔭，持身凛凛，應務優優，催輸而績奏崇墉，撫字而屯悉鼓舞。陝西操捕都司僉書李攀，惠具扛鼎食牛之概，厲霜嚴秋肅之威，步伐止齊，咸當律令，賞罰惟明。興安鎮標中軍都司僉書白守榮，驍勇性生，韜略夙諳，遵指授而正以兼奇，運訏謨而智能濟勇，允矣

專閫之選。

守備貳員。岷州守備王應龍，臨事慎密，對壘奮勇，赳桓上選。分守隴右道中軍守備劉漢杰，練達才堪，四應捍禦，見有成勞，不僅傳宣之長已也。

應劾將領官壹員。寧羌衛守備陳所優一，本官精力不振，才技疏庸，自受事以來，迄今壹年零叁個月，無片長寸效可録。然寧羌爲秦蜀咽喉，本官因衛城荒蕪，擇安偷息，曾不一莅信地，安望茶路疏通，有裨國課焉。用此弁此一官者，貽誤地方，無補茶法，所當急爲斥逐者也。

以上各官優劣，確察有據。伏乞敕下兵部，再加核議。如果職言不謬，將李逢茂等量才擢用，陳所優嚴行處分，庶勸懲昭而人知鼓勵，所裨于茶法非渺小矣。爲此除具題外，理合具揭。須至揭帖者。

順治伍年拾壹月□日。

監察御史史詥。

【《明清檔案》A9—161，B5059—B5062】

兵部揭覆前曾被參寧夏將官查無謀叛應令仍管原兵

順治五年十二月（日不詳）

兵部。

順治五年十二月十八日到。

本揭對同。

兵部題：爲恭報追剿叛兵，并參統兵將領，仰祈聖鑒事。

陝西巡撫黄爾性題前事，奉皇父攝政王旨："該部議奏。欽此欽遵。"密封到部，送司，案呈到部。看得甘九明、何三捷已獲正法外，署延臨等營聽用參將白臣、聽用守備馬自旺，兵獨守律，亦應查明履歷推用，以示優异。

至該撫原參寧夏等處游、守等官馬世榮、田充國、孫國泰、賈應魁，先據平西王墨勒根蝦清字文稱，世榮等部兵雖叛，各將未與同叛，應仍令管各原兵，已先具覆矣，無庸再議也。除具題外，理合具揭。須至揭帖者。

順治五年十二月□日。

兵部尚書劉餘祐，固山額真左侍郎明阿達稽，左侍郎屯代、李化熙，右侍郎孫承澤、劉仲金，啓心郎常鼐、高登第，職方清吏司郎中沙賽、劉景雲。

【《明清檔案》A9—179，B5107—B5108】

順治六年（1649）

陝西寧夏總兵官劉芳名揭報長素彝情并請議撥兵器糧餉

順治六年二月十八日

劉芳名。

順治六年四月初四日到。

本揭對同。

欽差鎮守陝西寧夏等處地方總兵官、右都督劉芳名謹揭：爲恭報彝情，并陳地方防禦機宜，仰乞聖鑒事。

准撫臣李鑒會稿，案查順治陸年正月貳拾貳日，先據本鎮平羅營副將孫應舉塘報，據山旦下北人召安等貳名到門，説稱長素等肆個頭目帶領部落貳千有餘，自東踏冰過河，從麥垛山後，往西行走。等情。本日，又據長素部下男婦火泥氣等肆名口，原係漢人，先被搶去，各騎馬匹并帶弓箭等物前來投降。審據供稱，長素等原係神木邊外北人，因滿洲差拾個大人來調，長素等不知何故，將大人殺傷，長素因此反了，統領部落往西行走，欲奔黄毛。等情。據此，業于正月貳拾貳日塘報兵部訖。

本年貳月拾壹日，准職手本，内開：本月初拾日，蒙督臣孟憲牌，正月初拾日，據署凉州副將劉友元塘報，本月初肆日申時，據寧遠堡守備張大義報稱，順治伍年拾貳月貳拾捌日，據新莊子坐守甲軍李淮報稱，本日午時，瞭見從迤北紅山兒灘前來騎駝彝人壹名，到于墩下，引領到堡。卑職即問根由，據供，原係本堡民餘，名喚宗，衹于順治貳年叁月貳拾叁日彝人犯搶寧遠地方掠去，分與頭目長木素部下牧放頭畜，今經叁年有餘。又問彝住地方，在于合燕兒山住坐。頭目長木素，從拾壹月拾玖日捉馬，帶領部落萬餘，犯搶寧夏一帶地方去了，説回來謀犯凉、永地方，有衹因其思家，乘空脱逃，騎駝壹隻，走了半月，于本月貳拾捌日逃回到堡。等情。備報到部院。據此，合行申飭堤備。爲此，仰該鎮即便嚴飭所屬營堡將領，明烽遠探，整搠兵馬，如有長木素部落犯搶的息，一面扼要堵剿，一面馳報本部院，以憑施行，慎勿疏懈。等因。移會到臣。

除申飭道將嚴加偵備外，該臣等看得，今日急内而緩外，急東南而緩西北，爲其中外一家也。臣每與鎮臣劉芳名私憂過計，今日所急，不在内而在外，不在東南在西北。東南小醜，雖叛服無常，以朝廷之德威臨之，利害動之，忠義感之，猶底定不難。而邊外屬國，性狡而情悍，欲奢而願難饜。臨之以德威，不能必其畏懷；動之以利害，不能必其懾服；感之以忠義，不能必其悦從。今長素，久歸王化者，而掉臂叛逃，且耽耽于山後，懷情叵測。長木素，亦素知朝廷之威靈，無所不留、無所不摧者，且欲糾衆入犯，矯焉有不逞之志。臣等向之私憂過計者，似非犯人之慮矣。雖螳背當車，不足爲患，然來而有以應之，使不能肆跳梁之雄，應之而必大挫其鋒，使貼柔馴服，凜凜于朝廷之天威，如石壓卵，如勁風掃敗籜。捨兵馬器械之精强，糧糗芻草之充足，將何所恃而不恐乎！

以兵言之，寧鎮在□明初拾萬，維四五萬分布于貳千餘里之沿邊，猶不能得志于塞外。今合戰守之兵，僅壹萬柒千，凡精鋭者，悉選之以應徵調之令矣。以馬言之，除兩調征川，再調甘凉，而厩空槽匱。今見在者，官馬、騾僅肆拾陸匹頭，并各營將自備馬、騾，總計止貳百貳拾叁四頭矣。以盔甲言之，先蒙京發，并繼奉旨打造，及原存堪用盔甲，盡括出征，所存無幾。至若弓箭、刀槍，雖各兵自爲製備，而皆削果腹之粒、果體之縷，以應操點，而概許之曰："盡屬堅利之器。"不敢信也。雖今見奉部行製造盔甲等器，取辦于藩司，亦未必能應目前之急矣。以餉言之，折色銀伍年分，尚欠拾萬餘金，雖頻頻移咨餉臣催取，而餉臣亦苦于帑無餘貯，不能救燃眉之危。本色糧，每年例支半年，合全鎮應徵之數，止壹拾肆萬肆千零。除支正餉之外，又有滿斗之加，出征兵丁家口之贍養，即全額輸納，尚不足用，况乎蝗蝻被災、河衝沙壓，荒蕪之數亦甚多。即嚴檄督催，而勢難取盈焉。

竊思朝廷以邊務付邊臣，而邊臣所仰給于朝廷者，亦惟此兵馬、器械、糧餉之資，件件凑手，著著有餘，而後爲其所能爲，以仰副任使之意。今所需者，動輒窘乏如此。臣與鎮臣，亦安能有點金術，以慎固封守之重乎？然亦不敢因此爲推諉之地，自取罪戾，而惟竭力盡瘁，戰守兼圖，僥幸于尺績之樹，仰報我皇上、皇父攝政王知遇之恩，而終非萬世治安之策。伏乞敕部從長議覆，俾無所束手，而有展措之地，臣等與封疆俱萬幸矣。

再有請焉。各邊部落，于外爲藩衛，于内爲爪牙，必不可少者。臣素聞其有怏怏之意，而未敢發者，實朝廷之威力，有以震悚其心也。有威以悚之，而又撫馭之得宜，使彼樂爲我用，金甌萬年永固矣。今長素與山旦同一部落，長素叛，山旦未叛，且每以長素情形通報于内，知其忠義之可動也。臣與鎮臣商議，已兩致書于山旦，令其招撫長素歸巢，聽朝廷之處分。并密致字于督臣孟，亦仰遵如法，綏懷之簡書，而未敢必其有濟否也。至于長木素住牧與甘凉逼近，督臣自有區畫機宜，非臣所敢越俎矣。

會稿到職。除撫臣會同總督陝西三邊軍務兼理糧餉、兵部右侍郎兼都察院右副都御史孟外，職謹會同巡撫寧夏等處地方贊理軍務、都察院右僉都御史李鑒，合詞密題，懇惟聖鑒施行。緣係恭報彝情，并陳地方防禦機宜，仰乞聖鑒事理。職等未敢擅便，因備述地方情形，字遂逾格，更乞鑒宥。除具題外，爲此理合具揭。須至揭帖者。

順治陸年貳月拾捌日。

【《明清檔案》A10—26，B5229—B5233】

寧夏巡撫李鑒揭報長素部落請款求市今暫羈縻請旨定奪

順治六年三月（日不詳）

李鑒。

順治六年四月廿九日到。

本揭對同。

欽差巡撫寧夏等處地方贊理軍務、都察院右僉都御史李鑒：爲恭報羈撫叛彝，仰祈聖鑒，早賜處分事。

竊照長素部落，激殺差使，懼罪西奔，逃住于賀蘭山後情形，已彙報兵部。并通字于山旦，欲招撫長素情由，已達聖聽。又先致字于督臣孟喬芳許可，而山旦未有以報也。職與鎮臣劉芳名再四商確，于本年貳月拾玖日，徑差通事孔貴發諭字于長素，以利害迫之。彼羈去役，日久未還。及以貳百餘騎犯搶中衛，被官兵大挫而後，今寂寂無所動，懼我之有備也。忽于叁月初伍日，據鎮北堡操守部承錫具壹稟來，内稱：長素欲闋刀説誓，請款求市。職與鎮臣同行壹牌于該堡，令其細爲譯曉去後。今又于本月初柒日，差彝人孟可代同前差通事，又具壹稟到鎮，明其心之無他，而詞意較前似多貼服矣。

始之稱戈内向，欲得志而未遂，今之戢戈摇尾，欲圖互市爲生。弱則逞之，强則畏之，此北人一定之情也。叛則攻之，順則撫之，此朝廷一定之法

也。急撫而緩威，而撫者示弱。先威而後撫，而撫者示强。此朝廷所以縱擒北人之機宜也。且思東寇方興于内，邊外屬國又耽耽跳梁于外。本鎮之兵力單虚，未能内蕩而兼外，除故暫作羈縻于長素，而以全力掃延寇之氛，亦知今日中外一家，朝廷恩德廣大，于内寇且有寛仁之及，不忍噍類無遺。而長素區區小過，未必即興問罪之師。若夫撫而復叛，其罪真不可赦。職與鎮臣惟决計驅剿，縛逆孽而獻之闕下已矣。但事關重大邊情，職等不敢擅專，除將職等牌諭并長素來禀送兵部查照外，職謹會同督臣孟喬芳、鎮臣劉芳名，合詞密題，仰懇聖裁，早賜處分，行職等遵奉施行。爲此除具題外，理合具揭。須至揭帖者。

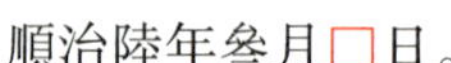
順治陸年叁月□日。

右僉都御史李鑒。

【《明清檔案》A10—64，B5347—B5348】

陝西巡按盧傳揭報恢復惠安堡并參失事道臣

順治六年十月（日不詳）

盧傳。

順治六年十月廿七日到。

本揭對同。

巡按陝西監察御史：爲恭報寧夏官功，逆渠已戮，地方旋復事。

案查逆賊劉與王永强同謀倡亂，竊據延、寧兩鎮接壤，近且剋搶惠安堡，職已具疏馳報矣。兹于本年十月初五日，據寧夏河東道謝允復報，據靈州營署參將張天麟報，據撒塘把總李有年報稱，劉登樓前克惠安堡搶後，于八月二十五日，自下馬關到漢伯堡馬步約二千餘賊。等情。到道。隨飛報寧夏撫鎮請兵去後。至九月初一日，總鎮劉芳名統領馬步千餘到靈州所。次日，會同僉派將領，各官聽令去後。

初三日子時，總鎮勦行五十里。至官團莊遇賊，馬步各分戰。我兵奮勇向前，將賊殺死無算，積尸多半是穿甲的，招安旗下投來二百餘。樓帶領三百餘騎逃入漢伯堡，總鎮隨分兵圍困。本日，又有吴忠等堡先經逆樓發去馬步賊三百餘，因見我兵進勦，隨從該堡奔來策應，又被總鎮發兵殺盡，我兵中傷亦多。見今剜壕引水，增堤築墻，多方圍攻。其有功文武將領、輕重傷亡，應俟查明彙報，理合塘報。本日，又據該道謝允復報稱，大兵撲勦死賊劉登樓，自初三日戰勝之後，逆樓遁據漢伯堡，嬰城拒敵，本道商同總鎮親督各營官兵環攻十二晝夜。今于十四日未刻，催令官兵四面齊上，將城攻開，當陣擒斬劉登樓。其餘殺死之外，盡皆弃戈投誠。仰體皇仁，商同總鎮招安外，理合塘報。本日，又據該道謝允復塘報，九月十四日，有花馬池舊掌印朱朝相，同該營僞官鄭天民、鐵柱泉操守馬貴等，將余惠綁殺，見携首級前來投順。等情。到道。理合塘報。等因。到職。

該職看得，逆賊劉登樓乃王永强同亂賊渠也。乘大兵尚在延東恢勦，乃竊據延西地方，近且攻陷惠安堡，爲害不小。幸寧鎮劉芳名督兵勦撫，而劉、余二逆相繼被戮，各堡俱復。至該道謝允復，以屬堡失事，雖不同城，亦應議處。但能與鎮將躬擐甲胄，同歷行間，勦撫并行，地方旋復，可謂桑榆之收矣。應否議處，未敢擅便。除失事各官與有功陣亡各項情形，俟查明分别另報外，伏乞敕下吏、兵二部查照施行。爲此除具題外，理合具揭。須至揭帖者。

順治陸年拾月□日。

監察御史盧傳。

【《明清檔案》A11—6，B5749—B5750】

順治七年（1650）

兵部揭覆寧夏鎮道互訐應令該督質審具奏

順治七年四月（日不詳）

兵部。

順治七年四月初八日到。

本揭對同。

兵部題：爲寧夏鎮道互揭，情關重大，謹請嚴敕會質，以結欽案事。

該陝西總督孟喬芳題前事。等因。奉皇父攝政王旨："該部議奏。欽此欽遵。"抄部送司，案呈到部。看得劉芳名與袁噩互訐事情，必須會質明白，而後得確。應行總督孟喬芳遵照前旨，面審具奏。除具題外，須至揭帖者。

順治七年四月□日。

固山額真、兵部尚書明阿達禮，太子太保、尚書劉餘祐，左侍郎朱馬喇，都察院右都御史管左侍郎事李化熙，右侍郎特金，都察院右都御史管右侍郎事孫承澤，啓心郎常鼐、祝萬年、高登第，額者庫達代，職方清吏司郎中谷录古、可開、朱青厄、易爾門。

【《明清檔案》A11—128，B6129—B6130】

寧夏巡撫李鑒揭謝加銜并報到任日期

順治七年五月（日不詳）

孫奎。

順治七年六月初十日到。

本揭對同。

巡按陝西試監察御史：爲請補缺官事。

竊惟職奉命按秦，仰遵明綸，巡歷各府，遍察民情。及至考察，處處乏員。秦地荒殘已極，瘡痍未起，一日不可無官。隨即檄行布政司查報去後。除先職具題請補外，今據陝西布政司續報缺官職名、緣由到職，相應列名請補。伏乞敕下吏部查照，後開員缺，早爲除授，勒限前來供職。爲此開坐，除具題外，理合具揭。須至揭帖者。

計開：

平凉府

專司各監牧務同知宋佩，于順治七年三月内前任大察去任，今缺。

監收固原倉糧同知程雲，于順治七年四月内聞喪，丁父母雙憂訖，今缺。

管糧捕務通判康三英，于順治七年三月内大察去任，今缺。

管理小池鹽法兼捕盗通判高懸，于順治七年三月内以前任大察去任，今缺。

司獄司司獄，久缺。

教授，久缺。

平凉縣

典史酆明仁，于順治七年三月内大察去任，今缺。

高平驛驛丞，久缺。

平凉遞運所大使，久缺。

安國鎮遞運所大使，久缺。

上鄘現遞運所大使，久缺。

花家莊遞運所大使，久缺。

華亭縣

教諭，缺。

三鄉川巡檢司巡檢，缺。

馬鋪嶺巡檢司巡檢，缺。

瓦亭巡檢司巡檢，缺。

瓦亭驛驛丞，缺。

瓦亭遞運所大使，久缺。

鎮原縣

教諭楊承綱，于順治七年三月内大察去任，今缺。

白水驛驛丞，久缺。

崇信縣

教諭梁宗義，于順治七年三月内以前任大察去任，今缺。

固原州

同知陳士儞，于順治六年十月内丁母憂訖，今缺。

固原州倉大使，久缺。

永寧驛驛丞，缺。

批驗鹽引所大使，久缺。

涇州

知州吴抱六，于順治七年三月内大察被論，今缺。

學正馬維騏，于順治七年三月内丁父憂訖，今缺。

全家凹巡檢司巡檢，久缺。

安定驛驛丞，久缺。

瓦雲驛驛丞，久缺。

高家凹遞運所大使，久缺。

靈臺縣

知縣盛之璜，于順治六年十一月内前巡按御史盧傳參劾訖，缺。

典史黄胤大，于順治七年三月内大察去任，今缺。

教諭，缺。

静寧州

判官余德馨，于順治七年三月内丁父憂，今缺。

學正王檄，于順治六年十月内陞任訖，今缺。

訓導，久缺。

涇陽驛驛丞，久缺。

莊浪縣

典史，久缺。

教諭，久缺。

隆德縣

隆城驛驛丞，缺。

神林堡遞運所大使，久缺。

平凉衛經歷司經歷，久缺。

固原衛經歷司經歷，久缺。

平遠守禦千户所吏目，久缺。

鎮戎守禦千户所吏目，久缺。

甘州群牧所吏目，久缺。

柒年伍月□日。

試監察御史孫奎。

【《明清檔案》A11—158，B6221—B6224】

寧夏巡撫李鑒揭謝加銜并報到任日期

順治七年五月（日不詳）

李鑒。

順治七年六月廿五日到。

本揭對同。

欽差巡撫寧夏等處地方贊理軍務、都察院右副都御史李鑒：爲恭謝天恩事。

順治柒年伍月拾壹日，准吏部咨，爲欽奉恩詔事。内開：文選清吏司案呈，奉本部送，吏科抄出該本部事。等因。順治柒年叁月貳拾日，奉皇父攝政王旨："是孔興燮、楊方興、馬國柱，各加太子少道、加兵部尚書兼都察院右副都御史。羅綉錦、王一品，都察院右都御史兼兵部右侍郎。吴惟華，加都察院右都御史兼户部右侍郎。朱國柱等，各加兵部右侍郎兼都察院右副都御史。馮聖兆等，各加都察院右副都御史。都著照舊管事。欽此欽遵。"備移到職。職荷聖恩，亦加副都職銜，照舊管事。恭設香案，望闕叩頭。于本月貳拾貳日，欽遵到任訖。

伏念自天開聖明，臨莅中國，今柒年于兹。職以駑鈍庸材，叠蒙殊寵，兩任巡撫，壹任總督，遭遇自幸，非常兢慚，久已倍集。兹者復以專席之榮，及于蒲柳之質，揣稱何堪，逾知爵列之虚冒，迫成命之難辭。此蓋伏遇我皇上、皇父攝政王德高天地，量闊滄海。善無微而不録，功無寸而不酬。所以致兹异數，猥被謭能，敢不益竭靖共，自矢靡懈之義，庶精白仰答優崇之恩。爲此除具奏外，理合具揭。須至揭帖者。

順治柒年伍月□日。

右副都御史李鑒。

【《明清檔案》A11—159，B6225—B6226】

寧夏巡撫李鑒揭謝寬宥冒例紊制之罪

順治七年十一月（日不詳）

李鑒。

順治八年正月十九日到。

本揭對同。

欽差巡撫寧夏等處地方贊理軍務、都察院右副都御史李鑒：爲恭謝天恩事。

順治柒年拾壹月貳拾貳日，職接邸報，内開：吏部題爲摘參冒例紊制，乞敕嚴禁，以防濫弊事。考功司案呈，奉本部送，吏科抄出，兵科都中加壹級李運長。等因。順治柒年玖月拾貳日，奉皇父攝政王旨：“該部議奏。欽此欽遵。”抄出到部送司，案呈到部。

該臣等議得，巡撫李鑒既稱孫應舉謀勇兼備，正當效力行間，疏請改文，明屬徇情，相應降貳級，調外用。查事係赦前，相應免議，恭候命下臣行□□奉施行。奉皇父攝政王旨：“是。欽此欽遵。”備抄到職。職捧讀□□感而且愧，寢食俱廢。除職恭設香案，望闕叩頭謝恩外，伏念微職，荷國厚恩，歷任岩疆，日惟冰兢自守，苟可有補于救時之急務，種痴拙心腸，輒欲行之而後快。雖受過，亦不辭也。今聖□□□滿洲舊臣，桓桓能武、斌斌能文者，不讓周文。濟濟多士，克生王國之盛。職愚謬，謂止能武者用之于武，文武兼長者，當弃其武而用之于文。正以今日載戢干戈，當天子文德，以洽四國之時也。語曰：“附衆爲文。”而副將孫應舉所行之事，實有附衆之才，故敢援例以請，而不自□□已陷于迷謬之罪矣。乃蒙聖恩，宥職□□議之外，即捐糜頂踵，不能圖報于萬一也。爲此除具奏外，理合具揭。須至揭帖者。

順治柒年拾壹月□日。

右副都御史李鑒。

【《明清檔案》A12—73，B6537—B6538】

順治八年（1651）

寧夏巡撫李鑒揭賀美政弘敷

順治八年閏二月（日不詳）

李鑒。

順治八年四月初六日到。

本揭對同。

欽差巡撫寧夏等處地方贊理軍務、都察院右副都御史李鑒：爲恭聞美政弘敷，普天同慶，謹瀝微忱，仰申賀悃事。

竊惟古先聖帝明王功案，所以大過人者，惟愛恤元元爲急務，而聖帝明王不常覯，故愛恤元元之德意不常有也。職于順治元年拾貳月内奉召赴京，貳年正月内，蒙皇上特恩，親賜宴于武英殿，從拜舞之餘，得覲穆穆之光。退而語人曰："皇上龍姿鳳彩，堯步禹趨，真大有爲之聖人也。春秋已富，而猶不得躬臨大政，天下臣民，無不想望盛德之日久矣。"

伏見皇上甫親萬幾，而頒行之良法美政，層見叠出，此天賦以聖人之性，聖人之德，聖人之才。故太阿一旦在手，而厘剔無所不至，大慰天下臣民想望之□。陝之柑，南之橘，河南之石榴，豫章之龍碗，雖任土作貢之細物，而百姓之精血瘁焉。羔、狐、狼皮不取用于上，則價最廉。一奉取用，而追呼稍急，售者愈高。略堪用之狼皮，價至叁拾餘金，則羔、狐概可知矣。此百姓典衣鬻子、飲忍吞聲，莫敢告語者。而今概許報罷，仁滂澤厚，即父母之愛赤子，不如是之真切也。莊頭投充之人，狐假横行，陵轢長吏决裂尊卑之分，固顛倒甚矣。而漁肉騷擾，鄉村小民，不得安一日飲食之樂，尤可傷心而酸鼻焉。今悉皆禁之。尊卑有分，創殘有生，真皇上聽聰視明，遠周于蔀屋之隱矣。圍場之地，固以習武事、揚武功。然地土者，小民終歲之生計也。無地土而生計絶，生計絶而不肖之心起。習武以禦亂，而亂愈生，不眷眷多事耶！况乎祖宗墳墓在焉。即有九撥他處之地，又皆戀故土，不忍輕去其鄉者也。又聞有地已圈占，所撥之地，亦未有耕耨之及。尚約圈地之糧，既剥其肉，又吸其髓，煢煢孑遺，能堪此乎。皇上推心置民之腹，復還所有，從此百室盈止，有富無窶，畿輔之神氣益固矣。皇城之建曰“避暑”也。攝政在日，府第之制，高廣比于皇居，尚有暑氣之侵乎？如曰“未”也，湯泉北窗，儘有羲皇上人之樂矣。而乃敲海内殘喘之脂，委于大荒沙磧之地，罷士卒精鋭之筋力，而事畚插于虎豹荆榛之區，聖諭所謂“甚屬無用”者，真屬無用也已。輸之金錢，歸入本年之正賦，而無銖兩之損。

大哉王言！堯仁如天，舜德好生，真匹休于萬世矣。若夫臨清磚廠，明季之陋政也。汰無用而省工作之費，法莫良于此。凡此大蠹大害，皆皇上之神明，洞若觀火，職何敢復爲贅言。但不暢言其前，此所以蠹弊之極不顯，皇上功德之所以大，與天無量耳，微臣之忠愛猶無已也。天下不幸，而處于八載之前。不睹躬親今不逾數月，而種種善政，沁人心髓，歡聲雷動。即今邊塞窮徼，曰暘而暘，曰雨而雨，河不揚波，風不鳴條，中國有聖人之效，亦既彰明如斯矣。苟能擴充是心，若火始然，若泉始達，日引月長，度天下人心所甚欲之事，與治亂大關係之由，漸次舉行，書之史册，令聞不已。方之二帝三王，不能擅美于前矣。除恭設香案，望闕叩頭拜揚。爲此除此奏外，理合具揭。須至揭帖者。

順治捌年閏貳月□日。

右副都御史李鑒。

【《明清檔案》A12—142，B6771—B6773】

陝西三邊總督孟喬芳揭爲查有故明散宗遵詔發回原籍編氓輸稅

順治八年五月十三日

孟喬芳。

順治八年五月廿七日到。

本揭對同。

欽命總督陝西三邊軍務兼理糧餉、兵部尚書兼都察院右副都御史孟喬芳：爲欽奉上傳事。

據陝西按察司呈稱，本年三月二十五日，蒙巡撫陝西都察院案驗，准兵部咨前事。職方清吏司案呈，奉本部送，兵科抄出。順治八年閏二月三十日，本部接出上傳："朕聞前者青州府故明玉田王之子，聚衆祭旗，恣行不軌。又，陝西叛將王元、馬德戕殺撫臣，議扶慶王之孫，招摇惑衆，因而故明各王等多被誅戮，朕甚憫焉。今朕親理萬幾，代天子民，務期四海萬姓，咸得其所，豈獨故明子姓不在函育之中？自今以後，凡各直省，有故明親王、郡王流落地方者，該督撫察其投誠實情，有無功次，并將伊家口起送來京，分别畜養。其自鎮國將軍以下，不必起送，各照原籍，編氓樂業，令其一體輸稅當差。爾明宗亦宜悔禍革心，偕游化日，勿犯王章，仰體朝廷愛惜生全之意。如不信朕言，猶懷疑畏，惑于奸宄，構生事端，則國憲具存，朕雖欲赦之，弗能也。兵部即行傳諭。欽此欽遵。"抄出到部。奉批："速通行各督撫送司。"奉此，案呈到部，擬合就行。爲此合咨貴院，煩爲轉行所屬，遵照上傳事理，一體欽遵施行。等因。到院。准此，擬合就行。爲此，仰司官吏即便轉行各道、府、州、縣、衛、所等衙門，遵照上傳事理，凡有故明親王、郡王流落地方者，察其投誠實情，有無功次，并將伊家口具文起送到院，轉送赴京畜養。自鎮國將軍以下，不必起送，各照原籍，編氓樂業，令其一體輸稅當差。仍照上傳事理，遍行曉諭，欽遵施行。蒙此，又准布政司

照會，蒙總督陝西三邊部院憲牌同前事。等因。到司。即遵照通行各衙門，并張示曉諭，一體欽遵訖。

四月初四日，蒙總督部院會府公訊羈監囚犯，據長安縣監犯朱小哥禀稱，年九歲，係故明散宗。于順治三年間，將小的母子拿解長安縣監禁。于五年，母死囹圄，止有小的年幼無供，苦禁五載，幸蒙皇恩憫恤，鎮國將軍以下者，各照原籍，編氓樂業。叩乞上布皇恩，下恤孤幼，俯准遵赦釋外，萬世銜結。等情。本司批行西安府查明詳解去後。該府轉行長安縣，該知縣樊鴻選查得，順治三年十一月十九日，奉本府差人押發平凉府樂平王弟朱璟瀓并妻馬氏、子朱小哥到縣，該前任革職知縣王允中遵照明文，即安置于城隍廟公所房内，兩縣輪日供給，仍撥問徒已配快手薛明、楊繼成看守間，朱璟瀓于本年十二月十七日逃走。申報各部院，已經具題。將知縣王允中、快手薛明等問罪革職，奉旨發落，一面勒緝朱璟瀓訖。所遺瀓妻馬氏、子朱小哥在監。監候間，馬氏得病，于順治五年十月初七日身死。申報撫按批允相理訖。惟朱小哥獨身在監，迄今五載。幸逢皇恩，凡明宗鎮國將軍以下，各照原籍，編氓當差，故小哥援例哀訴也。今審小哥，係何封銜、爵禄。據稱年幼無知。細查原卷，順治三年十一月十九日，有分巡關西道呈解故明親王子孫韓藩、樂平王弟朱璟瀓并妻馬氏、子朱小哥。以此，則朱璟瀓係樂平王之弟，而小哥，樂平王之侄也。但改革之時，小哥尚在襁褓，或無爵禄、封銜，其爲散宗，可知矣。相應連人申解，應否援恩赦釋，是在上臺定奪。等情。到府。

該知府孟繼昌看得，朱小哥乃平凉府樂平王弟朱璟瀓之子，于三年十一月内，將璟瀓并妻馬氏、子朱小哥俱發長安縣，安置公所看守。嗣而璟瀓逃走，馬氏病故，所遺小哥監禁間，今據援赦懇釋。既經該縣確查前來，應聽上裁。等情。呈解到司。該本司按察使于時躍覆審看得，朱小哥乃故明樂平王弟朱璟瀓之子也。三年三月内，分巡關西道將朱璟瀓并妻馬氏、子朱小哥解省。止因故明宗室而解，非有叛情他故也。蒙前任雷巡撫發長安縣，安置城隍廟公所，而璟溁乘間逃走，其該縣官役，已經題參治罪矣。迄今勒緝，璟溁杳無下落，其妻馬氏已斃囹圄，朱小哥監禁五載，情實堪憐。幸逢恩綸下頒，凡在明宗，咸被其澤，即璟溁在時，職不過將軍，亦在不必起送之列。朱小哥九歲，稚子久羈獄底，合無請祈，俯將朱小哥釋回平凉，遵詔編氓樂業，以彰皇上浩蕩之仁。等因。呈詳到職。

該職查照，朱小哥乃故明宗室韓藩、樂平王弟朱璟溁之子也。于順治三年三月内，據分巡關西道將朱璟溁并妻馬氏、子小哥解省，候送赴京。該前任撫臣雷興發長安縣公所安置。不期璟溁乘間竊逃，已經具題。將知縣王允中問罪革職，快手薛明等徒配發落。仍勒緝璟溁，至今未獲。馬氏斃于囹圄，獨遺朱小哥，煢然稚子，原未封爵，非親郡王可比。應遵照上傳，不必起送，發回原籍編氓，輸税當差，以廣皇仁者也。既經訊明，呈詳前來。職謹會同撫臣馬之先，合詞具題。伏乞聖鑒，敕部察議行，職等遵奉施行。爲此除具題外，理合具揭。須至揭帖者。

順治八年五月十三日。

【《明清檔案》A13—13，B6945—B6948】

陝西三邊總督孟喬芳題報鄉宦奸民侵冒協濟站銀請旨查究

順治八年十二月十三日

著該督撫按嚴察追擬具奏。該部知道。

欽命總督陝西叁邊軍務兼理糧餉、兵部尚書兼都察院右副都御史孟喬芳謹題：爲群奸侵没協濟銀兩，因致驛站倒廢，謹據實糾參，請清查究處，以伸法紀，用警積玩事。

查照鳳翔府屬舊額，每年協濟平凉府各州縣驛站銀貳萬捌千餘兩，自我

朝定鼎之後，分文未給。臣于順治叁年間，巡歷固原，目擊驛站倒廢，募役告苦，隨飭行鳳翔府查照給發，不啻諄切，無奈其褎如充耳也。嗣准寧夏巡撫咨文及河西道呈詳，議于固寧接壤之地修復驛站。該臣行據固原道查議，于叁營、捌營、李旺堡叁處立站，估計買備馬、騾、驢頭及草料之需，共用銀叁千叁百餘兩。責承布政司于鳳翔協濟平凉站銀内如數動給，其餘總發分巡關西道查給，應協平屬驛站每季造册，呈報查考。具有《議撥協濟銀兩以復衝要驛站》壹疏，于順治伍年拾貳月初壹日具題。陸年正月拾伍日，奉旨："該部知道。"至今未經議覆，隨使此項錢糧，迄不可問。

如扶風壹縣，每年應協站銀陸千肆百餘兩，假以鄉官進本舉人王日昇，貢監楊重熙、張志卓、王三才、趙志盛，生員周士弘、張玟、顔生粹、王冕、胡邊清，奸民薛四知、蘇仕、張三聘、竇汶哲等，從而借端科派里銀貳千餘兩，又挾張知縣借肆年大糧貳百兩，侵扣瓜分。此據署縣陳州同所揭開者，且乘是冒免糧叁百伍拾石，人柒百伍拾丁。如武生鄉耆，并前朝已故之鄉賢，及私置之義田，并爲優免，有是理乎？屢經臣批行司道訊審，至今延緩未結。壹縣如此，他州縣因之觀望。所以每年貳萬捌千餘兩之站銀，竟不可問。然此項銀兩，係故明嘉靖年間額派正供之數，平屬驛站盡皆仰給于此。使其不應協濟，亦當解交布政司充作兵餉正項支用，豈容奸宄通同恣意侵克耶？非假嚴旨申飭，徹底清查，大加懲治，則積弊牢不可破，驛站終不可復，法紀幾于蕩然。伏乞聖鑒敕部察議，行臣會同撫按，擇委風力官壹員，將鳳翔府各州縣原額協濟站銀，自順治貳年起，至捌年止，逐年清查曾否派徵、解交何處。仍將舉人王日昇、貢監士民楊重熙等科派冒免情弊，嚴究如律。庶奸宄知警，而驛站可復矣。爲此具本，專差承差宗自奇賫捧，謹題請旨。

順治捌年拾貳月拾叁日。

總督陝西叁邊軍務兼理糧餉、兵部尚書兼都察院右副都御史臣孟喬芳。

【《明清檔案》A13—173，B7457—B7458】

順治九年（1652）

皇帝敕命孫茂蘭爲寧夏巡撫

順治九年四月二十一日

敕稿。

巡撫寧夏孫茂蘭。

四月二十日對敕訖。

對完。

上底訖。

皇帝敕諭都察院右副都御史孫茂蘭：玆命爾巡撫寧夏地方贊理軍務，爾宜宣布德意，綏輯軍民，甄別將領，操練兵馬，修浚城池，積聚糧餉。嚴飭大小各官，約束衙門員役，使之恪遵法紀，毋致作弊生事、擾害官民。爾仍不時巡行靈州、花馬池、中衛等處，以便稽察彈壓。遇有近邊及鄰界地方寇賊生發，即會總兵官計議，統率道將，勠力剿滅，務盡根株。如賊情重大，咨會陝西總督，調兵合剿。賀蘭邊外住牧部落，必會該鎮申飭將領，多方備禦，如法綏懷，期于内外寧謐。河東、河西田土，有漢、唐二渠灌注，夙稱膏腴，如有荒蕪，須責成該道廳，廣招屯種，疏通水利，嚴禁侵占濫徵，使兵民樂業，户口日增。文官自司道以下，武官副總兵以下，悉聽節制。文武各官，有實心任事、廉能著效，即行舉薦。如粉飾欺僞，貪酷殃民，及武官剋兵冒餉，遇警退縮，殺良冒功，應拿問者，先行拿問，應參奏者，飛章參奏，候旨處分。爾仍聽陝西總督節制，年終將行過事宜，及兵馬錢糧支放數目，造册送部察考。爾受玆重任，宜持廉秉公，攄忠竭力，以稱委托。如或貪黷乖張，因循怠玩，貽誤重地，責有所歸。爾其慎之。故諭。

順治九年四月二十一日。【注】

【注】本底餘紙書："三百八十一。"

【《明清檔案》A14—75，B7735—B7736】

皇帝敕命王夢麟管寧夏玉泉營游擊事

順治九年四月二十一日

敕稿。

署游擊管寧夏玉泉營游擊事王夢麟。

四月二十日對敕訖。

對完。

上底訖。

敕署游擊王夢麟：茲命爾管寧夏玉泉營游擊事務，統領經制官兵，駐札本城。該管營堡邊界，及所屬守備、操守等官，俱察照舊例管轄。地方初定，宜加意綏輯人心，操練兵馬，修浚城池，嚴明烽堠，稽察奸宄。額内兵丁，選補精强，毋容積猾及老弱糜餉。尤須約束部伍，恪遵紀律，不致擾害商民。遇有賊警，率領官兵，勠力剿除。鄰封報警，馳兵應援，不得違誤。凡戰守機宜，須會該道計議而行。本折糧餉，聽該道計處支給。爾仍聽總督、巡撫、總兵節制。一應錢穀詞訟民事，俱係地方有司職掌，不許干預。爾受茲委任，當竭忠奮勇，修備固圉，斯稱厥職。如貪横驕縱，尅兵擾民，玩寇僨事，國憲具存，必不姑貸。故敕。

順治九年四月二十一日。

【《明清檔案》A14—77，B7739—B7740】

皇帝敕命吴自得以游擊管寧夏中衛參將事

順治九年四月二十一日

敕稿。

游擊管寧夏中衛參將事吴自得。

四月二十日對敕訖。

對完。

上底訖。

敕游擊吴自得：玆命爾以游擊管寧夏中衛參將事務，統領經制官兵，駐札本城。該管營堡邊界，及所屬守備、操守等官，俱察照舊例管轄。地方初定，宜加意綏輯人心，操練兵馬，整理器械，修浚城池，嚴明烽堠，稽察奸宄。額内兵丁，選補精强，毋容積猾及老弱糜餉。尤須約束部伍，恪遵紀律，不致擾害商民。遇有賊警，率領官兵，勠力剿除。如賊情重大，即申報撫鎮，發兵合剿。鄰封報警，馳兵應援，不得違誤。凡戰守機宜，須會該道計議而行。本折糧餉，聽該道計處支給。爾仍聽總督、巡撫、總兵官節制。一應錢穀詞訟民事，皆係地方有司職掌，不許干預。爾受玆委任，當竭忠奮勇，修備固圉，斯稱厥職。如貪横驕縱，剋兵擾民，玩寇僨事，國憲具存，必不姑貸。故敕。

順治九年四月二十一日。

【《明清檔案》A14—80，B7745—B7746】

皇帝敕命王禎管寧夏廣武營游擊事

順治九年四月二十一日

敕稿。

游擊王禎。

三。

四月二十日對敕訖。

對完。

敕游擊王禎：兹命爾管寧夏廣武營游擊事務，統領經制官兵，駐札本城。該管營堡邊界，及所屬守備、操守等官，俱察照舊例管轄。地方初定，宜加意綏輯人心，操練兵馬，整理城垣，嚴明烽堠，稽察奸宄。額内兵丁，選補精强，毋容積猾及老弱糜餉。尤須約束部伍，恪遵紀律，不致侵擾商民。遇有賊警，率領官兵，勠力剿滅。鄰封報警，馳兵應援，毋容自分彼此，致有違誤。凡戰守機宜，會該道計議而行。本折糧餉，聽該道計處支給。爾仍聽總督、巡撫、總兵節制。一應錢穀詞訟民事，皆係地方有司職掌，不許干預。爾受兹委任，當竭忠奮勇，修備固圉，斯稱厥職。如貪横驕縱，剋兵擾民，玩寇僨事，國憲具存，必不姑貸。故敕。

順治九年四月二十一日。

【《明清檔案》A14—84，B7753—B7754】

皇帝敕命程天壽管寧夏靈州營參將事

順治九年四月二十一日

敕稿。

游擊管參將事程天壽。

貳。

四月二十日對敕訖。

對完。

上底訖。

敕游擊管参將事程天壽：茲命爾管寧夏靈州營参將事務，統領經制官兵，駐札本城。該管營堡邊界，及所屬守備、操守等官，俱察照舊例管轄。地方初定，宜加意綏輯人心，操練兵馬，修理城垣，嚴明烽堠，稽察奸宄。額内兵丁，選補精强，毋容積猾及老弱糜餉。尤須約束部伍，恪遵紀律，不致侵擾商民。遇有賊警，率領官兵，勠力剿滅。鄰封報警，馳兵應援，毋容自分彼此，致有違誤。凡戰守機宜，會該道計議而行。本折糧餉，聽該道計處支給。爾仍聽總督、巡撫、總兵官節制。一應錢穀詞訟民事，俱係有司職掌，不許干預。爾受茲委任，當竭忠奮勇，修備固圉，斯稱厥職。如貪黷驕縱，剋兵擾民，玩寇僨事，國憲具存，必不姑貸。故敕。

順治九年四月二十一日。

【《明清檔案》A14—89，B7763—B7764】

皇帝敕命吴登科管寧夏花馬池營副將事

順治九年四月二十一日

敕稿。

署副將管寧夏花馬池營副將事吴登科。

四月二十日對敕訖。

對完。

上底訖。

敕署副將吴登科：茲命爾管寧夏花馬池副將營事務，統領經制官兵，駐札本城。該管營堡邊界，及所屬守備、操守等官，俱察照舊例管轄。今地方初定，宜收拾人心，操練兵馬，修浚城池，整理器械，嚴明烽堠，防遏奸宄。額内兵丁，須選補精强，毋容積猾及老弱糜餉。尤要約束部伍，恪遵紀律，毋致擾害商民。遇有寇警，率領官兵，勠力剿除。鄰境有警，馳兵策應，不得延誤。如賊情重大，即申報督撫、總兵，發兵合剿。凡戰守機宜，俱與該道計議而行。本折兵餉，移會該道計處支給。爾仍聽總督、巡撫、總兵官節制。一應錢糧詞訟民事，皆係有司職掌，不許干預。爾受茲委任，當竭忠奮勇，練兵固圉，斯稱厥職。如貪婪驕縱，畏縮玩寇，國憲具存，必不姑貸。故敕。

順治九年四月二十一日。

【《明清檔案》A14—92，B7769—B7770】

寧夏巡撫孫茂蘭揭報到任日期

順治九年七月（日不詳）

孫茂蘭。

順治九年八月初十日到。

本揭對同。

欽差巡撫寧夏等處地方贊理軍務、都察院右副都御史孫茂蘭：爲恭謝天恩事。

順治玖年叁月初叁日，准吏部咨，爲會推官員事。文選清吏司案呈，奉本部送，吏科抄出本部會題前事。本年貳月貳拾貳日，奉聖旨："孫茂蘭，陞都察院右副都御史，巡撫寧夏地方贊理軍務。寫敕與他。欽此欽遵。"抄部送司，案呈到部。合咨前去，煩爲欽遵速任受事施行。等因。到職。隨將原管山西布政任内收支、一應錢糧清盤明白，并印務面交右布政馬光先接管。于伍月初肆日起行，因途中雨水連綿，阻滯難前，至柒月初貳日，方到寧境同心城。據河東道臣牛應徵呈送巡撫寧夏關防、令旗、令牌各□□副，職即查明接受。于拾壹日，至鎮城，恭設香案，望闕叩頭，謝恩任事訖。

伏念職草茅下士，樗櫟散材，謬膺承宣之職，已無善狀可述。猥蒙聖恩不弃葑菲，簡畀重任。夫西夏兵民，素稱驕悍，鈐治匪易，職何人斯，奚能當此巨任哉！然因材授任，皇上器使之仁；鞠躬盡瘁，臣子報效之義。凡所謂飭伍練士，克壯軍聲，軫恤窮黎，用培元氣，諸如有關地方利弊，無一不兢兢興際，罔敢廢墜。至于微職敬矢天日，清白飭身，□□督寮屬，潔己愛民。又微職之素心素志，于仰報聖恩于萬一也。爲此除具奏外，理合具揭。須至揭帖者。

順治玖年柒月□日。

右副都御史孫茂蘭。

【《明清檔案》A15—33，B8173—B8174】

皇帝敕命王光前管陝西下馬關參將事

順治九年八月十日

敕稿。

游擊管下馬關參將事王光前。

初三日稿。

四完。

上底訖。

敕游擊王光前：兹命爾管陝西下馬關參將事，統領經制官兵，駐札本城。該管營堡關隘，及所屬守備、操守等官，俱察照固原鎮舊例管轄。地方初定，宜綏輯人心，操練兵馬，修理城垣，嚴明烽堠，稽察奸宄。額内兵丁，須選補精强，毋容積猾及老弱糜餉。尤要約束部伍，恪遵紀律，不致侵擾商民。遇有賊警，率領官兵，勠力剿滅。鄰封報警，馳兵應援，毋致違誤。凡戰守機宜，必會該道計議而行。本折糧餉，聽該道計處支給。爾仍聽總督、巡撫、總兵官節制。一應錢穀詞訟民事，俱係有司職掌，不許干預。

爾受茲委任，當竭忠奮勇，修備固圉，斯稱厥職。如貪黷驕縱，尅兵擾民，玩寇僨事，國憲具存，必不姑貸。故敕。

順治九年八月初十日。

【《明清檔案》A15—53，B8229—B8230】

陝西巡撫王佐題報兵丁私逃截劫審實分别擬斬戮尸

順治九年九月二十一日

題。

三法司核擬具奏。

巡按陝西試監察御史臣王佐謹題：爲拿獲嚮馬强盗事。

先據靈臺縣申，賫斬罪犯人董靈治、何滿友、李守第招册到臣。查閱招開，靈治，年貳拾捌歲，平凉府固原州人。狀招，靈治原係盗賊，漏網數年後，與見獲夥賊同州人何滿友、李守第各自備弓箭、刀、馬，俱投當固原總鎮營兵。隨蒙本鎮將靈治收入内標，令外委官任惠統領，將滿友、守第撥發白水防守官張萬倉營内，後將靈治、滿友、守第俱撥隨右營領兵游擊范可法赴省聽調。後本官回鎮，靈治等隨外委官郭騰蛟調往滿城縣駐防。

順治捌年柒月拾叁日，蒙軍門調發官兵入山剿賊，比靈治、滿友、守第各不合，輒暗逃回，從停口河上來。拾捌日，到靈臺縣地名炒麥堡，天晚投在官不知情縣民史自槐家宿歇，般不在官娼〔倡〕婦八十子、梅哇子嫖宿。貳拾日巳時，靈治騎見獲棗騮騸馬壹匹，滿友騎見獲白青騸馬壹匹，守第騎見獲青白騍馬壹匹，各帶見獲腰刀、弓箭行至地名姚家凹，撞遇在官失主郭杰、王應科趕驢壹頭，馱有銅錢、氈條，手執公文，知係起解錢糧。跟至曠野處所，各又不合輒起盗心，故違嚮馬强盗，執有弓矢軍器，白日邀劫道路，贓證明白，不分人數多寡、曾否傷人，依律處决，于行劫去處，梟首示衆事例，馳馬張弓，齊聲喝稱："將銀拿來，如不與，便殺了！"嚇得郭杰等手足無措。靈治等下馬，將原解官銀壹封柒兩玖錢捌分，并還債銀壹封肆兩捌錢搜出，及驢馱紅氈貳條、白氈壹條，褚襦壹件，劫奪去訖。止留驢、錢、口糧，郭杰等收趕。比郭杰隨後暗行跟踪躧訪，令王應科于本日申時首狀報縣，即差民快跟至涇州地名蹇家堡。天晚無踪，各役不知靈治等投吕家堡，未到不知情吕柳栽子家宿歇。于貳拾壹日報縣，隨于貳拾貳日一面塘報，一面復差在官民快李進廷、于養鯉、仇尚務、王運開躧緝間，靈治等至郭家小寨子，投靈治未到不知情姐夫楊顯吾家歇住兩日，又到姚店申韓家堡投未到不知情申五家内歇宿，將白氈壹條作銀□錢，賣與不知名客人，糴買草料訖。又到瓦雲驛，將紅氈壹條賣與不知名行人，得銀肆錢。并將原劫銀内，除陸續花費外，止存鑿有印記官銀伍兩叁錢，紅氈壹條。靈治等于貳拾伍日復回炒麥堡嫖娼〔倡〕，李進廷等見係前賊，暗傳本堡居民，遂備酒飯安頓，哄入窑内歇宿。先藏弓、刀，後將靈治等綁縛，并將銀、氈、馬匹于貳拾陸日投縣。

該署印通判焦紘薰研審，靈治等各又不合妄稱給假回家，中途行劫，致准備由。于捌年捌月初壹日，通詳訖，隨蒙按院詳批，分巡關西道確審招報，蒙行平凉理刑廳隨提靈治等到□，該推官李唐裔覆審前情明白。看得固鎮兵丁董靈治、何滿友、李守第臨陣暗逃，已犯難貸之法。邀路行劫，復干不赦之條。平日之紀律謂何，而乃驕悍凶横，至于此極乎！使非復投炒麥堡宿娼〔倡〕被擒，幾又爲漏網之鯨矣。研審贓證俱確，按律梟斬何辭。歇家娼〔倡〕婦，審不知情，均應免擬問。擬靈治等强盜得財斬罪，招解到道。該本道參議許可用，覆審無异。看得董靈治、何滿友、李守第俱固鎮悍丁也，在信逃回，截劫道路，贓物既獲，研審明確，均應擬斬，凡不爲枉。仍擬靈治等各前罪具招通詳，呈蒙總督孟尚書詳批，訊審既確，擬斬非枉。

此繳又蒙巡撫馬都御史詳批，董靈治等行劫情真，贓證有據，駢斬何

辭？俱依擬仍候督按詳行繳。又蒙巡按王御史詳批，按察司再勘確招報，蒙此移關到道，俱行到廳，行提靈治等并失主到官，該推官李唐裔覆審前情無异。看得董靈治等截路劫財，人贜并獲，覆鞫情真，罪當斬首，豈容姑待？所當急請梟示，以彰國憲，以正軍法者也。仍擬靈治等各前罪招解到道。該本道參議許可用，覆審無异。看得董靈治、何滿友、李守第俱固鎮兵丁也，各從信地逃回，截劫道路，贜證既審明確，均斬允不爲枉。問擬靈治等各斬罪，移招到司。該本司按察使于時躍覆詳無异。看得董靈治、何滿友、李守第以兵丁私逃，存心不軌，乘馬彎弓，行至空野去處，邀劫行客財物，屢審贜真證確，均難辭于一斬矣。議得董靈治、何滿友、李守第所犯，俱合依强盗已行但得財者，不分首從，律各斬罪。招呈本院詳批，候會審奏請行繳。依蒙行縣，將董靈治等監候，馬匹、弓箭、刀發營騎操收用訖。

臣巡歷至彼，吊唤各犯證到官，照例公同分巡關西道右參議許可用，覆審無异，仍將各犯發縣監候。具題間，續報董靈治于玖年肆月貳拾貳日在監病故，隨批行照例戮尸，懸挂行劫地方示衆訖。該臣看得，何滿友、李守第與已故董靈治投營調征，臨敵脱逃，蓋已干軍紀，而犯不宥，復爲之張弓露刃，截劫道途，原贜既獲，均斬奚辭？既經問明成招，相應具題。伏乞敕下法司議覆施行。緣係拿獲嚮馬强盗事理，臣未敢擅便，爲此具本，專差快手管進朝賫捧，謹題請旨。

順治玖年玖月貳拾壹日。

巡按陝西試監察御史臣王佐。

【貼黄】

巡按陝西試監察御史臣王佐謹題：爲拿獲嚮馬强盗事。

先據靈臺縣申，賫斬犯董靈治、何滿友、李守第招册到臣。臣進歷至彼，隨吊各犯會審無异。具題間，續報董靈治病故，除批行照例戮尸示衆外，爲照滿友等隨征脱逃，已干軍紀，復爲之截路行劫。原賊既獲，均斬奚辭。伏乞敕下法司議覆。臣未敢擅便，謹題請旨。

【《明清檔案》A15—103，B8431—B8435】

順治十年（1653）

陝西巡按王佐揭爲舉劾將領官員

順治十年一月（日不詳）

王佐。

順治十年正月初□日到。

本揭對同。

巡按陝西試監察御史：爲循例舉事。

竊照巡方復命，分别將領功罪而舉劾者，舊例也。職按秦役，屬將領各官，行據司道府廳虚公開報及見僉同者，分别應舉，應效臚列，爲我皇上陳之。

計開：

應薦將領官二十七員。

副將四員。延綏中協副將高宗李，標絶倫甲，滿腹行師，剿撫互用，恤難□饑，洵爲良將之表。延綏孤山營副將高萬□，防邊謹嚴，三軍畏其威，百□□德，大有造于岩疆。寧夏平羅營副將馮源淮，處極□殘之地，整頓一新，恤軍愛民，禮通商欲，然不矜之色，大樹將軍□□。漢中城守副將楊文啓，盤察已見功，剿撫并著偉績，當蜀警頻□，能鎮定人心，力作保障。

參將四員。陽平關參將許占魁，蜀□□震鄰，乃能飭備禦、嚴□□直抵保寧，緩急足恃，不負□□寄。略陽營署參將管游擊事梁加□□兵有紀，撫民有恩，荒城利賴者□矣。至督運川糧，建造倉船，夙夜□爲勤劬。延綏撫標中軍左營參將吴汝鳳，賞罰明而士樂效用，補葺勤而□□改觀，文武兼

資，大受卓品。延安營参將王可就，整頓營□，□□一新，仍建房六百間，□□□□□民賴之。

游擊一十一員。陕西撫標中軍左營游擊陳明，□力征剿，功苦良多，推誠撫降，有□輒應，實績種種，未易枚舉，將中不可多得。興安鎮標中軍中營游擊張德俊，經戰陣歷爲成勞，寇孽望風瓦□，黎庶藉庇安堵，大將之概也。總督標下左營游擊程廷俊，文□□資，勤敏赴事，防剿之勞久□。寧夏廣武營游擊王禎□□□□嚴紀律，俾旌旗改觀，□□□□可資禦侮。延綏撫標右營游擊孫登科，操□□白，揀練精勤，更能申明紀律，督□城垣，實績丕著，將之杰出。陝西提標左營游擊王應龍，戰則□□，登防則謹，毖功著華渭之間，允干城之選。寧夏鎮標中軍中營游擊陳維，□明軍機，熟諳邊情，練兵營伍，□□造藥，守剿有資，弁中能品。延綏鎮標左營游擊秦……【注】

【注】此後有闕幅。

【《明清檔案》A16—92，B8979—B8981】

寧夏巡撫孫茂蘭揭報順治九年分用過勘合火牌數目

順治十年四月（日不詳）

孫茂蘭。

順治十年五月廿七日到。

本揭對同。

欽差巡撫寧夏等處地方贊理軍務、都察院右副都御史孫茂蘭：爲奏銷郵符事。

案照順治肆年叁月初玖日，准兵部咨，車駕清吏司案呈。照得各省驛傳道并直隸各邊兵驛道舊例，每年終，將領到本部勘合火牌若干、已用過若干、係給某衙門某官，因某事填給夫馬廩糧若干、未用者若干，見存候用，詠列舊管、新收、開除、實在數目并職名文册，申報撫按，具疏奏繳。該道仍將已用勘合火牌俱投本部，另造清册送部，以憑稽查，有無違例濫給，據實核覆。況今新例已頒，前已呈奉堂批條例，係叁年貳月奉旨頒行，候年終照例行。今歲暮届期，應否咨催。等因。呈堂蒙批，即行催送司呈部，備咨前來。

准此，又續准户部咨，山西清吏司案呈。據寧夏餉司傅作衡、延綏餉司賈益謙、甘固餉司方若珽、漢中餉司顧鏞呈稱，職等奉差司餉，陝西離京窎遠，有陸柒千里、叁肆千里不等，凡遇差人季報，與夫請詳緊要事務，既慮稽遲時日，且恐梗塞難行。伏乞俯念遠道，准給火牌緣由到部。奉批：陝西各鎮餉司，如離省城督撫路遠者，准于督撫衙門給發火牌，以備差役、請發催攢糧餉之用，用完報督撫查銷。等因。俱遵照在案。

除順治捌年分用過火牌，職已具疏奏銷訖。所有順治玖年分用過勘合火牌，職復檄行該道查報去後。今順治拾年肆月拾伍日，據寧夏河西道僉事曹叶卜呈，查得本道衙門并所屬理刑等廳，并無領用勘合火牌，無憑造報。又據河東道僉事牛應敏呈報，本道并所屬廳營文武各官并無領到勘合火牌。等情。各報到職，覆查無异。今將職衙門并本鎮餉臣衙門順治玖年分用過火牌壹拾壹張，除分别差遣日期造册咨送部科查考外，相應具奏，伏乞敕下該部核銷。其見存勘合伍道火牌貳拾玖張，俟拾年終，將用過數目，容職具疏奏繳。爲此除具奏外，理合具揭。須至揭帖者。

順治拾年肆月□日。

右副都御史孫茂蘭。

【《明清檔案》A17—33，B9331—B9332】

陝西三邊總督孟喬芳揭明寧撫孫茂蘭未與撫標争利情由

順治十年六月二十一日

孟喬芳。

順治十年閏六月十二日到。

本揭對同。

欽命總督陝西三邊等處軍務兼理糧餉、太子太保、兵部尚書兼都察院右副都御史孟喬芳：爲寧撫物議沸騰，岩疆重任難勝，仰乞聖明立賜處分，以無誤封疆事。

本年五月十六日，據寧夏河西兵備道曹叶卜呈稱，順治十年三月二十二日，奉職批，據本道呈，順治十年二月初五日，奉本部院憲牌，本月二十二日，准吏部咨，該本部覆，考功清吏司案呈，奉本部送，吏科抄出都察院題前事。等因。順治九年十二月十二日，奉聖旨："著確察議奏。吏部知道。欽此欽遵。"抄部送司，相應議覆，案呈到部。

議得都察院左都御史房可壯等，疏參寧夏巡撫孫茂蘭，前任布政，徵解錢糧，重加火耗，拿詐攫金，營署開府。及任巡撫，與撫標争利，又朦混虧餉臟罪。以上多款，是否實據，應敕各該督按確查明白，具奏定奪。等因。具題。順治九年十二月二十五日，奉聖旨："是。著各該督按確察具奏。欽此欽遵。"抄部送司，相應移咨，案呈到部，備咨到部院。准此，擬合就行。爲此仰道官吏遵奉聖旨及察粘抄并牌内事理，確查明白，詳報本部院，以憑題奏施行。等因。備行到道。

奉此，本道遵照憲牌查得，徵解錢糧，重加火耗，拿詐攫金，營署開府，此乃撫院孫茂蘭前任山西左布政之事也。及任巡撫，與撫標争利，又朦混虧餉臟罪，即寧撫孫茂蘭疏参馬顯忠霸占葡萄園、領餉買布二款也。案查順治九年十二月二十日，先奉寧夏撫院孫茂蘭案驗，爲甄别原有往例等事，准兵部咨開，寧夏巡撫孫茂蘭題前事。等因。案仰河西道即移會河東道，作速確查明白，詳院達部。

奉此，兩道會同行據理刑同知賈鋭、中路同知鄭茂泰呈稱，職等隨于公處會審，據許定國供稱，管寧夏衛百總止二年，葡萄園根由，園頭周進可審。又據周進供，此園二畝有餘，撫衙前有各官謁見公廳一所，葡萄園與公廳相連，見有門户可驗。三年前，馬顯忠將園門堵塞占去是實。審據李正印、邵登、趙有才供稱，把總劉虎跟隨馬顯忠西安府領餉銀，蒙布政司并銀錢共發三萬兩，内銅錢每一串算銀一兩，搭放與馬顯忠，令虎跟隨錢車。蒙顯忠分付，用錢二百串，買布二百匹後赴鎮，因短少銀二百兩，蒙前院李鑒將劉虎嚴刑夾打革任。馬顯忠將錢二百串，交與廣裕庫，取有實收。劉虎供亦相同。等情。呈報兩道。

據此，呈報撫院在案。其一爲，葡萄園供係馬顯忠占去。其一爲，領餉買布，已蒙前院李鑒將劉虎嚴刑夾打革任，馬顯忠將錢二百串交庫，取有實收。然此審明二款，即與憲牌内開及任巡撫與撫標争利，又朦混虧餉贓罪二款相同。今奉行查，謹將查過及任巡撫與撫標争利、朦混虧餉贓罪二款緣由，擬合呈報。等因。照詳奉批：此案係關欽件，必求明確，方便回奏。葡萄園是否官地？曾否納糧？起自何年？每歲所得何物若干？顯忠未占之先，係何人管業？其買布之錢，有無朦混利己、虧餉情弊？該道未出一語，豈容草草耶？仰覆確詳報。

奉此，該本道覆，查得葡萄園，原是撫院衙前有各廳官謁見官廳内一空園基，止有葡萄一株，鄰撫標中軍公衙，原是官地，起自明季，原無出産，從前并無人管業納糧情由。後中軍馬顯忠任事，見園内有葡萄一株，恃撫標中軍之勢，將園門堵塞，遂霸占，合于住衙一處。據廳官揭開，亦不平之意，亦馬顯忠往日之過犯。查寧撫疏參本官，因撫衙前有葡萄園一座，原係官地，本官霸爲己有。此廳官之廳，實官地也。一旦占去，以致各廳官往來見撫，立無容足之地。乃馬顯忠狂妄鄙行，廳官揭報，寧撫據揭糾參，無非謂惡其强占、罔顧官體，若云争利，有何利可争？原無與撫標争利明矣。

又查，買布原是馬顯忠西安府領餉，藩司發銀三萬兩，遵例銀七錢三搭放，每錢一串，算銀一兩。馬顯忠將領出餉銀内搭放銅錢，分付把總劉虎，用錢二百串，買布二百匹後赴鎮，短少銀二百兩。蒙前院查出，止將把總劉虎夾打革任。其買布原是馬顯忠分付劉虎，劉虎用錢易買，而馬顯忠將短少錢二百串交與廣裕庫，取有實收。此買布之錢，雖然交庫，但分付買布，既出顯忠之口，非圖利己，意欲何爲？後蒙查出，錢已交庫，而餉銀無虧，但前院止將劉虎夾打革任，而馬顯忠分付買布後，止將錢交庫完事，亦未審究。此前院之姑息太過，因而未曾發覺。今撫院孫茂蘭查顯忠擅動軍餉，利己營私，行此卑污之事，雖任中軍，難容傳宣，是以具疏參劾。今查先分付用錢買布是實，後查出交錢入庫是實，夾打劉虎革任是實，未究馬顯忠是實，原無朦混虧餉贓罪又明矣。

總因馬顯忠拙于急公，巧于營私，闒茸不振，諸事廢弛，具疏糾參，所由來也。今奉憲批，仰本道覆確詳報，此本道逐一據實查確，并不敢絲毫朦混，謹據實擬合呈報。等〔到〕因。到職。據此，該職看得寧撫孫茂蘭被參事迹，除原在晋中者，聽晋省督按察奏外，其在寧夏者，職行據該道查稱，葡萄園原係撫院前官廳内空園地基，止有葡萄一株，無人管業，被中軍官馬顯忠占去，合于住衙一處，未免有恃勢擅專之意，所以該撫孫茂蘭據揭糾參也。又，馬顯忠前赴西安領餉，將領出原搭錢内，分付把總劉虎用錢二百串，買布二百匹至鎮。蒙前任巡撫李鑒查出短少銀二百兩，將劉虎夾打革任，顯忠將錢二百串交庫訖。但分付買布者，係馬顯忠，而夾打革任者，係劉虎，未免桃代李僵，而顯忠脱然事外，烏得無罪？所以該撫孫茂蘭并入疏參也。既經查明前來，職謹會同陝西按臣高爾位合詞具題。伏乞聖鑒敕部，覆議施行。爲此除具題外，理合具揭。須至揭帖者。

順治十年六月二十一日。

【《明清檔案》A17—61，B9419—B9423】

順治十一年（1654）

寧夏巡撫孫茂蘭題報所屬豁免過杖罪人犯

順治十一年正月十一日

【注】□□□直隸各省地方通□遵前諭："行以文到□爲始，限壹月内，結案具奏。三法司知道。欽此欽遵。"抄出到部送司。奉此，相應抄録原疏通行。等因。案呈到部。除各按都察院札行外，合咨前去，煩爲轉行各撫，遵照聖旨及察抄疏内事理，壹體欽遵施行。等因。移咨到部院，轉咨到臣。臣遵照聖諭内事理，案行河西、河東兩道，轉行所屬，各以文到壹月，將真犯死罪，未經審結，果有情可矜疑者，即審明呈報詳奪。徒流人犯，察非重情，准與減等。笞杖人犯，准與豁免。候審干連證犯，先行釋放。仍將減等、豁免過人犯□數，造册速報，以憑核查，具題去後。

續據寧夏河西道僉事曹叶卜、河東道僉事牛應徵呈報，監獄真犯死罪中，有從前審結，未經巡方具疏請旨發落，亦有未經審結，見在詳讞者。臣俱逐加參酌，并無情可矜疑。除俱批行陝西按察司覆勘明確，俟呈招至日，逐件見題。并將干連證犯先已釋放外，所有減等徒流、釋放過笞杖人犯，屢行駁催去後。于順治拾年拾貳月貳拾日，復據河東道僉事牛應徵呈報，本道河東設在衝邊，叠遭兵荒，人民寥寥，并無徒流、笞杖等犯，無憑減等。又據河西道僉事曹叶卜呈稱，本道遵照限内細查所屬，并無徒流人犯，惟有豁免杖罪釋放過情由，理合呈報。等情。到臣。

據此，查得寧鎮地處極西，兵民雜居，凡壹切詞訟，經臣飭禁最嚴，原與腹裏有州縣者不同。據報所屬遵照限内詳查，并無徒流人犯，止有豁免過杖罪人犯，其□□臣駁查至再，原無隱情。除造册咨送刑部查□外，時督臣缺，臣謹據實具題，伏乞皇上敕部施行。緣係欽奉上傳事理，臣未敢擅便，爲此具本，專差承差周忠宰賫捧，謹題請旨。

順治拾壹年正月拾壹日。

巡撫寧夏等處地方贊理軍務、都察院右副都御史臣孫茂蘭。

【注】此前有闕幅。

【《明清檔案》A18—101，B10129—B10130】

寧夏巡撫孫茂蘭題報惡差擊斃人命審實擬絞

順治十一年二月十六日

【注】都御史處詳批，黄漸龍乃凶暴惡少也。恃差而拘張鳳鳴，因鳳鳴屢喚弗應，遂登門而辱駡。維時鳳鳴之父張元適出，立門首，聽忍不過，即與漸龍嚷鬧何物，漸龍不念元老而難受，乃敢拳擊腮脥而行凶。張元痛恨被打，遂壹頭撞地，憤欲自斃，未幾，即氣絶矣。查腮脥壹拳，檢有□□紅傷，雖非致命之所，然撞地而死，誰□□漸龍拳之所致也。囟門有擦傷壹處，正是以頭撞地之傷也。屢檢傷真，駁勘再肆，抵償之罪，似無庸再議矣。但壹拳而有打人即死者，則打死人者，自該以死償之。而漸龍拳打張元，張元隨即撞地而殞命，則與壹拳壹脚立行打死者，罪有分别否也。

仰河西道□壹查律定擬報，依蒙備行理刑廳，該賈同知仍拘漸龍等到官，審看得黄漸龍與張元，夙無讎恨，屢經審明，衹因怒駡相嚷之故，而衰老之夫，不能當少壯之壹拳，以致張元之隨拳而倒，死不逾刻，其與壹拳之立行打死者無别也。黄漸龍，擬以抵償，百口難□□，細閲傷痕，而拳傷又重，與擦傷應與不行解救之王紹先，俱如原擬，招呈本道詳批，黄漸龍、王紹先有治病張醫生炙病張元艾疤作證之狀，何不審明據擬。王紹先，不應杖壹百，果否協律，仰廳查照批駁情節，再加確勘速報。

該賈同知覆審，據張醫生即張奇略供稱，順治捌年叁月貳拾捌日早晨，因張元跌昏，張鳳鳴使人請奇略療看。奇略方到門首，張元已死，祇聽喧嚷啼哭，奇略即回。原未灸病，亦不知艾疤情由。又據仵作姜納兒供稱，屢檢原無艾疤情由。及審漸龍供稱，捌年叁月貳拾捌日，張元已死，龍于捌年陸月初貳日具狀，添寫張醫生灸病艾疤。等情。供報明白。看得黃漸龍之毆死張元也，屢經檢審，擬絞無辭。至治病張醫生灸病艾疤等語，原係摭飾之詞，仵作之口供甚確，屢檢之結狀見存。及查王紹先勸救不力，合依鬥毆殺人餘人者，律杖壹百，情法允協。將漸龍仍照原擬具呈。等情。到道。據此，該都僉事覆詳，看得黃漸龍壹拳打張元倒地，死□頃刻，屢駁歷訊，覆勘明確，絞抵允宜。

再繹憲批，漸龍拳打張元，張元隨即撞地而殞命，則與壹拳壹脚立行打死者罪有分別否也。又批，張元以衰老之夫，不能勝漸龍少壯之壹拳，因而張元隨拳倒地，死不逾刻，其與手足壹拳壹脚立行打死者，罪無分別也。再查，漸龍狀稱有治病張醫生灸病艾疤作證，准根究。今招云，據張醫生即張奇略供稱，奇略方到門首，張元已死，奇略即回。原未灸病，亦不知艾疤情由。而仵作姜納兒供稱，屢檢原無艾疤情由。而漸龍狀稱，有治病張醫生灸病艾疤作證之語，乃漸龍奸狡掩飾之詞也，漸龍仍照原擬抵償不枉。至于解救不力之王紹先，合依鬥毆殺人餘人者，律杖壹百，情罪允協。問擬漸龍鬥毆殺人律絞，王紹先餘人杖罪，于順治拾年玖月貳拾捌日，招呈巡撫寧夏孫都御史詳批，黃漸龍打張元，雖止壹拳，而張元隨即倒地，殞命于頃刻之間。細檢傷痕，已有確據，駁審抵償，法無容寬。王紹先解救不力，擬以鬥毆殺人餘人律杖壹百，是否允協。但事關人命，仰按察司照此招情，再壹確勘，務期無枉無縱，方可彰朝廷之法，而服若輩之心，速速勿緩。

蒙此，該本司彭按察使將招内情由，逐壹研核覆詳，看得黃漸龍，以壯年惡少，奉差□□嗔張鳳鳴應酬來遲，與其父角口爭雄，怒拳橫加，仆地不起，嗟彼暮年殘軀，安得不殞命俄頃哉！歷審情真，絞抵允宜。雖彼飾詞狡辯，誰其信之。王紹先路過偶遇，解救不力，審無共毆之情，難引餘人之條，改擬不應，情法始協。事關人命，應□憲□□□□□題，將漸龍等取問，罪犯壹議得，黃漸龍□□犯，黃漸龍合依鬥毆殺人不問手足他物金刃律，絞，枷鐐牢固，監候詳決。王紹先依不應得爲而爲之事理，重者律杖捌拾，審有力照例贖罪，完日發落。壹照出絞罪，黃漸龍免紙，王紹先、張鳳鳴各告紙銀貳錢伍分，王紹先贖罪銀肆兩，俱追貯寧夏理刑廳庫聽文支銷。其已死張元身尸，責令伊子張鳳鳴領埋，通取實收，領狀繳報。等情。招報到臣。

該臣看得，黃漸龍爲餉司之票差，拘喚張鳳鳴，清算未明之錢糧，亦緊要事也。而鳳鳴不即出户，則漸龍忿怒愈逞。維時鳳鳴之父張元從家而出，漸龍因鳳鳴不出，故與張元有角口之相激也，遂用拳壹擊，而張元昏倒在地，不逾時而殞命，豈非漸龍拳毆之所致乎？雖漸龍有强辯之飾詞，希脱重罪，而屢經檢審之真確，法自難寬，依律擬絞，情無枉縱。王紹先遇不解救，杖贖允宜。今將漸龍枷牢監候。既經該司呈招前來，時督臣缺，臣謹具題，伏乞皇上敕下該部議覆，上請發落，行臣遵奉施行。緣係人命事理，臣未敢擅便，因述招情，字已逾格，懇惟鑒宥。爲此具本，專差承差韓成賫捧，謹題請旨。

順治拾壹年貳月拾陸日。

巡撫寧夏等處地方贊理軍務、都察院右副都御史臣孫茂蘭。

【注】此前有闕幅。

【《明清檔案》A18—147，B10261—B10264】

寧夏巡撫孫茂蘭爲兵餉搭錢數多挽運甚累題陳通變之法

順治十一年二月十六日

【注】撥運□□西安□□□□□□□得兩□□望回還，倘發餉稍有不速，必得叁月，方纔到寧，不惟奔疲之牛隻瘦損難堪，抑且耕墾屯種，致有廢弛之虞。臣從中參酌，不敢以全不搭錢致礙錢法，惟以銀玖錢壹，亦可以稍免多錢遠運之累。爲今日通變之著，庶覓脚之費可省，而屯種官牛亦不至于太累，蘇窮黎而益屯務，計莫良于此者。時督臣缺，臣謹據實具題，伏乞皇上敕下該部議覆上請，行臣遵奉施行。緣係兵餉搭錢數多，遠途挽運甚累，詳請通變之法，以省牛車，無誤屯政，有裨軍需事理。臣未敢擅便，因述錢法。字已逾格，懇乞鑒宥。爲此具本，專差承差韓成賫捧，謹題請旨。

順治拾壹年貳月拾陸日。

巡撫寧夏等處地方贊理軍務、都察院右副都御史臣孫茂蘭。

【貼黄】

欽差巡撫寧夏等處地方贊理軍務、都察院右副都御史臣孫茂蘭謹題：爲兵餉搭錢數多，遠途挽運甚累，詳議通變之法，以省牛車，無誤屯政，有裨軍需事。

寧鎮兵餉，皆取運于西安布政司，例以銀柒錢叁搭給，但路遠壹千伍百餘里，驛遞窮苦，計程雇脚所費不貲。即撥開荒牛車，又妨屯政。臣從中參酌，不敢以全不搭錢致礙錢法，惟以銀玖錢壹，爲蘇驛興屯通變急著，謹題請旨。

【注】此前有闕幅。

【《明清檔案》A18—148，B10265—B10266】

寧夏巡撫孫茂蘭題報回民種地未納稅糧逐一查明起科

順治十一年三月十二日

題。

著議奏。該部知道。

欽差巡撫寧夏等處地方贊理軍務、都察院右副都御史、今革任臣孫茂蘭謹題：爲𤞑民久種地土，未納稅糧，逐壹查明，應行起科事。

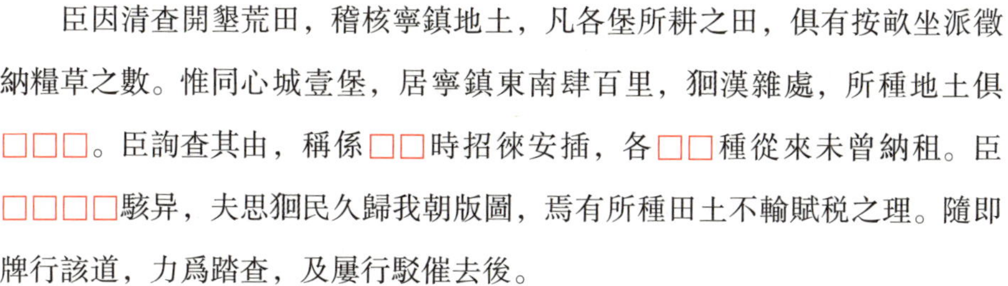

臣因清查開墾荒田，稽核寧鎮地土，凡各堡所耕之田，俱有按畝坐派徵納糧草之數。惟同心城壹堡，居寧鎮東南肆百里，𤞑漢雜處，所種地土俱□□□。臣詢查其由，稱係□□時招徠安插，各□□種從來未曾納租。臣□□□□駭异，夫思𤞑民久歸我朝版圖，焉有所種田土不輸賦稅之理。隨即牌行該道，力爲踏查，及屢行駁催去後。

今拾壹年叁月初肆日，據河東道僉事牛應徵呈稱，本道遵照憲牌，查得同心城見種田土并議起科數□，行據中路同知鄭茂泰復查造報，該堡共種山田壹萬壹千柒拾叁畝，遵本院之批，每年議納糧米叁百叁拾貳石壹斗玖升，穀草壹萬壹千柒拾叁束，呈報到道，覆查明白。轉報到日，該臣看得種田納租，皆有定例，何同心壹堡𤞑漢之民楊自明等歷年以來耕種地土，不納糧草，□□循明季之陋□久□奸民之飽腹□□□□□。今查出，自當照依所屬田土之例，按畝起科。但查該堡地處環山曠荒，土脉沙薄，如雨澤及時，望收大半，倘值亢旱，苗枝枯槁。較之鎮城各堡水田，大爲不同。故每畝定徵糧米叁升、穀草壹束，此臣適中衡平之議。計田壹萬壹千柒拾叁畝，每年共徵糧米叁百叁拾貳石壹斗玖升，穀草壹萬壹千柒拾叁束。此愚民夙昔之積弊，壹旦搜剔無遺。其起科糧草，應從拾壹年起，各照地畝徵納，靈州倉場支給驛馬額供料草并餉兵支銷。其該堡人丁，寧鎮原無丁徭徵銀之例，惟每年均派□渠□納草挑浚之□同心□□□渠□□派□□口安設驛遞分□□□叁

□不足支應，而民丁無多，合無以驛遞回馬抬扛之差，令其供應，亦出民情之所願也。既經該道確查前來，除造地畝清册送部查考外，相應具題，伏乞皇上敕下該部議覆施行。緣係徊民久種地土，未納税糧，逐壹查明，應行起科事理，臣未敢擅便。爲此具本，專差承差徐有賢賫捧，謹題請旨。

順治拾壹年叁月拾貳日。

巡撫寧夏等處地方贊理軍務、都察院右副都御史、今革任臣孫茂蘭。

【貼黄】

欽差巡撫寧夏等處地方贊理軍務、都察院右副都御史、今革任臣孫茂蘭謹題：爲徊民久種地土，未納税糧，逐壹查明，應行起科事。

臣因清查開墾荒田，惟同心城壹堡徊民，詢自明季招徠安插種田，俱未起科。臣行據河東道臣牛應徵查報，該堡見種山田壹萬壹千柒拾叁畝，係土脉沙薄，與水田不同。臣從適中定議，每畝起租叁升、草壹束，自拾壹年起徵，供驛馬并餉兵支銷。其民丁無多，從無差徭之例，情願供應該堡驛遞抬扛之差。謹題請旨。

【注】此前闕一行。

【《明清檔案》A19—16，B10407—B10409】

寧夏巡撫黄圖安題報因奸謀死本夫審實分别擬罪

順治十一年十月二日

【注】□□□□□□□□□□□□□□□□再行親審具奏。欽此欽遵。”抄部送司，□□□應發落。等因。案呈到部。爲此合咨貴院，煩爲遵照聖旨及察咨文内事理，即將張萬庫監候，再行親審具奏，處決施行。等因。備咨到臣。隨即拘喚張萬庫并各犯證，細加鞫審。

據張萬庫供稱：“萬庫原與征兵薛良臣妻朱氏行奸日久，因朱氏有胎，于順治拾年伍月拾陸日産女是實。彼時聞得良臣從川中回來，尚未到家，慮恐知覺奸情，萬庫買人言、大黄與朱氏收存。良臣順治拾年伍月貳□□□□□□□叁日同□□□神還願獻羊，至晚回家，向朱氏説口内發渴，要滚湯喝。朱氏遂將前存毒藥暗入滚湯碗内，良臣不防喝下，半夜身死是實。”及審證佐施重勛、魯氏，俱供情真。據此，該臣看得，張萬庫曾奸薛良臣之妻朱氏，爲日已久，□□産落孕胎之可據。嗣良臣川回，尚未抵里，而萬庫、朱氏懼恐奸情之敗露，暗起毒藥之謀殺。及良臣到家兩宵，未逾下毒治死，遠歸征人□可憐也。朱氏自刎，無容再擬。張萬庫買藥同謀，訊審情真，擬斬不枉。臣將親審情由，相應具題，伏乞皇上敕下該部議覆，上請行臣處決施行。緣係毒死人命事理，臣未敢擅便，爲此具本，專差承差石官保賫捧，謹題請旨。

順治拾壹年拾月初貳日。

巡撫寧夏等處地方贊理軍務、都察院右僉都御史臣黄圖安。

【貼黄】

欽差巡撫寧夏等處地方贊理軍務、都察院右僉都御史臣黄圖安題：爲毒死人命事。

該前撫臣題斬犯緣由，部覆題奉聖旨：“是。張萬庫依擬應斬，著該撫再行親審[①]，□□處[②]决。欽此。”移咨前來。該臣審看得，張萬庫奸薛良臣之[③]妻朱氏，日久産落孕胎可據。嗣良臣川回，萬庫、朱氏同謀毒藥治死良臣是實。訊審情真，朱氏自刎，無容再擬[④]。張萬庫，擬斬不枉。謹題請旨。

①審：此字原漫漶不清，據前文補。
②處：此字原漫漶不清，據前文補。
③薛良臣之：此四字原漫漶不清，據前文補。
④擬：此字原漫漶不清，據前文補。

【注】此前有闕幅。

【《明清檔案》A21—7，B11545—B11546】

寧夏巡撫黄圖安揭報謀財殺人重犯處斬日期

順治十一年十月（日不詳）

黄圖安。

順治十一年十一月初五日到。

本揭對同。

欽差巡撫寧夏等處地方贊理軍務、都察院右僉都御史黄圖安：爲殺死人命事。

順治十一年九月十九日，准刑部咨，陝西清吏司案呈，奉本部送，刑科抄出寧夏巡撫孫茂蘭題斬犯閆汝德招罪緣由。順治十一年四月十九日，奉聖旨："三法司核擬具奏。此案八年始結，是何緣故？著察奏。欽此。"抄部送司。

奉此，該本司核擬呈堂，移會院寺覆核無异。除咨行該撫行查八年始結緣由外，會看得，閆汝德同周武謀殺秦英，贓證有據。查律，凡謀殺人，因而得財者，同强盗，不分首從，律皆斬。周武既經監，故免議。閆汝德依律應斬立决。等因。具題。順治十一年八月初七日，奉聖旨："閆汝德，著即就彼處斬。滿字内'蘭'字誤寫'三'字，著改正行。欽此。"抄部送司。奉此，相應發落。等因。案呈到部。爲此合咨貴院，煩爲遵照聖旨及察咨文内事理，將閆汝德處斬，仍將决過日期，徑自具題施行。等因。備咨到職，隨即行令該道將閆汝德處斬去後。

今九月二十四日，據河西道僉事曹叶卜呈稱：行據監收同知帶管理刑廳事賈一奇呈報，本職督同右、前二衛百總官，遵將閆汝德從監内喚出，綁押鎮城大什字，于九月二十二日巳時處斬訖。等情。轉報到職，覆查明白。所有斬過日期，相應具題，伏乞皇上敕部施行。爲此除具題外，理合具揭。須呈揭帖者。

順治拾壹年拾月□日。

右僉都御史黄圖安。

【《明清檔案》A21—47，B11691—B11692】

寧夏巡撫黄圖安揭賀萬壽聖節

順治十一年十二月（日不詳）

黄圖安。

順治十二年正月十七日到。

本揭對同。

欽差巡撫寧夏等處地方贊理軍務、都察院右僉都御史黄圖安：爲慶賀事。

順治拾貳年正月叁拾日，恭遇萬壽聖節，職奉差在外，不獲同在廷諸臣躬親拜舞，謹望闕叩頭慶賀。伏願皇上懋膺嘉祉、永享太平，職不勝踴躍歡忭之至。爲此除具奏外，理合具揭。須至揭帖者。

順治拾壹年拾貳月□□日。

右僉都御史黄圖安。

【《明清檔案》A21—113，B11943】

順治十二年（1655）

寧夏巡撫黄圖安題報營弁貪暴縱役指詐審實分別杖懲

順治十二年二月八日

題。

刑部□□具奏。這本比式稍長，著飭行。

欽差巡撫寧夏等處地方贊理軍務、都察院右僉都御史臣黄圖安謹題：爲劣弁穢迹昭彰，謹據道揭糾參，以肅法紀事。

順治拾壹年拾月貳拾日，准刑部咨，陝西清吏司案呈，奉本部送，刑科抄出寧夏巡撫黄圖安題前事。順治拾壹年玖月拾貳日，奉□□□□□□□□□□□□撫提問追擬具奏。該部知道。□□□□□□□□案呈到部，備咨到臣。又准兵部咨同前事。等因。又准督臣金礪咨，准刑部咨，亦同前事。臣即備行該道，將王夢麟革職、提問追擬及駁審去後。

今順治拾貳年正月叁拾日，據寧夏河東道僉事牛應徵、河西道僉事曹叶卜呈，問得壹名王夢麟，年叁拾玖歲，遼東籍，順天府昌平州人，由將材，順治元年拾月内推授都司，管居庸路八達嶺守備事。伍年捌月，陞山西水泉營游擊。因遭姜逆變亂，捌年肆月内，蒙山西巡撫劉都御史咨部具題，以原官補用。本年拾壹月内，陞授寧夏玉泉營游擊，□□□□□□□到任。狀招，夢麟任事後，□□□□□□□□□倚接應喇嘛，科派民堡柴草，縱役詐騙，種種不法，穢聲大著，致奉巡撫寧夏黄都御史到任訪聞，隨行河西道曹僉事查明揭報，具疏題參。拾壹年玖月拾貳日，奉旨下部，備咨前來。蒙巡撫寧夏黄都御史案，仰河西道備行理刑廳遵照聖旨及抄發原疏款内事理，即將王夢麟并壹干犯證，作速提問，嚴行追擬，確招詳道，以憑覆核，轉詳具奏。

依蒙該理刑同知劉玉瓚遵將王夢麟革職外，會同監收同知賈一奇，將犯官王夢麟等壹干犯□□□□□□□□□壹月貳拾貳日，赴城隍□□□□□□□□□□□□□壹款壹本官于順治玖年玖月内指稱，接喇嘛，于所屬民堡，每堡派出羊貳隻、白米伍斗、木柴壹車、青草伍車，共計拾餘堡派羊貳拾餘隻、白米伍陸石、木柴拾餘車、青草伍拾餘車，全未給官發價值，入囊肥己。指堡民鄉老白袁等證，審據在官鄉老白袁等供稱，預備喇嘛來，羊未用，發□□□所管邵綱等玖堡，用木柴玖車，每車值銀叁錢，共該銀貳兩柒錢。青草肆拾伍車，每車約裝拾伍束，每束值銀叁肆厘不等，每車約值銀□分，共銀貳兩貳錢伍分。原未發價，夢麟□□□□□□□□，夢麟□□□□□□□□分，今蒙□……【注一】揭糾參，以肅法紀事理。臣等未敢擅便，因述原招。字已逾格，懇惟鑒宥。爲此具本，專差承差尤起龍賫捧，謹題請旨。

順治拾貳年貳月初捌日。

巡撫寧夏等處地方贊理軍務、都察院右僉都御史臣黄圖安。

【貼黄】

欽差巡撫寧夏等處地方贊理軍務、都察院右僉御史臣黄圖安謹題：爲劣弁穢迹昭彰，謹據道揭糾參，以肅法紀事。

臣糾參營弁王夢麟贓款緣由，奉旨下部移咨前來，行據道臣牛應徵、曹叶卜會勘招報到臣。臣會督臣覆查王夢麟取用民草，剋落牛、羊，雇募民婦，銷毀官炮，又縱役指詐，怒責堡民，種種貪暴，確審有據，與用計行詐之衙役□□□□杖懲，法無枉縱，贓各照追。謹題請旨[①]。

【注二】

【注一】此間有闕幅。

【注二】此處闕一行。

①旨：此字原脱，據文書例補。

【《明清檔案》A22—22，B12161—B12163】

寧夏巡撫黄圖安揭報殺人重犯斬決日期

順治十二年四月三日

黄圖安。

順治十二年五月初五日到。

本揭對同。

欽差巡撫寧夏等處地方贊理軍務、都察院右僉御史黄圖安：爲惡僕持刀殺主事。

順治拾貳年叁月拾柒日，准刑部咨，陝西清吏司案呈，奉本部送，刑科抄出寧夏巡撫孫茂蘭題張成貴招罪緣由，奉旨：“三法司核擬具奏。欽此。”抄部送司，案呈到部，會同院寺覆核。會看得，張成貴係張天麟之奴，天麟爲之娶妻黄氏，豢養多年。乃懷平日責打之讎，恃酒持刀，輒行刺殺。賴甥子急救，天麟未死，而傷證俱確。張成貴合依奴婢謀殺家長者，罪與子孫同律，立斬。至張天麟曾使玉花誘奸黄氏，自是居大不正，合依不應事杖罪。黄氏依和奸律，杖捌拾。除張成貴係真正死罪不赦外，張天麟、黄氏犯在拾壹年陸月赦前，俱免罪，黄氏給主。等因。具題。

順治拾貳年正月拾伍日，奉旨：“張成貴，著議政王貝勒大臣詳確擬議具奏，餘依議。欽此。”遵旨會議得，張成貴懷伊主責打之讎，持刀行刺是實，相應仍照原議立斬。等因。題覆。本年貳月拾壹日，奉旨：“張成貴，著即處斬。欽此欽遵。”抄部送司，相應移咨發落，案呈到部。

爲此合咨貴院，煩爲遵旨及咨文内事理，將張天麟、黄氏各免罪免紙。黄氏仍給主，張成貴即行處斬，仍將决過日期，徑自具題。并將發落過張天麟等緣由，咨部備照施行。等因。備咨到職。行據河東道僉事牛應徵呈稱：

遵將張天麟、黄氏各免罪免紙，黄氏仍給主張天麟收領，將張成貴行令中路同知邵廷琦于順治拾貳年叁月貳拾日午時，押赴市曹處斬訖。等情。呈報到職，覆查明白。所有斬過張成貴日期，相應具題，伏乞皇上敕下該部施行。爲此除具題外，理合具揭。須至揭帖者。

順治拾貳年肆月初三日。

右僉都御史黄圖安。

【《明清檔案》A22—134，B12569—B12570】

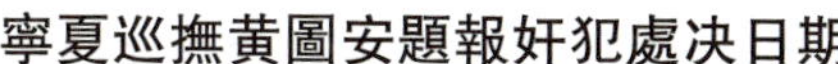

寧夏巡撫黄圖安題報奸犯處决日期

順治十二年四月二十二日

題。

三法司知道。

欽差巡撫寧夏等處地方贊理軍務、都察院右僉都御史臣黄圖安謹題：爲人命事。

順治拾貳年肆月初拾日，准刑部咨，陝西清吏司案呈，奉本部送，刑科抄出寧夏巡撫孫茂蘭題張洞明等招罪緣由。順治拾壹年柒月拾玖日，奉旨："三法司核擬具奏。欽此。"抄部送司，核議呈堂，移會院寺，覆核無异。會看得，張洞明忽僧忽俗，邪術惑衆，借行醫而誘奸王光裕之妻馬氏，并魘鎮其子王崇德，而通其兒媳劉氏。及與馬氏情濃，嗔其夫知覺，同謀毒死，首證甚確。張洞明除邪術輕罪不坐外，合依因奸同謀殺死親夫者律，馬氏凌遲立决，張洞明處斬監候，著該撫再行親審，具奏處决。劉氏合依和奸有夫者律，杖玖拾。等因。具題。于拾壹年拾貳月拾陸日奉旨："馬氏、張洞明，著議政王貝勒大臣詳確擬議具奏。欽此。"

該臣等會看得，張洞明與王光裕妻馬氏奸，又與伊兒婦劉氏行奸。馬氏同商議毒死王光裕是實，張洞明處[1]斬，餘覆核無异，仍照前議。等因。具題。于拾貳年貳月貳拾柒日奉旨："馬氏，著即凌遲處死，張洞明，著即處斬。餘依議。欽此。"抄部送司。奉此，相應移咨發落。等因。案呈到部，擬合就行。爲此合咨貴院，煩爲遵及察咨文内事理，即將馬氏凌遲處死，張洞明立斬，劉氏杖玖拾的决。仍將發落决過日期，徑自具題。等因。備咨前來。

臣即行據河西道僉事曹叶卜報稱：行據理刑同知劉玉瓚呈稱，遵將馬氏、張洞明于本年肆月拾伍日巳時押赴市曹，將馬氏凌遲處死，張洞明處斬訖，并將劉氏杖玖拾的决。等情。呈報到臣，覆查明白。所有凌遲處死馬氏并斬過張洞明日期，及杖發過劉氏緣由，相應具題，伏乞皇上敕下該部施行。緣係人命事理，臣未敢擅便，爲此具本，專差承差趙守分賫捧，謹具題旨。

順治貳年肆月貳拾貳日。

巡撫寧夏等處地方贊理軍務、都察院右僉都御史臣黄圖安。

【貼黄】

欽差巡撫寧夏等處地方贊理軍務、都察院右僉都御史臣黄圖安：謹題爲人命事。

臣准部咨，奉旨，行據河西道僉事曹叶卜呈報：行據理刑同知劉玉瓚呈稱，將馬氏、張洞明于本年肆月拾伍日巳時押赴市曹，將馬氏凌遲處死，張洞明處斬，并將劉氏杖玖拾的决。所有處斬過日期，謹具題旨。

【《明清檔案》A22—149，B12627—B12629】

---

[1]處：此字原漫漶不清，據前後文及文例補。

寧夏巡撫黄圖安揭參營官到任違限

順治十二年九月（日不詳）

黄圖安。

順治十二年十月十九日到。

欽差巡撫寧夏等處地方贊理軍務、都察院右僉都御史黄圖安：爲守備任事違限，謹遵例糾參，以昭功令事。

切照文武官員赴任違限，議定革職降罰新例，咨移在案。况寧鎮遠處河外，整理需人，若任意延緩，必致違誤封疆。今于順治拾貳年捌月初柒日，據新推補寧鎮靈州營中軍守備郭國相呈繳原領兵部限票壹張，内限本年陸月貳拾日到任。本官于捌月初壹日任事，該職隨將違限月日，檄行該道查報去後。嗣據寧夏河東道僉事牛應徵呈：查得守備郭國相因在途染病，遂致違限壹月零拾日。但無在途染病地方印結，似屬無據，相應呈報。等情。到職。

該職看得，岩疆武職，關係最重，務必遵限赴任，無容玩忽。今守備郭國相以兵部票注任事之限，計違壹月零拾日，已在參罰之内。雖據該道查稱，本官在途患病，但無取獲地方印結可據，似此延緩，自難爲該弁寬也。除將限票咨送兵部查收外，相應具疏題參，伏乞皇上敕下該部議處施行。爲此除具題外，理合具揭。須至揭帖者。

順治拾貳年玖月□日。

右僉都御史黄國安。

【《明清檔案》A24—37，B13371—B13372】

順治十三年（1656）

寧夏巡撫黄圖安揭報犯官家産盡絶請准豁免贜款

順治十三年六月（日不詳）

〈黄圖〉安。

順治十三年七月十四日到。

欽差巡撫寧夏等處地方贊理軍務、都察院右僉都御史黄圖安：爲甄别原有往例，謹請旨定奪，以便遵行事。

准刑部咨，陝西清吏司案呈，奉本部准寧夏巡撫黄圖安咨前事。内開：張以諫原籍四川，流來寧鎮，題授旗鼓，名下實該入官贜贖銀貳千肆百餘兩，屢行監追，何啻嚴切。據報估變贜物，僅完壹千壹百壹兩柒錢捌分，未完者，家産盡絶，無可拆變，徒受棰楚之苦，再無分文辦納。取據衛官甘結，本院駁勘明白，若不咨請題豁，何以得清積案。等因。到部。送司。

查得張以諫名下入官贜贖，共銀貳千捌百捌拾貳兩陸錢捌分肆厘，内除給主贜銀□百柒拾陸兩外，今止追完銀壹千壹百壹兩柒錢捌分，尚該、未完贜銀壹千叁百肆兩玖錢肆厘。該撫駁查，本犯家産，委已盡絶，無可拆變，合部題豁，以結欽案。但本犯未完贜銀果否難完，本部不便具題，相應移咨該撫，徑自題請，下部核覆。等因。回咨前來。

職役行河西道僉事曹叶卜呈稱：行據理刑同知王琦呈報，張以諫家産實實盡絶，無從拆變。等情。呈詳到道，轉呈到職。該職看得，張以諫叨任前撫標下旗鼓，婪贜多端，參劾擬罪，奉旨監追壹年有餘。除追完入官并給主外，尚有未完贜贖銀壹千叁百餘兩。屢行嚴比，據□本犯家産盡絶，再無分文拆變，敲扑之苦，實可堪憐。取據衛官甘結，核查并無隱情。職謹會同巡按陝西兼管屯田監察御史王繼文合詞具題，伏乞皇上敕下該部議覆請豁，不惟欽案得以早結，即區區蟻犯，亦不至于監斃囹圄矣。爲此除具題外，理合具揭。須至揭帖者。

順治拾叁年陸月□日。

右僉都御史黄圖安。

【《明清檔案》A28—17，B15589—B15590】

寧夏巡撫黄圖安揭爲京察届期自陳居官情形

順治十三年六月（日不詳）

黄圖安。

順治十三年七月□日到[①]。

欽差巡撫寧夏等處地方贊理軍務、都察院右僉都御史黄圖安：爲微臣遵奉京察，自陳庸才濫冒事。

順治拾貳年拾月貳拾肆日，准吏部咨開：考察京官，事務煩重，相應定于明歲秋捌月舉行。等因。具題。奉旨："依議。欽此欽遵。"備咨到職，欽遵在案。今照順治拾叁年屬當京察之期，職備員邊吏，例當自陳。

職見年肆拾捌歲，山東東昌府堂邑縣人，由故明丁丑[②]科進士，歷任推官主事，管餉易州户部員外。于順治元年伍月初伍日，職剿捕僞官，率闔州官民投誠，蒙恩授職易州道。因剿撫有功，于順治貳年肆月内陞任甘肅巡撫。叁年捌月，調任寧夏巡撫。本年拾月，緣告養親，以規避革職。于玖年伍月内，因内院薦舉，准以巡撫用。于拾壹年貳月内，奉旨推補今職，柒月初壹日到任。

①日到：此二字原脱，據文書例補。
②丁丑：即崇禎十年（1637）。

伏念職草茅下士，樗櫟散材，屢荷皇恩，有加無已。感覆載之隆重，愧報稱之無能。持節者三，即使捐糜踵頂，難酬生成之萬一。撫寧者再，惟期嘔盡心血，庶殫愚悃之二三。德不足而禄有餘，心雖長而才則短。如築城浚渠，賑饑備荒，非不竭力蠲資，終慚涓滴之小補；練兵清餉，課士化民，非不加意振飭，仍怍譾劣之多疏。殫精招撫矣，流民未盡安集也；多方勸墾矣，荒蕪未盡成熟也。地方好義急公，連年自無逋欠，實非催徵之巧也。風俗重佛樂善，近來幾空囹圄，實非法令之寬也。鄉民自衣皮食粟而外，絶無可竊之銀錢服飾，是以桴鼓寂静，非能有弭盜之術也。水田自鍤雲渠雨之後，便有足用之菽麥稻穀，是以物價廉平，非能有均輸之政也。總之，窮邊值省事之日，休息便冒小康；庸才當坐鎮之時，藏拙實屬大幸。職任事兩年，自揣疏淺。今逢黜陟幽明大典，微職遵例陳請之期，循省自咎，覆餗是虞。除行過事實造册送部院查核外，伏乞皇上鑒職愚陋，俯賜敕部察議，職不勝悚慄待命之至。爲此除具奏外，理合具揭。須至揭帖者。

順治拾叁年陸月□日。

右僉都御史黄圖安。

【《明清檔案》A28—19，B15601—B15602】

寧夏巡撫黄圖安揭報驛站馬驢額數并新增料草支給情形

順治十三年八月（日不詳）

黄圖安。

十二。

順治十三年九月□日到。

欽差巡撫寧夏等處地方贊理軍務、都察院右僉都御史黄圖安：爲欽奉上諭事。

案照順治拾叁年伍月貳拾叁日，准兵部咨，車駕清吏司案呈，奉本部送，兵科抄出該本部覆寧夏巡撫黄圖安題前事。等因。部覆奉旨："爾部即會同户部確議具奏。欽此欽遵。"抄出到部。該臣等二部會議得，寧屬各驛原係軍站，故嚮來比照營馬放青之例，夏秋半給料草。該撫以驛馬時常走差，不同營馬，如放青，無濟緩急，請全支料草，始便責成各驛。前户部以錢糧不敷，因議不准。查該省有兵部項下裁減驛站銀兩可以撥給，但寧屬各軍驛原設馬若干、夏秋全給料草需銀若干，并無細數，相應請敕該部確查具奏，以便二部會議應否撥給，酌量定奪可也。等因。順治拾叁年肆月拾伍日題，本月拾陸日奉旨："依議行。欽此欽遵。"抄出到部，備咨到職。

行據河西道僉事曹叶卜、河東道僉事韓庭芑查報各驛馬驢額數、應支料草到職，該職看得，驛設馬驢全藉料草，以資走遞，自難與營馬放青之例而比也。職謹遵部覆，確查驛馬細數會議定奪之説，此雖部臣曲畫甚悉，職亦詳議明妥，倘撥本省裁減驛站銀兩，不惟途遠，緩急無濟，抑且飼喂須臾難缺。

再查本鎮兩河壹拾叁驛，共該驛馬叁百叁拾匹，驛驢壹百貳拾捌頭。自肆月以至捌月，該增半支料玖百叁拾肆石伍斗，應于本鎮兵馬歲支餘剩料豆内支給。惟該增半支草伍萬玖千壹百束，并無支應根枝。據該道詳議，每束折銀伍厘，該銀貳百玖拾伍兩伍錢，在于本鎮買馬站銀内，照數動支，此就近妥便，無煩外撥。除造具馬、驢額數清册送部查核外，相應具題，伏乞皇上敕下該部議覆施行。爲此除具題外，理合具揭。須至揭帖者。

順治拾叁年捌月□日。

右僉都御史黄圖安。

【《明清檔案》A28—120，B16021—B16022】

順治十四年（1657）

寧夏巡撫黄圖安揭舉武員

順治十四年八月（日不詳）

黄圖安。

十三。

順治十四年九月□日到。

欽差巡撫寧夏等處地方贊理軍務、都察院右僉都御史黄圖安：爲請定督撫舉劾之例，以清吏治，以安民生事。

切照職奉旨舉劾文武，欽遵在案。職莅任叁年，復當遵行。除文武優劣，經職核明，另疏上聞，所有外委武弁、操守、千把，或防禦邊要，或整頓伍旅，各有司任之責。每經選委，職與鎮臣驗試才品，考較弓馬，堪任操防、千把之寄者，准委用事。間有怠玩不勤，及約兵失宜，職即查明處治褫逐。至日久著有勞績，若不薦舉，何以鼓勵群弁之氣？職准鎮臣手本移會前來，復加確查得，平羌堡操守黄金城，防禦衝險，地方寧謐；惠安堡操守羅國新，竭力通路，商行絡繹；清水堡操守鄧英，年青志壯，衝地有賴；職標右營千總包大用，久在戎行，精于訓練；鎮標中營千總喬鳳鳴，力整部伍，騎射兼優；靈州營千總趙有福，馭兵操練，頗知紀律；職標右營把總蔣功，膽壯心雄，足以禦侮；鎮標右營把總李杰，勤于整練，明肅號令；中衛營把總袁美，勤能騎射，堪作兵目；花馬池營把總姬勛，承任衝荒，甘苦自如。相應一并具題，伏乞皇上敕下該部議覆紀録，以勵後效者也。爲此除具題外，理合具揭。須至揭帖者。

順治拾肆年捌月□日。

右僉都御史黄圖安。

【《明清檔案》A31—57，B17469—B17470】

順治十五年（1658）

寧夏巡撫黄圖安揭請推補營將

順治十五年一月（日不詳）

黄圖安。

順治十五年二月□日到。

欽差巡撫寧夏等處地方贊理軍務、都察院右副都御史黄圖安：爲請補衝邊協守，以資捍禦事。

本年正月貳拾貳日，准寧夏鎮臣劉芳名手本前事。内開：照得寧屬中衛，地處極西，接壤甘凉，逼近沙漠，且與香山密邇衣帶。原爲衝要之區，内外整備，綏緝彈壓，責綦重矣。現任副將馮源淮，近見塘報陞任山西平陽府，所遺員缺，若候部推，□時日之遲遠，人缺之未宜，皆難預必。查得平羅營參將陳維新，謀猷素裕，歷練老成。前任中衛，後移平羅，兩地著有能聲。計俸深薦足，亦當陞轉之時。與其陞于他處，何若就近請補中衛副將，俾其駕輕就熟，朝聞命而夕就事，臂指相需，卒收成效。本鎮身任封疆，本官之才之智，試驗已久，故從地方起見，非爲人擇官也。擬合請會，即賜題補施行。等因。移會到職。

該職看得，寧鎮西路中衛，去鎮城叁百餘里，夙號岩疆。副將馮源淮奉旨陞任，所遺要地員缺，不可壹日無官。若候部推，不惟旦夕難以驟至，且恐人地未必相宜。職准鎮臣手本，會查得平羅營參將陳維新，雄略夙著，智勇兼優。自任中衛，復移平羅，兩地彈壓，足稱干城。以之就近推補中衛副將，俾熟籌之地方，素練之伍旅，更爲改觀。況以俸薦遷轉，亦已合例。且其聞命受事，大有攸賴。職准鎮臣酌會至再，故爲要地擇人封疆起見，非敢憑臆冒請也。至若平羅遺缺，亦應急爲推補謀勇將官，勒限任事，馭兵料理。職因督臣在蜀，未便移會。伏乞皇上敕下該部，壹并議覆上請。倘徼鑒允，地方幸甚。爲此除具題外，理合具揭。須至揭帖者。

順治拾伍年正日。

右副都御史黄圖安。

【《明清檔案》A32—4，B17835—B17836】

寧夏巡撫黄圖安揭報恭領恩詔

順治十五年二月（日不詳）

黄圖安。

順治十五年三月□日到①。

欽差巡撫寧②夏等處地方贊理軍務、都察院右副都御史黄圖安③：爲慶□事。

順治拾伍年貳月初伍日，奉欽遣行人司司正向玉軒賫到恩詔壹道，職同鎮臣躬率文武諸臣開讀并謄黄，曉諭軍民人等道：皇帝陛下，□□克昌，詔謀垂裕。勞重輪而布彩遐方，占慶懸弧；震一索而符休奕祀，騰歡主鬯。□□□□，固茂萬年有道之□□。玉燭恒調衍過，歷無疆之祚□。綸恩肆赦，歌頌蜚聲。職職莱匏繫不獲，同在廷諸臣躬親拜舞，謹望闕叩頭稽首，以申奏賀。職無任踴躍歡忭之至。爲此除以奏外，理合具揭。須至揭帖者。

順治拾伍年貳月□日。

①日到：此二字原脱，據文書例補。
②欽差巡撫寧：此五字原漫漶不清，據前後文及文例補。
③都御史黄圖安：此六字原漫漶不清，據前後文及文例補。

【《明清檔案》A32—30，B17925—B17926】

寧夏巡撫黄圖安揭報武員勞績請旨紀録

順治十五年七月（日不詳）

黄圖安。

順治十五年八月十八日到。

欽差巡撫寧夏等處地方贊理軍務、都察院右副都御史黄圖安：爲請定督撫舉劾之例，以清吏治，以安民生事。

竊照職奉旨舉劾文武，欽遵在案。職莅任肆年，復當舉行。除文武另疏上聞，所有外委武弁、操守、千把，或防禦邊方，或整理營務，各有專責。職與鎮臣每經選委，考較弓馬，試驗技能，從公任用，并稽勤惰。中有怠玩不整營務，如平羅營把總馮堯天、中衛營把總張鴻駿，已經處治褫逐外，今准鎮臣移會，并兩道開報，及職詳查日久著勞之弁，自當舉薦，以鼓後效。

查得香山操守左勳，職任衝區，地方敉寧；鎮朔堡操守郭金城，處險要之地，彈整清肅；紅寺堡操守郁封周，約兵有法，防禦無虞；毛卜剌操守趙一龍，扼至險之要，甘苦自如；職標右營把總施廷弼，嚴肅隊伍，操射精勤；鎮標左營把總周耀祖，訓練士卒，勤慎無怠；花馬池千總李正印，身居衝荒，整頓勤劬；平羅營千總江奇英，整練嚴明，號令整肅；洪廣營把總蘇文增，騎射優長，堪兵領袖；興武營把總羅勇，處荒殘之營，精于訓練。相應一并具題，伏乞皇上敕下該部議覆紀録，用鼓小弁後效者也。爲此除具題外，理合具揭。須至揭帖者。

順治拾伍年柒月□日。

右副都御史黄圖安。

【《明清檔案》A32—126，B18283—B18284】

寧夏巡撫黄圖安揭明寧鎮缺額之兵勢必招補緣由

順治十五年八月（日不詳）

黄圖安。

廿七。

順治十五年九月□日到。

欽差巡撫寧夏等處地方贊理軍務、都察院右副都御史黄圖安：爲恭陳出入錢糧數目事。

順治拾伍年陸月初拾日，准兵部咨，職方清吏司案呈，奉本部送，准寧夏巡撫黄圖安咨前事。等因。到部。奉批，司查送司。奉此，案查户部題爲恭陳出入錢糧數目事一案。内議：請敕兵部，嗣後非關係邊疆緊要、萬不得已者，兵馬停其添設。即有不要緊地方兵馬缺額者，暫停添補。奉旨咨行到部，本部隨即通行各督撫確查去後。

今准寧撫黄圖安咨稱：寧邊遐處一隅，所屬營堡在在衝要，制額之兵，尚虞不敷，正所謂"關係邊疆緊要、萬不得已者"。等因。前來。查寧鎮雖係緊要衝邊，事關兵馬錢糧，且係奉旨事理，據咨難以懸議，相應咨回該撫，具題到日，酌奪可也。等因。覆咨前來。職與鎮道諸臣確議明妥。

該職看得，寧鎮孤懸河外，夙號岩疆。所設制額兵丁，隨營分防，皆在衝要，原與他處不係緊要之地不同。兼之調撥督標，節議裁汰，以及屢次入川，而見在營内，實爲單薄。其季報點汰病弱缺額之兵，勢必招補，爲邊疆未雨之綢繆也。伏乞皇上敕部議覆，上請行職，遵奉施行。爲此除具題外，理合具揭。須至揭帖者。

順治拾伍年捌月□日。

右副都御史黄圖安。

【《明清檔案》A32—145，B18351—B18352】

順治十六年（1659）

陝西寧夏總兵官劉芳名揭報赴京起行日期

順治十六年四月十一日

劉芳名。

順治十六年五月廿五日到。

欽差鎮守陝西寧夏等處地方總兵官、右都督劉芳名謹揭：爲恭報微職啓行日期，并陳職激悃誠，仰祈睿鑒事。

職于肆月拾貳日接到兵部札付，爲會推官員事。内開：順治拾陸年閏叁月初貳日，奉旨：“楊捷，著仍以左都督充總兵官，提督江西等處地方，寫敕與他。劉芳名，歷任岩疆，殫心剿撫。朕念其勞勩有年，深切眷注，著即來京陛見。欽此欽遵。”抄部送司，札行到職。職隨恭設香案，望闕叩頭謝恩畢，跽誦温綸，感極泣下。

伏念微職原係前朝柳鎮總兵官，幸遇清朝定鼎，職以都督同知率領闔鎮官兵投誠。蒙賜原銜，仍鎮柳溝。嗣因英王西征，命職帶兵同往，忽緣宣府撫臣李鑒疏劾英王，波及微職，從陝西孤山地方將職逮回京師。廷訊昭雪，遂收正白旗下。維時隨逐班行，朝夕侍衛，屢叨宴賞。及自順治貳年伍月貳拾壹日，叩辭闕廷，出鎮寧夏，違遠天顔壹拾伍載，戀主之心，切切在念。惟以職守封疆，不能自遂。若夫戢綏邊徼，剿撫醜類，皆臣子當爲之事。況自貳年以至玖年，悉賴皇上聲靈，坐致遐方寧謐。自玖年以至拾陸年，地方晏然，可稱小康。微職髀裏肉生，方愧虚糜廩禄。乃蒙皇上不督職過，謂職“殫心剿撫”，謂職“勞勩有年”，而且特加眷注。從古明君良臣，喜起一堂者有之。今皇上仁明，賢于堯舜，職則何人，敢當如此异數哉？所以跽誦之餘，不禁感激泣下矣。然君命召，義不俟駕，但有一鎮軍務，若請詳督臣，遠在西蜀，往返之間，需肆伍個月。遂與撫臣黄圖安會商，權將職衙門日行之事，令西協副將陳維新暫行料理，不敢令寫署銜。如移文，則于年月下書“副將某人代移”。如呈文，則于年月下書“副將某人代呈”。仍申飭各協營路嚴謹邊防、整練部伍外，隨于肆月貳拾肆日，帶領官役伍拾員名，騎長行馬騾伍拾匹頭，自備糧料，星言趨覲矣。除具奏外，【注】爲此理合具揭。須至揭帖者。

順治拾陸年肆月拾壹日。

【注】此處原文爲：“爲此理合具揭。須至揭帖者。”

【《明清檔案》A34—39，B19109—B19110】

陝西寧夏總兵官劉芳名揭呈隨征效力各弁名單

順治十六年七月二十六日

劉芳名。

順治十六年七月廿□日到[①]。

欽差鎮守陝西寧夏等處地方總兵官、右都督劉芳名謹揭：爲制寇責在臣身，收效必資群力，謹奏明，仰祈鑒照事。

緣海寇未滅，命職隨征江南，折衝禦侮。職猶人也，當身任之乘風破浪，迅掃狂氛，勢需群力，然後可以蚤奏厥功耳。職另疏所請給札録用各弁，乃寧夏隨職征剿拾伍年者。統兵南下，三營將領、千把皆係經制，率□□荷戈擐鋒，顧其專責。然欲佐職臂指□□□，非勇敢逸倫、歷經熟試者，未易言也。□□□千：樊朝臣、白文秀、楊海量、劉永寧、周尚□、□膺、梁奠宸、吴雄、劉世禄、周弘芳、□才、□□、□登才、李登會、馮

---

①日到：此二字原漫漶不清，據前後文及文例補。

良、楊魁春、靳宗臣、李□、□□、杜景聖、劉永貴、孫大鎮、劉進才、左勳、□□、□上翠、楊逢源、曹雄、李承恩、温如玉、李秀□□備鞍馬，不食廪俸，甘心隨職軍前效力，□□或獲捷得功，列名入報，惟恐謂爲局外之人，泯其績甚，非所以鼓舞豪杰之策。謹將始末，據實奏明。伏乞皇上敕下兵部，存備日後稽核，庶見職之具題外，理合具揭。須至揭帖者。

順治拾陸年柒月貳拾陸日。

【《明清檔案》A34—94，B19325—B19326】

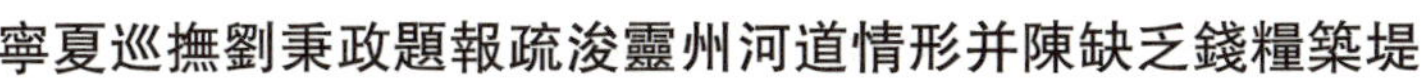

寧夏巡撫劉秉政題報疏浚靈州河道情形并陳缺乏錢糧築堤

順治十八年閏七月十一日

題。

工部知道。

欽差巡撫寧夏等處地方贊理軍務、都察院右僉都御史、降二級照舊辦事臣劉秉政謹題：爲請廣直言事。

順治拾捌年肆月拾柒日，准工部咨，都水清吏司案呈，奉本部送，工科抄出該本部覆寧夏巡撫劉秉政題前事。等因。順治拾捌年貳月貳拾肆日題，貳拾捌日奉旨："設立營兵，原以防守邊方，剿禦賊寇。平時須休養訓練，方于戰守有裨〔裨〕。若疏浚河道，原非營伍事務，劉秉政輒請靈州營兵疏浚，不致勞民傷財。既恐勞民，何獨不念勞兵？大不合理。劉秉政，著吏部議處具奏。其河道作何疏浚，爾部另議具奏。欽此欽遵。"于叁月初壹日抄出到部送司。奉此，相應議覆，案呈到部。

除撫臣劉秉政應聽吏部議處外，該臣等議得，疏浚河道，原係固城保民，事屬地方，相應仍請敕下該撫，率同該營各官，于附近居民，酌量協力疏浚。如有借名濫派者，該督按即行指名題參可也。等因。順治拾捌年叁月拾肆日題，拾陸日奉旨："依議行。欽此欽遵。"咨移到臣，跪讀嚴綸，跼蹐靡寧。臣即單騎至靈州，躬謁河干，率同該道廳上下，細閱從前壅淤河流故道，并集土著素曉水性鄉耆，詢問至再。臣復詳加參酌，隨量工程，于附近居民酌派貳千壹拾叁名，擇于伍月初肆日興工，令其輪班更換，亦不致妨民農事。嚴令該道急催，分工挑浚去後。

又，准督臣李國英咨，准工部咨同前事，并行催，據河東道副使孫籀呈，據中路同知嚴自泰詳報，靈州所千總郭文誠委官周士誠挑挖新河，自口至尾，長伍百伍拾貳丈，闊拾丈，尾闊捌丈，中間柒捌丈不等，深柒尺。又挑灘河，前後共長貳拾伍里，闊壹拾貳丈不等，深丈餘，業于陸月初拾日開挖河口，分水西流。又，舊大西河口子沙石淤塞，委官周士誠于陸月拾壹日率夫伍百名，挑浚淤沙，扒撈石子，疏通西河故道，撤去大河水勢，則城下河岸可無衝塌之患。且西南角河干叠築馬頭壹拾壹個，沿長壹百捌拾丈，亦復堅固，城垣萬保無虞，至柒月貳拾日竣工。但近城流河，年久河深，西南一帶非叠築大堤，不能決城下之水，使盡歸大河也。做完工程，本道確核呈報。等情。到臣，覆加核查明白。

該臣看得，水衝靈城，事屬急務。臣閱河工，派民疏浚，議叠馬頭，期保固圉，日事督催，不遺餘力。是以相水形勢，浚開新河，分泄城患。及扒開舊河口上沙石，撤水分歸故道，并築堅叠護，俱各妥當。惟是城之西南角河流衝繞，年久滋深，必築大堤，方可決水歸河。但工程浩大，查無錢糧可動。至于用民數目，臣與該道廳量工酌議，并無借名濫派情由。所有挑做工程及撤水分歸故道緣由，理合據實題報，伏乞皇上敕部施行。緣係請廣直言事理，臣未敢擅便，因述挑浚情由。字稍逾格，懇惟鑒宥。爲此具本，專差承差胡璉賫捧，謹題請旨。

順治拾捌年閏柒月拾壹日。

巡撫寧夏等處地方贊理軍務、都察院右僉都御史、降二級照舊辦事臣劉秉政。

【貼黄】

欽差巡撫寧夏等處地方贊理軍務、都察院右僉都御史、降二級照舊辦事臣劉秉政謹題：爲請廣直言事。

准工部咨，疏浚河道緣由，臣即躬謁靈州河干，率同道廳，細閲河工，酌派附近居民貳千壹拾叁名，分班更换，挑開新河，分泄城患。及扒舊河口上沙石撤水，分歸故道，并堅叠馬頭妥當。又，城西南角河深，必築大堤，查無錢糧可動。所有疏築緣由，謹題請旨。

【《明清檔案》A37—63，B20959—B20961】

康熙朝

康熙三十一年（1692）

※川陝總督佛倫奏謝頒旨摺

康熙三十一年十一月二十五日

總督臣佛倫謹奏：爲謝恩事。

康熙三十一年十一月二十日，領侍衛内大臣索額圖抵省城之日，于迎接所傳旨："朕體安，氣色亦好。總督爾可好？著告知佛倫，朕氣色好，毋具題謝恩，即于彼處謝恩罷了。欽此。"奴才聞此殊旨，猶如得覲皇父金顔，衹是喜悦，莫可言喻。奴才何敢違旨具題。惟奴才奉格外之旨，奴才實不敢當。故乘奏摺之便，具奏謝恩。

硃批：知道了。巡撫布喀之行情，陝西人怎麼説？執之來此，衆人如何議論？以糧草之故，曾移西安滿洲兵駐寧夏。聞寧夏地方熱，不適于人，病者甚多。等語。倘如于西安地方能借養，仍撤回西安爲好。

【《康熙朝滿文硃批奏摺全譯》第34頁第79條】

※川陝總督佛倫奏報布喀等員品行摺

康熙三十一年十二月二十一日

總督臣佛倫謹奏：爲欽遵諭旨奏聞事。

竊奴才到任後，訪查布喀一事。布喀行常奸詐、暴虐，滿洲官兵、百姓無稱其善者。頃運寧夏、長武、隴州等地米時，隨意多派車夫，肆行毆打官民，寧夏等地民人怨聲載道，曰："巡撫前在甘肅時，豈欺誑我等哉！今往陝西，看如何殘害我等罷。"等語。再者，執布喀去後。衆官民言："伊布喀先在寧夏時，疏言米斷不可運。調陝西後，又稱應速運。其反復取巧之舉，皇上洞鑒，故執之去矣。此皆咎由自取。"等語。

再，奉旨："據知河南府知府王杰、陞貴州道員張林，爲人能幹，家計亦殷富。等語。著爾或查實之。欽此。"奴才自山東前來時，行至河南府，曾見王杰，人很能幹，皇上所知甚是。至于張林，奴才雖不知曉，然而若係皇上鑒知者，人品必優。奴才將此二人留心記之。

再，曾爲在寧夏之兵，奴才常思量。今奉旨："似撤回西安爲好。欽此。"所命甚是。唯今年爲荒年，各項物品皆漲價之際，相應俟來年，春麥生長，知穀物情形後，彼時奴才再奏明請旨。爲此謹奏以聞。

硃批：甚是。

【《康熙朝滿文硃批奏摺全譯》第35頁第82條】

康熙三十二年（1693）

※川陝總督佛倫奏請巡邊完畢赴京請安摺

康熙三十二年十月十三日

總督臣佛倫謹奏：爲請旨事。

竊奴才遵旨巡視三邊地方，察罷肅州、甘州、凉州、西寧、莊浪等邊内外要地，于十月十二日抵莊浪。今將自莊浪赴寧夏、榆林等邊巡察。榆林一帶邊寨，東至黄甫川，奴才雖乘驛巡察，然關係重要地方，必親臨詳察，而今年老，不能行之甚急，想必十一月下旬，方將此等邊塞巡察完畢。奴才除將查看情形另奏外，奴才任職于山東時，僅得見皇父金顔一次。以奴才陞授四川、陝西總督後，奴才欽遵皇上訓旨，直來任所，不曾面請聖訓。自萬歲主違和以來，奴才憂懼惆悵，日念如何得見金顔一次。况且巡察三邊情形，亦應覲見萬歲主後面奏。本年四月，大阿哥來祭華山時，奴才將欲往請安之處，轉奏請旨，奉上諭："本年封印後，召見耳。欽此。"奴才將此殊旨，不時牢記在心，是故俟奴才巡察三邊畢，黄甫川地方距京城不遠，故一面奏明，一面請旨前往請安。

硃批：甚爲有理。

【《康熙朝滿文硃批奏摺全譯》第 52 頁第 116 條】

康熙三十三年（1694）

※川陝總督佛倫奏請調西安滿洲兵赴寧夏换防摺

康熙三十三年四月初八日

總督臣佛倫謹奏：爲請旨事。

竊奴才巡邊畢，前往陛見時，曾口奏將寧夏滿洲兵丁撤回京城時，請令西安滿洲兵二千名换防駐守。若此，則京城之兵既無行遠路之苦，且寧夏有西安滿洲兵丁，既可有備邊地，亦不靡費錢糧。等情。伏乞皇上明鑒，將撤回京城之兵時，令西安滿洲兵换防駐守寧夏之處，懇請特頒諭旨。

硃批：撤兵時頒旨。

【《康熙朝滿文硃批奏摺全譯》第 59 頁第 130 條】

※川陝總督佛倫奏請劣員趙良棟應速離本地摺

康熙三十三年四月初八日

總督臣佛倫謹奏：爲請旨事。

竊准寧夏總兵官王化行①呈報奴才文内稱，趙良棟署理總兵官事務之際，以招入之兵懶惰推滑，該管千總召之，杖五板。該兵往告，趙良棟下管領。次日，趙良棟召集五營官員，等至日落黄昏後，方傳言稱："此兵乃我招入者，因何無故辱打，我有事要説。"等語。再者，官兵若非趙良棟扶持薦舉者，即其家人，皆爲一體，故前任多被脅迫，行事甚難。况且官兵皆懼怕趙良棟，不怕現任總兵。若如此，遇有大事，將難于行。指教如何行事，方可保全。等語。奴才深思，邊疆地方，關係至要。總兵也者，身負皇上特委重任。身爲屬下兵丁，有事故，不向專管者告發，反而旁人往告，則專管之總兵如何管帶衆官兵鎮守皇上重地？伏乞皇父明鑒，趙良棟似應速離本地。謹奏請旨。

硃批：朕亦有所考慮。

【《康熙朝滿文硃批奏摺全譯》第60頁第132條】

※川陝總督佛倫奏報邊疆形勢并秋糧收穫情形摺

康熙三十三年八月二十七日

總督臣佛倫謹奏：爲奏聞事。

竊准寧夏總兵官王化行來報稱，蒙古綽依扎木蘇逃來告稱，察罕阿喇布坦將率兵赴班城，與噶爾丹會師。等語。旋據濟農屬下蒙古和碩齊來報，打聽噶爾丹消息，過蒲草泉至二日路程處，見塵土騰起，如行軍之狀。等語。

---

①王化行：原作"王化興"，據人名用字及下文改。

奴才于各處皆分别防備，又以親率拜前往。等因。咨行該總兵，後陸續來報無動静。奴才又以雖無動静，然蒙古人心不定，仍咨令照舊預備，不時打聽消息。皇父毋爲封疆勞聖心。施加重恩，豢養我等奴才，究爲何事？誠有邊警，老奴才必行之徹底，以報皇父之重愛。

再，本年仰賴皇父洪福，雨水調匀。陝西省秋禾黄熟，刈割將完，各州縣尚未報來分數。問其大概，咸稱收成可有十分有餘。等語。今所種麥子，均長出四五寸。除田禾悉割，各州縣報分數到奴才後，另行奏聞外，先將邊疆形勢、秋糧收穫情形謹奏。

硃批：聞陝西地方有收，甚爲喜悦。

【《康熙朝滿文硃批奏摺全譯》第 64 頁第 142 條】

康熙三十五年（1696）

※皇太子胤礽請安并報噶爾丹之子來京日期摺

康熙三十五年三月二十八日

皇太子臣胤礽謹奏：恭請皇父萬安。

竊照三月二十一日四更時，捧接上諭："出榆林口，見地方甚好且近。朕若不咨訪此路而來，則到寧夏，將受大苦。欽此。"臣得知出口後地方甚好，且路又近等情形，不勝喜悦。

再，初四日，爲噶爾丹之子色布騰巴爾珠爾事，曾由神木縣地方行文，至十六日尚未到達，不知爲何耽擱。據言未時方到。初七日申時，捧接斯旨。初九日議畢，等候臣等于初四日所奏邸抄發回，初十日三更時賫到，十一日未時一并發出。

再，張鴻緒携往臣我奏疏，内開：待噶爾丹之子來時另奏。等語。料其于三月二十二日抵京。再，侍郎貝和諾審理土司案，硃批：貝和諾奏疏内并未寫有兩千人皆來雅州，營于城外候旨。等詞。此話從何而來？況事皆議定，誠有急務，其地方官爲何不報？朕實難明曉，且無頭緒，無法裁奪。① 審理土司内開：該東部土司人中未爲官者，互相殘害五年之久。今議襲官者，乃永鐘齊里也。再，諸土司屬下共二千餘人前來雅州城外設帳候旨。等語。故遣人具奏。爲此親手繕摺謹奏。

硃批：朕體安善。皇太子可好？二十一日駐蹕安定。二十二日駐蹕興武營，水豐足。朕抵榆林後，仍率本地緑旗兵獵兔，每日豐足，今更豐足，較鄂爾多斯地方又多。朕殪長尾黄羊二隻，兔三百餘隻。沿途見駐邊緑旗兵，隊伍齊整，行獵諳練，無可挑剔。朕前所聞，毫無差錯。二十三日駐蹕清水堡，該處有河。二十四日駐蹕横城。二十五日駐營于黄河岸，朕親督渡河，落日前完。二十六日抵寧夏。寧夏地好物豐，兵伍齊整，馬畜肥壯。馬斯喀等携來軍馬肥壯，朕所乘馬均完好抵達，或有八分膘。衆人馬、駝恰好抵達，究其緣由，途中無放馬之處，塵埃多，山野盡沙，是以行甚勞累。自古以來，兵不行此路。據尚書馬齊奏報里程，由京城至寧夏二千七百二十里。據嚮導布達等奏報里程，由京城至榆林，從榆林沿口外進安邊、抵寧夏，二千六百里。據内閣學士楊舒丈量，由京城至榆林，從榆林沿口外進安邊、抵寧夏，二千一百五十里。除于途中各地歇宿六日外，第四十四日到達。丈量由寧夏經歸化城至京城，不過一千八百里，路徑且順，水草亦好。朕之此來，皆行彎路。朕抵寧夏後，即遣太監潘梁棟、張洪去了。

【《康熙朝滿文硃批奏摺全譯》第 74 頁第 160 條】

※撫遠大將軍費揚古奏報征討噶爾丹進軍日期摺

康熙三十五年四月初七日

硃批：抄録費揚古奏摺。

---

①《康熙朝滿文硃批奏摺全譯》將康熙皇帝在奏摺行間的硃批加“硃批”二字，并將硃批内容用圓括號括住。本編重新輯録時，保留“硃批”二字，删去括號，將行間硃批改爲小五號宋體排版。下同。

撫遠大將軍領侍衛内大臣伯費揚古等謹奏：爲奏聞事。

皇上于三月十九日頒旨，本月二十八日未時，賫到下營地阿爾噶靈圖。三月十六日，臣部大軍途中無雨。本月二十二日下雨，傍晚降雪，路稍泥濘，故耽擱一二日。再者，炮車一日僅行二三十里，未能及時趕上大軍，遂留神威炮于哨所，派緑旗官兵看守。頃將御賜新造炮八尊、景山子母炮二十四尊、江南所送子母炮五十五尊，動用大同飼養駝隻二百馱之送來。三月二十四日，漕運正卿于成龍、侍讀學士范成烈至臣立營地昭哈察漢和紹，告稱：糧車自二十二、二十三日始出哨所。途中水草少缺，且自太原携來之牲畜，俱皆消瘦，留十五日口糧于哨所，以備大軍班師時食用，于翁金等地囤十五日口糧備用，另二十日口糧，用跨車及從拉車牲畜内選期堪用者，運往土拉，以配給大軍。等語。大軍口糧，關係甚大，經臣等同商，其十五日口糧留于哨所，另三十五日口糧，盡運至土拉，若跨車及所造拉車牲畜不敷用，則以拉炮車所餘駝隻協助運送。議定畢，交付于成龍遣之。

臣由歸化城啓程後，曾遣人詢問寧夏兵何時啓程，何日行抵翁金。據孫思克等言，我軍已于二月二十二日啓程，第三十八日可抵達翁金。等語。頃奉諭旨，隨即遣人往，命速報寧夏大軍抵達何處。四月初六日，臣營于翁金口迤東錫拉呼魯蘇臺，以大軍于掘井處駐扎，故分兩路而行。初七日駐營，以候後隊大軍，初八日同赴烏蘭地方立營。俟寧夏兵于初九日至烏蘭一帶，其一路進或分兩路進之處，容臣等共商定議畢，乘尚納多爾濟赴朝之便，明白具奏。倘仍不至，則臣等不必久候，據正月二十八日來投喀爾喀逋逃言，噶爾丹在土拉河源。等語。是以臣等擬于初十日前往土拉河，寧夏軍抵達後，可接踵而進。再據嚮導等估算，初十日由烏蘭一帶啓程，途需二十二程，來月初三日抵達圖拉河阿拉克山迤西克勒和碩地方。等語。

爲此謹具摺奏聞。

【《康熙朝滿文硃批奏摺全譯》第 74 頁第 161 條】

※皇太子胤礽奏爲辦理西路糧米馬駝摺

康熙三十五年五月初六日

皇太子臣胤礽謹奏：恭請皇父萬安，及在宫諸阿哥均好。

再，上命送新薑五斤，西洋藥如勒伯伯喇爾都，謹封存于宫内共一斤十五兩，悉數送之。硃批：知道了。依前所造備補造之。

再，據户部尚書馬齊奏稱：由臣部咨行盛京户部、府尹、奉天、寧古塔、黑龍江將軍等，盛京等處，是年若何，始耕田否，米糧時價如何，火速查明報來。等情。今將軍佟保等來文稱：我處之田，已于三月初始耕，四月雨水適宜。米時價每金斗銀七錢，糧每金斗三錢五分。硃批：知道了。謹此奏聞。

再，據川陝總督吴赫具奏：臣等看得，前振武將軍臣孫思克等與臣等會議奏稱，進征滿洲、緑營官兵、跟役等返回時，著留一月食用之米，然後趕送翁金處。硃批：朕等路途之糧，朕躬每日憂慮，妥爲辦理，并無耽擱。西路之糧，甚可憂懼。故此，朕躬率力大閑暇之兵，將米運回，足糧以備西路而有餘者，朕意如此。將軍孫思克等于翁金地方，酌情略留官兵，此所送一月之米及馱米之畜一并接收。交付之後，送米官兵即返回。此所送之米及隨送官兵往返食用之米、馱米所用之畜，由捐贈采購所餘之瘦駝内飼用，十馱多備携一畜，預先飼喂。等情。由該總督、巡撫等另行奏銷。等情。在案。

臣等查得，進征之滿洲、緑營官兵、跟役等共需一月米，二千九百四十四石餘。送米官兵往返食用米一千六百二十三石餘，共四千五百六十八石餘米。十馱多備携一畜，蓋依先前議奏，由捐贈采購所餘之瘦駝内，揀選三百五十六隻，騾内揀選一千五百匹飼用。此内捐駝一百一十六隻，騾四百九十一匹，采購駝二百四十隻、騾一千零九匹，以駝馱一石二斗、騾馱六斗、驢馱四斗計，不足則采購驢一萬二百九十五頭，及馱鞍、袋等物，均齊備，交付按察使囊吉里、副將楊林等，于四月初五、六日，陸續自寧夏啓程遣送。采購之駝、騾、驢、米、鞍、鹿皮衣等物及草料，除甘肅巡撫詳查奏銷外，運米日期，理應奏報，爲此合詞，恭謹奏聞。等情。具奏。軍務攸關，爲此奏聞。

再，據撫遠大將軍費揚古稱：西路驛站之馬，因雨雪亡者亡矣，餘者不能奔馳矣。既向土拉進征而無駐驛之馬，將土默特等旗之蒙古兵，酌情由驛站辦理，報告辦理蒙古兵額之事，職已交付大學士、滿尚書等，會同議之。大臣等會議得，驛馬所關甚要，諸驛站馬匹若有延誤，今由户部撥銀，既然前往鄂爾多斯六旗購馬，大將軍費揚古，著前往辦理驛站之章京、遣往購馬之章京等處，由所購得馬匹内，取五百匹駐防驛站，不誤戎機。西路兵往會中路大軍，西路驛站似無用處，則停止往鄂爾多斯取馬。等因。奏入。“朕依議。欽此。”此大將軍費揚古既報辦理蒙古兵駐驛站事，硃批：知道了。將費揚古原報之文，一并謹奏皇父。

【《康熙朝滿文硃批奏摺全譯》第 82 頁第 170 條】

※議政大臣佟國維等議奏運米馳送軍營事摺

康熙三十五年六月十二日

議政大臣、領侍衛内大臣、公、臣舅舅佟國維等謹奏：爲欽遵上諭事。

康熙三十五年六月十一日，諭大學士伊桑阿、阿蘭泰，尚書馬齊、佛倫、索諾和，侍郎安布禄曰：“將軍費揚古等奏，右衛兵、寧夏兵自拖諾撤往納拉特。硃批：前朕曾聞西路糧米經驛站解往納拉特。西路糧米已達何處尚未接報。不知，其所到之確切之地。兵米窘匱，亦未可料。遂遣鍾申保等賢能章京二員，歸化城喇嘛、官兵、生民駝隻、車輛，視其所得取之，裝載湖灘和碩之米以迎。此事著會議具奏。欽此欽遵。”

臣等會議得，奉旨："將軍費揚古等奏，右衛後、寧夏兵皆撤往納拉特。不知西路糧米已達何處，兵米窘匱，亦未可料。遂遣鍾申保等賢能章京二員，歸化城喇嘛、官兵、生民、駝隻、車輛視其所得取之，裝載湖灘和碩之米以迎。欽此。"俱應欽遵上諭施行。故派監察御史鍾申保及賢能章京一員，馳驛前往，量取歸化城喇嘛、官員、生民駝隻、車輛，裝載湖灘和碩之米，親携馳迎，其跟隨駝車官兵，自歸化城及附近旗内抽調携往。［至米袋、繩子等物，行文山西巡撫就近速買給之可也。］① 爲此謹奏請旨。

議政大臣、領侍衛内大臣、公、臣舅舅佟國維，議政大臣、領侍衛内大臣、公、臣富善，議政大臣、領侍衛内大臣臣索額圖，議政大臣、鑲黄旗都統臣覺羅席圖庫，議政大臣、正黄旗都統伯臣信玉，議政大臣、正藍旗都統臣宗室董謌，議政大臣、鑲藍旗都統臣額何訥，内閣大學士伊桑阿，内閣大學士阿蘭泰，議政大臣、户部尚書臣馬齊，議政大臣、工部尚書臣薩穆哈，議政大臣、禮部尚書臣佛倫，議政大臣、兵部尚書臣索諾和，議政大臣、都察院左都御史傅拉塔，協理理藩院事務、吏部右侍郎安布禄。

【《康熙朝滿文硃批奏摺全譯》第 93 頁第 190 條】

※兩江總督范承勛奏賀親征噶爾丹獲勝摺（附：御製征討噶爾丹書）②

康熙三十五年七月二十四日

江南、江西總督臣范承勛謹奏：爲叩謝聖主神算出征，頒摺宣諭之恩事。

竊臣先爲聖主親統兵，蕩平北方，勝利班師事，具奏請安、慶賀摺子，

①此篇中"［　］"符號係參考文獻原書編輯加，表示被康熙皇帝删去的字句。下同，不再一一注明。

②此篇中"（　）"符號係參考文獻原書編輯加，表示由康熙皇帝在摺子行間的批語，或者他增寫、改寫的字句。下同，不再一一注明。

奉旨："朕體安。雖然遠征，但仰賴天應祖福，藐視頑敵，萬事成功。除批發爾題本外，爾等因任職于遠方，安知調遣之細節。故將百日之行、兩路彼此降奏之處，匯輯爲文，發送一摺。爾看罷此文，著使將軍、副都統、協領、内織造官皆知之，恐爾等以爲噶爾丹已脱逃。今喀爾喀兵正搜剿其餘留者，况且伊等孑身單騎入山野密林，無所食，斷不能抵達他處。此厄魯特噶爾丹一支，永世覆滅矣。欽此。"聖主不以臣任官在外，視爲衆人之列，格外眷佑，將聖行原委，頒摺諭臣明白知悉，臣不勝感悦不已，即望北闕叩頭，拆摺細讀。

聖主爲天下生民，不辭勞苦，不避寒風雨雪，一應事宜，聖謀預定，親統兵調遣，踐臨奸雄噶爾丹之巢穴，一舉殲滅，實乃亘古未有之事。臣雖知先前聖主整飭兵馬，備辦糧餉，征剿北方時，運籌帷幄，無微不至。惟出兵時，青草尚未長出，且嚮來乏水，臣之愚懷，曾爲之甚憂。又雖風聞殲滅噶爾丹，但不甚明白。今讀摺子，方知仰賴聖主洪福，水草無誤，人馬莫勞，百日成功，諸事未出聖謀。稔知其中細節，不勝騰歡贊奇不已。臣即與江寧將軍、副都統、協領、織造官皆覽之。將軍鄂羅舜、副都統碩色、禪布等言：聖主親征，百日内剿滅噶爾丹之事，雖于邸抄、人之所傳，略有所聞，然每次均無頭緒。頃接織造郎中曹寅家書，聞之大概。今將聖主所行奇事，總督與我等閲視，方纔細知聖主之奇行、密謀，蕩滅厄魯特如圍獵。等情。我江寧滿洲衆官兵，皆不勝歡忭，贊奇不已，惟念如何得以叩見聖主天顔。又皇上之聖謀奇行，雖將軍等知之明白，但江寧之文武大小官員，亦僅聞其大概而已，其中詳情，皆所不知。是故，臣按其意，粗譯爲漢文，刊刻印刷，大小官員各給一分，將聖主爲天下生民操勞、親自調遣兵丁、諸事籌畫周密、成功，蕩滅噶爾丹、北方永久太平之始末詳情，盡人詳知，不勝歡悦，贊奇不已。所有衆人歡呼情形，謹奏聞謝恩。

江南、江西總督臣范承勛。

硃批：知道了。

附：《御製征討噶爾丹書》

三十四年八月，噶爾丹來克魯倫掠納木札勒托音之後，即踞克魯倫、土拉一帶過冬。朕遣使者三，爲所大辱。于是朕深知此人之勢盛志大，必捨命覬覦中原地方，萬難置之度外，且恐聽從碌碌畏避艱難者之言，日後將各省脂膏填于塞北，一似先朝若也。乃召三品以上諸員，會議大事。時舉國請征者，不過僅三四人。雖异口同聲，謂賤賊何足一提，然于其心，仍有畏懼、爲難之狀。是故朕頗恨之于懷，决定不避寒風雨雪，不畏習戰勍敵，務必親征。此亦普天之下，從此永無事端之願，非因循以圖眼前之一時也。于是秣馬厲兵，教營伍，練攻戰，激勵官兵之心，申明賞罰。

詳察得，朕所養官兵，凡所相遇之地，斷不使朕受辱。堅信于此，乃祭告天地、宗廟、社稷，于二月三十日，中路大軍出發。西路大將軍伯費揚古之大軍，于二月十八日出發。二路相約，于四月下旬會師土拉。在此期間，如噶爾丹來克魯倫下游，則近于中路，遠于西路，中路必等候西路；若噶爾丹在土拉，則近于西路，遠于中路，西路必等候中路。議定畢，起程之前，于二月十六日，諭大將軍費揚古："進兵之事，經朕與議政處商議，咨文與爾。此外，今聞之，根敦戴青已入洪果賴迤東齊斯希卜，爾等二隊之兵，恐將喀爾喀誤認爲厄魯特。此要事也，應曉諭阿南達。至于商南多爾濟，爾等過翁金後，派給好嚮導，通過何處來我軍約期方好？此二事，雖非至要，然念之所及，交阿岱諭之。欽此。"

又，二月二十三日，諭大將軍伯費揚古："覽總兵康挑遠奏，有山西巡撫所助之騾、米皆未到。等言。據此，因大軍縮短日期，稍有不及，亦未可料。米石、牲畜，關係至重，將軍應顧全前後。爾等路遥，運糧難于中路數倍。萬一糧石不繼，爾等二路之兵，恐致蹙迫。將此，朕頗憂于懷，特此手書急諭。欽此。"

又，三月初一日，諭大將軍伯費揚古：“大軍駐南口之日，副都統阿玉錫等到來，聞掘井易得，不勝歡悦。爾等報行抵軍臺時，著估定到達翁金日期具奏。又將到土拉日期，問喀爾喀好嚮導，估列日程地名以奏，以便我軍之行宿，與西路之兵大致相合。爲此特諭。欽此。”

三月十九日，大將軍伯費揚古之奏本到。其文曰：撫遠大將軍、領侍衛內大臣、伯臣費揚古等謹奏：爲奏聞事。臣等率領大軍，于三月十三日行抵卡倫。十四日，分編京師、右衛之兵後，將于十五日，臣費揚古率領京師大軍及大同緑旗兵，由東路進，揚威將軍覺羅舒恕，率領右衛大軍，由西路進。詳門嚮導等，編排行程，估計第十八宿，于四月初三日抵翁金，第二十一宿，于本月二十四日抵土拉。第二十三宿，于二十七日抵巴顔烏蘭。再，據副都統馮國祥報稱：御賜炮八尊，于三月初七日運至托哩呼地方。臣等候則遲久，遂留都統伊勒森于卡倫地方，每旗派擺牙喇甲喇章京各二員、擺牙喇各百名，令其在後護炮，從速趕來。除行抵翁金後，另行奏聞外，爲此謹具奏聞。康熙三十五年三月十四日。等情。前來。十九日，諭大將軍伯費揚古：“爾行抵卡倫，估計行抵翁金、土拉日期之奏本，于三月十九日駐奎蘇之日晨到，云爾等行抵土拉，將于四月二十四日。朕隊之兵，因雨雪稍誤，收候重車，雖兼程湍行，二十四日以前，斷不能行抵土拉。爾隊之兵，若誤于三月十六日之雨，著將日期復行扣算以奏。如無所誤，則行抵翁金具奏時，復行奏明。爾等軍馬如何？米車行抵何處？得寧夏兵之信息乎？凡此種種，每當奏事時，務必具奏。據正月二十八日脱來之喀爾喀逃人告稱，噶爾丹在土拉之源，爲此特諭。欽此。”

又，四月十三日，擺牙喇甲喇章京車克楚、前鋒侍衛奇薩穆、喀爾喀貝子彭楚克之侍衛穆扎哈爾、嚮導二人、蒙古二人，共七人來奏稱：我等遵旨，夜行晝伏，巧至伊扎爾額爾濟訥地方，見噶爾丹之踪踪影。因確有厄魯特，我等返回。次日，遇科爾沁土謝圖親王沙津使往噶爾丹之鄂齊爾等十五

人。據伊等告稱，噶爾丹中我計，聲稱今率六萬俄羅斯槍炮兵，另六萬俄羅斯到來後，順克魯倫而下，往覓科爾沁，爾等二王即行策應。等情。大宴我等，而後遣回。我等本應與爾等同往，唯今我等之後有厄魯特哨卒相隨，爾等有險，現即離去，速往具奏，我等繼至。等情。既至，諭大將軍伯費揚古：因朕隊之兵，接近卡倫，曾派甲喇章京車克楚、前鋒侍衛奇薩穆赴克魯倫一帶躡踪探信。四月十二日，車克楚等來禀：我等于初九日，行抵伊扎爾地方，望見踪影，由此返還時，于初十日，遇沙津王所遣鄂爾齊等十五人。據伊等告稱：噶爾丹于本月初旬，自土拉向克魯倫移營，第三日將我等釋回，噶爾丹在達爾罕奥拉。等語。由此觀之，噶爾丹距朕隊大軍近矣。此賊爲人，奸詐至極，設若逃遁，未必返尋土拉，必渡克魯倫之後，或由鄂嫩巴爾吉奔色楞格，或繞巴顔烏蘭之北一帶設圈套。爾等二隊之兵，知其順克魯倫而下，若隨之而下，恐陷于圈套。爲此，朕頗憂愁，特遣人前往。爾大將軍費揚古詳問地方出逃路徑，妥善防堵，不可輕其來下游也。爲此特諭。等情。具文。派侍衛殷扎納、嚮導博羅等十五人，令其沿卡倫直趨翁金，務必到達。

大將軍伯費揚古之軍情，自三月十六日到後，于四月二十一日，大將軍伯費揚古之奏本方到。奏稱：撫遠大將軍、領侍衛内大臣、伯臣費揚古等謹奏：爲奏聞事。皇上于三月十九日所頒諭旨，于本月二十八日，駐阿爾哈林圖之日未時賫到。三月十六日，于臣等大軍行經之路無雨。本月二十二日雨，日暮雪，時路稍泥濘，耽誤一二日。再，炮車日行僅二三十里，不能趕大軍來，故將神武等大炮留于卡倫，派緑旗官兵看守之。頃馱來御賜新造炮八尊、景山子母炮二十四尊、江南所送子母炮五十五尊，調用在大同喂養駝二百隻。運米卿于成龍、侍讀學士范成烈，于三月二十四日，趕來臣營地昭哈察罕和碩地方，告稱：米車自二十二三日始出卡倫，途中草水少缺，且皆係自太原直來之畜，俱已羸瘦，請將十五日口米留于卡倫，以備大軍撤回，

十五日口米運至翁金等處預備，二十日口米，挑選侉車及拉車牲畜内仍可用者，運至土拉，以資大軍。等情。大軍口糧，所關攸重，經臣等共議，將十五日口米留于卡倫，三十五日口米均運至土拉，侉車及所選拉車之畜，如有不敷，以撥給運炮後所餘閑趕之駝協運。議定之後，飭交于成龍等前往。臣自歸化城起程後，曾派人詢問寧夏兵何時起程、何日行抵翁金。孫思克等云：我等之兵已于二月二十二日起程，第三十八日將抵翁金。等語。頃奉諭旨，即派人前往，令寧夏兵行抵何處，從速咨文。臣于四月初六日營于翁金口迤東錫喇胡魯蘇臺。因大軍營于掘井之所，曾編二隊行進。初七日宿一日，等候後隊大軍。初八日，將齊赴烏蘭額爾吉駐扎。寧夏之兵，若初九日行抵烏蘭額爾吉，則臣等或一路進、或二路分進之處，共同商定後，尚南多爾濟赴御營時明白具奏。若仍不至，正月二十八日脱來之喀爾喀逃人既言噶爾丹在土拉河源，則臣等未便久候，于初十日起程赴土拉。寧夏之兵到後，接踵而進可也。再，嚮導等估計，初十日自烏蘭額爾吉起程，宿二十二程，下月初三日抵土拉河之阿拉克山迤西克呼和碩。爲此謹具奏聞。康熙三十五年四月初七日。等語。

本月二十二日，諭大將軍伯費揚古：爾初七日奏本，于二十一日酉時到。覽之，云五月初三日將抵土拉。等語。初，爾等奏稱二十三日行抵土拉，二十七日抵巴顏烏蘭。等情。故我軍水草無誤，曾定于二十五日行抵克魯倫。今派前鋒亦覘其踪影，亦得諭旨，噶爾丹有順克魯倫而下之勢，距我五日路程矣。在此期間，爾等若奏數次，則易于緩行等候。因爾等遲久未奏，不知行抵何處，恐等候誤期，遂急行，頗先于爾等。今或等或行，關係二者，事關重大，爾等如何行進，理應速報。初有約定，二路之兵若先數日，則必等候而行，故朕且等且行。如不得已，則日期所關攸大，酌情以行。爲此特諭。等情。急派侍衛額林臣、嚮導濟布等，仍令間道而行，務必到達。一面召集南北營諸王、阿哥等，内大臣、都統、前鋒統領、纛章京、副都統以上諸臣，先據大將軍伯費揚古奏于四月二十四日行抵土拉，二十七日行抵巴顔烏蘭，故中路大軍齊整臨敵，今大將軍伯費揚古等將途中被誤之處多日未奏，現忽奏更期，如今我兵臨近噶爾丹，不必等伯費揚古之兵，請即前行。等情。頒旨。鑲紅旗大營三阿哥、公福善、副都統孫扎齊、侍郎西勒達等言稱不必等候，請進。等語。于是其餘王、阿哥、大臣等，俱以此次之兵非同一般，皇上親自率領而來，萬一不全，所關匪輕，伯費揚古之推延日期，有十餘日，無甚遲久，理應等候。等情。具奏。之後，聽衆言，固哨所，親巡查，日日防範，以防噶爾丹聞大軍到而遠遁。

四月二十六日，尚南多爾濟携來大將軍伯費揚古奏疏二。一疏内云：撫遠大將軍、領侍衛内大臣伯臣費揚古等謹奏，爲奏明事。先是，卿于成龍等趕來，報臣曰：米車自二十二三日起出卡倫，因係自太原直來之畜，皆羸瘦。等情。經臣等共議，商定將十五日米留于卡倫，三十五日米運至土拉，飭交于成龍等遣回。至于寧夏兵何時起程，何時行抵翁金之處，曾經派人。據孫思克等言：已于二月二十二日起程，第三十八日行抵翁金。等語。臣于四月初六日，營于錫喇胡魯蘇臺，初七日宿一日，等候後隊大軍，于初八日同赴烏蘭額爾吉駐扎。寧夏之兵，行抵烏蘭額爾吉，或一路進、或二路進之處，容共商定議後，尚南多爾濟前去時，明白具奏。如仍不至，臣等未便久候，初十日起程赴土拉。寧夏之兵到後，接踵而進可也。初十日，自烏蘭額爾吉起程，宿二十二程，于下月初三日，行抵土拉河之阿拉克山谯西克呼和碩。等情。奏聞在案。初九日，運米侍郎王國昌等報稱：職等欽奉上諭，行抵山西太原府，與巡撫商議，因所需牲畜衆多，從各州縣千里、數百里不等遠處采買，齊到太原府後，盡得兵力口米、青草，裝載牲畜飼料、兵器、鍋、帳、木板等物，于二月初八日，陸續自太原府起程，過雁門關等險山，行程千餘里，已抵呼坦和碩。又因將大軍之正項口米、駕車兵力口糧、駝屜、鞍繩等物通融裝載，車輛雖重，但因牲畜健壯，故逐水以行止。今水草

少缺，且到處有沙石，牲畜漸次瘦弱倒斃。不料行至卡倫、海柳圖等處之車輛，因二十一、二十二日大雨二晝夜，颶北風，牲畜雖搭屜，但因大寒，倒斃者衆。先後倒斃牲畜之缺，以效力者所捐四百多餘牲畜補之，仍不敷者，捐出職等及諸官員、前來效力人等所乘之畜。今拉車牲畜多有疲瘦，雖不能將米悉數運送，然大軍口糧，關係殊屬緊要，斷不可再有遲誤。是故以所剩稍可使用之畜，套拉倴車，載大軍之二十日口糧，盡力供給大軍外，至于十日口糧，運至郭多哩巴爾哈孫地方，以備大軍返回。于卡倫地方，留二十日口糧，唯倴車行進緩慢，追趕大軍日期不可定之。大軍接濟米石，關係甚重，大將軍若不協助，難保無誤。若不預先報明，到彼時，雖重懲職等，亦無濟于事，况且皇上距此又遠，相應將此等勞苦情形，報于大將軍，望大將軍惻然轉奏，俾兵米兩全。等情。前來。該臣遂以大軍深入征剿，口糧所關至要，所給八十日米，已食五十日矣。行抵土拉，即當支米。郭多哩、翁金去土拉不遠，留于郭多哩、翁金之米，不難運至土拉，現又將閑趕駝隻派往協助爾等，著爾等仍依前奏，運三十五日米急速趕來，尾隨大軍而行，不可拖延。等情。咨復訖。臣等率領大軍，于初十日，自烏蘭額爾吉起程，行抵察罕和碩後，振武將軍孫思克、西安將軍博霽、副都統阿南達率西安滿洲兵五百名，輕裝而行，十一日趕到臣等于察罕和碩。據孫思克告稱：我所帶來之緑旗兵七千名，奉到部文，遂即起程，由于倉促，馬畜不齊，且于途中，于三月二十一、二十二日大雨、颶風，馬畜一半遲誤。我兵現落後，距大軍約十日行程，皆導引而行。既然如此，欲選我兵二千名，親率之，追趕大軍同行。等語。據博霽告稱：我所帶來之滿洲兵二千名、漢軍兵一千名，因途遇風雨，馬匹稍許耽擱，故距大將軍率領之大軍十日路程，難以遽追，欲于此兵内挑選二千名，職親率急追大軍同行。今經商議，將送來翁金之米，一半運至土拉，因馬匹短少，請以兵千名護衛運至土拉之米，殿後隨行。如此，庶于兵米二者，均有裨益。等語。是以臣等會議：今大軍往覓噶爾丹所在地，搗毁剿穴，殺滅，相應將西安、寧夏之滿洲兵二千名、緑旗兵二千名，俱如將軍孫思克、博霽所語，從之。其餘滿洲兵一千名，俾護隨按察使囊吉里等所送米，并留西安副都統錫爾哈達、祖良弼、協領等管帶此兵。留于翁金之一半米石，以將軍孫思克屬下所屬之兵内，派出五百名，交副將張賢才管帶看守。至于陝西、西安、寧夏等處所帶滿洲、漢軍、緑旗兵四千名，距大軍有十日行程，未便分進二路。臣等令此兵沿臣等所進之路從速趕來，與臣等一路同行。爲此謹具奏聞。

又一疏内稱：撫遠大將軍、領侍衛内大臣、伯臣費揚古等謹奏：爲奏聞事。准兵部咨稱：據將軍孫思克等奏，寧夏兵返回時，留一月食米，隨後趕送至翁金。孫思克等少留官兵于翁金地方，接收此所送一月米并馱糧牲畜可也。交給之後，送米官兵返回可也。等語。臣等竊惟于出征之師，口糧所關至要。米至翁金之後，距土拉路程不甚遥遠。若將囊吉里等輸送之一月口糧，一半留于翁金，一半即以此挽力送至土拉，似有裨益。按察使囊吉里、副將楊琳及運米各員推薦，由本省諸臣簡派之人，諒能將此米石運至土拉。等因。兵部爲口糧關係甚重事，咨按察使囊吉里、副將楊琳等文内稱：據振武將軍孫思克等奏稱，進剿之兵，若自帶四月米，則滿洲兵少有跟役，緑旗兵無跟役，帶之以行，甚難且繁。經臣等共議，減三千名跟役之米，令進剿之兵各帶三月米、一月乾糧，留一月米，返回時食之，隨後運至翁金。此項所運米石，關係甚大，不可不簡派文武賢能大員運送。故請簡派鞏昌按察使囊吉里、漢中守城副將楊琳，并酌派洮臨道董少功等文武官員。臣等了結出兵諸事畢，師于二月二十二日，自寧夏起程。爲此謹具奏聞。于康熙三十五年二月二十四日奏，三月初八日奉旨："該部知道。欽此欽遵。"密封到部。

查得事屬辦理出兵諸事、報聞師自寧夏起程日期，相應毋庸議奏。將此擬咨文撫遠大將軍知會。等情。前來。看得進剿兵丁口糧，關係甚屬要緊。按察使囊吉里、副將楊琳爾等，俱係皇上簡用之大任官員，相應仰副皇上之委用，盡心效力。今各路大軍問噶爾丹之罪，尋其所在，將擣毁巢穴剿滅，故口糧關係愈爲要緊。今正值爲人臣子者效勞之際，相應不可拘泥于原先將軍孫思克等所議，著將爾等應送供給萬兵一月食糧内之一半，照孫思克等原奏留于翁金地方，交與孫思克等所留守米官兵妥善看守，一半即以爾等運米至翁金之馬匹牲畜之力，從速追趕大軍，運至土拉地方。護送此運至土拉之米時，爲西安副都統錫爾哈達、祖良弼等留兵一千名押解。倘如此將米石運至所指之地，則爾等之效力也匪小。等情。咨訖。爲此謹具奏聞。康熙三十五年四月十二日。等語。

尚南多爾濟口面語：西二路之兵，因未便行進，故一路而來，馬匹疲乏而步行者頗衆。京師、右衛、西安、西地緑旗兵，共一萬四千人將至，餘皆遣回。軍尾所設驛站，亦已毁，運糧者杳無踪影。等語。因此，復行會議，以西二路兵合爲一路。此兵頗勞苦，没噶爾丹勢衆馬壯，殊屬可憂，况且科爾沁沙津王下鄂齊爾言有俄羅斯兵六萬名，事關重大。等情。略顯躊躇。時朕諭曰："我隊大軍至此，并未受苦，人久歇、馬肥壯，不惟滿洲兵、緑旗兵，即跟役，亦無一不至者。正值精齊，人各拚命之時，敵雖十萬之衆，朕將親領巧戰，一面遣使。敵若勢衆，聽與我戰，力若不支，任其逃遁。唯其若逃，我等恐有後悔。欽此。"言罷，議政衆人言，敵遁則我事成矣，理應遣使。等情。衆人一心，乃定遣使，書明利害。在此期間，選喀爾喀郡王納木札勒所屬長史庫吉根、理藩院領催諾爾布等七人，語之曰："爾等前往克魯倫之俄德哈勒噶地方，偷渡河，蔽于北山，乘機東去偵察。曾聞噶爾丹順河而行，恐今已超我。"等因。遣往。據伊等回奏："我等奉命，至俄德哈勒噶，驗看踪迹，敵未經此地。我等渡河，東行五十餘里，至塔爾吉勒濟，見一人。我等欲執之以覆命，追之去，遇厄魯特伏兵三十餘人，奔來圍堵我等。我等正不能突出，忽旋風大作，自北籠罩我等。人不相見，隨風而出。出而看得，已至固爾班土拉噶之口。至此，知我主福大，上天眷祐，遂謝天而來。厄魯特在塔爾吉勒濟是實。”等情。又令御前頭等侍衛喀瓦勒達、頭等侍衛巴當阿、頭等侍衛巴勒楚喀等酌帶前鋒等，往覘固爾班土拉噶一帶敵人哨卒，而來諭畢遣之。

二十四日，駐蹕察罕布拉克之日前來奏稱：我等遵旨，前夜往越巴爾泰哈山，天亮至東土拉噶山上，敵哨卒甫至。我等避而觀之，敵哨卒立山上尋水。望克魯倫，見烟，有厄魯特是實。我等恐被發現，隱蔽于山而巧行返回。等情。于此兩次，知之益詳矣。因中路兵所帶八十日之米，負之沉重，曾將二十日之米留于途。今因等待西路之師，時近六十日，乃特遣内駝長等，將米趕緊運至，五月初一日支給古北口、宣府緑營兵二十二日之米，并給牛羊食之。將米留之，以補給八十日内不到之人。于托陵地方，整飭行伍，賞給所俘厄魯特四人衣物，詳諭興師緣由，于五月初四日，與使臣同遣往。之後，中路大軍已于初五日進。是日，次阿敦齊老地方，行五十里。

初六日，庫庫車爾泊，行六十九里。是日晨，朕率隨身侍衛，會見西側卡倫之科爾沁貝勒巴克西胡爾、喀爾喀公車木楚克納木扎勒、公阿玉錫等。朕諭之曰：敵哨卒營于固爾班土拉噶，其南見者，係阿思哈圖山，爾等哨卒必占之立營，翌日敵哨卒若不知爾等，則必經阿思哈圖之東來覘我大營。若我前鋒見而驅之，著爾等横截執之。等情。訓畢遣之。本欲初七日營于燕圖庫列圖地方。將大軍皆編隊伍，緑旗居中，漢軍火器分于兩側。盔甲威武，人各奮躍，旗纛光華，山野輝煌。辰時，朕所設殿後哨卒頭等侍衛喀丢來報：驅逐來窺探我營之厄魯特七人，直至阿思哈圖山之東，營于阿思哈圖山之巴克西胡爾貝勒等哨卒見之，迎接而追之。等語。朕笑曰：何必驅之，往告其噶爾丹更好。是日晌午，至燕圖庫列圖，原有水池俱涸無水。于是嚮導等懼，四奔覓水，時朕慮此處本有水之地，今無有，想必上天使我直抵克魯倫，亦未可料。惟步兵已行五十餘里，今若行四十餘里無水之地，如有敵，將如何戰？况且後尾兵必晚。乃召喀喇沁和碩額駙噶勒藏，諭之曰：爾今即

往令爾父杜棱旺扎西率其兵千餘，營于燕圖山之顛，以保障大軍尾經過。如有警，一面攻戰，一面來報，無敵則日暮自後面撤來，勿令知覺。等情。詳論畢遣之。各處仍未來報已得有水之所，故不勝憂愁之際，御前侍衛吴錫回奏：馳越一崗，即見一泉，西流六七里，諒足我大軍馬匹此一夜之用。等語。朕乃心喜，趨前勘視立營掘壕之地，詳諭各旗，而厄魯特人遣回朕所遣中書阿必達，令其口奏之言：聞之，阿穆呼朗汗親率師而來，得此確信于爾使。我噶爾丹博碩克圖汗在土拉一帶，不在此處。請爾兵稍緩，爾若即衝來，我將避之。若必逼我，則我亦會動手也。等情。孑身遣回。其後，復遣該中書阿必達、原理藩院領催葉卜肯，以完成使命授爲托沙喇哈番級章京諾爾布至盆蘇克格隆喇嘛處，諭之曰："著爾等往語厄魯特，朕此來也，乃爲全蒙古不得安生之故，非爲必殺爾等。今爾等若使我緩，則我此地缺水。我等明日必至克魯倫河後再緩。"等情。明白言畢，至曉由哨所遣之。

是日，敵我哨所相對而立。因駐扎稍遲，後營不及立營掘壕。朕親自巡視，殊屬可危。遂將王大臣等旗纛，朕親指示殿，後打更甫畢，令大阿哥胤禔、領侍衛内大臣索額圖巡夜達旦。朕及諸大臣、侍衛、兵丁等，皆未搭帳房，擐甲達旦。是日，行七十六里，因近于庫列圖山，故名庫列圖錫巴爾泰布拉克。初八日天大亮後，待兵丁從容整隊畢，朕親領人少許，于高處以遠鏡瞭望，但見河，不見人影。諒敵人固此河、占此水，必欲死戰。慮及此，等候後軍，坐高處看得，東有額爾德尼托羅海山，西有山脚臨河，延自巴爾泰哈。此處被遮，見之不清。是以召科爾沁土謝圖親王沙津、達爾漢親王班第、喀爾喀車臣汗、王納木扎勒、貝勒錫達西哩、貝子盆楚克等，以敵人必迎于河而死戰，爾等率爾等所屬二千蒙古兵，占取西邊自巴爾泰哈延伸之山脚高處，佯作大軍俱由此前往之狀。敵若來犯，勿戰，誘之來。敵若有備由此來，則大軍先争占河。等情。指授。又命御前侍衛喀瓦勒達、赫哲爾根等，帶新滿洲衆侍衛，前往額爾德尼托羅海、俄德哈勒噶一帶，覘實有敵與否。

正前行時，自克魯倫方向奔來一人。于是朕派隨身諸侍衛往迎觀之，係朕所遣理藩院領催諾爾布還報：我等今晨至克魯倫，見厄魯特七人，見我等即奔向河之上游。是故喇嘛、中書二人令我回奏緣由，我等將躡踪追去。等語。朕急至克魯倫觀之，并無敵人。于是朕喟然長嘆，語左右曰：噶爾丹習于征戰，曾西克回城千餘，收回厄魯特，悉戮其兄弟，盡破七旗喀爾喀，所向無敵，而未迎戰于克魯倫河。以此觀之，其怯懦顯露矣。所謂俄羅斯兵亦虚假。今我不必指望攻戰，唯以追爲要務。言罷，坐等後軍，捕魚于河。師既至，告此緣由，建立營伍，備如往日，日落前完畢。是日，行四十八里，次于克魯倫之布隆。因深入敵中，不知四面何處來敵，將哨卒向南設于巴爾泰哈一帶，向北設于塔爾吉勒濟河口、僧庫爾河口，向東設于額爾德尼托羅海、河之下游，向西設于克魯倫之上游。暗中又設八旗殿軍。夕，謂前鋒上行走御前侍衛喀瓦勒達曰：我等翌日劫賊哨所，獲一活口，則得其實信。正商議如何捉拿時，南面前鋒統領碩鼐執一厄魯特解來。訊據供稱：上使到後，噶爾丹不信皇上之來，謂伊阿穆呼朗汗不在中原安逸受用，而飛越此無水大戈壁地方來乎？又將黄幄、布城、網營之起居，逐一問所釋爾厄魯特四人，方信之。今日，彼親自立于北面孟納爾山，觀望大軍。觀罷營伍行狀，以此兵非烏蘭布通之可比，頗爲熟練，難以出逃。等情。布告于衆，并商議盡弃團帳房、輜重宵遁。等語。此人仍賜衣服，派諾爾布趕送于所遣二使。

初九日，行十七里，次于克魯倫河灣。是日，諭議政處：噶爾丹若迎戰，不應以河與我。今無臉面，溯河而去，可見逃遁是實。若率緑旗步兵而追之，則敵皆騎馬之人，必從容遠去。令步兵留輜重追之。等語。諸王大臣固辭，而後從之。于是，令内大臣阿彌達率緑旗我兵，嚴飭其殿後，防範四周。總兵岳陞龍、馬金良、白彬等，各率所屬馬兵同進。初十日，沿途看得，盡弃團帳房、釜、錡等一應用品，逃之夭夭，滿目狼藉。衆人原以爲其

佯逃以誘我，後漸看得，逃亡是實矣。是日，厄魯特逃人接踵而來，所告如前。行五十五里，次于克魯倫之扎克寨。因克魯倫以東，自正月未雨亢旱，一如冬季，無一介青草。近來天陰，立營畢即雨，草遂長出。自出京師，直至于此，各馬膘情好。在此無草之地，牲畜稍勞矣。

十一日，次克勒和碩，行六十五里。復諭議政處：三日連續觀察，噶爾丹盡弃老幼及一應飲具什物而逃，去之甚急。今我等應簡選士卒，留大炮追之。諭畢，將每牛録護軍一名、火器營重炮俱留是宿，于十二日追八十里，次托諾山南之索依勒噶圖。議政會議：噶爾丹甚迫，已逃五晝夜。我雖已追五日，然因衆士卒看管火器，日行夜宿，此間計之遠去三日路程。中路之米，本應八十日内到土拉，今亦無指望到克魯倫。按察使劉凱馱運之米五百石、麵七千斤，曾報于五月初九日到托陵，而十一日方到托陵。其後之米，到日無期。托諾地方距托陵有三百里，非十日，劉凱之米不至，雖到，不足大軍二三日之用，且無伯費揚古軍消息。我等僅剩七日米，關係甚巨。等語。議罷，計無所出，乃數噶爾丹逃遁踪迹，照俘虜供詞，簡選滿洲、漢軍火器營兵全數，御前侍衛全數，前鋒全數，察哈爾兵、蒙古兵、喀喇沁兵之馬匹尚可者挑選二千名，緑旗三總兵下馬兵全數，以領侍衛内大臣馬思喀爲大將軍，酌派參贊大臣等，均取撤回官兵之米，以撥給二十日，追五日，直至土拉，終未追及。果能追及，朕斷不返回。今噶爾丹潰敗不堪，朕已親睹稔知，且認爲斷不再來。遂將起居、防範殿後之處，周密飭之。又以西路軍糧絶日久，今速返托陵，將所有運來之米，我軍不取，而從速送往土拉，以救西路軍；將後運之米，酌取數日之用，陸續趕運，施予此軍，于十三日目送大將軍馬思喀等起程。

朕親領其餘士卒，于十三日返回。是日，行六十五里，次于克魯倫之克呼和碩。十四日正午後微斜，朕于四月十三日所遣侍衛殷扎納等携大將軍伯費揚古之奏疏至。疏言：撫遠大將軍領侍衛内大臣伯臣費揚古等謹奏，爲奏聞事。竊臣等率領大軍，于四月二十六日行抵杭愛山之喀喇托羅海口立營壘，藍翎殷扎納等賫到皇上御筆諭旨。據殷扎納等携來行在兵部咨文内稱：議政大臣等奉旨議奏：皇上親書諭大將軍，極其周全。咨文大將軍費揚古，留陝西之兵，以堵噶爾丹所逃之色楞格之路，伊仍親率大軍尾隨而來。一應事宜，皆欽遵上諭施行。等情。奏入，奉旨："依議。欽此。"等因。前來。臣等欽遵會議得，訓諭極其周全，相應臣等率大軍尾隨而進外，將將軍孫思克等所帶陝西之兵，本應照依訓諭留之，以防堵噶爾丹所逃色楞格之路。惟陝西兵前來時，因中途馬匹牲畜誤于風雨，先經奏明，挑選滿洲兵二千名、緑旗兵二千名，俾其趕來大軍。等情。在案。今留此四千兵以堵噶爾丹所逃之色楞格路，則兵力弱，臣等請仍照前奏，由一路行進，今聞噶爾丹順克魯倫而下，在達爾罕奥拉，已接近皇上一路大軍，將士皆喜，摩拳擦掌，望急進賊尾，仰賴聖主天威，自後剿滅。惟臣等庸弱，且大軍行七十餘日，畜力稍衰，不能疾速到達。伏乞明鑒，著臣等西路將士一生情面，請皇上稍緩。爲此謹具奏聞。康熙三十五年五月初二日。等語。

又一疏曰：臣費揚古謹密奏，爲奏聞事。先是，運米卿于成龍等趕到臣所，言水草少缺，且牲畜皆由太原直帶，悉已羸瘦。等語。經臣等共議，以十五日米留于卡倫，其三十五日米，撥給侉車、所選駕車之畜、炮尊，其餘以閑趕之駝運至可也。等情。議奏在案。查得右衛兵所帶八十日之米，將于五月初四日用完，京師之兵所帶八十日米，將于五月十一日用完。是故咨文運米諸臣曰：將爾等輸運之口糧，于所帶八十日米用完之前，從速運至。據其咨覆内稱：以四百餘輛侉車載米，業于四月初九日自卡倫起程。試得盡力趲行，則于稍難之處，一日纔行三十餘里，于丘沙地方，一日纔行二十里。如遇大風，則頂風不能推行，至何處天黑，即止。兵丁所帶八十日米用完之前，不能運至大軍營地，不可不預先報明。等語。大軍口糧，關係甚巨。臣等遂備辦駝七十餘隻，于四月二十五日，自奎蘇地方遣回，以迎米石，雖咨令卡倫地方酌留十五日口糧，將三十五日之米，仍照原議，追趕大軍，從速運至土拉，然至今仍不能追及大軍。由此觀之，行程遥遠，畜力不支，土拉以遠更難追趕大軍運至。惟噶爾丹在達爾罕奥拉，臣隊大軍不可等候西路輪運之米，容俟駝載之米趕來後，所帶八十日米用完，酌情接濟，而後率領大軍前赴行在。至行在後，請敕運米諸臣，以中路大軍之米，通融支給臣隊士卒。爲此謹具密奏。康熙三十五年五月初二日。等語。

是日，次塔爾渾差達穆，行七十四里。十五日，朕四月二十二日所遣侍衛額林臣又携大將軍伯費揚古奏疏至。疏言：撫遠大將軍領侍衛内大臣伯臣費揚古等謹密奏，爲奏聞事。竊臣等率領大軍，于五月初一日行至額布爾山谷阿達克立營後，二等侍衛台吉撩跤人額林臣等賫到皇上御筆硃諭。臣等本應欽遵上諭，即率大軍星夜前往。惟大軍行程遥遠，牲畜稍疲憊，且噶爾丹火燒自布爾車克地方以南，直至十餘里程牧草，故派人在前，覓水草以趲行。臣等率領大軍，仍于初三日趕到土拉，尾隨噶爾丹而行。唯請皇上稍緩，以留臣等及將士一生之情臉。再，藍翎殷扎納等于四月二十八日前去時，臣等將陜西兵未便分開，由一路行進，西路輸運口糧不能追趕大軍之處，繕具奏摺二件，交殷扎納等具奏。殷扎納、額林臣，孰先到行在，不可料定，故將前奏二摺復行繕寫，一并謹奏以聞。康熙三十五年五月十二日。等語。將此所奏二款，給議政大臣等看畢，諭曰："其西路情形，此前未奏，且將朕二次直遣侍衛等留彼多日，方遣回具奏。西路糧絶，而求中路之糧矣。違悖約定日期三次。我等洞悉此等情形，俱已事先了結。今此疏到來，爾等衆人皆知之也，何如？欽此。"諸大臣以及隨從人等，皆以皇上先事料定，二路之米雖誤，然士卒、跟役無一折損，反以中路之米移給西路，巧爲處置，臣等贊悦不已。等情。具奏。

是日，次固圖勒布拉克，行八十二里。十六日，大將軍馬思喀遣發自厄魯特來歸之達木巴哈西哈、察罕錫達爾哈西哈、青海博碩克圖濟農屬羅洛依額木齊等約二百户。詳詢伊等，言噶爾丹見大軍之勢，星夜逃遁，本欲抵禦于托諾山地方，然未能阻止屬下之卒。又于喀赫穆布爾哈蘇臺，欲于柳條叢中築駝城迎戰，適聞西路軍情。噶爾丹宣曰：中路軍頗犀利，罷攻之，即敗西路軍，搶掠而去。等語。遂起程赴土拉。衆已星夜逃遁五晝夜，且因無草，馬、駝極爲羸瘦。戰士五千有餘，鳥槍近千枝。至彼甚乏，故往攻西路軍，即遭敗績。我等見大勢已去，且原先出使京師者三，皆深荷聖主之恩。念此想必收養，遂來降。等語。問及噶爾丹，言在戰場，先人而逃，後大軍曾堵截之。我等因先此圍堵而出，故不知後情。等語。

是日，次西托陵，行四十四里。十八日，次于前往時所宿中托陵，行二十六里。是日，正黄旗副都統阿南達來奏滅噶爾丹之捷報，以宣諭衆人，不必備書。庚午年，誘噶爾丹至烏蘭布通，距京師有七百里。彼時，其一人一馬本不應遣回。心懷此恨，已届六載矣。今噶爾丹背盟誓，雄心勃勃，前來土拉、克魯倫，煽動人心，污辱遣使。百般劣迹，登峰造極。誠恐天下生民，罹此禍患。乃將耿耿之志，禱告于天，得水于無水之地，得草于無草之地，得薪于無薪之地。夫噶爾丹者，如草野禽獸，來去無定。古人所謂集則如禽、群則如獸者，乃指得之難、遇之難。朕率此每牛録擺牙喇六名、漢軍火器兵二千名、緑旗兵二千餘名、蒙古兵二千餘名，毅然深入敵中而無恙者，非向諳于帶兵，非見地方之得失，非歷季節之寒暑，非巡視水草，唯賴于是，恃衆人之奮勉，弃逸樂、忘至尊，一時同衆卒吃素食，飲濁水，耐勞苦，上天洞鑒，祖父默佑，以業已逃出之敵爲西路窮乏時之倚靠，以斷然不得之畜爲西路饑饉時之乾糧。謂此人之力乎？天之眷祐耶？由此可知，我國洪福無窮矣。前後九十九日，行抵京師，路程將及五千里，無一人一畜至于窘迫。以大阿哥胤禔留後護尾，又于二十日内悉數到來。

【《康熙朝滿文硃批奏摺全譯》第94頁第192條】

※皇太子胤礽奏爲送鷹等事摺

康熙三十五年九月三十日

皇太子臣胤礽謹奏：恭請皇父萬安。

再，皇上欽諭送鷹事，于外所養之籠鷹、新鷹遣送十隻，海青鷹之侍衛柏唐阿遵旨出邊，乘馬遣送。其籠養者，原皆好鷹，肉甚肥，急匆匆而掉肉，甚爲可惜，故約于十月十五日左右趕送。

再，奉旨："厄魯特名阿玉錫者前來，觀其所告，所聞我大軍擊敗厄魯特更加確實，臣心内甚暢快，不勝喜悦。再，西安梅勒章京祖良璧等擊敗厄魯特之事，遵旨遣人往告將軍孫思克、博濟，先已具奏。兵部郎中哈木布前來所携摺子内，孫思克、博濟等云：前奉聖諭，此事往時，即先謀知，令大臣聞喜訊。欽此。"今果不出聖主謀略，擊敗厄魯特，臣等遣何等人、章京，來奴才處禀告消息。奴才不勝欣喜雀躍。今聖主既親躬出征，必捕殺噶爾丹，或歸降于聖主前。爲此奏聞。

再，寧夏總兵官王化行奏報于八月二十七日抵達寧夏。等因。

再，據張天石之孫張吉宗具奏：仰蒙浩蕩天恩，即奏請于五岳、泰和之山燒香，奉旨照行。今諸岳已膜拜完畢，相應謹具奏聞。今前來京城。

再，據副都統希爾哈達咨稱：爲咨送兵部知照事。職親率西安之八旗滿洲、蒙古、漢軍官兵，于康熙三十五年九月十二日抵達西安，理應禀報，爲此咨行。等情。

再，據欽天監衙門奏稱：本年九月二十八日，辛巳日丑時，地震一次，自東北方向而來。等因。臣謹閲相書云：九月地震，民生不安。自艮向坤震動，則秦地亂。等語。因在丑時，臣并無知覺，詢問值更太監、知情者，較今年正月地震稍輕，衹颳一陣較大之風，天棚架、窗户紙稍響即過，爲此奏聞。

再，吏部一事，兵部二事，工部一事，奉天將軍綽克托等謹奏一事，謹奏遣之。

硃批：知道了。先欽天監衙門具奏，初放步兵牌槍，天鼓自西北作響。等情。前來，朕所差遣往查之人到來，將實情具奏，伊等懼怕，叩謝具奏携回來。又奏稱：中午時分地震，朕同全國皆不知，何言一人不知？伊等詞窮，奏稱僅我臺有震，所奏朕經過之。此衙門之人古怪，且皆迂俗小人。趁朕出巡之機，蠱惑人心，亦未可知。倘稱衆知爲實，而全國不知，則有關之處，朕不可不加詳查。值更太監等小人，據稱欽天監具奏，伊即人云亦云耳。值更處大矣。爲何唯問太監？

【《康熙朝滿文硃批奏摺全譯》第 107 頁第208 條】

※康熙帝諭費揚古爲入寧夏事

康熙三十五年十月二十六日

諭大將軍、伯費揚古。

聞右衛兵歸來，驅牛羊，迎至夏茅，二十四日，朕躬身迎至渾金村，二十五日設宴，取三日米，行野糧餉各賜銀三兩。觀之，兵甚疲倦。見其步行疲倦之情形，不勝傷心。朕至兵士處觀之，食飯、餑、肉，品茶飲酒，自大臣等以下，以至兵丁，歡聲震地。先聞調右衛兵，朕飭此兵斷不能行。稔知雖步兵匍匐前行，亦難抵指定地點，欲以飼養之馬、駝之力，與噶爾丹之力相較，携來而行，聞中途丹濟拉返回，又朕所携之察哈爾五百兵丁，賜與百日廩餼，換防黑龍江兵。朕駐蹕歸化城十日，歸化城之米，一把未用，對所有來降者，反復詳問，稱噶爾丹已往哈密。若確往哈密，朕心内有更加易獲之念。哈密距嘉峪關有十二日路程，道路易行。故此，朕念，朕所携之兵，偏向寧夏，朕進入寧夏，若有調轉之處，既然路程近，酌情而行。必獲噶爾丹殺之，方完朕之心願。唯朕等啓程，嗣後噶爾丹、丹濟拉等來稱歸降，爾等力量單薄，右衛兵無馬，朕擔憂此情，與爾等商遣，爾等商議後，繕書速奏。朕于胡坦之和碩地方，待爾奏書。爲此特諭。

【《康熙朝滿文硃批奏摺全譯》第 113 頁第 220 條】

※康熙帝諭皇太子駐蹕黄河岸邊各處圍獵情形

康熙三十五年十一月初六日

諭皇太子。

二十七日駐蹕黎蘇柏姓。是日，有兔，不豐盛。二十八日，駐蹕胡坦之和碩，漢人稱此爲托托城，有兔，不豐盛。此即黄河岸，射快箭試看，新滿洲、朕躬、大阿哥、善射者，易渡，流勢亦穩，不可比南面之黄河，比天津海河最窄處還窄。二十九日駐蹕。清晨，鄂爾多斯王、貝勒、貝子、公、台吉等渡河來會。朕往黄河岸，計河之寬，一百零六庹，射快箭超過五十餘步。由彼登船，朕躬尚可同新滿洲等逆河而上，蕩槳觀之。因船械差，手不得力，衆蒙古人驚奇之，稱我等溯黄河而上行船，祖輩未聞。往返渡河觀之，無彎斜處，今河有流冰。衆力不可渡，急速結凍。自古以來，無過十月二十日不凍之年。記下京城池凍之日報之。據云，自歸化城至黄河岸一百七十里，自黄河岸至殺虎口一百七十里，尚未丈之。自來至黄河之日，始覺寒冷，似同京城冰凍之日。

此處著灰鼠、羊皮袄、欣皮外套，年邁者，著較厚衣。原歸降厄魯特之夥，善于製鞍，造鳥槍套，且會油之。手工匠人善巴旺送來打製網甲厄魯特人塔布奇，其極善造網甲之類，于歸化城尋獲厄魯特之鐵匠烏色依，打製迅速利落。我等于此處試製厄魯特型鞍一，唯因無金而未准進。將厄魯特之紅馬一匹，一并送皇太子。高玉慶携馬往，馬匹甚好，脚步沉穩，甚屬老實。以料養肥壯後，便知如何。鞍座子、褥子、皮鞍坐子、馬繮、馬轡頭、後鞦，皆爲厄魯特婦人一晝夜做竣。所獲厄魯特男童，試製我等制服、皮襖，量皮裁製，一日得一衣。多數匠人，略粗糙。將此鞍呈皇太后覽。再，朕于此處食喀爾喀羊隻，或是因水土好，异常鮮美，故此，朕親視水煮，河水已凍，朕又閑坐無事，朕親執刀剔骨，裝匣送之。將此謹送皇太后，再依表文交付谷太監。

三十日駐蹕。初一日駐蹕。初二日晨，據蒙古人等報稱：距此五十里之什爾哈處，是夜凍結二段，每段一里餘。我等章京驚奇之，先行遣我，伊等試行，若可渡，則來奏。等情。差嚮導章京特古斯等往視，據伊所聞，自朕等駐蹕處向東南十五里處博羅勒濟之小沙丘，野兔豐盛。故揀選可步行者，與朕同來之緑營，均步行圍獵，兔豐盈。朕執皇太子遣送之叉子箭，射殺近四十隻，衆人共殺三百隻。又據鄂爾多斯人告稱：渡河後，草叢出四五十隻兔，甚爲豐盈。等語。現朕等良馬充足，無暇分辨，未携鄂爾多斯良馬渡河，此際倘由盛京送貨前來，則驛站辛勞。朕等各色食物盡有，倘若遣送，唯送鹿尾五十、舌五十，花鰗魚、鯽魚、鱒魚，少送些來，其他大魚、鱣魚，朕不食。野鷄勿送，此處野鷄多且肥。柑桔等物，雖運至，亦不必送。水果、麵等類，朕處自寧夏取而食之。麵甚好，朕用好麵製餑，對比相視，朕等之麵黑且硬，寧夏之麵白且軟，雖多食，而易消化。葡萄多而好，名喚公靈蓀，沿大葡萄根，皆有小梭子葡萄，前食梭子葡萄，然不知如此生長，實屬奇怪。梨亦好，谷太監于報國寺購之好梨，即此處所産。

初三日晨，渡河差人，鄂爾多斯王、貝勒、貝子、公等，隨馬一百二十二匹内之四十匹，未隨之三百匹馬内之一百二十匹，靠近河彼岸，將朕等之馬鞍裝于船渡河，渡時看得，冰皆拋于兩岸，河水與朕到之日不同，水不流矣。其與渡暢春園之河相似，徑直而渡。兩岸之蒙古人等，均合掌叩拜，發誓曰：此地乃我世代所居之地，此河如此適合，對我等之汗王，誰能生惡念。等語。由彼處即乘伊等馬二個時辰，放小圍三處，果如鄂爾多斯人所言

不謬，圍獵亦熟悉。兔甚豐，野鷄亦豐，朕射殺近五十隻，阿哥等皆殺二十隻。良馬多，因地相宜，故甚馴服。地方雖屬沙丘，但爲平坡，玉草叢生，不畏奔跑。自幼即聞鄂爾多斯之兔，今得以見之。圍獵竣，申時，復依原路渡河來駐蹕處。夜特古斯等前來具奏，自什爾哈處以上河水均結冰。伊等試渡，乃無耽擱。等情。朕于初四駐蹕一日，初五日向什爾哈渡口移營，行李重馱，可渡則即渡之。稍猶豫，則又駐蹕數日。此等情由，均謄繕皇太后以聞，宫内亦聞之□……若欲另寫，衹是重複，若對爾降諭，或聞之也。勿告外人，爲此特諭。

【《康熙朝滿文硃批奏摺全譯》第114頁第224條】

※皇太子胤礽奏爲諭旨呈皇太后閲覽等事摺

康熙三十五年十一月初八日

皇太子臣胤礽謹奏：恭請皇父萬安。

再，十一月初六日四更到來諭旨，内稱：射快箭觀測黄河，上躬、新滿洲、大阿哥、善射者，易超過五十步，水流亦平穩，同新滿洲等逆河而上，觀之，仍可劃行。不可比南面之黄河，比天津海河最窄處還窄。再，臣等原聞皇父渡黄河，此河處于北方，豈有好船、好器械，水險而寬，多所憂慮之。見此諭旨，舒暢愉悦。河又結冰，益加驚嘆不已。再，送太后祖母之葡萄，亦得而食之，味美而鮮，比此處之葡萄不同，故贊閲之。再，賞與臣之馬鞍，叩恩謹收。諭令呈皇太后覽，遵旨送寧壽宫，呈皇太后祖母覽。唯急念馬至。再，皇上所降諭旨，務需謄繕，呈太后祖母覽，原諭旨于宫内傳覽時，臣未曾細閲，衆人歡快争閲二三日，不然閲覽不完，甚覺有趣。再，瀛臺池三十日晚結凍。自初三日，人盡管行走。硃批：由此看來，鄂爾多斯比京城稍暖罷，没有多冷。盛京之鹿、魚尚未至，到達之後，依旨遣送。再，川陝總督吴赫具奏于康熙三十五年九月二十九日自寧夏啓程，硃批：知道了。返回西安。等情。鎮守四川川北等處總兵官馬子雲奏請祭祖，已准假。硃批：知道了。是年十月初六日已至汛地。等因。西安協領瓦勒達因補放梅勒章京，奏請朝覲天顔訓示遵行。等因。當奉御批：瓦爾達，免來京城覲見。硃批：是。據倉場侍郎德珠等謹奏：實歸之四千九百二十九隻空船，經臣等速催，于十月十七日，全部過天津。等情。硃批：知道了。再，太常寺衙門一事，吏部三事，户部二事，兵部三事，理藩院三事，工部一事，將軍趙良棟具奏一事，巡撫宋犖具奏一事，監察御史陳嘉濟具奏一事，監察御史吕昆具奏一事，謹奏遣之。

硃批：理藩院一本留此。朕等處，仍較暖。問之，稱鄂爾多斯處較暖。寧夏地方，比京城熱，皆種稻。此處無極冷天，身感不冷不熱，蓋因地方水土好，無病人也。朕此處所有人員，未聞一人身不適者。

【《康熙朝滿文硃批奏摺全譯》第115頁第226條】

康熙三十六年（1697）

※嚮導車克楚奏報勘路情形并啓程日期摺

康熙三十六年二月初三日

嚮導車克楚謹奏：爲奏聞事。

竊臣等于正月二十八日到達寧夏，從巴圖魯濟農處帶來嚮導八人問之，皆言不知由寧夏通往伊克奥蘭、巴罕奥蘭之直路。再，貝子察罕巴爾之胞弟伊爾登和碩齊携來格塞訥硃批：格斯寧。問之，據該薩棱、卓錫希布二人告稱，彼等曾從伊克奥蘭、巴罕奥蘭向寧夏捕獵野駝羔，道路記其大概，亦或有忘記之處，到達之後，似能回憶起忘却之地。等語。再問路程之遠近，大約可于皇上指定之日前後到達。是以臣等已于二月初三日起程。爲此謹具奏聞。

【《康熙朝滿文硃批奏摺全譯》第137頁第269條】

※康熙帝硃諭

康熙三十六年二月十一日

諭大將軍伯費揚古。

朕二月初六日啓程，十一日至宣府。今觀形勢，噶爾丹窮困至極，雖言歸降，但未必輕易到此。寧夏地方距噶爾丹所居薩克薩圖古里克、格格特哈郎古特甚近，曾遣甲喇章京車克楚、御前侍衛僧圖等率西安、寧夏兵一百人往伊克奥蘭勘路。伊等奏報已于二月初三日啓程，特諭爾知之。朕意欲令將軍孫思克、博霽等領兵三千，出嘉峪關，或取道哈密，或取道巴里坤進軍，俟車克楚等返回。路若可行，則一路三千兵出寧夏，由新勘之路而進，若不可行，則并兩路爲一路，擇地而進，想事能成。朕欲往寧夏親視軍糧情形，爾意如何？故特商諭。玆將派往第巴處之主事保柱奏疏送爾知之。

【《康熙朝滿文硃批奏摺全譯》第139頁第271條】

※皇太子胤礽請安并報備齊御用物品摺

康熙三十六年二月十五日

皇太子臣胤礽謹奏：恭請皇父萬安。

再，爲噶爾丹之子塞布騰巴爾珠爾已由肅州起解事，阿南達具摺以奏，并奏命謄抄其奏疏與諭旨，一并啓奏皇太后，給宫中人都看，亦給裕王、三阿哥、諸臣看。除另疏具奏外，臣于正月十六日聞知噶爾丹之子被擒一事，正著急何時能至我手。二月初二日，得知其已解至阿南達所，由此起解前來。等語。臣喜之不盡。不但擒獲噶爾丹之子，而且噶爾丹遣往西土之所有人及其書函俱皆拿獲，無一漏網。此皆皇父聖謨遠照極邊、逐事應驗所致。臣不勝喜悅，親繕摺謹奏。硃批：從此往下未寫。朕體安善，皇太子可好？

御用四執事所存貂皮一百四十張、加增類此貂皮四百張，比此稍好貂皮五百張，蟒緞、妝緞、倭緞共百匹，極粗繩索三百丈、細繩索千丈，一并賫送。又備有較粗繩索、略細之繩索三百丈，亦令于十四日晚一并起送，務必于十九日送至右衛。至頒給班第王之敕諭，已交内大臣班第轉諭，隨理藩院摺子賫奏。

上諭。諭皇太子。在此議定：寧夏地方較各邊易于調度，朕親赴寧夏，相機而行。此情曾與大將軍伯費揚古商議，大將軍伯費揚古亦言應去，遂來此地，共同議定畢。會衆兵馬由塞外進發，朕親率少數人由尚書馬齊所設驛站路前往。十九日自大同啓程。康熙三十六年二月十八日。

【《康熙朝滿文硃批奏摺全譯》第 140 頁第 275 條】

※皇太子胤礽奏報三阿哥隨行人員名額摺

康熙三十六年二月十五日

皇太子臣胤礽謹奏：爲欽遵上諭事。

竊爲遣派三阿哥隨扈人員一事，具奏請旨，奉旨："三阿哥每來，其隨人、飯茶各種聽差跟役一并不超過六十人，如果阿哥乘騾轎，衆人給騎驛馬遣之，想似可趕上，否則難矣。此情，爾等應詳議。朕行一日一驛，二十日將至右衛。欽此欽遵。"今議得，阿哥隨行之人有：鑲黄旗擺牙喇章京伯爾赫、正黄旗上駟院頭等侍衛阿喇那、三等侍衛阿思海、正白旗藍翎多爾濟。彼等合給跟役二人；阿哥奶公哈爾薩從子三名。彼等合給跟役三名，太監二名，鄂倫人一名，羽林二名，牽馱清茶馬牧丁一名，衣服馱子牽馬人二名，飯上人二名，行李人一名。彼等合給跟役三人；茶上人二人，行李人一人，彼等合給跟役二名；武備院箭匠一名、弓匠一名。彼等合給跟役一名，行李人一名、庫人一名，彼等合給跟役一名，行李牽駝人七名、侍衛十名。彼等合給跟役五名。以上官兵及聽差四十三人、跟役十七名，共計六十人，各給驛馬一匹騎之。至馱阿哥行囊馬匹，視其所需足給之。阿哥既乘驛前往，則其食物不必大内預備，派光禄寺官一員沿路備辦食物。阿哥在口内不能到達御營，未可料定。派理藩院章京一名隨同前往。阿哥若出口追去，則視其所需，向邊關地方官取銀，以備沿途食用。阿哥隨行人等，既各乘馬一匹馳赴，則由驛站供給飯食。取該項銀兩時，宜計算行程，稟明阿哥畢，始允攜之去。此次所派光禄寺、理藩院章京送阿哥至御營後，始行返回。阿哥及隨行人等行囊，務于阿哥啓程前先行起運。其隨阿哥留御營之人等，均照前例，從八旗養馬中撥給；該隨行人中，凡有遣回者，仍准給驛返回。轎騾分爲兩班，以八騾駕御車，其之所缺，傳諭諸臣，送騾以補之。料理驛站之事，交付兵部辦。等因。爲此謹奏，遵皇父訓示施行。再，上述諸事，亦給三阿哥看。阿哥言，欽遵皇父旨意派人議事，如今甚好，人亦足用，唯俟皇父批回後遵行。

硃批：朕十七日抵達大同，閲大夫等奏疏，言三阿哥本月内不能啓行。等語。看來趕來甚難。從大同至京城，驛站恰好够，從大同往寧夏，則驛站不够。若不乘驛，限力役爲百名，各給騎牛録養馬三匹，則行一月，可至寧夏。若至三月初十日，仍不能成行，則令停止，雖來，亦無用。

【《康熙朝滿文硃批奏摺全譯》第141頁第276條】

※康熙帝硃諭

康熙三十六年二月十九日

諭大將軍伯費揚古。

爾二月十四日奏事，于十六日晚收悉。朕十七日抵達大同，查明兵馬畢，于十九日朕躬由口内啓程前往寧夏。因將黑龍江兵全部帶往，故派右衛兵七百，每兵配備上駟院現養馬匹，明白交付右衛將軍費揚古。今噶爾丹如此窮蹙，斷不至于用兵。萬一有噶爾丹消息，著速來報。朕即從寧夏進襲其後。今噶爾丹部下人，無論來降，或遣使來，當訊明速奏。其人宜少而接踵遣之。再，爾處之察哈爾兵、黑龍江兵，糧米已盡，暫勿動用于成龍等所運糧米，可取歸化城糧米給之，若該糧運送極難，則從一千五百倉石内動支五百倉石，省儉用之，其餘一千倉石，不宜輕動。爲此特諭。

【《康熙朝滿文硃批奏摺全譯》第 142 頁第 277 條】

※康熙帝硃諭

康熙三十六年二月二十四日

黄河，朕今涉渡之處，已于二月初旬冰解，湖灘河朔、寧夏地方，尚未化凍，故大軍皆履冰渡河，據知馬思喀所率兵馬自十九日始進寧夏。京城化凍情形，務必乘便寄信告知。

【《康熙朝滿文硃批奏摺全譯》第 142 頁第 279 條】

※皇太子胤礽恭請聖安并報三阿哥病勢等事摺

康熙三十六年三月初四日

皇太子臣胤礽謹奏：恭請皇父萬安。荷蒙恩賞石花魚，喜領謝恩訖。

再，前頒旨問三阿哥。今阿哥病已大愈，唯面顔甚瘦，體仍虚弱。據大夫言，現若走路，尚是可畏。再，因有旨，臣未去看視。令齡普、顧太監隔日前去看視。據伊等言：阿哥走路，仍需人扶，甚瘦無力。等語。凡皇上所頒諭旨，悉送三阿哥閲覽，故知皇上已赴寧夏，阿哥亦急欲前往。將所頒諭旨，已抄奏皇太后，給宫内閲覽，亦告知滿洲諸臣。除另疏具奏外，再奉旨："著將噶爾丹之子塞布騰巴爾珠爾由太原府解至京城，部院簡派賢能大臣、章京迎送京城。欽此欽遵。"侍讀學士喇錫于三月初二日由盛京至，即遣喇錫前往，并令户部郎中察木布、兵部員外郎常岱陪之去。彼等已于初四日起程。

再，皇父去春出征，至無水之地，泉水竟涌，種種奇觀，至今贊嘆不已。三月初一日奉旨："駐蹕李家溝之日無水，即時大雪，且肖浚河之幹河床及時流來水。從李家溝至輦鄢村五十三里，仍然無水。因山嶺積雪被風吹飄，到處堆聚，故衆人無爲水所困。"此皆皇父鴻福，爲國民不辭勞苦所致。如謂不奇，則水爲何衹在皇父行時纔來？河爲何于皇父渡涉時結冰？如此奇景，兒臣驚喜不已，無言以奏。

再，尚書馬齊聞皇上由内地前往寧夏，即來報稱：此二地無水，不便行。等語。臣曾爲此憂心忡忡，今聞此旨，不勝欣慰。

再，初三日奉旨，知上躬乘小船，拉粗繩過河，往返横渡，甚爲迅速，滿漢無不稱贊。等語。皇父預料，備帶粗繩，裨益渡河。

再，所賞石花魚，新鮮肥美，味道甚好。此乃春季難得之物，故儲存以食。二月十八日通州河冰泮，三十日瀛臺湖冰融化，三月初三日暢春園内湖冰泮。

爲此謹奏。

硃批：朕安。皇太子可好？從神木縣至榆林之路皆係大沙山，甚爲險惡，非兵行之地也。由此觀之，古人拓土用兵，修建長城，天下脂膏，盡耗西北，亦不爲過也。非今人之所能，仁者之所爲者也。隨朕大臣、侍衛、擺牙喇、當差人不過四百人，尚不勝勞苦，帶兵數萬，如何而行？溝壑頗多，且沙又深，故擬從榆林出口，取道鄂爾多斯，直赴寧夏。再，陝西巡撫、按察使前來迎駕，見陝西巡撫頗不及倭倫，年老體衰。

據將軍馬思喀奏報，趙良棟于三月初四日卒。其子爲天津道，著急告速至。其缺，宣府知府范時崇作官頗好，且行高守善，著補天津道。宣府地方，亦要緊，捕盗同知祖雲臺，原在霸州，居官頗好，行高守善，著補授之，俱速赴任。朕來此甚遠，邸抄間隔甚久。嗣後凡朕處發文，于文到次日内發回。此間若有旨，則事事仍于次日内回報。今年春景如何？雨水如何？著問各地來人便報奏。朕躬雖在疆埸，然以天下爲念，時刻不忘。此情此意何日爲了。此文于初七日午後賫到，遂急忙將進呈皇太后之物親驗包裹，通閱本章，閱批邸抄，直至掌燈後，書寫完畢，當即起送。嗣後，可在本内寫邸抄到達時日。

朕巡幸山西、陝西等地，恐爲萬人議論，舉止小氣，每日謹慎自持，俱照巡幸南方例而行，决不有辱臉面，幸得兩省軍民念朕常年體恤之恩，聚而不避。自己無德，舉止小氣，豈能掩萬人之耳目。皇太子勿爲朕憂慮，朕若如明武宗，則斷不歸朝也。

【《康熙朝滿文硃批奏摺全譯》第147頁第290條】

※皇太子胤礽奏爲遵奉諭旨摺

康熙三十六年三月初十日

皇太子臣胤礽謹奏，奉旨："塞布騰巴爾珠爾到京之日，如何集衆觀看之處，著與諸臣詳議具奏。欽此欽遵。"除具奏外，或給皇太后、宫内閱視，或候皇父回鑾，請旨。如給閱視，則如何呈閱，伏乞訓示。

再，奉命製做順水綢工竣，已于初九日賫送。三月初七日三更時，恭捧恩賞宫内瓜乾前來，臣祇受謝恩訖。將瓜置水浸泡，如同鮮瓜，甘甜味美，浸瓜水亦甜，臣不勝喜悦。

再，奉旨："朕所到之地遠，邸報間隔長。嗣後，凡由朕處發文，務于次日内回遞。再者，以後邸報到達日時，書于奏摺内。欽此欽遵。"其後收發文時間，均寫于奏摺末年月一款處。

再，臣二月十五日爲三阿哥趕追皇父一疏内奉旨："阿哥若至三月初十日仍不能成行，則令停止。欽此。”據大夫現診治書稱：“雖較前略好，但長途遠行，體仍稍弱。”等情。將大夫診治書亦已賫奏，爲此親手具摺謹奏。

康熙三十六年三月初十日到，十一日晚發。

硃批：朕安。皇太子可好？其要斬之賊崽子，豈能進入宫内，太監等出宫看視則已。十七日入安邊口，將赴寧夏，命押解塞布騰巴爾珠爾之三等侍衛克希圖從宣化府乘驛至中衛接迎并解送。至侍衛那爾呼岱、察爾夫達，并非得力之人，故令陪同前往，不必前來。皇太子不明此情，欲賞則唯賞克希圖，其餘則罷了。

再，由大將軍伯費揚古處送噶爾丹屬下厄魯特人一名、阿喇布坦屬下厄魯特人一名乘驛前來，將彼等供詞一并抄發。十三日，由副都統阿南達處送我索取之博洛特寨桑和碩齊到，其供詞亦已抄發。出榆林口，地方最好，路程亦近，朕若不由此路來，則至寧夏，甚受勞苦。

再，初四日，由神木縣地方爲噶爾丹之子塞布騰巴爾珠爾事行文，直至十六日尚未到達，不知于何處耽擱。（未時纔到。）

再，十五日晨，由京城送魚網到，因未以布包固，故網中間被馱繩壓斷一二處出孔，在此將修補後用之。（無妨）在此各種魚網俱全，無處可用，勿再賫送。况朕日理軍務，正想如何擒獲噶爾丹，以使日後邊界安寧，有何閑暇捕魚玩耍。

【《康熙朝滿文硃批奏摺全譯》第149頁第294條】

※皇太子胤礽奏賀擒獲噶爾丹之子摺

康熙三十六年三月二十五日

皇太子臣胤礽謹奏：爲擒獲逆賊之子，以敬陳喜悦之情事。

竊今年三月二十二日，厄魯特噶爾丹之子塞布騰巴爾珠爾解至京城，官民在街道圍觀，無不騰歡，皆言該逆賊之子遠在極邊，而今爲我所獲，皆皇上聖謨神勇所致也。臣及諸阿哥、王、大臣等竊念，皇帝聖德，功蓋萬世，天威廣敷遐邇，無所不至。唯噶爾丹逆天背盟，惡貫滿盈，皇帝以生民爲念，不辭辛苦，親統大軍，三次親行出塞，叛夥相繼來降，窮寇聞風遠遁。噶爾丹勢窮力蹙，不久獻首。今執其子塞布騰巴爾珠爾，以囚車解送京城。由此觀之，該賊横行年久，禍害塞外，先戰殺其妻，今復執其子，衆叛親離，因此賊尤魂飛喪膽，指日可斬之。從此塞外寧謐，逆賊俱靖，内外將永享太平之福，臣等不勝歡忭之至。爲此謹具奏聞。

硃批：從定邊至寧夏，沿途皆爲戈壁不毛之地，除萬年蒿、鹹刺、沙蒿、席芨草外，俱係鹽碱。寧夏周圍俱爲稻田，引黄河水耕灌，并無閑地。地方水土不甚好，不宜人居。想皇太子欲聞此情，雖爲無用，亦寫之寄去。沿黄河至塞外地方水草甚好，故將馬匹俱趕往牧以青草。

【《康熙朝滿文硃批奏摺全譯》第 156 頁第 307 條】

※皇太子胤礽奉旨奏報出宫祭寺廟緣委摺

康熙三十六年閏三月初五日

皇太子臣胤礽謹奏：恭請皇父萬安。

竊照閏三月初四日酉時奉旨："聞皇太子爲朕祭寺廟。等語。雖謂爲朕，但恐漢人議論皇太子藉此接近僧道喇嘛，到處閑逛，不篤朝事，科道條陳，朕甚憂慮。欽此欽遵。"皇父幸遠，恐臣有誤，特旨訓示，臣唯竭力刻骨銘心耳。去歲皇父出征後，以聖誕禮，曾于廣明殿、廣濟寺、旃檀寺誦經，臣詣行禮。本年援照去年誦經，臣亦詣行禮。

再，初一、十五，仍往旃檀寺行禮是實，其餘閑日未去在外寺廟。皇父訓旨甚是，倘接近僧道喇嘛，必招損而無益也。臣自孩提之童，仰賴皇父之恩，得以讀書，仍知此理，敢不欽遵。硃批：皇太子自幼讀書，深明大義，必然謹慎。上則祖廟社稷之福，下則臣民之造化也。朕不勝喜悦。又奉旨："此文著呈皇太后閱覽。欽此欽遵。”捧紅本往奏皇太后，奉懿旨：“爾皇父旨意甚宜，甚是。身雖在營伍，但每日留心訓示，爾應好生銘記之。”等語。

再，二十二日，聞知皇父殪兔三百餘隻，沿途邊關所駐緑旗官兵隊伍整齊，行獵諳練，毋庸置疑。二十六日，到達寧夏，地好物豐，軍容齊整。等情。皇父前幸鄂爾多斯殪兔二百，聞之甚奇，此次殪兔三百餘，更聞所未聞也。臣不勝喜悦，贊嘆不已。

再，緑旗兵丁强悍，隊伍整齊，熟諳行圍。此皆皇父親簡督兵將弁，均能克盡厥職，以至兵丁精良，皆由聖訓所致也。臣喜之不盡。

再，已抄奏皇太后，給宫内閱覽，裕親王亦閲。潘良棟尚未到京，俟其到後，再遵旨，命其視魚繪之。爲此親具摺謹奏。

康熙三十六年閏三月初四日酉時到，初五日午時送發。

硃批：朕體安善。皇太子可好？

【《康熙朝滿文硃批奏摺全譯》第 158 頁第 311 條】

※康熙帝硃諭

康熙三十六年閏三月初五日

諭皇太子。

朕到寧夏，已將近十日，每日議籌兵馬錢糧，毫無閑暇。途中晨披霧露，日冒塵砂，嘴懶得説話，手爲繮鞭磨起趼，來此數千里外，亦爲此一餘孽噶爾丹也。朕若此時在京城，晨賞百花，日坐樹蔭下，聽鳥啼鳴，歇暑納凉，以求安逸。此非朕所不樂者，唯欲成大丈夫之志也。皇太子乃極孝順之人，想是見花鳥魚獸，憐惜朕于沙鹵邊陲之勞苦耳。不必爲朕擔憂，唯望日夜勤于國事，閑暇之時，閲覽經史前世之得失，以慰愁悶。爲此特諭。

【《康熙朝滿文硃批奏摺全譯》第 159 頁第 313 條】

※議政大臣蘇努等奏報會議調兵等事情形摺

康熙三十六年閏三月十一日

議政大臣、鎮國公、都統臣宗室蘇努等謹奏：爲欽遵上諭事。

康熙三十六年閏三月初九日，諭議政大臣等："孫思克、博霽所留之兵曾撥三千名，念兵馬衆多，征行煩苦，今簡選滿洲、緑旗兵二千人，其留兵丁、馬匹增給出征士兵，携帶四月口糧，發往阿南達所。阿南達、李林隆即統領此兵前往搜剿，孫思克、博霽率所留之兵暫駐甘州爲宜。至于成龍運米等候之所，亦應留駐一隊兵馬，可令西安副都統阿蘭泰領西安兵三百人前往駐扎。其留駐寧夏之京城前鋒，每旗二十名及鳥槍、擺牙喇、炮兵，酌撥隨朕，餘仍令駐寧夏，委臣一員管帶。大將軍伯費揚古傳諭附近扎薩克蒙古王、貝勒、貝子、公、台吉等，有願自備四月餉糧從戎效力者，則准其來。又費揚古處有黑龍江兵一百人，俱令帶來，照四月口糧，選撥察哈爾兵携四月糧至郭多里巴爾哈孫會兵，由費揚古統領此兵，著舒恕代費揚古辦事，侍郎滿丕仍駐其原戍守地。欽此欽遵。"

臣等會議得，調兵等諸事，皇上逐一指示精詳，頒旨周全，唯欽遵而行。既然如此，則命孫思克、博霽簡選滿洲兵一千、緑旗兵一千，其所留兵丁之馬匹，增給出征兵丁，携四月糧，發往阿南達所。阿南達、李林隆領該兵尋剿，孫思克、博霧率餘兵暫駐甘州。西安副都統阿蘭泰等三百兵議撥于成龍運米處外，撥所留京城前鋒每旗二十名，鳥槍、擺牙喇二百名，跟隨皇上，餘兵暫留寧夏。再行文令大將軍伯費揚古，將其處于成龍輸運糧米一千五百石及黑龍江兵，盡行帶來，至察哈爾兵，接現有四月糧米數點之携來。在將軍處之蒙古王、貝勒、貝子、公、台吉等，凡有願自備四月餉糧從軍效力者，亦携之來。俟將軍伯費揚古來郭多里巴爾哈孫會兵後，令之統率此兵，搜剿噶爾丹，以舒恕代費揚古辦事。侍郎滿丕仍駐其原戍守地。俟命下之日，咨令將軍舒恕、孫思克、博霽、提督李林隆、副都統阿南達、侍郎滿丕等遵行。至京城兵自寧夏赴額克阿喇爾一帶搜剿噶爾丹及辦理糧秣、馬匹等事，亦欲咨行費揚古、阿南達等知會。爲此謹奏請旨。等因。

康熙三十六年閏三月十一日奏入。奉旨："依議。欽此。"

【《康熙朝滿文硃批奏摺全譯》第171頁第331條】

※康熙帝硃諭

康熙三十六年閏三月十三日

諭皇太子。

朕于二月内來寧夏，故爲陳明緣由，招降青海等西部厄魯特，曾詳諭台吉阿喇布坦、德木楚克，都統杜斯嘎爾、尚南多爾濟等畢遣之。前不知事之成與否，恐反起兵端，亦未可料，故未即發。今觀阿喇布坦等奏疏，青海台吉皆願降來朝，未用一兵一卒，盡收西部厄魯特。此乃大喜之事，是以急報。策妄喇布坦盡歸我屬，阿喇布坦、丹津旺布之使者已至，亦爲我屬。朕之欣喜，無以言表。至于噶爾丹，或獻死尸，或獻活人，唯朝夕以待。爲此特諭。著給議政大臣等看，奏閱皇太后，亦報宫内。阿喇布坦等奏書及厄魯特阿喇布坦來人供詞，一并抄送。

【《康熙朝滿文硃批奏摺全譯》第171頁第333條】

※康熙帝硃諭

康熙三十六年閏三月十五日

諭皇太子。

朕料理軍務畢，十五日起程往白塔。所辦事宜，逐款抄發。白塔乃黄河曲處，鄂爾多斯杜楞公哨所。此諭到後，停止邸報由内地發送。若出殺虎口，由關外送，則近千里，且易于行走，關内道路險惡，以言難盡。遇雨水酷暑之時，人昏馬斃必多。寧夏地處戈壁之中，年邁體殘者，極不適宜。雖無病者，但因内傷而消瘦者亦有，唯不爲我知覺耳。寧夏距賀蘭山口有百餘里，水草豐足，隨朕前來之大臣、侍衛、擺牙喇、執事人馬匹及御用馬、駝、牛、羊，均放牧于察罕托輝地方，這二十日内續漸長膘，未取用地方一束草、一勺豆喂之，故米、豆、草大剩，從而令各地停送，于運至之所，各就地貯存。朕此次遠來，特爲籌辦糧餉，决定進兵方略，豈能做貽害民人、侵漁地方之事。今事既畢，書明特諭。著給議政大臣俱覽。

【《康熙朝滿文硃批奏摺全譯》第 172 頁第 335 條】

※議政大臣蘇努等議奏運糧安臺站情形摺

康熙三十六年閏三月十九日

議政大臣、鎮國公、都統臣宗室蘇努等謹奏：爲欽遵上諭事。

康熙三十六年閏三月十日，議政大臣爲此事奏入，奉旨：“挽運糧餉及隨營安臺站之事，朕與鄂爾多斯貝勒松喇布説過，彼言正值草青，以我三千兵力能做運米安臺站之事。等語。既然如此，則自白塔以外運米安臺站之事，俱交付鄂爾多斯貝勒松喇布與于成龍等共商而行。至白塔以内安臺站之事，著交總督吴赫，以西安副都統阿蘭泰兵三百名交與于成龍。馬思喀等兵若衹携帶一月口糧，則其餘三月隨糧，用船一次運不完，若再運一次，則兵豈不無事坐等？應令馬思喀等兵携帶兩月口糧，别米用船輸運，餘米，衆人馱帶，倘再餘剩，令于成龍自力酌情運至白塔。大兵到白塔後，計此間所食十二日口糧，以衆人馱帶米補給。貝勒松喇布與于成龍等隨營遞運之米，應抵于何處、停于何地等事，著大將軍伯費揚古、議政大臣等與于成龍等商定。爾等與于成龍等詳議具奏。欽此欽遵。”臣等會議得，噶爾丹窘迫已極，若照諭旨施行，則進兵運糧事并不耽擱，故俱遵旨施行。進剿大兵若衹携帶一月米，則其餘三月隨糧，用船一次運不完，若再運一次，則必致大兵無事坐等，故令將軍馬思喀等兵携帶二月米，該項携帶二月米二千十五石二斗。

再，大兵自白塔以外携帶之米二千十五石二斗，于成龍等隨運一月米一千七石六斗，共計米五千三十八石。大將軍伯費揚古所領黑龍江兵一百，以及察哈爾兵不知其數，加之黑龍江兵約有一千口，每月需米二百二十石。西安副都統阿蘭泰兵三百，由西安所留兵馬中取三百匹，以增給出征兵各一匹，携帶兩月米二百六十四石八斗，三月口糧三百九十七石二斗，令于成龍等輸運。

再，運米大臣、官員、撥什庫、披甲、駐臺站章京、筆帖式等五月口糧需六百八十七石。既多帶米，甚有裨益，則加之損耗，准携帶一千九百石。大將軍伯費揚古兵、西安兵、運米人口糧及多携之米，共計三千五百斛，除將軍馬思喀等携帶米外，船運米三千二十石八斗，視船之能容，裝運之。其不能容餘剩之米，由諸大臣、官員携之去，若再餘剩，則交于成龍等馱去。以船輸運時，命派地方官七員、于成龍等之章京二名督運。由白塔以外馱運糧米，可携牲口四千五百。備三牛駕車三百輛帶去，每二輛車合爲三人，此項所需四百五十人口糧、帳房、鍋、雇工錢等物，照去年中路脚力支付，命該總督支給。隨船地方官七員，從此即令管束車夫撥給口糧。至米運至何處、停于何地等事，既由大將軍、諸議政大臣同于成龍等商定，則撥給大軍所餘駝隻，由于成龍等携之去。于成龍等既遞運米至停米之地，則准帶鄂爾多斯兵二千二百五十名運米。安臺站時，派于成龍等所携理藩院章京一員領鄂爾多斯兵七百五十名，隨將軍馬思喀去，視將軍指點安臺站。從寧夏至白塔，安臺站十處，除交與總督吴赫安設外，自白塔以外，至鄂克阿喇爾，五十站，每站設一館驛，每驛設鄂爾多斯兵十五名，鄂爾多斯馬各二十匹，每驛或章京或分得撥什庫各駐一員，因伊等均不識蒙古文、清文，每驛，或章京，或筆帖式，各駐一員，管理驛站事務。

再，運米之事，命于成龍等與貝勒松喇布共商而行。爲此謹奏請旨。等因。

康熙三十六年閏三月十一日奏入。奉旨："依議。欽此。"

【《康熙朝滿文硃批奏摺全譯》第 176 頁第 341 條】

康熙四十一年（1702）

※川陜總督華顯奏報陜西甘肅得雨日期摺

康熙四十一年四月初一日

四川、陜西總督臣覺羅華顯謹奏：爲繼報得雨日期事。

前奉諭旨，雨雪多少有無之處，著奴才繕摺奏聞。奴才將陜西屬西安、延安等地及甘肅屬固原、平凉、寧夏等地，自正月至三月初一日得雨雪情形，曾已奏聞。今西安、鳳翔等地，自三月二十日以來，得雨三次，現大麥、麥子皆秀穗，豌豆長勢甚好。又，臨洮、鞏昌一帶地方，據布政使囊吉里來報：平凉、慶陽二府地方，春季雨雪甚足；于鞏昌府地方，近來皆得雨雪；臨洮府屬地，于三月十二、十七、十八、二十二等日得雨，一概沾足；蘭州于三月初四日降雪，十二日大雨，十八、二十二等日皆得雨，四方鄉村盡沾足。再，甘肅屬地布種，較别省稍遲，今十分之七八已種完。至去歲被灾各州、縣、衛，仰蒙皇帝恩賜種子，現皆開耕，大概三月内盡耕完。又，寧夏、肅州等地，于二月、三月，得雨雪多少不等。等語。各地麥子、豌豆收成分數，除秋收時另行具奏外，今將得雨雪日期，繕摺謹奏以聞。

硃批：各處雨足。知道了。

【《康熙朝滿文硃批奏摺全譯》第 262 頁第 464 條】

※川陝總督華顯奏報麥收分數并得雨情形摺

康熙四十一年五月二十九日

四川、陝西總督臣覺羅華顯謹奏：爲奏聞陝西屬地麥收分數及甘肅屬地得雨情形事。

竊臣查得，延安府收割稍遲，待收穫後，另行奏聞外，據西安、鳳翔、漢中、興安三府一州來報：今年大麥、小麥收成，皆有七八分、十分不等，豌豆、菜子收成，亦皆有七八分，秋禾十有四五種完。等語。正值祈雨之際，五月二十八日又得雨，將來秋成有望。再，鞏昌布政使來報：甘州、肅州、臨洮府屬狄道縣，鞏昌府屬寧遠、秦州一帶地方，四月大雨甚足，五月初三、十七日又得雨，田禾亦甚好。再，寧夏地方四月得雨，麥苗茂發；五月雨水雖少，以引黄灌溉，田禾無恙。惟河州、渭源縣等處稍旱。又，蘭州、凉州、莊浪、洮州、岷州等處四月微雨，五月十六、十七日亦得雨，仍不甚足。西寧地方四月少雨，五月初八日，一晝夜大雨，田禾漸長。等語。

奴才查得，甘肅屬地，現或處雨水雖不足，今後若得雨，田禾仍將無恙。惟各地饑民，正遇青黄不接，討食者甚多，且瘟病盛行，死者頗多。因此，奴才以一面熬粥賑濟，直至麥收後方止。等語。奏請。又咨請甘肅巡撫、鞏昌布政使速作預備，公同護救。若于六月雨水調匀，被灾之民即得安堵。萬一雨水愆期，則奴才必盡心籌畫，酌情拯救。復奏以聞，仰副聖主軫念民生至意。恐廑聖慮，具摺并奏以聞。

硃批：知道了。爾等應盡心勤救。

【《康熙朝滿文硃批奏摺全譯》第268頁第477條】

提督陜甘等處地方李林盛奏報陜甘地方雨水情形摺

康熙四十一年六月初六日

提督陜西甘肅等處地方總兵官、右都督、加壹級降貳級戴罪圖功臣李林盛謹奏：爲遵旨奏聞事。

竊照康熙肆拾年拾月内，臣差送彝人之差官張銓等回甘，賫奉皇上傳諭旨意，令臣將地方事宜、雨水情形，不時啓奏。臣隨遵旨具奏。旋蒙聖恩，將臣原本發回，復奉諭旨："知道了。已後摺子寫清字，不必用印。欽此。"仰惟我皇上承天御極，神武英文，雖聖躬日理萬機，猶無時不以民生爲念。曩因河東歲歉，上廑聖懷，既沛賑恤之殊恩，復頒免賦之曠典。誠功高萬世，德邁百王，薄海内外，靡不共戴堯天也。更恐地方事宜、雨水情形未即上達，命臣不時啓奏。臣跪聆欽遵，敢不留心咨訪，依時具摺奏報，以仰副我皇上宵旰憂勤之聖意也。

查臣所轄凉、寧、西、肅四鎮地方，雖處處界連番彝，然仰賴皇上天威遐播，諸彝悉皆馴服，内外共享昇平。至于雨水情形，甘州自入夏以後，于肆月初肆、貳拾貳，伍月拾壹等日，甘霖叠降，河水盈流。臣履畝踏看，而禾稼甚是茂盛。詢之農民，咸云今歲諒有收穫。其西寧地方，入夏未雨，至伍月初捌微雨，拾壹日始得大雨，頗爲沾足。惟蘭州一帶，雨澤愆期，禾苗亢旱。至凉、肅貳屬地方，雨水均得其時，收成亦有可望。聞寧夏地方，雖雨澤微細，然藉渠水，稍資灌溉，或可以無虞矣。

伏念臣前既奉有不時啓奏之諭旨，謹將目前雨水情形，特爲具摺奏聞，以仰慰睿懷也。再，臣應宜遵旨，以清字具摺啓奏。但臣雖稍識清字，因年衰目昏，不能書寫。又兼清字之支理不通，如令人代繕，臣既不諳其中深義，誠恐詞語失宜，并懇皇恩容臣嗣後凡陳奏事宜，仍准以漢字具奏，庶免舛錯之愆尤也。爲此具摺奏聞。

康熙肆拾壹年陸月初陸日，提督陝西、甘肅等處地方總兵官、右都督、加壹級降貳級、戴罪圖功臣李林盛。

【《宫中檔康熙朝奏摺》第1輯，第39頁。亦見《康熙朝漢文硃批奏摺匯編》第1册，第72頁第51條】

※川陝總督華顯奏報夏糧收成分數摺

康熙四十一年八月十二日

四川陝西總督臣覺羅華顯謹奏：爲奏聞甘肅屬地夏糧收成分數事。

竊奴才看得，陝西、甘肅地方，自今年六月以來，雨水甚調，一概沾足，有地雨水雖偏多，但麥、豆無恙。今據平凉、慶陽二府來報：麥、豆收成皆有六七分或五六分不等；臨洮府來報：麥子收成六分，豆子收成五分；鞏昌府來報：麥子收成八九分至五六分不等，豆子收成六七分以及四五分不等。今四府屬各地，秋禾茂盛，秀穗甚好。臨洮、鞏昌被灾地方民人，皆蒙皇帝天恩，得以安心，漸有復蘇，以紓聖主宵旰勤民之意。

再，據河西道等來報：甘州、凉州、寧夏糧食收成甚好，麥、豆收成約有九分至七八分。肅州麥、豆亦收七八分；莊浪、西安地方，雖稍遜甘州，但麥、豆收成，亦有五六分至四五分不等，秋禾亦甚好。理合謹奏以聞。

硃批：知道了。

【《康熙朝滿文硃批奏摺全譯》第272頁第488條】

※川陝總督華顯奏報秋收分數摺

康熙四十一年九月二十日

四川、陝西總督臣覺羅華顯謹奏：爲奏聞甘肅屬地秋收分數事。

奴才除將陝西、甘肅屬地夏糧收成先行奏報外，今據西安、鳳翔等四府所屬各地來報：秋粟、豆收成有八九分以及六七分不等。以秋雨沾足，有些窪田收成雖少歉，亦有五六分。又據平涼、慶陽等四府屬地來報：秋粟、豆、黍收成有七八分至五六分不等；臨洮、鞏昌被灾各州縣，秋粟、豆收成均有八九分至七分。再，沿邊至甘州、凉州、寧夏，秋糧收成均有七八分至九分不等，西寧地方亦均有六七分收成。去歲饑散之民，返回故土者甚多。理合謹奏聞。

硃批：知道了。

【《康熙朝滿文硃批奏摺全譯》第274頁第494條】

康熙四十二年（1703）

※甘肅巡撫齊世武奏報雨水并收成分數摺

康熙四十二年八月初四日

甘肅巡撫齊世武謹奏：爲奏聞雨水調匀并夏秋收糧情形事。

竊奴才查得，甘肅屬地，今年雨水調匀，田禾甚好。但崇新、鎮遠二縣田禾，稍受雹打，奴才早已請旨，散糧賑濟。涇州雖先報蟲灾，但繼之蟲已死絶，不致爲灾，將此早已報部。再，據衛守備報稱，肅州衛地方雨水雖偏多，但農田無損，兹令詳查。寧夏衛屬楊新堡地方低窪，距賀蘭山近，七月初三日，山水驟下，堡内房田，稍被水冲。等語。今田禾臨近成熟，水退，成灾與否，尚難料定。奴才仰體皇上軫念民生之至意，除將行文司、道各官賑糧之處，另行奏報外，據報其餘四府，近邊州、縣、衛、所，皆仰賴皇帝洪福，夏糧收成皆八九十分不等。等語。目下秋禾長勢甚好，因地方冷，收期較遲。再者，奴才詳查各該地所報秋禾情形，收成可望八九十分不等。各屬地麥、米價，較去歲大減，百姓安居樂業。將夏糧頗收、秋糧收成可望八九十分之處，恭摺奏聞。

硃批：知道了。

【《康熙朝满文硃批奏摺全譯》第 294 頁第 539 條】

※川陝總督華顯奏報秋禾長勢并夏糧收成摺

康熙四十二年八月二十二日

四川、陝西總督臣覺羅華顯謹奏：爲奏聞陝西屬秋禾長勢并甘肅地方夏糧收成分數事。

竊奴才看得，陝西屬地，八月雨水時若，秋禾長情，高而穗大，省城周圍早種之禾，皆已收割。其後種者，自九月二十日始收割。咸寧、長安等州縣收成有九十分，鳳翔屬各州縣皆有八九分。今年陝西屬各地夏糧大概稍歉，但秋禾均比往年强。

再，甘肅屬地，夏糧皆收完。臨洮之蘭州、鞏昌之隴西等各州縣，麥、豆收成皆有八九分以致十分，糧價漸平。平凉、慶陽地方，收成稍遜，亦有六七分不等。固原、寧夏等地，亦有八九分。西寧、莊浪、凉州等地，有七八分收成。惟甘州、肅州地方，因雨水多，收成稍歉，但亦有六七分。秋禾長勢亦甚好，民生漸復蘇。理合恭摺奏聞。

硃批：聞陝西省糧穀豐收，深慰朕懷。但陝西、山西省不通水路，偶遇灾祲，困難不堪。自古不能消灾，以備荒爲要。先曾被灾數次，看總督、巡撫等無一盡心籌畫者。今正值糧穀豐收，莫要于各自積貯。此預備事宜，爾應會該管官及三巡撫，盡心詳議。

【《康熙朝满文硃批奏摺全譯》第 295 頁第 542 條】

※甘肅巡撫齊世武奏請頒賜建房圖紙摺

康熙四十二年十二月二十二日

甘肅巡撫齊世武謹奏：爲請旨事。

竊臣在西安時，奉聖旨："著在寧夏地方修建額駙阿保府第。欽此欽遵。"又奉旨："將頒給樣圖。欽此。"請將房數、高低寬窄一并頒給，待臣印啓，即赴寧夏，勘察基地，開工興建。至勘定基地，開工日期，除另奏外，理合謹奏請旨。

硃批：今爾惟遵朕頒賜尺寸樣式，遣人大概預備木、磚、瓦。和碩額駙阿保携欽天監勘察地形人前往，監工人亦令帶銀往。阿保到後，爾再來不遲，現不必來。圖紙及京城計算之書，一并賫送。再一要緊事，阿保現爲和碩額駙，與之會、與行，關係地方。爾等隨邊臣視爲賓客罷了，否則，總兵官以下不可與之説話。爾爲一粗人，特諭知之。爾欲請朕安，可請于赴彼建房之京城章京等，不可向額駙阿保跪請。朕以深謀遠慮爲尚，故于爾奏摺内親批發出。爾見此旨，不知怎樣高興。

【《康熙朝滿文硃批奏摺全譯》第 308 頁第 575 條】

康熙四十三年（1704）

※甘肅巡撫齊世武奏報得雪情形并謝恩摺

康熙四十三年二月二十二日

甘肅巡撫齊世武謹奏：爲奏報甘肅屬得雪情形并謝寵恩事。

竊甘肅屬地，仰蒙皇恩，屢蠲錢糧，又免舊欠，邊民得以安居樂業，萬民騰歡，天顯祥兆。據來報，自康熙四十二年十二月至四十三年正月之内，平凉、慶陽、鞏昌三府屬各州縣及寧夏衛、凉州所等地得雪一尺、七八寸、五六寸不等。等語。地墒沾足，收成可望。臨洮府屬及甘州、肅州、凉州、西寧等地得雪甚足，但尚未報來。蘭州今年正月小雪三次，又小雨一次，各地農民及時開播。總之，皆仰賴皇帝天恩神福，西地兵民屢蒙洪恩。

再，奴才在任内毫無報效。先是，奴才爲在寧夏督修額駙阿保宅第事，繕摺恭請聖客安，并請賜建第圖様。時兩摺均奉御批訓誨者甚明。愛恤奴才，深入精髓。奴才何人斯，邀此神恩。跪讀之下，不勝喜悦，泣不能自已。伏念奴才至寧夏會額附阿保時，必跪請聖安。若無天恩明白訓諭，則奴才不知如何動作。今蒙聖訓，不僅奴才知而遵行，且以後邊地文武官兵亦皆知禮儀。防微杜漸，預卜未來，大裨地方之神謨睿算，皆在聖明洞鑒之中。奴才庸陋，萬不能慮及其一。

再，修建宅第時，聖主所賜親製様圖，尤爲神奇。奴才于正月二十九日一一接收，遵旨預支木、磚、瓦等料所用銀，遣官赴西寧預備。奴才尚未去寧夏，俟得額駙阿保由京城來寧夏之實信後，奴才即起行赴寧夏。忠心謹具奏聞。奴才臨奏，不勝歡悦之至。

硃批：所奏知道了。朕于大小諸事，始終謹慎，此國人盡知。以爲事小，漫不經心，勢必蔓延，難以收拾。必然如此，可不謹慎乎？凡爾等總督、巡撫所奏一切事宜，朕即親草批發回，并不起稿，又無人知。朕于事細密，不被泄漏之意如此，斷不倦怠。以後摺子爾親手寫來，字不好不妨。額駙阿保將于三月十八日起行前往，四月十五日前後抵達。爾亦于四月二十日行抵寧夏。

【《康熙朝滿文硃批奏摺全譯》第 311 頁第 582 條】

※西安將軍博霽奏報夏糧收成及雨水情形摺

康熙四十三年七月初二日

奴才博霽謹奏：爲恭報延安府夏糧收成分數及各所屬地方雨水情形事。

竊奴才看得，西安、鳳翔等府夏糧豐收，前已奏報。今延安府屬亦已收割完，據該知府來報，膚施、甘泉、宜君等各州縣，麥子、豌豆收成七八分不等。榆林、神木沿邊一帶雨水稍少，麥子、豌豆收成五六分不等。

再，現于西安等四府，六月初三、四日陰，初七、八、十一、十三等日各地均得雨，四面雨水沾足，農民等甚喜，秋糧皆已播種完。今三十日復得大雨，仰賴皇上之福，秋收可望。平凉、固原、安定、會寧、臨洮、蘭州、西寧等一帶地方，于六月初七八、十六七等日亦皆得雨。平凉麥子現將收割，其餘地方皆已秀實，秋禾生長甚好，惟秦州至鞏昌一帶地方雨澤少施，河西甘州、肅州、凉州至寧夏地方，于六月初二三、初七八等日亦得雨，雖未沾足，但在彼地可引渠水、山水灌田，故田禾生長亦暢茂。大約甘肅地方今年收成可望，其分數，俟收完另報外，謹先奏聞，伏乞聖主睿鑒。

硃批：知道了。

【《康熙朝滿文硃批奏摺全譯》第329頁第622條】

※西安將軍博霽奏陳更改捐納例緣由并雨水摺

康熙四十三年七月初二日

奴才博霽謹奏：爲請旨事。

竊奴才看得，將積貯備灾事，聖主不時廑念，尤以西陲爲緊要地方。先以甘肅地方積貯少，前總督臣華顯奏請更改常平倉則例，誠于國計民生，皆有裨益之舉。惟至今年餘，徵收者甚爲有限，有名而無實，因此不可不籌畫。今年仰賴皇上洪福，陝西、甘肅屬地皆得雨，現將收糧，若及時儲備，方于兵民有益。奴才查各屬地捐納之多寡，計地方之遠近，其中事項，不可不酌情更定者有之。謹先舉陳，以請皇上睿鑒。

一，應減所收黄豆數目。前總督華顯言：米、麥、豆，兵民皆用，請將三樣一并徵收。等語。部議：按舊例以豆二石折合米、麥一石。等語。今已

無捐納者，麥子、豌豆價值同。以奴才愚意，仍照華顯原奏，若以豆一石亦折米一石，則于徵收、捐納皆有裨益。

一，于無米、麥地方，應酌情徵收。洮、岷等處，山高地寒，僅種大豆、青稞。若祇徵收米、麥，則難以積貯。奴才行文該司查之，以青稞、大豆一石五斗折合米、麥一石，其價值同。以奴才愚意，視其地方所産，酌情徵收，則積儲隨處可得。

一，捐納糧穀數目，應因地增減。今據報捐納，平凉、慶陽所屬州縣居多，河西沿邊地方廳、衛甚少，想是内地糧價賤，河西糧價昂貴，且路途遥遠，故不到邊界地方耳。以奴才愚意，于四府及寧夏所屬此五地方，其應捐百石米者，可令增捐二十石，河西五廳、衛、所應捐納米百石者，可令減捐二十石，則積貯可以到邊境地方。

一，于邊境要地，應多積貯。前總督臣華顯奏定：于大州縣，每處捐納各二萬石，其餘州縣，每處均各令捐納萬石。總計四府、寧夏收貯七十餘萬石，河西五廳、各衛所僅二十一萬石。河西地方駐兵頗多，用糧甚多。若于彼不多徵收，則日後運送難，又致頗費租價。以奴才愚意，減四府屬地定數，于大州縣各捐納一萬石，小州縣各捐納五千石，任其用于灾祲，亦足矣。于河西五廳八衛各捐納三萬石，四所各捐納一萬石，則河東西皆各得糧三萬石，于邊境地方，實有裨益矣。

一，季度造册上報，應嚴定限期。去年春季接到部文，至今已有年餘，尚未造册上報。以奴才愚意，凡事應作速完結，日久則成弊。嗣後，一季之册，務于下季頭月造册報部，遲必查參，著落司、道員等治罪。如此，則不致官員、監生觀望，且可禁革逼誤之弊。

可否施行之處，伏乞皇上聖鑒指數，以便奴才遵行。爲此謹奏請旨。

硃批：這些事，聽之皆是，惟久而久之，仍可長遠施行方好。此事，爾與巡撫等商量，共同具奏爲好，以免日後反復。

【《康熙朝滿文硃批奏摺全譯》第 329 頁第 623 條】

※甘肅巡撫齊世武奏報秋收有望并進碑帖摺

康熙四十三年七月十五日

甘肅巡撫齊世武謹奏：爲奏聞夏日雨水沾足，秋收有望，并謹呈刷印御書碑帖謝恩事。

竊奴才仰副皇上軫念生民之至意，不時查訪甘肅屬地晴雨田禾情形，今准朝琦查報：入夏以來，四五月雖微雨，尚未沾足，六月初旬，連得雨，各屬地皆報沾足。臨洮、鞏昌二府屬各州縣，夏糧收成有七八分不等，秋禾茂盛，約計皆有十分收成。平凉、慶陽二府屬亦報雨沾足，約計有七八分收成。寧夏屬地，初，唐渠水不敷灌溉，苦于水荒，六月初旬，普降甘霖，河渠水滿，亦可望八九分收成。甘州、肅州、凉、莊、西寧沿邊各地均得雨，且有雪水，田禾長勢十分，豐收有望。等語。惟甘肅地凉，收期稍遲，雖不能立定，但四府三界田禾長勢甚好，是豐年之兆。此皆皇上鴻福齊天、澤被天下所致。

前蒙天恩，賜奴才御書。將御書匾聯皆敬懸于署堂，俾官弁兵民俱得以瞻仰聖字。因此，奴才亦覺殊榮。再，皇上親賜西安總督巡撫等《箴言》《鏤石》《銘詩》等三種書，奴才皆勒石立于大堂，朝夕瞻仰，謹遵聖訓以行。但蘭州爲邊地，既不得堅細之石，且無刻字善手，惟恐不能展現宸翰輝煌飛舞之奇。奴才印刷三張，謹呈御覽。奴才感激天恩，精心鎸刻，伏乞睿鑒。

再，前遵上諭，修造和碩額駙阿保宅第時，奴才交付寧夏同知祖良珍修建。今據來報，伐木、燒灰、采石者，皆已相繼送至，房基亦加灰夯竣，圍墻亦砌半。北房九間，六月十八日上梁。大門、二門、正房所需木料等物，今正加緊造辦，大約冬季告成。迨至工竣，奴才親赴查看，另摺奏聞。爲此謹奏。

硃批：所奏知道了。凡地方利害，無不向朕遣往各地之人詢問者。據聞，自罷寧夏水利土司以來，漢、唐二渠破壞，民弃耕種。等語。朕已親臨寧夏地方，故深知之。若不及時修築寧夏各渠，則斷然不可！此事爾應細訪奏來。

【《康熙朝滿文硃批奏摺全譯》第333頁第631條】

※西安將軍博霽奏報夏糧收成分數摺

康熙四十三年八月二十九日

奴才博霽謹奏：爲恭報甘肅屬地夏糧收成分數事。

竊看得，今年甘肅屬地于四五月雨水較少，自六月以來，各地雨水甚足。今夏糧已收完，平凉、慶陽、臨洮、鞏昌四府大麥、麥子收成六七分不等，豌豆收成五六分不等。河西甘州、肅州、凉州、西寧及寧夏一帶地方，近城水田收成有七八分，其餘山地收成五六分不等。于七八月因雨水時調，秋禾生長暢茂。再，于鳳翔、西安一帶地方，秋禾生長甚好，皆已秀實，又豐收可期。現將犁地耕種麥子，兵民生計皆豐裕，此皆皇帝臨幸我西地留福所致也。爲此謹奏以聞。

硃批：知道了。

【《康熙朝滿文硃批奏摺全譯》第341頁第653條】

※甘肅巡撫齊世武奏報建房銀數并地方情形摺

康熙四十三年十月初五日

甘肅巡撫齊世武謹奏：爲謹遵上諭事。

竊奴才欽遵上諭，修建額駙阿保宅第時，曾于兀爾哲依圖木倫地方勘察可建之處，先行具奏，今已工竣。奴才九月初九日起行，十九日至兀爾哲依圖木倫地方，見房數、寬窄、高低，均照御賜式樣恭建。看外精緻，内甚寬舒。總之，皆由聖明所賜式樣甚佳所致。今年寧夏地方諸物價賤，就近伐木，磚瓦均在彼燒得。内郎中陶柱親督建造，故價均節省，共用銀三千四百餘兩。再，西寧税課，每年按舊例撥給巡撫銀一千餘兩。寧夏中路税課，每年按舊例撥給巡撫銀五百餘兩。奴才莅任三載，該項銀兩，皆存司庫，以備公用。今建房時，動用該銀。又恭呈御賜樣圖，竊惟格格若來，必用器皿。所用竪櫃、桌、鍋、氈等物，皆已製成，交額爾克貝勒等看守。其餘銀兩，按舊例分給奴才標下兵丁甲胄壞者，立即修治。再，蘭州城垣皆以土築之，因年久有傾圮者，亦將給銀修繕。

再者，寧夏漢、唐二渠，每年照例派員疏浚時，總兵官亦遣武官幫辦。今奴才謹遵聖旨，細加訪查，百姓皆云復設水利都司，有其專職，既除弊端，且有大益。等語。由此觀之，恰好與聖主訓諭相符。此皆皇上聖明洞鑒所致，誠應設水利都司。此事，奴才將另行奏請。

再，河西提督、四總兵官，皆皇上稔知者。頃聞皇上臨幸消息，各自勤加演兵，甲胄、纛旗，均行整治。署理提督臣吴洪到任時，奴才曾去寧夏，未得見面，亦素不相識。據聞年力精壯，弓馬熟嫺。等語。皇上時以民生休戚爲念，蒙天眷佑，甘肅四府三界，雨水甚調，秋糧收成又有八九分、十分不等，百姓歡悦，邊塞安謐，通省民衆，無不仰承皇恩。至布政使朝琦，皇上所知甚是，奴才將謹遵皇上訓旨而行。奴才一介庸愚，惟賴皇上教誨，不僅今世不能報答，而且萬萬代亦難報稱。奴才感泣，跪奏謝恩。

硃批：知道了。

【《康熙朝滿文硃批奏摺全譯》第350頁第670條】

※川陜總督華顯奏報秋糧收成分數摺

康熙四十三年十月初十日

奴才博霧謹奏：爲恭報陜西、甘肅地方秋糧收成分數事。

竊奴才看得，陜西屬地，今年雨水時施，夏糧豐收，秋播蕎麥、穀物等皆已割完。奴才出城至近處四邊鄉村查看，問農人老叟，皆言今年仰賴皇帝奇福，夏秋糧收成有十分，即瘠薄之田，亦皆有七八分收成，來年麥子俱已播種完畢。等語。西安、延安、鳳翔、漢中、興安各屬地方，所報大概雷同。

再，甘肅所屬平凉、慶陽、臨洮、鞏昌四府，秋糧收成五六分至七八分不等，甘州、肅州、凉州、莊浪、西寧、寧夏秋糧收成有八九分，山田收成亦有六七分不等。于臨洮、鞏昌屬地，糧價漸跌，惟甘州、肅州沿邊之價仍稍昂。奴才看得，甘肅屬地，今年糧穀收成較去年好。爲此謹具摺奏聞。

硃批：知道了。此即朕之大喜。

【《康熙朝滿文硃批奏摺全譯》第352頁第677條】

康熙四十四年（1705）

※川陜總督華顯奏報雨澤情形摺

康熙四十四年四月十九日

奴才博霽謹奏：爲恭報陜西、甘肅雨水情形，仰慰聖懷事。

欽惟皇上聖仁，無時不以四海之民爲念。今年陜西屬西安、延安、鳳翔、漢中四府、興安一州，自三月、四月以來，雨水調匀，麥皆秀實，豌豆、菜子，亦甚暢茂。奴才常出城問農民，皆言仰賴皇帝殊恩，今年田禾生長又較去年好。恭逢聖世，風調雨順，年年有收。等語。民情不勝喜悦。

甘肅屬平凉、慶陽、臨洮、鞏昌四府及寧夏，于三月内，亦皆得雨沾足，麥子、碗豆均好。河西甘州、肅州、凉州、西寧、莊浪一帶地方，較平凉、慶陽雨水雖少，但亦各得雨雪，麥子皆已種完。奴才伏念是皆皇帝西巡，通省民人無不仰承洪恩，因此福祉齊集，年年雨水時調，連年皆獲豐收。嗣後雨水情形及收成分數，除另報外，爲此先行奏聞，伏乞睿鑒。

硃批：知道了。麥收之後，其分數速報以聞。

【《康熙朝滿文硃批奏摺全譯》第363頁第711條】

※川陝總督華顯奏請變賣飼養年久閑置駝騾摺

康熙四十四年閏四月初八日

奴才博霽謹奏：爲請將飼秣年久駝、騾變價事。

竊奴才看得，康熙三十六年，原寧夏總兵尹華興出邊返還後，奏報餘駝九十八隻、騾一百九十五匹，奉旨："將此倒斃駝、騾，著免補償，其現有者，停止變價，交付該總督飼養。欽此欽遵。"在案。後因飼養日久，于三十九年，原巡撫喀拜奏請變價。據部議：該項駝、騾，既奉旨交付該總督飼養，故將該巡撫請變價一事，毋庸議。等語。奴才到任後，查舊檔，此項駝、騾未用年久，换三任總督，且如何飼秣之處，并無來文報明。據靈州所民人呈稱飼養受累，故奴才行令鞏昌布政使、寧夏道員詳查。據該布政使、道員來報：原總兵尹華興所餘駝、騾及原寧夏同知夏元阿承養捐納駝八隻，共計駝、騾三百零一，于三十七年至今已有八年，以草料飼之，民甚受累。等語。

奴才查得，此項駝、騾閑置年久，前總督平素分給寧夏官員飼養。後因日久，官員無力飼養，故從此轉交民人飼養。迄今年久，駝、騾皆老，已不可使用。皇帝聖德如天，愛養邊民。倘准將現有駝、騾按時價變賣，其銀兩解貯布政使庫，若有用處，再行采買，則公物并不减，且寧夏各堡民人皆仰沐天恩無窮。奴才具摺謹奏請旨。若蒙准施行，奴才將題請，伏乞皇上睿鑒。

硃批：此事，著速奏來。

【《康熙朝滿文硃批奏摺全譯》第365頁第717條】

※甘肅巡撫齊世武奏報蘭州春夏雨水情形摺

康熙四十四年閏四月二十六日

甘肅巡撫齊世武謹奏：爲謹遵聖旨，奏聞蘭州屬春夏雨水沾足事。

康熙四十四年二月二十六日，家人周吉賫密封御批摺子回蘭州。奴才即恭設香案，叩頭展讀。伏見皇上凡事甚密，矜護奴才身命至意，奴才不勝惶悚，惟有銘記，不輕張揚。奴才曾欲遵旨具奏，但以眼疾，不能寫字，後復感冒，俟病愈後，命奴才查看寧夏修城工。奴才甫至寧夏，即書摺具奏，奉聖旨垂問："寧夏總兵官劉貫通名聲何如？欽此。"劉貫通治軍有方，但前授雜職時，人心稍不服。今看可好，兵民甚和。又奉旨問："署理提督事務吴鴻，其人何如？欽此。"奴才聞吴鴻操練兵丁有方，且體恤兵丁。等語。又奉旨："西寧地方，甚屬緊要，以誰爲能？欽此。"奴才知識淺薄，無熟稔之人。聖明如日月，大小官吏皆在聖明洞鑒之中，伏乞聖主簡旗人委之。

再，今年三四月，蘭州地方田畝，屢得雨水，夏糧可望豐收。數年以來，雨水雖調，均不及今年雨水時若。再，據平、慶、臨、鞏等四府縣、衛、所來報，得雨水雖异樣，大約亦可望大收。至寧夏地方，荷蒙聖主洪恩，設水利都司，感召天和，今年全渠得水十餘分，故糧必大收。寧夏衆兵民，不勝感激聖恩，無不歡悦。

再，修建月城，可望八月工竣。爲此謹具奏聞。

硃批：知道了。

【《康熙朝滿文硃批奏摺全譯》第 367 頁第 724 條】

※川陝總督博霽奏報收糧分數并得雨日期摺

康熙四十四年六月十一日

奴才博霽謹奏：爲謹報延安收糧分數及各屬地方得雨水日期事。

竊查西安、鳳翔等府夏糧收成事，除前已奏報外，今據延安府知府孫川呈報：延安府屬夏禾亦皆垂熟，現將收割；鄜州、膚施等十九州縣及沿邊一帶高家、玉河等各堡大麥、麥子、豌豆收成八九分至五六分不等，秋禾現甚暢茂。等語。奴才細加訪問延安府來員，據稱今年雨水沾足，田禾較去年甚好。等語。是皆仰賴皇帝弘福，通省如此豐收。

再，于西安、鳳翔地方五月、六月内連雨，雨水甚足，秋禾生長暢茂，大概亦豐收可期。河西甘州、涼州、西寧、肅州、寧夏一帶地方，于五月初四、初十、十二、十三等日，遠近多少不同，俱皆得雨，田禾亦茂盛。平涼、慶陽、臨洮、鞏昌四府，于五月雨水亦甚調，若于六月内得雨沾足，則西地亦有收可望。爲此謹奏以聞。

硃批：知道了。現京城周圍、口外雨水調匀甚好。據聞各省都好，其分數，俟收穫後纔知道。

【《康熙朝滿文硃批奏摺全譯》第 372 頁第 741 條】

※川陝總督博霽奏報夏糧收成并秋禾情形摺

康熙四十四年八月初二日

奴才博霽謹奏：爲恭報甘肅屬地夏糧收成分數事。

竊看得，今年陝西、甘肅各屬地雨水甚調。至于甘肅屬地夏糧，兹據各道員、知府來報，平凉、慶陽、臨洮、鞏昌四府屬地麥子、豌豆收成有十分至八九分不等，秋禾亦甚茂盛。甘州地方麥子、豌豆收成有八九分，肅州地方亦有七八分。凉州、莊浪水田有十分，山田有六七分不等。西寧地方麥子、豌豆收成有十分、九分。寧夏地方有十分、八九分不等，秋禾亦暢茂。再詳問甘肅來員，據報今年甘肅屬地收成較往年甚好。等語。

奴才到西安城外觀之，秋禾長穗一尺餘至八九寸，二穗者亦有之，現皆將及成熟。陝西屬地秋糧，大概又可望十分收成。奴才伏念此皆仰賴皇帝聖德弘福，以致如此豐收。陝西通省兵民皆豐裕享樂，乃至邊境黄童白叟，俱皆不勝歡悦。理合具奏，是以謹奏，伏乞聖主睿鑒。

硃批：知道了。

【《康熙朝滿文硃批奏摺全譯》第 383 頁第 773 條】

※川陝總督博霽奏報秋糧收成分數摺

康熙四十四年九月十六日

奴才博霽謹奏：爲恭報陝西、甘肅秋糧收成分數，以慰聖懷事。

竊查今年陝西、甘肅屬地夏麥豐收，民皆言數年以來未見如此豐收之處。等語。今陝西屬地秋禾亦甚好，現畢割完。奴才出城至打穀場問之，百姓喜曰："今年秋糧收成，較往年加倍，此皆仰賴皇帝弘福，方致如此。"等語。兹據西安、鳳翔、漢中三府、興安一州各州縣來報，穀子收成十分至八九不等，蕎麥、黄豆收成八九分至五六分不等。延安府周圍收成雖稍欠，但穀子收成七八分至五六分不等，蕎麥、黄豆收成至五六分。

甘肅屬地秋禾，現亦皆黄熟，將要收割。據平凉、慶陽、臨洮、鞏昌四府各州縣來報，秋糧收成九分至七八分不等。河西甘州、凉州、西寧、肅州、寧夏一帶地方，秋糧收成皆有七八分，惟沿邊地方山田八月初旬下霜早，收成雖稍欠，但亦皆有五六分收成。

奴才看得，今年陜西、甘肅兩地皆仰賴皇上弘福，夏麥收成，較往年加倍，秋糧收成雖不一，但仍可謂好年景。理合具奏，故謹奏聞，伏乞聖主睿鑒。

硃批：知道了。

【《康熙朝滿文硃批奏摺全譯》第390頁第795條】

※甘肅巡撫齊世武奏報夏秋糧收成分數摺

康熙四十四年九月二十一日

甘肅巡撫齊世武謹奏：爲恭報甘肅屬夏秋糧收成分數事。

康熙四十四年，甘肅屬四府三邊春夏兩季，仰賴皇上洪福，雨水時若。奴才細行訪查夏糧收成情形，平凉、慶陽、臨洮、鞏昌四府及寧夏、西寧、肅州、甘州、凉州、莊浪等地，皆收八九十分不等，且十分收成地尤多。入秋雨水偏少，慶陽屬八月下霜少許，故秋糧收成不及夏糧。奴才詳查平凉、鞏昌二府及寧夏衛屬，秋糧收成八九十分不等，薄收者亦有六七分。此分臨洮、慶陽、甘州、肅州、凉州、莊浪等地，秋糧僅收五六七分。因夏麥大收，故民糧甚足，可仰副聖主愛民至意。爲此謹具奏聞。

硃批：知道了。綽奇現在如何了？此人不可信，爾若不謹防，必被欺謊。日後或知朕旨之真僞矣。

【《康熙朝滿文硃批奏摺全譯》第391頁第799條】

康熙四十五年（1706）

※甘肅巡撫齊世武奏報甘肅屬地得雪情形摺

康熙四十五年二月十八日

甘肅巡撫齊世武謹奏：爲遵旨具奏聞恭報甘肅屬地得雪情形事。

竊照去歲十二月二十二日，奴才家人周吉賫到御批奏摺。奴才跪受展讀，奉御批："朕體安。自前詢問以來，吏治如何了？欽此。"仰賴皇上洪福，地方寧謐，據聞吏治較前好。等語。再，甘肅所屬各地，秋糧大收，百姓樂業，無不仰沾皇上深恩洪福。奴才查四府三邊所報去歲冬至今年春得雪情形，平凉府屬地自去歲十二月至今年正月，得雪數次，有地方得雪四寸、五寸、一尺不等。慶陽府屬地，亦得雪數次，正月二十三日大雪。臨洮府屬地自去歲十二月至今年正月，得雪四五次，二月初八日又得雨加雪甚足。鞏昌府屬地，亦得雪數次，二月初二日又大雪。寧夏屬地，亦得雪數次。河西甘州、凉州、西寧等地，有地方得雪二寸、三寸、四寸不等。此皆仰賴聖主洪福所致。所有甘肅所屬各地得雪情形，謹奏以聞。

硃批：甘肅屬地得雨雪，知道了。京城一帶，竟冬未得雪，且至春三月未雨，朕深以爲慮。前朕降旨詢問之人等，現在如何了？再京城官員之優劣，外地官員知之甚明，著爾親寫奏來。朕稔知爾忠直，故詢問之，斷不可叫人知道。甚密之！

【《康熙朝滿文硃批奏摺全譯》第410頁第842條】

※川陜總督博霽奏報收成并雨水情形摺

康熙四十五年六月二十一日

奴才博霽謹奏：爲恭報延安夏季收成分數并各屬地雨水情形，仰祈明

鑒事。

竊奴才除先奏報西安、鳳翔等地收成分數外，今據延安府知府孫川來報，各州縣麥子、大麥、豌豆收成有六七分，或雨水略少之地收成四五分不等。奴才詳問延安來官來人，俱言：“今年延安地方，仰賴皇帝之福，可謂收成尚好。自五月二十日以來，雨水沾足，故秋禾甚好。”等語。西安地方于五月二十五六七等日，一連晝夜大雨，農民甚喜，六月初七、十四、十八等日，亦時常得雨，故秋禾生長暢茂。又據鳳翔、漢中、興安等地所屬府、州來報，于五六月俱得雨，秋禾亦甚好。

甘肅所屬平凉、慶陽、臨洮、鞏昌、寧夏、西寧于五月十六、二十二、二十七、二十九等日，皆得雨沾足。甘州、凉州、肅州一帶地方于五月十六、二十七，六月初三四等日，亦得雨多少不等。將此并謹奏聞，伏祈皇帝明鑒。

硃批：知道了。

【《康熙朝滿文硃批奏摺全譯》第429頁第899條】

※川陝總督博霽奏報夏糧收成并秋禾情形摺

康熙四十五年八月十六日

奴才博霽謹奏：爲恭報甘肅屬夏糧收成分數并秋禾情形事。

竊奴才看得，今年陝西屬夏糧仰賴皇上之福，收成皆好，先經具奏。今甘肅屬平凉、慶陽、臨洮、鞏縣等四府夏糧，皆已收完，據各州縣來報，所收麥子、大麥、碗豆有六七分至八九分不等，又雨水沾足，秋禾暢茂。據寧夏各衛所來報，所收麥子、大麥、豌豆有六七分至八九分不等，秋禾亦好。據河西、莊浪、凉州、甘州、肅州來報，所收麥子、大麥、豌豆、油麥子有五六分至七八分不等，西寧麥子、黄豆收成有八九分至十分者。奴才訪問西地來官，皆稱："今年甘肅屬，可謂豐稔，糧價亦賤，因此兵民生計豐裕。"等語。再，陝西屬地，自六七月以來，雨水時調，秋禾甚好。西安城四周田禾暢茂，秋成可望十分。

奴才欽惟陝西、甘肅屬二地，數年以來，夏秋糧穀陸續豐登，此皆仰蒙聖主西巡鴻福所致。今兵民皆奔相走告，齊聲稱頌，仰賴皇帝鴻恩，地方得以大治。奴才聞之，亦喜之不盡。爲此謹奏上聞，伏乞聖主睿鑒。

硃批：知道了。

【《康熙朝滿文硃批奏摺全譯》第456頁第969條】

※甘肅巡撫齊世武奏夏收分數并報秋禾甚調摺

康熙四十五年八月二十二日

甘肅巡撫齊世武謹奏：爲恭報甘肅屬夏收分數并秋雨甚調，秋成可望事。

竊惟民生皆賴于糧。奴才仰副聖主體恤邊民之至意，不時訪查各屬雨水情形。仰賴聖主洪福，自夏至秋，雨水甚調。七月二十四等日，署理布政使事務之按察使鄂奇來報夏糧收成分數。據平凉等府稟報，麥子、豌豆收成有十分、六七分、四五分不等。慶陽府麥子、豌豆有七八分、五六分不等。臨洮府麥子、豌豆有八九分不等。鞏昌府麥子、豌豆有七八分、四五分不等。寧夏道屬三衛及漢、唐二渠小河以東一帶之田，夏糧收成有八九分；唐渠下游一帶之田，夏糧有五六分收成；中衛、凉州等地，夏糧收成有七八分。甘山道屬麥子、豌豆收成有五分，青稞收成有六分。肅州道屬麥子有七分收成，碗豆有五分收成。凉莊道屬麥子、豌豆、青稞收成皆有七分不等。西寧道屬所種皆爲秋糧，長勢甚好，秋成可望。等語。

奴才查得，甘肅屬夏糧收完，而秋糧稍遲未收，但雨水甚調，秋成可望。此皆皇上神德感召，蒙天眷佑，俾雨水時若，邊民仰承聖主無窮之恩。所有夏秋糧收成分數，謹具奏聞。

硃批：知道了。京城及各省糧米均豐收，報灾者亦有限。近來朕心神甚慰。

【《康熙朝滿文硃批奏摺全譯》第 459 頁第 981 條】

※川陝總督博霽奏報秋糧收成分數摺

康熙四十五年十月初六日

奴才博霽謹奏：爲奏報陝西、甘肅地方秋糧收成分數，仰祈聖鑒事。

竊照今年陝西、甘肅屬夏麥、豌豆，仰賴皇上奇福，皆獲豐收。今陝西屬秋糧收成較夏季大收。據西安、延安、鳳翔、漢中四府、興安一州俱來報：秋稻、穀及黄豆、蕎麥等收成有七八分至九分、十分不等，雨水豐足之地，收成亦有六七分。等語。奴才與巡撫鄂海出城問村民，報稱："皆仰賴皇帝聖德，天心協應，屢年豐收，我等百姓皆豐裕度日。"等語。互相贊奇，不勝喜悦。奴才等又看得，城外四方種植之麥子生長暢茂，兼之明年夏收可期。

再，甘肅屬地秋成，亦較夏季豐收。據平凉、慶陽、臨洮、鞏昌四府各州縣來報："秋糧收成有九分、十分者，七八分者亦有之。"等語。據河西甘州、肅州、凉州、莊浪、西寧、寧夏之各衛所來報："秋糧收成有七八分者，五六分者亦有之。"等語。奴才訪問從西地前來之官員，皆言西地秋糧收成甚好，各地糧價賤，且兵民俱皆豐裕度日。等語。合并奏報，故謹具奏聞。

硃批：知道了。

【《康熙朝滿文硃批奏摺全譯》第 468 頁第 1005 條】

康熙四十六年（1707）

※甘肅巡撫齊世武奏報甘肅屬得雨雪情形摺

康熙四十六年四月初九日

甘肅巡撫齊世武謹奏：爲恭報甘肅屬得雨雪事。

竊惟皇上爲生民，念遠近地方雨水，關係農田，奴才仰體聖主愛民至意，不時查察。查今春臨洮府來報，蘭州、河州、狄道、渭源、金縣正月、二月皆得雪，三月二十七、二十八日得雨甚足。鞏昌府屬寧遠、文縣、岷州廳衛皆得雨沾足，其餘隴西等州縣正月、二月皆得雪，三月微雨兩次，不足。平凉、慶陽二府正月、二月皆得雪，微雨，三月亦微雨一次，不甚足。寧夏道屬正月、二月得雪兩次，微雨一次，奴才照例咨令疏浚漢、唐二小河。西寧道屬廳衛正月得雪兩次。凉莊道屬正月、二月、三月得雪三次。甘山道屬二月得雪一次，三月得雨一次。肅州道屬二月得雪一次。查河西各道屬春雨及雪雖不甚足，但皆可引山水入田，故不誤春耕。等語。所有闔省得雨雪大概情形，謹具摺奏聞。

硃批：知道了。將爾奏摺應送與掌事阿哥等。因爲送交内閣，看情形啓封後，再行貼封。此摺内所報，係雨水等平常事，故如此耳。若有别事，則不甚妥。朕若不在宫，務必交與阿哥等。此亦爾之糊塗之處。

【《康熙朝滿文硃批奏摺全譯》第499頁第1088條】

甘肅提督殷泰奏報雨水糧價摺

康熙四十六年七月二十六日

摺奏。

奴才殷泰謹奏：爲恭報雨水情形事。

伏念地方雨水之有無，關係年時之豐歉。奴才荷蒙聖恩，畀以提督重任，所有提屬四鎮地方雨水情形，理合奏報，以仰慰我皇上念切生民之睿懷者也。奴才查本年肆月起至陸月終止，各協將報到雨水、糧價，甘州并肅州所屬及西寧近屬河西地方，雨水有濟，田苗暢茂，已獲收成。其河東臨、鞏貳府所屬并凉州鎮屬地方，水田澆灌沾足，禾苗長發，而旱田雨澤微細，種植略覺亢旱。至于寧夏鎮屬，雨澤雖稀，藉賴黄河澆灌，禾稼亦獲有秋。

又，若糧米價值，甘州、寧夏地方，素産稻米，每京斗壹石銀壹兩貳叁錢至壹兩柒捌錢。其粟米，甘、凉、寧、西所屬，每石銀壹兩叁肆錢至壹兩柒捌錢。麥、豆雜糧，賤者每石銀伍陸錢，貴者至壹兩叁肆錢。惟肅州鎮與凉屬莊浪營，寧夏、花馬池糧米，較之甘、凉、寧、西價值，每石多銀貳叁錢至伍陸錢不等，亦緣地方豐歉不同，致糧米貴賤不一也。今將鎮屬各協將報到雨水情形、糧米價值，謹具摺奏聞。

康熙肆拾陸年柒月貳拾陸日。

知道了。

【《康熙朝漢文硃批奏摺匯編》第1册，第691頁第250條】

※甘肅巡撫齊世武奏報夏秋糧收成分數摺

康熙四十六年十月初四日

甘肅巡撫齊世武謹奏：爲恭報甘肅屬夏秋收成分數事。

竊惟聖主矜恤天下，無時不以民田爲念。今年甘肅屬自夏至秋，仰賴聖主洪福，各地雨水不少。以奴才不時訪查，其收成分數，相繼來報。平凉府屬隆德縣夏糧收成有十分，平凉縣及各州衛夏糧收成有五六分及七分不等。平凉屬州縣秋禾暢茂，收成可望。慶陽府屬夏糧收成五六分不等，秋禾茂盛。臨洮府屬夏糧收成有七八分及九分不等，秋糧亦有七八分收成。鞏昌府屬州縣夏糧收成有六七分及八分不等，秋禾雨水甚調，生長暢茂，收成可望。寧夏道屬夏糧收成六七分及八分不等，秋糧更好，亦收七八分及九分不等。再，甘州、肅州、涼州、莊浪、西寧各道屬夏糧收成皆有六七分及八分不等，秋糧亦收七八分不等。

仰賴聖主洪福，今年夏秋糧皆已收割，沿邊民食豐足，安居樂業，仰承聖主無窮之福。所有甘肅屬夏秋糧收成分數，謹具奏聞。

硃批：這三邊周圍地方，土瘠民貧，因連年獲糧，且有好巡撫，故朕甚寬慰。惟自始至終，勤之勿怠。

【《康熙朝滿文硃批奏摺全譯》第547頁第1220條】

康熙四十七年（1708）

※甘肅巡撫齊世武奏請萬安摺

康熙四十七年正月二十六日

甘肅巡撫齊世武謹奏：爲恭請上安事。

奴才謹跪請皇上萬安。

硃批：朕安。爾好？至于寧夏總兵張開原，有者言甚善，有者言極劣。著以爾所知密摺奏來。

【《康熙朝滿文硃批奏摺全譯》第563頁第1255條】

※甘肅巡撫齊世武奏報總兵官及雨雪情形摺

康熙四十七年四月初六日

甘肅巡撫齊世武謹奏：爲遵旨奏聞事。

康熙四十七年三月十六日，奴才家人周吉賫捧到聖主御批摺子，奴才謹跪讀御批："至于寧夏總兵官張開原，有者言甚善，有者言極劣。著以爾所知密摺奏來。欽此。"奴才聞得，總兵官張開原，有人言老實，又云隨和。等語。以所聞不確切，故未敢即行奏聞。遵旨往察察罕托海地方，至寧夏看得，總兵官張開原，爲人老實，作官不久，未覺好與否。奴才看得，寧夏兵民甚巧詐，凡此諒皆在聖主洞鑒之中。

再，奴才不時查看甘肅屬雨雪情形。據平凉、慶陽二府屬州縣來報，正月、二月下雪，并得微雨，三月、閏三月連雨沾足。臨洮府屬各州縣報，二月得雪，三月微雨，閏三月初六七等日連雨，亦皆沾足，春播已完。鞏昌府屬各州縣報，二月得雪，三月十八日大雨，閏三月初六七等日，復雨甚足，春播皆完，甚好。但靖遠衛三月雖稍得雨，至今仍旱。寧夏道屬衛所報，二月得雪，三月微雨，不甚足。挑浚漢、唐二小河，漢渠水甚足，唐渠水不足。西寧道屬報，三月微雪，閏三月初六七等日又雨，碾伯、固山等地雨俱足。凉莊道屬報，凉州衛二月得小雪，永昌衛、莊浪所閏三月初六七等日，亦得雨，但不足。甘山道屬報，正月得雪一次。肅州道屬報，閏三月微雨。查奴才屬雨雪情形，甘州、肅州、凉等雖得雨雪，仍不足。然而上述地方水田多，亦不誤春播。所有甘肅屬雨雪大約情形，奴才據實謹奏以聞。

硃批：知道了。

【《康熙朝滿文硃批奏摺全譯》第574頁第1284條】

康熙四十八年（1709）

※甘肅巡撫舒圖奏報各地得雪日期摺

康熙四十八年正月二十二日

甘肅巡撫舒圖謹奏：爲恭報甘肅屬得雪日期事。

欽惟皇上一日萬機，無時不以生民爲念。奴才自到任以來，查甘州、凉州、肅州等地去歲十一月初三，十二月初三、十六等日，得雪五六寸不等。西寧、寧夏、臨洮、鞏昌、平凉、慶陽、蘭州等地，今年正月初八、二十日，有地方得大雪八九寸及一尺餘不等。此皆皇上洪福所致，萬民不勝騰歡。奴才謹具摺奏聞。奴才親手寫。

【《康熙朝滿文硃批奏摺全譯》第610頁第1384條】

甘肅提督殷泰奏報地方有十分收成之望并報糧價摺

康熙四十八年六月二十五日

摺奏。

奴才殷泰謹奏：爲恭報雨水情形事。

恭惟我皇上洪福齊天，仁恩普遍，生民樂業，安享太平。猶以年時豐歉，繫于雨澤有無，每廑聖懷，時加省察。奴才身任邊疆，敢不仰體天心，遍加察訪，上達宸聰。今查提屬四鎮地方，自入夏以來，肆月至陸月初旬，屢據各協將稟報地方雨水沾足，田苗茂盛，有十分收成之望，黎民歡慶。

至于見行米糧價值，寧夏鎮屬地方稻米每京斗壹石銀柒錢至壹兩壹貳錢，粟米每石銀伍錢至陸柒錢。甘州稻米每石銀壹兩肆伍錢，粟米每石銀捌玖錢。肅州鎮屬地方稻米每石銀貳兩至貳兩叁肆錢，粟米每石銀壹兩柒錢至貳兩。凉州西寧地方，素不産稻米，凉州所屬粟米每石銀柒錢至壹兩貳叁錢。西寧所屬粟米每石銀玖錢至壹兩伍陸錢。甘、凉、寧、西、肅，麥、豆、雜糧每石銀陸柒錢至壹兩貳叁錢。惟西寧所屬之蘭州、臨洮、秦州、鞏昌、河州、洮岷等處粟米，每石銀叁錢至陸柒錢，麥、豆、雜糧每石銀叁錢至柒捌錢不等。緣地方收穫出産不同，故價值高下不一，比之上年，甚覺更賤也。謹將地方雨水并米糧價值，理合具摺奏聞。

康熙肆拾捌年陸月貳拾伍日。

知道了。

【《康熙朝漢文硃批奏摺匯編》第2冊，第489頁第523條】

提督陝西等處地方潘育龍奏爲懇討幹員以資臂指摺

康熙四十八年八月初九日

提督陝西等處地方總兵官、都督僉事、給與拖沙喇哈番加五級臣潘育龍謹奏：爲懇討幹員，以資臂指事。

竊臣愚蠢無似，年且衰邁。數拾年來，叨沐皇恩至隆，自愧素餐，寸長未效。當此聖主深仁厚德、無處不被、中外一統、萬邦咸寧之際，臣坐享昇平，拊膺自問，寢食不安。惟有夙夜惕勵，整飭營伍，爲國選用人材，以圖仰報高厚于萬一耳。臣有素所真知灼見之才幹千總叁員：一係提標左營千總佘起蛟，隨臣多年，其人才識明達，辦事勤敏，弓馬嫺熟，曉暢軍機，居官有聲，頗知忠君報國大義；一係興漢鎮屬紫陽營千總王天爵，人材壯健，騎射熟嫺，供職敬慎，操防周密，盗息民安；一係固原鎮屬潼關營千總張世奇，年富力强，才技優長，歷任千把，辦事殷勤，熟練營務。以上叁弁，俱生長西陲，均熟習邊地情形。且前聖主西巡，會經記名。今佘起蛟、王天爵、張世奇，俱經俸滿、保送赴部，臣仰體我皇上因地用人至意起見，憐惜其材。

伏思臣年已老，若將此叁弁仍令在臣標經練老幹，將來必有大益于營伍，故敢冒昧奏討，伏乞皇上召驗佘起蛟等叁弁技藝，恩允賞發固原提標，遇有邊缺，保題補用，俾臣得資臂指之實效也。爲此謹繕摺奏討，祇聽我皇上睿鑒施行。謹具奏摺以聞。

自“爲”字起，至“具”字止，計叁百捌拾貳字，紙壹張。

右謹奏聞。

康熙肆拾捌年捌月初玖日。

提督陝西等處地方總兵官、右都督僉事、給與拖沙喇哈番加五級臣潘育龍。

知道了。

【《宫中檔康熙朝奏摺》第2輯，第311頁。亦見《康熙朝漢文硃批奏摺匯編》第2册，第584頁第556條】

康熙四十九年 (1710)

鎮守陝西寧夏等處地方范時捷奏陳痢疾康復按期操演摺

康熙四十九年五月初一日

鎮守陝西寧夏等處地方總兵官、左都督、世襲壹等精奇尼哈番臣范時捷謹奏：爲聞命自天，感激無地，謹具摺陳奏，恭謝天恩事。

竊臣于本年貳月拾日具摺，奏請皇上聖安，蒙御批："朕體安善。近聞爾之聲名頗好，但身子虛弱多病，不出操演。等語。未知是真？欽此。"臣跪讀恩旨，涕泗交零。伏念臣祖孫、父子、兄弟世受隆恩，即捐糜頂踵，莫報萬一。臣惟思潔己，率屬整飭營伍，訓練士卒，以仰副我皇上慎重邊疆之至意。但因臣乍臨邊塞，水土不調，乃于到任之頃，忽患痢疾數月，以至未能按期操演。今叨皇上福庇，業已調治痊可，現在加意操防。荷蒙皇上不加譴責，恩予訓勉，感激洪慈。惟有益加奮勵，竭盡駑駘，庶幾仰報皇上隆恩于萬一耳。臣無任悚仄之至，謹具摺奏聞。

康熙肆拾玖年伍月初壹日。

知道了。

【《宫中檔康熙朝奏摺》第2輯，第516頁。亦見《康熙朝漢文硃批奏摺匯編》第2册，第850頁第662條】

提督陝西甘肅等處地方江琦奏陳雨水情形米糧價值摺

康熙四十九年六月初八日

提督陝西甘肅等處地方副將管總兵官事、仍帶拖沙喇哈番加壹級奴才江琦謹奏：爲恭報雨水情形事。

欽惟我皇上仁育群生，智周萬物，以歲時之豐稔，由雨澤之均調。上廑聖衷，時賜咨訪。奴才身在邊境，敢不留心。謹據見聞，恭達宸聽。竊奴才駐札甘州，其附近地方，奴才時常親自踏看，至所屬凉、寧、西、肅四鎮地方，行據各該營汛按期開報。奴才看得康熙肆拾玖年，自入夏以來肆月，至今陸月初旬，甘州及凉州、肅州、西寧叁鎮所屬地方，雨水俱皆調匀，其中臨、蘭、秦、鞏等處，尤覺沾足有餘。惟寧夏所屬地方，雨澤稍微，俱賴渠水疏通，引灌得濟。見今甘州及四鎮地方，所種諸穀，俱皆茂盛，豐亨有兆。

至于見今米糧價值，準照京斗計算。甘州及寧夏鎮屬地方，稻米每壹石價銀有捌玖錢之處，有壹兩壹錢之處；粟米每石價銀有伍錢之處，有陸柒錢之處；麥、豆每石價銀有肆伍錢之處，有陸柒錢之處。肅州鎮屬地方，稻米每石價銀有壹兩肆伍錢之處，有至貳兩之處；粟米每石價銀有柒捌錢之處，有壹兩肆伍錢之處；麥、豆每石價銀有伍陸錢之處，有壹兩壹貳錢之處。凉州、西寧地方，素不産稻米，其粟米每石價銀有陸柒錢之處，有至壹兩肆伍錢之處；麥、豆每石價銀有伍陸錢之處，有至壹兩貳叁錢之處。惟蘭州、臨洮、秦州、鞏昌、河州、洮岷等處粟米，每石價銀有叁錢至陸柒錢之處；麥、豆每石價銀有叁錢至伍陸錢之處。緣各處出産收穫不同，亦有運販遠近不一，是以價有低昂，總比往年爲賤。今將雨水情形、米糧價值，謹具摺奏聞。

康熙肆拾玖年陸月初捌日。

提督陝西甘肅等處地方副將管總兵官事、仍帶拖沙喇哈番加壹級奴才江琦。

知道了。

【《宫中檔康熙朝奏摺》第 2 輯，第 577 頁。亦見《康熙朝漢文硃批奏摺匯編》第 2 册，第 912 頁第 682 條】

康熙五十年（1711）

※甘肅巡撫樂拜奏報雨水田禾萬民歡樂摺

康熙五十年四月初四日

奴才樂拜謹奏：爲恭報雨水時調事。

竊惟民生皆以田禾爲賴，春播之時，雨水甚爲要緊。仰賴聖主洪恩，甘肅屬各地，自去冬至今年正月，均得瑞雪，今又雨水時調。平凉、慶陽、臨洮、鞏昌等四府屬地，二月初五、初十、二十五，三月初十、十三、十四、二十六、二十九等日，各皆得雨。寧夏及河西各地，三月初三、初九、初十、十一、二十四等日亦各得雨。以雨水時調，所播麥子、大麥、豌豆等糧萌發甚好，百姓皆喜望大收。上述得雨日期，布政使阿米達來報奴才。所有甘肅屬地雨水時調，以副聖主軫念萬民，各色田禾萌發甚好，萬民歡悦情形，謹具摺奏聞。

硃批：知道了。

【《康熙朝滿文硃批奏摺全譯》第 715 頁第 1702 條】

提督甘肅總兵官江琦奏報地方雨水糧價情形摺

康熙五十年六月初六日

提督甘肅總兵官奴才江琦謹奏摺：爲恭報雨水情形事。

欽惟我皇上聖德勤民，睿謨廣運，凡四方雨澤情形，及米糧價值，無一不上軫宸衷，時賜咨問。奴才身在邊地，敢不留心？謹據見聞，恭達天聽。竊奴才駐札甘州，其附近地方，奴才時常親自踏看，至所屬凉、寧、西、肅四鎮地方，行據各該營汛按期具報。

奴才看得，康熙伍拾年春季，各處雪雨應時，自入夏以來肆月，至今陸月初旬，甘州附近及肅州鎮所屬地方，雨水調匀，所種諸穀，并皆茂盛。其凉州鎮所屬地方，亦多時得雨澤，惟莊浪附近地，方雨水稍稀。西寧附近，及蘭州、鞏昌等處，先時有雨微細，至伍月中旬，調雨沾足，其所屬洮岷、河州、階州、秦州、臨洮等處，雨皆調匀。寧夏鎮所屬地方，先時少雨，賴有渠水通灌，至伍月中旬，又得調雨沾足，田禾見俱茂盛，豐亨有兆。

至于見今米糧價值，準照京斗計算。甘州稻米每石價銀壹兩壹錢，粟米及麥每石價銀俱陸錢陸分，豆每石價銀肆錢陸分。肅州鎮屬地方稻米每石價銀有壹兩壹貳錢之處，有至壹兩柒捌錢之處；粟米每石價銀有陸柒錢之處，有至壹兩肆伍錢之處；麥、豆每石價銀有伍陸錢之處，有至壹兩壹貳錢之處。凉州鎮屬地方，不産稻米，其粟米每石價銀有捌玖錢之處，有至壹兩伍陸錢之處；麥、豆每石俱銀有伍陸錢之處，有至壹兩叁肆錢之處。西寧鎮屬地方，不産稻米，其粟米每石價銀有肆伍錢之處，有至壹兩叁肆錢之處；麥、豆每石價銀有叁肆錢之處，有至捌玖錢之處。寧夏鎮屬地方，稻米每石價銀有柒錢伍分之處，有至壹兩之處；粟米每石價銀有柒錢之處，有至捌玖錢之處；麥、豆每石價銀有肆伍錢之處，有至柒捌錢之處。緣各處出産收穫不同，亦有運販遠近不一，是以價有低昂，總與上年相近。今將雨水情形、米糧價值，謹具摺奏聞。

康熙伍拾年陸月初陸日。

提督甘肅總兵官奴才江琦。

知道了。近京口外各處，田苗甚好，秋成有望。

【《宫中檔康熙朝奏摺》第3輯，第160頁。亦見《康熙朝漢文硃批奏摺匯編》第3册，第524頁第876條】

※甘肅巡撫樂拜奏報收成分數并時價摺

康熙五十年九月初三日

奴才樂拜謹奏：爲恭報收糧分數并時價事。

竊今年甘肅屬各地，仰賴聖弘福，雨水時調。平凉、慶陽、臨洮、鞏昌等四府屬地，麥子、豌豆收成六七分至八九分，穀與糜子等雜糧收成七八分及九分至十分不等。寧夏、甘州、凉州、肅州、西寧等五道屬地，麥子、豌豆收成七八分至九分，穀與糜子等雜糧收成八九分至十分不等。

查時價，平凉、慶陽、臨洮、鞏昌等四府屬地小米時價，按部頒倉斗計之，每倉石銀六錢七分、二錢二分，麥子六錢五分、二錢二分，糜子三錢五分、二錢一分不等。寧夏、甘州、凉州、蕭州、西寧等五道屬地小米時價，每倉石銀七錢七分、四錢二分，麥子六錢三分、二錢七分，豌豆六錢三分、二錢四分，糜子六錢八分、四錢一分不等。等因。

上述各地收成分數、時價，以及小民歡悦等情形，由布政使阿米達來報于奴才。所有甘肅屬地，今年雨水調匀，仰副聖主軫念萬民至意，雜糧豐收，時價甚賤，小民歡悦等情形，奴才謹具摺奏聞。

硃批：知道了。

【《康熙朝滿文硃批奏摺全譯》第744頁第1790條】

康熙五十一年（1712）

※甘肅巡撫樂拜奏報得雨日期摺

康熙五十一年四月十八日

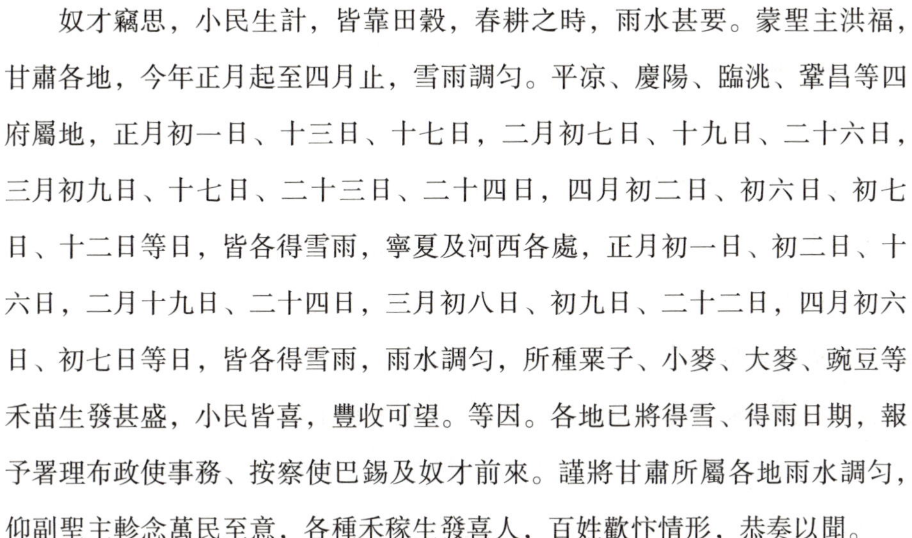

奴才樂拜謹奏：爲恭報得雨日期事。

奴才竊思，小民生計，皆靠田穀，春耕之時，雨水甚要。蒙聖主洪福，甘肅各地，今年正月起至四月止，雪雨調匀。平凉、慶陽、臨洮、鞏昌等四府屬地，正月初一日、十三日、十七日，二月初七日、十九日、二十六日，三月初九日、十七日、二十三日、二十四日，四月初二日、初六日、初七日、十二日等日，皆各得雪雨，寧夏及河西各處，正月初一日、初二日、十六日，二月十九日、二十四日，三月初八日、初九日、二十二日，四月初六日、初七日等日，皆各得雪雨，雨水調匀，所種粟子、小麥、大麥、豌豆等禾苗生發甚盛，小民皆喜，豐收可望。等因。各地已將得雪、得雨日期，報予署理布政使事務、按察使巴錫及奴才前來。謹將甘肅所屬各地雨水調匀，仰副聖主軫念萬民至意，各種禾稼生發喜人，百姓歡忭情形，恭奏以聞。

硃批：知道了。

【《康熙朝滿文硃批奏摺全譯》第778頁第1886條】

※甘肅巡撫樂拜奏報收穀分數及時價摺

康熙五十一年五月十六日

奴才樂拜謹奏：爲恭報收穀分數及時價事。

今年甘肅所屬各地，蒙聖主洪福，雨澤調匀。平凉、慶陽、臨洮、鞏昌等四府屬地，麥、豌豆收六七分至八九分、十分，粟米、黄米等各種穀物收六七分、八九分至十分不等。寧夏、甘肅、肅州、西寧等四道屬地，麥、豌豆收六七分、八九分至十分，粟米、黄米等各種穀物收六七分、八九分不等。查時價，平凉、慶陽、臨洮、鞏昌等四府屬地，粟米照部發倉斗計算，一石時價銀六錢六分、三錢八分，小麥五錢二分、二錢九分，麥、豆四錢、二錢二分，黄米六錢五分、四錢七分不等。寧夏、甘肅、西寧等四道屬地粟米，照倉斗計算，一石時價銀六錢五分、四錢六分，小麥六錢五分、四錢，豌豆六錢七分、三錢三分，黄米八錢三分、五錢不等。

甘肅屬地，今年雨澤調匀。仰副聖主軫念萬民至意，各種穀物大有，時價甚賤。凉州道屬莊浪所米、穀所收分數、時價，與四府、四道屬地豐收分數、時價相同。惟凉州、永昌、真番三衛，古浪一所地方，河水所灌之田，小麥、麥、豆收四五分至六分，粟米、黄米等各樣米、穀，收五六分至七八分。旱田小麥、麥、豆、粟米、黄米等各樣米、穀，收二三分至四五分不等。時價小麥照倉斗計算，每石銀八錢五分、五錢八分，麥、豆八錢二分、五錢六分，粟米七錢，黄米七錢五分、一兩一錢不等。此四處米、穀收成雖較差，但地方小麥、麥、豆、粟米時價并不貴。布政使覺羅哲爾金業將各處收穀分數、時價報來和奴才處，奴才爲此恭摺謹奏。

硃批：知道了。邊徼之地，惟以米穀徵收、存貯爲重。

【《康熙朝滿文硃批奏摺全譯》第785頁第1910條】

※甘肅巡撫樂拜奏聞倉貯米穀數目摺

康熙五十一年十一月二十五日

奴才樂拜謹奏：爲奏聞事。

奴才奏報甘肅各屬地今歲米穀所收分數、時價，奉旨：“知道了。邊徼之地，惟以米穀徵收、存貯爲重。欽此欽遵。”竊思甘肅各屬地爲邊徼要地，米、穀所關最重，不可以一時之計而怠惰疏忽。查得今歲春間，凉州所屬各衛所人等，奏准借給之籽種共一萬六千六十八斗餘，西寧衛所人等共借給籽種三千五百十三斗餘。此等所借之籽種，目今西寧屬衛所人等，皆已各照數償還歸倉。凉州屬各衛所人等所借之籽種，目今已將一萬三千三百五十五斗餘米、穀亦歸還各屬地之倉。尚未還完之二千七百十三斗餘，業交付所屬道、衛、所官員，不准挾逼借糧人等于年前完結欠糧。今歲六月，凉州所屬各衛所地方米價上漲之際，爲平米、穀價值，共平糶倉米三千五百斗，使米、穀價值下跌。其所賣之銀，即令所屬各府趕秋穀再行糴入，照數歸入各地之倉。平糶虧損之三百八十餘兩銀，奴才補給，以資糴入。

除平糶米、穀數目、銀數繕詳册仍報部外，又查得，河西甘州、肅州、凉州、西寧、寧夏五道屬地各廳、衛、所，現今所貯、捐納、糴入及由西安運抵之各種米、穀，共一百二十五萬三千二十七斗餘。平凉、慶陽、臨洮、鞏昌等四府所屬各廳、州、縣、行都司所屬衛所糧倉，現今所貯、捐納、由西安運抵之各種米、穀，共一百一十九萬四千一百七十二斗餘。甘肅所屬各地糧倉所貯米、穀，共二百四十四萬七千一百九十餘斗。此等各地貯存之米、穀，俱爲聖主爲邊陲貯存之米、穀，既所關緊要，故不可以其爲一時之計而怠忽，應各自妥善謹慎貯放，爲防米、穀腐爛，業經再四嚴加交付所屬道員、知府、都司等。爲此恭奏以聞。

硃批：若實，尚有何言？務勤。

【《康熙朝滿文硃批奏摺全譯》第 830 頁第 2071 條】

康熙五十二年（1713）

提督甘肅總兵官江琦奏請聖安并題補將弁由摺

康熙五十二年四月初七日

提督甘肅總兵官奴才江琦謹奏摺：恭請聖主萬安。

竊奴才蒙聖主隆恩，簡任甘肅提督。奴才自知庸鈍無能，日以不克稱任爲懼。其于題補將弁一事，關係甚重，奴才敢不盡心選擇？但智識短淺，惟恐未能悉當。近日，肅州永固城副將張自興陞任員缺，奴才看得西寧鎮海營參將王世榮，久任邊營，軍務彝情，最所熟練，而且有膽有謀，實心任事。原係候選州同，隨原任振武將軍孫思克出兵召磨，多著有勞績。經孫思克帶京啓奏，改授守備之員。奴才以爲若補永固城副將，似有裨益。其鎮海參將，乃藏海諸彝出入要口，最屬衝繁，綏馭不易。奴才看得近經保送引見，蒙恩准敘之寧夏洪廣營游擊馬維品，練達有才，爲人謹妥，堪以補用，因照例咨送署總督事撫臣永泰考驗。撫臣以王世榮弓馬平常，特請皇上簡用記名人員。

兹蒙聖主著將許仕隆調補，誠爲得人至當。又命王世榮調來引見，尤仰見聖主天心，明照萬里，一物不遺。奴才伏思王世榮原由文職改武，弓馬本屬平常，但永固要地，副將大員必須具有才略之人，方稱厥任。奴才愚見，合屬選擇，莫如世榮。况世榮由守備歷于游擊、參將，係原任署督臣席爾達博濟、署提臣雷繼尊、吴洪，會疏題補，兩經引見，皆蒙聖主俞允。今蒙調赴引見，聖主自有睿鑒。奴才謹將原請題補情由，據實奏明，伏乞聖主弘恩鑒察。爲此謹具摺奏聞。

康熙伍拾貳年肆月初柒日。

提督甘肅總兵官奴才江琦。

朕安。奏摺知道了。

【《宫中檔康熙朝奏摺》第4輯，第219頁。亦見《康熙朝漢文硃批奏摺匯編》第4册，第755頁第1303條】

※甘肅巡撫樂拜奏得雨雪日期摺

康熙五十二年閏五月初一日

奴才樂拜謹奏：爲恭報得雨日期事。

奴才竊思小民生計，俱靠田禾，雨澤關係甚重。蒙聖主洪福，甘肅各地本年正月起，至五月止，雨雪調匀。平凉、慶陽、臨洮、鞏昌等四府屬地，正月初三、十二、十三、十七八、二十三四，二月初四五、初六、初八、初十、十一、十二三、十四、十五、十九、二十、二十四五、二十六七，三月初八九、初十、十一、十二、十五、十六七、十八、二十五六、二十七八，四月初五六、十二、十三四、十五、二十四五、二十六，五月初三四、初八、十二三等日，俱各得雪雨。寧夏及河西各處，正月初四、十七八、十九、二十三四，二月初四、初八、十五、十六、十九、二十六七，三月十八、二十五六、二十七，四月初四五、初九、初十、十三四、十五、十六、二十六七，五月初九、初十、十二、十六、十八九等日，俱各得雪雨。雨澤適時，所種粟、小麥、大麥、碗豆等各種禾苗長發，小民喜望大有。等因。布政使覺羅折爾金已將各地得雨日期稟報奴才。奴才由京城前來，于四月二十八日進入甘肅地界，經過平凉府州縣，抵蘭州。考試武舉完竣，抵西寧，觀之，禾苗長勢頗佳。甘肅各屬地，荷蒙聖主洪福，雨澤調匀，各種禾稼長勢甚佳，僅將萬民歡躍情形，恭奏以聞。

硃批：小麥收完，立即奏聞分數。凡奏摺，俱由爾親筆寫來，字差并無妨也。

【《康熙朝滿文硃批奏摺全譯》第857頁第2131條】

提督甘肅總兵官江琦奏報各屬雨水糧價情形摺

康熙五十二年六月初一日

提督甘肅總兵官奴才江琦謹奏摺：爲恭報雨水情形事。

欽惟我聖主恩洽民生，慮周寰宇，恒以四方雨澤，上廑宸衷。奴才身在地方，敢不仰體天心，留意察訪，據實奏聞？查甘州附近地方，奴才時常親自踏看。至所屬凉、寧、西、肅四鎮，行據各該營汛按期具報。奴才看得，今歲自入夏以來，至今閏伍月終旬，甘州、肅州附近地方，雨澤時沾，兼有渠水灌溉充足，田禾見俱茂盛。其西寧所屬各地方，雨澤尤爲沾足有餘。寧夏雖雨澤稍稀，賴有河水引灌饒足，惟花馬池、興武數處無渠之地，稍覺乾旱。其凉州所屬地方，雖常得雨，而皆微細，其有渠水之處居多，田苗亦是茂盛。惟阿壩、大靖、紅水近邊一帶未有河渠，亦覺乾旱，然其爲地有限。

至于見今米糧價值，准照京斗計算。甘州及肅州鎮屬地方，稻米每石價銀有壹兩貳叁錢之處，有至壹兩陸柒錢之處；粟米有壹兩之處，有至壹兩叁肆錢之處；麥、豆每石價銀有捌玖錢之處，有至壹兩壹貳錢之處。寧夏鎮屬地方稻米每石價銀有壹兩壹貳錢之處，有壹兩叁肆錢之處；粟米每石價銀有陸柒錢之處，有至壹兩貳叁錢之處；麥、豆每石價銀有捌玖錢之處，有壹兩壹貳錢之處。西寧鎮屬地方，素不産稻米，其粟米每石價銀有柒捌錢之處，有至壹兩貳叁錢之處；麥、豆每石價銀有肆伍錢陸柒錢之處，有至壹兩之處。凉州鎮屬地方，亦不産稻米，其粟米每石價銀有壹兩肆伍錢之處，有至壹兩陸柒錢之處；麥、豆每石價銀有壹兩壹錢之處，有至壹兩叁肆錢之處。緣各處收穫不同，亦有運販遠近不一，是以價有低昂。今將雨水情形、米糧時價，謹具摺奏聞。

康熙伍拾貳年陸月初壹日。

提督甘肅總兵官奴才江琦。

知道了。

【《宫中檔康熙朝奏摺》第4輯，第371頁。亦見《康熙朝漢文硃批奏摺匯編》第4册，第925頁第1354條】

※甘肅巡撫樂拜奏收成分數及米價摺

康熙五十二年七月十五日

奴才樂拜謹奏：爲奏聞事。

奴才將本年甘肅所屬各地得雨日期及各種田禾秀發情形，恭謹繕摺奏聞時，奉旨："小麥收完，立即奏聞分數。凡奏摺，俱由爾親筆寫來，字差并無妨也。欽此欽遵。"奴才立即行文各處稱："小麥收完，即先行呈文報來分數，收完秋禾時，另報分數。"等語。奴才一介庸愚，至微極賤，荷蒙皇上隆恩，拔爲内閣滿文中書。自幼以來，即繕寫聖主御覽本章票簽上傳。今已眼花，戴上眼鏡，仍可寫楷書。具奏主子之摺，關係甚重，奴才豈敢委人代寫？奴才所有奏摺，俱由奴才親自繕寫，恭謹封皮具奏。

今據鞏昌府報稱：各州縣小麥十分、九分、七八分、五六分，碗豆九十分、八分、五六分、四分。據臨洮府報稱：各州縣小麥七八分、六分，碗豆六七分、五分。據平涼府報稱：各州縣小麥五六分，碗豆五六分。據慶陽府報稱：各州縣小麥、碗豆五六分。據河西寧夏道報稱：小麥八九分、六分，碗豆八九分、七分、四分。據西寧道報稱：小麥、碗豆、青稞俱十分。據涼莊道報稱：小麥、碗豆八九分、六七分、四五分。據甘山道報稱：小麥六七分、五分，碗豆、青稞五六分、四分。據肅州道報稱：小麥、大豆六七分不等。等因。各處收成分數，業經報來。奴才除一俟秋禾平均收完，即將秋禾分數，各種米、穀時價，繕明另報具奏外，念聖主垂念小民田畝米、穀，故先將四府、五道所屬各地小麥、碗豆、青稞所收分數奏聞。

再，目下時價：四府屬地小麥，按部發倉斗，每倉石時價銀九錢、八錢、七錢、六錢、五錢、四錢；碗豆，每倉石價銀七錢、六錢、五錢、四錢、三錢。五道屬地小麥，每倉石價銀八錢、七錢、六錢；碗豆，每倉石，價銀七錢、六錢、五錢、四錢不等。爲此一并恭謹繕摺奏聞。

硃批：知道了。

【《康熙朝滿文硃批奏摺全譯》第 892 頁第 2239 條】

提督甘肅總兵官江琦奏陳巡視甘肅地方情形摺

康熙五十二年八月初六日

提督甘肅總兵官奴才江琦謹奏摺：爲奏聞事。

竊奴才身在地方，凡有關切民情，亦不敢不時常訪察。其本年夏間，雨澤、糧價，謹已具摺奏聞。今奴才遵旨，會看賞兵，于陸月貳拾捌日自甘州起程，沿途查看甘肅一帶夏田已俱收成，約計有柒捌分、伍陸分不等。一路多遇霖雨，秋禾見皆茂盛。惟涼州所屬大靖、阿壩、紅水一帶，係邊瘠之地，收成甚薄。至寧夏地方，深得渠水灌溉，大概豐收有至玖分、拾分之處。惟因花馬池、興武營及香山、古水等處鄰近薄收，搬運就食者多，是以見今米糧，其價猶貴，將來秋收必然大減。奴才所屬四鎮地方，俱皆寧謐無事。謹仰體聖主軫念民生之天心，因將奴才經過目見情形，具實上聞，伏乞睿鑒。爲此謹具摺奏聞。

康熙伍拾貳年捌月初陸日。

提督甘肅總兵官奴才江琦。

知道了。

【《宮中檔康熙朝奏摺》第 4 輯，第 505 頁。亦見《康熙朝漢文硃批奏摺匯編》第 5 冊，第 123 頁第 1412 條】

※甘肅巡撫樂拜奏秋禾收成分數及米價摺

康熙五十二年九月二十九日

奴才樂拜謹奏：爲恭報秋禾收成分數及時價事。

奴才于七月十五日奏報本年甘肅各地夏禾收成分數及時價文，内開：一俟秋禾均匀收完，另奏報秋禾收成分數、米穀時價。等語。在案。目今據平凉、慶陽、臨洮、鞏昌等四府及行都司報稱：收粟黍八九分、六七分、四五分，蕎麥六七分、四五分不等。據河西寧夏、甘州、凉莊、肅州等四道報稱：粟、黍、蕎麥等禾收九分、十分、七八分、五六分不等。西寧所屬各地，原即不種秋禾。各地所收分數、時價，業經報來。

查得四府所屬各地，小麥以部發倉斗計，一倉石時價銀四錢五分、五六錢、七八錢、九錢、一兩。粟米一倉石銀五錢一分、六七錢、八錢五分。黍一倉石銀五錢三分、六七錢、八九錢、一兩、一兩一錢。豌豆一倉石銀三錢七分、四五錢、六七錢、八九錢、一兩一錢不等。寧夏、甘州、凉莊、肅州、西寧五道屬地小麥，按部發倉斗計算，一倉石五錢一分、六七錢、八錢二分。粟米一倉石價銀五錢八分、六七錢、九錢二分。黍一倉石價銀七錢三分、八九錢、一兩八分。豌豆一倉石價銀四錢八分、五六錢、七錢七分不等。等語。目今四府五道，俱照往年將各屬州、縣、衛、所豆、米、穀豐收情形報來，理合奏聞。

查秋禾收成分數，奴才前摺内開列鎮原衛、環縣、靈州所、洪石衛州，目今報來會寧縣黄川等里，中衛香山、固綏，古浪所、土門、大靖等處，寧夏所花馬池等地水澆地、得雨地之田，秋禾仍舊有收。惟山田及不得雨之沙地，秋禾未收。此秋禾未收之地之貧苦百姓，奴才等仍照從前，動支倉穀，或借給，或散給，斷不使其失所。除其緣由另繕奏本、題本，會同總督鄂海具奏外，爲此具摺，一并恭奏以聞。

硃批：知道了。

【《康熙朝滿文硃批奏摺全譯》第911頁第2297條】

提督甘肅總兵官江琦奏陳清餉練兵整飭營務摺

康熙五十二年十月初八日

提督甘肅總兵官奴才江琦謹奏摺：爲奏明事。

竊奴才至愚至鈍，蒙聖主隆恩，放爲甘肅提督，并無報效之處，惟兢兢業業，以清餉練兵爲要務。查甘肅歷來提督俱留有公費空糧，以爲交際近邊台吉，犒賞番彝，并營中補修旗械、操演火藥一切之用，但其多寡不等。至殷泰爲提督時，刻意減省，止存有壹百伍拾分。奴才接任于康熙肆拾玖年，陛見之時，蒙聖主問及奴才，曾經據實奏明。歷年以來，奴才亦刻意減省，寧少無餘，止是壹百伍拾分，不敢外增壹分，以負聖主隆恩。凡遇文武監散時，將奴才隨丁應名領餉，其餉銀實充公費之用。今蒙欽差内閣學士蔡升元前來給賞兵丁，除奴才及標下將弁額設親丁不敢領賞外，奴才將此項公費壹百伍拾分名糧，亦即告知蔡升元，不敢冒領恩賞，將銀交與轉發藩司還庫訖。至于奴才所屬凉州、寧夏、西寧、肅州四鎮總兵，亦各量其所費繁簡，留有公費空糧不等。奴才到任之後，俱經申飭，務加減省。今欽差頒賞到時，亦各告知，不敢冒領恩賞。

奴才仰體聖主至聖至明，無微不照，不敢壹毫欺隱。謹具摺奏明，伏乞聖慈鑒宥。爲此謹具摺奏聞。

康熙伍拾貳年拾月初捌日。

提督甘肅總兵官奴才江琦。

朕安。

【《宫中檔康熙朝奏摺》第4輯，第580頁。亦見《康熙朝漢文硃批奏摺匯編》第

5 册，第 218 頁第 1451 條】

鎮守陝西寧夏等處地方范時捷奏請聖安插漢托合定界摺

康熙五十二年十月十二日

鎮守陝西寧夏等處地方總兵官臣范時捷謹奏：爲恭請聖安事。

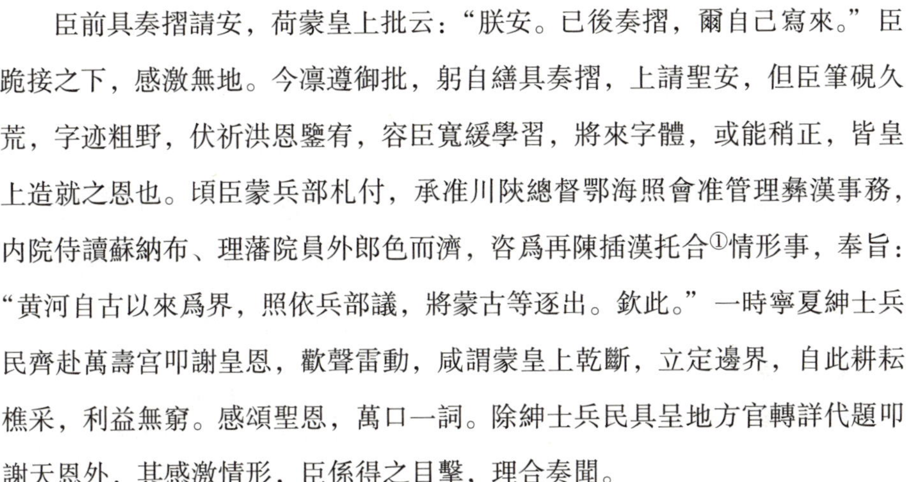

臣前具奏摺請安，荷蒙皇上批云："朕安。已後奏摺，爾自己寫來。"臣跪接之下，感激無地。今凜遵御批，躬自繕具奏摺，上請聖安，但臣筆硯久荒，字迹粗野，伏祈洪恩鑒宥，容臣寬緩學習，將來字體，或能稍正，皆皇上造就之恩也。頃臣蒙兵部札付，承准川陝總督鄂海照會准管理彝漢事務，内院侍讀蘇納布、理藩院員外郎色而濟，咨爲再陳插漢托合[①]情形事，奉旨："黄河自古以來爲界，照依兵部議，將蒙古等逐出。欽此。"一時寧夏紳士兵民齊赴萬壽宫叩謝皇恩，歡聲雷動，咸謂蒙皇上乾斷，立定邊界，自此耕耘樵采，利益無窮。感頌聖恩，萬口一詞。除紳士兵民具呈地方官轉詳代題叩謝天恩外，其感激情形，臣係得之目擊，理合奏聞。

再，臣查得，插漢托合地方，以至賀蘭山之鎮遠關諸口，往年原有哨探防守兵丁，前因暫給蒙古牧放牲畜，遂將兵丁撤回。今蘇納布、色而濟奉理藩院來文，現赴平羅查令蒙古等搬往河東，俟搬完之日，臣當親詣彼處，仍照舊例，安設兵丁、哨探防守，合并奏聞。

康熙伍拾貳年拾月拾貳日。

知道了。内地人，亦宜嚴管。

【《宫中檔康熙朝奏摺》第 4 輯，第 587 頁。亦見《康熙朝漢文硃批奏摺匯編》第 5 册，第 225 頁第 1453 條】

---

①插漢拖合：下文其他文書又寫作"插漢拖灰""插漢拖護""察罕托海""察罕托輝""察干托惠""察漢托海"等。

康熙五十三年（1714）

※甘肅巡撫樂拜奏聞巡視春耕賑灾起程日期摺

康熙五十三年二月初七日

奴才樂拜謹奏：爲奏聞事。

甘肅所屬靖遠衛、環縣、固原州等地，夏禾歉收、秋禾未收之貧苦百姓，奴才或賑給、借與，或降價糶賣之處，業經具摺，繕奏本、題本具奏。皇帝憐憫口邊之民，停止催征，蠲免錢糧，業經數次。各地百姓，蒙此隆恩，不勝歡忭，公同祈禱聖壽萬壽無疆。奴才任職地方，豈敢不憐愛百姓、有違聖意于萬一。去年夏季以來，爲接濟百姓，散給、借與、减價發糶各等情不斷。今既值春耕之時，各地百姓耕田缺籽種者，即著給發，務使儘量種上，著不誤今年秋收。

再，原即無田之貧窮百姓，賣工度日，工匠做工爲生，或替人看管牛、羊者，此等人并無依靠，遇米價昂貴之時，遷往別處覓食者亦有。再，百姓所住村莊之田，皆處山岡高阜處，刨窑居住者多，井泉皆無。靠匯流之水爲生者，因入冬以來雨雪少，匯合之水乾涸，弃所居窑洞，帶牲畜前往省内鄰近州縣，或往交界處之西安所屬州縣水草處者亦有。此等百姓雖不多，亦斷不可滯留，務必迎帶至原籍安插。奴才業經行文，命所屬地方官員，務令一般種田之人，按時勤奮精心種田，無籽種之人，立即給發籽種種田，由各地迎來之百姓，按人口給發米、穀安插。又遣階州知州金志嚴前往，命務將前往西安所屬交界處州縣之固原、靖遠衛等地百姓，何州縣有多少之處查明，以易于按數接回。惟固原州、靖遠衛等地，去夏雨澤稀少，冬雪無多，故心益不可懈弛。所以奴才即于今年二月十一日由蘭州起程，前往固原州、靖遠衛等處，務使各地百姓，儘量按時妥善耕田，接來之百姓，給發口糧，奴才親自前往辦理，似于衆百姓有益。且因于界内，亦不誤奴才料理衙門之事。再賑濟被灾百姓之處，除與總督鄂海商量詳加會議另奏外，奴才謹將起程日期，恭謹奏聞。

硃批：仍須盡心效力。

【《康熙朝滿文硃批奏摺全譯》第930頁第2359條】

※甘肅巡撫樂拜恭奏得雨日期等情摺

康熙五十三年三月初七日

奴才樂拜謹奏：爲恭報得雨日期事。

竊思甘肅所屬靖遠衛、固原州等地，去年被灾後，入冬以來，雨雪稀少，奴才欲親往料理緣由，業經于今年二月初七日恭摺奏聞在案。本月十一日由蘭州啓程，二十日抵固原州。固原廳所屬一城，固原州、固原衛所屬之地城鄉，二十、二十一等日俱得透雨，各得五六七寸不等，奴才以爲，被灾之地，得雨甚爲重要，業已立即分别遣員赴各地查看。續由靖遠衛、會寧縣、鎮原縣、崇信縣、平凉縣、平凉衛、慶陽衛、環縣、古浪所、中衛、靈州、寧夏二所各處報稱：初五六、十六、十七、十八等日得雨三四寸不等，二十、二十一、二十二、二十三等日得雨五六七寸沾足。

以上各地因冬雪少，正盼春雨候耕之時，天降瑞雨，普遍調匀，此特因聖主無刻不軫念萬民之至意所致。奴才以爲，得此瑞雨，被灾之民倘因缺籽種乏食，耽延耕種，所關非小。奴才既蒙恩得雨，故應于所到之處，鼓勵趁雨耕種，散給被灾百姓籽種、口糧。衆百姓現正春耕，奴才又立即行文奴才不能親到之各被灾地方官員，務照奴才所辦，散給灾民籽種、口糧，趕時耕種，不得耽延。再，被灾地方内，靖遠地方甚廣，奴才立即由固原前往靖遠衛，照固原例辦理。對先前出走，得雨後返回耕田之人，以及奴才于固原州、靖遠衛遇到者，皆發給籽種、口糧。去年一般收成之各地，年前得雪，二月裏得雨，分寸沾足，奴才除將得雨情形仍于四月另摺具奏外，被灾各地雨水既然沾足，故先繕摺謹奏。再，奴才于三月初七日由靖遠衛返回蘭州，一并明白謹奏。

硃批：覽此奏，甚覺寬慰。朕目下亦遣大臣，爾等公同商議，務必作速賑濟百姓。

【《康熙朝滿文硃批奏摺全譯》第934頁第2371條】

※川陝總督鄂海等奏聞各州縣得雨日期等情摺

康熙五十三年三月十四日

奴才鄂海、雍泰謹奏：爲將各州縣地方得雨日期，所種小麥、大麥長勢一并恭奏以聞事。

伏念皇帝養育天下萬民，各省雨水禾稼時擾聖懷。經奴才等查看各州縣報來文書，西安府所屬州縣内，臨潼、長安、咸寧、興平、咸陽等五縣，雖兩次得雨，并未沾足。其餘州縣地方，二月十七日、十八日、二十一日、二十三日，三月初七得雨。延安府所屬州縣地方，二月初七日、十八日、二十一日得大雨。鳳翔府所屬州縣地方，二月二十二日、二十三日得大雨。漢中府屬沔縣、興安州地方，雖得雨，亦示沾足。其餘州縣地方，二月二十一日、二十三日得大雨，雨水沾足，地方所種小麥、大麥俱高壯。等語。奴才等祈禱聖主萬壽，前來華山誦經時，沿途看得所種小麥甚壯，高約六七寸至一尺不等。

再，鄂海、我遣員前往甘肅屬各州、縣、衛地方查得，據陸續報稱，平涼府所屬固原等州縣地方，二月初六日、初七日、十七日、二十一日，三月初六日得大雨。慶陽府所屬州縣地方，二月十八日、二十一日、二十三日，三月初七日亦得大雨。臨洮所屬州縣地方，二月十五日、十六日、十七日、二十日得雨。鞏昌府所屬州縣地方，二月十六日、十七日、二十二日、二十三日得雨。靖遠衛、寧夏、靈州、中衛、莊浪、涼州、永昌、古浪、土門、大靖等地，二月十八日、二十日、二十一日得雨。百姓俱各耕田，先前被灾流離百姓，或有返回原處者，該管官員業已給發此等人籽粒，令耕田。等情。將此一并恭奏以聞。

硃批：知道了。

【《康熙朝滿文硃批奏摺全譯》第 935 頁第 2374 條】

※川陝總督鄂海奏聞甘肅賑灾及灾區情形摺

康熙五十三年三月三十日

奴才鄂海謹奏：爲欽奉上諭事。

奴才請聖主萬安之摺，由家人敬謹賫捧，于三月二十八日返回西安。奴才跪祇領訖，開啓看得，奉旨：“朕體安。甘肅巡撫所屬州、縣、衛、所地方，大概如何之處，此旨一到，著速具奏。欽此。”奴才聞主子聖體安，不勝歡呼雀躍。

再，甘肅屬地被灾州、縣、衛、所地方，巡撫樂拜已親自前往察看。三月十六日，咨文奴才稱：“固原州、會寧縣、靖遠衛等地，因得大雨，衆百姓正耕田。又行文所屬官員，運蘭州倉所貯米、穀送往靖遠衛，運寧夏地方米、穀送往固原州，散給被灾百姓，萬民皆得撫慰。”等語。據平凉、慶陽、臨洮、鞏昌府報來之文，内開：“三月十三日、十四日、十六日俱得雨。平凉、慶陽地方被灾之地，因雨水沾足，流離之百姓内已有返回原地耕田者。”等語。據河西寧夏、靈州、凉州、莊浪等地衛、所地方報稱：“三月初四日、初五日、十四日、十六日得雨，流離百姓，亦返回原籍，領取籽種，各自耕田。運凉州、鎮番地方米、穀送往古浪、大靖地方，散給被灾百姓，衆百姓亦得撫慰。”等語。

奴才仰副聖主軫念萬民養育天恩，竭力盡意，勤奮效力。欽差侍郎常泰等已于三月三十日抵西安，四月初二日，奴才會同常泰等人前往察看甘肅所屬被灾地方。俟奴才親到該處，詳察各地百姓情形後，復明白具摺，先行奏聞。爲此恭奏以聞。

硃批：知道了。

【《康熙朝滿文硃批奏摺全譯》第937頁第2377條】

肅州總兵官路振聲奏爲恭報雨水收成情形摺

康熙五十三年六月十八日

署甘肅提督印務事、肅州總兵官奴才路振聲謹奏摺：爲恭報雨水情形事。

欽惟我皇上恩周寰宇，澤溥遐邊，地方雨澤，以及米糧時價，無不上廑宸衷。今奴才署理甘提事務，據四鎮轄屬官弁按期具報，奴才身在地方，特敢循例，具實奏聞。竊查甘州附近田禾，奴才署篆以來，時親踏看，目睹豐蔚。自肆月以至陸月中旬，甘肅兩處及所屬地方，雨澤雖稀，賴有渠水澆灌，禾苗茂盛。惟鎮彝一所，地亦産稻，全賴河水引灌，夏初河流稍涸，以致稻不甚豐，幸而麥、豆頗盛。邊山田地無多，缺水之處，微覺乾旱。凉州鎮屬，入夏雨水微細，未得沾足，素有渠水之處，灌救居多，惟土門、大靖、古浪、莊浪、阿壩、紅水近邊一帶，渠水稀少，地覺亢旱。寧夏鎮屬地方，雨水沾足，可兆豐亨。惟花馬池、興武、古水、同心數處，雨澤愆期，田苗稍薄。西寧鎮屬地方，雨水調匀，臨、鞏等府，俱豐登有慶。惟蘭州、河州、巴暖、紅城、苦水、西大通等處，雨未沾足。

至于見今米糧價值，準照京斗計算。甘州稻米每石價銀壹兩貳錢，粟米每石價銀捌錢柒分，麥、豆每石價銀柒錢玖分。肅州鎮屬地方稻米每石價銀有壹兩貳叁錢之處，有壹兩伍陸錢之處；粟米每石價銀有玖錢壹兩之處，有壹兩叁肆錢之處；麥、豆每石價銀有柒捌錢之處，有壹兩壹貳錢之處。寧夏鎮屬地方稻米每石價銀有壹兩叁肆錢之處，有壹兩伍陸錢之處；粟米每石價銀有壹兩壹貳錢之處，有壹兩陸柒錢之處；麥、豆每石價銀有捌玖錢之處，有壹兩肆伍錢之處。凉州鎮屬地方，素不産稻米，其粟米每石價銀有壹兩肆伍錢之處，有貳兩貳叁錢之處；麥、豆每石價銀有壹兩肆伍錢之處，有貳兩叁肆錢之處。西寧鎮屬地方，亦不産稻米，其粟米每石價銀有壹兩壹貳錢之處，有壹兩陸柒錢之處；麥、豆每石價銀有柒捌錢之處，有壹兩叁肆錢之處。奴才據其開報，并所訪聞，緣各地方豐歉不同，是以價有低昂也。今將各屬雨水、糧價情形，謹具摺奏聞。

康熙伍拾叁年陸月拾捌日。

署甘肅提督印務事、肅州總兵官奴才路振聲。

知道了。

【《宮中檔康熙朝奏摺》第5輯，第40頁。亦見《康熙朝漢文硃批奏摺匯編》第5册，第650頁第1602條】

※川陝總督鄂海奏聞得雨及秋禾長勢情形摺

康熙五十三年八月二十一日

奴才鄂海謹奏：爲將甘肅所屬地方得雨及秋禾長勢一并恭奏以聞事。

奴才除先已將西安府等四府所屬州縣，雨澤調勻，秋禾長勢甚壯，可望大有，恭奏以聞外，今據甘肅所屬平凉、慶陽、臨洮、鞏昌等四府報稱，各州、縣、衛地方，七月初一日、初二日、初九日、十七日、二十三日至二十六日，因得大雨，秋禾長勢甚好，且俱已結穗。先前被災之固原、靖遠、會寧、靈州、中衛、相山等處，雨澤俱沾足，衆百姓不勝歡呼雀躍，稱："仰賴聖主鴻福，秋禾可望大有。"等語。再，據河西甘肅、凉州、西寧、肅州、寧夏所屬五道等來文稱："六月雨水稍少，七月初七日、初九日、十三日、十八日、二十三日、二十四日等日，俱得大雨，各渠水滿，灌田後，水田之禾長勢甚肥，山田之禾長勢亦好，俱已長穗。"等語。除此秋禾收完時，將所得分數查明另奏外，現將甘肅屬地得雨澤日期、禾稼生長情形，一并繕摺，先行恭奏以聞。

硃批：知道了。

【《康熙朝滿文硃批奏摺全譯》第 970 頁第 2487 條】

※甘肅巡撫綽奇奏報甘肅屬地米穀時價摺

康熙五十三年九月初九日

奴才綽奇謹奏：爲恭報甘肅屬地米、穀時價事。

奴才荷蒙聖主洪恩，甫莅任，即仰副主子軫念萬民之意，行文令報各屬地米、穀時價。今將各處所報米價，按部咨倉斗計。平凉、慶陽、臨洮、鞏昌四府粟米每斗值價銀四分四厘至一錢七分六厘，小麥每斗值價銀二分八厘至一錢二分五厘，豌豆每斗值價銀二分三厘至一錢一分，小黄米每斗值價銀七分三厘至一錢八分四厘不等。寧夏、河西等地粟米每斗值價銀七分一厘至一錢八分六厘，小麥每斗值價銀四分七厘至一錢二分，豌豆每斗值價銀四分二厘至一錢二分，小黄米每斗值價銀七分五厘至一錢四分不等。等因。業經由各屬報來。爲此具摺，恭奏以聞。

硃批：知道了。

【《康熙朝滿文硃批奏摺全譯》第 973 頁第 2493 條】

※甘肅巡撫綽奇奏辦理固原等十六處賑灾事宜摺

康熙五十三年十月初三日

奴才綽奇謹奏：爲奏聞事。

奴才荷蒙聖主鴻恩，甫抵甘肅巡撫之任，即日夜悚懼，惟恐不稱其職。今據報，固原等十六處秋禾被灾，除一面具奏外，竊查現被灾地方百姓既需賑濟，不敷用之米、穀應運至。奴才除交付當地該管道員石文卓、雷有成、田承瑞、袁景方等，俱暫駐各所管被灾地方賑濟、借米，不敷用之米運至，妥善撫慰衆生民。等因。已遣往外，平慶道管區稍遠，平凉知府王權臣尚未接任，暫命鞏昌府知府趙有魁協理。倘係重要地區，則擬派兩司稽察。倘有奴才應去之地，擬一面具奏，一面前往。再，被灾地方百姓向米價賤之處游動者多，倘將此等百姓遣回原籍，時令既冷，即將伊等暫留游動之地賑濟，于來春可耕田之時，交付地方官弁，遣回原籍。現既運米，擬由奴才所得之茶馬銀二萬四千兩内撥出五千兩，放入運米租銀内。爲此具摺，恭奏以聞。

硃批：知道了。

【《康熙朝滿文硃批奏摺全譯》第978頁第2506條】

※川陕總督鄂海等奏聞陕甘地方得雪日期摺

康熙五十三年十一月初十日

奴才鄂海、雍泰謹奏：爲恭奏陝西、甘肅地方降雪情形事。

查得陝西所屬西安、鳳翔、漢中、延安四府，秋季雨澤沾足，所種小麥全部生發，長勢甚壯。現據各州縣地方報稱，十月十一日、十二日、十八日、十九日、二十四日、二十五日，十一月初五等日，得雪五、六、七寸至一尺餘不等。百姓不勝歡忭，告曰：“仰賴皇帝鴻福，來年小麥可望大有。”

等語。再，奴才鄂海又令于甘肅所屬地方查得，平凉、慶陽、固原、寧夏所屬州、縣、衛、所地方，十月十一日、十二日等日，得雪四、五、六寸到近一尺。被灾百姓，聖主屢施仁恩，地方官每月散給口糧，百姓較先前已有改善，已得撫慰。等語。將此一并恭奏以聞。

硃批：知道了。

【《康熙朝滿文硃批奏摺全譯》第983頁第2519條】

康熙五十四年 (1715)

※甘肅巡撫綽奇奏聞米穀時價摺

康熙五十四年二月初九日

奴才綽奇謹奏：爲恭報甘肅屬地米、穀時價事。

奴才前經行文，令各屬查米、穀時價。今據各地報稱，價值按部發倉斗計。平凉、慶陽、臨洮、鞏昌四府，粟米每斗價銀四分八厘至一錢八分，小麥每斗價銀三分至一錢三分，豌豆每斗價銀二分四厘至一錢一分二厘，稷子每斗價銀七分四厘至一錢八分六厘不等。寧夏、河西等地，粟米每斗價銀七分二厘至一錢八分六厘，小麥每斗價銀五分至一錢二分二厘，豌豆每斗價銀四分四厘至一錢二分二厘，稷子每斗價銀七分六厘至一錢四分二厘不等。爲此恭奏以聞。

硃批：知道了。

【《康熙朝滿文硃批奏摺全譯》第995頁第2556條】

※甘肅巡撫綽奇奏聞甘肅米價摺

康熙五十四年四月二十六日

奴才綽奇謹奏：爲恭報米、穀時價事。

奴才竊查甘肅屬地米、穀時價，按倉斗計算。平凉、慶陽、臨洮、鞏昌四府屬地，粟米每斗價銀四分六厘至一錢七分不等，小麥每斗價銀三分至一錢四分五厘不等，豌豆每斗價銀二分五厘至一錢三分九厘不等，稷子每斗價銀八分五厘至一錢九分二厘不等。寧夏道、河西四道屬地，粟米每斗價銀七分五厘至一錢八分六厘不等，小麥每斗價銀六分四厘至一錢四分不等，豌豆每斗價銀五分五厘至一錢三分不等，稷子每斗價銀八分五厘至一錢五分不等。等情。業經由各屬報來，故奴才具摺，恭奏以聞。

硃批：知道了。

【《康熙朝滿文硃批奏摺全譯》第1005頁第2585條】

※甘肅巡撫綽奇奏甘肅地方雨澤情形摺

康熙五十四年四月二十六日

奴才綽奇謹奏：爲恭報甘肅地方雨澤情形事。

奴才竊查平凉、慶陽、臨洮、鞏昌四府，寧夏道、河西四道屬地，荷蒙聖恩，今春雨澤沾足。惟臨洮府屬金縣、蘭州、蘭州廳、蘭州衛，鞏昌府屬安定縣、會寧縣、涇源衛等七處得雨不均，其中雨澤沾足之村莊亦有，雖得雨二三寸，仍未沾足之村莊亦有。倘報後雨水沾足，收成仍然有望，是以奴才將各處禀報情形，具摺恭奏以聞。

硃批：知道了。

【《康熙朝滿文硃批奏摺全譯》第1005頁第2586條】

※甘肅巡撫綽奇奏聞蘭州廳等十六處被災摺

康熙五十四年七月十七日

奴才綽奇謹奏：爲奏聞事。

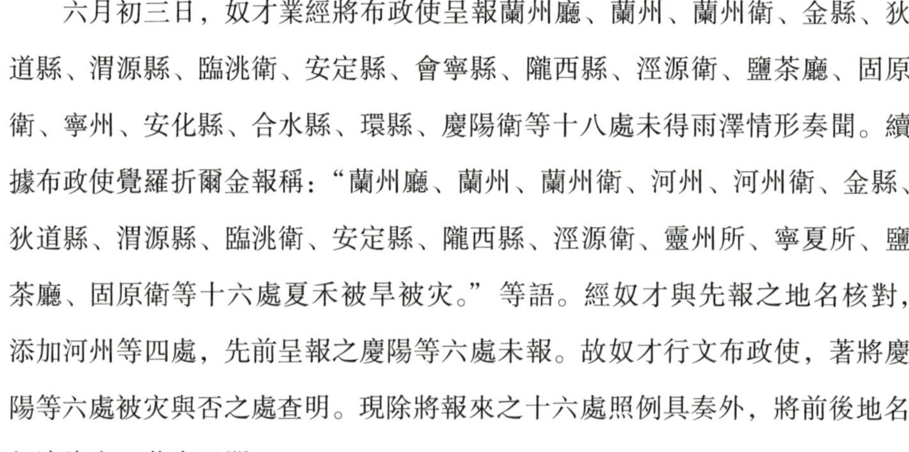

六月初三日，奴才業經將布政使呈報蘭州廳、蘭州、蘭州衛、金縣、狄道縣、渭源縣、臨洮衛、安定縣、會寧縣、隴西縣、涇源衛、鹽茶廳、固原衛、寧州、安化縣、合水縣、環縣、慶陽衛等十八處未得雨澤情形奏聞。續據布政使覺羅折爾金報稱：“蘭州廳、蘭州、蘭州衛、河州、河州衛、金縣、狄道縣、渭源縣、臨洮衛、安定縣、隴西縣、涇源衛、靈州所、寧夏所、鹽茶廳、固原衛等十六處夏禾被旱被災。”等語。經奴才與先報之地名核對，添加河州等四處，先前呈報之慶陽等六處未報。故奴才行文布政使，著將慶陽等六處被災與否之處查明。現除將報來之十六處照例具奏外，將前後地名相違緣由，恭奏以聞。

硃批：知道了。

【《康熙朝滿文硃批奏摺全譯》第1037頁第2641條】

提督陝西甘肅等處地方師懿德奏報甘肅各屬雨水糧價摺

康熙五十四年六月二十四日

提督陝西甘肅等處地方總兵官、帶降貳級留任戴罪圖功奴才師懿德謹奏：爲報明事。

奴才竊念主子仁至物情，知周民隱，凡雨水旱潦、年歲豐歉，時廑宸衷。奴才身任地方，敢不仰體訪報，以慰聖懷。兹據所屬，按時各報雨水、糧價前來，查甘肅地方去冬大雪，自春至夏，雨水及時，而寧屬亦渠水充足，俱屬有收。至于凉州、西寧，雨水雖未沾足，然亦不覺其旱。惟寧夏之花馬、興武、同心、古水、洪廣，凉州之莊浪、大靖、阿壩、土門，西寧之巴暖、碾伯、臨洮各處，五月雨稀，禾苗覺旱。

至米糧價值，照京斗計算。各處有産稻者，每石有一兩六七錢，有一兩八九錢者，粟米有一兩五六錢，亦有一兩七八錢者，麥、豆總在一兩三四錢之内，均比往年稍長。緣各處豐歉不同，價值多寡不一，且加以河東饑民來此就食，是以糧價未減也。今將各報雨水、糧價，謹具奏摺，恭進以聞。

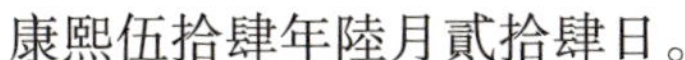
康熙伍拾肆年陸月貳拾肆日。

提督陝西甘肅等處地方總兵官、帶降貳級留任戴罪圖功奴才師懿德。

硃批：近日用兵之事，無甚關係，救民之饑，最爲緊要，故特使大臣同督撫議賑去了。爾等亦該留心。京中南北口外，麥田十分收了，田苗甚好。①

【《宫中檔康熙朝奏摺》第5輯，第553頁。亦見《康熙朝漢文硃批奏摺匯編》第6册，第321頁第1823條】

康熙五十五年（1716）

甘肅提督總兵官師懿德奏以范時捷統寧夏官兵摺

康熙五十五年十一月十五日

甘肅提督總兵官奴才師懿德謹奏：爲請旨事。

竊惟奴才謬蒙主恩，無可圖報，時深驚愧。近有家人賫奏到營，復蒙天恩，特賜御佩寶珍、圍場鮮味。奴才自揣何人，屢邀异數，是戴恩愈深，而圖報之愈難也。謹繕奏疏，恭謝天恩外，奴才惟竭駑駘，以盡職分。今軍前衆兵，蒙恩賞賜羊隻，所運糧米接濟，人皆精壯，近蒙恩膏大沛，蠲免借項，衆軍鼓舞踴躍。惟候明歲訓旨進剿，無煩聖懷。奴才更有請者。今現在

①京中南北口外，麥田十分收了，田苗甚好：此十六字，影印本原無，據《康熙朝漢文硃批奏摺彙編》補。

寧夏官兵，并在城預備聽調之官兵，奴才愚想以寧夏總兵范時捷統領，則該管平日之操練習熟，而于臨事指揮，自是得心應手。前征剿噶爾旦，寧夏總兵亦曾出兵。今奴才懇討該總兵統領寧夏官兵，不惟于軍大有裨益，即奴才等，亦得相資籌謀之善矣。此奴才愚意，未敢具題，謹摺奏請。應否如斯，伏候聖裁。

康熙伍拾伍年拾壹月拾伍日。

甘肅提督總兵官奴才師懿德。

硃批：知道了。寧夏一鎮，所關匪輕。況多一支兵，即費一分糧矣。

【《宮中檔康熙朝奏摺》第 6 輯，第 684 頁】

康熙五十六年 (1717)

※甘肅巡撫綽奇奏報雨水調勻摺

康熙五十六年六月十七日

奴才綽奇謹奏：爲奏聞事。

奴才查得，甘肅所屬地方平凉、慶陽、臨洮、鞏昌等四府，甘州、凉州、肅州、西寧、寧夏等五道，所轄地方，仰賴聖主恩福，今年又雨水調勻，田禾長勢抽穗甚好。爲此謹具奏聞。

硃批：知道了。

【《康熙朝滿文硃批奏摺全譯》第 1206 頁第 3039 條】

※議政大臣渾德等奏遣往甘州巴里坤之軍備撥糧草摺

康熙五十六年十月二十二日

議政大臣、領侍衛内大臣、侯、臣巴渾德等謹奏：爲欽奉上諭事。

康熙五十六年十月二十一日，乾清門三等侍衛喇錫傳旨："今既然不知西地事務如何，我等不可不予爲籌備。將今遣派之一千護軍，與其寒冷之際經蒙古塔拉遣往巴里坤，不若沿朕行走之邊關經寧夏路遣往甘州，察哈爾一千兵照常安養馬畜，由邊外前往巴里坤將軍富寧安處，遣往西安之每牛録三披甲，内將一披甲同一千護軍説前往甘州；駐甘州養馬畜，來年大軍進攻前，春季得青草，亦可前往巴里坤，西安方面倘有事，前行亦可，每牛録二披甲照常前往西安。如此，則于事有補，且易于調轉。"等因。降旨英明，俱欽遵諭旨施行。遣派巴里坤之一千護軍，沿邊關經寧夏路遣往甘州。察哈爾之一千兵照常由邊外安養馬畜，前往巴里坤。遣往西安之每牛録各三名披甲，内每牛録各一名鳥槍披甲，及所遣鳥槍營之每旗章京各一名、驍騎校各一名，交護軍統領胡希圖與護軍一同率往甘州，辦給此往鳥槍營之章京每人馬八匹、駝一峰，驍騎校每人馬六匹、駝一峰，給前往之護軍等各馬六匹、每二人合給駝一峰。現有之駝，均已辦理，無餘駝，停給前往之鳥槍披甲駝隻，每人亦各給馬匹六匹，將此六匹馬，照護軍例，各給四馬，給二匹馬價銀各二十兩。

查得，披甲等衹給五月行糧，護軍等俱給十月行糧，則此前往之章京、驍騎校、鳥槍披甲亦定爲十月，增給五月行糧。此往之一千護軍及每牛録各一鳥槍披甲沿邊前往甘州，以此遣派户部大臣一名、章京一名，每站核撥草秣，于大同携帶四十日米，寧夏携帶四十日米。抵達甘州後，巡撫綽奇照例撥給官兵口糧、馬匹草米銀，以養馬、駝。由十月行糧完結之月，續給行糧，來年大軍進攻前，按諭旨如何指示啓程，前往指示地點。其餘每牛録各二名披甲、大臣員等，照常前往西安可也。爲此謹奏請旨。于康熙五十六年十月二十二日，交給乾清門三等侍衛喇錫轉奏，本日奉旨："依議。欽此。"

議政大臣、領侍衛内大臣、侯、臣巴渾德，議政大臣、領侍衛内大臣、公、臣鄂倫岱，議政大臣、領事侍衛内大臣、公、臣海金，議政大臣、領侍衛内大臣、公、臣瑪律賽，大學士臣馬齊，大學士臣嵩祝，大學士臣蕭永藻，議政大臣、都統兼護軍統領臣武格，議政大臣、都統臣宗室延信，議政大臣、户部尚書臣穆和倫，議政大臣、兵部尚書臣遜柱，議政大臣、刑部尚書賴都，議政大臣、工部尚書臣孫札齊，議政大臣、理藩院尚書臣赫壽，議政大臣、都察院左都御使臣徐元夢，兵部左侍郎臣党阿賴，右侍郎臣查弼納，理藩院左侍郎臣拉都渾，右侍郎特古忒。

【《康熙朝滿文硃批奏摺全譯》第 1256 頁第 3126 條】

康熙五十七年（1718）

鎮守陝西西寧等處地方王以謙奏爲奉旨駐札西寧謝恩摺

康熙五十七年閏八月初一日

鎮守陝西西寧等處地方總兵官、都督同知、加三級奴才王以謙謹奏：爲恭謝天恩事。

康熙伍拾柒年捌月貳拾捌日，欽差宗室都統臣延信到寧，奴才等郊外迎接，跪請聖安。隨蒙口傳俞旨，令奴才將駐札西寧固原官兵管理。奴才恭設香案，望闕叩頭謝恩訖。伏念奴才一介庸愚，至微極陋，屢荷皇上洪恩，畀以邊疆重寄。時切蚊負，毫無報效。今奉恩旨下頒，奴才聞命自天，惶悚無地，惟有愈加警惕，勉竭駑駘，仰報殊恩于萬一耳。理合繕摺，叩謝天恩，伏祈聖主睿鑒。爲此具摺，謹具奏聞。

康熙伍拾柒年閏捌月初壹日。

硃批：知道了。

【《宫中檔康熙朝奏摺》第 7 輯，第 433 頁。亦見《康熙朝漢文硃批奏摺匯編》第 8 册，第 297 頁第 2685 條】

康熙五十八年（1719）

※胤禎等奏陜西等諸官獻物情形摺

康熙五十八年正月十九日

臣胤禎謹奏：爲奏聞事。

陜西總督鄂海遣道員祖雲坤獻馬六十匹、駝四十峰、銀五千兩，及牛、猪、羊等食物。陜西糧道祖雲坤獻馬六匹、騾六頭，及猪、羊等食物。神木道羅景獻馬八匹、駝四峰，及猪、羊等食物。署延綏總兵官事務、副將王志獻馬十二匹、駝四峰，及猪、羊等食物。游擊張儀獻猪、羊等食物。西安副都統巴爾布遣人獻馬十匹。兒臣依皇父訓諭，將銀兩、食物却之外，收巴爾布所獻之馬，其他馬、駝、騾等均運至喂馬處。等因。交付。固原將軍潘玉龍患病，故遣守備張齊鳳咨呈兒臣，獻馬四十匹、駝四十峰、銀一千兩，弓箭、火藥、鉛彈、帳房、蒙古包、猪、羊等食物，將馬、駝運至喂馬處。等情。交付外，將其他物品以此處無用，應捐賜爾之屬下兵丁内效力者爲由，均已退還之。總兵官李岳之妻遣人獻馬四匹、駝四峰及果品等食物，臣言李岳本人現在兵營，我尚有援伊之處，又有收取伊物之理乎？等語。馬、駝一并却之。

再，鄂爾多斯之王薩克巴，其弟台吉班竹、貝勒達希喇布坦、貝子羅布藏、納木札勒色楞、齊旺班竹、其叔父台吉納旺等親來迎呈，獻馬、駝，其内貝勒達希喇布坦之一馬、貝子羅布藏之一駝尚可，故收取之，折以官價賜綢。因其他馬、駝瘦，故均退還之。爲此自榆林衛宿處，恭摺奏聞。

硃批：知道了。

【《康熙朝滿文硃批奏摺全譯》第1357頁第3321條】

※胤禎奏報甘肅等處獻牲畜食物等摺

康熙五十八年二月初十日

臣胤禎謹奏：爲奏聞事。

甘肅巡撫綽奇遣派家人獻馬四十五匹、騾五匹，及猪、羊等食物。署理寧夏總兵官事務、平羅營参將董玉祥獻馬十二匹、駝六峰，及猪、羊等食物。花馬池副將蓋仁新獻馬四匹、駝二峰。寧夏道員雷有成獻馬四匹、駝四峰。都司張文達獻馬二匹、駝二峰。鞏昌府知府霍圖獻馬四匹、駝二峰。興武營游擊潘化獻馬四匹、駝二峰。同知博諾獻馬四匹、駝二峰。辦理莊浪驛站事務、兵部郎中法爾薩獻馬二匹。凉州番營参將霍玉獻馬二匹。臣依前奏，退還食物外，飭將馬、駝、騾送抵飼馬處。

凉州總兵官李忠岳遣参將霍玉，問臣好，告稱：總兵官李忠岳駐地遠，不能離開，特差遣卑職獻馬五十匹，迎大將軍。玉留此馬力馱水、茶，即如同總兵官親自出力。再，抵達其管界後，總兵官親獻馬、駝來迎。等情。稟告時，臣云，本應將爾等總兵官之馬，均留用效力，惟現值軍機繁冗，用馬處多，爾之總兵官方接任，既然從如此遠處篤切獻馬，欲留二馬，不必獻馬、駝迎臣。等情。署理甘肅提督事務、總兵官范時捷遣派参將杜如宣亦問臣好，呈獻備鞍之馬八匹，稱抵界後，仍親來獻馬迎接。等情。臣均收取。再，鄂爾多斯貝勒諾依羅布札木蘇，其祖母福晋、母福晋，遣侍衛達爾瑪吉里迪獻馬七十匹、駝三十峰。臣接受二馬、二駝，以此折官價回報綢十匹。爲此繕摺，謹具奏聞。

硃批：知道了。

【《康熙朝滿文硃批奏摺全譯》第1369頁第3345條】

※胤禎奏爲抵寧夏地方官員獻牲畜物品事摺

康熙五十八年二月二十日

臣胤禎謹奏：爲奏聞事。

臣等于本月初十日抵達寧夏。山東總兵官李琳獻馬四匹、騾四匹，臣推辭云：“今爾身在軍營之人，臣尚欲捐賜爾，豈有受爾獻物之理乎？爾將此存留，捐賜爾之兵營内勤奮效力之人。”等語。甘肅参將董如宣獻馬四匹，寧夏游擊彭雲龍、楊明禮各獻馬二匹，駐寧夏辦理蒙民事務、理藩院員外郎札西獻馬二匹，臣均接收。

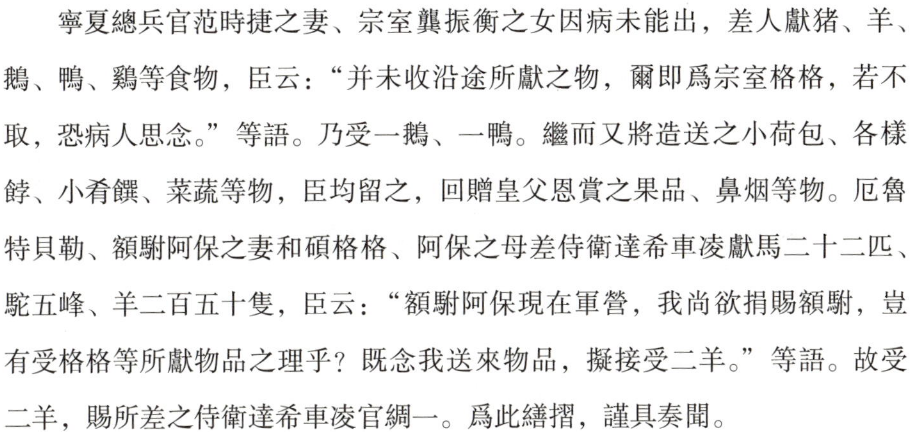
寧夏總兵官范時捷之妻、宗室龔振衡之女因病未能出，差人獻猪、羊、鵝、鴨、鷄等食物，臣云：“并未收沿途所獻之物，爾即爲宗室格格，若不取，恐病人思念。”等語。乃受一鵝、一鴨。繼而又將造送之小荷包、各樣餑、小肴饌、菜蔬等物，臣均留之，回贈皇父恩賞之果品、鼻烟等物。厄魯特貝勒、額駙阿保之妻和碩格格、阿保之母差侍衛達希車凌獻馬二十二匹、駝五峰、羊二百五十隻，臣云：“額駙阿保現在軍營，我尚欲捐賜額駙，豈有受格格等所獻物品之理乎？既念我送來物品，擬接受二羊。”等語。故受二羊，賜所差之侍衛達希車凌官綢一。爲此繕摺，謹具奏聞。

硃批：知道了。

【《康熙朝滿文硃批奏摺全譯》第 1371 頁第 3349 條】

※胤禎奏于山陝寧夏查視兵民盛迎情形摺

康熙五十八年二月二十日

臣胤禎謹奏：爲奏聞事。

臣沿途經宣府、大同、神木、榆林等處，查看兵丁，確依皇父諭旨整兵，且男丁强健，騎射優長，臣等愉悦贊賞。再，民衆亦感激皇父鴻恩，臣抵各處，均挂彩子，成群結隊，獻物品來迎，雖禁而不止。門街仍照常挂彩子喜迎之。以此，臣依照皇父對衆兵民之教誨降諭："朕于山西、陝西省，施兵民之恩綦重，此數年，山西、陝西兵民爲軍機事務效力者，亦屬不易。"等情。曉諭後，兵民益加喜悦謝恩。

抵達寧夏之日，兵民喜悦歡迎者益多，均稱聖主先前來時，甚仁愛我之小民，施以鴻恩，我等何等盼望朝見聖主天顔。今見到王，不勝喜悦。臣告知衆兵民："我出之前，皇父曾諭曰：'先，朕至寧夏，駐蹕多日，兵民并非相同，然如同赤子眷戀父母，均和睦相處，如同好似親戚。朕返回時，尚不忍離開。爾至彼處，務將此旨傳諭伊等。'"降諭後，衆民人益不勝歡忭，亦眷戀臣，于馬前馬後奔隨，懇請務于彼處多駐幾日，臣即告稱："我亦懇祈，仰副皇父仁愛爾等之心，有多駐數日之意，惟既有軍機事務，故不可多駐。順迎爾等請求，我等駐五日，即啓程。"等語。著官兵試射，均齊整熟練。軍内四人騎射更佳，每人各奬賞銀二兩。爲此繕摺，謹具奏聞。

硃批：知道了。

【《康熙朝滿文硃批奏摺全譯》第 1372 頁第 3351 條】

※胤禎奏報甘肅青海駐兵調防情形摺

康熙五十八年三月初五日

臣胤禎謹奏：爲奏聞事。

駐西寧都統閻欣等選送車凌敦多布，差遣主事胡畢圖等八人，通事二人，于二月十六日抵至寧夏之玉泉營後，臣揀選主事胡畢圖，護軍校札木蘇、船之護軍委護軍校錫伯綽奔泰，領催伊薩海、希薩納，以主事胡畢圖爲首，暫佩孔雀翎，每人各賞銀二十兩、裘服一件、新貂皮帽各一頂。再，差遣之通事韓德亦賞之。餘之佐領諾爾木、護軍額林臣、披甲納木爾、通事申進等四人已遣返西寧。

臣于三月初一日抵至莊浪衛後，將軍富寧安處來送使臣之筆帖式喇特納呈報。據云，使臣等于初二日來至涼州，約計初四日來至莊浪衛。臣觀之，我等從西安路來之首隊兵，臣率行之二隊兵、後行之三隊兵，再由西寧往涼州之兵，由蘭州往甘州之兵，并未約定，而均于莊浪衛會師。署理甘州提督事務、總兵官范時捷，涼州總兵官李中岳、西寧總兵官王義前等，各自携緑營兵來迎，亦會于莊浪衛。因兵甚多，由使者來路相迎，至臣大營。各旗立營整齊，施放槍炮，兵丁均佩帶軍器，列隊示威，導引之侍衛官員等指沿途軍營列隊之兵看時，羅卜藏、納木奇驚嘆曰："原我等聞得，阿穆呼朗汗行軍，則兵不勝數，鋪天蓋地。今日觀此衆營兵，我等原聞之語，果然無誤。此安營于路兩旁，且將近有二十里，若引而宿之，何遠之有。"等語。聞槍炮之聲，大爲震動。使者羅卜藏、納木奇等至，著入臣營，與我等使臣胡畢圖等相互認識，將咨行車凌敦多布之義于伊等面前交我等使臣胡畢圖等。賞羅卜藏、納木奇新貂皮帽、蟒緞袍、帶、靶等物各一件，給與飯茶。羅卜藏、納木奇等甚喜悦，稱我等蒙受此恩，務盡力報效郡王。言畢，令此等即啓程，遣往西寧。爲此繕摺，自莊浪衛下榻處，謹具奏聞。

硃批：知道了。辦理得好。

【《康熙朝滿文硃批奏摺全譯》第 1373 頁第 3355 條】

協辦陝西固原提督事務馬見伯奏陳固原兵馬銀兩事宜摺

康熙五十八年三月十八日

協辦陝西固原提督事務奴才馬見伯謹奏：爲奏聞事。

竊奴才于本年貳月貳拾叁日到固原，相離家鄉雖近，而瞻仰天顔甚遠。

心神夢寐，常依帝座。每思聖恩，飲食教誨，無异父母之慈愛；優容寵錫，有如天地之高深。意念及此，不禁泪垂。今奴才到固原，見地方寧謐，復查訪所屬外汛去後。據商州營游擊劉成、護理慶陽營副將印務守備汪建侯、護理延安營參將印務守備王忠孝等回稱，兵民相安，地方無事。有西安、延安貳府雨澤沾足，固原、慶陽雨澤不大，天氣不熱，尚不覺旱。點閱標營兵丁，旗幟鮮明，隊伍整齊。步、箭、鳥槍好者居多，馬、箭生疏不諳者亦多。外汛兵丁，馬步箭、鳥槍俱皆生疏不諳，現在嚴飭操演。又，外汛守兵無盔甲，現在會商捐造。夏季餉銀，于叁月初拾日，足數散給家人。糧止壹百陸拾分，長隨糧伍拾柒分。中軍守備交餉奴才未收，亦未招補。再，有營中采買官馬、駱駝，并喂養草料、打造炮位所領銀兩甚多，因奴才敕書札付印信未到，任事方新，未及細查。況領銀各官俱係將軍委用之人，除嚴飭用心加料喂養外，俟銷算之日再查。奴才才弱身輕，責大任重，日夜冰兢，恐其遺誤，所有地方兵馬銀兩事宜，不得不冒昧陳奏。仰祈聖主俯賜訓誨，則奴才有所遵守，而庶免覆餗之虞矣。敬此繕摺，曷勝惶悚。爲此謹奏以聞。

康熙伍拾捌年叁月拾捌日。

這等事，各處都有，且從容，纔得十全，不著速。

【《宫中檔康熙朝奏摺》第 7 輯，第 479 頁。亦見《康熙朝漢文硃批奏摺匯編》第 8 册，第 427 頁第 2743 條】

※胤禎奏報寧夏等地方官員獻物摺

康熙五十八年七月初九日

胤禎謹奏：爲奏聞事。

寧夏總兵官范時捷[①]之妻、宗室龔鎮衡之女遣人向臣問好，獻芝麻、緑豆、小黄米、香油、腌菜等物。署理寧夏總兵官事務参將董玉祥遣人向臣問好，獻香油、緑豆。臣均未受而却之。再，陝西巡撫噶什圖，獻臣《資治通鑒》《文選》書各一套，筆、墨、腌小菜等物。協理固原提督事務、總兵官馬見伯遣人向臣問好，獻西瓜、苹果、普洱茶、蝦等物。西寧總兵官王宜前獻臣鴿子十二隻、松鷄一隻、草鷄二隻、火鷄四隻，及西瓜、果、菜等物。按察司巴錫獻臣梨膏六瓶，并時常獻新鮮西瓜、果、菜等物。西寧道員趙世喜獻臣窩雛鴿子一隻，并時常獻新鮮西瓜、果、菜等物。臣未受。後噶什圖等反復懇請，此等物乃地方土産之小物，若仁愛我等，則請賞臉，予以收取。臣乃受鴿子、松鷄、草鷄、火鷄、西瓜、果、腌菜等物，他物均却之。爲此具摺，恭謹奏聞。

朱批：知道了。

【《康熙朝滿文硃批奏摺全譯》第 1411 頁第 3432 條】

協辦固原提督事務馬見伯奏請聖安并進挂麵摺

康熙五十八年七月十三日

協辦陝西固原提督事務奴才馬見伯謹奏：爲恭請聖安事。

竊奴才于貳月初叁日叩違聖顔以來，業已陸月，而犬馬上情又不能自已。遥想聖躬乾健，每年于白露後行圍，謹此繕摺，敬差家人趙文選賫捧，恭請聖安，虔進挂麵捌箱。伏乞聖主恩准賞收，以伸奴才微誠。爲此謹奏以聞。

康熙伍拾捌年柒月拾叁日。

朕安。今年甚好。

---

①范時捷：原作“范士杰”，據人名用字及下文改。

【《康熙朝漢文硃批奏摺匯編》第 8 册，第 567 頁第 2808 條】

※胤禎奏報陝西巡撫噶什圖等獻物摺

康熙五十八年七月二十六日

臣胤禎謹奏：爲奏聞事。

陝西巡撫噶什圖獻臣馬三十八匹、騾二頭、羊八百隻，蘭州布政使覺羅折爾金差人獻臣鷹一隻，西瓜、果等物。署理寧夏總兵官印務事參將董玉祥遣人獻臣靈州地方土産西瓜六馱。臣受巡撫噶什圖進獻之馬，騾、羊却之。布政使覺羅折爾金、参將董主祥進獻之鷹、西瓜、果等物均受之。西寧土司齊憲邦獻臣藏香二束、氆氇一條、劣素珠一串、拉古爾碗一隻。臣受碗、素珠，賜伊綢一匹，他物均却之。莊浪土司盧華齡獻臣藏香一束、劣素珠一串、拉古爾碗一隻、藏狗一條。臣受碗、素珠，他物却之。再，候補道員李玉堂獻臣餑、小菜，臣均却之。爲此具摺，恭謹奏聞。

硃批：知道了。

【《康熙朝滿文硃批奏摺全譯》第 1411 頁第 3443 條】

提督陝西固原等處地方馬見伯奏爲恭請皇上聖躬萬安摺

康熙五十八年九月初九日

提督陝西固原等處地方總兵官、署都督僉事奴才馬見伯謹奏：爲恭請聖安事。

竊奴才遠在固原，接閲邸〔抵〕抄，恭聞聖駕今年于捌月初拾日方出哨行圍，奴才日夜思維，難得確信。今值聖駕回鑾，奴才又不獲如前跪迎道傍，瞻仰聖顔，叩請聖安，犬馬下情，心神不寧。兹特敬繕奏摺，差長隨楊豹賫捧，恭請聖安。爲此謹奏以聞。

康熙伍拾捌年玖月初玖日。

朕安。今年雨水頗多，故遲了十余天。

【《宫中檔康熙朝奏摺》第 7 輯，第 595 頁。亦見《康熙朝漢文硃批奏摺匯編》第 8 册，第 591 頁第 2818 條】

提督陜西固原等處地方馬見伯奏陳辦理固原馬匹營務摺

康熙五十八年九月初九日

提督陜西固原等處地方總兵官、署都督僉事奴才馬見伯謹奏：爲奏聞事。

今據各營回報，地方無事。有總督鄂海于捌月貳拾貳日又差平凉府知府蔣兆龍由固原至靖遠衛一帶散賑饑民，鄂海知會奴才，亦委各汛營員協同散賑去訖。有奴才家人糧，將軍潘育龍原留壹百陸拾分，奴才叨受聖恩甚重，不能報答，止存壹百分養贍家口，其餘陸拾分，奴才陸續招募人材壯健、弓馬嫻熟之人入伍差操。至于各營節禮空糧，奴才于柒月貳拾日奉旨之後，行查營分大小不一，有壹年饋送自拾兩以至叁百玖拾兩不等，共銀肆千伍百餘兩。因道路遠近不同，糧有馬步不一，又有千把與將備所送禮節空糧尚未報明，俟查完之日再奏。再，有將軍潘育龍捐助馬匹、弓箭、鳥槍摺内，伏乞敕下奴才收存。奉旨，這所助軍器、馬匹，著交與奴才，遇有用處動用。奴才仰賴聖主洪福，地方寧謐，各營兵丁馬匹、器械，俱各自備，并無用處。今奴才具啓，請大將軍王軍前調用。其馬匹係捐助之馬，未動正項銀兩，仍在伊家喂養，合并奏聞。

康熙伍拾捌年玖月初玖日。

此馬亦該交完纔是，在伊家喂養，日多不便。

【《宫中檔康熙朝奏摺》第7輯，第597頁。亦見《康熙朝漢文硃批奏摺匯編》第8册，第593頁第2819條】

※胤禎奏報陝西等地方官員獻物品摺

康熙五十八年十二月十一日

臣胤禎謹奏：爲奏聞事。

陝西總督鄂海遣人向臣問好，獻馬八匹、兔鶻鷹四隻、鷹六隻、犬四條。臣受馬七匹、鷹一隻、犬一條，餘均却之。固原提督馬見〔建〕伯遣人向臣問好，獻鷹六隻。臣受鷹一隻，餘却之。陝西巡撫噶什圖獻臣柑子果四百隻、腌小菜四種。臣受之。署理甘肅按察司事務之詹事府衙門詹事富山，遣人向臣問好，獻馬八匹。臣受之。寧夏屬之凉州營參將馬龍，遣人向臣問好，獻哈密瓜四十隻，臣對送瓜之人訓示："爾返回，向參將問好。參將任汛地，既從遠處特遣人送來，我均受之。嗣後勿再獻物。"等情。賜給棉衣一件遣之。爲此謹具摺奏聞。

硃批：知道了。

【《康熙朝滿文硃批奏摺全譯》第1441頁第3477條】

康熙六十一年（1722）

甘肅提督路振聲奏爲暫請借補軍前領兵參見等員事摺（附：紅紙批諭一件）

康熙六十一年十一月二十三日

提督甘肅總兵官奴才路振聲謹奏：爲叩懇聖慈，借補軍前領兵官員，以收實效事。

奴才行伍庸材，荷皇恩起拔提督，委以軍前管領官兵之任，所藉以鼓舞

官兵者，惟有選拔無私、微功必録，以仰副我皇上寬厚之洪恩耳。令軍前領兵寧夏靈州營參將常杰，于本年玖月拾壹日，痰厥身故，所遺員缺，係領兵之官，不便乏人料理，應于軍前各官内，揀選諸□軍伍、恩信相孚之員請補，俾其兵將習熟，堪資臂指。奴才選得見在土魯番、凉州鎮屬大靖營參將高錦，凉州人，調補靈州營參將。大靖員缺，選得見在土魯番領兵、甘州提標陞衛參將、仍留前營游擊任楊克功，寧夏人，堪以補授。楊克功游擊員缺，選得見在土魯番領兵、甘州提標左營守備衛維康，山西人，堪以陞補。衛維康守備員缺，選得見在巴爾庫爾領兵、甘州提標左營年滿千總董朝弼，凉州人，歷俸拾年有零，堪以擬補。以上肆員，皆係伍拾肆年内出征口外，兩次襲擊，馭兵有術，才勇相稱。楊克功、衛維康，于陸拾年玖月内，在土魯番殺賊案内有功，均宜依次擬補。

奴才造具保結文册，于陸拾壹年玖月拾玖日，移送署甘州提督印務、寧夏總兵官臣范時捷鈐印，轉咨川陝總督臣年羹堯請補去後。今于本年拾壹月拾玖日，准署提臣范時捷移文内稱，查高錦、楊克功俱係本省之人，請補前項員缺，有干新例，將奴才保結文册移回，另選合例之員。奴才細繹奉到新例，處分甚嚴，敢不凛遵。但奴才身在口外，需員領兵，輾轉思維，未便緘默，特以口外時宜，冒昧叩懇，仰乞聖慈，俯念軍前武官多係陝省之人，久歷征途，赤心報效，不惟兵將習熟，而且日練月磨，地理情形，頗知趨向之方，似與遠方新補之員乍臨口外者，更爲有益。且軍前員缺不致久懸，目前暫請借補管領兵馬，俟事定之後，再爲遷調，以副新例。倘蒙恩允，容奴才另疏具題。爲此具摺奏請，伏祈睿鑒，奴才不勝惶悚待命之至。謹具奏摺以聞。具本來奏。

康熙陸拾壹年拾壹月貳拾叁日。

提督甘肅總兵官奴才路振聲。

川北地方緊要，目下正是邊方用兵之時，該鎮位已尊，年已邁，何不告老，以全始終。若能自愛，一面具詳來，一面遣汝一子來我軍前效力，受我未了之恩也。

【《康熙朝漢文硃批奏摺匯編》第 8 冊，第 1002 頁第 3013 條】

康熙朝時間不詳文書

鎮守陝西寧夏等處地方范時捷奏爲恭請皇上聖躬萬安摺

鎮守陝西寧夏等處地方總兵官、左都督、世襲壹等精奇呢哈番臣范時捷謹奏：爲恭請聖安。

朕安。已後奏摺，爾自己寫來。

【《宮中檔康熙朝奏摺》第 7 輯。亦見《康熙朝漢文硃批奏摺匯編》第 8 冊，第 1088 頁第 3052 條】

鎮守陝西寧夏等處地方范時捷奏爲恭請皇上聖躬萬安摺

鎮守陝西寧夏等處地方總兵官、左都督、世襲壹等精奇呢哈番臣范時捷謹奏：爲恭請聖安。

朕安。近來聞得爾聲名甚好，已後益加小心，始終如一。

【《宮中檔康熙朝奏摺》第 7 輯。亦見《康熙朝漢文硃批奏摺匯編》第 8 冊，第 1089 頁第 3053 條】

鎮守陝西寧夏等處地方范時捷奏爲恭請皇上聖躬萬安摺

鎮守陝西寧夏等處地方總兵官、左都督、世襲壹等精奇呢哈番臣范時捷謹奏：爲恭請聖安。

朕體安善。近聞爾之聲名頗好，但身子虛弱多病，不出操演。等語。未知是真。

【《宫中檔康熙朝奏摺》第7輯。亦見《康熙朝漢文硃批奏摺匯編》第8冊，第1090頁第3054條】

※（佚名）奏報守備員缺摺

守備員缺：陝西涼州總兵官所屬之土門堡守備員缺。硃批：著以譚仁補授。陝西平川堡守備員缺。硃批：著以李世原補授。陝西延綏總兵官所屬顧山堡守備員缺。硃批：著以周明昌補授。陝西延綏總兵官所屬永興堡守備員缺。硃批：著以楊金雙補授。陝西提督標下右營游擊之中軍守備員缺。硃批：著以何長修補授。陝西涼州總兵官所屬大靖營守備員缺。硃批：著以竇國忠補授。陝西寧夏總兵所屬古水井堡守備員缺。硃批：著以何天錫補授。陝西西寧總兵官所屬威遠堡守備員缺。硃批：著以陳京倫補授。四川提督標下中軍參將之中軍守備員缺。硃批：著以許長青補授。福建臺灣水師副將之左營守備員缺。福建臺灣水師副將右營守備員缺。廣東惠州副將右營之守備員缺。硃批：著以李栖鳳補授。廣東三水城守營守備員缺。硃批：著以王子倫補授。廣東龍門城守營守備員缺。硃批：著以趙明甫補授。廣東澳州營守備員缺。硃批：著以洪子清補授。廣東雷州副將左營守備員缺。硃批：著以張保補授。廣東南雄副將中軍守備員缺。硃批：著以李如輝補授。廣西左江總兵官標下左營守備員缺。硃批：著以佟俊枚補授。廣西上思營守備員缺。硃批：著以王順補授。江西樟樹營守備員缺。硃批：著以張志隆補授。江西吉安營參將中軍守備員缺。硃批：著以石天健補授。江西銅鼓營守備員缺。硃批：著以李天成補授。江西羊角營守備員缺。硃批：著以馮有玉補授。

【《康熙朝滿文硃批奏摺全譯》第1712頁第4252條】

※（佚名）奏報守備員缺

守備員缺七名：寧夏總兵官標下中營守備之缺。硃批：著以楊明理補授。山東武定營游擊中軍守備員缺。硃批：著以王子福補授。山東沙溝營守備員缺。硃批：著以李志榮補授。偏沅巡撫標下左營中軍守備員缺。硃批：著以楊鵬補授。湖廣沅州副將中軍守備員缺。硃批：著以胡安邦補授。廣東右翼總兵官標下中軍守備員缺。硃批：著以杜盤貴補授。福建長福營守備員缺。硃批：著以李智補授。

衛守備缺四名：湖廣石州衛守備員缺，經抽簽由直隸糧城守禦所千總謝里德得之；山東濟南衛守備員缺，經抽簽由江南淮安衛第四幫領運千總劉國勛得之；陝西洮州衛守備員缺，經抽簽由山西平陽衛中所千總袁尚得之；直隸延慶衛守備員缺，經抽簽由江南淮安衛頭幫領運千總席加興得之。

【《康熙朝滿文硃批奏摺全譯》第 1713 頁第 4257 條】

※（佚名）奏報參將員缺摺

參將員缺三名：陝西甘州城守營參將員缺。硃批：著以郭成功補放。四川維茂營參將員缺。硃批：著以趙廉補放。陝西固原城守營參將員缺。硃批：著以馬英補放。

【《康熙朝滿文硃批奏摺全譯》第 1717 頁第 4270 條】

雍正朝

雍正元年（1723）

提督總兵官摺子

雍正元年正月二十日

多事皇朋。

陝西固原提督李麟，陝西人，由行伍。

甘肅提督路振聲，陝西人，由行伍。現在出兵，寧夏總兵官范時捷署理。……

陝西省：……寧夏總兵官范時捷，鑲黃旗人，由精奇尼哈番署理甘肅提督。總兵事務，副將李山署理。……

【《雍正朝漢文硃批奏摺匯編》第30册，第366頁第267條】

川陜總督年羹堯奏密舉川陜官員胡期恒等十五員摺

雍正元年正月二十四日

四川陜西總督、加六級紀録三次臣年羹堯：爲遵旨密奏事。

竊臣于本年正月十二日家人捧回奏摺，内有硃批諭旨：“不論在京在外，本省他省，有爾信得及的，或有才、或有守者，不論官之大小，寫摺子來，逐一開明呈進。欽此。”此我皇上俯念致治莫先于用人，欲廣羅賢才而獎拔之。臣敢不竭臣所知，仰答聖意。臣自出仕以來，二十餘年，凡遇有用之才，無不時時留心。至于操守貪濫者，固無所取，矯情者，臣亦不敢信以爲是。謹以臣所深知確見者，凜遵聖諭，逐一開寫于後。

陜西省官員：……白訥，山西人，現任寧夏監收同知，辦事敏練，允稱才能之員。……以上十五人，或同事一方，或驗試已久，據實開薦，不敢一字虚浮。惟是秦省爲天下要區，正值用人之際，而大員缺官甚多。或俟臣面奏，或以密摺請補。量才陞調數員，則錢穀刑名，均可得人，而臣亦藉以分勞共濟，如獲左右手矣。臣一人之心力有限，故敢冒昧懇奏，伏祈聖恩，批示遵行。

雍正元年正月十九日具。

【《雍正朝漢文硃批奏摺匯編》第1冊，第15頁第18條】

△諭直隸各省督撫特令原直隸巡撫趙之垣解任准其暫回原籍等

雍正元年四月十五日

十五日，諭直隸各省督撫：“國家敦勵風俗，首重賢良，舉髦士以勸秀民，實爲政教之大端。凡封疆大吏，宜共體此意，廣詢博訪，不可視爲具文，漫不加察也。前所頒恩詔，内有‘每府、州、縣、衛，各舉孝廉方正，暫賜以六品頂帶榮身，以備召用’一條。距今數月，未有疏聞，豈通都大邑之中，海澨山陬之遠，遂無潛修砥操、克稱俊乂、可應詔旨者歟？誠恐有司怠于采訪，雖有端方之品，無由上達，殊負朕殷殷延攬之至意。特著直省各督撫，速遵前詔，確訪所屬，果有行誼篤實、素爲鄉黨所推者，即列名具奏，毋得隱蔽及濫引塞責。”

又，直隸巡撫李維鈞奏，原任署撫趙之垣應發回原籍，令川陝督臣清查伊叔趙弘燮家産，以完帑項。奉上諭曰：“皇考御極六十餘年，用人之道，嘉善獎能，不吝爵賞，宥罪赦過，率多矜全。如勇略將軍趙良棟，乃心王室，忠勇素著，始終宣力，有如一日。皇考待以隆恩，异數超越等倫。其子趙弘燮，承其先世之餘蔭，位任封疆，不思竭力報稱，惟圖利偷安，以致事務廢弛、庫帑虧空。皇考不忍遽加斥罷，寵遇如初，格外優容，冀其改悔。迨至病故，又令其侄趙之垣往署撫篆，爲之料理一切未完事件。蓋不欲其生平行事一朝破露，遂罹國法，傷其先人名節耳。皇考之所以待功臣者，至于如此，亦云厚矣。朕纘承大統，即洞悉趙之垣暗昧無知，萬難勝任，然猶仰體皇考深仁厚澤，曲加優庇，面飭訓諭數次。乃趙之垣，怙終不悛，昧于大義，具摺捐銀三十萬兩，始知前此所聞勒要屬官銀兩進上之言并非虛語，不知是誠何心。試問此銀出于何所？直隸全省數十萬民生繫于巡撫一人之賢否，奉職無狀，貢納財物，謂可邀免，有是理乎？昏謬至此，無怪其不知君恩之高厚矣。畿輔重地，貽誤匪輕。特令解任，准其暫回原籍，仍著速來完補伊叔任内虧空。俟其完日，朕尚能全其身命，保其門户，猶是皇考厚待功臣之意也。趙氏父子，忍負國恩，皇考與朕，寧忍負功臣後裔耶？該部速將此諭行文川陝總督抄謄，告示曉諭，使咸知朕意。”

【《雍正朝漢文諭旨匯編》第 6 册《上諭内閣》，第 47 頁“雍正元年四月十五日”條。亦見同書第 3 册《無年月硃諭》，第 81 頁第 230 條】

※甘肅布政使傅德奏報雨水禾稼情形摺

雍正元年五月十四日

雍正元年五月十四日，署理甘肅巡撫事務、布政使奴才傅德謹奏：爲奏聞甘肅屬地雨水禾稼情形事。

奴才叨荷主子鴻恩，蒙特旨陞以甘肅布政使重任，旋即命署理巡撫事。由是奴才夙夜悚懼，惟仰副聖主軫恤百姓至意，以民生爲重。小民所靠，米、穀也，而雨澤所關最重。經奴才詳查，今年四月，平、慶、臨、鞏四府屬地，正月以來，頻得雪澤，异常調勻。各屬地迭次來報，雨澤沾足。目今夏禾長發，禾穗暢茂，秋禾已皆耕種，可望大有。

再，寧夏、西寧入春以來，亦皆得雨雪，然未沾足，所種之禾，生長結穗仍望雨澤。惟涼、甘、肅三道屬地，入春以來，雖稍得雨雪，然實不足。夏禾雖已種下，然結穗不壯。幸涼、甘、肅等地多靠水田，離水較遠之旱地皆望雨。今蒙聖主之福，五月初五、初六等日，皆得雨。且山水下來，河溝之水已滿，小民俱各努力引水灌田。夏禾現皆長發結穗，秋禾亦皆上緊耕種，萬民俱雀躍歡忭。若五月裏再得雨澤一二次，涼、甘等地不但夏禾無礙，秋禾亦可望大有。大致甘肅地方節氣寒冷，禾稼收割較西安晚一個多月。原來夏季種禾衹收夏季一季，秋季種禾衹收秋季一季，一塊田不能收兩季。觀夏禾，皆于六月末開始收割。除收割時另報分數外，現將雨水、田禾情形，恭奏以聞。

再，奴才伏乞，奴才雖粗通滿漢書，但所學皆差，嗣後倘有請旨、密奏之事，不計滿漢字，硃批：滿漢皆可隨宜書奏。酌情繕寫具奏奉旨後，奴才欽遵而行。爲此一并謹奏。

硃批：知道了。所奏明白，且甚誠實，此纔是。

【《雍正朝滿文硃批奏摺全譯》第135頁第253條。譯自《宮中檔雍正朝奏摺》】

提督摺子

雍正元年六月二十日

多事皇朋，總木趙。……

陝西固原提督李麟，陝西人，由行伍。現在奉旨來京，總兵楊盡信署理。陸路。

甘肅提督路振聲，陝西人，由行伍。現在出兵，總兵楊啓元署理。陸路。……

雍正元年陸月貳拾日。

【《雍正朝漢文硃批奏摺匯編》第30冊，第380頁第269條】

總兵官摺子

雍正元年六月二十日

多事皇朋。直隸總木趙。……

陝西省。

西寧總兵官楊盡信，陝西人，特旨署固原提督事務員缺，副將黃喜林署理。陸路。

延綏總兵官李耀，陝西人，由行伍。現在出兵，原係副將楊啓元署理，今楊啓元已于寧夏總兵官署理之員，未經報部。陸路。

寧夏總兵官楊啓元，陝西人，由漢中副將特旨補授。現署甘肅提督事務員缺，副將李山署理。陸路。……

雍正元年陸月貳拾日。

【《雍正朝漢文硃批奏摺匯編》第30冊，第380頁第270條】

副將摺子

雍正元年六月二十日

多事皇朋，直隸總木趙。……

陝西省。

督標中軍副將田畯，直隸人，由武狀元侍衛。現在出兵，游擊王嵩署理。陸路。……

中衛副將李山，江南人，由行伍。現署寧夏總兵官事務。陸路。

定邊副將高金，陝西人，由固原城守營參將提督李麟保題補授。陸路。

花馬池副將惠延祖，陝西人，由河達哈哈番侍衛。陸路。……

雍正元年陸月貳拾日。

【《雍正朝漢文硃批奏摺匯編》第30冊，第383頁第271條】

參將摺子

雍正元年六月二十日

多事皇朋，巡捕叄營總木趙。……

陝西省。

固原進標中軍參將馬自忠，陝西人，由行伍。陸路。

甘肅提標中軍參將董如宣，陝西人，由武舉。陸路。……

靈州營參將高錦，陝西人，由大靖營參將。提督路振聲保題調補。陸路。

固原城守營參將何文錡，浙江人，由蘆塘營游擊。提督李麟保題補授，現署靖遠副將事務。陸路。

下馬關參將張世奇，陝西人，由行伍。陸路。

平羅營參將金民安，正白旗人，由驍騎校。陸路。……

雍正元年陸月貳拾日。

【《雍正朝漢文硃批奏摺匯編》第 30 册，第 387 頁第 272 條】

川陝總督年羹堯奏呈改調固原寧夏兵丁摺

雍正元年七月初四日

太保公、四川陝西總督臣年羹堯：爲奏明事。

七月初三日，貝子延信移送摺稿到臣，前已有諭，若合符節。乃係行調延綏鎮、興漢鎮兵二千名一事。臣因此兩鎮相去甘州皆二千數百里，一時不能即到，到亦不能得力，臣隨行文改調固原提標、寧夏鎮標各備兵一千名。路既近便，而兵馬省力，理合奏明。然羅布藏丹盡既已搶掠額爾得尼額爾克，朕亦如此料。其事大略不過如此。甘、凉兵馬，除出征、防汛外，尚有五六千名，似無庸遠行徵調。至臣西寧之行，且俟深秋，再爲酌量，目前不敢輕動。理合一并奏明，伏祈睿鑒施行。

雍正元年七月初四日具。

【《雍正朝漢文硃批奏摺匯編》第 1 册，第 614 頁第 496 條。亦見《宮中檔雍正朝奏摺》第 1 輯，第 434 頁】

△諭內閣年羹堯奏稱趙之壇情願捐銀一萬兩往布隆吉爾地方築城效力

雍正元年七月十一日

十一日，諭內閣："朕前降諭旨，因年羹堯奏稱，趙之壇情願捐銀一萬兩往布隆吉爾地方築城效力。朕念趙之壇係功臣之後，若伊才具不克勝知府之任，道員事簡易辦，欲捐銀議叙，以道員用，可聽其效力。若趙之壇才克勝任，即仍留知府用。現今趙弘燮虧空庫銀三四十萬兩，交與趙之垣料理，又何必另外捐銀。此朕施恩之意也。况年羹堯啓奏，築城已有張連登、王之樞等可以竣事，今復遣往效力，議叙似又開一捐例，斷不可行。若布隆吉爾築城，張連登等所捐之貲不克完工，令年羹堯密摺具奏，再將情願效力者發往。此朕之諭旨也。……"

【《雍正朝漢文諭旨匯編》第6冊《上諭内閣》，第68頁"雍正元年七月十一日"條】

※貝子延信奏報寧夏等三處官兵就地候令摺

雍正元年七月十五日

雍正元年七月十五日，臣延信謹密奏：爲欽遵上諭事。

七月初三日，臣所奏爲郡王額爾德尼額爾克、托克托鼐入關一摺賫到，内奉硃批："額爾德尼額爾克之事，爾始終辦理得軟而不足，雖言不派兵保護，爲何不派人赴羅卜藏丹津所勸之和解。事既如此，現追悔莫及。羅卜藏丹津甚屬可憐，須妥善照顧，使之生業豐厚。其子、家奴失散，倘有來投者，即照前旨施行，特諭。欽此。"再，七月十日所到臣認罪一摺内，奉硃批："速調爾准備，乃因若羅卜藏丹津追入關口，准備以爾附近之兵爲一部，酌情調遣，年羹堯恐亦會令追擊。今爾調遠處鞭長之師以備問罪，此與爾何干？此非交付于爾之事也，甚爲糊塗。"又奉御批："諭貝子延信。爾奏言參將孫繼宗未出兵援助伊孫察罕齊老圖，甚是可嘉。至調爾凉州二千兵扼守南山關口，尚是。調延綏、興漢等遠處之兵，甚屬非也。再，欲將甘州關一千守兵撤回甘州一事，爾太畏懼矣。駐伊孫察罕齊老圖之侍衛倭赫等之二百兵丁不宜輕易撤回。若羅卜藏丹津果真叛亂，亦祇犯邊關要地耳，招惹鮮寡，豈可彰顯其大逆之舉耶？倘將倭赫等兵撤回，其越發以爲我等害怕了。今既已撤回，則與孫繼宗一同于布隆吉爾妥爲鞏守，小心謹守我關内之地。旦有緊要之事，則一面具奏，一面咨行年羹堯。再，額爾德尼額爾克、托克托鼐等之奴才，本應加緊保護，反而拖延矣。今因擔憂，又操之過急，軍機之事，籌畫穩定方寸爲宜，不可輕舉妄爲。爲此特諭。欽此。”

仰見諭旨，臣如夢初醒，方知臣糊里糊塗馳調鞭長之兵，甚屬盲目妄動之過。聖主訓諭一到，臣即檄令延綏、興漢、寧夏三處兵馬，此際倘若未尚起程，接到此文停止前來。若已經起程，于何處接到此文，就地候令，視太保公、總督年羹堯指示遵照施行。等情。除咨文太保公、總督年羹堯，此三處兵馬如何處置，請尚書酌情辦理外，此事臣始終辦理不當，舛誤甚重，此皆延信昏庸怯弱所至。嗣後將遵照聖訓，凡事與太保公、總督年羹堯商定施行。爲此謹將所奉御批，一并秘密具奏。

【《雍正朝滿文硃批奏摺全譯》第 238 頁第 436 條】

※固原署理提督印務噶爾弼奏謝欽命署任摺

雍正元年八月初九日

署理固原提督事務都統噶爾弼謹奏：爲叩謝天恩事。

竊臣本一獲罪之人，蒙恩寬宥免罪，即出望外，又荷殊仁還職，遣往陝西效力，實今生今世難以酬報。兹來陝西月餘，尚未效力分毫，聖主再施殊恩，命臣署理固原提督印務。臣接旨，當即叩謝主恩外，伏惟臣居官以來，向任八旗之職，于緑旗事務，一無所知。雖前在四川與總督年羹堯辦理軍務，粗知大略，但陝西地方甚屬重要，提督統轄通省官兵，責任綦重。爲此經向總督年羹堯討教地方治理要訣，方纔略知一二。臣祈請到任後，諸事俱與總督年羹堯商議辦理，爲此謝恩。謹奏。

硃批：知道了。

【《雍正朝滿文硃批奏摺全譯》第 275 頁第 511 條】

※都統噶爾弼奏請隨軍出征效力摺

雍正元年九月二十六日

署理提督事務、都統臣噶爾弼謹奏：爲請隨軍效力事。

竊臣一介罪人，蒙恩開復原職，又將犬子二人授官，委以侍衛，將臣遣來陝西效力。到任不久，又命署理提督事務。如此天恩，臣今生今世實難仰報。此逢軍事，恰爲臣當效力之處，本欲前去竭力效命，以報萬一，然總督年羹堯調兵文内未列臣名。臣乃欽派陝西效力之人，西寧地方距固原不遠，兹眼見衆官兵前往，自己不能同行，何堪忍受。伏乞聖主明鑒，提督事務另行擇人署理，遣臣出師。爲此謹奏請旨。

硃批：何處效力都一樣，内地更重要，照朕指示施行。

【《雍正朝滿文硃批奏摺全譯》第386頁第706條】

川陝總督年羹堯奏報等辦征剿西海亂事摺

雍正元年十月初三日

太保公、四川陝西總督臣年羹堯：爲奏明事。

臣于九月二十日自西安起行，今于十月初三日已至莊浪，連接西寧，稟報知羅卜藏丹盡尚未回伊駐牧處所。伊新得插漢丹進肥馬約有三四千匹，牛、羊、人口甚多，亦自知罪惡重大，極力准備，而言辭之間，較前收斂。蓋恃其凶横，擾亂西海，而又以貌爲恭順，防此要緊，其中最可惡者，吹柱納木砌。緩我征討，此蒙古之故智也。十月初六日，臣可抵西寧。西安、固原兵馬大約十月二十四五始能到齊。馬匹遠行二千餘里，非休息喂養，不得其力。兵不厭詐，尤以機密爲主。當如是。西寧城内城外，一切貿易，獨子與各寺喇嘛皆外彝耳目。自然之理。伏祈聖主于常壽批摺，不使知兵事進止，是爾在西安，朕尚得由你處過一次，何況爾身在西寧，自然不令彼知。則少一大泄漏處矣。竭臣心力，或誘其親來謝罪；或往返曉諭，出其不意，簡精鋭而撲滅之；或設法穩住，以待伊之馬瘦，爲萬全之舉。三者必有一當。除此三者，更無他法。料你自然得當，朕不但無西顧之慮，實連西顧之念俱少。臣受恩無可比倫，若于此事不能分聖主西顧之慮，要臣何用？即遠竄逃避，蒙古之長技，而追奔逐北，口糧爲第一要務。甚是。臣亦必籌畫齊備，不敢輕忽從事，理合一并奏聞。

雍正元年十月初三日具。

知道了。朕用你在此，有什麼不放心，你當如此行就行，一面奏聞就是矣。

【《雍正朝漢文硃批奏摺匯編》第 2 册，第 62 頁第 58 條。亦見《宫中檔雍正朝奏摺》第 1 輯，第811 頁】

※議政大臣和碩裕親王保泰等奏議叙屯田多收之員摺

雍正元年十二月初四日

議政大臣、和碩裕親王臣保泰等謹奏：爲欽遵上諭事。

據靖逆將軍、大學士富寧安奏開：本年春，臣等曾奏聞，于巴里坤播種青稞種子二千石。以每畝播種一斗而計，共應種地二萬畝。經丈量後，分給滿洲、蒙古、緑旗官兵。臣及諸臣官員自捐馬畜，自二月十五日始，至三月二十日陸續播種完矣。等情。查得，本年都統穆森所屬之正黄旗護軍參領誇蘭依達華色等原領種子一百十八石四陞，收得青稞一千二百九十八石四斗四陞。正白旗拖沙喇哈番，委署鳥槍驍騎誇蘭依達扎魯等原領種子二十八石七斗一陞，收得青稞三百十五石八斗一陞。副都統薩爾禪所屬正黄旗鳥槍護軍校、委署鳥槍護軍誇蘭依達泰柱等原領種子一百四十七石二斗五陞，收得青稞一千六百十九石七斗五陞。副都統覺羅英柱所屬之鑲黄旗雲麾使兼拖沙喇哈番，欽命委署之章京、委署護軍誇蘭依達拉寨等原領種子七十五石五斗八陞，收得青稞八百三十一石三斗八陞。正黄旗拖沙喇哈番委署驍騎誇蘭依達博和里等原領種子六十七石九斗八陞，收得青稞七百四十七石七斗八陞。西安副都統常壽等所屬正藍旗佐領，委署誇蘭依達鼐木岱、正黄旗漢軍四品參領委誇蘭依達朱興仁等原領種子三百二十一石二斗四陞，收得青稞三千五百三十二石六斗四陞。以上皆收成十一倍。

副都統智永屬之鑲紅旗察哈爾達木巴多爾濟佐領之親軍部委參領錫拉布等原領種子二十石，耕收青稞二百石，收成十倍。甘肅提督路振聲所屬之甘州游擊何明高等原領種子三百四十四石四斗，耕收青稞三千四百五十四石六斗。原總督標下副將，今擢任總兵官之田俊等原領種子一百二十五石九斗，耕收青稞一千二百六十石一斗兩陞。總督標下守備陳山等原領種子七十三石一斗，耕收青稞七百三十一石三斗。統管肅州兵之潼關營副將潘之善等原領種子二百石，耕收青稞二千三十四石五斗二陞。凉州游擊白玉柱原領種子四十三石六斗，耕收青稞四百三十七石四斗。凉州游擊程尚仁原領種子一百十四石八斗，耕收青稞一千一百五十石六斗。寧夏游擊彭雲龍等原領種子一百五十五石四斗，耕收青稞一千五百五十五石二斗。固原守備王源等原領種子一百四十四石三斗，耕收青稞一千四百四十三石三斗。榆林守備韓仁豐原領種子十九石七斗，耕收青稞一百九十八石五斗。以上皆收十倍餘。滿洲、蒙古、緑旗官兵耕種子二千石，收青稞共計二萬八百十二石三斗四陞。臣傅爾安自力耕收青稞七十二石。提督路振聲自力耕收青稞六十一石二斗，總兵官楊昌泰自力耕收青稞六十一石二斗。自力耕收青稞共一百九十四石四斗。以上官耕自力耕收青稞共二萬一千六石七斗四陞。現派官兵俱各自行運至巴里坤，交付暫辦糧餉事務之階州知州邵嗣世。運至倉場後，除將用于來年耕種之青稞種子二千石交知州邵嗣世另行貯藏外，餘下之一萬六千六石七斗四陞之青稞，咨川陝總督公年羹堯、甘肅巡撫綽奇以爲軍餉。

查得去年十月，臣等曾奏，本年因霜降早，故將派往耕田收穫五倍之副都統薩爾禪所屬正黃旗委署鳥槍護軍誇蘭依達泰柱等，收穫六倍以上之副都統智永所屬正藍旗察哈爾閑散章京雅圖等免去查議。將收二倍之寧夏游擊彭雲龍等，收三倍以上之正白旗鳥槍馬兵誇蘭依達扎魯等、固原游擊高普等，收三倍之涼州游擊程尚仁，收四倍以上之都統穆森所屬之正黃旗護軍誇蘭依達華色等，收四倍之總督標下副將田俊、守備陳山等，理應即刻交部查議。唯現值軍機之際，將該等之人名職送部在案。俟事畢時，再照例查議。將該等之人來年仍派出耕田效力。若收穫多，則奏明免去查議，收穫仍少，將本年少收之情陳報，一并參奏，交部嚴加議處。收七倍之副都統英柱所屬正藍旗護軍誇蘭依達額爾畢圖等、鑲白旗馬兵誇蘭依達覺羅馬希納等，統管肅州兵之潼關營副將潘之善等，收八倍之西安副都統常壽等，所屬正白旗馬兵誇蘭依達保柱、鑲紅旗漢軍誇蘭依達王宗博等，提督路振聲所屬甘州守備胡廷宣等、涼州游擊白玉柱等，祈請聖主飭該部，照西吉木等處之例議叙。等情。具奏奉旨：“視耕田所得多少，予以議叙治罪之事，既屬軍務，著從嚴議之。欽此欽遵。”經總理事務王大臣議政大臣等議奏，將收穫七倍以上之誇蘭達額爾必圖等交卿照例議叙。收穫五六倍之誇蘭依達泰柱等免查議外，收四倍以下之游擊彭雲龍等應即處分。唯將軍富寧安言，本年霜降早，故將少收之游擊彭雲龍等記録在案。來年仍令耕田，誠若收交多，則可免查議。若仍不勤勉效力，又比他人少收，則將本年少收之情，一并嚴處。等情。奏送前來。遵此，本年仍將收二倍之寧夏游擊彭雲龍等、收三倍以上之正白旗鳥槍馬兵誇蘭依達扎魯等、收三倍之涼州游擊程尚仁、收四倍以上之都統穆森所屬之正黃旗護軍誇蘭依達華色等、收四倍之原總督標下副將，今擢任總兵官之田俊、守備陳山等派出。臣富寧安又酌情添派些官員前赴耕田。去年收三倍以上之固原游擊高布病故。[①] 今年派守備王源補缺耕田。今年蒙聖主之洪福，天合雨順，加之督辦耕田之官各圖效力，故滿洲旗屯俱收十一倍。察哈爾緑旗官耕之田爲十二倍餘。今都統穆森所屬正黄旗護軍誇蘭依達華色等、正白旗鳥槍馬兵誇蘭依達扎魯等俱收十一倍。寧夏游擊彭雲龍等、凉州游擊程尚仁，原總督標下副將今擢任總兵官之田俊等，守備陳山等俱收十倍以上。既然如此，將該等之人免去去年記録在案之查議之處。

又查得，前據督管巴里坤等地耕田之侍郎海壽等奏稱，凡多收者，援照西吉木等地各記録三次之例議叙，少收者，照例處分。如此則可勸勉官兵各圖效力，且于耕田之事亦爲有利。等情。具奏。經九卿議奏，將杜爾伯津地方管耕田是西安鑲藍旗漢軍協領郭拱辰、正藍旗驍騎阿喇衲等、固原游擊楊明、凉州把總吴起鵬等，俱各記録三次隨檔。將護軍小領催，由部委署之護軍校、驍騎校等，俟兵返之時，交該旗視應用之缺録用。等情。議奏，咨行在案。既然如此，將去年記案查議，本年仍派耕田之都統穆森所屬之正黄旗護軍誇蘭依達華色等、正白旗鳥槍馬兵誇蘭依達扎魯等、寧夏游擊彭雲龍等、凉州游擊程尚仁、原總督標下副將今擢任總兵官之田俊等、守備陳山等不議叙外，將本年收入十一倍之都統穆森所屬護軍營始增派耕田之正黄旗崇林佐領之護軍校，欽委章京多爾濟等八員、鑲黄旗關福佐領之護軍部委護委軍校墨色等六人，及副都統覺羅英柱所屬之鑲黄旗雲麾使兼拖沙喇哈番欽委章京委護軍誇蘭依達拉寨等、正黄旗拖沙喇哈番委驍騎誇蘭依達博和里等、副都統薩爾禪所屬之正黄旗鳥槍護軍校委誇蘭依達泰柱等、西安副都統常壽等所屬之正藍旗佐領委誇蘭依達鼐木岱、正黄漢軍旗四品參領委誇蘭依達朱興仁等，收十倍之副都統智永所屬之鑲紅察哈爾達木巴多爾濟佐領之親軍部委參領錫拉布等、收十倍以上之提督路振聲所屬之甘州游擊何明高等、統管

①高布：下文又作“高普”。

肅州兵之潼關營副將潘之善等、凉州游擊白玉柱、固原守備王源等，榆林守備韓仁豐等，祈請飭該部照例議叙。除將督理耕田之滿洲察哈爾誇蘭依達參領及護軍、小領催、部委參領、護軍校、驍騎校、緑旗副將游擊、守備、千總、把總等官名銜，分别繕造清册送部外。爲此謹奏請旨。等情。雍正元年十月二十二日，怡親王傳旨："將軍富寧安奏請議叙耕田人員一摺内，唯議護軍委署章京以上之官員，未有兵丁。該耕田所在之滿洲、蒙古、緑旗二千四百餘兵亦效力矣。本年收糧既多，對該等之人應如何恩賞，著咨將軍富寧安議定具奏。欽此欽遵。"

臣等會議得，據靖逆將軍富寧安奏言，臣及諸臣官員等自捐馬畜耕田。滿洲、蒙古、緑旗官兵官屯耕收青稞共二萬八百十二石三斗四陞，臣富寧安自力耕收青稞七十二石，提督路振聲自力耕收青稞六十一石二斗，總兵官楊昌泰自力耕收青稞六十一石二斗。以上官屯耕收及自力耕收之青稞共二萬一千六石七斗四陞，已派官兵各自運至巴里坤交倉。除來年播種所用二千石青稞種子另行收貯外，其餘一萬九千六石七斗四升，咨總督公年羹堯、巡撫綽奇以爲軍餉。本年滿洲官耕之田皆收十一倍，察哈爾緑旗官耕之田皆收十倍多。

查得去年耕田，游擊彭雲龍等七員因收糧少，曾記案應予查議。其中除固原游擊高普病故外，正黄旗護軍誇蘭依達華色、正白旗鳥槍驍騎誇蘭依達扎魯俱收十一倍。寧夏游擊彭雲龍、凉州游擊程尚仁、總兵官田俊等、守備陳山等俱收十倍以上。既然如此，除將該等之人不議叙外，祈請將收十一倍之正黄旗崇林佐領之護軍委署章京多爾濟等八員，鑲黄旗關福佐領之護軍委署護軍黑色等六人，鑲黄旗雲麾使兼委護軍誇蘭依達拉寨、正黄旗拖沙喇哈番委驍騎誇蘭依達博和里，正黄旗鳥槍護軍校，委誇蘭依達泰柱，西安正藍旗佐領，委誇蘭依達朱興仁等，收十倍之鑲紅察哈爾旗達木巴多爾濟佐領之親軍委署參領錫拉布，收十倍以上之甘州游擊何明高、潼關營副將潘之善、凉州游擊白玉柱、固原守備王源、榆林守備韓仁豐等照例議叙。將督理耕田之官員名銜分别繕造清册送交兵部矣。等情。

查得去年議政大臣議奏，將巴里坤耕田收四倍以下之游擊彭雲龍等記案，來年仍派耕田。若其多收，則免去查議。倘若不圖效力，再次少收，則從嚴處分。等情。議奏准行在案。兹彭雲龍等七員内，固原游擊高普病故。現在六員本年耕田俱收十一倍、十倍以上。故將該等之人免去去年記録在案之處，不予議叙。再，將耕收十一倍，十倍以上之滿洲、蒙古、緑旗官員名銜，一并交九卿議叙。適纔和碩怡親王傳諭：“將軍富寧安奏情議叙耕田人員一摺内，唯議護軍委署章京以上之官員，未有兵丁。該耕田所在之滿洲、蒙古緑旗二千四百餘兵亦效力矣。本年收糧既多，對該等之人應如何恩賞，著咨將軍富寧安議定具奏。欽此。”聖主所諭甚爲周詳。臣等遵旨咨將軍富寧安，命其查明耕田之滿洲、蒙古緑旗兵丁，將應如何恩賞之處，議定具奏。等因。爲此謹奏請旨。

議政大臣、和碩裕親王臣保泰，總理事務之和碩廉親王臣允禩，總理事務和碩怡親王臣允祥，議政大臣、多羅果郡王臣允禮，總理事務、太保兼太子太傅、大學士、伯、臣馬齊，總理事務、太保公、吏部尚書、舅舅臣隆科多，協理事務之都統、多羅貝勒臣阿布蘭，協理事務領侍衛内大臣、公、臣瑪律賽，議政大臣、辦理正白滿洲蒙古漢軍三旗事務之多羅貝勒滿都呼，議政大臣、都統、宗人府右宗正、公、臣德普，大學士臣嵩祝，議政大臣、委署領侍衛内大臣瑪律薩，議政大臣、户部尚書兼理大學士事務之臣徐元夢，議政大臣、兵部尚書臣遜柱，議政大臣、尚書臣盧詢，議政大臣、刑部尚書臣宗室佛格，議政大臣、工部尚書臣孫渣濟，議政大臣、督察院左都御史臣尹泰，議政大臣、理藩院尚書兼理侍郎事務之臣特古忒，辦理部務之散秩大臣、都統臣拉錫，兵部右侍郎臣牛鈕，郎中兼理理藩院事務之臣恒德。

硃批：知道了。彭雲龍等，本年既然效力收糧多，著予從半議叙。

【《雍正朝滿文硃批奏摺全譯》第544頁第980條】

雍正二年 (1724)

※寧夏將軍蘇丹等奏謝御賜福字摺

雍正二年正月初二日

前鋒統領臣蘇丹等謹奏：爲謝恩事。

臣等均仰聖主之恩，榮耀至極。今聖主復爲臣等送福，值此新年，特賞御書"福"字。嗣後臣等惟仰蒙主子賞賜之福，凡事務以福成。爲此謝恩，謹奏。

前鋒統領臣蘇丹，提督臣岳鍾琪，副都統臣伊禮布，一等侍衛臣達鼐，總兵官臣吴正阿，總兵官臣黄喜林，按察使臣王景灝，按察使臣彭振翼。

硃批：喜悦覽之。上天仁慈施恩，務必應言。

【《雍正朝滿文硃批奏摺全譯》第 596 頁第 1080 條】

※工部侍郎阿錫鼐等奏報將騸馬已送交寧夏道員事摺

雍正二年正月初二日

工部侍郎阿錫鼐等謹奏：爲奏聞事。

竊奴才等于十一月二十八日自京師起行，于十二月初二日抵達牧場。此前塞外降雪尺餘，馬匹均比秋分有所跌膘。奴才等從馬群中選得四五分膘騸馬二千匹，于十二月初六七八日陸續起程，會集至歸化城編馬隊，并沿途尋覓水草之地住宿，緩緩而行。于十二月二十七日抵達寧夏，二十九日全數交于寧夏道員單疇書。此二千匹馬均爲騸馬，無一飄騸騍馬，且均爲六口歲以上、十口歲以下壯馬。此次驅馬前來，沿途不曾遇有風雪寒流，因而馬匹亦無疲乏倒斃。十二月間，如此無風雪、無寒流之天氣，在塞外實屬罕見。此皆由于聖主之聖德，而天協從聖意矣。故奴才等仰賴聖主之無疆鴻福聖德，將馬匹妥善趕來，完滿交畢。有司領收馬匹之後，言此馬匹均有三分之膘，旋開印結，交與奴才等收訖。爲此謹具奏聞。

工部侍郎阿錫鼐、護軍參領喀拉、三等侍衛杜蘭、太僕寺牧群總管色赫里。

【《雍正朝滿文硃批奏摺全譯》第 596 頁第 1082 條】

※郎中恒德等奏報將馬匹已送交寧夏年羹堯處事摺

雍正二年正月初四日

送馬寧夏。辦理侍郎事務郎中恒德、員外郎兼參領多索里等謹奏：爲奏聞事。

竊奴才等欽奉上諭："驅趕馬群，沿途謹慎看護。"共行一月，于十二月二十八日抵達寧夏。叨蒙聖主鴻福，沿途不曾遇有一日風雪，故而馬群平安。其中四五分膘馬有一千七百五十匹，不及四分膘馬有二百五十匹，共計二千匹馬，已全數交與撫遠大將軍、太保、公年羹堯所派出收馬官員，即寧夏道員單疇書收訖。爲此謹具奏聞。

辦理侍郎事務郎中恒德、員外郎兼參領多索里、乾清門三等侍衛莫爾琿、藍翎達爾瑪。

【《雍正朝滿文硃批奏摺全譯》第 601 頁第 1091 條】

※和碩裕親王保泰等奏請審擬侍郎阿錫鼐等倒賣官馬事摺

雍正二年二月初六日

議政大臣、辦理理藩院事務、和碩裕親王臣保泰等謹奏：爲欽遵上諭事。

雍正二年二月初四日，和碩怡親王、公、舅舅隆科多傳上諭："送馬至寧夏之阿錫鼐、恒德等，自抵寧夏之後，賣其肥壯馬匹，而將羸瘦馬匹强行交給有司後，領取'領'字文書，反而巧飾其情，謊稱已經妥送。等因。奏報于朕。自朕登極以來，如是欺瞞朕者，此乃初起。今羅卜藏丹津之事，似有善結趨勢，故而如此矣。倘若事屬較大，則誤軍機非淺。軍機至關甚要，斷不可滋長此風。况伊等返回後，皆奏稱已全數送達，朕即降旨，恩施議叙。然伊等如此捏飾隱匿，故不可不明賞罰。著爾等傳伊等前來，擬降嚴旨，交議政大臣等嚴加審明奏報，不得遺漏任何一節。欽此欽遵。"又，寧夏署同知事務郎廷懷呈文大將軍、太保、公年羹堯，將此一文亦一并發出。

據該呈文内稱，寧夏驗收署同知事務郎廷懷恭呈于大將軍、公，查得，前送馬大臣等强行交付羸瘦馬匹後，欲以領取三四五分膘之"領"字，此事恰被洮岷道員黄坤撞見。本職因見馬匹羸瘦，欲采買後，以備更换。聞得送馬大臣將帶來馬匹賣于塞外，本職即派家人前去探聽采買。據報大同總兵官率兵至寧夏，在交付馬匹之前，在途中即買取八旗一等馬八十四匹。交付馬匹之後，由署寧夏總兵官事務惠副將買取八旗好馬八匹，由横城馬守備共買取八旗牧放馬一百餘匹，又寧夏各營皆買取馬二三匹不等。等語。又，本職親眼所見得，寧夏衛守備買取三十三匹馬，左右二衛分别各買取十、二十匹，本職亦買取二十六匹。據此，僅將本職訪聞目睹數額如實呈聞。至于王副將、色侍衛行抵寧夏後，將挑選馬匹數額擬文交與送馬官員慎興呈遞，故無另呈。等語。

據此，臣等會同審得，據恒德、多索禮等供稱："奴才等自京師起赴時，恒德等共帶騎乘馬一百六十九匹，而今日衹帶回七十二匹。返回時，因牧丁馬匹行走艱難，難于回來，故伊等紛紛賣馬而雇用騾子。此等情形，不曾奏聞，乃我等之死罪，又有何供。"等語。查得恒德等原帶乘用馬一百六十九匹，今僅帶回七十二匹。由此觀之，其中所欠九十七馬，顯然皆爲賣出者矣。

據喀拉、杜蘭供稱："撥給我等并達布遜諾爾牧長、副牧長、牧丁之馬共九十六匹。又恐馬匹疲乏倒斃，總管富綬撥給備用騾、馬五十匹，其中已賣三十匹。除已倒斃疲乏者外，今帶回馬九十二匹。"等語。查得喀拉、杜蘭等原帶騎乘備用馬共一百四十六匹，今僅帶回九十二匹馬。由此觀之，其中所欠五十四匹馬，顯然皆爲賣出者矣。

據阿錫鼐供稱："本人趕著太僕寺右翼五百馬送去時，有牧長、副牧長、牧丁共三十人隨同前去，每人帶三馬，共九十馬。又計本人及隨從跟役乘用之馬，多帶去一百一十匹馬。左翼牧群則由色赫里趕著前去，亦照此帶去馬匹。本人抵達寧夏交付馬匹之後，將所餘馬匹交與色赫里，而本人雇用騾子先期返回。色赫里尚未返抵，帶回幾多馬匹，亦不知曉。本人將我趕去馬匹未送至牧地，而急忙雇用騾子回來，使致發生賣馬，此乃本人之死罪，又有何供。"等語。由此觀之，經賣出阿錫鼐之所帶多餘馬匹後，推諉交與色赫里者顯然矣。

阿錫鼐、恒德者，乃承領前去之人，凡事理合據實具陳聖上，然而倒賣官肥壯馬、欺瞞皇上、貽誤軍機者，其情甚惡。據此，擬將阿錫鼐、恒德、喀拉、杜蘭、多索禮、莫爾渾、達爾瑪俱行革職，拿解刑部，會同嚴審議奏之。至于色赫里，擬令兵部作速咨取，一俟到案，亦并嚴審具奏。爲此謹奏請旨。

議政大臣、辦理理藩院事務、和碩裕親王臣保泰，議政大臣、多羅果郡王臣允禮，議政大臣、都統、世子臣弘昇，議政大臣、辦理正白旗滿洲蒙古漢軍事務、多羅貝勒臣滿都呼，協辦總理議政大臣、多羅貝勒臣阿布蘭，議政大臣、都統、鎮國公臣德普，協辦總理領侍衛内大臣、公、臣瑪律賽，議政大臣、委領侍衛内大臣、都統臣瑪律薩，大學士臣嵩祝，協辦大學士、户部尚書臣徐元夢，議政大臣、兼散秩大臣、都統臣拉錫，議政大臣、兵部尚書臣遜柱，議政大臣、兵部尚書臣盧詢，議政大臣、刑部尚書、領侍衛内大臣、公、臣阿爾松阿，議政大臣、工部尚書臣孫渣齊，議政大臣、理藩院尚書兼理侍郎事務臣特古忒，兵部侍郎臣牛鈕。

硃批：多索禮未賣馬，亦非爲首前去者，著寬。阿錫鼐、恒德，著革職嚴審。餘者俱行革職，議擬具奏。此起審問，未明事情，著審明。至于刑辟，著請旨後，再用之。餘知道了。

【《雍正朝滿文硃批奏摺全譯》第652頁第1196條】

署甘肅巡撫傅德奏報雨水田禾情形摺

雍正二年閏四月十九日

署甘肅巡撫事、布政使臣傅德謹奏：爲恭報甘屬雨水田禾情形事。

竊臣荷蒙皇上殊恩，命署甘肅巡撫事，一年以來，毫無報稱。臣惟朝夕惕勵，仰體聖主愛民之心，無時不以民事爲念。而甘屬屢年以來，所最難者雨水。且當此軍旅之後，臣時切隱憂。自春初大兵征伐之日，彌深望歲之心，民間引領捷音，又恐雨暘未能時若。今幸賴我皇上洪福齊天，廟算指授，以順討逆，上合天心，下洽民志，是以塞外，半月成功。奏凱之後，大河東西，靈雨滂沱，較之往歲，更爲暢足。

臣查平、慶、臨、鞏四府，并河西甘、凉、肅、西寧、寧夏等處，去歲冬雪雖少，入春以來，各屬俱屢報得雨得雪。前四月内，不時有雨，多有報沾足者。昨于閏四月初六日，大雨一晝夜，既久且廣，各屬大半俱報沾足。現在夏苗暢發，秋田全已布種，田野欣欣，咸謂今年西成可望大有。况臣身莅蘭州，已三歷春夏，果未有如今年得雨早而且多者。惟凉州等處一帶地方，雖亦有雨，尚有未得沾足之處。然現在不時陰雨，自兹以往，雨澤及時若，于小民歌頌太平之中，早可卜有豐亨氣象也。俟秋收後，再將分數據實另奏外，理合先將雨水田禾情形，謹具奏聞。

雍正貳年閏肆月拾玖日。

覽奏，大慰朕懷。此實大將軍年羹堯忠誠之感、上蒼垂佑之□，然爾等當竭力效法之。都中近日，時雨沾足，秋田大有可望，諭爾喜歡。

【貼黃】

署甘肅巡撫事布政使臣傅德謹奏：爲恭報甘屬雨水田禾情形事。

竊臣荷蒙皇上殊恩，命署甘肅巡撫事，一年以來，朝夕惕勵，惟仰體聖主愛民之心，無時不以民事爲念。自春初大兵征伐之日，彌深望歲之心，民間引領捷音，又恐雨暘未能時若。今幸賴我皇上洪福齊天，廟算指授，以順討逆，上合天心，下洽民志，是以塞外，半月成功。奏凱之後，大河東西，靈雨滂沱，十分暢足。

臣查平、慶、臨鞏四府，并河西甘、凉、肅、西寧、寧夏等處，去歲冬雪雖少，入春以來，各屬俱屢得雨雪。昨于閏四月初六日，大雨一晝夜，各屬大半俱報沾足。現在夏苗暢發，秋田全已布種，今年西成可望大有。惟凉州一帶地方，雖亦有雨，尚有未得沾足之處，然現在不時陰雨。自玆以往，雨澤及時，于小民歌頌太平之中，早可卜有豐亨氣象也，俟秋收後，另爲摺奏外，理合先將雨水田禾情形，謹具奏聞。

雍正二年閏四月十九日。

覽奏，大慰朕懷。軍旅之後，獲玆膏澤，實乃大將軍年羹堯忠勤之所感召。爾等懋勉職業，寧不可以效法之耶。都中近日，時雨沾足，秋田大有可望，諭爾歡喜。

【《雍正朝漢文硃批奏摺匯編》第2册，第962頁第770條。亦見《宫中檔雍正朝奏摺》第2輯，第596頁】

※川陝總督年羹堯奏報調補駐布隆吉爾副將軍等缺摺

雍正二年五月二十二日

撫遠大將軍、太保、公、川陝總督臣年羹堯謹奏：爲奏聞事。

竊臣曾因駐布隆吉爾副將軍阿喇衲患病，著署理陝西提督事務噶爾弼遣往布隆吉爾辦事，著都統蘇丹署理陝西提督事務。等因。具奏。本月十八日，副將軍阿喇衲復呈文，伊身患多病，伏祈遣人代爲辦事。等情。由此觀之，既然事急，臣一面備咨噶爾弼，臣我親抵固原後，明確交付噶爾弼即啓程，著都統蘇丹即留固原，辦理提督事務。噶爾弼抵達布隆吉爾後，著阿喇衲來肅州養病。爲此謹奏聞。

硃批：已有旨了。

【《雍正朝滿文硃批奏摺全譯》第 833 頁第 1510 條。譯自《宫中檔雍正朝奏摺》】

※提督都統噶爾弼奏報啓程赴布隆吉爾日期摺

雍正二年六月初二日

都統臣噶爾弼謹奏：爲欽遵上諭事。

竊照五月二十七日，到衙門之大將軍年羹堯咨付，内開：據兵部咨稱，雍正二年五月十九日，奏事雙全等人傳出硃諭："大將軍年羹堯奏言副將軍阿喇衲病重，布隆吉甚爲緊要，著行文大將軍速調噶爾弼前往署任，提督印務暫由蘇丹署理。欽此欽遵。"須至咨者。等情。到臣。臣乃去年奉命派往陝西效力軍務之人，因蒙恩命署固原提督事務，未能出征西寧，内心委實難受。玆命調布隆吉爾統領兵丁，臣喜之不盡。擬六月初四日自固原起程，到後竭盡全力，報效天恩于萬一。提督印篆交卸之情，另本具奏外，謹將起程日期奏聞，將硃批摺子四件一并繳奏。

硃批：所奏知道了。爾誠心報效之心，朕悉知之。唯爾責任重大，切不可不自珍重。無謂之處，孟浪衝動，凡事遵大將軍年羹堯指示而行。布隆吉爾職務略差，速靖邊疆地方，即是成功，望聞捷報。特諭。

【《雍正朝滿文硃批奏摺全譯》第837頁第1519條】

署甘肅巡撫傅德奏報收成分數米糧時價摺

雍正二年九月十八日

署甘肅巡撫事、布政使臣傅德謹奏：爲恭報收成分數、米糧時價事。

竊惟今年甘肅各屬雨水沾足、田禾暢茂情形，前已奏明。惟涼州一帶尚有未得沾足之處，後于伍月貳拾陸、捌等日，亦得好雨，渠水通行，田禾滋長，今年通計闔屬夏秋俱獲有收。臣查平、慶、臨、鞏肆府，并寧夏、河西五道所屬地方，夏田俱各收成伍陸分至捌玖分不等，秋田有伍陸分至捌玖拾分不等。

再，查現在米糧時價，各屬市斗不一，以部頒京斗折算，肆府所屬，以及寧夏、西寧、涼州等處，粟米、小麥、菀豆每石價銀壹兩貳叁錢至捌玖錢壹兩不等，糜子等雜糧每石捌玖錢、壹兩至伍陸錢不等。甘州所屬地方，粟米每石價銀貳兩陸柒錢至貳兩叁肆錢不等，小麥、菀豆每石壹兩伍陸錢至壹兩貳叁錢不等。惟肅州所屬粟米每石價銀叁兩捌玖錢至叁兩伍陸錢不等，小麥、菀豆每石貳兩陸柒錢至貳兩肆伍錢不等。以上各色米糧價值，較之去年現在，不見甚減，而連歲俱屬有秋，理應大減，祇因今年秋雨連綿，場濕穗潤，雖已收割者，不能及時碾曬入倉，以致新糧目下多未上市，向後自必遞減。然秋來土膏既得深潤，明年春田尤易于播種，是以村市商民莫不樂歲安居，咸謂仰賴皇上洪福。今已連年收成，且軍事將竣，自今年年如此有收，甘肅人民俱可安居復業，得以長享太平矣。所有小民歡忻感頌情形，理合據實一并具奏，以慰聖主愛民之至意。爲此謹繕摺奏聞。

雍正貳年玖月拾捌日。

知道了。

【《雍正朝漢文硃批奏摺匯編》第3册，第657頁第495條】

※川陝總督年羹堯奏請增派滿洲蒙古官員駐寧夏摺

雍正二年十月十三日

撫遠大將軍、太保、公、四川陝西總督臣年羹堯謹奏：爲議奏寧夏駐滿洲兵事宜事。

查得請于寧夏派駐滿洲兵丁。等情。臣與平逆將軍、貝勒延信會議具奏，奉旨准行在案。臣以西寧事竣，親臨寧夏，于地方形勢，從該處應得錢糧權衡熟慮，請于寧夏設將軍一員、副都統二員、滿洲協領四員、蒙古協領二員，每旗爲滿洲佐領二員、蒙古佐領一員，每佐領爲閑散章京一員、驍騎校一員。八旗共駐兵二千二百名，其中槍手一千二百名，弓手八百名。

查得我駐省城之滿洲兵丁，向無炮位，今試用之。炮係極其威武、緊要之兵器，相應請增添子母炮四十尊，以每炮用兵五名計，共爲炮手二百名。又查得，凡駐省城之兵丁，各令拴馬三匹。寧夏地方距近邊塞，駝隻甚宜。相應請每馬甲各令拴馬二匹，二人合拴駝一隻，馱負炮、彈藥等物。以每炮用駝二隻計，共需馬四千四百匹，駝一千一百八十隻。一駝頂二馬，且草料錢糧又省稍許。

再，于寧夏所修滿洲兵丁之城，在寧夏城外另築，守城巡查街道不可無人。相應請于八旗增添步甲一千二百名，作爲槍手八百名，弓手四百名。挑取此步甲時，務使另户一半，本户一半。請于左右二翼各添設閑散章京一員，以管帶步軍，看守城池、倉庫。馬甲之中，以才優者揀選前鋒，照西安之例，每月支給錢糧三兩。挑選此前鋒時，請以槍、弓均勻取之。若係二種器械皆能用者，聽其自便。

寧夏既駐滿洲兵丁，請設理事同知一員。同知衙門内一應事項，皆如定例。于寧夏所修衙署房屋，今雖能得，然初築城垣，不可不固之又固。緣此明年四月方可告竣，是以應派駐寧夏之滿洲、蒙古官弁、馬甲二千二百名，步甲六百名，請自明年二月編爲二起，派駐寧夏。爲此謹奏請旨。

硃批：依所奏。著總理事務王大臣、該旗大臣會同大將軍年羹堯選出以奏。

【《雍正朝滿文硃批奏摺全譯》第955頁第1742條。譯自《宫中檔雍正朝奏摺》】

川陝總督年羹堯奏請減免廢藩遺糧摺

雍正二年十月十三日

太保、公、四川陝西總督臣年羹堯謹奏：爲廢藩之遺糧累民日久，請旨減免，以蘇積困事。

竊查天下賦税，科則雖殊，大約不相什百，未有每田一畝納糧九斗及一石之多者。如甘屬之寧夏衛所，上則爲府田，每畝完糧一斗八升。其次爲全田，每畝完糧一斗二升。又其次爲減田，每畝完糧六升。最下者爲潮碱田，每畝納銀六厘而已。乃明季慶藩分封寧夏，有所遺公用、學租、表糧、養廉等四項名色，共止熟田及碱地折田一千五百六十二畝六分，每年額徵糧一千四百石六斗零，折色銀二百三十三兩六錢零。此廢藩當日莊田，收其租息，以供私用，原非徵糧科則也，是以每田一畝，收租至九斗、一石不等。今歸入額徵錢糧項下，完納不前，歷年拖欠，或衛所顧惜考成，捏報全完，致成虧空。其中更有并無田畝空存糧額者，現户無力賠納，則告頂于他人，移甲換乙，輾轉貽累，不可悉數。

臣抵寧夏時，據各花户紛訴，懇達天聽。又據寧夏同知趙健剴切具詳，并議將公用等項現在田畝，悉照寧夏之上則田每畝一斗八升起科，其餘錢糧并有糧無田之項，悉請減免。如以糧額有虧，則各衛皆有湖灘新漲之地，可令百姓認墾，照例六年後起科，漸次抵補原額。等語。臣思聖主勤求民隱，不使一夫失所用，敢備達宸聰。如蒙聖恩俞允，臣當行司備造應徵應免確數送部查核。謹奏請旨。

雍正二年十月十三日具。

此奏甚屬可嘉，准請。該部知道。

【《雍正朝漢文硃批奏摺匯編》第 3 冊，第 793 頁第 602 條】

川陝總督年羹堯奏請河西各廳改置郡縣摺

雍正二年十月十三日

太保、公、四川陝西總督臣年羹堯謹奏：爲河西各廳請改郡縣，以清吏治，以利民生事。

竊惟民生休戚，由于吏治，欲清吏治，先期得人，未有用違其才而有益于吏治、民生者也。查甘屬之河西各廳，自古皆爲郡縣，獨至有明改爲衛所，國家經制，遂因其舊。臣前由凉州、甘州而至肅州，繼抵西寧，復赴寧夏，河西各廳所屬地方，已經遍歷。觀其田疇開闢、生齒繁庶，不減于內地，而考其吏治，未爲盡當，此則衛所之故也。雖衛所各官，亦有才能，而撫字催科，多不可問。臣曾詢諸道廳，訪之輿論，僉謂宜改衛所爲州縣。

夫寧夏即古之朔方，請改爲寧夏府。所屬寧夏衛左衛、右衛改爲兩縣，一曰寧夏，一曰寧朔。平羅所改爲平羅縣。寧夏中路廳住扎靈州，雖在河東，去寧夏僅八九十里，廳員調赴軍前，數年以來，皆寧夏廳署理，未聞誤事，似屬可裁。該廳事件竟歸寧夏府，但水利都司已議裁汰，而築浚河渠，須委專員，即以中路廳改爲寧夏水利同知。所屬靈州所，地方遼闊，應改爲靈州。其寧夏西路廳住扎中衛，去寧夏四百里，自須廳員彈壓，應仍其舊。所屬中衛，則改爲中衛縣，皆隸寧夏府可也。……以上四府，各設知府一員。舊有大使三員，改爲府經歷，再添府經歷一員。靈州應設知州一員，吏目一員。寧夏等一十四縣，各設知縣一員、典史一員。衛所守備、千總，悉行裁去。惟于西寧北川新設大通衛守備一員。各處教職，或添設，或改移，俟各府、州、縣到任後，確查另議，各衙門典吏官俸、役食，皆照例添設支給。如此，則上下各有維繫，與百姓休戚相關，吏治可望澄清，而民生亦各得其所矣。至衛所錢糧，每多攙雜。即如寧夏新建滿城，周圍六里，而寧、左、右三衛，皆有田畝在内，或以方向，或以遠近，分疆定界，以均賦額，然後章程既定，永垂不朽也。伏祈聖主睿鑒，敕部議覆施行。

雍正二年十月十三日具。

九卿詹事科道會同確議具奏。

【《雍正朝漢文硃批奏摺匯編》第3册，第794頁第603條。亦見《宫中檔雍正朝奏摺》第3輯，第310頁】

川陝總督年羹堯奏酌定鹽規羡餘摺

雍正二年十月二十四日

太保、公、四川陝西總督臣年羹堯謹奏：爲酌定鹽規羡餘，仰祈睿鑒事。

竊惟河東鹽課所以拖欠日積者，皆由商力久困，無能辦課之所致。是求裕課，必先恤商，理勢然也。乃從前于正雜課銀十七萬外，羡餘銀兩，亦必如其數，或且過之。而猶額外需索其充餉者，雖有鹽臣羡餘銀二萬一千一百九十餘兩，運使羡餘銀四千二百五十餘兩，運判捐修銀二千七百餘兩，又解銅斤、水脚銀一萬五千兩，河工銀四千兩，共四萬七千餘兩。鹽臣所得，每年尚有十二三萬不等，而運使、運判所得者，猶不在此内也。臣愚以爲充餉、河工、銅斤、水脚等項之名色，即將來加派需索之借端。且既充公用，便屬正項錢糧，此盈則彼縮，不過多開款項而已，是不若竟歸畫一，可以免分解之煩、交納之費。臣受事之日，已將羨餘核減。頃在運城，傳集商總，公同酌議，每引一道，令商人出羨餘銀二錢五分，每年共羨餘銀十萬四千三百餘兩。又新增餘引十萬道，即未能全銷，亦約可得羨餘銀二萬兩。此内以五萬兩充餉。運使、運同、運判、經歷、知事、大使各官，分得銀二萬五千兩，修築鹽池、禁墻、弓兵巡役賞需等項，約需銀一萬兩。西安將軍、四川副都統，新設寧夏將軍，皆無養廉，每年每員各捐給銀一千兩。西安副都統、寧夏副都統共六員，每年每員各捐給銀五百兩，尚存銀三萬三千兩，則臣之叨沐天恩，而獲邀餘潤者也。如此，則各官皆有養廉，而河東各商可較前省費一半。運使以下，不許再有需索，一切河工、水脚名色，悉予蠲除，務從簡便。庶商力寬然有餘，而額課自此無缺矣。臣謹備悉奏明，伏祈聖主睿鑒施行。

雍正二年十月二十四日具。

該部知道。存案。

【《雍正朝漢文硃批奏摺匯編》第 3 册，第 868 頁第 661 條。亦見《宫中檔雍正朝奏摺》第 3 輯，第 362 頁】

吏部謹奏爲請旨選寧夏等地官員事

雍正二年十月

吏部謹奏：爲請旨事。

雍正貳年拾月内，九卿議准川陝總督年羹堯奏請，將陝西寧夏各衛所改爲寧夏、西寧、凉州、甘州肆府，靈州壹州，寧夏、寧朔、平羅、中衛、西寧、碾伯、武威、鎮番、永昌、古浪、平番、張掖、山丹、高臺拾肆縣，各缺照例銓選。等因。奉旨："依議。"欽遵在案。臣等伏思總督年羹堯請改之府、州、縣，俱屬邊疆新設重地，若非熟悉地方情形之員，驟難料理。相應奏請，或交與總督年羹堯，于本省内揀選題補，或照九卿原題歸于月分銓補之處，臣等未敢擅便，謹奏請旨。

【《宫中檔雍正朝奏摺》第 3 輯，第 522 頁】

四川提督岳鍾琪奏報官兵進口日期并繳硃諭摺

雍正二年十一月十三日

奮威將軍、世襲三等公、提督四川總兵官臣岳鍾琪謹摺奏：爲恭報官兵進口日期事。

竊照出口官兵，事竣凱旋，今議政、副都統達鼐，議政、西寧總兵官黄喜林，寧夏鎮總兵官王嵩等，帶領漢土官兵，于雍正十年十一月初十日，已抵西寧。臣齊集官兵，宣讀硃批上諭，隨各望闕叩頭謝恩訖。咸稱我等官兵感沐豢養多年，理宜捐軀報效。今自西寧出口，糧餉充足，士馬飽騰。又蒙聖主軫念官兵，恐生疾病，賞賜人參、丸藥，實亘古未有之殊恩。今又蒙皇上重加賞賚，一切馱載馬、駝，免其賠補，又領帑購買營馬。皇恩疊沛，浩蕩難名，莫不踴躍歡呼，感聲震地。所有宣讀上諭，及官兵進口日期，理合繕摺恭奏以聞，并恭繳硃批上諭奏摺二件，代副都統臣達鼐、西寧鎮總兵官臣黄喜林、寧夏鎮總兵官臣王嵩恭進奏摺一扣，恭繳御批三摺，伏乞皇上睿鑒。

雍正二年十一月十三日具。

卿等效亘古未有勤勞，朕實愧未有亘古未有之殊恩也。此心可告之天地。覽卿等奏謝，知道了。

上諭據奮威將軍鍾琪具奏，副都統達鼐、阿兩什、鎮兵黄喜林、王嵩、孫繼宗、夸蘭大蘇圖等統領大兵窮追羅卜藏丹盡，直至花海子，拿獲丹晋渾台吉及其妻子，并招撫三十三家台吉。當口外冰凍草枯之候，官兵奮勇遠行，甚屬可嘉。自大將軍以下，著從優議叙。官兵勞苦，朕甚憫之。一切馱載馬駝，必多損傷。著查明，免其賠補。其各兵營馬，如有倒斃，亦令領帑購買補數。再著馬兵每名賞銀八兩，步兵每名賞銀六兩。蒙古兵有随軍效力者，亦著奮威將军按其行走效力等次，應如何賞給處，確議奏聞，以示朕優恤之至意。特諭該部作速施行。

【《雍正朝漢文硃批奏摺匯編》第4册，第2頁第2條】

※和碩怡親王允祥等奏報駐防寧夏官兵人數及供給情形摺

雍正二年十一月十五日

總理事務、和碩怡親王臣允祥等謹奏：爲欽遵上諭事。

切于雍正二年十一月初十日，奉旨："駐寧夏官兵，將如何派去，著總理事務王大臣、八旗滿洲蒙古都統等會議具奏。寧夏地處遥遠，給所有派往官兵供應充足。欽此欽遵。"查定例載，給駐省將軍車八輛，副都統車七輛，協領等官員車五輛，佐領等官員車四輛，防禦車三輛，驍騎校、有等級筆貼式車二輛，無等級筆帖式、領催、披甲、匠役車各一輛。如若車輛不足，則計百里爲一站，每站各折給銀一兩。途次供給口糧米，將軍四十口，副都統三十五口，協領三十口，佐領二十口，防禦十四口，驍騎校、有等級筆帖式十二口，無等級筆帖式、領催、披甲七口，弓匠、鐵匠五口。供給駐防西安將軍二十匹馬食用草料，副都統十五匹馬食用草料，協領十二匹馬食用草料，佐領八匹馬食用草料，防禦五匹馬食用草料，驍騎校、筆帖式等四匹馬食用草料，領催、披甲三匹馬食用草料。等語。

今有派駐寧夏將軍一名，副都統二名，協領六名，佐領二十四名名，防

禦二十六名，驍騎校二十四名，筆帖式三名，鳥槍披甲一千二百名，弓箭披甲八百名，炮手二百名，步兵六百名。伊等所需車輛共三千又八十輛，如若給伊等普遍調撥車輛，則沿途驛站車輛不敷用，故擬停撥車輛。而自京城沿邊塞至寧夏，計程二千六百餘里，照例計百里爲一站，每站計給銀一兩，則每一輛車需銀二十六兩，共三千又八十輛車，需銀八萬又八十兩。今皇上諭曰："寧夏地處遥遠，給派往官兵供應充足。欽此。"此乃眷恤官兵之至意。故將撥給官兵之三千又八十輛車，計八十里爲一站，每站折給銀一兩，可計每輛車給銀三十二兩五錢，共需銀十萬又一百兩。

查得大將軍年羹堯議奏，擬給寧夏兵各馬二匹，二兵合一駝。等語。此起派往兵丁，均應給馬二匹，衹因寧夏遥遠，且兵丁帶家眷前去，故給兵丁多一匹馬，即給三匹馬派去。俟抵寧夏，仍舊給馬二匹。來年派往阿勒泰路之兵丁，既撥給旗官馬，故此次給馬，仍照前例，各折銀賞十三兩，令自己置買。此起前往官兵，若沿邊塞而去，則道路不好，車輛難行，故令出殺虎口，經鄂爾多斯，進横城口，直往寧夏。此次既過塞外蒙古地方，可令派出理藩院章京二名，俱行乘驛，一至鄂爾多斯東界，一至鄂爾多斯西界，嚴防蒙古盜賊，護送兵丁直達横城口。此次撥給馬、步披甲之馬匹七千二百，其折價銀爲九萬三千六百兩。又給官兵之車輛三千又八十，其折價銀爲十萬又一百兩。以上共需銀十九萬三千七百兩。此項銀兩，由户部撥給。此起官兵抵達寧夏後，既由大將軍年羹堯調撥該給駱駝，故不議外。此起駐防官兵行抵寧夏需四十日，自京城先給二十日口糧，行抵大同之後，再給二十日口糧。此起官兵直至殺虎口，自將軍以下至各官，均照駐防地供給數額，每一宿一馬各給乾草二捆，兵丁則照現今所給馬額，每馬各給乾草二捆。供給此項時，由户部派一章京，事先前去准備。

該頒給將軍之印，名爲"鎮守寧夏等處地方將軍之印"，同知關防爲"寧夏理事同知關防"，擬交禮部鑄造。該同知一職，由吏部補放。跟隨將軍印筆貼式，既由大將軍年羹堯已帶去理藩院筆帖式色楞扎西，則其餘二名筆帖式，即由吏部選補善通譯者。此次所需纛旗，擬交工部調撥。大將軍具奏在寧夏安設四十門炮，由大將軍年羹堯現有軍營之炮調撥辦理即可。

至于派去駐防官兵，可于來年四月，將八旗編爲八隊，每隔二日，按旗起程一隊。至起程之吉日，擬交欽天監選擇。起程時，每隊由一協領統轄。現已補放協領六名。頁格既已派往西安，可于該旗佐領内委以協領三名，沿途好生彈壓兵丁，不擾害百姓，不滋生事端，以期平安到達。可行文路經各有司，當兵丁路過時，嚴查盜賊，准予商人照常貿易。抵達寧夏之後，其馬甲内挑選領催、前鋒、補領六百步兵，以及編步兵爲鳥槍、弓箭兵，夏季牧放駝、馬等項，一俟將軍等到達寧夏，即可商酌辦理，俱行奏聞。抵達寧夏之後，凡給官兵之俸餉口糧，及馬、駝草料，均照駐防西安例供給。此次派去之駐防兵，皆係佐領下額兵，可以照舊按額補充。爲此謹奏請旨。

總理事務、和碩怡親王臣允祥，總理事務、太保、大學士、伯、臣馬齊，總理事務、太保、尚書、公、舅舅臣隆科多，協辦總理事務、多羅貝勒臣滿都呼，協辦總理事務、領侍衛内大臣、公臣瑪律賽，都統臣額勒金，署理都統事務、副都統臣李柱，散秩大臣兼都統臣拉錫，都統臣巴拉米特，都統世子臣弘昇，都統臣巴拜，署理都統事務、護軍統領臣阿林保，署理都統事務、副都統臣多賽，署理都統事務、副都統兼侍郎、伯、臣欽拜，署理都統事務、副都統臣齊穆布，署理都統事務、副都統臣喀爾吉善，都統臣伊爾哈岱，都統、多羅果郡王臣允禮，署理都統事務、副都統臣阿哈泰。

硃批：議得好。祇因兵丁等行走塞外路，整備鍋、帳房，頗有破費，著增賞馬甲每人三十兩，步兵每人十五兩。餘依議。

【《雍正朝滿文硃批奏摺全譯》第975頁第1780條】

諭八旗人等謹身節用克儉克勤人人自愛

雍正二年十一月十五日

上諭八旗人等："人君撫馭群下，如父母之于子，保惠愛恤之心，無所不至。然必爲之計其長久，如不爲長久之計，雖叠沛恩施，未有不終至于匱乏者。朕自即位以來，凡加恩于爾八旗者，不爲不多。如恩詔内，凡披甲、炮手、步軍及京城之當差效力者，屢次賞給一月錢糧。上三旗包衣、佐領、下拜、唐阿，俱賞給一月錢糧。其出征大小官員，則賞給半年之俸。出征塘汛兵丁，則賞給一月錢糧，盡免其所借銀兩。八旗舉人、生員，則賞給銀米，資令讀書。又特頒諭旨，八旗所欠公庫銀兩，概行豁免。每旗添設養育兵丁錢糧四百六十分，八旗鰥寡孤獨，每月給銀一兩、米一斛。又發帑金八十萬兩，交諸王大臣生息，以賞給八旗吉凶之用。凡曾出兵而年老殘疾、無倚靠者，給與俸禄錢糧終其身。盔甲、弓箭，俱賞給銀兩製備。上三旗侍衛窮苦者，每月賞給馬錢，每旗一百分。護軍校、驍騎校，准其在京四季領米，以省脚價。九門門軍，皆以滿洲兵丁充補。又于南郊則有賞，祭歷代帝王廟則有賞，祭陵則有賞。

"又念八旗生齒日繁，令兵丁分駐圓明園、鄭家莊、熱河、寧夏等處，資給贍養。又特開井田，以爲八旗養贍之地。而八旗之因公罣誤革職者，則免當苦差。八旗之另户領催、馬步兵、閑散無陞路者，則試其翻譯、繕寫，以八品筆帖式用。各部院之無品筆帖式、無力捐級者，亦以考試量給品級。又特開翻譯科，并令滿洲得與武科，以收人材。又設爲義學，以廣教育。蓋所以憫爾等之勞苦，恤爾等之窮困，資給爾等之衣食，成就爾等之功名者，亦既委曲周詳，靡不備至。然亦須爾等謹身節用，克儉克勤，以副朕懷。朕在藩邸四十年，凡爾等艱苦之處，纖悉曲折，無不周知。惟其念爾等之切，愛爾等之深，故必爲爾等計其久遠。若一時漫爲非分之施，國用既不能繼，而爾等輕易妄費，立見其盡，終屬無益。朕之諄諄訓諭者，非欲以恩澤示惠，以結爾等之心，使樂于驅使也，誠欲爾等仰體朕保惠愛恤之苦心，庶幾人人自愛，朕方將次第經理，務期生養安全，俾爾等家給人足、子孫安享。爾等咸知朕意。特諭。”

【《雍正朝漢文諭旨匯編》第3冊《無時間諭旨》，第424頁第634條。亦見同書第9冊《上諭八旗》，第35頁“雍正二年十一月十五日”條】

※太原城守尉阿林奏謝授爲寧夏副都統摺

雍正二年十一月十七日

太原城守尉、調補寧夏副都統奴才阿林謹奏：爲叩謝鴻恩事。

雍正二年十一月十六日，奉兵部咨稱，雍正二年十一月初七日，和碩怡親王傳奉旨：“著授蘇丹爲寧夏將軍。蘇丹已年邁，授蘇丹子蘇圖爲寧夏副都統，以協助其父辦事。又一副都統缺，可著太原城守尉阿林補之。太原城守尉一缺，可著正藍旗護軍參領阿里衮補之。已授蘇丹爲將軍，職任甚要，其族有多少佐領，著查奏，朕欲抬伊等入上旗。欽此欽遵。”等因。咨行前來。部文一達，奴才阿林即欽遵，恭設香案，叩謝鴻恩。伏惟奴才阿林爲一介愚昧末秩，叨蒙聖主，施以殊恩，授爲副都統。奴才理當竭盡效力，以報萬一。爲此謹奏。

硃批：知道了。爾任太原城守尉，素有聲譽。爾不可動摇本來意志品行，努力做人。

【《雍正朝滿文硃批奏摺全譯》第978頁第1785條】

雍正三年（1725）

※寧夏副都統阿林奏報太原地形等情事摺

雍正三年正月初四日

寧夏副都統奴才阿林謹奏：爲欽遵上諭，以報已明白交代事。

竊奴才抵達太原之後，次日會同城守尉阿里衮，將奴才所繪製之縣地理圖，互相加以比較，指明所在位置。又軍政以防守地方、勤練以備爲先，人倫以忠孝純信爲尚，生計以節儉爲要。懲惡揚善，不得有私，閑丁入學，習文練武等事，均按奴才原布告禁止之册，逐項明白交代。阿里衮望闕叩頭，言稱遵照效力。爲此謹奏。

硃批：甚好。知道了。時時想到即行，詳盡曉諭。

【《雍正朝滿文硃批奏摺全譯》第 1027 頁第 1843 條】

※寧夏副都統阿林奏報已曉諭阿里衮管練訓育四事要領摺

雍正三年正月二十六日

寧夏副都統奴才阿林謹奏。

奴才奉照皇上硃批諭旨，又給阿里衮指出管、練、訓、育四事要領，并加以曉諭之。爲此謹奏。

【《雍正朝滿文硃批奏摺全譯》第 1046 頁第 1892 條】

四川提督岳鍾琪奏請應否撤回西寧鎮標兵馬摺

雍正三年三月十九日

奮威將軍、世襲三等公、提督四川總兵官、拜他喇布勒哈番臣岳鍾琪謹奏：爲請旨事。

切臣奉命駐札西寧彈壓，于雍正二年五月内奉大將軍臣年羹堯令，諭派留川陝督標兵一千二百名、四川兵一千二百名、陝西固原提標兵八百名、寧夏鎮兵八百名，共馬步兵四千名，聽候調遣。今仰仗聖主睿謨神武，業已八表同風，内外寧一。臣駐札西寧，見署甘肅提督事務，即有用兵之處，而西寧鎮標兵馬就近可以調用，所有派留兵丁四千名，應行撤回，各歸原管營伍休養操防，于内止留四川提標兵三百名衛護將軍敕印，洵屬妥便。曾于本年正月十七日，呈商大將軍臣年羹堯，後因南坪壩之事尚未清楚，故爾遲緩。今南坪壩逆番業已剿撫寧帖，而西寧米糧、百貨俱藉外運，兵多屯集，物價高昂，似乎無裨，相應仰請聖裁，是否應行撤回，准降明旨，以便遵行。爲此具摺，伏乞睿鑒。謹奏。

雍正三年三月十九日具。

【《雍正朝漢文硃批奏摺匯編》第4册，第652頁第521條】

※寧夏將軍席伯等奏轉駐防官員欲支領俸銀事摺

雍正三年四月初七日

雍正三年四月初七日，駐防寧夏等處地方將軍席伯等謹奏：爲請旨事。

據駐防寧夏官員呈稱：聖主施以鴻恩，爲我官員按等第賞與車馬銀，已足以置辦行裝。我等携帶妻室子女時，由于路途遥遠，難免馬畜倒斃。我等欲提前支領在寧夏應得之二年俸銀，以備用于補充馬畜。我等所有支領俸銀，一俟抵達寧夏，四年中按期坐扣一半完結之。等語。爲此謹奏請旨。

將軍臣席伯，副都統臣蘇圖。

硃批：著照奏請支給。該部知道。

【《雍正朝滿文硃批奏摺全譯》第 1103 頁第 1987 條】

西安右翼滿洲副都統伊禮布奏陳全陝提督皆附年羹堯宜加押制摺

雍正三年四月十五日

鎮守西安等處右翼、滿洲副都統臣覺羅伊禮佈謹密奏：爲欲全臣節，宜抑黨與事。

竊惟我皇上用人行政，至仁至明，故悖謬之人，始雖掩飾一時，旋即到處敗露。皇上不忍遽加誅戮，始終保全。在督臣年羹堯，自當洗心滌慮，悔罪自新。但全陝提鎮諸臣，皆渠附和心腹，平昔肆行無忌，罔顧國法，則此時勢盛而憂其敗，未免有危懼自防之計，況諸人心迹實多遺議者乎？

如西寧總兵黄喜林，原係販馬出身，貪而且愚。曾在塔兒寺偷取金佛一尊，鑿去其半，後被喇嘛供出，在伊馬槽之下，搜獲半節，乃推在家人身上，故代行正法，其無臉面如此。又如寧夏總兵王嵩，言談似乎明白，乃拜在魏之耀門下，又認蘇丹爲義父，稱王景灝爲叔子，一味鑽營，全無品行。興漢總兵武鎮安，捏造言語，諂媚求容。伊在西海出兵之地，竊取羅卜藏丹津之母阿爾太財物，以致緑旗兵丁傳爲笑話。此等情事，若輩敢于爲之者，因皆係督臣一黨，謂可合夥欺瞞。今既彰明較著，勢必求爲自全，以小人患失之心，而成其騎虎之勢，是豈督臣之福耶？

若夫岳鍾琪，比衆雖優，然亦稱督臣爲老師。凉州總兵宋克金，更出一路提拔之人。至固原提督楊起元，係嚴堂官之親家，人亦老弱不堪。況固原居三邊適中之地，形勢險要，其兵丁又係潘育龍素所練習，最爲精悍。皇上似宜在親信諸臣之内，擇其熟諳緑旗營伍者，補放前來，則足以消其意外之萌，而于皇上保全之心，亦可以始終矣。臣愚，蒙皇上高厚之恩，無可報答，故不避忌諱，冒昧直陳，伏乞睿鑒。謹奏。

雍正三年四月十五日。

【《雍正朝漢文硃批奏摺匯編》第4册，第785頁第626條】

四川提督岳鍾琪奏請酌留兵丁駐扎西寧餘者俱令撤回摺

雍正三年四月十七日

奮威將軍、世襲三等公、提督四川總兵官、拜他喇布勒哈番臣岳鍾琪謹奏：爲請旨事。

雍正三年四月十一日，准兵部清字咨，内開：議政王大臣等議奏奮威將軍岳鍾琪奏摺奏請應否撤兵之處，議得駐札西寧兵四千名，現今需用糧草，俱係各處運送，駐兵甚多，以致諸物騰貴，將前留兵丁撤回本汛，所奏甚是。但口外蒙古新定，而内裹番民初安，應行文該將軍岳鍾琪將現在兵丁四千名内揀選一千名留駐彈壓，振揚威武，于事有益。至應留何處兵丁及其餘兵丁發回之處，一面料理，奏聞可也。爲此謹題請旨。于雍正三年四月初二日，交奏事員外郎張文彬等轉奏，奉旨："依議。欽此欽遵。"行咨到臣，"欽此"。

查原留西寧兵丁四千名，内有川陝督標兵一千二百名，四川標營兵一千二百名，固原提標兵八百名，寧夏鎮營兵八百名。今臣遵照仍留督標兵三百名，四川提標兵三百名，固原提標兵二百名，寧夏鎮營兵二百名，共一千名。將備、千把官三十三員，隨臣衛護敕印，駐札彈壓外，其餘兵丁三千名，即于四月十七、十八等日，俱令原領將備等官率領，陸續起程，撤回各本營汛訖。至于寧夏總兵官臣王嵩，係奉特恩補授，仍暫留西寧協辦軍務之員，今兵馬已撤，而西寧軍務亦無協辦之處，且寧夏地方緊要，久虚鎮臣，營務未免懈弛。是以臣即令其督率兵馬，速赴任所，盡心整肅，料理去訖。合并奏聞，伏乞睿鑒。謹奏。

雍正三年四月十七日具。

【《雍正朝漢文硃批奏摺匯編》第4册，第790頁第632條】

署川陝總督岳鍾琪奏報少雨地方情形摺

雍正三年五月初六日

世襲三等公、四川提督、署理四川陝西總督印務、拜他喇布勒哈番臣岳鍾琪謹奏：爲奏明微臣沿途眼見少雨地方事。

臣于四月二十四日自西寧起程，經過河西地方，夏麥俱好。至蘭州地方，無雨苦旱，夏麥已是失望，秋禾亦難布種。至安定縣、會寧縣、静寧州、隆德縣四處地方，雖得微雨，不能沾足，夏麥必致歉收。如嗣後有雨，則秋苗猶可冀望。至平涼府以東，夏秋禾苗俱好。所有微臣在路眼見少雨地方，理合奏聞，俟到任後，查明通省情形另報，伏乞睿鑒。謹奏。

雍正三年五月初六日具。

凡地方事情，皆如此據實，不加絲毫隱飾，方合朕意。朕所望内外大臣者，即此一“真”字耳。勉之。

【《雍正朝漢文硃批奏摺匯編》第4册，第914頁第736條。亦見《宫中檔雍正朝奏摺》第4輯，第275頁】

署甘肅巡撫彭振翼奏報雨水田禾情形摺

雍正三年五月十三日

署甘肅巡撫事、平慶臨鞏等處承宣布政使司布政使臣彭振翼謹奏：爲恭報雨水田禾情形事。

該微臣查得，平凉府屬之各州縣，自春至夏，雨水沾足，田和茂盛。慶陽府屬之安化縣、寧州真寧縣、合水縣等處，本年正、貳、叁月内，雨雪微小，自肆月初伍、初拾、貳拾叁、貳拾肆等日，得雨沾足，田禾茂盛。惟環縣、慶陽衛地方得雨細微，田禾正在發長。臨洮府屬之狄道縣，蘭州、蘭州衛、臨洮衛、金縣、渭源、河州等處，本年正、貳、叁月内得雨雪微小，自肆月初柒、初拾、貳拾叁、貳拾肆等日得雨，入土陸柒寸、捌玖寸不等，田禾正在發長。鞏昌府屬之寧遠縣、文縣、階州，自春至夏，雨水均沾，田禾茂盛，其隴西、兩當、西和、通渭、徽州、秦州、成縣、漳縣、禮縣、秦安、清水、安定、會寧等州縣及西固所洮、岷貳衛得雨細微，田禾正在發長。寧夏府屬之各州縣，自春至夏，雖得雨雪細微，而有大清、唐、漢等渠渠水流通澆灌，田禾正在發長。西寧、凉、甘叁府屬之各州縣及肅州道屬等處地方，自春徂夏，雨雪入土貳叁寸、伍陸寸不等。查此數處，嚮來均賴河渠之水，今歲天氣和暖，山中積雪融化，入于河渠，得資澆灌，田禾發長。再，查甘屬地氣寒冷，與西安不同。每年正月初拾以後，始種小麥、豌豆、青稞，肆月初間，方種穀子，肆月盡、伍月初間，種糜子，到陸月半間先收青稞、豌豆，陸月盡柒月初間，方收麥子，玖月初間，始收穀子、糜子。

所有甘肅所屬各地方雨水田禾情形，理合具摺奏聞，上慰聖主廑念萬民之至意。爲此謹奏：伏乞皇上睿鑒施行。謹奏。

雍正叁年伍月拾叁日。

所奏甚悉，知道了。

【《雍正朝漢文硃批奏摺匯編》第5册，第17頁第8條】

※多羅順承郡王錫保等奏議補放寧夏防禦前鋒校等缺事摺

雍正三年五月十八日

兼理正黄滿洲旗漢軍事務、多羅順承郡王臣錫保等謹奏：爲欽遵上諭事。

臣旗將留京武職，即寧夏防禦馬金泰授爲額外副參領。等因。奏請引見。奉旨："著爾等查馬金泰由何職補爲防禦。倘若尚未補缺，即著原職上行走，倘若已經補缺，另行奏請。若有副参領缺，可以引見。欽此欽遵。"查得馬金泰自護軍校授爲寧夏防禦，而其護軍校原缺已另辦補缺，此事由護軍統領阿喇衲咨行前來。據此，馬金泰應于何職上行走，奏請諭旨。等因。于雍正三年五月十四日，交與奏事員外郎張文斌等轉奏。當日奉旨："著伊等議奏。欽此欽遵。"

臣等議得，馬金泰可選用于臣旗之副参領、步軍之甲喇達、護軍之護軍校，但無缺出。查得前鋒校尼雅干出缺，尚未補人，而馬金泰原爲護軍校，可以補前鋒校尼雅干之缺，當差行走。爲此謹奏請旨。

兼理滿洲漢軍事務、多羅順承郡王臣錫保，都統常賚，降一級留任副都統勒什布。

硃批：依議。若有應陞之缺，即可用之。

【《雍正朝滿文硃批奏摺全譯》第1135頁第2039條】

署陝西固原提督馬煥奏陳年羹堯勒派在籍原任撫臣王之樞張連登等銀兩情形摺

雍正三年七月十一日

署理陝西原提督印務、總兵官署都督僉事奴才馬煥謹奏：爲密摺奏

聞事。

前奴才經過陜西西安府，有前任偏沅巡撫王之樞見奴才云："我在偏沅做巡撫時，諸事俱遵循趙申喬當日所行，革除利弊，并無一毫出産。我的居心行事，惟有天日可鑒。前據年羹堯云，奉旨派我叁拾萬兩銀子。我變賣房産、地土，交過銀拾壹萬兩，尚少拾玖萬，不知將來作何處置。"又路遇咸陽縣有原任湖北巡撫張連登亦見奴才云："我奉旨派往布隆吉修城種地，年羹堯云旨意派我貳拾萬兩銀子，以作修城種地之費，又將我帶往陜西效力行走。我將祖遺并自置鋪面、店房、當鋪、茶引、茶行生意并幾任宦橐，盡其所有，親交司庫銀拾陸萬叁千兩。其家人魏之耀又收過銀壹萬兩。年羹堯又勒送古董玩器玖拾叁件，購買價值銀壹萬餘兩。"奴才又訪聞得前署直隸巡撫趙之垣家人杜姓者常與人言："我主子除辦大差之外，年總督私自得過我主子銀子貳拾餘萬兩。他家嚴、魏貳堂官得過叁萬餘兩，貳堂官家人亦得過數千兩。"又訪聞有原任江西巡撫王企敬，年羹堯亦派銀拾萬兩，俱足數交過。

奴才竊思王之樞、張連登貳臣者，前蒙聖祖仁皇帝擢用巡撫，奴才亦聞居官頗稱安静，即薄有宦資，不過養贍家口。今奴才目擊貳臣之清苦情形，亦屬可憫。總之，天恩出自主子聖裁，至曾否奉旨派銀，奴才未知的確。再，年羹堯要過趙之垣、王企敬銀兩，傳于人口，諒非無因。竊思天下之督撫大臣皆知畏懼，亦有盡心報恩者，亦有清廉自愛者，未有如年羹堯貪殘如此之甚也，伏祈睿鑒。謹繕摺奏聞。

自"爲"字起，至"摺"字止，計肆百玖拾壹字，紙貳張。

右謹奏聞。

雍正叁年柒月拾壹日。

署理陜西固原提督印務、總兵官署都督僉事奴才馬焕。

皆早已敗露矣。

【《雍正朝漢文硃批奏摺匯編》第5册，第523頁第376條】

署陝西固原提督馬焕奏陳所聞修築安西鎮沙州城用過銀兩數目等情形摺

雍正三年七月十一日

署理陝西固原提督印務、總兵官署都督僉事奴才馬焕謹奏：爲密摺奏聞事。

竊奴才前赴固原，沿途遇有在安西鎮、沙州城催夫督工之延綏鎮屬保寧堡守備楊鶴齡、固原鎮屬蘆塘營年滿千總尹成宗、西安州年滿千總李秀，俱事竣回營。奴才細問口外修築城垣貳處，係某官總理工程、某官經管錢糧口糧，以及夫子數目、起止年月、約估共費錢糧若干。據該弁等口稱：總理工程錢糧事務，係西安府按察司王景灝、臨洮府知府白訥，經手錢糧帳目係三原縣典史佘繼念、原任驛丞孫統方，派委督催夫子係興漢鎮屬略陽營守備楊通、延綏鎮屬嚮水堡守備張玉文，并守備、千總等。

修築安西鎮城，自雍正元年捌月初壹日起，至雍正貳年貳月終止，共貳百零柒日，雇夫子壹千貳百名。又自雍正貳年叁月初壹日起，至伍月初壹日止，共伍拾玖日，雇夫子肆千伍百名。以上每夫子壹名，日給工銀陸分陸厘陸毫零，每月合銀貳兩。日給口糧壹升叁合叁勺零，每月合糧肆斗，每糧壹石，價銀捌兩。貳起共合工銀、口糧用過銀捌萬玖千柒拾柒兩零。

修築沙州城，自雍正叁年叁月拾伍日起，至伍月拾伍日止，共陸拾日，雇夫子貳千肆百名。每名日給工銀陸分，每月合銀壹兩捌錢。日給口糧壹升陸合陸勺零，每月合糧伍斗，每糧壹石，價銀陸兩，共合工銀、口糧用過銀貳萬叁千肆拾兩。

以上修築安西鎮、沙州城，通共用銀壹拾壹萬貳千壹百壹拾柒兩零。至安西鎮零星雇覓夫子，并石條、磚、灰等項，亦不知數目。守備、千總等曾問臨洮白知府共費錢糧若干，他説約費銀貳拾餘萬兩。等語。

奴才又至平凉府屬之涇州，叁更起程，叁拾里，行至王村地方，時已黎明。遇有臨洮知府白訥經過，見有騾馱捌拾餘馱，内有銀馱叁拾柒捌馱，其餘馱子内貨物不能詳悉。奴才查此監修城工之文武官員，係年羹堯酌派，其城工一應錢糧口糧，俱屬王景灝、白訥總理。估計典史余繼念、驛丞孫統方，係經管出入錢糧帳目之員，而守備等弁不過聽總理文官指揮，督催匠夫修築城工而已，錢糧之事，彼武職自不得干預。奴才又聞城工所用木植、磚石、炭灰等項，俱産于本地，所費人工，亦屬無幾。今已工竣，其作何報銷錢糧之處，奴才不能詳悉。今既有見聞，不敢隱默，謹繕摺奏聞，伏祈皇上睿鑒。

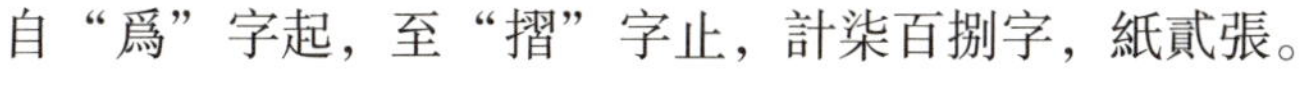
自“爲”字起，至“摺”字止，計柒百捌字，紙貳張。

右謹奏聞。

雍正叁年柒月拾壹日。

署理陝西固原提督印務、總兵官署都督僉事奴才馬焕。

現諭嚴查。

【《雍正朝漢文硃批奏摺匯編》第5册，第524頁第377條。參見《宫中檔雍正朝奏摺》第4輯，第667頁】

署陝西固原提督馬焕奏年羹堯屬員日前用兵郃陽屠殺民人摺

雍正三年七月十一日

署理陝西固原提督印務、總兵官署都督僉事奴才馬焕謹奏：爲密摺奏聞事。

竊奴才前赴固原，行至潼關地方，察訪營汛緊要情形。聞得有前任川陝總督年羹堯屠勦郃陽百姓之事，奴才不勝驚异。于陸月初拾日到潼關，聞知

此事，有奴才標下前營把總梅大年迎接前來，隨差前往郃陽，密訪得，年羹堯假揑郃陽百姓行賣私鹽，吞嚼富户，因不遂其欲，于雍正貳年捌月拾捌日，遣發前火器營參將今調新設援剿營參將馬忠孝、潼關營守備今陞寧夏玉泉營游擊蒲運際領兵壹百伍拾名。拾玖日，遣發神道嶺游擊劉承基領兵壹百貳拾名。貳拾日，遣發鹽道金啓勛、慶陽副將洪天祚領兵壹千名，俱往郃陽城内。本日叁更，放炮站隊，肆更出城。離縣貳拾里，兵圍各村堡，捉獲百姓拾餘名。貳拾壹貳兩日，兵圍夏陽川村堡數拾餘處，捉獲百姓壹貳百名。有鹽道金啓勛隨審隨釋，止留壹拾捌名。押解西安斬首玖名，内有秀才壹名。途中身故伍名，脱逃壹名。現囚獄中叁名，内有秀才壹名。細詢拿獲衆庶名姓，百姓皆杜口，莫敢直言。兵臨之際，百姓男婦大小畏懼，落河、投井、跳崖者，爲數甚多。等情。

伏思雍正貳年捌月拾捌日，奴才在固居鄉守制，未聞此事。今蒙主子特命署提督事，已有責任。又有密旨指授，故抵潼關察訪營汛，方知有此情節。奴才竊思年羹堯擅遣官兵圍困村堡，固屬逆天，然密訪起釁之端，皆由火器營參將馬忠孝、鹽道金啓勛自恃爲總督年羹堯心腹，表裏作奸，釀成此禍，以致百姓老幼男女落崖、投水者不計其數。今既訪得有此慘毒之事，不敢昧于上聞，伏祈皇上聖裁，謹繕摺密奏以聞。

自“爲”字起，至“摺”字止，計伍百壹拾陸字，紙貳張。

右謹奏聞。

雍正叁年柒月拾壹日。

署理陝西固原提督印務、總兵官署都督僉事奴才馬焕。

朕早已備悉，現諭嚴查。

【《雍正朝漢文硃批奏摺匯編》第 5 册，第 526 頁第 378 條。參見《宫中檔雍正朝奏摺》第 4 輯，第 667 頁】

署陝西固原提督馬焕奏訪聞年羹堯用兵西海誅戮喇嘛搜搶財物摺

雍正三年七月十一日

署理陝西固原提督印務、總兵官署都督僉事奴才馬焕謹奏：爲密摺奏聞事。

竊奴才抵任之後，固原標下有出征西海官兵，奴才密訪得，年羹堯于雍正元年拾月内派撥西寧總兵黄喜林剿滅郭莽寺，有寺内捌拾餘歲胡突兔口稱："我等喇麻，并非逆賊，情願盡獻所有金銀。"跪求饒命，總兵黄喜林盡行殺戮。所得金佛、貂皮、元狐、珠寶、金銀、細緞等物，共載肆拾餘車，黄夜運交年羹堯管帳巡捕官咸寧縣典史胡顯、家人魏之耀收訖。又派四川巡撫王景灝、寧夏總兵王嵩抄殺白塔寺以及爾格楞寺，收其金銀珠寶，不知其數，賞給兵丁破爛皮衣、氈毯、氆氌、牛羊而已。

再，奴才密訪出征西海殺掠情節，有標下後營游擊王緒級，係前派領固原兵丁出師之員，據王緒級云，于雍正貳年貳月初捌日，跟隨署總督岳鍾琪統領官兵出口，進剿羅卜藏丹盡。出口之日，軍令森嚴，申飭官兵，凡遇賊營，不得下馬搶掠。于初拾日，趕至伊可哈里，追殺厄爾得尼撥什兔。所獲營盤、金銀器皿、馱子等物，俱屬興漢總兵武正安經收訖。于拾捌日，由噶順地方，趕至木葫蘆口，即羅卜藏丹盡母親部落。營盤帳房叁拾餘頂，所獲家財等物，署總督岳鍾琪仍令總兵武正安經收。沿途所獲駱駝、馬匹、牛羊，約數萬有餘，俱屬總兵王嵩經收。岳鍾琪即前赴柴旦扎營，追殺羅卜藏丹盡去，不知總兵武正安將所收等物歸落何處。

奴才伏思年羹堯指使黨羽搜搶財物，殘暴已極，又將喇麻妄行誅戮，焚毁寺院，其意不過欲滅其迹、杜其口耳。至黄喜林、王嵩等逢迎趨附，倚爲心腹，所以由微員而邀不次之擢也。奴才雖在西寧效力，但未曾見用，即有耳目，不能詳悉。今奴才荷蒙聖恩，不以衰老擯斥，命署固原提督印務，惟有仰遵聖訓，留心密訪。今既有訪聞，何敢隱默？謹繕摺奏聞，伏祈皇上睿鑒。

自“爲”字起，至“摺”字止，計伍百柒拾字，紙貳張。

右謹奏聞。

雍正叁年柒月拾壹日。

署理陝西固原提督印務、總兵官署都督僉事奴才馬焕。

朕皆知道。如黄喜林、王嵩，不過一介武夫，畏年羹堯之威，貪年羹堯之惠，亦人之常情。況皆有血戰之功，朕錯用年羹堯，自悔失人之明，尚且不及，何顔株連多人？朕概不罪。向後若輩若不改，乃又自取之也。朕衹要自己良心過得去。

【《雍正朝漢文硃批奏摺匯編》第 5 册，第 527 頁第 379 條。參見《宫中檔雍正朝奏摺》第 4 輯，第 667 頁】

署陝西固原提督馬焕奏遵旨傳諭將軍延信等人摺

雍正三年七月十一日

署理陝西固原提督印務、總兵官署都督僉事奴才馬焕謹奏：爲密摺奏聞事。

竊奴才前來，皇上旨意：“你到陝西問將軍延信、署理川陝總督岳鍾琪、陝西巡撫石文焯好麽。”奴才。欽此。于陸月拾叁日到西安，滿漢文武大小官員俱出郊跪請聖安。奴才先傳旨與將軍延信：“主子問將軍延信好。”跪奏：“奴才受主子洪福。好。”即叩頭謝恩。又傳旨與署理川陝總督岳鍾琪：“主子問署總督岳鍾琪好。”跪奏：“奴才好。”叩頭謝恩。未見陝西巡撫石文焯，問及岳鍾琪，云：“已起程前赴甘肅巡撫任所。”奴才又遍傳滿漢各官：“主子聖躬，甚是乾健，日事萬機，無不盡其精微。”各官跪聞之下，歡聲動地，共祝聖主福壽無疆。奴才進城，至總督署内，遵將密旨傳與岳鍾琪，跪聽已畢，岳鍾琪云：“奴才仰遵密旨，自當盡心料理，以報皇恩。”即九叩謝恩欽遵訖。今將奴才傳旨日期，謹繕摺奏聞。

自“爲”字起，至“摺”字止，計貳百陸拾伍字，紙壹張。

右謹奏聞。

雍正叁年柒月拾壹日。

署理陝西固原提督印務、總兵官署都督僉事奴才馬焕。

知道了。

【《雍正朝漢文硃批奏摺匯編》第5册，第528頁第380條。參見《宫中檔雍正朝奏摺》第4輯，第667頁】

署陝西固原提督馬焕奏分條密報訪聞年羹堯劣迹等情摺

雍正三年七月十一日

署理陝西固原提督印務、總兵官署都督僉事奴才馬焕謹奏：爲密摺奏聞事。

竊奴才一介武夫，荷蒙聖恩，命署固原提督印務。抵任之後，除清理兵馬錢糧而外，惟有仰遵密旨，留心察訪，以副皇上諄切教誡之至意。所有沿途并抵固後訪聞事宜，每條另繕壹摺密奏。再，奴才訪聞數事，俱非虚無，率皆年羹堯之指使。若非我皇上鑒之于先，則此輩之作爲無所底止，今多半已經敗露。然年羹堯之黨羽，陝省尚有貳叁分，雖明知其負固不改，諒亦難逃聖明洞鑒之中。謹差奴才標下前營把總梅大年家人馬承策賫進密摺，伏祈皇上睿鑒全覽。爲此繕摺，謹奏以聞。

自“爲”字起，至“摺”字止，計壹百捌拾捌字，紙壹張。

右謹奏聞。

雍正叁年柒月拾壹日。

署理陝西固原提督印務、總兵官署都督僉事奴才馬焕。

皆朕知者。

【《雍正朝漢文硃批奏摺匯編》第5册，第529頁第381條】

署陝西固原提督馬焕奏報新舊軍裝損壞缺少數目及起工修補日期摺

雍正三年七月十一日

署理陝西固原提督印務、總兵官署都督僉事奴才馬焕謹奏：爲奏聞事。

竊奴才查固原提標伍營原額馬兵貳千玖百玖拾名，步兵壹千名，共馬步兵丁叁千玖百玖拾名。該馬兵鐵盔甲貳千玖百玖拾副，步兵棉盔甲壹千副，帳房捌百頂，鑼鍋捌百口，大小旗幟按隊分布。今查前奉調巴里坤、西寧并莊浪貼防馬步兵丁共貳千柒百陸拾肆名，帶去鐵棉盔甲、旗幟、帳房、鑼鍋、炮位、鳥槍等項，率皆風雨損壞，嗣有撤兵帶回者，亦屬無用。今伍營内止存馬兵鐵盔甲陸百陸拾副、步兵棉盔甲捌百叁拾捌副，尚在新鮮可觀，其餘舊損并缺少共貳千肆百玖拾貳副，奴才俱照原任將軍潘育龍式樣修補。存營帳房叁百捌拾頂尚堪應用，其餘舊損并缺少共肆百貳拾頂，俱應修補。存營鑼鍋貳百貳拾貳口尚堪應用，其餘舊損并缺少共伍百柒拾捌口，俱應修補。又存營母子炮玖拾壹位，鳥槍壹千玖百零伍杆，奴才俱令官弁演試，如有鐵銹澀滯、不堪用者，亦應修補。

奴才前過西安，曾與署總督臣岳鍾琪會商，如有軍裝不足，即陸續修補。今奴才查固原提標曩設有公費糧壹百分，以辦營中公事。今積銀貳千叁百伍拾陸兩，伏思此項公費俱是主子錢糧，以此備辦主子公事，是以公濟公，甚爲妥便。今奴才將前項銀兩分發伍營將弁，令于本年柒月拾壹日起工修造，在貳年之内，必燦然一新。奴才又置立循環印簿貳本，壹本開載軍火器械，以便稽查，壹本登記用過公費銀兩數目，以杜弊端。至伍營各官，除本身應食隨丁之外，奴才俱逐一清楚，并無隱占空糧。今將查明新舊軍裝損壞缺少數目，并起工修補日期，謹繕摺奏聞。

自“爲”字起，至“摺”字止，計伍百貳拾字，紙貳張。

右謹奏聞。

雍正叁年柒月拾壹日。

署理陝西固原提督印務、總兵官署都督僉事奴才馬焕。

好，祇要言行相符。

【《雍正朝漢文硃批奏摺匯編》第 5 册，第 530 頁第 382 條。參見《宫中檔雍正朝奏摺》第 4 輯，第 667 頁】

諭將年羹堯薦拔之李繼泰等調京引見并將被參革降各員查明具奏

雍正三年七月十二日

雍正三年七月十二日，奉上諭：年羹堯自任川陝總督以來，擅作威福，網利營私，顛倒是非，引用匪類，异己者屏斥，趨附者薦拔。又借用兵之名，虚冒軍功，援植邪黨。以朝廷之名器，徇一己之私情。目今事事敗露，不可悉數。其所用匪類，如陝西官員内則有延安府知府李繼泰、寧夏同知趙健、河州知州許啓盛、三原縣知縣劉子正、南鄭縣知縣嚴世杰，四川官員内則有川東道金德蔚、永寧道周元勛、保寧府知府王國正、重慶府知府楊文斌、建昌衛通判崔鴻圖、邛州知州張純、巴縣知縣周仁舉，游擊年悦。此等文員，平日侵蝕軍需，剥削民膏，諂媚上司，苛刻地方，實爲兩省之害。著即行文該省，調取伊等來京，引見定奪。又如年羹堯，數年來，參革及降調之文武官員甚多，其中自有冤抑。著吏、兵二部，將參革及降調之原委，一一查明，繕摺具奏，候朕親覽。酌其情節，降旨調來引見，使年羹堯不得肆其蒙蔽，而伊等不致受其誣陷。且以爲罔上行私、無知之大吏戒，并爲鑽營黨附、無耻之屬員懲。再如川陝兩省副將以下、千總以上等武官，經年羹堯冒濫題補者，俱著岳鍾琪詳查，擇其尤劣者參奏。

【《雍正朝漢文諭旨匯編》第1册《諭旨》，第140頁第251條】

署川陝總督岳鍾琪奏查報寧夏知府張拔世并非旗人居官平常摺

雍正三年七月十三日

太子少傅、世襲三等公、署理四川陝西總督印務、四川提督、拜他喇布勒哈番臣岳鍾琪謹奏：爲奏明事。

竊臣接受前督臣年羹堯交代，内一件咨明事，内開：案准吏部以司印印封賫到公文一件，原未鈐印。准此，隨于寧夏府知府張拔世領憑赴任，路過西安時，已經傳問。據該府親書口供存案，所有原文供單，相應咨送。等因。查張拔世親供内稱，張拔世是竈籍，父親張敏亮因家貧，曾在旗下教書糊口，并不是旗下人是實。等語。臣因未便遽爲啓奏，乃又細加察訪。張拔世原屬京師行走招攬之人，今任寧夏知府，平常供職，理合奏明，伏乞睿鑒。謹奏。

雍正三年七月十三日具。

另有旨。

【《雍正朝漢文硃批奏摺匯編》第5册，第542頁第392條】

△諭年羹堯李維鈞明白回奏趙之垣具呈陳辨事

雍正三年七月十六日

十六日，奉上諭："朕前者曾有旨，與年羹堯諭及隆科多于各處轉運藏埋銀物，昏憒之極，可愧可笑。即戒年羹堯不可亦作如此醜態，爲天下人所笑。年羹堯奏稱，隆科多上不信聖主之推誠，下不守人臣之大義，更不通前徹後思，想保全之樂境，乃反慮及抄没，如此行徑，顛倒錯亂，殊堪駭异。又自稱，臣賦性粗愚，惟知感激天恩，斷不敢作如此舉動，有負皇上用人之明。等語。但隆科多藏運財物不過在各親友家及西山寺廟中耳，今年羹堯不特在京城中埋藏，且于天下各省内運寄，不審曾通前徹後思想否？真感激朕恩否？不負朕用人之明否？可駭异否？顛倒錯亂否？著年羹堯明白回奏。”

又，趙弘煒首告伊侄趙之垣侵吞家産，趙之垣具呈陳辨，并首告年羹堯將清理伊叔趙弘燮虧空銀四十萬兩侵欺入己。李維鈞朋比爲奸，愚弄趙之垣各情由，都察院據呈具奏。奉上諭：“康熙六十一年冬，朕即位後，趙之垣、李維鈞同來陛見。朕于自鳴鐘直房守孝之處召見二人，含泪謂趙之垣曰：‘皇考念爾祖舊日功勛，加恩後人，故爾父、爾叔皆任以節鉞。爾叔在直隸，聲名甚屬平常，且未完公項纍纍。皇考特欲保全功臣之後，恐爾叔身後諸事敗露，故命爾署理直隸巡撫印務，以完爾叔未了案件。乃爾莅任以來，未能改易前轍。朕仰體皇考優待功臣後裔之意，諄切訓誡，爾當竭誠黽勉，以蓋前愆。’又諭李維鈞曰：‘爾係趙弘燮屬官，在直隸居官年久，諸事熟練。爾于趙之垣，不可拘上司、屬官之分，當如骨肉相待。諸事竭力規正，使彼不至隕越，以上成皇考保全功臣之意，并副朕仰體皇考保全功臣之心。’比時李維鈞回奏云：‘臣惟有盡心竭力，以幫助趙之垣。’于是二人皆痛哭叩首而出。

“次年二月，年羹堯進京面奏曰：‘趙之垣，庸劣紈袴，不可以膺巡撫重任。’朕謂之曰：‘趙之垣爲人，朕亦素知，但伊之署理巡撫，乃皇考保全功臣後裔之盛心。去冬，伊等來京，朕已諄切訓誡之矣。’年羹堯見朕意不爲摇動，一月之後，復奏云：‘趙之垣，斷不可令爲巡撫矣。伊從前居官不過庸劣，今自皇上訓誡之後，不惟不凛遵明旨，反大肆貪婪，以進上爲名，向各屬私派銀三十萬兩，并勒索從前未收之規禮。’朕聞之，以爲寧有是理？此言未可深信。乃越七八日，趙之垣，果具摺進銀三十萬兩，朕心甚怒，以年羹堯之言爲實，因將趙之垣解退。令年羹堯帶往陝西，以清趙弘燮之事。及至去年冬，年羹堯又將趙之垣帶至京師，再四懇求引見，力保其可用。種種顛倒，殊不可解。今年趙弘煒首告，朕即知必有緣故。今覽都察院所奏趙之垣控訴原委，年羹堯欺罔奸詐，設局誘陷，情弊顯然，著將此摺抄録，發與年羹堯、李維鈞，令其明白回奏。”

【《雍正朝漢文諭旨匯編》第6册《上諭内閣》，第226頁“雍正三年七月十六日”條】

川陝總督岳鍾琪奏請應否將承造寧夏滿城營房各官發回賠修摺

雍正三年八月十二日

太子少傅、世襲三等公、四川陝西總督臣岳鍾琪謹奏：爲請旨事。

竊照寧夏特設滿城，修建營房，必期寬廠堅固，以爲防範邊圉萬年至計。查前督臣年羹堯原發銀二十三萬兩，委現任西安府知府趙世朗、延安府知府李繼泰、潼關撫民同知楊廷相、寧夏同知趙健總理城工事務，又委長武縣知縣今陞江南廬州府同知梁永福、南鄭縣知縣嚴世杰管理檔案，于雍正三年五月初十日完工。兹據趙世朗等造册報銷前來，據册開：實用過銀二十一萬一千八百二十七兩七錢一分二厘。等因。臣查城工浩大，若止按册稽核，無從得實。隨檄委平慶道李元英前往，會同寧夏道，按其所報之册，逐項對驗，查勘核減去訖。

再，查原估内，失估印房、刑部房三十五間，栅欄營房五十間，少造甲房三十一間，磚井一十六眼。臣已另飭寧夏道動用存剩物料，于七月初二日起工。至八月初四日，據寧夏道董新策具禀，此人亦平常人。内稱：從前所造營房，盡皆窄小，又經七月二十一二等日大雨淋漓，有上滲下漏、不堪居住者，以致兵丁另下帳房。等語。臣查從前原委承辦各官内，如李繼泰、趙健、嚴世杰，已奉旨調取引見，而楊廷相亦奉旨革職于備陳私茶、私鹽案內，解赴山西質審。梁永福已經陞任，止有趙世朗一人在陝。臣思營房刻不可緩，除嚴飭趙世朗先往賠修外，應否將李繼泰等悉發來陝，公同賠修，或俟趙世朗修整完日，將所用銀兩于承造各官名下均攤賠補，擬合奏請明旨。至城工營房，原估丈尺若干，因何窄小，原報各工料有無侵蝕浮冒之處，俟平慶道李元英確勘到日，另疏題報外，所有營房窄小滲漏，應否將承造各官發回賠修之處，合先具奏請旨，伏乞睿鑒，批示遵行。謹奏。

雍正三年八月十二日具。

當急爲修理，或暫那正項修理完整，將動用銀兩與趙世朗等分股賠補。李繼泰等，原因無罪，故調來，看其爲人光景。今既有此等敗露之事，此一起調來數員，大概皆仍發回陝，清理彼等任內事者。

同日又奏：爲請旨事。

竊照寧夏特設滿城修建營房一事，經前督臣年羹堯原發銀二十三萬兩，委現任西安府知府趙世朗、延安府知府李繼泰、潼關撫民同知楊廷相、寧夏同知趙健總理城工事務，又委長武縣知縣今陞江南廬州同知梁永福、南鄭縣知縣嚴世杰管理檔案，于雍正三年五月初十日完工。兹據趙世朗等造册報銷前來，據册開：實用過銀二十一萬一千八百二十七兩零。等因。臣隨檄委平慶道前往會同寧夏道，按其所報之册，逐項封驗，查勘核減去訖。

再，查原估內，失估印房、刑部房三十五間，柵欄營房五十間，少造甲房三十一間，磚井一十六眼。臣已另飭寧夏道，動用存剩物料，于七月初二日起工，至八月初四日。據寧夏道董新策具禀，董新策，才具中平。內稱：從前所造營房，盡皆窄小，又經七月二十一二等日大雨淋漓，有上滲下漏、不堪居住者，以致兵丁另下帳房。等語。臣查從前原委承辦各官內，如李繼泰、趙健、嚴世杰已奉旨調取引見，而楊廷相亦奉旨革職于備陳私茶、私鹽案內，解赴山西質審。梁永福已經升任，止有趙世朗一人在陝。臣思營房刻不可緩，除嚴飭趙世朗先往賠修外，應否將李繼泰等悉發來陝，公同賠修。

或俟趙世朗修整完日，將所用銀兩，于承造各官名下，均攤賠補。擬合奏請明旨。至城工營房原估丈尺若干，因何窄小，原報工料有無侵蝕浮冒之處，俟該道等確勘到日，另疏題報外，所有營房窄小滲漏，應否將承造各官發回賠修之處，合先具摺請旨，伏乞睿鑒，批示遵行。謹奏。

雍正三年八月十二日。

營房滲漏，兵丁栖止何所，自應急爲修理。或暫動庫帑修完，將所用銀兩分派股數，著落伊等賠補。至李繼泰等，原因其無罪，故調來引見，以看驗才具。今其經手之事既已敗露，一同調來數員，俱當仍發回陝，令其清理舊時首尾。

【《雍正朝漢文硃批奏摺匯編》第 5 册，第 812 頁第 560 條】

※都統查克旦奏報副都統阿林赴寧夏接任事摺

雍正三年八月二十日

奴才查克旦謹奏：爲奏聞事。

雍正三年八月十七日，承准軍機處字寄，雍正三年八月初八日，散秩大臣兼都統拉錫傳奉旨："查克旦今在甘州，著阿林赴寧夏之任。倘若阿林已赴寧夏，則可罷了。欽此欽遵。"寄信知會前來。等語。奉此，雍正三年八月二十日，已派副都統阿林赴寧夏之任。爲此謹具奏聞。

【《雍正朝滿文硃批奏摺全譯》第 1194 頁第 2144 條】

※都統查克旦奏報駐防寧夏官兵途中勞累事摺

雍正三年八月二十日

奴才查克旦跪奏：爲奏聞事。

奴才風聞得，駐防寧夏官兵前來途中，由于鄂爾多斯嚮導等引走無水草之路，官兵勞累，窘迫至極。將軍席伯派出官員，帶去車馬盤費等物接迎，于七月初才全部抵達寧夏城。奴才謹將風聞跪奏。

【《雍正朝滿文硃批奏摺全譯》第1195頁第2145條】

川陝總督岳鍾琪奏覆年羹堯題補之寧夏道董新策等十一員官聲頗好等情摺

雍正三年八月二十七日

太子少傅、世襲三等公、四川陝西總督臣岳鍾琪謹奏：爲遵旨密奏事。

竊臣查得，年羹堯歷來任用題補尤劣之員，業經具疏，陸續題參，其大員亦另摺參奏在案。兹于回奏禁革私派摺内，恭奉硃批諭旨："知道了。可以改悔雕礪之材，密奏以聞，出衆助惡之輩，寬不得。"臣跪讀之下，仰見聖度同天，祇以群材之賢否爲去留，并非因一人之不肖而概弃也。臣查年羹堯題補陝西道、府，如寧夏道董新策、漢中府知府高起，又佐貳州縣如靖邊同知甘士琪、同州知州陳時賢、長安縣知縣馬世燦，其題補四川道、府，如建昌道安定昌、成都府知府李弘澤，佐貳州縣，如成都同知王詢、叙永同知杜士秀、保寧府通判王廷珏、合州知州張植，此十一員者，雖亦皆年羹堯題用之員，然各該員謹飭持身，其居官聲名亦好，是以臣仰體我皇上甄别之明旨，概不參奏。今復仰奉密旨，合即具摺奏聞。倘各該員有改操敗檢之處，臣仍不時查參，斷不容隱姑息。再，查西安府知府趙世朗，在知府任内，雖無不好聲名，但係年羹堯用人，更聞其修理寧夏城工頗有浮冒，業經臣遴委平慶道李元英前往查勘。嗣因營房窄小滲漏，更飭趙世朗前往賠修。俟查確浮冒實數，到日即當另疏題參，合并聲明。伏乞睿鑒。謹奏。

雍正三年八月二十七日具。

甚是。朕舉错原無定執，在人自取之耳。爾等封疆大臣，必洞體朕志方好。你來見過朕，你自然知道，將來辦理，自然得主意矣。

【貼黄】

世襲三等公、川陜總督臣岳鍾琪謹奏：爲遵旨密奏事。

竊臣查得，年羹堯歷來任用題補尤劣之員，業經具疏，陸續題參，其大員亦另摺參奏在案。兹于回奏禁革私派摺内，奉硃批諭旨："于參勘之際，須留意甄别，遇能知悔猶堪雕琢之材，密奏以聞。其營私廢公、怙惡不悛者，斷難稍爲姑寬也。欽此。"臣跪讀之下，仰見聖度同天，衹以群材之賢否爲去留，并非因一人之不肖而概弃也。臣查年羹堯題補陜西道、府，如寧夏道董新策、漢中府知府高起，又佐貳州縣，如靖邊同知甘士琪、同州知州陳時賢、長安縣知縣馬世燦，其題補四川道、府，如建昌道安定昌、成都府知府李弘澤，佐貳州縣如成都同知王詢、叙永同知杜士秀、保寧府通判王廷珏、合州知州張植，此十一員者，雖皆年羹堯題用之員，然各該員謹飭持身，居官聲名亦好。是以臣仰體我皇上甄别之明旨，概不參奏。今復仰奉密旨，合即具摺奏聞。再，查西安府知府趙世朗，在知府任内，雖無不好聲名，但係年羹堯用人，更聞其修理寧夏城工頗有浮冒，業經臣委平慶道前往查勘。嗣因營房窄小滲漏，更飭趙世朗前往賠修。俟查確浮冒實數到日，即當另疏題參，合并聲明。伏乞睿鑒。謹奏。

所奏甚是。朕之予奪去取，原無執定，總在人自取耳。爾等封疆大臣，必領悉朕衷，仰體而行，庶不致有所乖錯。爾將來面朕後，方能表裏洞然，辦理諸務，更易立主見矣。

【《雍正朝漢文硃批奏摺匯編》第5册，第950頁第656條。參見《宫中檔雍正朝奏摺》第5輯，第26頁】

川陝總督岳鍾琪奏覆暫那庫銀修整營房擬令趙世朗等分股賠補摺

雍正三年九月十二日

太子少傅、世襲三等公、四川陝西總督臣岳鍾琪謹奏：爲奏明事。

竊臣奏報寧夏滿兵營房一摺，蒙硃批諭旨：“當急爲修理，或暫那正項修理完整，將動用銀兩與趙世朗等分股賠補。欽此。”仰見我皇上愛育官兵住居，一日不安，亦上廑聖懷，臣敢不仰遵轉飭。查寧夏原發城工銀兩，前據趙世朗詳報，剩銀二萬六千五百二兩八錢一分九厘，現交西安藩庫。尚有移交寧夏府存剩米石應變價銀，及營房存剩磚瓦、鐵釘、木料等項，約銀一萬餘兩，現俱在寧。臣前據寧夏道禀報營房漏濕，并添修甲房、堆鋪。等由。到臣。隨即批令就近將所存米石照原價變易，并所存木料、磚瓦等項，星速興工修理甲房、堆鋪在案。

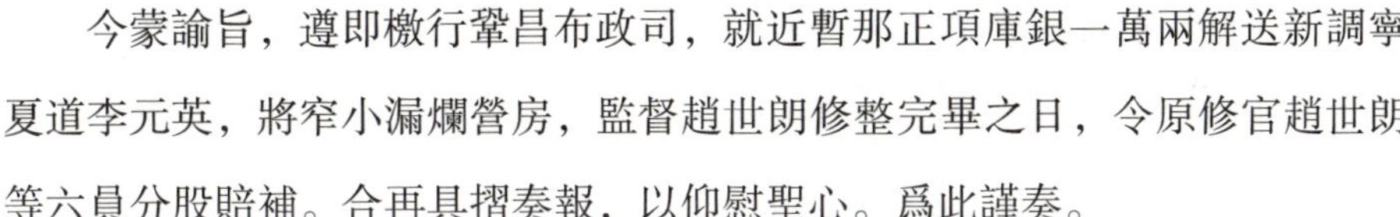

今蒙諭旨，遵即檄行鞏昌布政司，就近暫那正項庫銀一萬兩解送新調寧夏道李元英，將窄小漏爛營房，監督趙世朗修整完畢之日，令原修官趙世朗等六員分股賠補。合再具摺奏報，以仰慰聖心。爲此謹奏。

雍正三年九月十二日具。

甚好。

【《雍正朝漢文硃批奏摺匯編》第6册，第132頁第94條】

甘肅巡撫石文焯奏報寧夏駐防甲兵擬借餉銀置辦冬衣摺

雍正三年十月初一日

甘肅巡撫臣石文焯跪奏：爲奏聞事。

竊照駐防甲兵應支月餉，原係計口授食，例由布政司按月給發，不容違例飭支。今寧夏將軍席伯、副都統蘇圖以寧夏邊地寒冷，甲兵預製皮衣，因寧夏道收貯候支月餉銀兩，遂檄令寧夏道董新策借支伍個月餉銀，共玖萬陸千捌百肆拾兩。該道以預借錢糧必須移司詳院。等語。呈覆。而將軍席伯復行該道給發，于玖月貳拾玖日移咨到臣。接閒之下，不勝駭异。

伏查寧夏駐防官員在京預支貳年俸銀，于肆年扣除完項，奏請聖恩，奉有諭旨，户部方敢支給，從未有徑自行文支給之例。即甲兵因邊地寒冷，欲置皮衣，亦當早爲奏請聖裁遵行，何得遲至于今。而以“移咨始行借支，遲誤時日，猝難置辦”爲詞，復飭該道給發。况非用兵緊要之際，乃預借伍個月之多，扣還至貳拾個月之久，徑自行文給發，殊屬違例。臣實不敢徇從，除一面飛檄寧夏道飭查曾否給發，另行具奏外，理合抄録原咨，具摺奏聞。至甲兵初到，邊地嚴寒，情有可原，應否准借貳叁個月之餉，以爲置備冬衣，作爲陸個月扣除還項，出自皇上恤兵弘恩，非臣所敢擅便也。謹奏請旨。

雍正叁年拾月初壹日具。

如何使得。董新策若如此，豈可恕他。

【《雍正朝漢文硃批奏摺匯編》第6册，第258頁第187條】

川陝總督岳鍾琪奏甘州大草灘所放之馬被盜一案摺

雍正三年十月二十三日

四川、陝西總督臣岳鍾琪謹奏：爲欽奉上諭事。

雍正三年八月二十六日，准兵部咨。雍正三年八月十六日，本部尚書孫柱、法海，侍郎欽拜、傅鼐、楊汝穀面奉上論：“聞得甘州大草灘所放提標之馬，五月二十四日被賊盗去數十匹，王嵩不即行追趕擒獲，又不查究，反聽信屬員，勒令各營弁兵賠補之處，著交與岳鍾琪嚴察具奏。欽此。”合咨前去，欽遵查照施行。等因。移咨到臣。臣即移查去後，于雍正三年九月二十二日，準據寧夏鎮總兵官王嵩咨呈，内稱：查得本職署甘提任内走失馬匹一案，本職于五月二十六日，原據牧馬把總寥大成禀報，二十四日夜，天色甚黑，風雷大作，所收馬匹驚群奔走，不能攔擋。令〔今〕現在找尋，相應報明。等情。本職即差千總劉杰帶兵查看，行令該管營汛撥兵找尋。

二十八九兩日，據千總劉杰、把總寥大成禀稱，在于民馬群内，及滿兵馬廠内，找獲馬匹外，通共計點尚少馬四十六匹。本職雖據禀報馬匹驚散，或其中有番彝偷竊之虞，隨檄永固城營、黑城營、馬營、墩營派官帶領通丁目兵出口四遠追緝，并無賊人踪影、馬匹下落。維時欲將營汛地方官弁以疏防揭報請參，委無盜馬實據。欲將牧馬把總寥大成以失守咨參，實係夜黑風雨驚散，似屬可憫。當經牧馬把總寥大成、守備王珽、千總鄧洪印三員情願賠補，本職因念微員安能賠補如此之多，因酌議守備王珽捐馬十匹，千總鄧洪印捐馬八匹，把總寥大成捐馬六匹，每匹止令出價六兩，其不足價值，及尚少馬匹，本職同中軍參將馬紀師捐賠，并未累及兵丁。繼如此定議，一面仍令嚴行查訪，細細找尋在案。至認賠銀兩，因議于馬匹收廠起支草料之時買補，彼時尚未捐收。此本職署甘提任内走失馬匹原委也。今奉行查，跪讀皇上嚴旨，訪聞皆極實切。伏念本職素性愚陋，不敢小事大報。因見此項馬匹委係驚逸走失，未經備由報明，遽行議賠，疏忽黯昧之罪，百喙莫辭。相應據實咨呈，具題請旨，議處施行。等因。

據此，該臣看得，馬匹爲營伍最重，下廠放牧，理應多派弁兵，更番照管。今提標馬匹放牧在廠，亡群如此之多。據稱雷雨驚奔，又云在于民馬群内及滿兵馬廠内找獲，計點尚少四十六匹。但同時雷雨，因何民馬及滿兵馬匹又絶無驚奔之處，揆此明係被賊盜去。當此内番外彝悉皆安静守法之時，或有漢奸勾引偷竊，均未可定。該署提督總兵官王嵩聞報，理應當時查究，直窮到底，飛行尋踪跟緝，務有著落，爲是乃逡巡慢視，不即追趕，止差員查看，又不咨報臣知，私相寢隱，聽信屬員，議令捐賠馬價，又令直待馬匹收廠起支草豆時買補，以開虛冒起支之徑，殊屬舛謬。上蒙聖主洞見萬里，降旨交臣嚴察，始行認罪。復稱素性愚陋，不敢小事大報，以此等之事爲小，則又以何事乃可爲大乎？更屬不合。至臣駐札西安，失于訪察，亦難辭咎，相應一并奏參，均聽部議。

再照此案本應具題，因臣奉命入覲，在途接據該鎮咨呈，係奉特旨交臣之事，不敢轉交，著督撫臣圖理琛代題，是以具摺奏參，至此項馬匹未據報補，臣已咨行甘提臣路振聲在于喂養黄番貢馬内牽領補額，照例題報外，合并聲明。伏乞皇上睿鑒，敕部議處施行。謹奏。

雍正三年十月二十三日具。

【《雍正朝漢文硃批奏摺匯編》第6册，第343頁第249條】

甘肅巡撫石文焯奏繳節次奉到硃批摺

雍正三年十一月十六日

甘肅巡撫臣石文焯跪奏：爲恭繳硃批，仰祈睿鑒事。

竊臣具奏各摺，蒙皇上硃批諭旨，臣一一凛遵天訓，有改無勉，秉公去私，事事務期得中，竭力料理，以求上副聖主委任教勖之深恩。所有寧夏將軍席伯預借伍個月餉銀一事，臣前具奏時，一面行查寧夏道董新策曾否給發，并取擅動職名去後。于拾月拾貳日，據董新策覆稱，前項銀兩未奉批允，不敢擅動，是以并未給發，呈報前來。既經奏聞，惟有恭候敕旨。既未批發，知道了。朕思豈有此理。兹奉硃批，臣查將軍席伯等雖徑自行文借支，而寧夏道董新策不敢擅動，并未給發，可否寬宥，出自聖恩。

今歲甘肅地方，秋收豐稔，已將分數奏聞在案。伏請上諭爲民計及長久，宜及時請求儲蓄。仰見我皇上宵衣旰食，無刻不念切民生，臣遵即刊刻告示，遍行曉諭百姓人等，共戴聖主軫念元元之德意，感激歌頌，如出一口。現在踴躍努力，各圖舉行社倉之法，容俟督行有成，即當據實具奏，以副聖懷。此一事岳鍾琪來，他有一論，甚通，可與督撫商酌行之。

再，臣前進呈蒲黄粉，蒙硃諭："此粉甚好，如再可得，再尋些來。欽此。"臣獲覓得捌包進呈。所有節次奉到硃批，一并固封恭繳，伏乞聖鑒。謹奏。

雍正叁年拾壹月拾陸日具。

今歲且不必矣，足用也。

【《雍正朝漢文硃批奏摺匯編》第6册，第478頁第360條】

甘肅巡撫石文焯奏報購買米石貯倉備用摺

雍正三年十一月十六日

甘肅巡撫臣石文焯跪奏：爲奏明事。

竊照寧夏爲西陲重地，新設駐防官兵食指浩繁，寧夏、寧朔貳縣額徵，民間輸納糧料，夏糧係麥壹豆貳，秋糧係米壹豆貳，是粟米少而雜糧多。今歲仰托聖主洪福，寧夏地方收成甚好，所當乘此豐年，亟籌儲蓄，庶幾有備無患。臣查有年羹堯動解河東運庫銀叁拾萬兩，除買米外，存剩銀拾伍萬餘兩，題明留貯甘肅司庫，以備軍需之用。以臣愚見，應于此項内動銀叁萬兩，發交該道、府，及時購買粟米。查市價每倉石銀捌錢貳叁分，即歲暮春初，價值漸長，亦不過每石增銀數分，約計可買叁萬叁肆千石，貯倉以爲儲備之計。臣未敢擅便，伏乞聖裁，敕示遵行。謹奏請旨。

雍正叁年拾壹月拾陸日具。

甚好，應行者具題來。

【《雍正朝漢文硃批奏摺匯編》第6册，第481頁第363條】

雍正四年（1726）

※寧夏將軍席伯等奏請移駐滿洲兵所供給之糧草折銀等事摺

雍正四年三月初十日

鎮守寧夏等處地方將軍席伯等謹密奏：爲請聖訓事。

臣我等駐守邊塞，滿洲兵之口糧米，馬、駝之草料，至關重要。時至去年六月觀察得，寧夏屬地一州四縣，每年官收糧草，雖不足于供給兵丁應領取額之一半，但因稻田較多，不礙于旱澇。且又時值秋收，糧草價皆爲低廉，一兩銀可買一石小米，一分銀可買一捆草，重有七斤。衹因初增滿洲官兵萬餘口，馬、駝數千，從此時價逐漸昂貴。現今春季，小米一石爲一兩二錢銀，草一捆重七斤，價銀爲二分。臣等咨行署理總督事巡撫圖理琛，將供給寧夏滿洲兵之糧米、草料，均照西安例供應。等因。咨文。據圖理琛咨復，内開：寧夏地方每年官收糧草供給滿洲、緑旗兵不足一半，將此一面除咨商甘肅巡撫外，一面咨行鞏昌布政使司議擬呈報。等因。咨行前來。

臣等又咨行撫臣石文焯，應照西安例供給滿洲兵以糧米、草料，但不勞累兵民，而應皆有益。將此事定擬前來。等因。咨行。據石文焯咨覆，内開：寧夏倉貯米石少，自滿洲兵來至寧夏後，已放給所有倉米，實無所餘，故將滿洲、緑旗之兵所需糧草，擬從雍正四年制官收項下供給。從民間徵收之項，始于暮秋，故將供給滿洲官兵之米、草等項，擬于春夏二季均折給銀兩，而秋冬二季所有糧米，擬匀給滿洲、緑旗之兵，倘有不足者，擬仍折銀供給。等語。

臣等伏思滿洲官兵初來駐防，尚未立業，故其所供給之口糧米、草料，至關甚要。石文焯雖稱將秋冬二季所收糧草均分給滿洲、緑旗之兵，但其不足者，仍折銀供給，且從民間徵收之項，又始九月底。故臣等暫且依照巡撫之來文，將三、四、五月之糧草折取全銀，以交各牛録官員等從附近州縣采買後，擬分給兵丁等。倘至六、七、八月仍折取全銀，則將能否買到，亦難逆料。再，以所折之價，若由臣等能買得到，地方官員亦能買得到。衹因遠道采買，需用運夫脚價。懇祈聖主睿鑒，爲我滿洲兵供給六、七、八月分，一半爲半色米、草，一半爲折銀，則可于九月底，與地方額徵糧草接續，時兵丁斷不至困厄。爲此謹密奏，祈請聖訓。

將軍臣席伯、副都統臣蘇圖、副都統臣蘇穆爾濟。

硃批：朕已考慮此事有三四日，尚未考慮成熟，爾可與岳鍾琪再行商議此事。民與兵者，皆爲朕之赤子。倘若將就著辦，而初次移駐滿洲兵所在地之民有所怨艾，則無甚意義。倘若兵丁遭受困厄，亦爲不妥。倘若細加計算滿洲兵所需錢糧馬乾，則有有利之一面，亦有不利之一面。姑且不論其有利之一面，而僅論不利之一面。若斤斤計較，亦非理矣。此事至關民兵之心，朕亦難以通曉，故不能降旨指示。著爾等秉持大理大公，著眼國家大事，統籌辦理具奏。將軍衹知其兵，巡撫衹知其民，而不念國家公務，竟如此具奏，朕如何辦？觀察爾等之用心，皆在于此類事上矣。勤之奮之。

【《雍正朝滿文硃批奏摺全譯》第1299頁第2324條】

※寧夏將軍席伯等奏謝賜福字摺

雍正四年四月初六日

鎮守寧夏等處地方將軍臣席伯等謹奏：爲叩謝天恩奏聞事。

雍正四年正月二十八日，前往賫捧具奏臣等請安摺之家人返回時，將聖主賞賜臣等之“福”字帶回來，臣等率領官員出城跪迎。返回衙署之後，供設“福”字，望闕叩恩。臣等伏思叨蒙聖主殊恩甚重，但未報答萬一，聖主又加賞賜“福”字，不僅臣等得享福分，而我寧夏城所有官兵皆賴聖主所賜“福”字而得以享福，并爲此不勝欣悦。臣等晝夜欽遵聖訓而行外，實不得合適具奏之言。爲此叩謝天恩，謹奏聞。

將軍臣席伯，副都統臣蘇圖。

硃批：知道了。朕之本意所望者，亦爲天下大臣、官員、兵民共同享福之意矣。

【《雍正朝滿文硃批奏摺全譯》第1322頁第2367條】

川陝總督岳鍾琪等奏踏勘插漢拖灰地方情形并陳開渠設縣管見八條摺

雍正四年四月初六日

四川陝西總督臣岳鍾琪等謹奏：爲奏聞事。

竊臣等遵旨會勘插漢拖灰開墾田渠事務。臣通智、岳鍾琪俱于本年三月二十一日抵寧夏，甘撫臣石文焯亦于二十二日抵寧，隨于二十四日一同赴插漢拖灰周圍踏勘。查得插漢拖灰在賀蘭山之東，順黄河西岸，南北直長，自夾河口至石嘴子，綿亘可一百五六十里。其西則以西河之東岸爲界，西河之西乃賀蘭山下即平羅營一帶也，故自黄河西岸以至西河東岸，皆插漢拖灰之地，横衍或二三十里，或四五十里不等。然其地形，惟中高而東西兩畔皆近河低窪，所以西河及六羊河倒流。河雖皆可略資灌溉，而臣等詳度地勢，不過足灌低窪之田，其中段高阜處，則皆弃置無用。前臣石文焯摺奏時，因夾河灘、哨馬營二段留爲滿漢官兵馬廠，故置南北二段，而僅就中段計工。即臣隆科多所奏，亦止就西河之水能到之處疏通灌溉，不致多費帑金，而成功較易，總皆未計及高阜處盡開爲田也。今滿漢馬廠，已奉旨改于賀蘭山外，是插漢拖灰綿亘一百五十里之地皆可成田，幸際聖明之時，豈宜弃置。

臣等公同商酌，再四審視，六羊河、西河之中，皆微起高原，直抵石嘴子，登此原上一望，則西河、六羊河皆勢處卑窪，而轉可藉以泄水。今若就黄河正身，從夾河一帶開渠一道，固可引水盡灌高田。但河岸皆係沙工，恐將來易致衝决。惟漢渠一道，原從高處開浚，而渠口又係石磧，可以永無衝決之虞。但昔日止自黄河之硤口開浚，至李綱堡，即歸入西河而止，今若填塞西河淤口，將漢渠尾水引過高處，開挖新渠，直抵石嘴子，則插漢拖灰一百五十里中高下之田，約有二萬餘頃，皆可盡闢矣。倘或慮渠長田多，水不足用，則更可引倒流河、黑龍口兩處之水歸入大渠，添補灌溉。但查黄河近岸之田，既皆開闢，則必須永遠保護，使無淹没之慮。臣石文焯前請沿河築堤，實爲要務。然未經親歷，止估築中段，所以臣隆科多有兩頭泛濫、好田反爲水占之議。

今臣等公同勘視，應自鎮河堡起，直抵石嘴子，隨地形高下，築堤一道，以障黄河之水，使不得泛入。其堤身有横截渠口，如六羊河、倒流河者，則于出口、入口處，各建閘一座，以資畜泄，則凡在堤内之田，皆永享安瀾之利。而黄河冰凍之日，沿河防範固議，安設汛兵，而得此長堤，更覺嚴密矣。至近石嘴子之哨馬營一段，先止就低窪之處約計，故僅估田一千頃。今既取漢渠之水灌溉，高阜皆可開墾，則二三千頃可得圈給滿洲，將來生齒浩繁，儘足耕種。至于立樁定界，建造城垣、房屋，雇募民夫代爲開墾，備辦牛具、籽種等項，悉照臣隆科多原奏界至款項，交與臣石文焯派員料理，陸續開墾。其添設營縣、修造城堡，以至開渠、築堤、建閘，一切丈尺工費，及招民承業、起徵科則，事務繁雜，謹一一就臣等愚見，次第開列，爲我皇上備陳之。

一，縣令宜專設也。查插漢拖灰地方，自鎮河堡起，至石嘴子，長約一百五十餘里。自西河以至黄河岸，寬約四五十里及二三十里不等。三面近邊，形勢最爲寥廓。今議開渠築堤，招民種地，若非先設縣治，則人民遠來，似覺無所依附。况來開墾之人，即爲此地百姓，一切事務，必得有司爲之料理。查平羅縣治相去插漢拖灰甚遠，其現管之地方人民，在邊疆，亦爲中邑，若再兼管新開地畝，則户口日殷，未免事繁難顧。應以西河爲界，自西河以西，屬平羅縣，其西河以東，當另設一縣。臣等查勘葫蘆西以南，係插漢拖灰適中之地，建城一座，設知縣一員，典史一員，蓋造縣署三十間，典史、房屋十間，倉廒五間，文廟二十間，城隍祠十二間。再將李綱堡分防把總一員、兵五十名改歸縣城防守，蓋造把總房屋十間，營房一百間。如渠工一興，即可招人開墾，預修阡陌，待水灌溉。所有地方事務，應歸縣令，以專職守。但經始之際，安輯人民，編查地畝，責任匪輕，容臣岳鍾琪會同臣石文焯在本省知縣内，揀選才能之員，題請補授，頒給印信，庶地方有所責成矣。

一，營汛之宜添設也。查石嘴子地方，東控鄂爾多斯，西連賀蘭山外葡萄泉等處，形勢險要。今插漢拖灰在石嘴之内，一經開墾，人民漸集，防汛尤宜嚴密。查平羅縣之威鎮堡，止分防把總一員，兵一百二十名，離石嘴子七十餘里，地遠勢孤，不能彈壓，非所以壯邊威也。據臣等管見，以爲石嘴子地方宜設一營，築堡一座，蓋造守備衙署二十間，把總房屋十間，營房四百間。駐防守備一員，把總一員，兵二百名。沿河一帶，分汛巡查。并與縣城、威鎮堡二處防兵互相聲援，實有裨益。其添設之官兵，即在平羅營内分撥守備一員，把總一員，馬步兵二百名，在石嘴子駐札，仍歸平羅營參將管轄。如此則防汛有所專責，縣治不致孤懸矣。

一，邊防之宜嚴密也。查賀蘭山後葡萄泉地方，西通瀚海，北連兩狼山，實爲要地。今額駙阿寶既已遷移，滿漢馬廠復移山後，則防守甚屬緊要。臣隆科多等，原議在額駙阿寶房屋西邊，修堡造房，駐札守備一員，把總一員，兵六十名。臣等竊思，此處既經安設營汛，歸入内地，則一切邊外彝人往來，俱不可不行稽查，止設兵六十名，似覺太少。今議添兵四十名，共一百名，與石嘴子中衛邊口分汛防守，相爲犄角。其官兵駐札，即圍額駙阿寶住房築堡一座，周圍三百丈内，造營房二百間，其守備、把總即將額駙阿寶房屋修改居住。伊處現有可耕之地二十餘頃，分給官兵耕種之處，應照臣隆科多等原議。至于兵丁并家屬移駐，應查路之遠近，交臣石文焯會同寧夏總兵官臨時酌量，給與車輛，遣發其守備一員，把總一員，兵一百名，即在寧夏鎮標分發。

一，開墾之宜定法也。查插漢拖灰周圍甚廣，除哨馬營左近地方留給孳生滿洲外，其可開之地，尚有萬餘頃。如盡欲招寧夏之民開墾，在窮民皆係無資，誠恐觀望不前。况萬餘頃地未能遽招如許開墾之民，曠日持久，難見成效，殊非善策。據臣等管見以爲，寧夏附近及本省有力之民，并本省現任官員，俱許其量力開墾。以上官民，既係情願開墾，自備工本，無庸給與牛、種，應將所開之地，給與永遠爲業，此不但人人踴躍争先，而且户口皆屬殷實，不患其不爲土著之民矣。如開墾之外，尚有餘地，則招本省之窮民開墾，有願來者，在縣報名，編入户口册，安插稽查，每户給蓋房銀二兩、牛一隻、籽種一石。若户至五口以上，則酌量加增。所撥給開墾地畝，以籽種足栽爲額，其房屋、牛、種價值，于起科之年，分作五年帶徵〔征〕選項，如漸能自有資本，悉令儘數開墾，不給牛、種。以上各墾成熟之地，俱不許無故典賣，希圖挾資回籍，如此則寸壤尺土，俱成樂郊，而國計民生，均有裨益矣。

一，科則之宜定限也。查臣石文焯原奏，開墾地畝有次年起科之議，今臣等公同看得，六羊河兩岸百姓，于水泛流過處，趁其潮濕，于各處開墾，非係定得之水。或一年耕種，或一年不耕種，至今尚有已開之田。今既開渠築堤，有灌溉之利，而無旱潦之虞，自必即可成熟，應將此等之田，當年起科外，其自備牛、種開墾之官民，應三年起科。所有招來窮民，給與牛、種開墾者，于開墾後第二年起科，每畝糧草科則，悉照臣石文焯原議，實爲妥便。

一，新開渠一道。自李綱堡、漢渠尾稍起，至西河尾稍止，灣曲延長約計二百餘里。渠面口寬四丈，底寬二丈，深六七八尺不等。再，漢渠舊稍在新渠上流，口面窄猛，應照新渠展開丈尺，疏通水勢，約計五六十里。至開渠之後，每年修浚。渠身取用草束之處，應照臣隆科多原議外，所有應開支渠并西河以西地畝，應用木槽飛引新渠之水，以資灌溉，則田畝遠近不一，此時未能率定，應俟渠工完日，另行查核，造册送部。

一，新築堤一道。自河西寨起，至石嘴子止，灣曲延長約計二百餘里，就地形高下，隨勢修築。堤底寬三丈，收頂一丈二尺，高四五尺，以至七八尺不等。其堤外沿堤開渠一道，寬二丈，深三四五尺不等。既可取土爲堤，如黄河水溢，又可獨當水勢。而堤外各河口尾之水，俱可藉以疏泄。嗣後每年修浚渠身，則取土培堤，益增高阜，實屬有益。

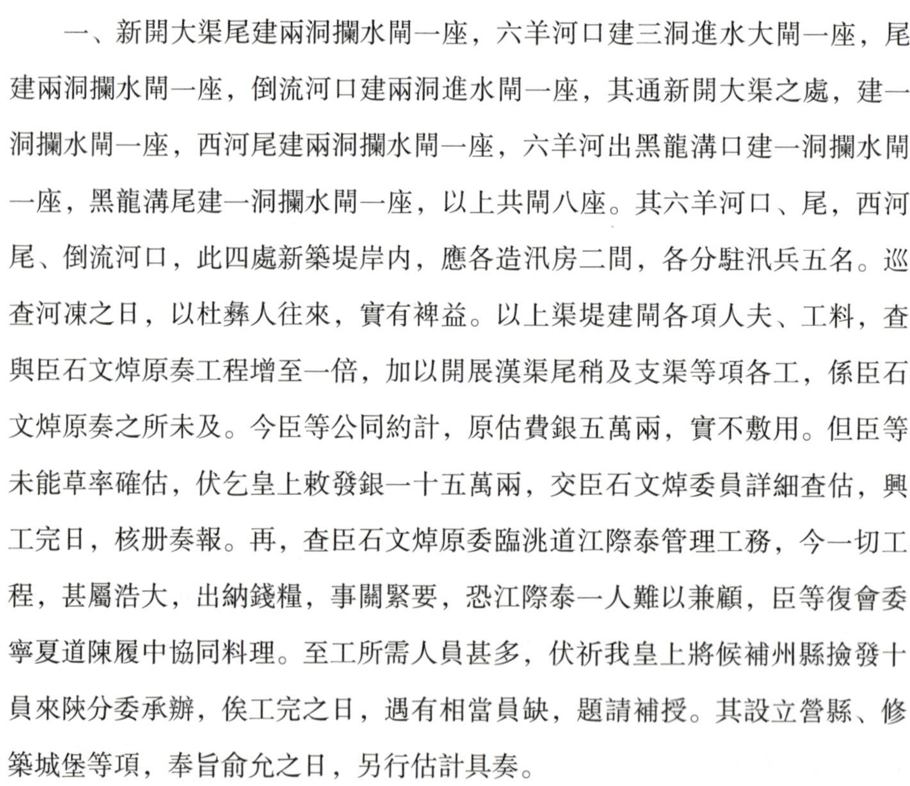

一、新開大渠尾建兩洞攔水閘一座，六羊河口建三洞進水大閘一座，尾建兩洞攔水閘一座，倒流河口建兩洞進水閘一座，其通新開大渠之處，建一洞攔水閘一座，西河尾建兩洞攔水閘一座，六羊河出黑龍溝口建一洞攔水閘一座，黑龍溝尾建一洞攔水閘一座，以上共閘八座。其六羊河口、尾，西河尾、倒流河口，此四處新築堤岸内，應各造汛房二間，各分駐汛兵五名。巡查河凍之日，以杜彝人往來，實有裨益。以上渠堤建閘各項人夫、工料，查與臣石文焯原奏工程增至一倍，加以開展漢渠尾稍及支渠等項各工，係臣石文焯原奏之所未及。今臣等公同約計，原估費銀五萬兩，實不敷用。但臣等未能草率確估，伏乞皇上敕發銀一十五萬兩，交臣石文焯委員詳細查估，興工完日，核册奏報。再，查臣石文焯原委臨洮道江際泰管理工務，今一切工程，甚屬浩大，出納錢糧，事關緊要，恐江際泰一人難以兼顧，臣等復會委寧夏道陳履中協同料理。至工所需人員甚多，伏祈我皇上將候補州縣揀發十員來陝分委承辦，俟工完之日，遇有相當員缺，題請補授。其設立營縣、修築城堡等項，奉旨俞允之日，另行估計具奏。

以上八條，臣等共矢公心，互相參酌，以期仰副我皇上惠育生民、使萬年樂利之至意。但臣等知識短淺，恐一切籌畫未能盡合機宜，謹繪畫全圖，恭呈御覽，伏乞我皇上俯賜垂察。是否可行之處，恩加訓定，俾臣等得以知所遵循。至于興工日期，臣石文焯原奏擬在二三月間，今已過期，小民農務正殷，人夫不便雇募，應俟俞允之日，于七月間，擇日動工，統乞睿鑒，敕部一并議覆施行。爲此謹聯銜具摺，恭奏請旨。

雍正四年四月初六日。

四川陝西總督臣岳鍾琪、大理寺正卿臣通智、甘肅巡撫臣石文焯。

此事亦交廷議。

【《雍正朝漢文硃批奏摺匯編》第 7 冊，第 81 頁第 51 條。亦見《宫中檔雍正朝奏摺》第 5 輯，第 785 頁】

※寧夏將軍席伯等奏報嚴管駐防邊塞滿洲兵丁摺

雍正四年四月初十日

鎮守寧夏等處地方將軍臣席伯等謹密奏：爲奏聞事。

臣等自來至寧夏之後，即遵照聖主訓諭，飭交協領、佐領等官員每日檢查兵丁，不時拉弓騎射，教習清語，不得給飲酒、賭博之閑暇。官員等亦皆感戴聖恩，各自勤勉，阻止不會安排生活之兵丁賣小米而買食白米之事，不得給飲酒、賭博之閑暇。而每日習練騎射，嚴查嚴管，因而兵丁之騎射有所進步，但兵丁不能任意行走，因而怨恨該管者亦有之。故于雍正四年四月初四日，臣等傳官員前來當面交代，兵丁每人所得二月分所欠草料折銀六錢，三月分之小米、草料而折銀四兩八錢五分。其中根據兵丁人口數，由佐領内官員領取後，代爲兵丁采買小米、草料，而剩餘銀兩發給兵丁本人，不得發給不肖兵丁手中，以免人與馬皆受飢餓。等因。交代。不料由鑲白旗滿洲都希喜佐領下前鋒世柱等成群結夥，不來臣處告狀，而趁川陝總督公岳鍾琪視察察罕托海等地來往寧夏之時，即至岳鍾琪前告狀。

岳鍾琪轉送于臣等。臣等訊問世柱等何以告狀，何不來臣前告狀，而至總督前告狀。伊等供稱：“據我佐領官員言稱，坐扣我等之銀兩，代爲我等采買米、草料者，皆係大臣等交代辦理者矣。由于我等懼怕，未敢來至將軍大臣前告狀，而告狀于總督前。”等語。臣等看得，都希喜佐領下兵丁雖控告其佐領官員，但察伊等舉止極氣盛而無禮，有所過分。伊等來至寧夏之後，相遇巡查章京、兵丁，該巡查官兵每日巡查前來漢人城酗酒、欺民、争吵之滿洲兵、跟役等。由于伊等無佐領圖記圖書，不准入内，伊等不聽勸阻，强行闖入。該旗協領明泰追來帶走，亦不聽從。此等之事，皆我滿洲兵嚮來没有之事。

臣等伏思，初次駐防之邊塞地方，其管兵者皆賴于法。此次派來寧夏之兵，皆係攤派而來者。初管此兵，法不嚴，日後習以爲常，以致不堪入目。此夥人中，若不殺其中桀驁無禮倡首者一二人，則日後難以管理兵丁，且屬下官員亦難一心一意嚴管兵丁。臣等世代叨蒙聖主鴻恩，駐守邊塞要地，何不竭盡效力。臣等所請者，將此案一經審明之後，倘若被告官員確有虐待不肖兵丁之事，必將從重議罪，以爲百官之標準，另行奏參外，倘若一經審出倡首之桀驁無禮、目無法紀兵丁時，即行奏聞，殺其倡首一二人，以爲衆兵之法度。爲此惶恐惕厲，先行謹密奏聞。

將軍臣席伯、副都統臣蘇圖、副都統臣蘇穆爾濟。

硃批：知道了。管兵之人，不得偏頗于賞罰，衹持大理秉公處之。奏本前來時，再降旨。

【《雍正朝滿文硃批奏摺全譯》第1326頁第2376條】

陝西寧夏總兵張君烈奏營伍廢弛亟需整理摺

雍正四年四月十一日

鎮守陝西寧夏總兵官奴才張君烈奏：爲恭明事。

竊奴才一介武夫，至愚至陋，荷蒙皇上天高地厚，格外施恩，特放川北

總兵。到任貳拾餘日，又蒙主子特調寧夏總兵。但邊疆重地，奴才自愧無才，日夜憂思，惟恐有負皇恩。奴才于本年貳月拾貳日到任之後，備閱營伍，甚爲廢弛。細查緣由，自康熙伍拾柒年貳月内，寧夏總兵范時捷署理甘州提督印務，而總兵印務，委員署理，于雍正元年陸月内，總兵楊啓元接授。未及半月，前往甘州署理提督印務，將總兵印務仍委員署理。至總兵王嵩于雍正叁年玖月初捌日到寧任事，于本月貳拾陸日離任。歷年以來，俱係委員署印，蓋未整理，是以廢弛。于本年叁月貳拾壹日，總督岳鍾琪到寧，奴才帶領兵馬與總督岳鍾琪閱看，亦云果然廢弛。兼之兵丁内，因出征多年，疲老不堪者頗多，奴才仰體皇恩，將伊弟男子侄堪以入伍者，陸續頂補。奴才不敢懈怠，亦不敢太急，伏乞主子天恩，寬限一年，整理齊備，細查旗幟、盔甲、鑼鍋、帳房，因士征多年，破損不堪，不能足數，奴才面商總督岳鍾琪陸續添補。但營伍重大，關係匪輕，不得不預爲奏明，仰祈皇上睿鑒硃批施行。

雍正肆年肆月拾壹日。

知道了。徐徐竭力，次第料理。

【《雍正朝漢文硃批奏摺匯編》第7册，第122頁第77條。亦見《宫中檔雍正朝奏摺》第5輯，第804頁】

川陝總督岳鍾琪奏請允令通智辦理插漢拖灰地方工程摺

雍正四年四月十九日

四川、陝西總督臣岳鍾琪謹奏：爲奏請聖鑒事。

竊臣遵旨會勘插漢拖灰一切事宜，已會同正卿臣通智、甘撫臣石文焯具摺奏聞在案。但臣伏查插漢拖灰地方，田土甚多，且土色較之寧夏，尤覺肥沃，將來成熟，即照每畝六升起科，每年可得糧十餘萬石。開渠、築堤，以及建閘等事，臣等前請發銀十五萬兩，今詳細酌估，倘料理得人，所費帑金，不過十萬兩内外。但其事務繁雜，工費出入，弊竇甚多，臣與撫臣相隔俱遠，未免鞭長不及。目今雖委寧夏、臨洮兩道管理，而事關重大，恐難勝任。况秦省侵冒夙弊，人人習以爲常，若不得才幹大員親臨總理，恐必致稽延時日，糜費帑金。

臣輾轉思維，惟有仰懇我皇上，于在廷諸臣，簡選一員，赴寧料理，但又必熟諳情形、籌畫精謹之人，則臣竊以爲如正卿臣通智實能勝任。倘蒙聖恩俞允，敕令通智在工所專理其事。至于一切調委員役、應行應辦等細事，仍飭寧夏道陳履中聽候欽差指示遵行，則微員奸胥皆知畏懼，而功效亦可速成矣。臣從國計起見，不揣愚昧，妄行奏請，是否可行，統乞我皇上睿鑒施行。爲此謹具摺請旨。

雍正四年四月十九日具。

此奏是。但通智不過服勞奔走效力之才，爲人粗俗，但不知他操守如何？此事未必勝任。你既與他同事多時，必有可取，方有此奏也。可傳旨，留他在陝辦理工程事件，朕再想一錢糧出納謹慎人來協理，更有益。如暫不得人，中止亦未定。

【《雍正朝漢文硃批奏摺匯編》第 7 册，第 144 頁第 96 條】

川陝總督岳鍾琪奏寧夏駐防兵丁喊稟佐領扣剋盤費摺

雍正四年四月十九日

四川、陝西總督臣岳鍾琪謹奏：爲密奏事。

竊臣因會議插漢拖灰事務，暫駐寧夏，于雍正四年四月初五日，據寧夏滿洲都世氣佐領下委署驍騎校巴爾虎、撥什庫、明德、實德、常寶，外委先鋒校石柱，披甲七哥、五哥等赴臣寓所喊稟："我們出京之時，蒙皇上恩典，每名賞給車價盤纏等項銀一百一兩五錢，烏林將我們每名扣銀三十兩，以爲

路上盤費。及到路上，也有給我們二十餘兩的，也有給我們十餘兩的，如今下剩還有銀五百餘兩。京裹關來都是庫平，給與我們都是京平，還有餘銀一百五六十兩，都在我們三個官手裹。我們去要，説替我們買馬，不給我們。况别旗都不扣，衹有我們旗下把銀扣住不發。又將我們二三兩月關的草料、口糧折色銀每名五兩四錢五分，説替我們買四月、五月口糧，不給我們。就是要買四、五兩月口糧，也衹該扣我們四、五兩月的銀子，况從前的餘銀一百五六十兩也可買得口糧。他如今衹管自己放債收利錢，使唤我們。旗下事體，我們回過總督，還要去回將軍，衹求總督同將軍替我們作主。”等情。據此，臣查巴爾虎等同日已赴將軍臣席伯處喊禀，則佐領都世氣果否扣剋，應聽席伯審實參究。但既經喊禀到臣，不敢不據實奏聞，應奏聞者。爲此謹奏。

雍正四年四月十九日具。

此事西白〔席伯〕已奏聞，初駐防之兵，此風斷不可長。朕候此事奏到，必將一二人正法，以示衆。

【《雍正朝漢文硃批奏摺匯編》第7册，第147頁第98條。亦見《宫中檔雍正朝奏摺》第5輯，第819頁】

川陝總督岳鍾琪奏保送副將周起鳳等五員赴部引見摺

雍正四年四月二十一日

岳鍾琪保送奏周起鳳、馬紀勛、曹勷、張志浩、王緒級。

四川、陝西總督臣岳鍾琪謹奏：爲遵旨密奏事。

竊臣欽遵諭旨，將所屬副、參、游輪流揀選，保送引見。已選得神木副將周起鳳、中衛副將馬紀勛、固原提標參將曹勷、鎮番營參將張志浩、固原提標後營游擊王緒級五員先行保送，恭疏具題外，至各員弓馬、漢仗、居官操守，合再遵旨具摺密奏。副將周起鳳，居官謹飭，勇于辦事，人材、弓馬，均屬優長。副將馬紀勛，居官勤慎，操練有方，弓馬、漢仗俱好。參將曹勷，辦事練達，熟諳營伍，弓馬、漢仗，俱屬可觀。參將張志浩，操守素優，人材壯健，弓馬嫻熟。游擊王緒級，才技優長，居官廉謹。以上五員，俱曾出兵效力，頗著勤勞，臣驗試得實，各統所知陳奏，伏乞我皇上睿鑒施行。爲此專差臣標把總張自興賫摺，謹奏以聞。

雍正四年四月二十一日具。

【《雍正朝漢文硃批奏摺匯編》第 7 册，第 173 頁第 119 條】

原任固原提督路振聲奏謝賜物加銜并報回家日期摺

雍正四年四月二十七日

太子少保、兵部尚書、原任甘肅提督臣路振聲跪具奏摺：爲恭謝天恩，并報微臣回家日期事。

竊臣一介庸愚，生逢盛世，數拾年來，仰荷君恩，天高地厚。前患病軍前，屢奉温旨，諄切訓勉，臣欽遵調養，始得苟延殘息。更蒙厚賚多金，并諸珍异，格外洪仁，有加無已。臣入覲天顔，戀主私衷，得以少慰。正宜竭盡駑力，圖報高深，仰副我皇上期望之至意。但以衰殘病軀，實難勝任，惟恐貽誤邊疆，不得不具摺乞休。蒙皇上俯賜矜全，允臣所請，復加宫保部銜，而且叠沛恩綸，頻頒賞賚。及陛辭之日，又蒙皇上親將舊邸所用素珠賜臣，并賜御宴，命公内大臣看吃，寵遇優隆，至此已極。揣分奚當，感激難名。今臣于肆月貳拾陸日已回到家，從此與含哺鼓腹之民共樂堯天，訓教子孫，勉習淳厚，知孝知忠，以圖仰報皇仁于萬一耳。今遣家人閻爵賫捧奏摺，代臣叩謝天恩，伏乞皇上睿鑒，臣無任感激依戀之至。爲此謹具奏摺以聞。

雍正肆年肆月貳拾柒日。

太子少保、兵部尚書、原任甘肅提督臣路振聲。

知道了。汝弟路振揚，好個大用之材，可惜朕用遲了。

【《雍正朝漢文硃批奏摺匯編》第7册，第206頁第146條】

△諭川陝總督岳鍾琪奏寧夏駐防滿漢兵丁俸餉請分別折給等

雍正四年五月初一日

雍正四年五月，上諭十七道。初一日，刑部議奏，准管理察漢叟兒等處糧餉巴泰等所奏，種地贖罪之郭三瞎等二十人，年老病廢，無以資生，派與種地官員養贍。奉上諭："郭三瞎等二十人，雖係重罪發遣之犯，但伊等在彼處地方，并無不法及逃回等事。今既實係年老殘廢，不能耕種，情有可憫，著行文巴泰，詢問伊等有願留彼處者，即給與種地官員分養，有願回故里者，著巴泰遣人送部，令其回籍。"

又，川陝總督岳鍾琪奏，寧夏駐防滿漢兵丁俸餉，請分別折給。奉上諭："從來滿洲兵丁性情質樸，奉公守法，從不知争論財物、占人便宜，亦未于該管上司前有控告錢糧等事。歷來風俗如此，衆所素知。昔年福州漢軍駐防兵丁因馬乾、錢糧争競一事，聖祖皇帝尚將爲首之人重懲，附和者分别治罪，蓋恐其漸成惡習，故用法以儆將來也。每見旗人爲上司，往往袒護旗人，亦有故意刻待旗人、袒護漢人，以示公者。漢人爲上司，又往往袒護漢人，亦有故意刻待漢人、袒護旗人，以示公者。此等識見度量，皆屬卑小，非大公至正之道也。朕君臨天下，一視同仁，惟期事事公平，不肯稍有偏向。如滿洲駐防兵丁，其所得錢糧、馬乾等項，較緑旗兵丁爲多，此非厚待旗人也。蓋緑旗兵丁係土著之人，經營度日，稍覺容易。滿洲兵丁，則于錢糧之外，無所資藉，故特加恩惠，以養贍之。旗兵既有多得錢糧之處，則不

應復占緑旗之分例。

“今川陝總督岳鍾琪疏稱，據布政司鍾保詳稱，寧夏滿兵初到，采買米石、草束實難，請將夏、朔二縣實徵草束盡給滿兵，以折價給與緑旗兵丁。又請以額徵一萬五千石之米盡給滿兵，亦以折價給與緑旗兵丁。此奏甚屬錯謬。若云折價足敷采買之用，則緑旗可以采買，滿兵即可以采買，且地方官亦可以采買矣。若云折價不敷，則滿洲不敷，緑旗亦即不敷矣。兵丁同爲朝廷豢養之人，滿洲素性尚義輕財，豈肯奪緑旗兵丁之利以自便其私乎？據云詢問緑旗兵丁，緑旗兵丁亦欣然樂從。凡辦事，衹論理之當行與否，若于理當行，豈因緑旗兵丁不願而遂停止乎？若于理不當行，而緑旗兵丁即便情願，在緑旗兵丁固屬可嘉，獨不計及滿洲兵丁之顔面乎？

“又，岳鍾琪疏稱，鍾保詳稱，所需白米每石以一兩五錢折價，爲數無幾。等語。國家有一定之經費，若屬應用，則數千數萬，亦不爲多。若不應用，則一絲一粟，亦宜察核。豈有因數目不多而遂可任意增添乎？况爲數不過七百餘金，即將此分與三千人衆，爲利幾何？令滿兵徒受，與國家較量錙銖之名，是愛之乎，抑害之乎？今岳鍾琪、鍾保既稱滿兵新到，采買米、草甚難。朕思鍾保身爲藩司，料理軍餉，乃其專責，著將滿洲兵丁所需米石、草束交與鍾保管理采買，散給兵丁，不得使兵丁稍有虧缺，若少有借端貽累地方，朕必加以重處。俟辦理數年，兵丁住久熟習之後，再行奏聞，令兵丁自行采買。近日聞得寧夏新駐防滿洲兵丁因該管官員等備辦公事，扣除伊等銀兩，遂越例赴提督岳鍾琪處控告。此無耻之風，滿洲兵丁從未之聞，著察出爲首之人，治以重罪。”

【《雍正朝漢文諭旨匯編》第 6 册《上諭内閣》，第 286 頁“雍正四年五月初一日”條。亦見同書第 3 册《無時間硃改諭旨》，第 227 頁第 409 條】

原任固原提督路振聲奏胞弟路振揚過西安備悉殊恩寵遇暨阿其那等背逆情形摺

雍正四年五月十三日

太子少保、兵部尚書、原任甘肅提督臣路振聲謹奏：臣弟路振揚于本年伍月拾貳日路過西安，臣跪請皇上萬安畢，遂告臣以入覲天顏。仰蒙賞賚殊恩，從古未有。且寵遇過分，不啻家人父子。將臣長子秉桓准令帶赴固原料理章奏，臣敬聽之下，感激難名。隨恭設香案，望闕叩頭謝恩訖。

至晚，臣弟振揚、備道阿其那等結黨陰謀事迹顯露，不臣之罪，法所當誅。我皇上愛深手足，曲賜保護，深仁厚德，有如天地。臣詳悉聞之，既深恨阿其那等背逆不臣，罪同年羹堯，理法不容，復自愧微臣曾任封疆，分屬犬馬，向同中外臣工及草茅萬姓群戴聖人在位，勵精圖治，恩覃九有。而于皇上曲處骨肉、施恩法外之處，竟不能早知其詳，惶悚無地。今雖退處田間，戀闕之心，無日敢忘。

伏願我皇上孝友敦篤，既沛堯舜弘仁，而未雨綢繆，又深爲社稷長久計，俾情與法兼得。庶仁至義盡，則天下幸甚，後世幸甚。謹差家人張九如賫捧奏摺，代臣叩謝天恩，并鳴犬馬私衷，伏祈皇上睿鑒。爲此謹奏以聞。

雍正肆年伍月拾叁日。

太子少保、兵部尚書、原任甘肅提督臣路振聲。

知道了。此事，朕實尚未得主意。

【《雍正朝漢文硃批奏摺匯編》第7册，第256頁第189條】

川、陝總督岳鍾琪奏恭承聖訓感謝天恩摺

雍正四年六月初五日

四川、陝西總督臣岳鍾琪謹奏：爲恭承聖訓，感謝天恩事。

竊臣因估撥寧夏駐防滿兵糧料一疏，欽奉硃批諭旨一道到臣。臣跪誦之下，輾轉深思，益自覺知識短淺，所見止及一偏，惟恐蹈不顧滿兵之譏，此原係臣實有之私念也。此亦人情之常，何爲君臣互知一心相照也，所以朕前嘉卿之不摺奏也。乃今蒙我皇上洞鑒肺腑，詳悉開導，仰見天度汪涵，凡事大公至正，且更曲體臣下之愚昧，開誠布公，切實指示，臣雖木石爲心，能不悦服、銘鏤終身。欽奉自兹以往，凡駐防八旗事務，悉據實密奏，從公辦理，斷不敢避一身之嫌疑，致壞駐防之習氣，以仰副我皇上訓誡之至意。此事之舉，雖不得理，因此事勝此一篇訓諭，實大有益于駐防營鎮，滿漢兵丁之心與俗也，朕甚得意此事。朕之此論，你以爲何如？再，臣保奏通智管理插罕拖灰堤梁一事，實係臣見其勤慎爽直，且在甘寧一帶出差年久，凡地方利弊，皆所悉知，斷不致受人欺哄，故臣冒昧具奏，并無私意。至于操守如何之處，臣實未深知。今蒙聖鑒，令單疇書會同料理，于工程更有裨益矣。所有臣欽承應訓誨，感激私懷，應如是。朕悉知卿此語發乎五衷。理合具摺恭謝，并將原奉上論一并呈繳，伏乞睿鑒施行。謹奏。

雍正四年六月初五日具。

知道了。

【《雍正朝漢文硃批奏摺匯編》第7册，第389頁第288條】

川陝總督岳鍾琪等奏報自甘州起程赴寧夏等地料理地方事務日期摺

雍正四年六月初五日

四川、陝西總督臣岳鍾琪等謹奏：爲奏聞事。

竊臣等遵旨前赴沙州、安西會勘城房屯田，于五月十三日抵沙州，事竣，于二十八日回至甘州。除將所勘事宜，另行繕摺具奏外，今臣等于六月初六日俱自甘州起程。臣通智赴寧夏辦理渠堤，臣岳鍾琪由凉、莊一帶，料理新撫番民貢賦諸事及蘭州會審案件，事畢回西安，更有沿邊查明可以開墾之處，統俟抵署之日另具摺奏，伏乞皇上睿鑒施行。謹奏。

雍正四年六月初五日。

四川陝西總督臣岳鍾琪、大理寺正卿臣通智。

好。

【《雍正朝漢文硃批奏摺匯編》第7冊，第407頁第294條】

※大理寺卿通智奏報于察罕托海修渠動工日期摺

雍正四年六月初六日

奴才通智謹奏：爲奏聞事。

切照今歲六月初五日，奴才等詳議布隆吉爾、沙洲等處事宜，由甘州具奏後，初六日，奴才離岳鍾琪，起程往寧夏。看黄曆，以卜動工之日，六月二十二日土神用事，七月十一日完畢，于十六吉日，方可動土，似覺稍緊，其他事來年可做。惟若將大渠之閘于今歲霜降前不能告成，則誤農時。是以奴才十七日趕至察罕托海地方，與單疇書商議，于土神用事之前，六月十八吉日祭畢，從東邊動土。此間若備辦器械，鳩工齊，于六月終即行開工。爲此謹奏以聞。

硃批：好。

【《雍正朝滿文硃批奏摺全譯》第1351頁第2420條】

陝西固原提督路振揚奏謝硃批摺

雍正四年六月十五日

提督陝西固原等處地方總兵官、副將、加二級臣路振揚謹奏：爲恭謝天恩事。

竊臣于雍正肆年陸月拾肆日，接臣兄太子少保、兵部尚書、原任甘肅提督臣路振聲家信，恭録謝恩奏摺所奉硃批諭旨："知道了。汝弟路振揚，好個大用之材，可惜朕用遲了。欽此。"録賫到臣。隨恭設香案，望闕叩頭謝恩訖。伏念臣本不學武夫，欣逢聖主知遇之隆，逾格過分，實古今所未有。今年肆月内，入覲天顔，曾面奉過遲之旨。臣踟躇難當，不敢奏對。今又于臣兄奏摺内硃批宣示，臣自顧何材，能堪大用？聖心褒勉，警惕益深。犬馬下情，面奏尚不能盡，摺奏又何能陳其萬一耶？謹將臣感激之私，命臣侄路秉桓恭繕奏摺，叩謝天恩，伏祈皇上睿鑒。爲此具摺，謹奏謝以聞。

朕有旨，一切密諭，非奉旨，不許傳告一人，今路振聲□然將朕諭抄録宣示于你，如何使得？朕已另旨飭諭外，可見爾等武夫之粗率不遵禮體也。

【《雍正朝漢文硃批奏摺匯編》第7册，第441頁第326條】

陝西固原提督路振揚奏謝君側賜坐等事摺

雍正四年六月十五日

提督陝西固原等處地方總兵官、副將、加二級臣路振揚謹奏：竊念微臣以不學無知之庸材，逢聰明睿智之聖主，殊恩异數，浹髓淪骨，雖經恭疏奏

謝，但犬馬感戴之心未盡萬一，下情恒懷藴結。自問何人，屢飽天厨嘉味，叠蒙内府异寶。君側賜坐，此等之恩，祇可自知，不過因你有年紀，跪久賜坐，何必落紙筆。若再專向人言，則更不學無術矣。内侍領游御園，復隨諸王大臣御前侍宴，寵榮至此，亘古此等之恩儘有，他人不肯似汝淺見傳揚，所以汝不得而知耳。亘古稀聞，更被恩慈，仰承天語，賞臣以長年，可活九十，賞臣以好子，必當出色。聖主如天，聖心即天心。天既許矣，臣謹當時刻自省，修身積行，敬迓天庥，無替主命。我皇上範圍天地，曲成萬物，以獎掖爲勸，勉賜愚臣，爲誠實君子。臣恭聆之下，惶恐戰慄，屏息伏地，不能仰奏一語。此等之諭，何必記載。爾等若如此行爲，則大臣奚望朕待爾等如家人父子也。臣自揣分，何敢當此。惟仰體聖主教育之心，日夕兢業，務求内外如一、始終不二。臣年陸拾叁歲，末路晚節，得少過愆，實爲萬幸，理合再爲披瀝奏謝，伏祈睿鑒。爲此謹遣臣家人李成林捧賫奏聞。

雍正肆年陸月拾伍日。

提督陝西固原等處地方總兵官、副將、加二級臣路振揚。

此奏若密奏，朕尚將就可矣。若向人傳播，不過令人取笑你耳。

【《雍正朝漢文硃批奏摺匯編》第 7 册，第 442 頁第 327 條】

陝西固原提督路振揚奏贊頌不即誅戮阿其那等逆黨摺

雍正四年六月十五日

提督陝西固原等處地方總兵官、副將、加二級臣路振揚謹奏：爲下情不能自已，披瀝冒奏，仰祈睿鑒事。

欽惟我皇上大孝深仁，念聖祖付托之重，自臨御以來，兢兢業業，日理萬幾，庶績咸凝，萬方共戴。夫何阿其那等結黨陰謀，蠹政惑衆，情雖詭秘，事頗昭然，罪在不赦。我皇上孝文純誠，體聖祖之恩勤，曲賜矜全，不即誅戮，盛德苦衷，亦惟天地知之、祖宗諒之。凡兹臣庶，越在遠方，何由悉曉。臣于途次所經，凡遇大小諸臣，將阿其那等重大情罪、我皇上曲全弘恩，詳切告語，聞者皆恨逆黨當誅，而頌聖明保護之苦心也。臣思國家事體，須權輕重，阿其那等若果痛改前非，登非厚望。倘仍怙終不改，則天下止知有君臣之大義，司寇止知執朝廷之定法。臣分固不敢言，臣心實不能已。惟聖人時措咸宜，天下幸甚，臣不勝戰慄待罪之至，謹昧死具奏以聞。

雍正肆年陸月拾伍日。

提督陝西固原等處地方總兵官、副將、加二級臣路振揚。

朕有明諭，爾等自有公奏。

【《雍正朝漢文硃批奏摺匯編》第7冊，第443頁第328條】

陝西固原提督路振揚奏報營中公費名糧數目摺

雍正四年六月十五日

提督陝西固原等處地方總兵官、副將、加二級臣路振揚謹奏：爲奏明公費名糧數目事。

竊臣查得，固原提標伍營從前原有公費馬糧壹百貳拾名，以備置買火藥、鉛彈，并每季領餉，脚價、盤費及修補一應軍裝皆微物料匠役、工價、飯食等項之用。卷查雍正叁年陸月貳拾捌日，前任提臣馬焕准川陝督臣岳鍾琪咨開：嚴飭標營協路大小各營，將公費名糧照依兵數，每壹百名内准留公費步戰糧叁名。等因。查提標額設馬步兵丁共叁千玖百玖拾名，經前任提臣馬焕改留步戰糧壹百貳拾名。臣自雍正肆年伍月拾壹日，接印視寧，本月貳拾伍日抵固原，據署中軍左營游擊張標孝聞報，公費步戰糧壹百貳拾分，每季額報伍百壹貳拾兩不等。除將領獲雍正肆年夏季公費銀兩盡數用完外，尚不敷銀壹百肆拾玖兩捌錢伍分零，在于拴養馬、駝餘剩料草銀内借用，應于本年秋季領獲公費銀内照數還項。等情。據此，臣謹將各標留存公費名糧數目，理合奏明，伏祈皇上睿鑒。爲此謹具奏聞。

雍正肆年陸月拾伍日。

提督陝西固原等處地方總兵官、副將、加二級臣路振揚。

此等事，你不過公書料理，何必如此煩瀆。

【《雍正朝漢文硃批奏摺匯編》第 7 册，第 444 頁第 329 條】

陝西固原提督路振揚奏查明各營借欠草料賒銀數目摺

雍正四年六月十五日

提督陝西固原等處地方總兵官、副將、加二級臣路振揚謹奏：爲據實奏聞事。

竊臣于雍正肆年伍月貳拾伍日，到固原清查營中事件。據署理臣標中營中軍參將印務、左營游擊張存孝造具印明呈報到臣，隨查册開：中軍參將衙門應存前任提督臣馬見伯、季麟、楊盡信、楊啓元各任内節年領獲拴養馬駝草料價值餘剩銀壹萬肆千玖百捌拾壹兩捌錢捌分零。臣備詢此項拴養馬、駝，每馬、每駝各日支銀伍分。按數確估，如何得有餘剩。據將備等回稱，年歲豐歉不同，草料價值低昂不一，所以陸續存有此項。等情。臣思既有此餘剩銀兩，係朝廷庫項，理應奏明，請旨遵行。乃并未奏請，且應存數内據册開歷，經前任署提督臣噶爾弼、前任提督臣楊啓元、前任提督臣馬焕、前任署理提督印務督標副將姚文玉，或閱操犒賞官兵，或製造軍裝，或出兵運送軍裝、雇覓脚力，節年共用過銀捌千伍百肆拾伍兩伍錢零。除此，尚應存銀陸千肆百叁拾陸兩叁錢捌分零。内又有各營借欠未經還項銀叁千捌百陸拾陸兩柒錢壹分零止，實存銀貳千伍百陸拾玖兩陸錢陸分零。

又據署中軍摺開，前任提督臣楊啓元任内，案奉年羹堯行令，裁馬改步。自雍正貳年冬季起，至雍正叁年拾壹月貳拾肆日止，伍營陸續共倒馬壹百陸拾壹匹，自應照數開報。乃止報壹百肆匹，將伍拾柒匹不行開報，仍照馬兵請領餉糧、料草。除照步兵給散外，餘銀按季收貯，今現存銀柒百貳拾兩伍分零。

以上貳項，共現存銀叁千貳百捌拾玖兩柒錢零，臣既經查出，除嚴飭署中軍張存孝將各營借欠草料餘銀作速催令還項外，此不過公用之公物，雖不可枉借還項，亦何必急催。查原報册摺頭緒冗繁，奏内不便臚列，臣謹另繕清摺，恭呈御覽。合將查明款項數目，據實奏明，伏祈皇上睿鑒，批示施行。爲此謹具奏聞。

雍正肆年陸月拾伍日。

提督陜西固原等處地方總兵官、副將、加二級臣路振揚。

知道了。

【《雍正朝漢文硃批奏摺匯編》第7册，第445頁第330條】

陜西固原提督路振揚奏請撥正項錢糧補造盔甲摺

雍正四年六月十五日

提督陜西固原等處地方總兵官、副將、加二級臣路振揚謹奏：爲奏明臣標應補盔甲，仰懇聖恩賞撥正項錢糧，以資補造事。

竊臣查得，固原提標伍營槍炮、旗幟、鑼鍋、帳房等物，俱堪應用，惟馬戰兵貳千玖百玖拾名，原存鐵盔甲貳千玖百玖拾頂副，步戰兵壹千名，原存棉盔甲壹千頂副，因歷年出征巴里坤、西藏各處，其中致有損壞。臣到固原，隨經逐細親加驗看，馬步兵鐵、棉盔甲堪以披戴者，有貳千柒百柒拾叁頂副，其破損不堪披戴者，有壹千貳百壹拾柒頂副。隨經行令伍營將備、千把將應需銀兩數目，分别確估去後。今據該將備等公同確估，呈報到臣。據稱破損鐵盔甲原舊鐵盔、鐵葉，其中尚可揀用，至甲面則盡應换修，計置辦物料及匠作工價飯食之用。再，綉蟒鐵盔甲壹頂副，估費銀伍兩陸分。素鐵盔甲壹頂副，估費銀貳兩貳錢。棉盔甲壹頂副，估費銀壹兩貳錢。計應修綉蟒鐵盔甲伍拾貳頂副，素鐵盔甲壹千頂副，棉盔甲壹百陸拾伍頂副，共需銀貳千陸百陸拾壹兩壹錢貳分。除行查臣屬各協營路所存盔甲什物有無傷損缺額之費，俟呈報五日另摺具奏外，所有臣標應補盔甲需用銀兩，查公費壹項，委難兼濟，理合詳細奏明，仰懇皇上天恩，俯准賞給正項錢糧，兼領修製，庶軍容得以壯觀矣。臣冒昧懇請，伏祈恩宥。爲此謹具奏聞。

雍正肆年陸月拾伍日。

提督陝西固原等處地方總兵官、副將、加二級臣路振揚。

天下之大，營伍之廣，若皆用正項，則不勝其多矣。嚮來成例，皆營伍中公糧料理之事，因將弁得此等餘糧肥己，因廢弛至此也。在爾□巧措買之事，此奏云責正項修製，大錯了。奉爾密奏，馮杰即因似此具題降革也。爾不聞乎？此項即當用馬、駝餘剩銀糧修製之事也，不然如何暫動安分公糧，限年徐徐完補處，密與岳鍾琪商酌而行，此亦不過壯軍之容，不能壯軍之威。操練、揀選、鼓勵，實本領緊要。如果闔營兵丁各各得人，人材壯健，技勇超群，使赤身執梃，亦可以棰堅甲利兵矣。然亦不可廢之事，但不可專務外。

【《雍正朝漢文硃批奏摺匯編》第 7 册，第 446 頁第 331 條】

陝西固原提督路振揚奏請設自首之路以治貪污摺

雍正四年六月十五日

提督陝西固原等處地方總兵官、副將、加二級臣路振揚謹奏：爲治貪宜開首貪之路，敬陳愚見，仰請睿裁事。

欽惟我皇上，聖神天縱，勵精圖治，即位以來，凡有關吏治、民生者，宸衷裁處，無不事事周詳。惟文武官箴未盡清肅，猶上縈聖主之懷。臣恭覲天顔，愚昧無識，奏以官員技藝才能，俱可保，獨至操守，則不敢保。皇上聖明，亦以爲難。臣自陛辭至今，日夕思維，國家設禄養廉，立法懲貪，恩則至厚，法則至嚴，而貪黷之弊，乃猶未能盡除。查例載，凡有以財行求，及説事過錢者，審實，皆計所與之贜，與受財人同科，是皆應得罪也。又查各例，自首條内，凡犯罪未發而自首者，免其罪，猶徵正贜，是自首者，若罪雖免而贜仍追也，此固垂世之常經，然必使之敗露，得其實據，而後得以罪之也。

臣竊思此等營私之徒，彼此容隱，其事不易敗露，即或有人告發，猶必互相掩飾。臣愚請仿儭昌軍功，并官員在京借債過貳千兩之新例，聞其自首之路，凡上司受送題陞所屬官員并大計軍政卓异薦舉人員，若屬員以財行求，而上司受其贜私，已經染手，彼此皆應治罪。如受者，于事後能據實盡首，則免追原贜。并應得之罪，止罪與者及説事過錢之人。如與者于事後能據實盡首，則照原贜數目倍追給主，免其應得之罪，止罪受者及説事過錢之人。若説事過錢之人能據實盡首，除免贜給賞例内分别已詳外，亦免其應得之罪，止罪與受之人。如是則彼此皆存顧慮之心，恐爲所賣，未事則畏懼不敢爲，既事則争首惟恐後，是或除貪之一法。

臣又思，凡此與受過錢諸人果有改惡之心，似應予以自新之路，作何量加鼓勵，是在我皇上帝德廣運中矣。臣不學武夫，法律未嫻，因見假昌軍功并借債新例，行之已有成效，故敢冒陳。是否有當，伏祈睿鑒。爲此謹具奏聞。

雍正肆年陸月拾伍日。

提督陝西固原等處地方總兵官、副將、加二級臣路振揚。

向聞路振揚居官操守甚好，今覽此奏，非一塵不染之人，不敢具此摺也。甚屬可嘉，著該部議行，將路振揚議敘奏聞。

【《雍正朝漢文硃批奏摺匯編》第 7 册，第 447 頁第 332 條】

川陝總督岳鍾琪奏采買粟米草束是否添給滿兵請旨遵行等事摺

雍正四年六月二十一日

四川、陝西總督臣岳鍾琪謹奏：爲恭請訓旨事。

竊臣因估撥寧夏駐防兵米一疏，先奉到硃批諭旨一道，臣跪讀之下，感激無地，隨薰沐具摺，恭謝天恩在案。嗣于六月十一日，接准部咨，復跪讀上諭，開誠訓誨，四海一家。臣益悟臣短淺之見，止計及一時日食之微，我皇上天地爲心，遠念及萬年，習俗之大，實令臣茅塞頓開、心悦誠服。但查寧夏額徵粟米一萬五千石有零，草二十九萬九千九百二十束，今遵蒙聖諭，滿漢一例，則應照西安駐防之例，八旗與緑旗各支本色粟米七千六百八十七石九斗三升，草一十四萬九千九百六十束之外，令藩司鍾保再采買粟米七千六百八十七石九斗三升，草一十四萬九千九百六十束，添給滿兵。是否允協，臣未敢冒昧題請，伏乞聖恩，批示遵行。

至采買此項米、草價值，必俟臣再疏題請，内部始行撥給。恐采買遲緩，必致有誤，且俸餉、馬乾均難緩，待臣一面檄行藩司，另造估撥清册，呈賫具題，是，具題來。一面即令于藩庫現貯雜項銀兩内，按每季應需俸餉，照數支給，并照依原估折支米、草價值，陸續動支，于寧夏地方及時采買，以備滿兵按月關支。事關預支庫帑，理合先爲奏明。

至于所需白米一千五百四十二石，原係官員月米，藩司鍾保仿照甘肅官米之價，議以每石折銀一兩五錢。撫臣圖理琛署理總督時，曾經駁減，鍾保已遵改每石一兩入册。及臣抵寧夏，采訪市價，稍覺不敷，遂仍以每石一兩五錢具題。此實臣之愚昧，非藩司鍾保之擅爲專議也。

臣受恩深重，不敢諉過自安，更不敢一事欺隱，上負聖主。謹一并據實奏明，伏惟天恩垂察，爲此具摺謹奏。朕信得你及所奏，皆係真情，你非諉過于人之人，而亦非代人認過、沽譽之人，朕不過教導他鍾保，人主得無怪伊之意也。所奏知道了。

雍正四年六月二十一日具奏：爲恭請訓旨事。

竊臣因估撥寧夏駐防兵米一疏，先奉到硃諭一道，臣跪讀之下，盛激無地，隨具摺恭謝天恩，在案。嗣于六月十一日，接准部咨，復跪讀上諭，開誠訓誨，四海一家。俾臣茅塞頓開，益悟臣見識短淺。但查寧夏額徵粟米一萬五千石有零，草二十九萬九千九百二十束，今遵蒙聖諭，滿漢一例，則應照西安駐防之例，八旗與緑旗各支本色粟米七千六百八十七石九斗三升，草一十四萬九千九百六十束之外，令藩司鍾保再采買粟米七千六百八十七石九斗三升，草一十四萬九千九百六十束，添給滿兵，是否允協，臣未敢冒昧題請，伏乞聖恩，批示遵行。至采買此項米、草價值，必俟再疏題請，内部始行撥給。恐采買遲緩，必致有誤，且俸餉、馬乾均難緩，待臣一面檄行藩司另造估撥清册呈賫具題，此見是，具題可也。一面即令于藩庫現貯雜項銀兩内，按每季應需俸餉照數支給，并照依原估折支米、草價值，陸續動支，于寧夏地方及時采買，以備滿兵按月關支。事關預支庫帑，理合先爲奏明。

至于所需白米一千五百四十二石，原係官員月米，藩司鍾保仿照甘肅官米之價，議以每石折銀一兩五錢。撫臣圖理琛署理總督時，曾經駁減，鍾保已遵改每石一兩入册。及臣抵寧夏，采訪市價，稍覺不敷，遂仍以每石一兩五錢具題，此臣之愚昧，非藩司鍾保之擅爲專議也。臣受恩深重，不敢諉過自安，更不敢一事欺隱，上負聖主。謹一并據實奏明，伏惟天恩垂察。謹奏。

朕信得及汝，凡所奏請，皆奉諸真實，不但非諉過于人之人，而亦非代人認過、沽譽之人，鍾保乃可用之材，朕不過加以教誨而已，并無實嗔之意也。所奏知道了。

【《雍正朝漢文硃批奏摺匯編》第7册，第505頁第369條】

※都統查克旦奏報由寧夏出橫城堡返回日期摺

雍正四年六月二十八日

奴才查克旦謹跪叩奏：爲奏聞事。

雍正四年六月二十七日，聖主硃批訓諭送到前來，奴才查克旦望闕叩首。奴才愚昧至極，隨意觀望，甚爲不當。奴才除叩首之外，實不得具奏之言。奴才查克旦于六月二十八日，率兵自寧夏出橫城堡返回。爲此謹具奏聞。

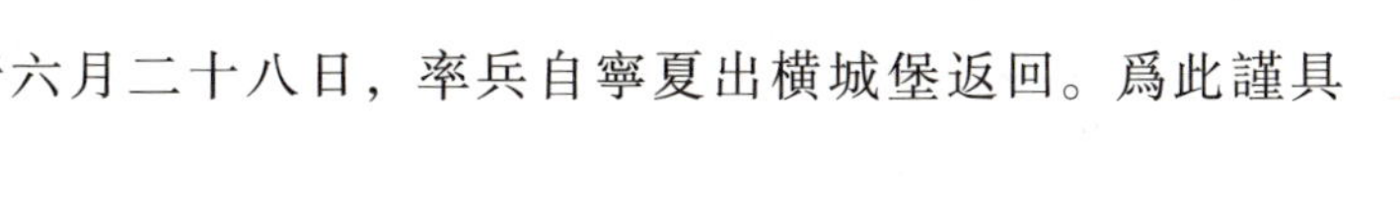

【《雍正朝滿文硃批奏摺全譯》第 1367 頁第 2449 條】

※寧夏將軍席伯等奏謝賞賜銀兩摺

雍正四年六月二十九日

鎮守寧夏等處地方將軍臣席伯等謹奏：爲恭謝天恩事。

雍正四年六月十二日，兼理河東鹽務、西安布政使馬喀來文内稱，河東鹽税餘剩銀每年有十萬四千三百兩，而寧夏將軍、副都統皆無奉養之資，故奉皇上每年賞賜給將軍一千兩、副都統等各五百兩之恩詔，現由運使處解送將軍等于雍正三年應得之銀兩。等語。臣等恭設香案，望闕叩謝聖恩。

伏思臣等世代叨蒙聖主隆恩，官致顯要，但毫無效力行走，而聖主又施以如此殊恩，每年從鹽税銀内賞給臣席伯一千兩，賞給臣蘇圖五百兩，臣等實不敢當，唯于職任内竭盡勤勉效力外，實不得具奏之言。爲此謹將叩謝天恩之處，恭摺奏聞。

將軍臣席伯，副都統臣蘇圖。

硃批：知道了。何以不給蘇魯木濟？

【《雍正朝滿文硃批奏摺全譯》第 1368 頁第 2453 條】

甘肅巡撫石文焯奏報夏收分數摺

雍正四年七月初三日

甘肅巡撫、革職留任效力行走臣石文焯跪奏：爲恭報夏收分數，伏祈睿鑒事。

竊照甘屬地方，山高土燥，全資雨水調匀。今年伍月以前，各府俱得時雨，豆、麥已經收穫。臣查臨洮、鞏昌、寧夏叁府屬，及肅州地方，收成俱有拾分、玖分、捌分不等。又，甘州、凉州貳府屬，均有捌分、柒分不等。又，西寧、平凉、慶陽叁府屬，各有柒分、陸分不等。所有夏收分數，謹具摺奏聞。

再，查陸月以來，各府俱報秋禾滋長，間有缺雨之州縣，如臨洮府屬之蘭州，平凉府屬之固原州、鹽茶廳，鞏昌府屬之安定縣、會寧縣、靖遠廳，慶陽府屬之安化縣、環縣、慶陽衛。目下秋禾望雨甚緩殷，臣現在虔誠祈禱，并飭地方官一體祈禱甘霖外，理合一并奏聞。謹奏。

雍正肆年柒月初叁日具。

祈禱莫如懺悔罪過。爾等督撫，所關甚巨，朕亦如是，竭誠省咎。

【《雍正朝漢文硃批奏摺匯編》第 7 册，第 572 頁第 430 條】

※寧夏副都統蘇圖奏陳竭能管好駐防邊塞滿洲兵摺

雍正四年七月十八日

鎮守寧夏等地方副都統奴才蘇圖謹奏。

竊奴才之父蘇丹寄信内稱，我入直奏事時，奉旨："爾之子蘇圖爲人尚可，亦非常好。著爾寄信于蘇圖，以勉勵之。伊之好處，朕有耳聞；伊之壞處，朕亦能知。蘇圖年少，尚未定型，而蘇丹，爾乃父也，亦應寄信教誨之。欽此。"再，奴才之父蘇丹寄信教誨稱："爲報答聖主之隆恩，爾必真誠勤儉，管教官兵勤奮，身先士卒，以爲表率，實心效力。如此而爲，方可謂爲能報答聖主高厚恩澤之萬一。”等語。奴才之祖、父等世代承蒙國家之重恩，官至一品，而未能報效。奴才今甚年少，尚無效力，而聖主又施殊恩，從優擢用爲副都統，于邊塞要地管理初次駐防滿洲兵。奴才愚昧無知，爲不能稱職之事，正在晝夜惶悚不安之際，今又聞得聖旨曰奴才“爲人尚可，亦非常好”。奴才聞此，不勝惶恐。

聖主諭曰奴才“年少，尚未定型”，并令奴才之父蘇丹亦“寄信教誨”者，乃愛惜奴才自始至終好而益好之仁愛至意矣，奴才何不真誠效力呢。從今往後，每事勤而又勤，慎而又慎，協助將軍席伯，同心和衷，以仰副聖主一視同仁兵民之至意。管教官兵，竭盡勤勉，對聖主隆恩，以圖仰報萬一外，實不得具奏之言。爲此謹奏。

硃批：知道了。在于行，不在于言。好則朕降旨嘉許，不得心發膽大，以致怠忽，應更慎之。惡則朕降旨斥教，不得懼怕，心慌失措，而隨意假裝、掩飾、巧爲者，皆無濟于事，而應即刻改正。若能改過，方可謂爲無過。年輕人，賴以朕恩成爲人材，似乎快一點，但若非真有福祉、持躬清介、顧及臉面之人，日後長此下去，終究難全名譽。故有古人云，年少時之功名，非己之利云云。慎之勤之。年輕人所作所爲，首先必須顧及臉面爲要。不能正身，何以管人？不能管人，何以稱職？不能稱職，何以致遠永存？勤奮之。此諭亦給席伯、蘇魯木濟閱。

【《雍正朝滿文硃批奏摺全譯》第 1375 頁第 2467 條】

川陜總督岳鍾琪奏抄録硃批訓諭刊剩告示遍發滿漢營鎮摺

雍正四年七月二十五日

四川、陜西總督臣岳鍾琪謹奏：爲遵旨備陳事。

竊臣前具摺奏謝寧夏駐防兵米一案，奉到聖訓，蒙硃批諭旨：“此篇訓諭，實大有益于駐防營鎮滿漢兵丁之心與俗。且詢臣以爲何如。欽此。”臣犬馬悦服之私，已于未奉御批之前，兩具摺奏，不敢再瀆。惟思習俗移人，關係最大，故萬方風教，端賴聖主主持于上、臣子奉行于下。開導精詳，裨益自非淺鮮。此篇訓諭，于滿漢營鎮兵丁之心與俗，實大有益，故臣自沙州回署，即敬謹抄録刊刻，告示遍發川、陜、甘肅大小營鎮，使滿漢官兵，人人皆知我皇上滿漢一體之聖心，人人共矢公忠，以仰報天恩于無盡，理合奏明。爲此謹具摺恭奏，伏乞睿鑒。謹奏。

“公直”二字，朕自信得及。

雍正四年七月二十五日具。

世襲三等公、川陜總督臣岳鍾琪謹奏：爲遵旨備陳事。

竊臣前具摺奏謝寧夏駐防兵米一案，奉到聖訓，蒙硃批諭旨：“此篇訓諭，實大有益于駐防營鎮滿漢兵丁之心志習俗。且詢臣以爲何如。欽此。”臣犬馬悦服之私，已于未奉御批之前，兩具摺奏，不敢再瀆。惟思習俗移人，關係最大，故萬方風教，端賴聖主主持于上、臣子奉行于下。開導精詳，裨益自非淺鮮。此篇訓諭，于滿漢營鎮兵丁之心志習俗，實大有益，故臣自沙州回署，即敬謹抄録刊刻，告示遍發川、陜、甘肅大小營鎮，使滿漢官兵，人人皆知我皇上滿漢一體之聖心，人人共矢公忠，以仰報天恩于無盡耳。爲此具摺恭奏，伏乞睿鑒。謹奏。

“公直”二字，朕自信得及。

【《雍正朝漢文硃批奏摺匯編》第 7 册，第 752 頁第 524 條】

川陜總督岳鍾琪奏陳聞知阿其那塞思黑等結黨背逆不勝憤激摺

雍正四年七月二十五日

四川、陜西總督臣岳鍾琪謹奏：爲奏聞事。

竊臣沙州事竣，回抵固原州屬之瓦亭驛地方，遇提臣路振揚，臣跪請聖安訖。振揚即爲臣備道阿其那、塞思黑等之不忠不孝、結黨流言、意欲擾亂政務、覬覦背逆種種惡迹，且云從前内廷諸臣知其奸叛者僅有數人，其餘臣工多被其巧詐掩飾。何况在外臣民，誰能覺察？幸聖主洪福齊天，其奸謀一一敗露，在朝大小官員，人人切齒痛恨，所以振揚得詳悉罪狀。臣聞言之下，不勝憤激駭异。

伏思我皇上恭承聖祖仁皇帝付托大統，臨御以來，海宇莫不抒誠，乃阿其那、塞思黑包藏禍心，暗結黨羽，潛肆怨謗，希圖蠱惑人心，遂其逆謀，此誠神人共憤、天地不容之臣憝也。諸王大臣合詞請殛，所以明國法而正人心、去奸邪而安社稷。臣謬任封疆，固不敢妄參廷議，而犬馬寸心，實覺讎深不共矣。合即繕摺恭奏，伏乞睿鑒。爲此謹具摺奏聞。謹奏。

雍正四年七月二十五日具。

已有通諭路振揚，萬不能述朕之苦衷也。

【《雍正朝漢文硃批奏摺匯編》第7册，第758頁第529條】

川陝總督岳鍾琪奏年羹堯帶陝侍衛李峻徐潛應否解京發落請旨遵行摺

雍正四年八月十二日

四川、陝西總督臣岳鍾琪謹奏：爲請旨事。

竊查侍衛袁士弼等，年羹堯請帶來陜，嗣奉諭旨，解赴杭州。惟案内李峻、徐潛二名，因年羹堯委赴延綏、寧夏各署守備事務，故未一同咨解。經臣調回西安，令其遵旨參奏年羹堯惡迹。因未奉明旨，故暫令祗候。今案内各員俱已奉旨發落，則李峻、徐潛應否解京候旨發落，理合恭奏請旨。爲此具摺謹奏。

雍正四年八年十二日具。

此二人，給咨赴部請旨。

同日又奏：爲請旨事。

竊查侍衛袁士弼等，年羹堯請帶來陝，嗣奉諭旨，解赴杭州。惟案内李峻、徐潛二名，因年羹堯委赴延綏、寧夏各署守備事務，故未一同咨解。經臣調回西安，令其遵旨參奏年羹堯惡迹。因未奉明旨，故暫令祇候。今案内各員俱已奉旨發落，則李峻、徐潛應否解京候旨發落，理合恭奏請旨。爲此具摺謹奏。

李峻、徐潛二人，給咨令其赴京，候該部請旨發落。

【《雍正朝漢文硃批奏摺匯編》第7册，第870頁第616條】

陝西提督路振揚奏繳硃批六件摺

雍正四年八月十九日

提督陝西固原等處地方總兵官、副將、加二級臣路振揚謹奏：雍正肆年捌月初拾日，臣家人李成林賫到硃批諭旨，臣密聞跪聆，隨望闕叩頭謝恩訖。伏念臣不學武夫，知識淺陋，不諳事務，不達禮體，冒昧□誤，罪戾多端，蒙皇上天恩，不即處分，飭部嚴飭。且上煩聖心，逐節詳細批示，俾臣愚昧，得以知過思改。兵部札行到臣，欽遵之下，感激惶悚，無地自容。惟有凛遵聖訓，凡事周思慎審，循分供職，以期仰符聖主優容之恩于萬一耳。理合恭摺叩謝洪慈，所有奉到硃旨陸摺，一并恭繳，伏祈恩鑒。爲此專差臣家人張耀賢賫捧，具奏以聞。

雍正肆年捌月拾玖日。

提督陝西固原等處地方總兵官、副將、加二級臣路振揚。

此等識見短淺之過，朕自然教訓寬恕，但需知過必改。凡爲大臣者，慎密二字，最要緊。君不密失臣，臣不密失身，可不畏乎。勉之慎之。

【《雍正朝漢文硃批奏摺匯編》第7册，第906頁第641條】

甘肅巡撫石文焯奏恭報秋成豐稔摺

雍正四年九月二十日

甘肅巡撫臣石文焯跪奏：爲恭報秋禾豐稔，仰慰聖懷事。

竊照甘屬捌府，水土异宜，氣候不一。今年夏田成熟分數，照臣報明在案。所種秋禾稻穀糜麥等項，其有渠處所，必須河水之富有，其無渠處所，全賴雨澤之及時。今歲仰托皇上鴻福齊天，俗氣朕實厭而鄙之，即此即爲虚套不實。河水充盈，秋雨沾足，各屬俱慶豐收。臣查，臨洮府屬之河州河州衛、蘭州衛，鞏昌府屬之隴西縣、寧遠縣、岷州衛，甘州府屬之張掖縣、高臺縣，收成俱報拾分。其臨洮府屬之狄道等肆州縣，鞏昌府屬之秦州等拾伍州縣，甘州府屬之山丹縣，以及平凉府屬之拾州縣，慶陽府屬之伍州縣，凉州府屬之伍縣，寧夏府屬之伍州縣，西寧府屬之貳縣，收成俱報玖分、捌分、柒分、陸分不等。惟據寧夏府屬之寧夏、寧朔貳縣，鞏昌府之安定縣，報有雹雨。已經委寧夏道陳履中、鞏昌府知府王漢周等踏勘情形，查明傷損田禾之民人，酌給資助，加意撫恤。但據叁縣所報雹雨，爲時不過片刻，爲地不過數里，其餘各處，咸慶豐收。糧價平減，市廛熙皞，婦子盈寧，皆由我皇上保民若赤、恩膏善被之所致也，臣何幸得與邊方黎庶共享昇年。謹將秋成分數繕摺具奏，恭懇聖懷。謹奏。

雍正肆年玖月貳拾日具。

此乃你謹慎之力心一致，上蒼之感格如此，能不凛然。爾等封疆大臣，實干係不小，勉之慎之。

所陳開鑄一事，朕詳細斟酌再諭。若爲不能禁用小錢之急策，恐未必所毁鑄銅能敷新鑄之用也。既如此，小錢之禁，不可急驟，暫寬候旨。密之。

【《雍正朝漢文硃批奏摺匯編》第8冊，第133頁第98條】

甘肅巡撫石文焯奏報飭屬速辦寧夏駐防官兵糧草摺

雍正四年九月二十日

甘肅巡撫臣石文焯跪奏：爲據實奏聞事。

竊照布政使鍾保奉旨辦理寧夏駐防官兵糧草一案，鍾保親詣寧夏料理回蘭，據伊口稱，寧夏年歲豐稔，秋禾正在登場，糧草易于購買，現在料理支放。等語。今臣于本月拾捌日忽接准寧夏將軍席伯等咨稱，官兵糧草不能按月關支，臣不勝駭异。竊以兵馬糧草乃計日支給之需，刻難遲滯，即于是日嚴飭鍾保，星夜再往寧夏，責令速爲辦足支給，如不能辦理妥協，即當另疏指參，合先據實奏聞。爲此謹奏。

雍正肆年玖月貳拾日具。

惟兵餉一事，著實要緊，當嚴飭之。卜瑗乃一中材老成人，朕將就用，來的如不要，當不可令誤事。

【《雍正朝漢文硃批奏摺匯編》第8冊，第134頁第99條】

陝西寧夏總兵張君烈奏謝欽賜紫金等錠摺

雍正四年九月二十八日

鎮守陝西寧夏總兵官奴才張君烈奏：爲恭謝大恩事。

竊奴才前奏明寧鎮營中缺額旗幟、盔甲、鍋帳，并老弱兵丁緣由一摺，蒙皇上硃批上諭，奴才欽遵訖。又蒙欽賜奴才紫金等錠壹匣，交奴才家人辛元勛捧賫到家，奴才即出郊跪迎至署，恭設香案，望闕叩頭謝恩祗領訖。

伏念奴才一介武夫，才識膚淺，荷蒙皇上隆恩，調任岩疆，雖竭盡駑駘，未能報稱。蒙恩特賜尚方异寶，是我皇上垂念奴才，叠沛有加，奴才惟有訓練士卒，整飭營伍，以期上報聖恩于萬一耳。其缺額旗幟、盔甲、鍋帳等項，欽遵上諭，一一盡心製造，漸已改觀，約壹年之外，必能完備。今遵奉上諭，遇事繕摺，恭謝天恩，伏祈皇上睿鑒。謹具摺奏聞。

雍正肆年玖月貳拾捌日。

【《雍正朝漢文硃批奏摺匯編》第 8 册，第 187 頁第 133 條】

川陝總督岳鍾琪奏保送參將韓良卿等四人赴部引見摺

雍正四年十月初六日

岳鍾琪保送奏韓良卿、王翰京、王友詢、彭云隆。

四川、陝西總督臣岳鍾琪謹奏：爲遵旨密奏事。

竊臣欽奉上諭："今將輪流引見之。副將、游擊管官操守如何、操練如何之處，據實密摺具奏。欽此。"今臣查得，凉州鎮屬莊浪營參將韓良卿、寧夏鎮屬廣武營游擊王翰京、督標火器營參將王友詢、寧夏鎮標右營游擊彭云隆等四員，均係未經引見。除繕疏具題并給咨赴部引見外，所有各該員操守如何、操練如何之處，謹就臣所知，據實爲我皇上備陳之。

參將韓良卿，操守、操練俱好，人亦去得。游擊王翰京，操守、操練俱好，人甚老實。參將王友詢，爲人老實，操守亦好，操練營伍不甚熟諳。游擊彭云隆，前臣見過一次，但知其人屬中才，曾于陛見之時，蒙皇上問及，業經奏明。今年臣赴寧夏考驗官兵，知其操練營伍甚屬優長。因係標員，操守如何之處，臣實未能深知。

以上各員，經臣逐爲試看，雖察其現在操守猶屬謹飭無過，但臣識見短淺，或有未盡深知之處，伏祈皇上俯賜鑒聞，則伊等優劣俱在聖明睿照之中矣。爲此謹繕摺，密奏以聞。

雍正四年十月初六日具。

【《雍正朝漢文硃批奏摺匯編》第8册，第245頁第175條】

※寧夏將軍席伯等奏請獲罪官員仍留本地效力摺

雍正四年十一月初六日

鎮守寧夏等處地方將軍臣席伯等謹密奏：爲請旨事。

據刑部來文内稱，寧夏鑲白旗杜希錫佐領下披甲鄂托里等越訴一案内，該將軍等議罰佐領杜希錫等之一年俸銀，此事不能允准所議。擬將佐領杜希錫、防禦三木保、驍騎校烏林等，均照徇情例，降二級調用。等因。具奏。奉旨："依議。欽此欽遵。"爲此咨行。等語。臣等理當依照部文將杜希錫等立即遣回，但查杜希錫、三木保、烏林等人，年力强壯，弓馬優良，勤于公務，且平時管理嚴格，又教幼丁之清語、騎射。若令伊等離開寧夏，實屬可惜。在邊境地區初次駐防，又管攢湊之兵，確實需用人材出衆、管理較嚴官員。于寧夏一地，并無七八品官員，故請仍照部議，准降二級之後，仍留用于寧夏。杜希錫從征西藏效力，有拖沙喇哈番職銜，故准杜希錫食拖沙喇哈番俸銀，以暫理佐領事。准三木保食七品官俸銀，在防禦上行走。准烏林食八品官俸銀，以辦驍騎校事務。若令伊等獲罪官員在艱辛差役上效力行走，則蒙聖恩有機會得以改過，且于邊境地方，亦能得用人才。彼杜希錫等人倘若在三年中較前更加效力，而又無任何愆尤，則臣等再行奏請聖恩，准予引見，以恢復伊等之原職。倘若效力較差，則臣等即行奏參，治以雙罪。

臣等世代荷蒙聖主隆恩，又職任于邊境要地，何敢不具陳臣等之愚昧管見。臣等所見，可否施行，祈請聖主明鑒。一俟奉有訓諭，務必遵照施行。又，原協領明泰之缺，從寧夏之鑲白、正藍二旗佐領内挑選，并無能够管理二旗之人選。故該明泰之缺，擬行文兵部，令該旗挑選妥員，以引見補放。

爲此謹密奏聞請旨。

將軍臣席伯、副都統臣蘇圖、副都統臣蘇穆爾濟。

【《雍正朝滿文硃批奏摺全譯》第 1413 頁第 2524 條】

甘肅布政使鍾保奏遵旨采買寧夏滿兵糧草摺

雍正四年十一月初七日

甘肅布政使司布政使臣鍾保跪奏：爲奏聞事。

竊臣一介庸材，至愚極陋，荷蒙我皇上殊恩叠錫，异數頻施，臣雖竭盡犬馬，不足仰報聖恩于萬一。祇緣臣前詳估駐寧滿兵糧草一事，理應仰體皇上一視同仁之意，將寧夏每歲額徵本色糧草分給滿漢支食，其不敷之處，亦應均匀折價采買，使滿漢兵丁同沾聖澤。乃臣一時識見短淺，辦理未當，咎何能辭。復蒙我皇上恩同天地，宥臣愚昧，令臣將滿兵糧草管理采買。臣恭奉聖諭，仰見帝德浩蕩，恩澤無私，臣于柒月初貳日接奉部文，理合躬赴寧城，親自辦理。奈因柒月初旬，時届支放各驛工料并緑旗官兵俸餉之期，未獲，即趨隨一面先檄地方官矢公矢慎，預爲辦理，嗣于捌月貳拾貳日支放事竣，赴寧親督采買。而滿漢官兵聞我皇上公中一體之心，歡聲動地。臣復將我皇上愛民恤兵、秉公購買德意再行宣布，百姓聞之，莫不感戴聖德，而地方各官亦無不踴躍輸誠，願爲分辦，陸續采買供支，俾滿漢兵丁普沾我皇上如天之仁。

嗣因又届支放營驛冬季俸餉在即，不便久羈寧郡，隨于玖月拾壹日回蘭支放旬日，臣復單騎至寧，查得前項糧草，其玖月以前，俱經放訖，其拾月糧草，俱已買齊，現在支放，其以後糧草陸續采買供支，不致具貽誤。臣復因武闈大典，理應入場提調，除將采買事宜交給地方各官辦理外，臣復于拾月拾貳日回蘭訖。再者，臣在道往返，正值民間收穫，備見豆、麥盈場，稻粱遍野間，及今歲秋收，據百姓衆口歡呼，俱云仰賴聖天子軫念元元，一誠感召，今歲大獲豐稔。其眉揚色舞、合哺鼓腹之風，處處皆然。復據各屬呈報，通省俱有玖分、拾分之收穫，西成大有，草野盈寧，臣實不勝欣慶歡頌之至。謹繕摺，一并奏聞。臨奏，臣不勝戰懼悚慄之至。

雍正肆年拾壹月初柒日。

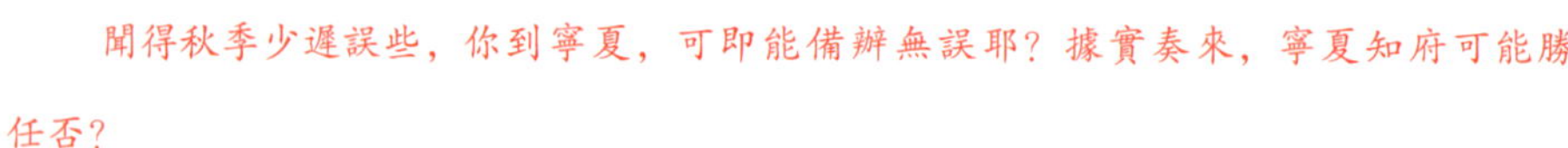

聞得秋季少遲誤些，你到寧夏，可即能備辦無誤耶？據實奏來，寧夏知府可能勝任否？

【《雍正朝漢文硃批奏摺匯編》第 8 冊，第 377 頁第 275 條】

甘肅巡撫石文焯奏恭繳硃批摺

雍正四年十一月二十六日

甘肅巡撫臣石文焯跪奏：爲恭繳硃批，仰乞睿鑒事。

賫摺人回，奉到硃批，臣跪讀之下，祇增慚悚。此皆仰沐聖主，屢加訓誨，俾得感悟自新，遵循罔懈，以庶幾仰報皇上天高地厚之恩于萬一。其寧夏官兵料草一事，臣前飭令布政使鍾保往寧查放，好。嗣據寧延將軍臣席伯等咨覆云，捌玖拾等月草料俱已支給無誤。至鼓鑄一事，仰蒙皇上批示，臣惟聽候俞旨遵行。小錢之禁，蒙諭暫寬，臣謹當慎密，不敢急驟，以仰體聖主體恤民隱之德意。所有奉到硃批，理合封固恭繳，伏乞睿鑒。謹奏。

雍正肆年拾壹月貳拾陸。

好。禁小錢之料理，甚屬妥協，彼時朕一己之見，少未想到，已准部議矣。

【《雍正朝漢文硃批奏摺匯編》第 8 冊，第 524 頁第 387 條】

雍正五年（1727）

蘭州布政使鍾保奏覆采買支放寧夏滿兵糧草情形及卜瑗難勝寧夏知府之任摺

雍正五年正月十二日

蘭州布政使司布政使臣鍾保跪奏：爲遵旨據實奏聞事。

雍正伍年正月初陸日，臣家人捧到原奏采買寧夏滿兵糧草一摺，臣隨恭設香案，望闕叩頭謝恩訖。開請奏摺，蒙我皇上硃批旨意："聞得秋季少遲誤些，你到寧夏，可即能備辦無誤耶？據實奏來。寧夏知府可能勝任否？欽此。"臣跪讀之下，惶悚無地。蒙我皇上天高地厚之恩，不加譴責，令臣據實具奏，臣不勝感激涕零，謹將采買支放過緣由，據實陳奏。

竊臣于雍正肆年柒月初貳日，接總督臣岳鍾琪奉到管理采買部文，隨即飛檄寧夏知府臣卜瑗、水利同知臣王佩璁等會同采辦外，臣思奉到部文已届柒月，轉行寧夏地方官采辦，又需時日，至捌月支放之期，爲日無幾，恐有遲誤之虞，請將捌月分糧草暫支折色。等情。咨呈將軍臣席伯等去後。續准將軍臣席伯等照會，内稱該司駐居蘭城，相去窵遠，一時采買，必不及矣。柒月分糧草已照舊支領折色訖，其捌月分糧草關領之期已届，不便支領折色。等因。前來。臣恐有誤，于捌月貳拾貳日起程，至貳拾玖日到寧夏。于臣未到之先，捌月分糧石已經放完。其草束因陳草缺少，新草未收，地方各官現在各處采買，至玖月初旬，方得支放。臣一面嚴催地方官上緊采買，一面將此情由回明將軍臣席伯等。在席伯等面云，此時新陳不接，原難采買，若于玖月初旬得草，也就罷了。如此説明，臣于玖月初肆日起程，至拾壹日回到蘭州，至拾捌日復准將軍臣席伯等拾叁日發行來文，内稱捌月分草束至今尚未支放，行催前來。臣思玖月初旬可以得草，因何至今尚未支放，甚是驚惶。隨又于玖月貳拾日星速起程，至貳拾柒日復到寧夏。其捌月分草束于臣未到之先，業于玖月拾陸日放起，至貳拾日放完。至玖月分糧草于貳拾伍日放起，至拾月初叁日放完。臣于初肆日午後起程，至拾貳日回到蘭州。其拾月、拾壹月、拾貳月糧草已經按月供支訖。

臣受我皇上隆恩深重，敢不盡心管理，以圖報效。實因新陳不接，以致捌月、玖月分糧草支放愆期，今蒙我皇上聖明洞鑒，格外寬宥，令臣據實具奏。臣何人斯？得邀我皇上非常之恩典，嗣後惟有竭盡犬馬之忱，以圖仰報聖恩于萬一耳。所有秋季少遲誤些緣由，據實謹奏。

再，寧夏知府卜瑗，老成謹慎，勉力辦事。但寧夏係邊陲要地，兼西寧、肅州往來衝途，又有駐防官兵，卜瑗才非肆應，恐不能勝寧夏府之任。理合遵旨奏聞，并將原奉硃批奏摺，一并恭繳。臣臨奏，不勝戰慄惶恐之至。

雍正伍年正月拾貳日。

知道了。將來似此小遮、輕粉飾，使不得。一涉欺隱，何事而不可爲，何弊不因此而生也。内外一概據實，吏治何愁不清，天下大治矣。爾等外省大員，祗以秉公察吏爲政之第一要務，少柔善沽譽，以爲平和安静。此風乃國家之大害，實奸詐小人之存心，非忠良大器之行事。切計，切計！朕竭力整剔者，此陋習也，勉爲之。博作奸犯科小人之稱頌，得人主之歡心，孰輕孰重，孰是孰非。况積福造孽，皆在此公私二字之一念，可不當慎而勉之也。

【《雍正朝漢文硃批奏摺匯編》第 8 册，第 858 頁第 617 條】

陝西總督岳鍾琪奏報動撥庫銀發運桌子山木植摺

雍正五年二月十二日

陝西總督臣岳鍾琪謹奏：爲奏聞事。

竊照桌子山木植，前經臣節次查出，現砍已運、未運之木共十萬餘根。曾具摺奏請動撥鞏昌司庫雜項銀一萬兩，交按察司李元英，會同副都統臣達鼐料理，發運蘭州、寧夏、潼關等處變賣緣由。業蒙俞允，欽遵辦理在案。

嗣臣查蘭州、寧夏等處銷木甚少，除去工本，得息亦微。因復訪得陝西渭南縣倉頭地方係秦、晋、齊、豫數省買木馬頭，每年銷木甚多。臣隨令李元英先將木數百根雇人扎筏往試，自蘭州，由横城出口，從歸化城河保營一帶直抵倉頭，并無險阻，行運頗便。臣是以即令李元英會同副都統臣達鼐速行料理，并將需用工本銀兩確數估計，開報以憑，酌發運價去後。兹據李元英稟稱，每木一根，自山砍伐，運至倉頭，所有一切工本費用及河保營關税等項，需銀一兩五錢有零。訪之倉頭，時價圓木每根約可賣銀二兩，枋木約可賣銀二兩三錢。今請再撥發銀四萬兩，連前一萬兩，共五萬兩，以此作本，及時行銷，則一年之間，陸續轉運，約可得盈餘銀五六萬兩。等情。具稟到臣。

臣思黄河水程已經試行熟諳，而倉頭木植又屬易銷，自此每年春秋二季儘數發運，即罄桌子山之木，勢所不難。况一年之間，以五萬兩工本可以倍有盈餘，則庫項繳還之外，尚有數萬兩之工本源源轉運，甚屬有益。臣恐春運遲誤，除一面飛飭布政司鍾保，在于庫貯不拘何項，動用銀四萬兩，發交李元英收領辦運外，所有動撥司庫銀兩緣由，理合奏聞，伏祈睿鑒。再，查倉頭銷賣木價，雖據李元英稟稱，圓木每根約賣銀二兩，枋木約賣銀二兩三錢。等語。是否確實，俟木到倉頭之日，容臣另差廉幹之人公同監賣，務使不致侵隱，合并聲明。爲此謹具摺，恭奏以聞，請旨。

雍正五年二月十二日具。

好！如此，方是料理事情。動撥之項，當咨部知道。

同日又奏：爲奏聞事。

竊照桌子山木植，前經臣查出，現砍已運、未運之木共十萬餘根，曾具

摺奏請動撥鞏昌司庫雜項銀一萬兩，交按察司李元英，會同副都統達鼐，料理發運蘭州、寧夏、潼關等處變賣緣由。業蒙俞允，欽遵辦理在案。

嗣臣查蘭州、寧夏等處銷木甚少，除去工本，得息亦微。因復訪得陝西渭南縣倉頭地方係秦、晉、齊、豫數省買木馬頭，每年銷木甚多。臣隨令李元英先將木數百根，雇人扎筏往試，自蘭州，由横城出口，從歸化城河保營一帶直抵倉頭，并無險阻，行運頗便。臣是以即令李元英會同達鼐速行料理，并將需用工本銀兩確數估計，開報以憑，酌發運價去後。兹據李元英禀稱，每木一根，自山砍伐，運至倉頭，所有一切工本費用，及河保營關税等項，需銀一兩五錢有零。訪之倉頭，時價圓木每根約可賣銀二兩，枋木一根約可賣銀二兩三錢。今請再發銀四萬兩作本，及時行銷，則一年之間，陸續轉運，約可得盈餘銀五六萬兩。等情。具禀到臣。

臣思黄河水程已經試行熟諳，而倉頭木植又屬易銷，自此每年春秋二季儘數發運，即罄桌子山之木，勢所不難。况一年之間，以五萬兩工本，可以倍有盈餘，則庫項繳還之外，尚有數萬兩之工本源源轉運，甚屬有益。臣恐春運遲誤，一面飛飭布政司鍾保，在于庫貯，不拘何項，動用銀四萬兩，發交李元英收領辦運外，所有動撥司庫銀兩緣由，理合奏聞，伏祈睿鑒。謹奏。

如此，方謂善于料理。動撥之項，當咨明該部。

【《雍正朝漢文硃批奏摺匯編》第9册，第86頁第61條】

西安按察使塞欽奏參馬喀侵貪額引羨餘養廉銀兩摺

雍正五年二月十七日

西安按察使、管理河東巡鹽御史事務臣塞欽謹奏。

臣查河東額引羨餘銀内，自雍正叁年爲始，每年應給西安、寧夏、四川將軍、副都統等養廉銀陸千兩。前經馬喀陸續將雍正叁肆兩年應給將軍、副都統等養廉銀共柒千兩提取收存西安司署内，收存西安司署，如何又封貯伊家，朕不解。除支給過西安將軍等銀叁千陸百陸拾陸兩外，尚存銀叁千叁百叁拾肆兩。今准寧夏將軍移取，經臣行令運使查明，據馬喀供稱，因從前未據支取，所以未曾給發，此銀現封貯在家産内。等語。又據運使朱一鳳詳稱，原任鹽臣馬喀雍正叁年分應得額引羨餘養廉銀兩，除支取外，尚存銀叁千壹百柒拾柒兩。雍正肆年分，自正月起，至陸月拾捌日卸事止，應得額引羨餘養廉銀陸千叁拾兩伍錢伍分伍厘零。貳共銀玖千貳百柒兩伍錢伍分伍厘零，存貯在庫。等因。前來。查將軍、副都統等養廉銀兩，係奉旨恩賞之項，不便遲延。除馬喀提存未給將軍、副都統等養廉銀兩，既稱現封貯在家産之内，應聽參案歸結外，其應給將軍、副都統等雍正叁肆兩年養廉銀叁千叁百叁拾肆兩，可否在馬喀前項存貯運庫養廉銀内照數補給，伏祈皇上批示遵行。爲此謹奏。

雍正伍年貳月拾柒日。

若封則在伊家，即馬哈之侵欺，你祇當另料理，何必又多此一奏。

【《雍正朝漢文硃批奏摺匯編》第 9 册，第 129 頁第 90 條】

△諭甘肅巡撫石文焯參奏趙之壁應賠伊父趙弘燮贓銀并不依限交納

雍正五年二月二十四日

……又，甘肅巡撫石文焯參奏趙之壁應賠伊父趙弘燮贓銀，并不依限交納，應革去世職，嚴追還項。奉上諭："趙良棟，宣力疆埸，勞績懋著，是以聖祖仁皇帝將趙弘燮等加恩擢用，畀以封疆重任。乃趙弘燮深負高厚之恩，居官貪劣，贓私纍纍。其名下應追各項銀兩，本應將趙之壁革去世職，嚴追完項。但朕念趙良棟昔日功勛，格外施恩，及其後裔，著將趙之壁從寬免革職銜，其應追銀兩，亦著免追留，與伊等養贍，以示朕優眷功臣之至意。所有承追督催各官，亦免查參。”

【《雍正朝漢文諭旨匯編》第7冊《上諭內閣》，第40頁“雍正五年二月二十四日”條】

△諭兵部將陝西各標營兵丁內揀選移駐浙江分撥各標教習訓練

雍正五年三月初五日

初五日，諭兵部：“浙江綠旗兵丁懦弱，騎射生疏，營伍不整。山、陝兵丁人材壯健，弓馬嫻熟者頗多。將陝西各標營兵丁內揀選一百名移駐浙江，分撥各標，教習訓練，俾浙省兵丁亦知鼓勵，于行伍大有裨益。其撥往兵丁內，有人材可用、騎射嫻熟、能約束教習者，即行拔補千把總。總督岳鍾琪現在四川，爾部行文陝西提鎮，將伊等標下及各營兵丁內漢仗、弓馬俱好人去得，情願携帶家眷移駐浙江者，甘肅、固原二提標各選二十名，肅州、凉州、寧夏、西寧、延綏、興漢鎮標各選十名，共一百名。如無家眷隻身願往者，亦准其前往。倘兵丁內不能得願往之人，即行召募人材壯健、弓馬嫻熟、情願移駐浙江者，以足其數。再，兵丁自陝至浙，路途迢遠，搬移家口車輛、船隻等項沿途費用繁多，兵丁難于措辦。係西安地方兵丁，交與西安巡撫，係甘肅地方兵丁，交與甘肅巡撫，酌量多少家口，量給一路足用盤費，務令兵丁得沾實惠。但人多路遠，照管需人，文職，著于同知、通判內選派一員，武職，著于游擊、守備內選派一員，沿途督送。或一齊起程，或分數起前後起程，俟七八月間前往。各兵抵浙之後，一切養贍安置之處，自有浙江巡撫、提督會同料理。”

【《雍正朝漢文諭旨匯編》第7冊《上諭內閣》，第48頁“雍正五年三月初五日”條】

陝西寧夏總兵張君烈奏謝恩賜親書古文墨刻并陳學伍情形摺

雍正五年三月二十五日

鎮守陝西寧夏總兵官臣張君烈奏：爲恭謝天恩事。

雍正肆年拾壹月貳拾日，據臣家人寧智賫捧皇上賜臣墨刻壹幅到寧，臣即出郊跪迎至署，恭設香案，望闕叩頭謝恩祗領訖。欽惟我皇上天縱神聖，而于萬幾之暇，采選古文，親書墨刻，蒙恩特賜，臣開展跪閲，筆勢飛舞，字體端莊，米蔡鍾王，合而爲一，微臣何幸得賜天章，敬慎收藏，以爲傳家至寶，使子子孫孫，凡有志讀書者，均沐我皇上造就之隆恩于無既矣。

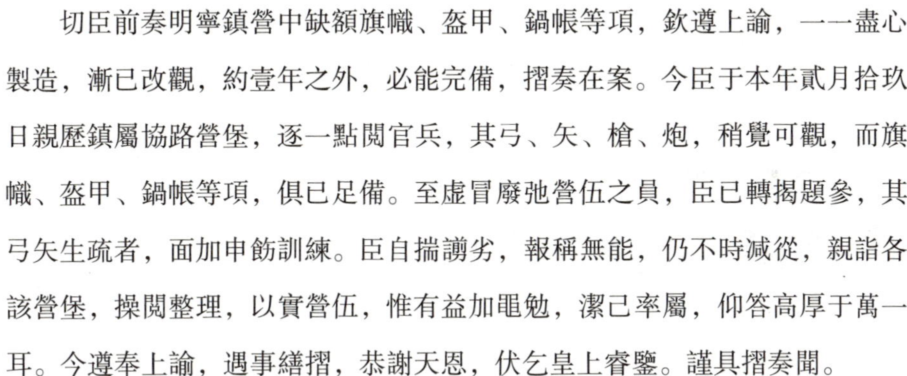

切臣前奏明寧鎮營中缺額旗幟、盔甲、鍋帳等項，欽遵上諭，一一盡心製造，漸已改觀，約壹年之外，必能完備，摺奏在案。今臣于本年貳月拾玖日親歷鎮屬協路營堡，逐一點閲官兵，其弓、矢、槍、炮，稍覺可觀，而旗幟、盔甲、鍋帳等項，俱已足備。至虚冒廢弛營伍之員，臣已轉揭題參，其弓矢生疏者，面加申飭訓練。臣自揣譾劣，報稱無能，仍不時減從，親詣各該營堡，操閲整理，以實營伍，惟有益加黽勉，潔己率屬，仰答高厚于萬一耳。今遵奉上諭，遇事繕摺，恭謝天恩，伏乞皇上睿鑒。謹具摺奏聞。

雍正伍年叁月貳拾伍日。

好！應竭力勉之者。你等大員，一人之身，萬難周到，全賴屬員協助。若不能秉公破額察考，一味姑容隱忍，爲好好先生，則再不能整理營伍、約束兵丁也。至于旗幟等事，不過是外面壯觀而已。古人實執挺可以撻堅甲利兵，祇稽本整理習氣，不必專爲小人一時之虚譽、誤一生之臣節，分中當爲之事。勉之。

陝西寧夏總兵臣張君烈謹奏：爲恭謝天恩事。

竊臣家人賫捧皇上賜臣墨刻一幅到寧，臣即郊迎至署，望闕叩頭謝恩祇領訖。切臣前奏寧鎮營中旗幟、盔甲、鍋帳，欽遵上諭，一一盡心製造，漸已改觀，約一年之外，必能完備。今臣于本年二月内，親歷鎮屬協路營堡，逐一點閱官兵。其弓、矢、槍、炮，稍覺可觀，而旗幟、盔甲、鍋帳等項，俱已足備。至虚冒廢弛之員，臣已轉揭題參，其弓矢生疏者，面加申飭訓練。臣自揣譾劣，報稱無能，惟有潔己率屬，黽勉供職，以仰答高厚于萬一耳。爲此恭謝天恩。謹奏。

雍正五年三月二十五日。

能矢志自勵，甚好！當竭力加勉。爾等統率大員，一身萬難周到，全賴屬員協助。若不肯秉公破面、時加考察，以别美惡，惟一味姑息容隱、博取寬厚之譽，則斷不能整理營伍、約束兵丁也。至于旗幟、軍器等項，不過外面觀瞻，猶屬末節。故云執挺可以撻堅甲利兵，但宜務本、革除習弊爲要，不可專爲小人輩一時之虚譽，反失職分中所當爲之事，自誤一生臣節。勉之。

【《雍正朝漢文硃批奏摺匯編》第 9 册，第 337 頁第 244 條】

※盛京工部左侍郎通智奏謝賞賜福字摺

雍正五年三月二十七日

奴才通智謹奏：爲叩謝天恩事。

奴才所派賫送請安摺之家人，賫捧聖主賞賜奴才之“福”字，于雍正五年正月二十七日抵達奴才工地後，奴才即率工地效力之官員等，跪迎恭設香案，供上“福”字，望闕叩謝天恩。竊惟聖主屢次施恩優渥，未及仰報，聖主又賞“福”字，爲此奴才及家人乃至子孫咸皆享福。且奴才等開創之兩大渠，亦成爲福渠。今開鑿及開墾之衆勞工、後設州縣移居之萬萬人口，皆因聖主所賞“福”字得以享福，而不勝歡忭。奴才日夜謹記聖主訓諭，除誠心黽勉外，何以爲報。爲此謹具奏，叩謝天恩。

硃批：知道了。惟操守一項，朕惦記爾，若成此一項，則無可非議，著勉之。

【《雍正朝滿文硃批奏摺全譯》第 1451 頁第 2597 條】

※盛京工部左侍郎通智奏報開渠及安置民人開墾摺

雍正五年三月二十七日

奴才通智謹奏：爲奏聞事。

奴才自去歲七月初一日始，至霜凍時分，整施工三個月，開大渠一百三十里餘。自冬季始，從詳會議，備辦所需之物及解運之項。采辦者采辦，砍伐者砍伐，堆集者堆之。其車運之項，因改由水路船運，不僅獲得結實耐用之物，且節省一半，免車運之繁瑣。于今年三月二十一吉日開工，若加緊施工，至十月底將初具規模。察干托輝地方原偷墾者衆多，奴才等挖渠初期，均皆觀望之。今見大渠長堤初具規模，于正月始，已有一二人以情願墾田，入新縣爲民。等語。懇乞前來。

奴才等經會商，意爲堤内有窪濕可墾之地，于工程完結之前，即令閑置人口照常耕種，小民將沐聖恩。等因。會同該總督、巡撫商定後，宣諭聖主仁恩與衆人曰："今兩渠長堤之工程尚未告竣，然堤周邊窪濕可墾之地甚多，若無業之民自願來新縣，可選高處建房，暫于窪濕之地種田，預先承蒙聖主之恩一至二年，建立家業。即是原偷墾者，無需隱匿。出首後，若隸民未種，仍可照常墾種。明承聖恩，豈不更好。俟分渠建成，放水之時，照原奏分給田畝。"等語。宣布後，又約束居住附近占有田畝之監生、秀才、小吏等。寧夏等地無田之人、餘丁、借住之外籍民人俱言，我等無業窮民，承蒙聖主之恩，得此生計。等語。欣然相繼呈文前來者，有二千户，近一萬人。奴才等皆發給火票，暫准届時墾田，亦行文伊等現住地核查。此等空曠之野，仰仗聖主之恩，初設縣城，修渠堤，種樹木，先招來數千户民人定居。俟修房建樹後，聞訊前來者，將陸續增多。去歲寧夏地方米價每倉斗一錢二三分，小米每倉斗八九分不等。本年春季，糧價仍低廉。爲此將硃批摺一件另行封套，一并謹奏。

硃批：此奏何不同單疇書一同具奏而單奏。

【《雍正朝滿文硃批奏摺全譯》第1451頁第2598條】

大理寺卿通智等奏賀黄河澄清并謝恩賜内外諸臣加級摺

雍正五年三月二十七日

大理寺卿臣通智、臣單疇書謹奏：爲恭慶河清，叩謝天恩事。

臣等接閱邸抄，雍正四年十二月自初九日始，黄河澄清，經河撫諸臣具疏題報，萬姓同歡，群臣悉慶。欽奉上諭，内外諸臣各加一級。以皇上躬膺之景福，錫百爾之臣工，忭舞方深，感戴靡極。欽惟我皇上敬天法祖，敷政寧人，以民胞物與之懷，成一道同風之治，川瀆朝宗，河清獻瑞。地連五省之遥，時歷三旬之久，誠千古罕覯之嘉祥，萬邦協和之休徵。此皆我皇上仁育萬方、興行水利、上格天心之所致也。臣等未隨拜颺之末，難罄歡慶之私。乃我皇上盛德彌謙，虚衷若谷，訓誡臣工，黽勉無斁。伏思臣等樗櫟庸材，時蒙聖訓諄切，未能少效涓埃，幸叨加級之榮，愈切悚惕之志。臣等惟仰遵皇上砥礪誥誡之至意，竭盡駑駘，以期少報隆恩于萬一耳。

臣等恭設香案，望闕叩頭慶賀謝恩外，爲此具摺，恭申賀悃，叩謝天恩，臣等不勝踴躍歡忭之至。謹奏。

雍正五年三月二十七日。

大理寺卿臣通智、臣單疇書。

覽奏謝。知道了。

【《雍正朝漢文硃批奏摺匯編》第9册，第353頁第256條】

大理寺卿通智等奏報董象緯到工日期及親寫口供效力贖罪摺

雍正五年三月二十七日

大理寺卿臣通智、臣單疇書謹奏：爲奏聞事。

雍正五年三月十四日，准甘肅巡撫臣石文焯轉咨西安巡撫臣法敏押解董象緯到臣等查漢托護工所，咨開：因總督臣岳鍾琪現在四川，將刑部咨文由西安遞送岳鍾琪前去，臣等因未接部文，不知事内情由。又，正值臣等在沿河一帶踏勘開渠築堤地勢，隨將董象緯暫交平羅營參將張嘉翰收管。三月十七日，臣等在灘中准岳鍾琪咨開奉旨："董象緯依附隆科多，背恩怨望，輕忽陵寢，本應即斬，但念其年力尚壯，漢仗亦好，姑從寬免死，發往陝西單疇書、通智處，用伊自己力量，效力贖罪。如實心效力，尚可邀恩免死。若不實心效力，即于彼處正法。欽此。"臣等隨將董象緯于三月二十一日調至灘中工所，宣降聖旨。

臣等又嚴飭董象緯："凡工程一應事務，你當實心效力，若不實心效力，稍負皇上天恩，我們即行據實具奏，必要正法的。"據董象緯供："我父子、兄弟，世受皇恩，我在馬蘭口總兵任内，罪犯該死。又蒙皇上天恩寬宥，雖肝膽塗地，不能仰報于萬一。今自己帶來現有銀七百兩，家裏房産、家口物件還可折變八百餘兩，不敢有一字欺瞞，惟在工所，竭盡所能，實心效力。"等語。臣等隨派伊監運石工效力行走外，謹將董象緯到工日期，并親寫口供，爲此繕摺，謹具奏聞。

雍正五年三月二十七日。

大理寺卿臣通智、臣單疇書。

知道了。

【《雍正朝漢文硃批奏摺匯編》第9册，第354頁第257條】

諭宗人府等衙門達爾當阿一案既審無别情著將伊發往寧夏披甲當差

雍正五年三月二十八日

雍正五年三月二十八日，宗人府、兵部、刑部會同審擬達爾當阿等一案，繕摺交與奏事員外郎張文彬等轉奏。本日，面奉諭旨："朋黨之爲害，所關甚巨。是以凡有犯者，朕必窮究根底，斷不寬宥。從前以達爾當阿之事，大人内或有黨徇指使之人，故交部嚴行審究。今既審無别情，該管大人官員治罪之處，俱著寬免。達爾當阿，係阿靈阿之子，阿爾松阿之弟，看其人之行藏心志，較不減阿爾松阿爲尤甚，著將伊發往寧夏披甲當差。若果實心效力，伊罪尚可寬免。"

【《雍正朝漢文諭旨匯編》第1册《諭旨》，第236頁第349條】

蘭州布政使鍾保奏謝温綸訓誨并繳硃批摺

雍正五年閏三月初十日

蘭州布政使司布政使臣鍾保跪奏：爲祗遵聖訓，恭謝天恩事。

雍正伍年叁月初叁日，臣家人捧到原奏采買寧夏滿兵糧草壹摺，臣恭設香案，望闕叩頭謝恩訖。開讀奏摺，蒙我皇上硃批旨意："知道了。將來似此小遮掩、粉飾，使不得。一涉欺隱，何事而不可爲，何弊不因此而生也。内外一概據實，吏治何愁不清，天下大治矣。爾等外省大員，衹以秉公察吏爲政之第一要務，少柔善沽譽以爲平和安静，此風乃國家之大害，實奸詐小人之存心，非忠良大器之行事。切計，切計！朕竭力整剔者，此陋習也，勉爲之。博作奸犯科小人之稱頌，得人主之歡心，孰輕孰重，孰是孰非。况積福造孽，皆在此公私二字之一念，可不當慎而勉之也。欽此。"臣跪讀之下，聞命自天，感激無地。

伏思臣何人斯，蒙我皇上格外優容，温綸訓誨，臣敢不洗心滌慮，以竭犬馬之誠。嗣後惟有欽遵聖訓，以圖仰報聖恩于萬一耳。謹將原奉硃批奏摺謹封恭繳，謹奏以聞。臣臨奏，不勝惶恐戰慄之至。

雍正伍年閏叁月初拾日。

訓誨在朕，能行與否，又在爾等也。

【《雍正朝漢文硃批奏摺匯編》第 9 册，第 428 頁第 326 條】

陝西固原提督路振揚奏陳炮位數少不敷應用摺

雍正五年閏三月二十一日

提督陝西固原等處地方總兵官署都督僉事、加五級臣路振揚謹奏：爲戰守均賴，炮位數少，不敷應用，敬陳管見，仰祈睿裁事。

雍正伍年叁月貳拾陸日，蒙兵部札付爲欽奉上諭事。内開：議政議奏岳鍾琪送來之威遠炮貳位，交與該部。酌量就近兩省，各給壹位，令其公同試看。再從就近之省分，挨次遞送，令各省俱照此式様揀選存留。若不足用，于就近省分炮位多者移取足數。其各省餘剩威遠子母炮，交與兵部，量其省分遠近，勒限解送來京。其損壞不堪應用之銅鐵炮位，盡行查明，收于本處庫内。若有用銅鐵之處，報明該部動用。等因。并粘抄原摺及各省炮位數目，備札到臣。臣思炮位關係重大，經議政議覆，壹千兵内，設立子母炮陸位、威遠炮肆位，奉旨通行，欽遵在案。

臣識見愚昧，何敢妄参末議，但查各處營制大小不同，額設兵數多寡不一。且邊海腹裏，地方形勢各别，似不便一概按照兵數額設炮位。如臣所屬固原鎮標協營路，統計共貳拾玖處，除標下伍營及慶陽、靖遠、西鳳、潼關肆協原設兵數或捌玖百名、伍陸百名不等外，其餘駐札參、游、守、千、把等官之貳拾營額，其數目多，者不過叁肆百名，少者則有壹貳百名。至小營

分，或止陸柒拾名、肆伍拾名不等。凡此大小營汛，無事守護城垣，有事調遣行走，皆惟炮位是賴。再，陝省沿邊重地，各汛設有墩臺，撥兵瞭望，遇有警息，傳炮爲號。此墩臺應高炮位，又在護城行走，應需炮數之外，皆不可不爲預備者。今議設立炮位，以兵數壹千名，額定子母炮陸位、威遠炮肆位，臣以此足數計算，每營額兵必數足百名者，方可設炮壹位，如駐札參、游、守大營兵數叁肆百名、壹貳百名者，止應設炮叁肆位、壹貳位，以之守護城垣，猶爲未足，設有調遣行走之處，緩急不敷需用。其千把守〔專〕城兵數不足百名者，并不應設炮壹位，守城行走皆無所恃，而各汛墩臺應需號炮更無論矣。臣以爲，不按營汛大小，不分地方形勢，而統以兵數壹千額定子母炮陸位、威遠炮肆位，似乎額數太少，不足應用。臣仰荷天恩，謬任封疆，愚見所及，不敢不據實陳奏。但知識淺陋，未審果否合宜，理合密繕奏摺，恭請聖訓，伏祈皇上睿鑒，臣無任惶悚待命之至。爲此謹具奏聞。

雍正伍年閏叁月貳拾壹日。

提督陝西固原等處地方總兵官署都督僉事、加五級臣路振揚。

子母炮位，現在交部參議，設炮多少之論，似乎近理。著議政王大臣一并詳議具奏。

【《雍正朝漢文硃批奏摺匯編》第9册，第479頁第364條】

陝西固原提督路振揚奏報製造馬腿炮位摺

雍正五年閏三月二十一日

提督陝西固原等處地方總兵官署都督僉事、加五級臣路振揚謹奏：爲奏聞事。

臣惟軍器，炮位爲重，最關緊要，是以雍正肆年肆月内，臣在圓明園陛見跪奏，馬腿炮位輕巧便捷，不可不備，容臣到任後製造，并懇討御製子母炮位式樣。面奉諭旨："西安有年羹堯所造子母炮甚好，爾于岳鍾琪處取用。欽此。"臣遵于去歲玖月内從岳鍾琪處馱取伍拾位，隨經報明兵部在案。

臣驗試子母炮位，合子母共重捌拾餘斤，衝擊肆百餘步，行營需用，尚未甚輕便，不若馬腿炮體輕致遠，尤爲利用。臣差委標下把總張懷玉于去歲拾貳月内前赴西安會城製造伍拾位，以備行營需用，共費銀貳百玖拾壹兩零，在于餘剩草料銀内動用，于本年閏叁月拾柒日馱來固原。臣驗試新製馬腿炮位，長壹尺陸寸肆分，重叁拾柒捌斤不等，衝擊陸百餘步。臣命目兵步行挾炮，疾趨演打，最爲輕便。除將新製馬腿炮伍拾位報明兵部外，理合恭繕奏摺，差標下把總馬得勝家人李成林賫捧奏聞。

再，查臣于去歲拾貳月内製造馬腿炮位，本年叁月貳拾陸日，奉到兵部札付，始知岳鍾琪將威遠炮貳位進呈，經議政議覆奉旨，令各省俱照式留用。臣製炮在先，奉文在後，合并聲明，伏祈皇上睿鑒。爲此謹具奏聞。

雍正伍年閏叁月貳拾壹日。

提督陝西固原等處地方總兵官署都督僉事、加五級臣路振揚。

總報部聽旨，再設炮數目之奏留中，著廷議，候旨遵行。

【《雍正朝漢文硃批奏摺匯編》第9册，第481頁第365條】

陝西固原提督路振揚奏謝恩賜《十思疏》墨刻及鮮荔枝摺

雍正五年閏三月二十一日

提督陝西固原等處地方總兵官署都督僉事、加五級臣路振揚謹奏：爲恭謝天恩，并繳硃旨事。

雍正肆年拾月初捌日，臣賫摺家人張耀捧到皇上硃旨，并賞臣鮮荔枝壹瓶。又，雍正肆年拾壹月貳拾玖日，臣賫摺家人李成林捧到恩賜魏徵《上唐太宗十思疏》墨刻壹幅。據家人張耀、李成林稟稱，蒙傳旨大人口傳諭旨：

“不必專差謝恩，俟有奏事之便，再行奏謝。欽此欽遵。”臣先後俱即恭設香案，望闕叩頭謝恩訖。伏念臣庸愚無識，冒干咎戾，蒙皇恩不即擯斥，屢賜訓誨，至詳至明。臣既得明知已過，何敢不痛悔已往、修省將來。蒙恩賞臣鮮荔枝，叩領之餘，感愧益深。復蒙賜臣《十恩疏》，宸翰輝煌，永奉爲傳家至寶。臣自問何人，叠荷殊恩，有加無已，惟有凛遵聖訓，省愆補過，以圖仰副我皇上矜全提撕之至意耳。理合恭繕奏摺，叩謝天恩。所有奉到硃旨，一并恭繳。伏祈皇上慈鑒，臣無任感激惶愧之至。爲此謹具奏聞。

雍正伍年閏叁月貳拾壹日。

提督陝西固原等處地方總兵官署都督僉事、加五級臣路振揚。

覽。

【《雍正朝漢文硃批奏摺匯編》第9册，第482頁第366條】

※寧夏將軍席伯等奏請將恩銀應否給蘇穆爾濟摺

雍正五年閏三月二十六日

鎮守寧夏等處將軍臣席伯等謹奏：爲請旨事。

竊臣等荷蒙雍正三年恩賞銀，奏謝天恩，奉硃批：“蘇穆爾濟爲何不給？欽此欽遵。”應即行具奏。惟因不知辦理鹽課事務原布政使馬喀如何辦理，故行文令馬喀查之，繼之亦行文按察使塞欽。今遣人往取臣等四年所得恩賞銀，由塞欽處將在右翼副都統分内應得之雍正三年銀五百兩，亦一并給彼遣之。深思此銀乃特蒙聖主重恩，賞給臣等贍養家口者。查得原副都統阿林，乃雍正三年十一月獲罪革職之犯人，除無庸議外，副都統蘇穆爾濟雖爲本年十二月調補，然蘇穆爾濟于四年二月纔到任。該五百兩銀關係皇上錢糧，給副都統蘇穆爾濟，或回交按察使塞欽之處，臣等未敢擅便，伏乞聖主明鑒。欲命下之日，謹遵施行。爲此謹奏請旨。

將軍臣席伯，副都統臣蘇圖。

硃批：知道了，著留公，用于對衆人有益之處。

【《雍正朝滿文硃批奏摺全譯》第1459頁第2610條】

※寧夏將軍席伯等奏謝恩賞御書福字摺

雍正五年閏三月二十六日

鎮守寧夏等處將軍臣席伯等謹奏：爲謹奏聞，恭謝天恩事。

雍正五年正月十九日，賫奏臣等請安摺人至，蒙聖主賞臣等御書“福”字。臣等即率各員出郊跪迎入城，隨供奉“福”字，望闕叩頭謝恩訖。伏念臣等荷蒙聖恩甚重，復蒙皇上屢賜“福”字，不惟臣等享福，即我全寧夏，亦皆享福也。爲此謹奏聞，恭謝天恩。

將軍臣席伯、副都統蘇圖、副都統蘇穆爾濟。

硃批：知道了。若求福而行，則必享福。若行不求福，祇倚靠朕賜“福”，則無用。

【《雍正朝滿文硃批奏摺全譯》第1460頁第2611條】

※盛京工部左侍郎通智奏報赴安西會同詳核工程摺

雍正五年四月初六日

雍正五年四月初六日，奴才通智謹奏：爲欽遵上諭事。

于雍正五年閏三月二十八日，奴才于修堤地方時，寧夏地方官員等送交奴才京城抄文內稱：爲安西地方之工程，欽派郎中瑪爾泰、少卿汪漋、奴才會同總兵官潘志善詳查核算。俟完結之時，令奴才當即返回察罕托輝地方。而瑪爾泰、汪漋會同潘志善率原派道員優文等辦理。等語。本月三十日，瑪爾泰等乘驛抵達寧夏，亦照此告知地方官員，于四月初一日啓程前往。奴才恰在柳揚河工地，因距寧夏百里餘地，未能會面。爲此本應等候部文再行啓程，但瑪爾泰等已前往，抵達安西地方又將等候奴才，故此奴才遂同郎中單疇書將察罕托輝地方數月工程交付官員後，于四月初六日由工地啓程，往追瑪爾泰等。因奴才于三月所派賫送奏摺之家人尚未返回，遂交驛站往奏。爲此謹具奏聞。

硃批：是。知道了。

【《雍正朝滿文硃批奏摺全譯》第 1461 頁第 2616 條】

大理寺卿單疇書奏報插漢托護渠工事務摺

雍正五年四月初六日

大理寺卿臣單疇書謹奏：爲奏聞事。

竊臣奉命赴插漢托護與臣通智一同辦理渠工事務，此處灘地形勢逶迤廣闊，較之中縣地方之疆域，不啻二三，此皆我皇上惠愛邊氓、垂裕萬世之至意也。但灘勢既大，工程甚繁，臣雖竭力黽勉、協同料理，而臣通智不憚勞苦，周圍上下數百里之遥，遍歷審視，奔走不遑，調遣效力官員分工從事。今臣通智奉命前往安西，于四月初六日起身，將各項現做工程，酌定分派各官，臣謹率領料理外，但事務殷繁，皆須預爲計議，方可就緒。臣通智若于六、七月内得回插漢托護地方，庶諸凡工程得以次第舉行也。臣三月二十七日恭具奏摺，賫奏家人尚未到寧，今臣通智奏報起程日期，由驛具奏，臣謹繕摺附奏，伏祈皇上睿鑒施行。臣謹奏。

雍正五年四月初六日。

朕已有諭，著他事畢即回。想六七月間可回也，如有一人難料理處，可向岳鍾琪説，著他斟酌委員協往，使通智亦往岳鍾琪之請，分全速回者，尚朕之特旨也。

【《雍正朝漢文硃批奏摺匯編》第 9 册，第 593 頁第 445 條】

陝西總督岳鍾琪奏密陳送部引見副將馬龍等五人操守操練情形摺

雍正五年四月十六日

奏：岳鍾琪保送馬龍、張善、張存孝、李述泌、馬登雲。

陝西總督臣岳鍾琪謹奏：爲遵旨密奏事。

竊臣欽奉上諭："令將輪流引見之副將、游擊等官操守如何、操練如何之處，據實密摺具奏。欽此。"今臣查得，陝西固原鎮屬靖遠協副將馬龍、臣標前營游擊張善、陝西提標左營游擊張存孝、西寧鎮標中營游擊李述泌、凉州鎮標右營游擊馬登雲等五員，均係未經引見之員。除繕疏具題，并給咨赴部外，所有各該員操守如何、操練如何之處，謹就臣所知，據實爲我皇上備陳之。

副將馬龍向在巴爾庫爾出兵，今回營不久，其操守，臣未深知，惟聞軍前約束兵丁操練甚好。游擊張善，操守、操練俱好，辦事敏捷，爲人慎重。前經隨臣屢次出師，實係親知灼見，洵爲有用之才。游擊張存孝，操守去得，操練好。游擊李述泌，操守好，操練去得。游擊馬登雲，自巴爾庫爾新撤回營，操守尚未深知，臣見其人老成練達，聞在軍前約束操練俱好。以上各員，臣逐一試察，俱屬稱職之員，惟游擊張善居官才守在各員之上。但臣知識短淺，或有未能深悉之處，伏乞皇上俯賜鑒閱，則伊等俱在聖明睿照之中矣。爲此謹繕摺密奏以聞。

雍正五年四月十六日具。

【《雍正朝漢文硃批奏摺匯編》第9册，第650頁第489條】

※盛京工部左侍郎通智奏報會同田疇書事摺

雍正五年六月十五日

奴才通智謹奏：爲奏聞事。

適才奴才爲察漢托海工程竣工之前，渠水未抵達之先，可耕之潮濕地方，與其閑著，不如准墾荒之民人耕種，日後移來家口定居而具奏一摺内，奉聖主硃批："此奏何不與單疇書同奏而另奏。欽此。"所奉諭旨甚是。奴才與單疇書凡辦理察漢托海地方各項事宜，俱同心協力，即是此事，亦經會商定奪，行文總督、巡撫，一同招墾。奴才啓程前來時，已有二千八百餘户人前來，發給執照。占潮濕地方者，業已播種，未趕上者，皆占居有利地勢，等候渠水。奴才前來後，單疇書又行文奴才告稱，又招墾一千一百餘户。此事俟工程告竣，分給正額田畝，并入新縣之後，再行奏聞。因係好事，奴才乘奏事之便，一并具奏是實，并無其它緣故。俟工程竣之時，奴才等會同該總督、巡撫另議奏聞。爲此謹具奏聞。

硃批：知道了。再不可將會奏之事另奏。

【《雍正朝滿文硃批奏摺全譯》第1473頁第2643條】

陝西提督路振揚奏報添修鐵綿盔甲及動用銀兩數目摺

雍正五年六月十五日

提督陝西固原等處地方總兵官署都督僉事、加五級臣路振揚謹奏：爲奏聞事。

竊臣于去歲伍月間到任，查點臣標伍營存貯鐵、棉盔甲，因歷年出征巴里坤、西藏各處，以致破損缺額。查得馬戰兵應添修綉蟒鐵盔甲伍拾貳頂副，素鐵盔甲壹千頂副，棉盔甲壹百陸拾伍頂副。臣愚昧無識，因公費不敷，奏懇皇上賞賜五項錢糧，修製添補。蒙硃批諭旨，詳悉指示，臣欽遵，動用馬、駝餘剩銀兩，委員置辦物料，覓工照數製造。今已添補足額，計綉蟒鐵盔甲每頂副費銀肆兩柒錢肆分零，素鐵盔甲每頂副費銀貳兩肆分零，棉盔甲每頂副費銀壹兩壹錢伍分零，共製造鐵、棉盔甲壹千貳百壹拾柒頂副，共費過銀貳千肆百捌拾肆兩叁分零。至于臣屬各協營路缺額盔甲等物，經臣查明，隨即飭令該營官弁陸續以公費修補，務期齊全。事涉瑣碎，不敢煩瀆天聽。所有臣標修製過鐵、棉盔甲及動用過銀兩錢目，理合恭摺奏報，伏祈皇上睿鑒。爲此謹具奏聞。

雍正伍年陸月拾伍日。

提督陝西固原等處地方總兵官署都督僉事、加五級臣路振揚。

操練教製器材爲要，全兵丁知遵君親上，爲國致身、明大義、學好人，更要凡事當務本，不可逐末，務真實，不可舞巧詐。此等狀觀之末節，何必諄諄瀆奏。

【《雍正朝漢文硃批奏摺匯編》第 9 册，第 962 頁第 740 條】

陝西提督路振揚奏燒酒造麯耗糧病民請敕部嚴立處分摺

雍正五年六月十五日

提督陝西固原等處地方總兵官署都督僉事、加五級臣路振揚謹奏：爲燒酒造麯，耗糧病民，敬陳芻蕘，仰祈睿鑒采擇事。

臣惟五穀爲生民養命之資，而節用宜先除耗費之弊。查酒醴由來已久，祭享宴會，在所必需。除各色酒不議外，臣訪得燒酒一種收藏可至累年發賣，能至各處，別省皆有蒸造之家，秦晋兩省，尤爲更甚。其蒸造之法，以大麥、小麥、糜穀、高粱爲麯粕，計燒房壹家，每年費糧貳叁百石以至伍柒百石不等。府、州、縣城及鄉鎮村落，無處不有私開燒鍋之人，糜費糧石，不可以數計算。雖所在有司亦曾屢經示禁，然不過紙上虛文，并未實力查拿。典史衙役藉以詐索中飽，燒酒究未禁絶。臣以爲大有病于民食者，莫此燒鍋爲甚也。

再查鳳翔府城與西安府屬之咸陽縣城，均爲販糧屯聚之所，四方客商携帶重資，俱于此兩處買糧造麯，運往山西、河南等省發賣，以爲經營常業。

聞每家壹年輒用麥糧千餘石，甚至數千石。視資本大小爲造麯多寡，耗糧實爲無算。至他府、州、縣，莫不有造麯之家，縻費糧石，又不知凡幾。臣約計燒酒、造麯貳項，所費糧數，較之民間食用，少論亦有拾中貳叁，是皆以有用之五穀消耗于無用之地也。豐年則糧價不得大減，稍歉即立至騰貴。今歲陝省夏田拾分豐收，糧價頗賤，但恐此等營利之人爭糴屯積，難免漸致高昂。臣請敕部定議，著爲禁例，嚴立處分之法，責令地方官不時查拿。更著落鄉地每月赴各該地方官衙門投遞甘結，如有遞同欺隱情弊，發覺之日，將違禁本犯照新例治罪，并將鄉地鄰佑分别懲究，如此則病民網利之徒，皆知所畏懼，燒酒、造麯可以永遠禁絶，而民間粒食自獲豐裕矣。其有已成麯酒，請自奉旨之日起，勒限半年，令作速變賣，俾資本不至虧折，此又我皇上寬其已往之洪慈也。臣一得愚見，未識果否合宜，理合恭繕奏摺，差家人張□賫捧，伏祈皇上睿鑒施行。爲此謹具奏聞。

雍正伍年陸月拾伍日。

提督陝西固原等處地方總兵官署都督僉事、加五級臣路振揚。

此事最少，亦有百人奏過了。

【《雍正朝漢文硃批奏摺匯編》第 9 册，第 963 頁第 741 條】

大理寺卿通智等奏聞安西同知張允震剋扣夫匠口糧等情摺

雍正五年六月十五日

怡親王會同大學士議奏。

奏臣通智、臣馬爾泰、臣汪漋謹奏：爲奏聞事。

臣等估計工務，凡係辦事之員，日在工所，其爲人亦可略知大概。内有安西同知張允震者，舉動乖張，語言不實，去冬今春，將新建鎮城杜爾百津附近一帶地方大小木植，雇覓人夫砍伐殆盡。詢其緣由，則以蓋造營房備用爲辭。及差員查收給價，竟將木植散置林中，并未堆集看守，其所遺失并燒毁者甚多。即此一端，已知其辦事怠玩，因細加訪察。其各處河渠工所從前運送夫匠口糧，雇覓車價，俱有浮冒。即建造城工，臣等于初到之際，因伊係地方官，委令雇覓車輛，運送糧石，每石脚價開銷二錢五分。及臣等令固原同知靳治兖、安西中軍参將衛維康另行雇覓，每石脚價止用二錢。臣等雖將現在城工運脚飭令照數扣還，其自去年運糧諸項已屬浮冒。

又，安西地方，無論軍民夫役人等，均賴麵食，張允震則自開磨坊二十餘座，與賈人趨利相等，以致人言嘖嘖。至于支放夫匠口糧，向係張允震管理。臣等到工以來，委令固原同知靳治兖給發，其夫匠每人月支粟米二小斗，麥麵三小斗。據靳治兖稱，張允震處有大小斗兩樣，收放之間，顯有弊端。再，散給夫匠之麥麵，計每斗麵重十斤，西邊地方向例秤給，張允震所用之秤，較督臣岳鍾琪所定之秤，每百斤短少五斤。等語。臣等詳加查驗斗秤，與靳治兖所言無异。是其于夫匠口糧，實有尅减，即各處河渠所用帑項，臣等雖未能細查，窺其應對支離，亦不無浮冒。鎮臣潘之善與伊同城，雖未向臣等明言，其過亦微露口角。查安西沙州遠在邊外，現今安插户口，建造大工，同知一官即屬文職大員，于地方實有關繫，臣等雖無參奏之責，然所知所聞如此，不敢不據實奏聞。謹奏。

雍正伍年陸月拾伍日。

【《雍正朝漢文硃批奏摺匯編》第 9 册，第 972 頁第 747 條】

陝西總督岳鍾琪奏陳邊營兵利事宜摺

雍正五年七月十三日

陝西總督臣岳鍾琪謹奏：爲邊營兵制未協，敬陳末議，恭請聖鑒事。

竊臣查西寧北川口外大通川地方，向爲青海蒙古踞住，及將伊等懲創遠遷之後，其北袤延曠闊，相距幾六百里，處于西寧、甘肅接壤之内。前議于大通川建鎮城一座，設總兵一員，分左右二營，駐兵二千名。白塔川設參將一員，駐兵八百名。野馬川之測爾兔地方，設游擊一員，駐兵八百名。俱各築城蓋房，并將寧夏鎮標後營馬步兵一千名，西寧鎮標新設并舊額内步兵共二千五百名，興漢鎮標步兵一百五十九名，俱行裁撥，照數改補。大通鎮、白塔參將、測爾兔游擊等營新設兵額，節經議覆，奉旨允准，欽遵在案。

今城垣營房漸次告竣，所有應設官兵，自應預爲酌派。臣查大通一鎮，與甘肅西凉，共相犄角，乃聲援聯絡之要區，而兵額之内，當以馬兵爲首重，是以三邊營制，大半以馬六步四安設也。今大通鎮標暨參、游二營，共應設兵三千六百名，如將各標裁兵撥補，固已足額有餘，如以馬步分計，則僅有寧夏後營所裁馬兵六百名，以之分隸各營，尚不及馬二之額。若竟如此安設，誠非邊營安攘之規模。若議另行募補，不特糜費錢糧，而新募馬兵，竊恐無裨營伍。臣確查肅州鎮屬之永固城等營，凉州鎮屬之永昌等各營汛，向因逼鄰邊境，凡其原設兵額有馬六步四者，有馬步各半者。今永固等營汛之外，已設有大通鎮營扼險拒要，肅州口外又設有安西重鎮，表壯聲威，則永固等營皆屬内地營汛。

臣愚以爲，各營兵額内，馬兵移緩就急，通融酌減，仍可以資汛守。今臣通行核計，如肅州鎮屬永固城營應裁馬兵二百四十一名，洪水營應裁馬兵二十九名，馬營墩堡應裁馬兵四十八名，高臺營應裁馬兵一十七名，山丹營應裁馬兵六十七名，黑城營應裁馬兵七十四名，大馬營應裁馬兵一百四十一名，南古城應裁馬兵二十九名。凉州鎮屬永昌營應裁馬兵六十一名，蔡旗堡應裁馬兵十名，鎮番營應裁馬兵一百一十四名，大靖營應裁馬兵五十名，張義堡應裁馬兵一十六名，西把截堡應裁馬兵九名，土門堡應裁馬兵二名，鎮羌營應裁馬兵二十五名，高古城應裁馬兵二十四名。以上合計，寧夏鎮標後營裁撥馬兵六百名之數，共裁馬兵一千五百六十名。

查大通鎮有控制援剿之責，應照馬步各半之例，安設馬兵一千名。泂爾兔游擊一營逼近邊境，路通青海，誠爲要汛，應設馬兵三百二十名。其白塔川參將與西寧北川營相去止五十里，距大通鎮不過一百餘里，聲勢響應，安設馬兵二百四十名，可資防汛。再，永固、永昌等營所裁馬兵之數，即以寧夏、西寧、興漢鎮三標原裁之步兵照數撥補，以足各該營之原額。尚餘興漢鎮標所裁步兵五十九名無處可撥，應令興漢鎮于步兵事故之日，即行開除，停其招補。如此安設，則邊營之兵制不致輕重懸殊，而于汛防亦有裨益矣。但臣知識短淺，是否合宜，非臣所敢擅議。況事關更易營制，未便冒昧題請，理合繕摺具奏。倘蒙鑒允，或命臣具題，或即將臣奏摺敕部核議之處，統乞睿鑒訓示遵行。爲此謹奏。

雍正五年七月十三日具。

議政速議具奏。

【《雍正朝漢文硃批奏摺匯編》第10册，第217頁第148條】

陝西固原提督路振揚奏報地方降雨帶有冰雹查未成灾緣由摺

雍正五年七月二十四日

提督陝西固原等處地方總兵官署都督僉事、加五級臣路振揚謹奏：爲雨不成灾，備陳情形，仰抒聖心操煩事。

雍正伍年柒月貳拾叁日，臣據聞部抄知護理甘肅巡撫印務本政使鍾保奏報固原州暴雨聚水緣由，奉旨："該部速議具奏。"臣不知鍾保疏内如何陳奏，但既奉諭旨，著部臣速議，仰見操煩聖心。臣查固原州于本年伍月貳拾肆日午未貳時天降大雨，帶有冰雹，州城東南，地勢低下，臨河不遠，河水泛漲，直冲城下，將城根砌石被水浸鬆，以致上截包磚剥落，高有伍丈，長有捌丈，裹面土城并未損傷。内城地高，北關地卑，城中雨水流聚北關最低之處，約有貳叁尺，浸塌兵民房屋貳百伍拾餘間。夏秋田禾雖被冰雹零星打傷，亦不成灾。雨雹之後，糧價未長。見今夏田收穫小麥，每壹市石，時值柒錢捌玖分，固原斗大，每壹市斗折京斗貳斗貳升貳合，糧價較前更賤，秋禾發生茂盛。臣彼時查明塌房兵丁，隨經酌量動用營中公項，每兵借給銀叁肆兩不等，令其急爲補修，并估計城工費用所需不過貳叁百兩，臣一面咨移督臣岳鍾琪護撫臣鍾保，一面遵照定例，率同文武官弁捐輸銀兩，委員監督，于陸月貳拾貳日動工修理，隨將捐過銀數并興工日期，咨明督撫在案。

今計工程將竣，柒月終即可補修完固，地方兵民并無被水不安之處。臣驚聞敕部速議之諭旨，犬馬私衷，時刻不寧，理合將地方情形恭繕奏摺，差標下把總李云家人雷鳳賫捧，據實詳陳，用抒我皇上軫恤民生之至意，伏祈聖主睿鑒。爲此謹具奏聞。

雍正伍年柒月貳拾肆日。

提督陝西固原等處地方總兵官署都督僉事、加五級臣路振揚。

愛君之誠，此奏可見，朕嘉悦覽之。

【《雍正朝漢文硃批奏摺匯編》第10册，第268頁第186條】

大理寺卿通智等奏報遵旨嚴飭法海在查漢托護堤工效力等事摺

雍正五年七月二十七日

大理寺卿臣通智、臣單疇書謹奏：爲奏聞事。

雍正五年五月初九日，准川陝總督臣岳鍾琪咨開刑部咨文，奉旨："法海原係革職發往軍前效力之人，伊到軍前，并無出力之處，惟極力鑽營阿附。允禵自謂有所倚庇，輒敢擅自回京。又有種種不法之處，本應按律正法，今從寬免死，著發往查漢托護，交與通智、單疇書管轄，聽其差委在水利處效力行走。一切事宜，毋許干預。若果實心效力則已，如仍不實心效力、狂妄虚詐，著通智、單疇書即行參奏。欽此。”五月十二日，准護理甘肅巡撫印務、布政使臣鍾保將法海解至查漢托護工所，臣疇書宣降聖旨，嚴飭法海：“凡工程事件，你當實心效力行走，不可狂妄虚詐，有負皇上寬宥天恩。如稍有狂妄虚詐，不實心效力，我等即據實參奏。”隨將法海派入堤工效力行走。七月初四日，臣通智自安西回至查漢托護工所，又復嚴行申飭。臣等盡力管轄，隨在差委。再，有董象緯前供自己帶來銀七百兩，臣等收貯工所支用外，其又供折變家産銀八百餘兩，俟解到之日，另行查收。臣等欽奉硃批奏摺二件，臣疇書欽奉硃批奏摺三件，合并恭繳。爲此繕摺，謹具奏聞。

雍正五年七月二十七日。

大理寺卿臣通智、臣單疇書。

覽。

【《雍正朝漢文硃批奏摺匯編》第 10 册，第 280 頁第 199 條】

△諭著甘肅巡撫鍾保明白回奏固原被水修城事

雍正五年八月十六日

十六日，奉上諭：“今年六月内，護理甘肅巡撫印務鍾保奏稱，固原州于五月二十四日遭遇冰雹、暴雨，山水驟聚，衝倒東南角城墻，坍塌兵民房屋，被傷田禾，現在履畝踏勘。等語。朕聞之，深爲軫念，即降旨勒部速議賑恤。昨提督路振揚奏稱，固原于五月二十四日大雨，帶有冰雹，州城東南地勢低下，臨河不遠，河水泛漲，將城根砌石浸鬆，以致上截包磚剥落數丈，而裏面土城并未損傷。内城地高，北關地卑，城中雨水流聚北關最低之處，約有二三尺，浸塌兵民房屋二百餘間。夏秋田禾雖略被冰雹，亦不成灾，糧價亦未增長。現今夏田收穫小麥，每一斗時值銀七分八九厘。固原斗大，以京斗計算，是二斗二陞有零。糧價較前更賤，秋禾發生茂盛。其兵丁修理房屋，已動用營中公項，每兵借給銀三四兩，并估計城工費用所需不過二三百金。今工程將竣，地方兵民并無被水不安之處。臣不知鍾保如何陳奏，致煩聖心，有敕部速議之旨。謹將地方情形，據實奏聞。等語。

“凡地方官員將旱澇之事隱匿，不以上聞，乃朕所深惡。是以屢年以來，時加申飭，欲其將旱澇之處奏報，俾朕得知本地實在情形耳。豈有任意增添、幸灾樂禍之理？覽路振揚奏摺，知固原偶遇驟雨，城墻舊磚剥落數丈，土城并未損傷，而北關卑下之地水浸房屋，致有坍塌，亦夏令雨水之時所常有者。况城垣、廬舍修理甚易，所費不過三百金，今俱已完工。田禾并未損傷，米、麥價值較前更賤，秋禾甚爲茂盛。路振揚身在地方，目睹情形，據實陳奏，如此乃鍾保于地方事情漫不經心，并不查勘確實，草率孟浪具題，張大其事，駭人聽聞，是何意見。著鍾保明白回奏，交部嚴行察議。……”

【《雍正朝漢文諭旨匯編》第7冊《上諭内閣》，第135頁“雍正五年八月十六日”條】

陝西固原提督路振揚恭祝聖壽摺

雍正五年九月初二日

提督陝西固原等處地方總兵官署都督僉事、加五級臣路振揚謹奏：爲恭祝聖壽事。

竊臣庸愚武夫，荷蒙殊恩，謬膺岩疆重任。自去歲肆月間叩辭天顔至今，仰瞻闕廷，時切戀依。兹欣逢皇上五旬萬壽，普天率土，莫不額手稱慶，歡忭嵩呼。臣職守邊陲，祇遵諭旨，不敢恭請陛見，隨班拜舞，犬馬下懷，孺慕倍殷，俟至期遥望金闕、九叩抒誠外，理合恭繕奏摺，差標下把總武國臣家人魏應封捧賫虔進藏香拾束、盤麵肆箱，代微臣少申虔祝之私，伏祈皇上慈鑒，臣無任歡欣忭舞之至。爲此謹具奏聞。

雍正伍年玖月初貳日。

提督陝西固原等處地方總兵官署都督僉事、加五級臣路振揚。

覽。

【《雍正朝漢文硃批奏摺匯編》第10册，第512頁第365條】

陝西總督岳鍾琪奏遵旨議覆單疇書所陳岷州廳衛改歸附近州縣摺

雍正五年九月初四日

陝西總督臣岳鍾琪謹奏：爲奏明事。

竊鴻臚寺少卿臣單疇書條奏寧夏之渠草、浮糧，以及岷州廳衛疆域遼闊，請改歸附近州縣，以便稽查二摺。蒙皇上硃批諭旨："單疇書條奏此二事，可用心斟酌，有應行者具奏以聞。如有不便處，亦明白奏來。欽此。"臣查單疇書所奏二摺，俱關地方之事，已備加斟酌，逐一行查。據蘭州布政司鍾保詳議到臣，除渠草、浮糧二項屢經駁飭，尚未明晰，俟駁查明確另題外，查岷州廳所屬一十七里内，如寧河、黨卜、沙馬、化都四里，隔廳遠而與臨洮府之河州、狄道縣相近。岷州衛所屬三十三屯旗内，如蔡峪、華林寨一十八旗，距衛遠而與鞏昌府之伏羌、禮縣、西和、秦安、清水，臨洮府之河州，平凉府之静寧州相近。民人赴廳衛上納錢糧，并命盗重案牽連拖累，洵屬不便，應請改歸附近州縣管轄。但岷州衛業經裁汰，將蔡峪、華林寨等旗俱隨本案，已就近改隸清楚。所有岷州廳之寧河等四里，相應先行具題，請改歸河州與狄道縣管理。臣謹繕摺奏明，并將硃批單疇書原奏二摺一并恭繳，伏乞皇上睿鑒。爲此具摺謹奏。

雍正五年九月初四日具。

是。

【《雍正朝漢文硃批奏摺匯編》第10册，第548頁第383條】

陝西寧夏總兵郭成功奏謝恩賜訓諭并賞火鐮等物摺

雍正五年九月初八日

鎮守陝西寧夏總兵官奴才郭成功奏：爲恭謝天恩事。

竊奴才至愚極陋，荷蒙聖主隆恩，補授寧夏總兵官，隨赴京陛見，跪請聖訓。蒙恩特賜訓諭，又賜火鐮包壹個、小刀壹把、克食諸品。伏思奴才以衰暮之年，蒙特達之知，罪戾多端，輒蒙恩免，復賜尚方异寶，是我皇上垂念奴才，叠沛有加，雖竭盡駑駘，未能報稱。惟有益加黽勉，訓練士卒，整頓營伍，和輯兵民，寧謐地方，以仰報聖恩于萬一耳。今遵奉上諭，遇事繕摺，叩謝天恩，伏乞皇上睿鑒。繕具摺奏聞。

雍正伍年玖月初捌日。

好！書勉之者。聖人云，人老成之在得。第一要緊難事，更勉之，不然，遺害于子孫之事，甚無益處，一一看要見得透。①

【《雍正朝漢文硃批奏摺匯編》第10册，第573頁第398條】

甘肅按察使李元英奏恭繳硃批并陳地方流弊摺

雍正五年九月初九日

陝西甘肅按察使司按察使奴才李元英謹奏：爲恭繳御批并陳□悃事。

竊奴才元英無知無識，凛遵皇上訓誨，不敢少存欺蔽之心，是以將寧夏城工冒昧奏聞。仰蒙皇上硃批奬勵，跪讀之下，惶恐無地。至于城工事情，業已盡情申報督撫矣。奴才伏思自顧何人，半載之内，荷蒙聖恩超升按察司，隆恩异數，有加無已，責任甚重，圖報愈難。惟有益勵初心，俾竭微

①此硃批疑非此奏之硃批。原影印本疑印刷排版有誤。

誠，以冀無負天高地厚之洪恩也。所有奉到硃批奏摺一扣，理合恭繳。謹將奴才近日所聞地方流弊二事，一并奏聞。

竊查甘肅一省，自五十三年至雍正二年止，共有借給籽種糧五十餘萬石，又銀十餘萬兩。查此籽種糧石，皆係從前各官侵蝕，托名借給百姓籽種，揑聞百姓之名造册具實，百姓不獨未曾借領，而且無此姓名。即聞有借領者，亦不過每石糧借得二三升。若有每石糧借得五斗者，即十不得一，所以向百姓催追，徒然累民。今甘肅各州縣在在皆大籽種糧石，夫此籽種既非實在民欠，向民催追何益。而地方官猶請四年帶徵，乃係紙上空名，不過掩飾虛懸欺詐而已。以奴才愚見，與其假作催追，徒事虛懸無著，莫若實心實改，徹底清查，查明係何年分，係何官借出。如果百姓領過若干，責令百姓將實在領過數目開出，令其完納。至下剩所欵糧石，即查明所發之官是否現在本任，或在别省做官，勒令原官賠補，或經緣事革職死亡者，查其原籍子孫，責令變産賠補。則無著者有著，數十萬國課不致虛懸于紙上也。如此清查，□侵蝕各官不致逌遺事外，而甘肅邊民深沐無疆之福矣。然自此之後，請將借給籽種之事嚴行禁革，倘于青黄不接之時，循照直省存七糶三之例，謹明督撫減價發糶，所糶銀錢收貯公庫，使秋成時買糧還倉。責令該管官不時查察，則地方貧民仍得接濟，而借名發給籽種侵吞之弊可以永除矣。

再者，惠安鹽政年久弊壞。查惠安堡、花馬小池鹽行于平凉、慶陽二府屬十五州縣地方，每年額銷引六萬一千四百餘道，額徵課銀一萬三千二百餘兩，皆因惠安鹽捕同知不顧公項，衹圖肥己，遂致私鹽充斥，官引壅滯。自五十七年至雍正二年，歷有未完鹽課一萬七千餘兩。其中拖欠不完，并非池鹽無出，亦非不能銷售，皆因惠安鹽捕同知領引到手，即將官引置諸高閣，即私出官票，名曰花單，令商人執單掣鹽，歷閑所銷數，自此官引浮多。一向地方官及商人侵蝕分肥，至行鹽地方官又有“里引”之名。即就平凉一縣而言，該縣每年額銷鹽五千引，内中二千爲商引，三千爲里引。其三千里引，每年按派烟户，每引徵收課銀一錢二分五厘，各烟户既不見引，又不見鹽，自出鹽課之後，仍用錢買鹽食用。貧者按户比追，受累不堪。至收此三千里引課銀，將十分之四發商，解交鹽捕同知衙門，其餘大半縣官侵蝕入己。後將三千里引應銷之鹽，仍聽商人領鹽發賣商人。同知、縣官侵蝕里引之課，其里引三千，商引二千，商人雖永銷官鹽，遂夾帶私鹽，祇顧賣私，不銷官引，縣官不敢顧問。蓋縣官侵吞弊竇，早爲商人拿住故也。此平凉一縣如此，而兩府屬莫不皆然，所以官引年年不完，責是故也。且聞近年有新出連環小池，如遇天旱，出鹽甚多，竟瞞昧未經報出，將新出連環池私鹽馱販慶陽等處，近地發賣後，將花馬小池之官鹽馱往鄰近漢中、鳳翔二府發賣，是以近年來慶陽府屬祇知食連環池之私鹽，不見有小池之官鹽。私鹽充斥，莫此爲甚。

夫河西一帶行鹽甚大弊，百姓究課而不如有鹽，商人行鹽而惟知侵課，必須徹底清查。凡有未報部之私池，統爲查出報部。出鹽既多，課亦可裕。必須禁絶花單、里引，革除積棍鹽蠹，嚴禁賣私，通銷官引諳光，儘完歷年之積欠，俟積欠一清，即議增課，是弊絶而課自裕矣。再者，奴才前見雲南鹽法，因係邊省，并無立商行鹽。蓋因邊民貧窮，不顧臉面。若一經充商行鹽，必致侵吞誤課，是以照額令地方官項銷賣，令先納課、後領鹽，則課銀從無缺欠。地方官又顧考成，至奏銷時，無不清完，倘有科派烟户，查取一二參究，則地方官莫不凛惕畏懼，自顧功名也。至甘肅亦係邊省，商人均非殷實，無非積蠹明充，祇知行私侵帑，莫若亦照雲南之法，責令地方官照額領監銷賣，亦領先納課後領鹽。地方官既有行銷官鹽之責，則其緝私自力。私鹽既絶，則官引日銷，鹽捕同知不能行其私，地方官不能大課，彼此牽制，則積弊除而鹽法可以復整矣。奴才備聞二弊，理合申稟督撫，因非奴才專責，恐謂奴才越俎，然既有見閲，何敢誠無有，敢冒昧奏聞，伏祈皇上睿鑒施行。謹奏。

【《雍正朝漢文硃批奏摺匯編》第 10 册，第 573 頁第 399 條】【缺落款】

△諭刑部奏侵用披甲錢糧之寧夏協領明泰永遠枷號示衆

雍正五年十月十六日

十六日。……又，刑部奏，侵用披甲錢糧之寧夏協領明泰全完減等。奉上諭："遣兵鎮守寧夏，事屬初設，明泰係揀選命往之人。身爲協領，并不奉公守法，敢于途中侵用兵丁錢糧如此之多，其罪甚大，不比尋常犯贜之案。明泰應追銀兩，雖已全完，不便減等，著解往寧夏，永遠枷號示衆，再候諭旨。……"

【《雍正朝漢文諭旨匯編》第7册《上諭内閣》，第163頁"雍正五年十月十六日"條】

※内閣侍讀學士班第奏薦人員摺

雍正五年十二月十八日

内閣侍讀學士臣班第謹奏：爲遵旨保舉事。

竊臣看得，現駐寧夏辦理蒙古民人事務之吏部郎中、正紅旗三達禮，爲人精明，有辦事能力，行爲體面，持身謹慎，先臣于理藩院遇之，曾在同司行走，稔知此人品行，故謹奏薦。

【《雍正朝滿文硃批奏摺全譯》第1543頁第2775條】

雍正六年（1728）

陝西西寧總兵周開捷奏陳添設教練飛槍管見請旨遵行摺

雍正六年正月初四日

鎮守陝西西寧等處地方、駐札西寧府城副將、管總兵官事、加一級在任守制臣周開捷謹奏：爲敬陳管見，恭請聖裁事。

竊臣仰沐皇恩高厚，畀以總兵重任。凡于營務軍器，敢不殫心竭慮，以期收其利用，得其實效，上報聖恩于萬一，下盡職守于纖毫也。伏思我朝軍器之製，無不周備精利，惟飛槍一宗，向未教練。該臣看得，槍最屬利便，似應添設，以收其效。謹據管蠡之見，爲我皇上陳之。

飛槍與現用之槍，長短輕重不同，施放法則亦异。蓋現用之槍，照准施放，未免遲緩，難禦倉卒。而飛槍操練精熟，得心應手，實屬利便。既所出無空，復緩急可恃，山箐平原，無往不宜。臣細察口外形勢，四通八達，岐路頗多，故從前我兵出征口外，行走之間，突出賊人壹貳伯騎，于叁肆里之外，虚張聲勢，往來擾惑。及我兵槍炮兼施，遥爲攻擊，彼即四散遁去，不獨勞我官兵，而且火藥、鉛彈徒然糜費。再四籌思，破此賊人，必得操練飛槍，遇有行走，派爲前隊。兵既不多，賊必輕視。及至相接，槍出無空，賊自膽落，不敢復出。卒然遇敵，衝擊精準，或有埋伏，堵禦便捷。故臣自到任以來，即留心于此。

訪得陝省，惟固原有習飛槍者，臣于雍正伍年閏叁月初貳日移咨固原提臣路振揚，招來伍拾餘名。臣逐一驗試，擇其好者拾餘名，并捐造飛槍貳伯杆，分發臣標伍營，使之教習。奈邊塞之人性多愚拙，近來得法者，始拾之貳叁。臣愚以爲督撫、提鎮以及副將標營額設兵多，均應教習，相資爲用。臣前任川省，聞飛槍之得法，莫過楚人，則教習之人及所用之槍，應于湖廣招募製造，俾法備器精，則利用收而實效得矣。但臣材識短淺，知慮粗疏，管窺之見，冒昧陳奏，仰懇聖恩采擇。所有微臣捐造飛槍緣由，理合一并繕摺謹奏，伏祈皇上睿鑒施行。

雍正陸年正月初肆日。

此槍名色，朕從未聞。莫非是練槍麽。若是你槍，何待湖廣？京中精熟之人甚多，然不中大用。若另是一種槍，可隨便帶一様式來看。此奏糊塗。

【《雍正朝漢文硃批奏摺匯編》第11册，第325頁第252條】

川陝總督岳鍾琪奏請令欽差通智單疇書料理插漢拖灰地方建築縣城營房等續估工程摺

雍正六年正月二十二日

陝西總督臣岳鍾琪謹奏：爲請旨事。

竊查插漢拖灰地方，開渠築堤〔提〕，招民屯墾，增設縣治，添兵防汛，以及建築城堡、營房、衙署，一切事宜，經臣會同欽差臣通智、甘撫臣石文焯具摺奏請，荷蒙允准，遵行在案。今查渠工將次告成，招民現已過半，請設新縣，已蒙皇上錫予嘉名，業經補員任事。所有城垣、衙署、倉廒、營房等項工程，從前尚未估計，今諸務就理，趁此春融，正宜及時興築蓋造。臣正在移查，適准管理渠工部臣通智、單疇書咨詢估計前來。

臣查此項工程，若另行委員往估，未必確估得宜。且臣遠駐西安，亦不能稽核得實，事關錢糧，不便冒昧。臣愚以爲，現今渠工俱係通智、單疇書經管料理，著有成效，此項工程，若令估辦，亦必妥協。仰懇聖恩即令通智、單疇書將建築縣城官署、營房，并一切應行續估工程，就近悉心確估，及時興工。其應需管工人員，即于渠工效力人員内遴選，分委董理，不惟駕輕就熟，料理得宜，而經久樂利之庥，皆由聖恩之所廣被矣。理合繕摺奏請，伏乞睿鑒。爲此謹奏請旨。

雍正六年正月二十三日具。

甚是，陝省官員所需處甚多，不但難得其人，而實不敷用，如此料理，甚爲允當。但恐渠工人員，若人少不能兼顧，著佟直、單疇書將伊等所知，即伊等親友，亦可在京現任部曹，或候選候補，或在籍在旗，閒散人員，准伊等具摺奏請，朕發往幫助辦理，可傳諭知之。

【《雍正朝漢文硃批奏摺匯編》第11册，第475頁第380條】

直隸宣化總兵李如柏奏保舉妻弟寧夏縣廪生李文鍔摺

雍正六年正月二十六日

鎮守宣化府等處地方、副將充總兵官、加一級紀録一次臣李如柏謹奏：爲欽奉上諭事。

雍正五年十二月二十四日，准直隸督臣宜兆熊、劉師恕、提臣楊鵾咨開：承准兵部札開，奉皇上特諭："武官自副將以上，皆令每人各舉一人，密封奏摺，遣家人賫送密摺，來京付奏事人員呈進。即或親戚子侄，亦可據實薦奏，不必以嫌疑引避。欽此欽遵。"咨行到臣。竊臣所深知者，寧夏府寧夏縣廪生李文鍔，品行端方，才能敏練，係臣妻弟。臣不敢以嫌疑引避，欽遵諭旨，密摺保舉。查李文鍔現在寧夏，應如何令其赴京引見，伏乞睿鑒施行。爲此具摺，專差臣長隨姚天章賫捧謹奏。

雍正六年正月二十六日。

鎮守宣化府等處地方、副將充總兵官、加一級紀録一次臣李如柏。

【《雍正朝漢文硃批奏摺匯編》第11册，第492頁第390條】

甘肅巡撫莽鵠立奏報得雪日期分寸摺

雍正六年二月初三日

甘肅巡撫臣莽鶴立謹奏：爲恭報甘屬得雪日期事。

臣蒙皇上隆恩，授以甘肅巡撫，自雍正伍年拾貳月拾捌日到任。因念民以食爲天，及時雨雪，最爲緊要，隨令布政司飭查各屬地方將得過雨雪，隨時具報，轉行去後。兹據布政使孔毓璞呈報，平、慶、臨、鞏、甘、凉、寧、西捌府屬地方，于雍正伍年拾壹月初伍、初柒、拾陸、拾柒、拾捌，拾貳月初拾等日，得雪壹寸、貳寸、叁寸、伍寸不等。又據鞏昌府知府高夢龍禀報，所屬地方今春正月貳拾貳日得雪叁寸有餘，所有甘屬各地方，雖得雨雪，尚未甚沾足，理合據實奏聞。除一面再檄各屬確查正貳月内所得雨雪分寸，據實飛詳到日，另行奏報外。爲此繕摺，謹先奏聞。

雍正陸年貳月初叁日。

甘肅巡撫臣莽鶴立。

覽。但勉誠敬。督撫若能不沽傲名，實心爲國爲民，天之賜佑，朕可保也。勉之勉之。

【《雍正朝漢文硃批奏摺匯編》第 11 册，第 587 頁第 484 條】

陝西肅州永固城營副將張嘉翰奏保舉寧夏鎮標中營游擊吕温瀚摺

雍正六年二月十八日

駐防哈密、陝西肅州永固城營副將臣張嘉翰謹密奏：爲欽奉上諭事。

雍正陸年貳月拾伍日，蒙肅州總兵官臣楊長泰准甘肅提督臣宋可進咨蒙兵部札付，粘單内開：抄出清、漢上諭：“爲治之道，首重得人。朕臨御以來，夙夜孜孜，廣爲諮州鎮。”并轉行到臣。臣謹遵諭旨，明白人。今保舉得現任寧夏鎮標中營游擊吕温瀚，年三十九歲。才技優長，品行兼備。臣前任寧夏平羅營參將時曾與同標共事，三年八月内。實係臣熟識深知之人，特旨補放寧夏鎮標中營游擊，六年七月内，又用山西參將。并不敢稍有瞻顧私交、囑托互商等弊，以負聖主求賢之盛典也。理合恭繕密摺，遣臣家人孫璠賫付奏事人員呈進，伏乞皇上睿鑒施行。爲此謹具奏聞。

雍正陸年貳月拾捌日。

駐防哈密、陝西肅州永固城營副將臣張嘉翰。

【《雍正朝漢文硃批奏摺匯編》第 11 册，第 721 頁第 605 條】

陜西凉莊道殷邦翰奏保舉寧夏府知府鈕廷彩摺

雍正六年三月初二日

陜西凉莊道奴才殷邦翰謹奏：爲欽奉上諭事。

奴才謹遵俞旨，保舉得陜西寧夏府知府鈕廷彩，係鑲白旗人，操守清慎，辦事勤敏，實係有爲有守之員。奴才遵旨，敬繕密摺保舉，伏祈皇上睿鑒施行。

雍正陸年叁月初貳日。

【《雍正朝漢文硃批奏摺匯編》第11册，第800頁第684條】

川陜總督岳鍾琪奏請揀發人員署理川陜甘三屬同知等懸缺摺

雍正六年三月初四日

陜西總督臣岳鍾琪謹奏：爲請旨事。

竊查四川、陜、甘所屬府、廳、州、縣額設既多，均關責任。蒙我皇上念切地方，屢次命往人員，以敷委用。惟因各屬府、廳、州、縣等官有事故去任者不一，是以蘭州撫臣莽鵠立繕摺奏請再賜揀發人員，以資署理。嗣准部咨，以命往人員共計六十九員，已足委用，令臣分發委署。如再不敷，另行奏請。

臣查節次命往人員，雖係六十九員，已經分送四川、陜、甘各撫臣，遇有應得員缺，就近委署在案。今臣復行確查，西安所屬漢中府同知一缺，南鄭、富平等縣二十四缺，甘肅所屬岷州、河州、蘭州、靖遠等同知四缺，固原州一缺，寧夏、安化等縣一十二缺，四川所屬重慶府同知一缺，成都、夔州通判二缺，崇慶等四州，富順等二十五縣，統計陜、甘、四川三省，共出有同知、通判、州、縣等官七十四缺，即以命往人員六十九員分別題補委署，亦屬不敷。且現今挽運進藏派委州縣等官，所遣各員印務，俱應委員署理，現在人員實不敷用，仰懇皇上于候補、候選人員内，敕部揀選同知、通判、知州、知縣共三十員，命往陝西。臣按四川、陝、甘三屬，現在懸缺數目，將命往各人員分派咨送撫臣憲德、莽鵠立、西琳照缺相當之缺，就近委署，庶官守不致虚懸，而于地方事務，實有裨益矣。理合繕摺奏請。或蒙聖恩，允臣具題，或即將臣奏摺敕部議覆之處，伏乞皇上睿鑒施行。爲此謹奏請旨。

雍正六年三月初四日具。

已諭部矣。但候選、候補人員内，屢次揀用，其餘甚乏精明强幹之員。朕設法各項搜羅發來。

世襲三等公、川陝總督臣岳鍾琪謹奏：爲請旨事。

竊查四川、陝、甘所屬府、廳、州、縣額設既多，均關責任。蒙我皇上念切民依，屢次命往人員，以敷委用。惟因各屬府、廳、州、縣等官有事故去任者不一，是以蘭州撫臣莽鵠立繕摺奏請再賜揀發人員，以資署理。嗣准部咨，以命往人員共計六十九員，已足委用，令臣分發委署。如再不敷，另行奏請。

臣查節次命往人員，雖係六十九員，已經分送四川、陝、甘各撫臣，遇有應得員缺，就近委署在案。今臣復行確查，陝、甘、四川三省共出有同知、通判、州、縣等官七十四缺，即以命往人員六十九員分别題補委署，亦屬不敷。且現今挽運進藏派委州縣等官，所遣各員印務，俱應委員署理，現在人員實不敷用。仰懇皇上于候補、候選人員内，敕部揀選同知、通判、知州、知縣共三十員，命往陝西。臣按四川、陝、甘三屬現在懸缺數目，將命往人員分派咨送，撫臣憲德、莽鵠立、西琳照銜缺相當之缺就近委署，庶官守不致虚懸，而于地方事務實有裨益矣。理合繕摺奏請，或蒙聖恩，允臣具題，或即將臣奏摺敕部議覆之處，伏乞睿鑒施行。爲謹奏。

雍正六年三月初四日具。

已有旨諭部矣。但候補、候選各員，業經屢次揀選，其餘殊乏精明强幹之材，候更于各項人員内，設法搜羅發往。

【《雍正朝漢文硃批奏摺匯編》第11册，第831頁第720條】

川陝總督岳鍾琪奏陳辦理軍需事宜摺

雍正六年三月十一日

陝西總督臣岳鍾琪謹奏：爲奏聞請旨事。

竊查采辦預備軍需一案，蒙皇上派遣京堂大臣等來陝，交臣分委辦理，臣隨將需用銀兩數目繕摺奏請，業蒙俞允撥解。今欽差理藩院侍郎臣顧魯、光禄寺卿臣吴達禮等于雍正六年三月初四日到西安，臣即將采辦事宜，會同密商，隨派侍郎臣顧魯、光禄寺卿臣吴達禮于三月初十日分途前往訖。所有辦理軍需事宜，謹臚列爲我皇上陳之。

一，買備駱駝、牛、羊之價值，約爲估計也。查康熙五十五年，經議政議定，每駱駝一隻，銀十五兩，其從前所辦牛、羊價值，亦皆不一。今臣查應買駱駝四萬五千九百隻，每隻約估價銀二十兩。馬一萬匹，每匹雖仍照部價八兩議估，其中尚有節省。牛四萬五千九百隻，每隻約估銀三兩。羊二十七萬五千四百隻，每隻約估銀六錢。共約估銀一百三十萬有零。前已奏請解送歸化城一百萬兩，尚該銀三十萬兩。若俟各省撥解銀兩到日再行解送，恐有遲誤。臣隨于西安布政司庫内，先借支軍需銀二十萬兩解赴寧夏，好。交寧夏道高鐙收貯，就便動用。如有不敷，容臣核明，另行解給。

一，駝隻等項，必得分途采買，方克有濟。今理藩院侍郎臣顧魯帶領司官五員，并臣檄委游擊黄正位帶領熟識駝性之千把等，由歸化城一路前往查哈爾、大青山等處采買。又，光禄卿臣吴達禮帶領司官五員，并臣檄委游擊王翰京帶領千把等，由寧夏一路前往鄂爾多斯地方采買，覽。分途協辦，庶于軍務不致遲誤。

一，錢糧必須專員管理，方有責成。查歸化城所撥銀一百萬兩、寧夏撥銀二十萬兩，均應委員專理。前臣請調之成都府知府王凝、遵義府知府趙挺元尚未至陝，今臣暫委神木道李如璐將歸化城銀兩會同户部主事陸智、兵部主事葛圖管理，并委原任革職西安府知府趙世朗協同辦理。知道了。但趙世朗錢糧上謹慎與否，留心用。又委華陰縣知縣薛文輝并雜職四員一同隨往，以備解銀差遣之用。其寧夏一路銀兩，即暫委寧夏道高鏜，并候補知府徐洹瀛會同兵部郎中蘇查庫、光禄寺署正覺羅阿那哈經管。又委署鎮原縣知縣偏武雜職四員，各司其事，則支給動用解送等事，不致有舛錯稽遲矣。

一，軍中馱馬，似可無庸多買。臣查官兵應用馱馬共三萬五千八百匹，今思馱馬固爲官兵所必需，若統行購買，則先期喂養之料草糜費過多，是以臣止議馬一萬匹。其餘馱馬，查陝甘二處滿漢官兵額設營馬内，可以摘給二萬餘匹。再有不敷，則附近陝省、豫、晋各標營馬皆可酌量摘撥，此論甚是。但臨時動用營馬時，必須即便補足。預將買補錢糧撥備方是，至于豫、晋二省，每省著他備三千匹，衹可是此數，多則不便矣。仰懇聖恩密敕陝西、山西、河南將軍、督撫、提鎮諸臣，嚴飭營員，將營馬加意喂養，若不限定數目，亦不可。務期膘壯飽騰，以備將來酌調。不惟于營務有益，而預備喂養之銀兩，亦可節省矣。

一，買備牛隻，不如多買羊隻之有益也。竊臣原奏買牛四萬五千九百隻，今臣等密議，口外之牛多係牦牛，不能行遠。且每到春天，多生疾病，莫若將應買牛隻核算一牛六羊之例，照數俱買羊隻。如羊隻過多，不能如數購覓，則再買牦牛添補，庶于軍中口糧不致貽誤。卿酌量爲之。

一，差員出口必，得與口外該管各官會同辦理，方無遲誤。今侍郎臣顧魯等分途前往，仰懇聖恩，敕部密行。歸化城都統丹津并查哈爾游牧總管

等，俟顧魯到彼，即將馬、駝、羊隻會同采買，并請敕部密行。現在寧夏料理彝情之吏部郎中三達，禮隨同光禄寺卿臣吴達禮，前往鄂爾多斯協同采買，是已有旨諭矣。則于地方事宜皆得熟悉，而護送錢糧、派撥兵夫，皆可隨時接應，實于軍務大有裨益。其所買馬、駝、牛隻，即交與該管官遴委妥人，擇好水草處牧放。但查羊隻于六月内即可進口，而馬匹、駱駝若先期早來，又多糜費。應于九月後收槽喂養之時解送進口，方屬有益。今議令侍郎臣顧魯、光禄寺卿臣吴達禮等將所買羊隻陸續解至寧夏，臣派撥官兵即在賀蘭山一帶地方牧放。其馬匹、駝隻于九月後押解進口，俱令沿途文武各官協同解員更替解送，至于分發各處派官牧放喂養事宜，臣另行具奏請旨料理。好。

一，口外馬、駝，進口販賣，當禁止也。臣思軍中馬、駝既赴口外采買，誠恐彼處育養馬、駝之家聞知，委員前往采辦軍需，或將所有駱駝、馬匹私趕進口貨賣，以致口外馬、駝稀少，購覓維艱，亦未可定，仰懇聖恩敕部密行。張家口、古北口、獨石路、殺虎口等處收税各員預爲禁止，弗令伊等私趕進口，則馬、駝易于采買，而于軍需可以無誤矣。此條可以不必，有許多不便。現聞聽邊外采買，豈有復趕入口之理。許多些生畜購覓少艱難者亦必有之事，總聽天地神明之成全，□不□□□□。

一，侍郎臣顧魯、光禄寺卿臣吴達禮等自京來陝，其騎馱馬匹、日用盤費原有驛馬廩給供支，今前往口外，既無驛馬，又無廩給，則其脚力、口糧，應行酌議給與。除自陝起程前至出口處所，雇給騾頭，以資前往，其出口脚力俱用烏拉騎馱前去，所需口糧仍照各員應支廩給銀數按日算給。至于派委現任道員、知縣，伊等原有養廉，無容議給盤費。其候補人員與武官、雜職等，并無養廉銀兩，應將所需脚力亦行酌給騾價，仍于出口後，俱用烏拉前往，應需口糧，亦按廩給之例分别核給。今臣將雇覓騾頭、烏拉等費，以及口糧銀兩，俱于西安布政司庫貯公用銀内逐一動給，俱好。合并奏明。

以上事宜，臣謹繕摺奏聞，伏乞皇上睿鑒，俯賜訓示遵行。爲此謹奏請旨。

雍正六年三月十一日具。

周詳之至，朕欣悦覽之。

【《雍正朝漢文硃批奏摺匯編》第 11 册，第 884 頁第 766 條】

欽差刑部右侍郎單疇書等奏開修漢托護渠工程情形摺

雍正六年三月十六日

臣單疇書、臣通智謹奏：爲奏聞事。

臣等奉命督修查漢托護渠務，自雍正四年七月初一日啓工，至十月初將凍之時止，率領效力官弁，自李剛堡起，抵石嘴西河邊止，相度地勢高阜之處，開修大渠一道，計長一百三十里有零。上年于三月二十一日，地脉漸融，啓土動工，至十月初將凍之時止。自鎮河堡起，抵石嘴止，相度黄河泛漫之勢，築長堤一道，計長二百六十里有零。大渠之東，長堤之内，有自黄河分出六羊河一道，長一百一十里，水性平穩，兩岸田地甚廣，引水灌溉，盡成膏壤。但尾稍故道淤塞冲決，入于西河，不能上溉田畝，臣等將六羊河尾淤塞之三十餘里浚通，沿查兩岸溝洫低凹之處，通爲整理，增築湃岸，酌開退水渠二道，大小枝渠十二道，十里以及二三十里不等，共計長一百六十里有零。上年秋水長發之時，臣等將枝渠口開通，水勢充暢，投户衆民即分溉冬水，歡呼遍野咸頌，今春俱皆播種。臣等揆其地勢，十二道枝渠猶未能均及兩岸之田地，閘成之日，酌量添開數道，以助其不逮。好。

上年自李剛堡以下，臣等先在大渠兩邊，亦酌量地勢，布開大小枝渠十六道，十里以及三四十里不等，共計長二百三十里有零。俟上段浚竣之時，放水通流，觀其水勢、地勢，再添開枝渠數十道，以足普灘灌溉之用。大渠之西，有西河大溝，乃係唐、漢二渠之退水，并衆湖無用之碱水，皆由此出。因歷年已久，或有被沙土淤塞者，或有被居民貪圖小利，將河身築壩耕種者，致使衆水不得暢流入黄，倒泛灘中。臣等尋視舊迹，俱爲修浚，計長二百五十餘里。去冬固堤湃柳秧已栽三萬餘株，俟大新渠放水之後，仍栽五萬餘株。至于閘座、廟廊、碑亭、橋房、陡口、馬頭、引水、飛櫓、橋梁、暗洞等項需用，柳埽、柳桩、各色草束、磚瓦等物甚多、采買多費運價。臣等自興工迄今，俱在灘中采取，就近運用，以資其便。磚瓦亦在傍近自立窑座燒造，又有應用木植、石塊、石灰，俱照確價辦買，通水路者，皆由水路運至工所。今歲自三月初二日啓工，上段工程次第興修，來年可期告竣。今因回奏，謹將所修工程繕摺附奏。爲此謹具奏聞。

雍正六年三月十六日。

嘉悦覽之。勉之勉之。

【《雍正朝漢文硃批奏摺匯編》第 11 册，第 911 頁第 796 條】

欽差刑部右侍郎單疇書等奏請賞給辦理查漢托護工務官員每月監費摺

雍正六年三月十六日

臣單疇書、臣通智謹奏：爲恭請天恩事。

竊臣等奉命辦理查漢托護工務，蒙皇上揀選道、府、通判、州、縣等官十五員在工辦事。臣等查此十五員内，如副使道樊天游，職係大員，家道猶或稍裕知府趙之坊家，于寧夏知州崔華禘，已經督臣岳鍾琪題補鄜州知州，其餘十二員在工日久，家鄉遼遠，資斧之費，不無缺乏。查在工效力千把、武舉等十三員，因微員盤費不能充足，隨奏請天恩，咨商督臣岳鍾琪轉達户、兵二部，每員于修工之日，每月准其賞給銀四兩。其文職十二員在工效力，原不宜賞給月費，但臣等目睹其艱，且工程尚需時日，若蒙皇上天恩，于修工之日，每月亦賞給銀五兩，以資食用，則伊等愈加奮勵，于工程大有裨益。天恩出自皇上，爲此密摺具奏，伏祈皇上睿鑒施行。謹奏。

雍正六年三月十六日。

甚是。咨商督撫。

【《雍正朝漢文硃批奏摺匯編》第 11 册，第 912 頁第 797 條】

欽差刑部右侍郎單疇書等奏陳查漢托護地方建築城垣等項事宜請旨遵行摺

雍正六年三月十六日

臣單疇書、臣通智謹奏：爲請旨事。

雍正六年三月初一日，准川陝總督臣岳鍾琪移咨，爲查查漢托護地方開渠設縣，建築城垣、營堡，蓋造衙署、兵房一案，除渠道事宜前已估計開浚，漸次告竣，新設縣治，已蒙皇上錫予嘉名，所有建築城垣、蓋造衙署等項工程，業經奏明奉旨，交臣等就近估計料理，可將應需銀兩數目奏請，以便及時興造。等語。臣等隨將城垣、營堡、衙署、兵房等項工程需用磚瓦，就灘中柴草，建立窑座，自行燒造，餘料俱照時值確價，一一約估清單，敬呈御覽。再，臣等在此辦事日久，灘中地方遼闊，投户之人接踵而至。嗣後生聚殷繁，土田廣闢，諸凡事宜，皆當預爲籌畫。其分畫縣界、增設官員、添建塘房等項，凡臣等愚見所及者，俱已移明督臣岳鍾琪，謹次第爲我皇上陳之。

一，城工之宜及時也。查查漢托護田地遼廓，准督臣岳鍾琪移稱奏明，添設兩縣。臣等詳看新渠、六羊改渠水，可足兩縣之用，應將兩縣城接工修築，則物料易于采辦，人夫互相調撥，甚爲省便。其地界自李祥堡額田以北，西河以東，沿黄河一帶，直抵六羊頭道閘。新渠暗洞舊邊墻以南爲界，屬新渠縣管轄，其城垣建于該縣適中之周成灘内。再，自六羊頭道閘以下，新渠暗洞舊邊墻以北，沿賀蘭山一帶，直抵石嘴子爲界，宜屬添設縣内管轄。其城垣建于該縣適中之省嵬營左近，設立知縣、典史各一員。兩縣地界周圍各有二百餘里，可墾田地亦各有一萬餘頃。其蓋造衙署、文廟、城隍祠、倉廒，增設先農壇等項，悉照新渠縣式，另請欽定縣名，頒給印信，則地方均平，易于料理。至于李祥堡額田以南，上抵新渠口，猶有湖地灘地。西河以西，猶有大灘數處，飛引渠水灌溉遍及，尚可墾田二三千頃。附寧夏、平羅二縣界内，視其渠水所及，交與該縣招户開墾。其起徵糧草年分科則，仍照原議。

一，錢糧之宜奏明也。前爲查漢托護開渠築堤工程請銀十五萬兩，其城房、營堡等項原議另行估計，具奏在案，今准督臣岳鍾琪移交臣等估計料理。臣等所辦渠堤工程，較前議雖增添數倍，但需用柴草、木石、桩埽、磚灰等物，俱就近采運，確價購買，所需錢糧約計在十萬兩之内可成。至建造灘中兩縣城、賀蘭山後一堡城，以及接臺、廟宇、衙署、營房，共一千二百餘間，約估共需銀六萬七千餘兩。今約計渠工項内尚餘銀五萬餘兩，暫移充城堡工程之用。其不敷者，再于蘭庫撥補二萬兩，則一切工程，俱可次第就理，俟工完之日，有餘銀兩，仍繳還蘭庫。

一，水利之宜添設也。查寧郡田畝，惟賴黄水灌溉，其疏浚啓閉，最爲緊要，故唐、漢二渠特設水利同知一員，專司其責。今新開大渠長二百五十餘里，六羊改渠長一百一十餘里，堤長三百二十餘里，并浚通出水之西河長三百二十餘里，工完之後，皆宜歲修。縣令有錢穀、刑名之責，難以兼顧，宜添設水利通判一員，頒給印信，專司渠務。衙署建于新渠縣内上下適中，以便往來辦理。其衙署工料與縣署相等，至歲修所用柴草、人工等項，俱照唐、漢二渠之例，種地人民按分備辦，交于水利官經收督修。

一，教職之宜增設也。查原奏議建文廟，未及設立教官，特以户口未集，可以暫停。今招徠人民已有四千餘户，其隨籍子弟亦多讀書之人，宜于兩縣各設訓導一員，科歲兩考，照中學例，考取入學名數，則耕讀可以并興。此事當緩，況招徠人接踵而至，未能限數，縣城文廟，尚未就工。急開撥科則先至，後到者未免互异。若此議不通。

一，營汛之宜酌撥也。原議石嘴子地方建一堡城，設守備、把總各一員，兵二百名。新建縣城内設把總一員，兵五十名，分汛防守。此因縣城在葫蘆細，相隔遼遠，故藉以彈壓。今添設縣城于省嵬營，離石嘴不過三十里。此駐札弁兵在石嘴，與在縣城無异，且徒多一堡城之費，宜將石嘴所設官弁兵丁衙署、營房分移于兩縣城内。添設縣城，去邊甚近，宜將守備一員、把總一員，帶兵一百五十名，住于此縣城内。新渠縣城近于寧夏，宜將把總一員，帶兵一百名，住于此縣城内。兵丁仍照原議，不須重撥，而多寡可以相稱。查鎮河堡以南，直抵新渠口長堤頭，尚有七十餘里，乃係玉泉營内汛地，宜酌撥玉泉營兵丁十數名，設塘守望，上下接連巡查，則沿河邊界、渠堤皆有裨益。其石嘴子，止建墩臺一座，營房六間，圍以墻垣，撥兵十名守望巡查，如是則新設兩縣、平羅營威鎮堡，以及賀蘭山後新建堡城，皆可聯絡，分防照應。其應撥弁兵，臣等會同督臣岳鍾琪、寧夏鎮臣郭成功遵照原議撥派安插。

一，城式之宜酌定也。查原奏内建立縣城，并未議及周圍丈尺，并包磚。新縣與平羅縣并列。量平羅縣城周圍四里一分，俱係包磚。新設兩縣幅幀〔隕〕廣闊，日後户口齊集者必多，丈尺、包磚俱應照平羅縣修造。其衙署、倉廒、廟宇等項，房屋細加畫式估計，若照原議之間數，尚覺少不敷用。且邊塞要地，蒙皇上設邑建官，永垂保障，規模閎大，可壯觀瞻。臣等于原議間數之外，酌添自四五間至十數間不等。磚瓦、木植等項，即可帶辦，而于地方實有裨益。至于塘房一項，原議六羊河尾四處共塘房八間，今長堤、大新渠、六羊改渠、西河地里遥遠，閘座、陡口、橋梁、樹株甚多，皆須巡查。且將來居民稠密，村莊道路稽查防汛尤爲緊要，臣等仰體皇上奠安民社、一勞永逸之至意，度量地方，聯絡布置，酌添六十餘間，則渠堤邊隘，賴以永固，遠近居民，資以寧謐。謹將酌添房屋數目清單恭呈御覽。

一，員缺之宜相稱也。查查漢托護興作渠工，蒙皇上命往道、府、通判、州、縣十五員，部議如勤勞辦事好者，令督撫在該省内，以應陞之缺題補。除新渠縣知縣已經督臣岳鍾琪題補外，其水利通判一員，新添設知縣一員，若于效力人員内選擇補授，可收駕輕就熟之效。倘蒙俞允，是。移送督臣者。臣等在效力人員内，擇其勤勞辦事好者，移送督臣，請旨補放。

一，市口之宜移置也。查從前平羅營以暗門爲邊，故鄂爾多斯部落與内地人民每月逢十交易，俱在暗門外。今自石嘴子西抵暗門百餘里，皆已開布枝渠，招集人民，嗣後户口日殷，村莊羅布，未便容彝人雜沓往來，俟城工告竣，官弁設立之後，將市口移于石嘴子墩臺處，照舊按期開設。仍令新縣守備、把總就近稽查彈壓，則中外均爲便宜。臣等蒙皇上天恩，委任辦理工程重務，惟期殫心竭力，以仰答我皇上體國經野之至意。但臣等知識短淺，一切籌畫，恐未能盡合機宜，可否采擇，伏祈我皇上俯賜垂察，恩加訓定，俾臣等知所遵循。俟渠工、城工告竣之日，將動用過錢糧細數清册，并繪全圖恭呈睿覽，伏祈皇上睿鑒施行。謹奏。

雍正六年三月十六日。

總詳岳鍾琪、西琳斟酌，奏題請旨。

【《雍正朝漢文硃批奏摺匯編》第11册，第913頁第798條】

欽差刑部右侍郎單疇書等奏陝省渠工人員與文職官員亦可兼顧緣由摺

雍正六年三月十六日

臣單疇書、臣通智謹奏：爲遵旨回奏事。

雍正六年三月初一日，准督臣岳鍾琪咨開欽奉諭旨："甚是。陝省官員所需處甚多，不但難得其人，而實不敷用，如此料理，甚爲允當。但恐渠工人員，若人少，不能兼顧，著通智、單疇書將伊等所知，即伊等親友亦可。在京現任部曹，或候選、候補，或存籍在旗閑散人員，准伊等具摺奏請。朕發往幫助辦理，可傳諭知之。欽此欽遵。"臣等捧讀之下，仰見我皇上求寧觀成、擇人器使之至意。臣等感激彌深，愈加奮勉。

但臣等自奉命以來，業蒙皇上揀選道、府等官十五員效力工所，臣等又思武弁習慣勞苦，土著之人更悉本地情形物價，以之協同文職督工辦料，尤爲有益，隨具摺奏明，咨商督臣岳鍾琪轉咨達部，派撥千把，并隨營行走武舉共十三員。在工效力各官弁，自到工所，皆仰體聖心，不憚勤勞，竭力辦事。今城工一項，縣治雖有二處，俱于渠工傍近，亦可往來兼顧，其石塊、石灰、木料、柴草等項，俱于渠工所需項內可以帶辦。臣等現在遵旨，估計料理，即行帶辦，約于渠工完後，接連可以竣事。爲此繕摺具奏，伏祈皇上睿鑒施行。謹奏。

雍正六年三月十六日。

若能如此□省力矣。欣悦覽之。

【《雍正朝漢文硃批奏摺匯編》第11册，第917頁第799條】

甘肅巡撫莽鵠立奏報得雨雪日期摺

雍正六年三月二十三日

甘肅巡撫臣莽鵠立謹奏：爲奏報得雨雪日期事。

竊惟時届季春，正田苗發長之時，雨水最爲緊要。前經臣得甘屬地方從前得遇雨雪日期，具摺奏明在案。今據布政使孔毓璞呈，據平凉州屬鹽茶廳申報，貳月貳拾柒捌等日得雨陸寸。鎮原縣申報，貳月貳拾壹貳等日得雨壹寸。隆德縣申報，貳月貳拾壹貳等日得雪陸寸。崇信縣申報，貳月貳拾壹貳等日得雨壹寸。莊浪縣申報，貳月貳拾壹貳等日得雪壹寸，貳拾柒捌等日得雨肆寸。靈臺縣申報，貳月貳拾壹貳等日得雨伍寸。平凉縣申報，貳月貳拾壹貳等日得雪貳寸。慶陽府屬寧州申報，貳月貳拾壹貳等日得雨叁寸，貳拾柒捌等日得雨貳寸。臨洮府屬蘭州申報，貳月貳拾玖日得雪壹寸、貳寸不等，叁月初肆伍等日得雪壹寸、貳寸、叁寸不等。渭源縣申報，貳月貳拾柒捌等日得雨叁寸。歸德所申報，貳月貳拾貳日得雪壹寸。鞏昌府屬西和縣申報，貳月貳拾壹貳等日得雨雪伍寸，貳拾柒捌等日得雨肆寸。漳縣申報，貳月貳拾壹日得雪伍分，貳拾柒捌等日得雨叁分。通渭縣申報，貳月貳拾壹日得雪壹寸。成縣申報，貳月貳拾壹貳等日得雨貳寸、叁寸不等，貳拾柒捌等日得雨肆伍寸不等，沾足。會寧縣申報，貳月貳拾柒捌等日得雨叁寸。秦州申報，貳月貳拾壹貳等日得雨肆寸。清水縣申報，貳月貳拾貳日得雨貳寸。伏羌縣申報，貳月貳拾柒捌等日得雨叁寸。禮縣申報，貳月貳拾壹日得雨壹寸壹分。洮州衛申報，貳月貳拾壹日得雪壹寸，貳拾柒日得雪壹寸。徽州申報，叁月初壹貳叁等日得雨，四境沾足。階州申報，貳月貳拾柒捌等日得雨沾足。甘州府屬山丹縣申報，貳月貳拾壹貳等日得雪貳寸。凉州府屬武威縣申報，貳月貳拾壹貳等日得雪貳寸。永昌縣申報，貳月貳拾貳日得雪伍分。西寧府屬天通衛申報，貳月貳拾捌日得雪壹寸。寧夏府屬寧夏、寧朔貳縣申報，柒月貳拾壹日得雨貳寸。理合繕摺奏聞，除一面再檄各屬確查，嗣後得雨分寸，詳報到日，另行具奏外。爲此謹奏。

雍正陸年叁月貳拾叁日。

甘肅巡撫臣莽鵠立。

覽。若欲召感天和，祇以秉公以敬誠，黽勉吏治，上蒼其無不賜佑之理。勉之敬之。此理，朕見得的透。

【《雍正朝漢文硃批奏摺匯編》第12册，第21頁第20條】

△諭甘肅巡撫莽鵠立著寬免潘育龍

雍正六年三月二十八日

二十八日。……又，甘肅巡撫莽鵠立請將參革固原參將馬自忠虧空銀兩，著落原任將軍潘育龍家屬追賠。奉上諭："潘育龍，當日居官，操守平常是實，但操演營伍，效力行間，勤勞久著，聖祖仁皇帝深加眷注。此案内請將潘育龍革去職銜，追奪誥命，并將伊子治罪之處，俱著寬免。其應追銀兩，伊子既經認完，著于三年内陸續交納，餘著核擬具奏。"

【《雍正朝漢文諭旨匯編》第7册《上諭内閣》，第230頁"雍正六年三月二十八日"條】

陜西凉州總兵袁繼蔭奏保舉寧夏鎮屬洪廣營游擊丁質摺

雍正六年三月

陜西凉州總兵官臣袁繼蔭謹遵旨摺奏保舉官壹員，見任陜西寧夏鎮屬洪廣營游擊丁廣，才技優長，諳練邊情，居官勤慎。……

雍正陸年叁月□日。

陜西凉州總兵官臣袁繼蔭。

【《雍正朝漢文硃批奏摺匯編》第12册，第104頁第99條】

諭吏部著將赫成額調補户部筆帖式等官員任用事

雍正六年四月初二日

雍正陸年肆月初貳日，將八旗保舉行止端方，奉旨："以筆帖式用之赫成額等拾捌員帶領引見。"奉旨："得吏部缺之赫成額，著調補户部。得户部缺之德臣，著調補吏部。得理藩院缺之徐若階，于理藩院不宜，著以户、刑二部筆帖式補用。得吏部缺之元柱，不能滿洲語言，~~全然不會~~，著扣除，令其學習兩三年。俟伊學習能時，爾部奏聞，仍以吏部補用。餘依擬用。欽此。”又：“將原任貴州黎平府革職知府陳緯帶領引見奉旨，陳緯，著開讀以對品，以部屬試用。欽此。”又：“將原署陝西平凉府鹽茶同知周源帶領引見奉旨，周源，著准其開復命往陝西，交與總督岳鍾琪以同知試用。欽此。”

【《雍正朝漢文諭旨匯編》第 1 册《諭旨》，第 325 頁第 446 條】

陝西固原提督路振揚奏懇恩賜平安丸藥摺

雍正六年四月十一日

提督陝西固原等處地方總兵官署都督僉事、加五級臣路振揚謹奏：爲懇賜平安丸，以廣皇仁事。

竊臣于雍正肆年肆月内在圓明苑陛見，蒙皇上恩賜平安丸壹筐，平安藥引壹筐，臣叩頭祇領。兩載以來，自用濟人，無不神效，間有染患時疾之人，服之，亦即立愈。今固原地方疫氣傳染，官吏兵民率多感冒風寒，臣仰體聖主好生之德，給藥調治，隨服隨愈。前蒙天恩賞臣平安丸餘剩無幾，懇祈皇上再賜壹筐，以便施濟，庶臣屬官吏兵民普被皇仁于無既矣。理合繕摺奏懇，伏祈睿鑒施行。爲此謹具奏聞。

雍正陸年肆月拾壹日。

提督陝西固原等處地方總兵官署都督僉事、加五級臣路振揚。

時氣已過，勿用矣。

【《雍正朝漢文硃批奏摺匯編》第 12 册，第 166 頁第 155 條】

陝西固原提督路振揚奏保舉游擊賀陞摺

雍正六年四月十一日

提督陝西固原等處地方總兵官署都督僉事、加五級臣路振揚謹奏：臣欽遵諭旨，秉公審慎，看得見任興漢鎮屬舊縣關游擊賀陞，知識明敏，處事果決，居心端方，持身廉介，洵屬才守兼優之員，足備人明白去得。國家任用此臣，素所深知者。理合遵旨密舉，恭繕奏摺，差家人雷鳳賫捧，伏祈皇上睿鑒施行。爲此謹具奏聞。

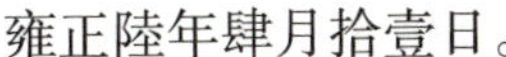

雍正陸年肆月拾壹日。

提督陝西固原等處地方總兵官署都督僉事、加五級臣路振揚。

六年五月内奉旨，用山東青州營參將。

【《雍正朝漢文硃批奏摺匯編》第12册，第166頁第156條】

陝西寧夏總兵郭成功奏保舉浙江寧波知府孫詔摺

雍正六年四月十五日

鎮守陝西寧夏總兵官臣郭成功奏：爲欽奉上諭事。

臣于雍正陸年貳月貳拾壹日得准甘肅提督臣宋可進咨蒙兵部札付，職方清吏司案呈，查雍正伍年拾貳月初柒日，内閣抄出清、漢上諭壹道，相應抄録通行直隸各省提鎮，一體欽遵可也。等因。奉上諭："武官自副將以上，旗員自參領以上，皆令每人各舉一人。滿洲官員則保舉滿洲，漢軍官員則保舉漢軍，漢人官員則保舉漢人。文職官員亦許保舉武職，武職官員亦許保舉文職。務期有猷有爲有守，品行才具足備國家之用者。各人密封奏摺，遣家人賫送來京，付奏事人員呈進。即或親戚子侄等，亦可據實薦舉，不必以嫌疑引避。欽此欽遵。"

竊臣一介庸愚，賦性耿直，素少交游，雖歷任以來，同寅共事者不乏才猷之人，而操守品行未能深知。查有臣侄婿現任浙江寧波府知府孫詔，雍正五年二月陞，雍正六年五月内調補江南揚州府知府。蒙聖祖仁皇帝賜中進士，揀選庶吉士，復蒙皇恩，補授徐州知州。兹又蒙恩簡，補浙江寧波府知府。六年六月内已用浙江寧台道。其人居官，清勤自勵，操守品行，堪以保舉。臣謹遵不必以嫌疑引避諭旨，繕具密摺，差家人徐進忠匍匐賫奏，伏乞皇上睿鑒。謹具摺奏聞。

雍正陸年肆月拾伍日。

【《雍正朝漢文硃批奏摺匯編》第 12 册，第 190 頁第 181 條】

陝西寧夏總兵郭成功奏遵旨酌撥兵馬器械預備進藏等情摺

雍正六年四月十五日

鎮守陝西寧夏總兵臣郭成功奏：爲奏明事。

竊臣以衰朽之質，不堪任使，謬叨皇恩，畀以封疆重寄。陛辭之日，諭旨諄切，臣惟有仰遵聖訓，整頓營伍，操練兵馬，以圖仰報。查寧夏壹鎮，自康熙伍拾肆年軍興以來，調遣頻仍，而歷來署事官員未能悉心整理，以致營伍疲累，盔甲、旗幟等項多有缺額。有前任寧夏總兵官張君烈，查點營中缺額盔甲、旗幟、鍋帳等項，呈請督臣岳鍾琪借銀製造，尚未完備。而該鎮病故，臣于上年捌月初貳日抵署，細查缺額等項，急令將備上緊製造，隨後報完，而猶有缺額之項。臣覆飭行添造，務必補足。嗣奉部文，奉旨派兵進藏，寧夏鎮派馬兵壹千名，步兵伍百名。臣飭令預備整齊，撥騾馱，載馬匹，隨帶器械軍裝，蒙恩富足，賞給銀兩，于本年叁月初肆、初陸日兩起啓程，踴躍前往。臣已將縁由開明在案。

又有臣標後營壹營奉文裁撥，大通鎮共裁撥馬兵陸百名，又裁撥永固、永昌補數等步兵肆百名，共裁撥馬步兵丁壹千名，亦于本年叁月貳拾伍陸兩日前往大通、永固、永昌。臣將裁撥大通、永固、永昌兵馬帶去器械、旗幟、鍋賬數目，業已造册咨呈督臣岳鍾琪報部。臣隨查寧夏鎮標，除進藏兵馬裁撥大通兵馬帶去器械之外，而烏拉、鍋帳等項尚有缺少，臣現今呈明督臣岳鍾琪循照前任暫借庫銀，設局製造，所借庫銀在營中額設公費步糧内分季扣還。

再，查寧夏兵丁之内，人物非從前可比。臣到任之後，即飭行標協營路如有老弱兵丁，俱行沙汰，移補精壯之人，以實營伍。至于臣屬協路營堡缺額盔甲、旗幟、鍋帳等項，臣已飭令照數補完。現在不時行查外，令將前由臣謹繕摺具奏，伏乞皇上睿鑒。謹具摺奏聞。

雍正陸年肆月拾伍日。

好。勉之。

【《雍正朝漢文硃批奏摺匯編》第12册，第191頁第182條】

川陝總督岳鍾琪奏進地毯暨牛油石摺

雍正六年四月十八日

陝西總督臣岳鍾琪謹奏：爲恭進事。

竊臣于雍正五年十一月初七日在京時，據内監張玉柱傳旨，發交臣地毯式二張，并牛油石樣一塊。臣當即欽遵祗領，于回陝之日，即雇覓寧夏匠役，敬謹照式織就地毯二塊。又差員前赴寧夏地方，照樣石采取牛油石前來。謹專差臣標火器營千總甘文玉家人孟杰恭進，伏乞皇上睿鑒。爲此謹奏。

雍正六年四月十八日具。

留用矣。牛油石，足用矣，再可不必。

【《雍正朝漢文硃批奏摺匯編》第12册，第211頁第203條】

川陝總督岳鍾琪奏請動用蘭州司庫銀兩支給大通等營兵丁搬家監費摺

雍正六年四月二十九日

户部、兵部議奏。

奏。

陝西總督臣岳鍾琪謹奏：爲請旨事。

竊查西寧北川口外新設大通鎮，并白塔川参將、測爾兔游擊等營應需馬步兵丁，經臣遵旨酌議額數，并請于興漢、寧夏、西寧、永昌、永固等鎮協營路裁改馬步兵丁撥入，大通鎮標、白塔川、測爾兔新設營制，俱經議政議覆，奉旨允准，欽遵轉行，裁撥在案。今大通鎮城營房、白塔川營堡房屋俱已建造竣工，營汛已經安設，馬步兵丁亦俱前赴各該營操防。惟測爾兔游擊營堡現在估請興築，官兵亦暫停安設。臣查大通等營係口外新設營汛，本無土著人民，今雖建築城堡，設鎮安營，而市廛未集，樹藝無人，移駐馬步兵丁，俱由内地各標營裁撥安設，挈家前往，則其一切家常日用之需，覓備未免缺乏。據各鎮營呈，據裁撥馬步各兵僉稱，營汛不便虚懸，候遵檄前往操防，所有家口，此時不便同往，俟將來居住停妥，再行陸續搬移。等語。臣因所議允協，當即如議轉行。

但查裁撥各標營兵丁，道路遠近雖不畫一，而搬家盤費，均所必需。伏查從前各標營裁撥安西、沙州等營馬步兵丁，其搬家盤費，臣酌議奏請，經議政議覆，奉旨准給。今大通係口外地方，各標裁撥馬步兵丁搬家盤費，亦應一體給與，但所給銀兩尚未議有定數。今請將安西、大通等營兵丁搬家盤費、車價，俱照沙州招民之例，將兵丁家口查明，大口每日給盤費銀八分，小口每日給盤費銀四分。大口每百里給車價銀八分，小口每百里給車價銀四分。各計道路之遠近，按日期之多寡，分别給與，可以足用。除興漢鎮裁撥步兵一百名，前臣雖經奏明撥補各營裁馬名糧，但道路相距既遠，且于邊地風土不宜，應俟各兵事故開除之日，將名糧照數開送，就近募補，毋庸議給盤費外，其寧夏、西寧、永昌、永固等營裁撥馬步兵丁，于搬家之日，將應給盤費于蘭州布政司庫貯正項銀兩照數撥給，統于搬駐完日，將用過銀數造册報銷。但事關動用錢糧，是否合宜，臣未敢冒昧具題，謹繕摺奏請，伏乞皇上睿鑒。爲此謹奏請旨。

雍正六年四月二十九日具。

【《雍正朝漢文硃批奏摺匯編》第12册，第330頁第293條】

川陝總督岳鍾琪等奏呈雍正五年陝省額徵耗羡銀兩收支數目摺

雍正六年五月初七日

臣岳鍾琪、西琳謹將陝省雍正五年分額徵耗羡銀兩，分晰收支數目，逐一登明，理合繕摺，恭呈御覽。計開：雍正五年分，民屯地丁起存各項額徵銀一百五十九萬七千三百四十四兩七錢八分五厘零，内除西安、鳳翔二府屬扣抵兵糧草折銀五千三百二十二兩二錢一分四厘零，又屯丁兑食銀八百四十兩，俱不徵收耗羡外，實徵銀一百五十九萬一千一百八十二兩五錢七分五厘零，加二徵收，共該耗羡銀三十一萬八千二百三十六兩五錢一分四厘零，内除五分銀七萬九千五百五十九兩一錢三分八厘零，係奏明買備社倉穀石外，實徵錢五分銀二十三萬八千六百七十七兩三錢八分五厘零。……

一，支管理寧夏插漢托護渠工事務欽差正卿通智歲需盤費銀六百兩。查此項盤費銀兩係准欽差正卿通智、單疇書等咨稱奏明請給之項，是以在于陝甘藩庫公費銀内每年各動支銀六百兩，理合登明。……

以上共支扣收署官一半養廉，并缺官養廉銀，共四百九十六兩二錢，除支應存銀共二千一百八十一兩八錢八分九厘零，連前應存銀五分，銀三萬八千八十一□九十八兩八錢一分，通共應存銀四萬四百八十兩六錢九分九厘零。内除民欠未完銀八千二百四兩四分六厘零，二共實存藩庫銀三萬二千二百七十六兩六錢五分三厘零。又，雍正四年實存銀二萬三千九百二十九兩九錢二分八厘零，通共實存銀五萬六千二百六兩五錢八分一厘零。

雍正六年五月初七日具。

【《雍正朝漢文硃批奏摺匯編》第 12 册，第 380 頁第 339 條】

陝西寧夏中衛營副將韓良卿奏保舉河南營參將譚行義摺

雍正六年五月二十七日

陝西寧夏鎮屬中衛營副將奴才韓良卿奏：爲欽奉上諭事。

奴才雍正陸年貳月初柒日，接蒙寧夏總兵官臣郭成功案驗，接准甘肅提督臣宋可進蒙兵部札付，職方濟吏司案呈，查雍正伍年拾貳月拾柒日，内閣抄出清、漢上諭壹道，相應抄録通行直隸各省提鎮，一體欽遵可也。等因。奉上諭："武官自副將以上，每人各舉一人。務期有猷有爲有守，品行才具，足備國家之用者。各人密封奏摺，遣家人賫送來京，付奏事人員呈進。欽此欽遵。"奴才謹遵諭旨，于素知人員内，細加慎擇，查有現任河南省河南營參將譚行義，才識明敏，雍正五年六月内，紀成斌題補河南參將，革職。七年六月，復用河南參將。八年五月，用廣東副將。操守廉潔，堪以保舉。奴才繕具密摺，差家人雷聲徧匐賫奏，伏乞聖主睿鑒。謹具摺以聞。

雍正陸年伍月貳拾柒日。

【《雍正朝漢文硃批奏摺匯編》第 12 册，第 543 頁第 454 條】

陝西固原鎮慶陽營副將于義奏保舉固原州學正李威漢摺

雍正六年五月二十八日

陝西固原鎮慶陽營副將、加一級臣于義謹奏：爲欽奉上諭事。

奉上諭，令武官自副將以上，各舉壹人。等因。到臣，“欽此欽遵”。臣查得慶陽府安化縣丙午科舉人，由揀選、今授平凉府固原州學正李威漢，雍正五年十二月題，七年二月内補授直隸廣宗縣知縣。才猷明敏，作爲誠實，操守廉潔，品行端方。臣自莅慶貳年以來，皆親知灼見者，特敢保舉，伏祈皇上睿鑒施行。爲此謹繕密摺，遣臣家人郭芳捧賫奏聞。

雍正陸年伍月貳拾捌日。

陝西固原鎮慶陽管副將、加一級臣于義。

【《雍正朝漢文硃批奏摺匯編》第12册，第550頁第464條】

甘肅巡撫莽鵠立奏保舉寧夏知府鈕廷彩摺

雍正六年六月十三日

甘肅巡撫臣莽鵠立謹奏：爲欽奉上諭事。

雍正六年正月初六日，准吏部咨，雍正五年十二月初七日，内閣交出奉上諭：“爲治之道，首重得人。朕臨御以來，夙夜孜孜，廣爲諮訪，期得人材，以理庶政。而内外臣工所保舉，使諸臣得以行其私也。著内外滿漢文武官員遵諭行，特諭。欽此欽遵。”咨行到臣。臣仰承諭旨，再四虛衷籌度，欲求有猷有爲有守、品行才具兼備者，實難其人，不敢冒昧妄保。臣僅就現今所知之現任寧夏府知府鈕廷彩，開明職名、考語，密封舉奏，伏祈皇上睿鑒施行。謹奏。

雍正六年六月拾叁日。

甘肅巡撫臣莽鵠立。

今開寧夏府知府鈕廷彩，年四十七歲，係鑲白旗漢軍人，辦事勤敏，才具堪用。

【《雍正朝漢文硃批奏摺匯編》第 12 册，第 684 頁第 580 條】

川陜總督岳鍾琪奏請以王廷瑞調補靈州營參將等情摺

雍正六年六月二十二日

陜西總督臣岳鍾琪謹奏：爲請旨事。

臣查參將王廷瑞、游擊陳弼二員，人材命運，俱蒙諭旨獎許，是二員之可供驅策者，已在聖明睿照之中。臣思偏裨將佐，均係領兵之員，與兵丁出入相依，亦猶州縣之與民最親也。必須平時官兵相習成熟，情性交孚，所謂將能知兵，兵亦知將，而于訓練約束，自可易于董率。且所練車陣，必得將領熟悉操演進退分合之法，方不至臨事周章。查游擊陳弼現任陜西，而參將王廷瑞已奉旨補授山西。若于臨期調用，令其管領兵丁，未免不相浹洽。今寧夏鎮屬靈州營參將張國棟病故，現在會疏題報其所遺員缺，仰懇聖恩，即以王廷瑞調補靈州營參將，有旨諭部矣。此人補用晋省，朕忘記矣。實于軍務有益。再，臣于去歲入覲之時，曾將副將鍾維岳，參將劉廷琰、陳經綸、徐宗仁、杜蔚，京營守備今升參將張豹，游擊董芳、彭端節、魯汝洙等姓名面奏，已蒙聖恩，陸續調授近省。倘陜省有相當缺出，臣當奏請特旨，于各員中簡調補授，若遇缺相當，亦可陞用，亦可卿暫停題請，詳細摺奏以聞，朕以便降旨。則訓練演習皆可預爲料理，而于軍旅重務，咸收得人之效矣。臣謹繕摺具奏，伏祈上睿鑒。爲此謹奏請旨。

雍正六年六月二十二日具。

覽。

【《雍正朝漢文硃批奏摺匯編》第 12 册，第 740 頁第 633 條】

陝西寧夏道高鏜奏保舉河南管河道祝兆鵬摺

雍正六年七月初九日

陝西寧夏道奴才高鏜奏：爲欽奉上諭事。

奴才于雍正陸年貳月拾壹日，准臨鞏布政司臣孔毓璞照會，内開：雍正陸年正月拾捌日，蒙川陝總督臣岳鍾琪，又蒙甘肅巡撫臣莽鵠立各案，于雍正伍年拾貳月拾捌日，准吏部咨。雍正伍年拾貳月初柒日，内閣交出奉上諭："爲治之道，首重得人。朕臨御以來，夙夜孜孜，廣爲諮訪，期得人材，以理庶政。今特諭内外諸臣等，京官自翰林、科道、郎中以上，外官自知府、道員、學政以上，武官自副將以上，旗員自參、領以上，皆令每人各舉一人。或係現任職官，或係候補、候選之人，或係進士、舉人、貢監生員，或係山林隱逸，務期有猷有爲有守，足備國家之用者。各人密封奏摺，付奏事人員處傳奏。外官則遣家人賫送密摺來京，付奏事人員呈進。其奏摺内祇開列本人官銜、姓名，注明所薦之人官銜、考語，不必引頌聖之繁文，敷衍粉飾。著内外滿漢文武官員遵諭。欽此。"奴才跪讀諭旨，敢不矢公矢慎、謹舉所知。

查有現任河南管河道祝兆鵬，前任歸德府知府時，奴才前任考城縣知縣，是其所屬，見其居官勤慎，辦事詳明廉潔，自持不事鑽營，相應遵旨保舉。奴才謹繕上密摺，遣家人陳文郁賫送呈進，伏乞皇上睿鑒。謹具摺奏聞。

雍正陸年柒月初玖日。

【《雍正朝漢文硃批奏摺匯編》第 12 冊，第 883 頁第 766 條】

※寧夏將軍席伯奏報寧朔縣民呈請知縣留任摺

雍正六年七月十九日

駐防寧夏等地之將軍臣席伯謹奏：爲奏聞事。

雍正六年七月初八日，寧夏之寧朔縣民王永業等舉人、生員、兵民數百人來臣署呈書，懇請轉奏，將知縣李宏留任。臣因滿臣、漢官之事，非屬份內之責，未予受理。本月十日，其又聚集于衙門門外，叩頭哀求。該呈書内開："爲祈請轉奏事。寧夏乃邊鄙之地，初將衛所設爲州縣，事務冗雜，不但勞民之事難以根絶，且兵民合居一處，倘治理不當，不唯文武官員不和，亦必累及于兵民。該知縣莅任已三載有餘，深諳地方風情民俗，增減相宜，毫無勞民之處。又自捐俸禄，增印聖訓，開導百姓。除弊不避嫌疑，興利果斷堅決。金斗平量，清除奸惡書辦胥吏，愛民如子，情如手足。種種德政，不勝枚舉。兹若因公務所累，被罷免革職，則愚民等誠如離開父母，懇請將軍體諒下情，予以轉奏。該知縣留任一日，即爲百姓一日之福也。爲此百姓、兵丁叩頭哀求呈請。"等情。臣切惟若非沉冤，百姓不會替其求情，若居官不好，兵民百姓何以哭哭泣泣，再三來求，真情挽留。唯不明其離任實情，不敢即予奏聞。故將知縣李宏居官善惡，百姓呈書内陳各情是否屬實，及李宏離任緣由，行文寧夏道查核。

據該道員高堂呈稱，李宏職任知縣三年多，熟諳邊塞之事，故民情順服，甚爲安謐。盡職盡責，情屬確實。民人百姓，呈書于我，我曾行知布政司。至李宏降級調用之情，緣平羌堡把總張守基剋扣兵餉一案。李宏以知情不報，徇情隱瞞之罪，由部議奏，降級調用。行文卑職，故而令其離任也。等情。臣來寧夏三年多，見李宏爲人機敏，凡給滿洲官兵之糧米、草料從未延誤，于事竭能效力。不意獲罪，倘因此將有才幹之員調離其任，誠屬可惜。聖主爲國求賢，日夜孜孜，心係天下人心，無人不知，無人不曉。臣身荷高厚之恩，坐鎮邊疆之首，何敢稍有避嫌，而將所聞實情隱匿不奏。爲此謹具摺奏聞。

將軍臣席伯。

硃批：知道了。另行降旨。理應奏聞。若無私心，何事不可奏。

【《雍正朝滿文硃批奏摺全譯》第1649頁第3182條】

甘肅巡撫莽鵠立奏報各屬夏禾收成分數摺

雍正六年七月二十一日

甘肅巡撫臣莽鵠立謹奏：爲參報甘屬今歲夏禾收成分數，仰祈睿鑒事。

竊照收成分數，關係國計民生，例應奏報所有甘屬夏禾收成分數，經臣屢行布政司查報去後。兹據布政使孔毓璞報稱，平凉府所屬各州縣地方，夏禾麥、豆收成有伍陸分至柒捌分不等。慶陽府所屬各州縣地方，夏禾麥、豆收成有伍陸柒分不等。臨洮府所屬各廳、州、縣地方，夏禾麥、豆收成有伍陸分至柒捌分不等。鞏昌府所屬各廳、州、縣地方，夏禾麥、豆收成有陸柒分至捌玖分不等。寧夏府所屬各州縣地方，夏禾麥、豆收成有柒捌玖分不等。凉州府所屬古浪縣地方，夏禾麥、豆收成有捌玖分不等，平番縣地方夏禾麥、豆收成有柒捌玖分不等。西寧府所屬張伯縣地方，夏禾麥、豆收成有柒捌玖分不等。再，甘省地方，山高土冷，收成緩遲，尚有未報各屬，見在□催另報。等情。至報前來，除未報到各屬俟呈報至日另奏外，所有報到各屬夏禾收成分數，理合恭摺奏聞。

雍正陸年柒月貳拾壹日。

甘肅巡撫臣莽鵠立。

【《雍正朝漢文硃批奏摺匯編》第13册，第34頁第22條】

川陝總督岳鍾琪奏報地方卦子結夥行竊拒捕逞强情由摺

雍正六年八月初五日

陝西總督臣岳鍾琪謹奏：爲奏聞事。

竊查安民莫先于彌盗，彌盗莫善于保甲。我皇上念切斯民，至殷且厚。屢奉諭旨，通行直省，務將保甲之法，實力奉行，以期盗戢民安，地方寧謐。業經欽遵通飭，編設在案。及臣于去冬自京回陝，訪聞各屬竊盗頗多，因嚴飭印捕各官勒比捕役，立限緝拿。復責令保甲人等互相稽查，據實舉首。臣又多方躧緝，不遺餘力，因而數月之間，贓賊被獲者纍纍。隨檄飭各該管官照案分别訊明，懲創發落。仍將各犯令各原籍鄉保鄰佑收領編管，不時查點，無許他出，是以近今竊盗等案亦漸稀少。惟臣復訪有卦子一種，北地各省比比皆有。此風不知何省有之，可訪問奏聞。而其中亦多恒産之人，乃竟不事生業，惟務游蕩。騾馬成群，男婦雜遝，串行于鄉曲之中。行醫賣卜，走馬躧索，甚而耍戲術、舞槍棒，一切不經之事，無所不爲。從前康熙五十四年，陳四等之勾結爲非一案，即此類也。臣思此輩之作奸犯科，固難保其必無，然并無發覺之案，亦未可遽指爲必有，但防微杜漸，是即戢奸之首務。况此輩咸有籍貫，各有室家，兼之牲畜頗饒，非失業窮民可比，若不早爲嚴查安插，必致流蕩長奸，以貽地方之患。臣因嚴飭各屬逐一挨查，編設保甲之内，不許縱令行走。仍通飭地方文武各官，遇有此輩經過，即行盤詰拘留，詢明住址，遞回原籍安插，則此輩之身心，日就檢束，將來俱爲安業之良民，甚好，因此生義，有集督師之諭。而于風俗人心，似屬誠有裨益。

嗣因雍正六年六月内，有西安府屬涇陽縣生員亢琮家被竊一案。臣據報，即轉飭緝拿，當經捕役確訪，此案正賊係積賊孫成吉糾夥同竊，因該犯已經在逃，隨將伊妻曹氏拿赴涇陽縣密訊。據曹氏供出夥賊黨子文，及將黨子文弋獲到案，復供出同夥黨和、黨奇、黨三各犯，隨經該縣差役躧緝，并

向乾州所屬之永壽縣添差一同前往。行至坡籠頭地方，即係黨和等住居之處。捕役等正在協力擒拿，忽來二十餘人，各持槍棒器械拒捕格鬥，俱各帶有微傷。及捕役等奮力將黨三一犯拿獲，已見伊等聚集三四十人，勢難對敵，隨將賊犯黨三交明鄉地解縣羈禁，而黨和等亦皆四散潛逃。及究其原委，是即卦子一流相聚爲匪。此風如何長得？應嚴禁者。臣思竊盜拒捕已屬不法，而何物卦子，竟敢聚衆逞凶，法難輕縱。但此輩聲息相通，黨羽易聚，似非一二捕役汛兵所能擒獲。臣因密飭汛防營員會同地方官多撥兵役，遇有此等卦子聚衆行走，即悉力擒拿，毋致疏縱。隨據慶陽府并武功等縣各報稱，拿獲卦子張壽元、黨江，并賊犯黨奇之妻任氏等，以及男婦、馬匹、驢、騾等項。臣現在分飭各該管官研訊確情，是否即係黨和等案内夥犯，有無拒捕情弊。

隨于七月二十七日，又准陝西提臣路振揚咨稱，據巡路兵丁錢虎朝等稟稱，巡至固原州屬武家堡子，遇有男婦六十餘人口，稱俱係卦子，各持有矛子、刀斧器械，似有拒捕之意，小的等止有三人，不敢妄拿，理合報明。等情。隨差千總蒲榮帶領兵丁，同固原州官役前往緝拿。據稱，行至州屬吉家莊，果見卦子六七十人，問其來歷，據稱保延安府卦子，今出來討些吃用回去。及細加盤詰，便至出言無忌，大有恃衆逞强之心。千總等恐有損傷，不便擅動，因差人尾踪探視，今已前往慶陽府環縣地方而去。等情。除飛飭慶陽協副將于義、紅德城游擊張玉文相機查拿，毋致兔脱。等因。移咨到臣。臣查卦子一流，本非善類，從前之嚴飭各地方官稽查編管，不令他出者，誠恐此輩游蕩爲生，必致饕餮鄰境。初不意其若是之爲非也，今既已夥賊行竊，復敢拒捕逞强，乃又敢于通都白晝之中，結黨持械，藐法横行，頑野已極，自當設法搜捕，分别首從，按律究擬，庶不致養奸貽患，當嚴究以清其□□。以仰副我皇上安養斯民之至意。至于地方官，不能化誨禁戢，任其游行，實屬不合。除現在嚴查疏縱職名查參外，是。理合繕摺奏聞，伏祈皇上睿鑒。爲此謹奏。

雍正六年八月初五日具。

覽。地方上凡有此等嚮來姑容之惡習，當次第一一料理，不可長奸遺害于百姓良民也。

【《雍正朝漢文硃批奏摺匯編》第13册，第128頁第106條】

陝西固原提督路振揚奏謝皇恩并俟新任提臣到任起身赴京

雍正六年八月十七日

奏。

十一。

六年九月初九日下兵。

該部知道。

阿霖。【注一】

九月初一日。[①]【注二】

提督陝西固原等處地方總兵官署都督僉事、加五級臣路振揚謹奏：爲恭謝天恩事。

雍正陸年捌月拾陸日，蒙兵部札付，爲欽奉上諭事。内開：奉上諭："固原提督路振揚，居官謹慎，操守廉潔，但年老精神不及。固原要鎮，恐有貽誤。著來京，朕另有用處。固原提督員缺，著肅州總兵紀成斌補授。肅州總兵員缺，著洮岷副將王剛補授。洮岷副將員缺，著莊浪營參將顔清如補授。莊浪營參將員缺，著冶大雄補授。王剛，俟勦撫雷波土司等處事畢，再

①九月初一日：此五字據注二補。

赴新任。王剛到任後，紀成斌再往固原。紀成斌到任後，路振揚起身來京候旨。該部知道。欽此。”爲此合札該提督欽遵施行。等因。札行到臣，“欽此欽遵”。隨即恭設香案，望闕叩頭謝恩訖。

伏念臣才本疏庸，年復衰朽，荷蒙殊恩，補授固原提督。岩疆要地，任臣責重。臣日夕冰兢，時憂蚊負，雖竭盡駑駘，勉力圖報，而齒衰智惛，究難供職。自到任至今，已歷兩載有餘，寸長未著，有曠職守。蒙皇上不即擯斥，著來京另用。臣聞命之下，感愧無極。除遵旨俟新任提臣紀成斌到任後起身赴京外，理合繕疏，恭謝天恩。伏祈皇上睿鑒施行。爲此具本，謹具奏聞。

自“爲”字起，至“本”字止，計叁百肆拾玖字，紙壹張。

右謹奏聞。

雍正陸年捌月拾柒日。

提督陝西固原等處地方總兵官署都督僉事、加五級臣路振揚。

【貼黄】

提督陝西固原等處地方總兵官署都督僉事、加五級臣路振揚奏：爲恭謝天恩事。

蒙兵部札付，奉上諭：“固原提督路振揚，居官謹慎，操守廉潔。但年老精神不及，固原要鎮，恐有貽誤。著來京，朕另有用處。固原提督員缺，著肅州總兵紀成斌補授。紀成斌到任後，路振揚起身來京候旨。欽此。”札行到臣，“欽此欽遵”。隨即恭設香案，望闕叩頭謝恩訖。

伏念臣才本疏庸，年復衰朽，荷蒙殊恩，補授固原提督。岩疆要地，任巨責重。臣日夕冰兢，時憂蚊負，雖竭盡駑駘，勉力圖報，而齒衰智惛，有曠職守。蒙皇上不即擯斥，著來京另用。臣聞命之下，感愧無極。除遵旨俟新任提臣紀成斌到任後起身赴京外，理合繕疏，恭謝天恩。爲此具本，謹具奏聞。

【注一】本面餘紙記注。

【注二】本面餘紙之背書："九月初一日。"

【《明清檔案》A40—140，B22985—B22986】

川陜總督岳鍾琪奏請將河西四府盈餘税銀賞作該處各官養廉摺

雍正六年八月二十五日

陜西總督臣岳鍾琪謹奏：爲尊旨密陳，請頒明諭事。

竊查河西之寧夏、甘、凉、肅、西寧等處各道廳舊日養廉，皆取給于三邊税羡，其衛所改設之寧、甘、凉、西四府十六州縣，并極邊衛所官員，經前撫臣石文焯酌定，將徵糧耗米分派養廉公費，按地方大小衝僻，各給二三千石不等。自雍正四年六月内，各處税務盈餘，奉旨儘收儘解，臣欽遵轉行各屬，一體據實報解，歸入藩庫，則河西道、府、廳官養廉公費不得不在州、縣、衛、所耗糧之中通融分給。兹據臨鞏布政司孔毓璞造報，養廉公費清册内，將三邊耗米派給河西大小官員道、府，僅及千餘石，州縣大者七八百石，小者四五百石。

查三邊連歲豐收，糧價平減，每倉斗千石值銀不過五六百兩，而邊地道、府、廳官，差事冗雜，州、縣、衛、所，公務煩多，雖前撫臣石文焯議給州縣耗糧至二三千石計，計員變價應用尚且不敷，何况目前分給之數，尤屬無幾，恐吏事匱乏，非上誤公事，即下累小民。臣去歲在川陳奏税羡摺内，蒙硃批諭旨："地方大臣府道，有别項養廉則可，若無出息之任，未有令枵腹辦事之理。命臣秉公量情，酌中料理。欽此。"仰見聖主體恤周詳，無微不照，臣今遵旨酌議，請將河西各屬税務盈餘銀兩，恩賞河西各官，添作養廉公費，咸令有所資藉，得以踴躍赴公，則邊地臣民均沾聖澤。

臣查陜屬俱係内地，其各官養廉公費，道、府尚以二三千金爲率，州縣尚以千數百金爲率。況河西官吏奉職邊方，地瘠事繁，本非内地可比，加以現值軍務，承辦大差，較之内地衝煩，更增數倍，合無仰請聖恩，准將河西道、府、廳、州、縣、衛、所，分别大小衝僻，于河西税羡、耗糧二項下，比照陝員銀數支給養廉公費，逐一開造清册，按年奏報，庶邊吏有取給之資，而錢糧亦無虧空之患。臣前在川，緣奉密旨，不敢宣露。今倘蒙恩允，伏乞皇上特降明諭，令臣會同撫臣莽鵠立遵旨酌定，則河西官吏皆知鴻恩特出于天心，而動支税羡、耗糧，臣等亦免擅專之咎矣。爲此冒昧陳奏，伏乞睿鑒施行。謹奏。

雍正六年八月二十五日具。

所奏甚是。已有旨矣。

【《雍正朝漢文硃批奏摺匯編》第13册，第287頁第238條】

陝西肅州總兵紀成斌奏謝恩授固原提督摺

雍正六年九月初三日

陝西肅州總兵官臣紀成斌謹奏：爲聖恩擢用愈隆，臣分撫衷殊過，謹先恭繕奏摺，叩謝洪慈事。

竊臣于雍正陸年玖月初壹日，接到兵部札付，蒙我皇上殊恩，授臣固原提督。除現在繕疏，遵例由驛賫捧，奏謝天恩外，伏念臣本庸愚，毫無知識，總兵職任，尚慮弗堪。今固原要鎮，提督重臣，聖主寵命自天，微臣措躬無地，中心感戴，報稱愈難。惟期捐糜頂踵，矢志不移，以圖仰答高厚于萬一者也。臣欽遵恩旨，盡心料理肅州事務，俟新任鎮臣王剛凱旋到肅，再往固原，至期另行題報。所有聞命感激下誠，合先叩謝，伏乞皇上睿鑒。爲此具奏以聞。

雍正陸年玖月初叁日。

陜西肅州總兵官臣紀成斌。

好！勉力。

【《雍正朝漢文硃批奏摺匯編》第 13 册，第 337 頁第 284 條】

川陜總督岳鍾琪奏報竊查陜甘二屬承辦進藏糧騾鞍屜情由摺

雍正六年九月初九日

陜西總督臣岳鍾琪謹奏：爲換屜情由，務須查實，謹先奏請睿裁事。

竊查原任甘肅撫臣莽鵠立摺奏，西安解到進藏運糧騾頭，據驗收之臨洮道盧官保詳稱，鞍屜澆薄破損，架索籠環又多不全。經鎮臣周開捷查看，原辦布屜實屬薄小，力言軍糧關係重大，必須另換寬厚氈屜。等因。奉旨，今臣等將疏忽官員嚴察參奏，臣欽遵轉行，嚴加查察。

除西安承辦鞍屜之同知劉汝梅小屜一千副，小鞍三百副，現經查出，另疏題參外，查糧、騾鞍屜原經臣分派陜屬置辦五千四百餘副，甘屬置辦四千五百副。因細查定例，歷來俱用布屜，臣是以遵例飭令陜甘畫一置辦。乃撫臣莽鵠立摺内但稱西安解到者，經鎮臣周開捷查看，布屜薄小，應换氈屜。而甘屬所辦布屜是否寬厚，有無薄小，初未聲明。兹據署西寧道寧夏知府鈕廷彩詳報，發銀與鎮臣周開捷等買辦氈屜至八千餘副之多，是連甘屬布屜亦换十之八九矣。且撫臣莽鵠立初次咨臣文内，但言西安解到鞍屜、環嚼繩索不齊，現在發銀補製，應于各解官名下追還。等語，并無鞍屜“薄小”之説。即分給各營兵丁時，亦未有嫌其薄小者。惟至鎮臣周開捷于五月初一日送兵之日，當衆力言，必須另换氈屜，以致兵丁將糧馱一齊放手。則另换情由，果因布屜非口外所宜，抑或但因薄小之故，非詢鎮臣周開捷，不知其確係何見也。倘止緣薄小，則陜甘兩屬承辦官吏悉應查參。若布屜果非口外所宜，則計慮粗疏，調度舛錯，咎實在臣，焉敢混劾屬員，希圖諉過，以致後

來辦事官吏無所適從，則綱紀攸關，更非細故。又查騾九千餘頭係馱四個月本色糧石，撫臣莽鵠立曾折給兵丁一月之糧，則空騾二千四百餘頭果否俱帶鞍屜，亦非詢鎮臣周開捷，不得其實也。

至鞍屜之承辦解運，又各有專責。製造澆薄，責在承辦人員。破損不全，責在解運官役。今陝屬承辦之劉汝梅既經糾劾，而解運各官役亦現在審查，奈盧官保并未指明某運某官，但于詳内概稱破損，豈陝屬所解五千餘副竟無一副完全？而甘屬所辦四千餘副是否悉皆堅整，亦必俟盧官保回日指明實據，然後報參，庶無朦混。擬合繕摺奏請睿裁，應否俟周開捷、盧官保回日詢明另奏之處，伏候訓旨遵行。爲此據實陳奏，伏乞皇上睿鑒施行。謹奏。

雍正六年九月初九日具。

是自然應待二人回來，詢明辦理者。

【《雍正朝漢文硃批奏摺匯編》第 13 册，第 420 頁第 346 條】

川陝總督岳鍾琪奏遵旨議覆采買馬駝羊隻及喂養牧放緣由摺

雍正六年十月初四日

陝西總督臣岳鍾琪謹奏：爲遵旨議奏事。

雍正六年九月二十九日，臣奉硃筆諭旨。臣跪讀之下，仰見聖謨廣運，睿算周詳，以從容全備之師，成安内攘外之舉。是誠我皇上順天審時、經營萬妥之計，實非臣愚所可意及。今臣欽遵聖訓，將一切軍需應次第辦理者，容臣逐一確核，分條晰議，彙叙一摺，另行具奏。尚有密籌機宜，臣即另摺恭奏外，謹將現買馬、駝、羊隻如可喂養牧放，直隸、河南、山東、山西四省所買騾頭于何時解交陝省之處，遵旨議奏，恭請聖鑒。

臣查光禄寺卿臣吴達禮在鄂爾多斯購買駝四千四百五隻，并准部咨，撥發顧魯處駱駝一萬五千隻，内分撥駝七千五百隻，由鄂爾多斯一路從寧夏進口，分發甘屬之慶陽、臨洮、鞏昌各府屬喂養。其顧魯在歸化城買獲駝九千七百八十五隻，内撥駝三千隻，即由草地從神木進口，在延安府屬喂養。其餘駝六千七百八十五隻，并部撥駝七千五百隻，俱由山西進口。臣已移咨晋撫臣石麟轉飭沿途州縣，預備牽送人夫、駐宿料草，并酌派官弁，同臣差往接駝之文武各員，按起押送來陝，分發西安、鳳翔二府屬喂養。至榆林等處購買駝共六百四十九隻，即在就近處所分派喂養。除沿邊内地駝隻現在分途購買外，以上已買駝共二萬九千八百三十九隻，所需料草、槽、鍘等項一切雜用，俱照時價采買備辦，統于另摺彙奏。

再，從前原估以牛、羊合算口糧，嗣因牛隻行走遲鈍，恐生病症，改買羊隻充數，共應需羊五十餘萬隻。今顧魯、吴達禮二處先采買羊二十六萬二千三百八十三隻，臣咨令雇募鄂爾多斯善于牧放之人分起解送寧夏。臣派撥官兵在賀蘭山前後，并續勘之廣武鎮、番昌、寧湖等處牧放，統計草廠三十四處，水草充足，甚屬利便。其未買羊隻，現在陸續采買。

再，顧魯等購買馬一萬匹，前議于進口之後，分發各州縣喂養，雖所需料草若照時價采買，誠可減營馬，折給定價十分之二，但雇募民夫，蓋造棚槽，製辦一切器具什物，約需二萬餘金，較之營馬料草定價不相上下。况馬匹須不時騎壓，庶不至于槽鈍，如交文員經理，亦恐未必得宜。查此馬匹原爲兵丁馱馬而設，且各營兵丁既有自馬，皆有棚槽，以一兵而喂騎馱兩馬，儘可照管，是不若將此采買馬一萬匹照拴養馬匹之例，按足價折給，分發各營喂養，在兵丁既無賠累，而一切冗費可以減省，馬匹步驟，亦可馴調，于軍務誠有裨益。今于臣標分喂馬一千匹，陝撫標分喂馬四百匹，甘撫標分喂馬四百匹，陝提標屬分喂馬二千五百匹，延綏鎮屬分喂馬二千匹，寧夏鎮屬分喂馬二千五百匹。至甘提標西寧、凉州已經喂有拴養馬匹，邊方出産料草不比内地，况又有采買預備軍需，不便多喂。今分發甘提標喂馬四百匹，西

寧鎮屬分喂馬五百匹，凉州鎮屬分喂馬三百匹。以上共馬一萬匹。至此項馬匹，于進口時，先在寧夏接收，由寧夏分趕各標，皆應需夫牽送，沿途駐宿，俱應支給空草。查人夫每日工價，若照臣前定解送騾頭每日三分之數支給，誠有不敷。今每名日給銀四分，可以足用。但人夫俱係窮民，若回時不復給與工價，恐致枵腹行走，似應往返一體支給，方無苦累。其應支空草，照例每匹每宿支草一束。臣已通飭經過各屬領銀備辦，同喂養馬匹料草折價俱在于陝甘布政司并寧夏道庫貯軍需銀内動給在案。

至于駝隻不能如數購買，經臣具奏，改辦車、騾，恭奉硃批諭旨："將卿此奏，著怡親王等密議，將議奏原發來，可照議料理。欽此。"臣遵將議奏原摺所開造車、買騾數目核算，雖多于原議四萬五千九百隻駱駝之數，臣因思官兵鹽菜銀兩尚未估計，口糧、籽種尚有添增，今此議造車輛、購買騾頭之數正可需用，臣已照議製辦。惟查陝省需騾七千八百四十八頭，分派直隸、河南、山東、山西四省購買，而北路應需騾六千頭，亦于四省辦理。將來需用之時，若令彼此涉遠解送，不但僕僕道遠，抑且致滋糜費。臣愚以爲，莫若將北路騾六千頭止在直隸、山東二省照數扣買，就近解送，將河南、山西二省議買騾共七千頭徑解陝西，頗爲直捷。臣復查議政所議四省采買西路應用騾七千八百四十八頭，皆因駝隻采買不足之故，今河南、山西二省既共買騾七千頭，所少止八百四十八頭，合計少駝二千餘隻。現今歸化城并陝省内地俱在陸續采買，可以購補足數，其原議河南、山西采買騾七千頭，儘可足用。將直隸、山東二省應買西路之騾似可減省，倘蒙聖恩允准，仰請密敕直隸、山東督撫各臣，將北路騾頭止以六千扣買解送北路。其河南、山西二省共買騾七千頭，于明歲四月内解送陝西，庶爲省便。至于騾頭喂養，爲數頗多。現今各州縣既已分有駝隻，若復派喂騾頭不時，地方官照料難周，即一切棚槽什物，皆所必需，是以有用之餞糧，徒滋無益之冗費。臣于去年陳議七條内，曾將駱駝喂養一事議令督撫、提鎮、副、參、游、守等官分派喂養，因各官除例馬料草之外，又有親丁馬匹料草，雖一例照數支領，而其實不過喂用十分之四五。今若將購買騾頭照臣從前派喂駱駝之議，即照親丁馬匹數目，按半派喂，并西安八旗内有缺馬者，亦將騾頭撥給，此皆以騾代馬，并非别有增益。祇因未奉諭旨，不敢冒昧議辦。如蒙鑒允，臣即將陝省采買騾六千頭先行分派。已密與署西安將軍撫臣西琳確查，八旗内現在缺馬三千匹，應撥騾三千頭，所餘騾頭于臣等督撫、提鎮以下各官親丁内，按數派喂。其明歲豫、晋騾頭解送到日，亦一體分發。如分派之外，騾頭尚有盈餘，即將各標營應買缺馬俱以騾頭撥補，俟騾頭出口之時，再買馬匹補額，是一轉移間，既不致縻費錢糧，而于營政軍需，均屬有益。

所有喂養馬、駝，牧放羊隻，并酌議四省采買騾數，以及解送月日、分喂各緣由，臣謹遵旨議奏，伏祈皇上睿鑒。爲此謹奏請旨。

雍正六年十月初四日具。

此奏交怡親王等議行。

【《雍正朝漢文硃批奏摺匯編》第 13 册，第 614 頁第 494 條】

川陝總督岳鍾琪奏報捲撤西藏一站官兵及續運兵糧緣由摺

雍正六年十月十七日

陝西總督臣岳鍾琪謹奏：爲奏聞事。

竊查駐防骨兒伴鎖里麻，并自骨兒伴鎖里麻以至西藏各臺站官兵，前于吏部尚書臣查郎阿在西安時，臣與面議，俟至藏之日，事務料理就緒，先將前項官兵趁天氣未冷之時，仍由西寧一路撤回。等因。業經奏明在案。今藏地軍務既竣，到駐防臺站各官兵應即及時捲撤。乃近准查郎阿移送奏稿内止稱，將留駐木魯烏蘇官兵二千餘員名，令副將劉永貴帶領前回西寧，而駐防骨兒伴鎖里麻之撫標官兵，并自骨兒伴鎖里麻至西藏各臺站緑旗官兵并未議及，亦未聲明。

查時值冬初，口外早已寒冷，若再咨商往返，則冰雪截途，草枯水凍，人馬難以行走。臣因飛咨散秩大臣達鼎將原領陝甘二撫標官兵，并相近骨兒伴鎖里麻之各臺站緑旗官兵，即由西寧一路撤回。其附近西藏各臺站緑旗官兵，若亦由西寧而來，恐天寒道遠，不便行走，臣亦飛咨查郎阿即就近撤回。藏地同大兵由四川一路凱旋，頗爲便捷。并知會查郎阿，嗣後凡有奏章文報，俱由四川口外臺站遞送，庶無舛誤。

再，查駐防骨兒伴鎖里麻官兵原估口糧裹帶一個月，運送五個月，共足六個月之數。計自五月初間出口起，扣至十一月初，已届六個月之期。今雖行令撤回，而計算中途行走日期，口糧尚有不敷。臣已飛行署西寧道寧夏府知府鈕廷彩會同鎮海營參將馬成伏，照前次運送骨兒伴鎖里麻兵糧之例，雇覓夫、騾，酌運一個月口糧，前往接濟，以免缺乏外，所有捲撤臺站各官兵，并續運兵糧緣由，臣謹繕摺奏聞，伏祈皇上睿鑒。爲此謹奏。

雍正六年十月十七日具。

抄録交與議政存案矣。

【《雍正朝漢文硃批奏摺匯編》第 13 冊，第 692 頁第 561 條】

※寧夏將軍席伯奏薦協領海福摺

雍正六年十月二十七日

駐防寧夏等地將軍臣席伯謹奏：爲舉薦所知人員事。

聖主自臨馭以來，以聖主仁皇帝重托爲念，宵旰憂勤，孜孜不倦，日理萬機。且于百政待治之暇，網羅天下人才，求賢若渴，爲治國安民，未嘗少息，孜孜以求。故而少有心志之人，皆應各自奮發振作。似臣等委以重任，荷恩深厚之人，更應竭盡全力、黽勉效力，各有所識之賢才，毫不瞻顧，立

即據實保舉，以仰副皇上求人之聖意。唯臣年齡已過，不能爲國再有建樹，故而冒昧思惟，對皇上交付之任，臣之屬下若幸逢熟諳人可者舉薦皇上，于國稍有裨益，亦可盡臣竭誠報效之心于萬一耳，是以日夜留心觀察。

見寧夏官員中，鑲紅滿洲旗由佐領補爲現任協領之海福人可也。經交付于事試察，其能黽勉效力，經理井然，盡忠盡誠，超乎常人，遂于軍政之時，據實保舉。奉旨，將海福以卓异補爲本旗協領。此前臣曾有心另行舉薦，唯識人之事，古往今來，皆屬難事，若不細加考察，輕率保舉，倘遇國家重任，品行蜕變，有誤皇上之托，不唯臣難脱誤舉人員之罪，且因有負重恩而惶悚愧疚不已。故將海福安置于印務處，憑藉各項關係錢糧之要事，以爲試探。見此人人才兼備，忠實可信，操守好，品行端正，知恩報國。凡交付之事，毫無瞻前顧後、優柔寡斷之處，孜孜黽勉。兹奉諭旨，國家正需得人，著各官自我保奏。臣雖未奉殊命保舉人員，但何敢自視無涉，瞻前顧後，將精心考察之人，隱忍不予保舉，而負皇上爲國尋賢之聖意。故臣據所察實情，予以保奏，伏乞聖主鑒諒外，臣年齡已過，有時所辦之事、所説之言，須臾即忘，而皇上交付之地方之責甚爲重要，伏乞恩准海福暫留寧夏，輔佐于臣，于初始駐兵之處，大有裨益。爲此謹具密奏，伏乞聖主明鑒。

將軍臣席伯。

【《雍正朝滿文硃批奏摺全譯》第 1670 頁第 3237 條】

川陝總督岳鍾琪奏請招募本標守兵駕御戰車摺

雍正六年十一月初六日

陝西總督臣岳鍾琪謹奏：爲請旨事。

竊查戰車三千輛，應需夫三千名。此項人夫乃專司戰車之事，若待臨時雇覓，則車陣之開合進止，伊等茫然不知，豈能駕御遠出？如預行雇募，令其隨營差操，不時糜費錢糧。且伊等亦止知爲雇募之車夫，必不能如營中伍卒專心演習。即營員加意教導，亦終不若營兵之可以督責懲創、易于鈐束也。況每夫一名，照從前出口雇夫之例，每日給工價銀八分，統計一年每名應需工價銀二十八兩八錢。查守兵每名計其一年應領之餉銀，止十一兩有零，即出口行走，加以一年之鹽菜，亦僅十兩八錢。合而計之，共銀二十二兩。較之雇夫之工價，既有節省，且兵丁食餉充伍，自必遵守營規。但今陝甘各營官兵派遣既多，若復于邊營内挑選守兵應役，則汛防所關亦重。臣愚以爲，將此雇夫之工價，額外招募守兵三千名，計一年應給之餉銀，尚不及工價之一半。但事關募兵增餉，又係慎密機宜，臣未敢冒昧題請。倘蒙聖恩鑒允，臣于臣本標招募守兵一千名，陝提、甘提兩標以及涼州、肅州、寧夏、西寧四鎮共召募守兵二千名，皆批選年力精壯、行走便捷、善于御車、更能耕稼之人□伍差操，專員教演，其應支守兵餉銀，請以己酉①年正月陸續招募之日起支，按季關領，俟事竣凱旋之日，仰懇聖恩俯念伊等遠役勤勞，請照郃陽援剿營裁改兵丁之例，將此召募車夫守兵三千名分發各營，照舊食糧，遇有營兵事故，無論戰守糧缺，即將伊等漸次頂補。其原食守兵餉銀，按名開除，在錢糧不至十分糜費，而于軍行似有裨益。理合繕摺具奏，是否合宜，恭請訓旨遵行。爲此謹奏請旨。

雍正六年十一月初六日具。

此辦理甚屬妥協。召募兵丁，另有旨諭，朕記得去年朕與卿面議時，每車一名不敷用，議定二名之數。今卿奏一名之數，朕稍疑惑，朕記錯也。因旨諭中兩發卿再酌量定議奏聞，將此摺已録存案矣。

【《雍正朝漢文硃批奏摺匯編》第13册，第856頁第672條】

①己酉：雍正七年（1729）。

川陝總督岳鍾琪奏請敕撥銀兩招民前往寧夏開墾摺

雍正六年十一月二十五日

陝西總督臣岳鍾琪謹奏：爲請旨敕撥銀兩，以利招墾事。

竊查寧夏所屬插漢拖護地方，地廣土饒，水利充裕，前經臣等會勘明確，將修浚渠道、增設縣營、建築城堡、招民屯墾各事宜，條晰具奏，荷蒙聖鑒允准，俱欽遵次第辦理。今六羊渠已經工竣，大新渠指日告成。其已築之城堡縣治，應設之文員，已蒙命名補授。現在增設之縣治，應建之城垣、房舍等項事務，復經臣繕疏，題請候旨，另行承辦在案。臣今確查原議招民開墾一條，本省有力人民，并寧夏本籍現任官員，俱令其量力開墾，所墾地畝，給爲世産，于三年起科。其本省無力窮民，給與蓋房、牛具、耔種、銀兩，安插新設縣屬，入籍開墾，定以二年起科。所給銀兩，照數于起科之年分作五年帶徵還項。今臣准侍郎臣通智、單疇書咨稱，插漢拖護得水可墾之地，計有二萬餘頃，每户以百畝授田，亦可安至二萬户。現今于附近州縣内已招有四千六百餘户，大半皆無力之民，現在携家遷處灘中，于明歲春時開墾，但蓋房、牛具、耔種、銀兩，當先應撥解借給，俾伊等早行製辦。等語。臣查插漢拖護，地土既廣，又屬膏腴，必須開闢咸周，方于國計民生，均有利賴。

伏思原議寧夏本籍現在出仕文武官員，俱令其開墾授業，誠爲有益之舉，乃今尚無報墾之家，實由倡率無人之故。臣祖籍甘屬，族衆現在舊居，去寧夏止有數程。今臣身先衆倡墾地數十頃，并行寧夏道、府等官確查本籍現任文武各官，按官職大小，分撥地畝，令其開墾。再，查直隸各省現任督撫、提鎮等官，凡係陝省本籍之人，臣愚以爲，亦可量力墾種，然必須上奉諭旨訓示，庶伊等知有遵循。另有旨諭。至于所墾地畝，俱給爲世業，定以三年起科，雖即以此計算，亦止可墾地十分之一二，而餘地畝尚廣，非招民屯墾不可。但寧夏一府所屬之州縣内，招徠民户，亦屬有限，若在陜甘各屬將無業窮民招往彼地，則搬家貲斧，難于措辦，未免觀望不前。臣謹仰懇聖恩，請照沙州招民之例，凡無力民户，計程途之遠近，大口每百里給脚價、口糧銀各八分，小口每百里給脚價、口糧銀各四分。倘蒙俞允，仰請敕交西安、蘭州撫臣通飭所屬州縣確查無業游民，招徠前往，編入新設兩縣籍貫，授地墾種。至于應給蓋房、牛具、籽種等銀，現命廷議，候旨。酌計每户借給銀十兩，定以二年起科，仍于起科之年，將借給銀兩，照數分作五年扣徵還項。惟此各應給銀兩尚未請撥，伏祈皇上敕部，于附近省分先酌撥銀十五萬兩，分解陜甘二省，交與西安、蘭州撫臣經理發給。諭部撥解矣。如將來民户招徠既多，所撥銀兩或有不敷，應令該撫臣另行奏請，以資給領。是不特現在招住灘中之四千六百餘户得以授舍經營，而續招之民户，亦莫不聞風願往，至明歲春融之時，皆可及時耕作，不致觀望遲遭。自此一二年間，户口充滿，阡陌相連，尺壤寸區，皆成樂土，而于我皇上經國裕民之懷，交相稱慶，以爲千萬世盈寧之利樂矣。臣謹會同侍郎臣通智、單疇書繕摺具奏，恭請訓旨遵行。爲此謹奏請旨。

雍正六年十一月二十五日具。

覽。

【《雍正朝漢文硃批奏摺匯編》第14册，第47頁第35條】

川陜總督岳鍾琪奏報欽差吴達禮采買馬駝不堪情節并請著落各員雙賠緣由摺

雍正六年十一月二十五日

陜西總督臣岳鍾琪謹奏：爲奏明請旨事。

竊查預備軍需采買駝隻、馬匹，蒙皇上動撥庫銀，欽差理藩院侍郎臣顧魯、光禄寺卿臣吴達禮帶領部屬人員來陝，與臣會同酌議前往。臣因駝隻、馬匹皆關緊要，雖有顧魯等董理其事，而口齒、骨力，必須熟悉口外馬、駝之員協同驗買，更屬有益。臣隨遴委大靖營参將黄正位等跟隨顧魯前往歸化城，廣武營游擊王翰京同吴達禮前往鄂爾多斯驗看購買，當經奏明在案。

嗣據游擊王翰京禀稱，鄂爾多斯收買馬、駝率多老弱疲病，曾向吴達禮禀阻，不知何意，堅不依允，禀至再三，遂有不悦之意。等語。臣思吴達禮係奉旨辦理之人，自必加意選擇，豈肯將此不堪馬、駝混行購買，自貽糜費玩誤之愆。且馬、駝尚未進口，誠僞難憑，或其中有妄禀之處，亦未可定。臣因差員前往確查，吴達禮并不將應買馬駝查驗口齒及時、骨力强壯、膘次豐滿者給價購買，止將馬、駝數目分派與鄂爾多斯六處之札薩克台吉勒數交納，以致伊等所屬部落内，或係有力之家，將堪用馬、駝勉爲交受，其無力貧乏之部落，止得將老弱疲瘦、勞傷不堪之馬駝充數，且有交不及數者。吴達禮并不挑選驗買，惟以數多爲事，所以王翰京有“屢次禀阻，不肯聽從”之語。再，聞吴達禮將應給馬、駝價銀于戥頭刻意輕短，又向各札薩克台吉勒取領銀結狀，衆心不甚踴躍，即有膘壯馬、駝，亦皆匿不出售。臣訪此情節，實爲駭愕。但馬、駝終未目擊，不便遽信。

適值臣標分喂馬一千匹，令先從慶陽一路解到馬七百四十六匹，臣親自點驗，内堪喂馬二百三十六匹，疲瘦馬内挑出可以調治喂養者二百零七匹，其餘皆屬勞傷老病，不堪喂養。夫臣標分喂之馬匹既已如此，其各標營之領喂者，自必大同小异。且又據甘屬分喂鄂爾多斯買來駝隻之各州縣報稱，駝隻内多有老弱勞傷，難保不無倒斃。復據寧夏縣知縣霍泰開造收到鄂爾多斯馬、駝册内，疲病勞傷者居半，兼稱甫經收受，即倒斃馬十三匹、駝十隻，微員無力賠補。等語。臣查馬、駝如係膘壯，或膘分稍次，并無疾病者，致有倒斃，則地方官之不加意經理，賠補奚辭。今以不堪馬、駝混行購買，其咎在承買之員，非喂養州縣之過也。

今臣飛調王翰京速至西安，先將臣標挑下不堪馬三百零三匹，令其收領，變價還項，仍遴委妥員分路前往各標屬確查挑驗。除口齒健壯、膘力豐滿，或口力及時，因從口外遠來，一時落膘，喂養堪用者，俱令收喂外，其有口齒甚老，本係勞傷，喂亦無益者，俱逐一查出，發交吴達禮、王翰京并同采買之各司官，照原價變買還項。若原價不敷，以及沿途支給之草料、夫役、牽送之工價，并各屬已經喂養之料草、麥麩等項用過銀兩，各按數核明，俱在承買馬、駝之滿漢文武各官名下，著追還項。查吴達禮係專司此事總理之員，玩忽之譴，固無可逭。而游擊王翰京有委驗之責，據稱雖經稟阻，但吴達禮既不聽從，即應據實報明，何得任其派員。至各司官皆係協同辦公之人，至不慎重其事，均難辭咎，應將前項不敷價值，并一切用過銀兩，于吴達禮、王翰京暨各司官名下照數分别追賠，庶國帑不致糜費、軍需實有裨益，而承辦事務之員，亦莫不咸知儆惕矣。

再，不敷馬、駝尚需購買。臣前因吴達禮業經進口，且聞其所辦之事既不妥協，似不便再令前往。適參將黄正位自歸化城事竣來陝，臣即派令黄正位會同管理鄂爾多斯彝情事務之郎中三達禮、員外郎戴通，并原派之各司官前往鄂爾多斯，留心采買，公平交易。并咨會吴達禮，令其不必出口，不知吴達禮是何意見，又復同去。倘彼再踵前習，于事不無貽誤，仰懇聖恩，特降諭旨，將吴達禮調回西安，以便令其與游擊王翰京變賣不堪馬、駝，并著落賠補不敷價值各銀兩，以清帑項。

至顧魯在歸化城所買駝隻，今解送來陝，臣差員前往潼關點驗。内頭膘者有十分之五六，其餘皆係二膘、三膘，已即分發各州縣喂養。現據各屬將收到駝隻造册報明存案。至所買馬五千匹，亦俱已解交各營，臣標應分喂馬四百匹已到西安，臣親加點驗，俱皆堪用。其分發各營之馬匹，臣俱移行各提臣、鎮臣等秉公查驗，如有老弱疲病不堪喂養之馬，即據實開報，統俟各咨覆至日，另摺奏聞。所有吴達禮鄂爾多斯采買馬、駝不堪情節，并著落各員變賠緣由，理合繕摺具奏，恭請諭旨遵行。爲此謹奏請旨。

雍正六年十一月二十五日。

所奏甚是。已有旨矣。

【《雍正朝漢文硃批奏摺匯編》第14册，第49頁第36條】

川陝總督岳鍾琪奏請召募守兵照管戰車摺

雍正六年十二月初七日

陝西總督臣岳鍾琪謹奏：爲請旨事。

竊查戰車三千輛，議以一車二夫，期于行走之時，輪流更替，人力通融，不致疲乏。前臣在京曾以六千名奏請，及臣自京回陝，在西安府製造戰車一千輛。此時車夫未募，即令臣標馬步兵丁互相推演，俱各進退純〔繩〕熟，開合利便。臣思兵丁既能習馭車之事，而其馱載馬匹又有兵丁隨帶之餘丁可以牽管行走。臣愚以爲，無事則車兵專管車輛，若遇戰陣，則車兵與車後戰兵互相更换，周流推拽，是以臣以一車一夫，召募守兵三千名，繕摺奏請。今蒙諭旨垂詢，又准部咨，奉旨，或召募三千名，或六千名，令臣"酌募。欽此"。

仰見我皇上慎重機宜，務期事出萬全，功成遠域，臣有不敬體聖心，詳細辦理。臣思戰車誠關緊要，一車一夫，似覺太少。但既有兵丁共勷其事，則一車二夫又屬稍多。臣酌中計算，召募守兵四千五百名，以二車三夫照管騾頭行走之事，可以足用，似不必仍按六千名召募也。今在臣標選募守兵一千五百名，固原、甘、凉提鎮各標營各募守兵三千名，每兵五名，議帶餘丁一名，計此守兵四千五百名，共帶餘丁九百名。凡其馱載軍裝，亦有餘丁牽管，則守兵與兵丁等共司戰車之事，儘有餘力。但可否即以四千五百名召募之處，理合遵旨具奏，恭請訓旨遵行。爲此謹奏請旨。

雍正六年十二月初七日具。

若爲人多，于行軍無益，則照卿所請，以四千五百名召募。若爲省費，朕意仍以一車二夫召募是，卿酌量爲之。

【《雍正朝漢文硃批奏摺匯編》第 14 册，第 143 頁第 105 條】

※管寧夏鑲紅鑲藍二旗協領海福奏報自薦摺

雍正六年十二月初八日

管寧夏鑲紅、鑲藍二旗協領奴才海福謹奏：爲遵旨自薦事。

竊奴才謹遵上諭。伏思聖主御極以來，效照聖祖皇帝之意，開擴政治，宵旰勤理政務，大小諸事，聖慮周詳。去惡用善，朝無僥幸得勢之官，野無遺漏之賢，直至小民，各勤本業。幸逢太平盛世，皆享安居樂業。而聖主猶聖不自聖，仍不滿意。又恐小吏内有才能之人被埋没，特頒諭旨，令奴才等小吏各行自薦，委實盡治百務，俾百民得享永安之聖意。因此不僅賢者應彼此鼓勵，即雜職兵丁等聆聽皇上似此爲天下萬民求賢之聖旨，亦皆弃惡從善，以圖報效國家。

奴才屢蒙洪恩，由披甲護軍任用寧夏佐領。曾欲克盡厥職，有幸仰報皇上重恩于萬一。仰賴皇上聖明，深知簡用將軍席伯，知奴才而用，所委諸事，奴才盡力勉爲。故軍政時，以奴才人可敬信，而操守體面，保舉引見，命奴才爲卓异，授協領，以補本旗員缺。奴才祖、父世蒙國家深恩，而奴才自身又屢沐栽培，簡用隆恩。官職雖小，但黽勉效力，爲報聖恩于萬一。平時尚且篤念聖主爲國家專求人才，直至奴才等小吏在内。奴才不敢存猶豫瞻顧之心，以負聖主之意。惟怨悔者，奴才學識淺薄，并無自信經歷超衆之才能，何敢妄想大任，奏非分之事，以叨擾聖上明旨。以奴才愚意，未有子欺父之理，未有奴才誆皇上之道。奴才雖無超人之才能，但奴才現今在印務處行走，辦理諸事不存私情，誠心圖報聖主重恩之忠心，始終不改，奴才自己可擔保。爲此惶悚謹奏。

協領奴才海福。

【《雍正朝滿文硃批奏摺全譯》第1683頁第3271條】

△諭寧夏文武官員急先墾種插漢拖灰地

雍正六年十二月十一日

十一日，奉上諭："朕惟善政養民，利賴必資地力，而率作興事，倡先端藉縉紳。惟兹寧夏所屬之插漢拖灰，地廣土饒，水利充裕，朕特遣大臣會同該督撫等悉心經理，浚治渠道，設縣築城，募民墾種，次第修舉，行見人民樂業，饒沃殷阜，漸成西北蕃庶之區。此朕經國裕民之至計，欲使地無遺力，而亦寧夏一方人數千百年未興之樂利也。聞彼中得水可墾之地計二萬餘頃，每户以百畝授田，可安置二萬户。朕已諭令廣行召募遠近人民，給以牛具、籽種、銀兩，俾得盡力開墾，給爲世業。惟是原議寧夏本籍現在出仕文武官員，俱令開墾授業，俾爲世享之利。今聞報墾者尚覺寥寥。《禮記》曰：'貨惡其弃于地也，力惡其不出于身也。'况乎上以急公而裕國，下以力本而厚生。縉紳者，小民之望也。果能身先倡率，則民間之趨事赴功者必衆。凡屬本籍之人，不論文武官員，或現任，或家居，均當踴躍從事，急先墾種，不可觀望因循，耽延善舉。凡兹所墾地畝，俱照原議給爲世業，三年起科。果能使沃壤腴田有廣收之益、無閑曠之區，則不但于體國經野之謨，重有攸賴，而經營世産，伊等子孫亦蒙永遠之澤矣。"

【《雍正朝漢文諭旨匯編》第7册《上諭内閣》，第326頁"雍正六年十二月十一日"條】

※寧夏正白蒙古旗佐領僧保奏報自薦摺

雍正六年十二月十二日

正白蒙古旗一等阿達哈哈番、寧夏佐領奴才僧保謹奏：爲遵旨自薦事。

竊奴才伏念諭旨，令我等小吏皆行自保，委實聖主至意，爲天下以得人爲要。人小時學習，長大看機緣。孔子曰："不患無位，患所以立。"奴才自幼未學，委以佐領，雖晝夜盡力勉爲，亦難免任内無差失。皇上仁政，養育滿洲兵，即如照看赤子。若誠心求之，雖不允協，但亦不遠。玆陳奴才身世。六歲不幸喪父，兩寡母守孤子爲生。現有奴才嫡母年七十五歲，奴才生母已病故，伏請聖主追賞封誥與奴才之母，仁恩浸骷髏，仰賴聖主之恩，得以報答養奴才之恩。奴才七歲襲官，十八歲上衙門。二十八歲時，聖祖皇帝念奴才祖輩，簡用我爲三等侍衛。雍正二年十一月十二日，授佐領。行走馬兵十年，三等侍衛九年，寧夏佐領四年，共二十三年。隨獵十六次。蒙聖祖仁皇帝六十壽辰恩詔加一級，送皇太后梓宫時加一級。奴才之祖察哈爾蒙古蘇係白身從盛京地方效力，爲上等阿達哈哈番，又護軍參領、太僕寺少卿，以年老原品解退。奴才之父班咱爾希，由七品官征吴三桂，從雲南軍十年，于黄草壩、石門檻、桂花等地，共戰二十餘次。返回之後，奴才之祖病故，奴才之父長子，應襲而未襲，以其胞弟扎西塞棱襲職。奴才之叔父行走十年後病故，奴才叔父無子，以奴才之父班咱爾希襲職。奴才之父病故後，以奴才襲一等阿達哈哈番。

奴才仰沐聖祖仁皇帝洪恩長成，荷蒙聖主重恩，畀以官職，誠恐玷辱。而今惟習聖訓，修身勤敬，勉戒懶惰，不遺餘力。聖主愛養滿洲兵如赤子，奴才愚身管治一佐領兵丁，聰明者成就一件善事，即如奴才自身之成就而喜悦，若有一失，即視爲奴才自身之過，每時勤學，改惡遷善。人之稟性，聰愚雖不齊，但皆有天性之四端，惟爲私欲牽滯，本性受蒙，失理隨欲。若能内存理志，則可疏遠外欲，無欲，方能硬。堯、舜、禹相托曰："人心惟危，道心惟微，惟精惟一，允執厥中。"堯、舜、禹皆大聖人，生而知之。不僅勤于學，而又"精"之"一"之。所謂"允執"者，雖有生而知之者，但亦賴于學而明其成者矣。仁者人也，義者宜也。《楚辭》云："楚不全爲寶，惟以善爲寶。"① 奴才存有用心學、習聖訓、以正我意、以去我欲之誠心，但尚未得之。

奴才年四十歲。伏念世蒙聖主洪恩，奴才毫無寸效，若誠有才能，則幸逢似此聖仁如堯、舜、禹之政治，應即自薦，以圖報于萬一。不敢預卜過愆，而瞻顧憂鬱。惟奴才昏愚，且自幼失學，不能承當大事，惟勉盡現任，竭誠效力，以圖報萬一外，實無自薦之才能。爲此沐浴，不勝惶悚謹奏。

佐領奴才僧保。

【《雍正朝滿文硃批奏摺全譯》第 1684 頁第 3272 條。譯自《宫中檔雍正朝奏摺》】

川陜總督岳鍾琪奏彙陳官兵出征軍需支用項目摺

雍正六年十二月十四日

陜西總督臣岳鍾琪謹奏：爲彙陳軍需條目，恭請聖鑒事。

竊查預備軍需一切機宜，屢蒙睿謨指示，臣俱欽遵酌議，另摺奏請在案。伏查軍需動關國帑，更兼頭緒紛繁，必須縷晰條分，斟酌確估請旨，從容備辦，庶不致臨事周張。今臣遵旨熟思，將應辦之事宜，或照成例，或抒管窺，并約計需銀之數目，謹臚列爲我皇上陳之。……

一，駱駝所需料草，歷查從前軍需各案，每駝一隻，日給草二束，其料豆有日給三升者，有給至四、五、六、七升者。即雍正二年西寧喂養駝隻一

①參見《大學》。

案，各標支給料豆數目，皆不畫一。臣是以前經酌議奏明，每駝日給料五京升，蓋以駝隻初至内地，不甚認料，先以麥麸寬其腸胃，俟認料之後，漸次加增以至五升，設有不足，將進口初喂之時餘下料豆增給，自無不足。至于解送行走，沿途駐宿料草，亦經臣奏明，每晚料四京升，草二束在案。今現在買到駝一萬五千餘隻，已分發陝甘所屬各州縣經理喂養。但臣向聞寧夏等處沿邊地方有牧放馬、駝，各草廠之内，竟有可以過冬不必收槽之處，臣因差委臣衙門筆帖式奇書前往確勘。今據稟稱，會同諳練之文武員弁逐一踏看，其賀蘭山後，天氣寒冷，不便過冬牧放。自賀蘭山前，由平羅縣，以至石嘴子、插漢拖灰、六羊河，并新設縣治之省嵬營等處，俱係沙灘軟地，遍地皆係紅柳、白蒿等草，與駝隻所食，甚屬相宜。且此時民户尚未屯墾，儘可牧放。即或不能長膘，亦不至于疲瘦，俟春暖草青，再趕送賀蘭山後牧放，均屬有益。再，昌寧湖、大草灘等各廠皆可過冬。等語。臣查駱駝性喜散逸，若以棚槽拴喂，每至生病。今既有過冬之草廠，自不若牧放之爲便。且草料、夫價，并一切雜費，皆可酌量節省，既可順適駝性，即錢糧，亦不至過于糜費。今除西安等各府、州所屬，并無牧放駝隻之草廠，應將已經分發駝隻，仍令各州縣喂養。又，鄂爾多斯買來駝五千隻，亦俱分派甘屬州縣收喂，亦應仍令各屬喂養外，其撥解丹津多爾濟等處駝一萬五千隻，并鄂爾多斯、歸化城將來續買之駝隻，于進口之時，即派撥各標營官兵在賀蘭山前省嵬營等處各草廠牧放，仍按數雇募熟悉駝性之長夫經理照管，明年正、二月間，先將西安等府屬所喂駝隻解送甘、凉，如到彼尚非牧放之期，即在甘、凉喂養，俟青草茂盛，再送各草廠牧放。其臨、鞏各府屬原喂駝隻，同此省嵬營等處牧放駱駝，俟春暖之際，俱就近趕送賀蘭山後，并昌寧湖、大草灘等處牧放，俟七八月間，自必膘力充足，于行走更屬利便矣。……

一，馬步守兵，并餘丁、跟役人等，共三萬三千五百九十四名，每兵十名，每日給羊一隻。統計六個月，共需羊六十萬四千六百九十二隻。每隻約

需銀六錢，共應需銀三十六萬二千八百一十五兩二錢。查此項羊隻，進口下廠牧放，必須鄂爾多斯部落内善于牧放之彝人雇募牧放，庶水草得時，于軍需甚有裨益。前臣奏明在案。今現買羊二十六萬二千三百八十三隻，每羊一千隻，需彝人二名。今先雇彝人一百六十四名，每名每日給工價銀五分。其餘未買羊隻，俟采買足數之日，并陸續雇募牧放彝人名數，以及雇價數目，另行核明，彙案報銷。再，羊隻下廠牧放，必須派撥官兵經理照看。今現買羊二十六萬二千三百八十三隻，在寧夏、凉州各鎮屬草廠牧放，每羊一千隻，派兵六名，羊二千隻合爲一群，派外委一名督率經管，仍派營員不時前赴各廠稽查。但各廠俱係口外草地，其兵丁口糧，請照出口駐防之例，每名每日給京升粟米八合三勺，俱于各就近倉貯内動支。再照支給鹽菜之例，減半給銀，每名每日給鹽菜銀一分五厘，于軍需銀内動給，以資薪水。其給過銀糧數目，統俟羊隻趕送起程兵丁回營之日，按起止月日，分别造册報銷。至于續買羊隻應需官兵，并應給口糧銀兩，亦照此例辦理。……

以上二十六條内，除應需銀數可以約估者，共計銀二百三十六萬餘兩，其采買駱駝、馬匹價值，尚未造送，并應造糧車，應支馬、駝、騾頭料草、空草各價值，雇夫喂養、牽送、牧放各夫役等工價，以及棚槽等項一切雜費，均難爲估計，應俟各屬造册彙報之日，核明報銷，方無遺舛。但查前次撥給歸化城銀一百萬兩，陝省銀一百五十萬兩，共銀二百五十萬兩，今酌量計算，除動用之外，已屬不敷。支給軍需，關係緊要，寧使有餘，以資備辦。臣謹仰懇聖恩，敕部于附近省分，再撥給銀二百五十萬兩，統于開銷之後，如有餘剩，并變價還項銀兩，即抵估撥兵餉之數，則以公辦公，似無不可。但臣知識短淺，所議各條，是否合宜，理合遵旨，繕摺具奏，伏祈皇上睿鑒。所有一切未盡機宜，容臣斟酌細思，另行陸續奏請外，爲此謹奏請旨。

雍正六年十二月十四日具。

【《雍正朝漢文硃批奏摺匯編》第 14 册，第 203 頁第 145 條】

川陜總督岳鍾琪奏覆周開捷陳辯情節半實半虚統俟周開捷回日質審摺

雍正六年十二月十四日

陜西總督臣岳鍾琪謹奏：爲遵旨查奉事。

雍正六年十一月二十七日，臣蒙皇上密發周開捷奏摺四件，奉硃筆諭旨："此係周開捷之奏，密發來卿看。欽此。"臣遵將周開捷摺奏情節逐一閱看。據奏稱，折給一個月糧價之由，皆因騾頭疲瘦，鞍屉缺少二千六百餘副之故。臣查騾頭若俱係疲瘦，必不能遠涉抵藏。况現今自河清插漢哈達地方撤回官兵内帶回騾頭，經署西寧道鈕廷彩會同營員挑選堪用者，現在分發各標營，按親丁名糧，先行分喂，是騾頭能以往返堪用，其非盡屬疲瘦可知。

至于原解鞍屉，曾據各解官供稱，中途解送，不無破損，俱自行賠補完足，得以掣批回銷。即據盧官保報收鞍屉數目，亦稱照數全完。今周開捷奏稱缺少鞍屉二千六百餘副，其從前臨洮道盧官保等是否捏報，統于參案内訊明歸結。

至奏稱，糧馱令兵丁牽領，不便有四。臣查馬兵本身騎馬一匹，二名合給馱馬三匹，再加糧馱騾二頭，足以二兵管領騾、馬七頭匹。步兵并無騎馬，係二名管領騾、馬五頭匹，較之滿兵一兵六馬，帶餘丁一名，是亦二人牽管六馬。合之二兵牽領糧馱馱馬數目不相上下，未聞滿兵以不便行走爲辭。况兵丁遇有應敵之事，必以戰守分派。戰者輕騎前進，守者札營以待。凡騾、馬輜重，俱交守營兵丁經管。是進剿兵丁，即馱馬，亦不能隨帶，豈有牽領糧馱騾頭前去迎敵之理。况糧與兵隨，乃兵法所首重。其交兵丁牽領者，亦止就平時行走而言，不致兵與糧離之意，非令進剿之兵丁仍牽糧馱也。即將來進剿諄噶爾，臣亦照此行走，未便另雇夫役牽管糧馱，出口長

驅，徒滋冗雜。

再，周開捷奏稱臨洮道盧官保少交騾一百餘頭，囑其假捏收明，設法報銷之處，其中是何情弊，容臣查明，另行參追。

臣思周開捷之輾轉奏辦者，因從前所辦之事，心存私見，任性更張，今因事設詞，冀掩前此之誤，但其中情節，半實半虛，臣已確有所聞。統俟周開捷回日，質審具奏，理合遵旨奏明。同周開捷原奏摺四件一并恭繳，伏祈皇上睿鑒。爲此謹奏。

雍正六年十二月十四日具。

覽。卿自有秉公察理之道也。

【《雍正朝漢文硃批奏摺匯編》第14册，第219頁第150條】

川陝總督岳鍾琪奏報查明密旨交辦各件情節緣由摺

雍正六年十二月十四日

陝西總督臣岳鍾琪謹奏：爲據實奏明，仰祈睿鑒事。

雍正六年十一月二十三日，欽差臣傅爾丹到陝密傳諭旨，并交臣奏摺一件。臣謹遵旨查明摺内情節，逐一向傅爾丹述明回奏外。伏查陝甘兩省倉庫錢糧，從前積習相沿，多有虧空。臣仰體皇上澄清吏治、慎重倉儲之至意，嚴飭各道、府徹底清查。現今陝甘二屬徵收錢糧，俱係隨徵隨解，其倉糧存七糶三，以米易穀，乃一定之成例。臣于各屬秋收通報還倉之後，即遴委賢員，前赴盤驗。在道、府各官，既有失察之處分，復有分賠之嚴例，稽察頗慎，虧空漸少。即間有不肖之員，那新掩舊，侵蝕情弊，一經發覺，莫不據實嚴參，委無徇縱。至寧朔縣之寧化寨村民搬家他去之處，蓋因派調夫役牽送馱騾，該地方官不將應給夫價未領緣由明白曉諭，以致百姓疑爲派累，果有搬去一十二家之事。嗣經寧夏道高鐽將夫價領回，按名給散，搬徙之民，

遂聞風歸里。經臣委員確查，并無派累情事，是以免參，委非庇護。……

以上各條，内有已經奏明者，有現在查審、俟審明參奏者。臣蒙皇上天恩，畀以封疆重任，事無巨細，凡有關吏治、民生，以及各屬錢糧、盗案一切利弊，莫不詳查明確，據實直陳于君父之前。但臣駑駘下質，數年以來，或于盗有未弭、弊有未剔，叢脞之咎，誠不能無若奏摺内所稱礙情庇護、匿不上聞之處。臣受恩深重，斷不敢稍存私意、徇縱因循，以負我皇上覆載之洪恩也。所有欽奉密旨，交臣奏摺内各條情事，理合逐一據實分晰奏明，伏乞皇上睿鑒。爲此謹奏。

雍正六年十二月十四日具。

已詳悉矣。知卿再不肯些微擔欺隱朕也，地方同异，大臣情理之所不得已處，朕自體卿也，不必繫念者。

【《雍正朝漢文硃批奏摺匯編》第14册，第220頁第151條】

※寧夏鑲藍蒙古旗佐領瑚里奏報自薦摺

雍正六年十二月十八日

寧夏鑲藍蒙古旗拖沙喇哈番佐領奴才瑚里謹奏：爲欽奉上諭自薦事。

竊奴才伏念聖主諭令，下至各省城佐領，俱行自薦，此乃不遺漏有才能者之至意。奴才親叔父八品官，由部委參領保陣亡，其所得拖沙喇哈番，康熙二十五年承襲，雍正二年授佐領。共食俸四十一年。從征一次，隨獵一次。年五十三歲。

奴才世蒙聖主洪恩，位至佐領以來，操練奴才所管佐領兵丁，教彼生活節儉。奴才瑚里祖父原拜他喇布勒哈番達賴家傳遺言載：“旋等仰沐聖恩深重，務于征戰捨身，爲國效力。”等語。奴才祖父拜他喇布勒哈番達賴陣亡，拜他喇布勒哈番上再加一拖沙喇哈番，以奴才父扎木蘇襲職，位至護軍參領，效力于西路軍，加守備爲阿達哈哈番。奴才父身殘弃官後，其拜他喇布勒哈番再一拖沙喇哈番，以奴才胞弟馬里襲職。奴才瑚里世襲聖主重恩，照奴才祖父達賴遺言，除于征戰捨身而往，爲國拼命效力外，奴才瑚里雖無才能，但克盡現任，誠心效力一世，即精疲力竭，斷不變心。奴才可在此任内自薦。爲此謹奏。

佐領奴才瑚里。

【《雍正朝滿文硃批奏摺全譯》第 1685 頁第 3274 條。譯自《宮中檔雍正朝奏摺》】

※寧夏正藍滿洲旗佐領敏珠奏報自薦摺

雍正六年十二月十八日

駐防寧夏正藍滿洲旗拜他喇布勒哈番又佐領奴才敏珠謹奏：爲欽奉上諭自薦事。

竊念奴才敏珠至微極賤，世蒙聖主重恩。奴才父塞可希自護軍始征保寧、沁州、平凉等地，所授拜他喇布勒哈番，以奴才自幼承襲，後録取上三旗藍翎。雍正元年，蒙皇上加恩，奴才少時即授馬兵副參領。初設槍矛營時，蒙聖主簡拔，以奴才管束學長槍兵，由副參領授佐領。食俸共十四年，隨獵九次。年三十六歲。

奴才蒙皇上洪恩，晝夜圖報于萬一。今聖主諭各省城佐領等亦各行自薦，惟恐遺漏有才能之奴才等。頒旨遍及微如草芥之奴才等，良實至奇之至意。奴才雖于孩提之童讀滿漢書籍，粗學文字，但未學講解是實。奴才僅自保頂戴皇上重恩，黽勉圖報于萬一。操練奴才所管一佐領兵齊整，克成現任職務外，奴才敏珠并無欽奉皇上明旨應奏之才能。爲此惶悚謹奏。

佐領奴才敏珠。

【《雍正朝滿文硃批奏摺全譯》第 1685 頁第 3275 條。譯自《宮中檔雍正朝奏摺》】

※寧夏正紅蒙古旗佐領常理奏報自薦摺

雍正六年十二月十八日

寧夏正紅蒙古旗佐領奴才常理謹奏：爲欽奉上諭自薦事。

蒙聖主頒旨，令奴才等省城小佐領等自薦。伏念奴才一介微賤武夫，康熙五十九年，將軍噶爾弼由西藏遣奴才送歸降厄魯特巴圖、阿喇布查等六人。時蒙聖主皇帝召奴才入乾清宫問軍情，奉旨："從將軍噶爾弼處所遣解送歸降厄魯特之筆帖式常理，從征遠處，至招立功而還，人亦精明，著爲主事。欽此。"雍正二年，奴才荷蒙聖主加恩，賞銀一百兩、緞二匹。復蒙聖主洪恩，將奴才授寧夏佐領。雍正五年，考選軍政，以奴才當差勤敏、辦事謹慎，將軍席伯等令于兵部行走在案。奴才食俸共三十年，隨護軍統領吴木布往打箭爐軍一次，隨都統法喇往里塘、巴塘軍一次，隨定西將軍噶爾弼往西藏軍一次，隨揚武將軍岳鍾琪往西寧軍一次，隨使者克希圖往策妄阿喇布坦處一次，隨内閣學士鄂賴赴西藏一次，隨侍郎特古特往熱河米玉口圍場一次，共計八次。

奴才常理，禀性愚昧，自幼未學，仰賴聖主洪恩，屢蒙栽培，位至佐領。除晝夜感戴聖主下頒官兵之訓旨，誠心操練所管佐領兵丁，克盡厥職外，奴才并無才能。年少荷蒙聖主之恩甚重，不論如何效力，亦弗能報答于萬一。若有軍旅之事，則願自薦。爲此惶悚謹奏。

佐領奴才常理。

【《雍正朝滿文硃批奏摺全譯》第1686頁第3276條。譯自《宫中檔雍正朝奏摺》】

※寧夏正紅滿洲旗佐領勞米奏報自薦摺

雍正六年十二月十八日

寧夏正紅滿洲旗拖沙喇哈番佐領奴才勞米謹奏：爲欽奉上諭自薦事。

竊奴才在護軍上行走三年，前往烏蘭布通軍一次。奴才父原護軍校薩畢漢于烏蘭布通軍陣亡，蒙聖主皇帝加恩，承襲拖沙喇哈番三十四年。前往阿勒泰路軍一次，隨獵十五次，任佐領五年，食俸共四十二年。年五十六歲。

奴才世蒙高厚之恩，不能仰報于萬一。復蒙聖主下頒殊旨，令奴才等小吏俱各自薦，從古未遇者。奴才等有何福禄，幸逢盛世，若有些微才能，則應效力者。惟奴才稟性愚昧，但自信能將兵丁盡力訓練，大臣將軍等所委諸事，竭盡犬馬之力，克守厥職。除此之外，并無自薦之才能。爲此惶悚謹奏。

佐領奴才勞米。

【《雍正朝滿文硃批奏摺全譯》第1686頁第3277條。譯自《宮中檔雍正朝奏摺》】

※寧夏鑲白蒙古旗佐領索住奏報自薦摺

雍正六年十二月十八日

寧夏鑲白蒙古旗佐領奴才索住謹奏：爲遵旨自薦事。

竊奴才索住之父原右衛佐領塞格效力西路軍拖沙喇哈番，奴才十三歲時襲職。康熙五十七年，録取鳥槍章京。雍正二年，授寧夏佐領。年四十四歲。

奴才索住仰沐聖恩甚重，纖毫未效。今蒙聖主頒旨，令省城佐領等各行自薦，是特察有才能者之聖明至意。奴才自幼未學，故無超人之才能。惟效犬馬之力，克盡厥職外，奴才索住實無應自薦之才能。爲此奴才索住據實謹奏。

佐領奴才索住。

【《雍正朝滿文硃批奏摺全譯》第 1686 頁第 3278 條。譯自《宫中檔雍正朝奏摺》】

※寧夏鑲白滿洲旗協領僧保奏報自薦摺

雍正六年十二月十八日

寧夏鑲白滿洲旗佐領奴才僧保謹奏：爲欽奉上諭自薦事。

聖主頒明旨如日月，諭下至我等小吏皆各自薦，誠以治國得人爲要，爲生民深謀之聖意。奴才竊思世蒙聖主洪恩，奴才尚未報于萬一。但奴才僧保之父貝和諾效力超群，指名具奏聖祖仁皇帝。其後進海澄縣，爲賊所困，奴才之父貝和諾向賊攻戰，身陷于敵，奴才父貝和諾骨骸亦未得之。奴才父貝和諾陷敵時，奴才曾十歲。奴才失父，且無胞兄弟，伯父、叔父亦無。因爲孤身，由我祖、祖母、寡母養育奴才僧保至十六歲。後奴才進護軍，在護軍行走十年，後録取先鋒，由先鋒授佐領護軍校。聖祖仁皇帝將奴才由護軍校委署護軍參領，由委護軍參領三等侍衛，由委御前侍衛護軍參領。蒙聖主選爲槍矛營護軍參領，由槍矛營護軍參領授副護軍參領，由副護軍參領授寧夏佐領。奴才僧保食餉三十一年，食俸十四年，共食俸餉四十五年。隨聖主一連去陵三次，時加一級。奴才從軍二次，隨獵二十二次。去鷹獵時，追逐首賊黄武至盛京屬遼陽地方，奴才生擒黄武。于該王門首當班時，有群賊入庫盜物，奴才僧保親自追賊擒獲之。因此，該王賞奴才緞一匹。除此，奴才未遇攻戰之事。

奴才原係末等兵，屢蒙聖主重恩簡用，位至佐領。奴才每任，雖謹慎從事，但愁奴才愚昧無知。奴才僧保身爲佐領，并無格外效力之處，亦惟謹遵聖訓，誘導奴才所管兵丁戒惡從善，學習材技，勤于班差外，奴才實無可信之才能。誠有才能，則遇此聖明盛世，應即自薦，以報于萬一，不敢托慫寡斷。奴才愚昧無才能，但奴才仰沐聖主重恩，自身爲職官以來，凡辦理公事，盡力公允，不敢擅斷，亦不負聖主簡用重恩，以克盡厥職。除此之外，奴才僧保并無應自薦之才能。若係佐領之任，則奴才將自薦。爲此惶悚謹奏。

佐領奴才僧保。

【《雍正朝滿文硃批奏摺全譯》第1687頁第3279條。譯自《宫中檔雍正朝奏摺》】

△諭著將寧夏副都統蘇穆爾濟調補西安副都統等

雍正六年十二月二十四日

二十四日。……又奉上諭："西安副都統賽都，乃旗下微賤出身，蒙聖祖仁皇帝隆恩，拔爲狀元，授爲侍衛，後因伊甚不知恩奮勉，深爲不喜。朕即位後，因頗有人稱道之者，是以將伊補授通州副將試看。及伊莅任，聞其罷軟因循，但知夤緣鑽刺。比因察訪之下，未有實據，復用爲西安副都統，嚴加訓諭申飭，冀其悛改，實心效力。今詢問公傅爾丹、散秩大臣石禮哈，知賽都在任，未改舊習，全無實心辦事之處，深負國恩，著革去副都統之任，來京候旨。其副都統員缺，著鑲黄旗漢軍副都統張正文補授。

"再，西安副都統朱蘭泰，年力衰老，但伊從前頗有軍功，著原品休致，給與半俸，以終其身。寧夏副都統蘇穆爾濟，與將軍席伯、副都統蘇圖，共事數年，寧夏駐防官員、兵丁之嚴肅整理，爲各省駐防第一，著將蘇穆爾濟調補西安副都統。伊在寧夏習見席伯之訓飭營伍，今調任西安，自能仿效辦理。寧夏副都統員缺，著席伯于參領内揀選題補。"

【《雍正朝漢文諭旨匯編》第7册《上諭内閣》第332頁"雍正六年十二月二十四日"條】

※寧夏鑲白正藍滿洲旗協領倫拜奏報自薦摺

雍正六年十二月二十八日

雍正六年十二月二十八日，管寧夏鑲白、正藍兩滿洲旗協領奴才倫拜謹奏：爲欽奉上諭自薦事。

竊奴才原係末等兵，自藏軍返回後，仰賴皇恩，賞頭功牌一個，加一級。因有兵獵區區小事，授奴才倫拜爲驍騎校，由驍騎校調前鋒校，由前鋒校授三等侍衛。由三等侍衛授前鋒侍衛時，送名到旗地。貝子弘昌以奴才爲人循良有方，出具考語，授前鋒侍衛，蒙皇上賞銀三十兩。授寧夏協領時，前鋒統領鄂善以奴才管束有方，辦事奮勉，出具考語，帶領引見，蒙皇恩授奴才倫拜爲協領。年四十七歲。

奴才仰賴聖恩，相繼用于三品職，將協領任内之事，奴才敢不盡意。蒙聖主頒旨："著自薦。欽此欽遵。"奴才無本領，若遇征戰、打圍、行走、看守等事，奴才將自薦。奴才實無才能。爲此謹奏。

協領奴才倫拜。

【《雍正朝滿文硃批奏摺全譯》第1687頁第3280條。譯自《宫中檔雍正朝奏摺》】

雍正七年（1729）

川陝總督岳鍾琪奏報預備軍需事宜摺

雍正七年正月十三日

陝西總督臣岳鍾琪謹奏：爲奏聞事。

竊查預備軍需案内，應給兵丁六個月口糧、羊隻，前經奏明，在歸化城、鄂爾多斯等處采買備用。臣復于條議軍需事宜摺内，將應需羊隻確數，并現今已買數目，雇覓彝人牧放緣由，奏聞在案。臣查羊隻産自口外，今至内地收養，生症倒斃，誠有不免。現今倒斃者，不下一萬餘隻，必須另行采買，方可補數足用。臣因于軍需銀内，動銀三千兩，購買茶斤，給委臣衙門筆帖式奇書前往寧夏經管牧放駱駝、羊隻，即將此項銀兩買備茶、布，易换羊隻，則羊數可以多得，足補倒斃之數。但此項動給羊價，關係庫項，未便額外虚糜。臣查有倒斃羊隻之羊皮，并孳生之羊羔皮，以及廠内收取之羊毛，皆可變價還項。是羊隻雖有倒斃，兵糧仍然充足。而動用之庫項，可以按數抵補。臣見事屬有益，是以一面辦理，一面奏聞，伏祈皇上睿鑒。爲此謹奏。

雍正七年正月十三日具。

此卿慎重錢糧起見，籌算周悉，照所請行。

【《雍正朝漢文硃批奏摺匯編》第14册，第326頁第238條】

直隸宣化總兵李如柏奏遵旨倡率民人開墾寧夏原籍開曠土地摺

雍正七年正月二十八日

鎮守宣化府等處地方副將、充總兵官、加一級紀録一次臣李如柏謹奏：爲遵諭聞聖事。

竊臣籍寧夏所屬查漢托護之地寬廣遼闊，小民欲開墾而不能，縉紳求弃守而未得。觀此土饒水裕之區，任其荒蕪廢弃，深爲可惜。感蒙□養，期民興行善圩種□□□政銀兩召□遠近民人開墾將見□□□二名□沃壤腴田，實數千百年未興之樂利，又蒙我皇上諭，本籍現任及家居文武官員倡率開墾，給爲世業。臣接讀邸報，不勝雀躍。于今本年正月拾玖日，已差家人趨赴寧夏，盡臣之力，遵報開墾，俟叁年起科納糧，以爲子孫永遠世守之業，臣與世世子孫，均沐皇恩于無既。臣又接邸報，侍郎臣通智、單疇書等摺奏，賀蘭山後等處建設堡城、衙署、營房，有可墾田地壹萬餘頃。臣思寧夏已經招徠民人肆千餘户，又兼本籍現任、在家文武官員，則查漢托護地方可墾之地，大約報墾殘遍，臣將于賀蘭山後盡力遵報開墾。除臣宣揚聖諭，勸令標下本籍營路屬員并臣在寧親旋争先報墾外，理合繕摺奏謝，伏乞皇上睿鑒施行。爲此專差臣長隨蔣自謨賫捧謹奏。

雍正柒年正月貳拾捌日。

鎮守宣化府等處地方副將、充總兵官、加一級紀録一次臣李如柏。

覽。

【《雍正朝漢文硃批奏摺匯編》第 14 册，第 475 頁第 358 條】

署甘肅巡撫張廷棟奏報甘省得雪情形摺

雍正七年正月二十九日

署理甘肅巡撫、西安布政使臣張廷棟謹奏：爲恭奏得雪情形，仰祈睿鑒事。

竊惟甘省地處邊陲，風高土燥，雨雪稀少，小民耘田畝，類皆坡坳沙磧，全賴冬雪，則春融布種，麥苗始能暢茂。臣屢經嚴飭各屬，遇有雨雪分寸，速行飛報去後。兹據平、慶、臨、鞏、甘、凉、寧、西捌府，肅州壹廳各陸續報稱，雍正陸年拾月拾叁肆，拾壹月初壹貳，拾貳月拾肆伍、貳拾柒捌等日得雪，自肆伍寸至陸柒寸不等。各申報前來，際此瑞雪紛披，土膏滋潤，民情鼓舞，播種有賴，此皆由我皇上念切民依，聖德感孚，上天默懇，則夏禾暢茂豐登，可預爲慶幸也。臣無任歡忭之至。所有得雪情形、臣民胥慶緣由，臣謹會同督臣岳鍾琪合詞繕摺恭奏，伏乞皇上睿鑒。爲此謹奏以聞。

雍正柒年正月貳拾玖日具。

覽。

【《雍正朝漢文硃批奏摺匯編》第 14 册，第 487 頁第 366 條】

※兵部右侍郎通智奏報侍郎單疇書病情乞賞人參摺

雍正七年二月初二日

奴才通智謹奏：爲請恩事。

侍郎單疇書有宿疾，每年冬季復發一次。去歲十二月，宿疾復發較重，至本年正月，略見好轉。詢問大夫稱："今并無其他疾病，但因年邁，甚是虛弱。若得人參服用，即可見好。"等語。奴才等四處尋找人參，僅尋得八兩，今已開始配入藥内服用。奴才又與單疇書言："今屆冰凍之際，有理應運輸、砍伐等事，但爾諸事無需費心，我可率領官員來往辦理。我等承辦之宏大工程，承蒙聖主之恩，將要竣工。可新設兩縣，安置萬户，喜事甚多。爾儘量多想此等喜事，安心養病。"等語。勸慰後，准其養病。至正月二十日，病情好轉。今雖不用其他大夫，但寧夏地方難得人參，亦無優質人參。謹請聖主賞賜人參，病情從速痊愈，至三四月，即可會同辦事。奴才揣度，速得人參，有益治病，將摺子交付驛站謹奏。

硃批：欣閲。已賞去人參，著用完前，即行乞奏。

【《雍正朝滿文硃批奏摺全譯》第1694頁第3308條】

暫理陝西固原提督路振揚奏報拿獲狂言招摇棍徒馬忠情形摺

雍正七年二月初六日

補授兵部尚書、暫理陝西固原提督印務、加五級臣路振揚謹奏：爲奏聞事。

雍正柒年貳月初壹日，據八營守備秦信呈爲報明事。據楊建堡原任提督馬焕家人馬成宗首狀爲首報，拿獲狂言招摇棍徒事。正月貳拾捌日，棍徒騎騾壹頭，到門前口言要會。宗家主染病在家，棍徒口出狂言，家主祇得抱病相見。伊口稱，他叔父在省打發他到各處傳言，勸化人不必賭博，勿要閑言，伊執出貼金紅綢番字，言他叔伺候十四王之人。宗家主一聞此人狂言，必在各鄉招摇，不得不羈留拿獲，特爲首報，差兵鎖拿解上。等情。據此，即差兵赴楊建堡拿獲棍徒，并紅綢貼金番字傳箭壹枝，硃筆紙單壹張，到營。卑職訊問，據伊供稱，小的名叫馬忠，小的叔子叫馬倉①，他在西安府，與小的紅綢番字壹副、硃筆紙單壹張，著説與固原一路掌教知道，著我們回回大兵過處，不必驚慌。小的到楊建堡説與馬大老爺，就將小的拘拿。等情。據此，卑職即具文移送固原州嚴審確供外，擬合報明。等情。據此，臣隨札行固原州嚴加審問，務得實情去後。

兹據固原州知州朱亨衍親帶馬忠至臣衙署回詰，臣同朱亨衍再加詳審。據供："小的固原人，康熙伍拾叁年因年荒逃在西安做小生意，開燒餅館。有小的叔子馬倉出門多年，忽于去歲拾貳月内在街上遇見，同壹人騎著牲口。小的問他下處，他説使人來叫小的。及至後晌，將小的叫到竹笆市右面第貳座劉家雜貨店内他住的兩間房子裏，説了些家常。後來小的尾後，見他與同行之人騎著牲口俱進總督衙門右邊栅欄門去了，此人小的認得，是常跟隨總督大老爺的。今年正月，給小的盤費錢貳千文，雇騾子壹頭，著小的往楊建堡去，經過一路各堡子，與掌教海底布嘛精香老人等説，約束衆人不要耍錢賭博，大兵過時，著我們回子不必驚慌。"問："是那裏大兵要往那裏去呢?"供："小的叔子説底下京裏來的，往巴爾庫爾去。他著小的叫馬大老爺下去見主子。"問："主子是誰?"供："小的叔子，説是十四王爺上年到過固原，在南關馬六店裏站了壹晚，與馬六留下帶子壹條，説馬大老爺坐轎車子從西門進城，著向馬大老爺説他就知道，著他下來見主子。他要還職，有他官做。他如不來，與他要回書。"問："你拿的紅綢旗子、硃筆紙單是那裏

①馬倉：下文又作"馬萬倉"。

來的？上面寫的甚麽？人都認不得。”供：“是小的叔子與的。他説紅綢旗子是十四王爺發下的，中間寫的就是王令。共有肆個，壹個著人拿去寧夏，兩個著人拿去關山，這壹個著小的拿去楊建堡，叫馬大老爺以爲憑信。”問：“十四王，今在何處?”供：“小的不知。小的叔子説在寧羌山裏，就要出來，如今路都開了。小的到楊建堡向馬大老爺説了情由，就將小的拿了，解來固原，這是實情。”等情。據此，查旗上貼金番字，人不認識，紙單上墨注各處地名及回教頭目名色，并無姓名，上用硃筆圈點，旁注硃筆番字。臣隨即飛咨督臣岳鍾琪、署陝撫臣碩色、署甘撫臣張廷棟，并面諭固原知州朱亨衍，將供出馬倉、馬六等嚴拿質審外，理合備録供詞，恭繕奏摺，此事岳鍾琪、張廷棟俱皆奏過，知道了。差臣標千總盧映奎家人雷朝訓賫捧，伏祈皇上睿鑒施行。爲此謹具奏聞。

雍正柒年貳月初陸日。

補授兵部尚書、暫理陝西固原提督印務、加五級臣路振揚。

如今已爲都堂，仍如武職，如此粗糙，可乎？□諭。

【《雍正朝漢文硃批奏摺匯編》第14册，第542頁第412條】

署甘肅巡撫張廷棟奏報嚴訊馬忠一案情形并密拿馬忠之叔馬萬倉摺

雍正七年二月初七日

署理甘肅巡撫西安布政使臣張廷棟謹奏：爲奏聞事。

雍正柒年貳月初陸日戌時，准固原提臣路振揚咨稱，雍正柒年貳月初壹日，據革職提督馬焕呈稱，正月貳拾捌日，焕家人通説門外來壹人，騎青騾壹頭，口稱要見家主。奴僕向他説，家主身子不安，不能出門。伊竟出狂言要見。焕聞之，衹得抱病見他，面生，素未見面之人，問他要見我何説。伊回言，我叔叔在省打發我到各處通説勸化人不要賭博、勿要閑言。執出紅綢番字，言他叔伺候十四貝子之人。焕聞其所言，匪棍招摇，其害非淺，即率家人羈留拿獲，通報捌營守備差兵，協同本堡鄉保、掌教等綁拿，并騾頭、行李，開具清單，一并交給捌營守備來差。事關狂言匪類，相應具呈首報。等情。同日，又據捌營守備秦信呈，正月貳拾捌日，據楊建堡原任提督馬焕家人馬成宗首狀，本月貳拾捌日，棍徒騎騾壹頭，到門前口言要會。宗家主染病在家，棍徒口出狂言，家主衹得抱病相見。伊口稱他叔父在省打發他到各處傳言，勸化人不必賭博、勿要閑言。伊執出貼金紅紬番字，言他叔伺候十四貝子之人。宗家主一聞此人狂言，必在各鄉招摇，不得不羈留拿獲，特爲首報，差兵鎖拿解上。等因。據此，即差兵赴楊建堡原任提督馬焕家内，拿獲棍徒，并紅綢貼金番字、傳箭壹枝、硃筆紙單壹張、青麻騾子壹頭，并被套、錢、衣等物到營職訊。

據伊供，他是固原南關鄉人，康熙伍拾貳年逃荒在西安府，小的名叫馬忠，小的叔子叫馬萬倉。他在西安府與小的紅綢番字壹副、硃筆紙單壹張，打發小的到黄土圈看母，著將紅綢番字、硃筆紙單説與固原一路掌教知道，著我們回回大兵過處不必驚慌。小的到楊建堡説與馬提督，將我拘拿，再無别情。職即具文移送固原州嚴審確供外，擬合報明。等情。據此，查馬忠口出狂言，驚人駭聞，顯係匪類，有干法紀。除札行固原州嚴訊確情呈報外，合先咨會。等情。移咨臣。

臣查奸徒馬忠執持貼金紅綢番字、傳箭、硃筆紙單，口出狂言，沿途煽惑，驚人駭聞，必有首惡黨羽，臣隨一面飛檄按察司李世倬刻即嚴提馬忠到蘭，親行密加嚴訊，追究首惡黨羽之人，仍一面飛咨署西安撫臣碩色，將馬忠供出之馬萬倉密拿稽獲解蘭，質審確情，另行奏報。并咨會甘臣岳鍾琪外，臣謹繕摺先行奏聞，伏乞皇上睿鑒施行。爲此謹奏。

雍正柒年貳月初柒日具。

岳鍾琪亦備悉奏聞矣。務須徹底根究，不可疏忽。

【《雍正朝漢文硃批奏摺匯編》第14冊，第543頁第413條】

川陝總督岳鍾琪奏報辦理馬忠一案情形摺

雍正七年二月十六日

陝西總督臣岳鍾琪謹奏：爲奏聞事。

雍正七年二月初九日，准陝提臣路振揚咨。據楊建堡原任固原提督馬焕首稱，正月二十八日，突有棍徒手持紅綢貼金番字旗一面，并硃筆紙單，口出狂言，甚屬不法，隨同該堡鄉保、掌教人等，公同羈住，當經禀報，差拿轉解。等因。又據八營守備秦信報稱，差兵拿獲，隨押交固原州審擬，理合報明，據此相應咨會。等因。到臣。

查此案已于二月初八日，准提臣路振揚專差賫投密咨，内稱，希將西安城内竹笆市右面第二座劉家雜貨店内所住馬忠之叔馬倉速行拿獲發審。等因。又于二月十三日，准提臣路振揚咨稱，據固原州詳稱，審據馬忠供稱，伊係固原州黄土圈民，康熙五十三年逃荒，在西安城内鼓樓邊開燒餅鋪，忽于上年十二月間途遇伊叔馬倉，同一跟總督的人，騎的踢胸牲口進總督衙門右邊栅欄裏去了。到後晌，將小的叫至竹笆市右邊第二座劉家雜貨店内，有一不認識的人跟著，三個人同住。伊曾到過寓所三次。至今年正月十三日，馬倉與伊衣物盤費，雇騾一頭，令其回家看母。又將一杆旗子、一張硃筆紙單，令其往固原一路説與三掌教，叫他們約束衆人不要賭錢，大兵過處，我們回子不必驚慌。又供伊叔馬倉暗地裏對他説，我從四川來，跟的主子是十四王，如今現在寧羌州山裏，路都開了，就要出來。又説兵是從京裏來的，往巴爾庫爾去，你往楊建堡到馬焕家裏，著他往西安去，對他説主子上年到過固原南關馬六店裏住歇一晚，留下帶子，他曾坐轎車從西門進城，看了這旗，他自然明白。他若來，還有他官做，不來，問他要回書。又供旗子當中一塊貼金番字，馬倉説是主子的圖印，就是王令，共有四面，那三面已拿到寧夏關山去了。單子上開的掌教嘛精海底布是回教頭目的總名。如今叔子馬倉現在西安劉家雜貨鋪内，他今年四十一二歲了。車軸身子，赤紅色面，大鼻子。那一個同住的人也有五十四五年紀，高身材，黑面大耳，蒼白長鬚。那劉店家不曉得他名字，年紀也老了，瘦小身材，蒼白微鬚。等因。臣于二月初八日准到前咨，隨密飭咸寧、長安二縣查拿。當據詳稱，遵即赴竹笆市，將右首第二家雜貨鋪劉文秉拿獲到案。據供，從不認識馬倉，何由同居。鋪内止有咸寧縣民馬化林，係十多年的夥計，并據馬化林供，伊係咸寧縣北鄉馬奇寨民，并非回子。鋪内從無馬倉住歇。等語。

臣因馬忠之叔馬倉，初九日准到之咨係馬萬倉，前後二次開載互异，隨一面咨覆，一面密飭平凉府知府李桐馳赴固原，會同該同知靳治究，并知州朱亨衍，將馬忠所供與馬倉同行同寓之人是何姓名，現充何役，跟臣之人或係馬倉，或係同行之人，再爲研訊。并令將馬忠之母以及鄰族人等密傳訊問，根究馬倉踪迹，密報嚴拿究擬外，臣復于西安城厢各鋪并歇店内遍行踩緝。雖有回子二名，亦名馬倉，但年紀甚小，并非固原人氏。又查臣衙門之外原有栅欄西首係承查夜役號吏人等所住，即將各班人役之内逐一查點，班内止有差役一名，馬文保，係回子，靈臺縣人，并于竹笆市内逐户挨查劉姓鋪户，共有數十餘人，其中年貌與馬忠所供不符。事關匪類狂言，隨將查出之差役、鋪户，并回民人等，分别看守取保，現在行提馬忠到案，一一質認，庶馬倉并同行之人，均有著落。而所供現在寧羌州山裏之十四王，上年在固原州南關馬六店内住歇，留下帶子，并原任提督馬焕進城，并差人將旗三杆赴寧夏關山交與何人，以及説與各堡掌教人等是何情事之處，俱易于跟究，嚴拿審擬矣。再，查此案要犯馬倉現在西安，查拿事須嚴密。若行解赴蘭州按察司審理，道途往返，未免濡遲，是以即檄行平凉府知府李桐等，將案内現在固原州應拿應訊人犯，逐一取具確供，徑解西安質審外，所有準咨查拿并行提質審各緣由，理合繕摺恭奏，伏祈皇上睿鑒。爲此謹奏。

雍正七年二月十六日具。

知道了。審得確情，看如何耳。

【《雍正朝漢文硃批奏摺匯編》第14册，第618頁第471條】

川陝總督岳鍾琪奏覆開列奏聞出征將官摺

雍正七年二月二十五日

陝西總督臣岳鍾琪謹奏：爲遵旨覆奏，并請訓旨事。

雍正七年二月十二日，奉到硃筆諭旨："出征將官，提督以下、守備以上，卿必酌量，定有成見矣。可開列來，朕覽署理之人，亦當預爲籌畫。應如何派委，亦開列來。如今可以不必太密矣，應通知本人者，卿酌量通知，令各爲整備。在京八旗、盛京等地方，現今亦按名撥派矣。卿奏到，朕好酌量賞賜伊等。欽此。"臣查進剿官兵，原議派提督一員、總兵四員統領。今奉旨，令臣將提督以下、守備以上開列奏聞，并令臣將署理之人亦預爲籌畫，臣即欽遵，詳加酌議。查陝提臣紀成斌與漢鎮臣曹勷、延綏鎮臣顔清如、肅州鎮臣王剛、松潘鎮臣張元佐等現在議派領兵出口，其該提鎮印務，似宜遵旨預爲酌議大員至期署理。除興漢鎮印務已奉旨，著西鳳協副將董紹祖署理不議外，其延綏鎮印務，謹請以花馬池副將惠延祖署理，肅州鎮印務，請以沙州協副將周文正署理，松潘鎮印務，請以四川提提標參將張學署理。至固原提督管轄地方遼闊，所屬營汛最多，且有拔補弁員、揀選將備之責，職任綦重，仰懇聖恩特簡署理，俾于標營有益。……

雍正七年二月二十五日具。

此係朕卿次奏未到之前批諭者。

出征將官，提督以下，守備以上，卿必酌量，定有成見矣。可開列來，朕覽署理之人，亦當預爲籌畫。應如何派委，亦開列來。如今可以不必太密矣，應通知本人者，卿酌量通知，令各爲整備。在京八旗、盛京等地方，現今亦按名撥派矣。卿奏到，朕好酌量賞賜伊等。

【《雍正朝漢文硃批奏摺匯編》第 14 册，第 694 頁第 523 條】

陝西固原提督紀成斌奏謝欽賜隨師必需用品暨小刀寶石等物摺

雍正七年二月二十八日

提督陝西固原總兵官臣紀成斌謹奏：爲恭謝天恩事。

雍正柒年捌月初壹日，臣于甘州駐札行營寧遠大將軍臣岳鍾琪轉傳恩諭："賜來時用微物，皆朕一一指授工匠製造。在外必需之物，卿可件件佩帶使用，不必愛惜收藏。所頒賜官員，皆將此旨傳與伊等，皆吉利之物，佩之帶之，使如在朕左右也。卿等仰仗上天慈恩佑力，功成凱旋時，朕自另賜珍奇之物，令卿傳之奕世也。欽此。"并賫欽賜臣小刀貳把、刀環壹個、火鐮叁副、解錐壹把、記事貳個、鰾牌壹個、眼罩貳個、日晷壹個、漆盤貳拾個、漆碗拾個。到臣。臣即望闕叩頭，恭謝天恩跪領訖。

又于本年捌月拾貳日，臣途次高臺縣地方，據前差賫摺家人雷和捧賫奏摺，并奉到恩賜臣寶石壹個、貂尾冠壹頂、氈臺雨纓冠壹頂、白狐皮袍壹件、黃元狐皮馬褂壹件、銀鼠皮袍壹件、銀鼠皮馬褂壹件、石羊皮套袖套袍壹件、石羊皮褂拉壹件、麵棋子壹匣、焦餅壹匣、糖餅壹匣、果乾壹瓶，蜜餞、鮮荔枝壹瓶。臣隨望闕叩頭，跪領恩賞，并跪讀硃批恩旨。又蒙聖恩，賜問臣好。欽聆恩諭，感激靡涯。

伏念臣世受國恩，寸長未效。素餐自愧，仰報無由。今雖勉力行間，而才庸識暗，莫展一籌。乃蒙温渝，賜問賞賚，頻頒重寶，榮施寵膺，冠服并嘉品、器具一應吉利之物，靡所不賜。臣佩之帶之，實如恩命，儼若親侍天顔、趨承左右也。至臣差賫摺把總劉宗家人雷和復蒙聖恩，賞給盤纏銀兩，隆恩异數，有加無已。臣自顧何修，荷蒙聖主寵眷之恩，至此其極，惟有仰遵諭旨，勉竭駑駘，矢公矢慎，策勵戎行，以仰報我皇上高厚于萬一耳。所有感激下忱，理合恭繕奏摺，叩謝天恩。再，臣奉到上賜寶石并硃批奏摺，俟凱旋之日，再爲恭賫奏繳，合并聲明。伏祈皇上睿鑒。爲此謹奏。

雍正柒年貳月貳拾捌日。

提督陝西總兵官臣紀成斌。

朕與卿等，惟仰賴上天之慈佑，故誠二字，期共勉之。朕身躬雖居深宮，而心神實日日馳逐于兩路軍營也。上天神明，實鑒之者。卿等體悉朕意，但能一誠格天，何功不能成也。除此，一不可恃。勉之。

【《雍正朝漢文硃批奏摺匯編》第16冊，第763頁第604條】

※西安右翼滿洲副都統蘇穆爾濟奏報抵達西安接任日期摺

雍正七年三月十三日

西安右翼滿洲副都統臣蘇穆爾濟謹奏：爲奏聞抵達西安日期事。

切于雍正七年二月二十一日，臣自寧夏啓程，于三月初十日抵達西安後，恭設香案，望闕叩謝天恩。臣承蒙聖主超擢之恩甚重，如何黽勉，亦難仰報于萬一耳。臣任職寧夏之時，雖協理將軍席伯辦理事務，皆謹記聖主訓諭而辦。今又施以鴻恩，調臣任西安副都統。臣雖愚昧，在寧夏任職三年，應將聖主訓諭銘記在心，效仿護理寧夏官兵之將軍席伯，竭力黽勉外，莫可言喻。因應具奏到任日期，派家人達偉賫捧奏摺，謹具奏聞。

硃批：很好，著盡力而爲，務必引導教習西安官兵以法規，如同寧夏之例。若遇賢能將軍，則表現甚佳，而遇一般將軍，則表現一般，可以反省自己，將會成爲何等之人。倘若將軍與朋友、大臣有掣肘之患，即行詳加奏聞，朕查實處置。不得優柔寡斷，著竭力黽勉。統兵大臣等若軟弱姑息，充當好人，將公務及國法置之腦後，沽名釣譽，實爲惡習。不僅於國家無甚裨益，必將貽害自身，犯下罪孽，將禍及子孫，但求中理而行。耳聞奸詐惡徒傳布之駭人聽聞，斷不可心思混亂。著謹記遵行。此旨著傳諭爾朋友、大臣等。

【《雍正朝滿文硃批奏摺全譯》第 1709 頁第 3341 條】

△諭著將息銀酌量賞給寧夏等處滿洲漢軍兵丁

雍正七年三月十四日

十四日。……又奉上諭："朕爲在京八旗兵丁悉心籌畫其家，若有吉凶之事，需用之費無所取辦，一時拮据，實爲可憫。特給内庫銀兩，令王大臣等營運生息，以備兵丁一時之用。今思外省駐防之滿洲、漢軍兵丁等亦當一體加恩，江寧、杭州、西安、京口、荆州、廣東、福建、寧夏、右衛共九處，每處賞銀二萬兩。天津、河南、潼關、乍浦、成都共五處，每處賞銀一萬兩。俱著于布政司庫内支給，交與該將軍、副都統等公同存貯，營運生息。如該處駐防兵丁家有吉凶之事，將息銀酌量賞給，以濟其用。其本銀永遠爲存公生息之項，不令繳還。該將軍、副都統等務須盡心辦理，使兵丁均沾實惠。倘該管大臣官員有私自侵蝕那移，或委任非人，以致本利虧缺者，定行從重治罪，仍于該管及委用等官名下嚴追還項。其營運利息之處，亦必公平辦理。倘指稱官銀名色，或占奪百姓行業，或重利刻剥閭閻，與商賈小民争利，擾累地方，著各督撫不時稽查，即行參奏。倘督撫徇隱不奏，經朕訪聞，必將該督撫一并議處。此項本利銀兩每年出入之數，交與在京八旗都統、副都統查核。一旗或管一省，或管二省，著怡親王、大學士等酌量派定。每年于歲底，各省該管大臣官員等造册賫送各該旗查核奏聞。

"再，各省督標、撫標、提標兵丁等，亦仿此例，每標或給銀一二萬兩，或給銀數千兩。按照兵丁之額數，分别銀兩之多寡，亦著怡親王、大學士等酌量派定其銀，即交與各該督撫、提督委員料理，以惠濟兵丁。一切照駐防之例行，其前後接任之時，將此造入交代册内查核。至于各省鎮標兵丁等一時難以遍及，候朕酌量國用之出入，次第加恩，陸續降旨。……”

【《雍正朝漢文諭旨匯編》第 7 册《上諭内閣》，第 361 頁“雍正七年三月十四日”條】

川陝總督岳鍾琪奏請設立回民義學漸施化導摺

雍正七年三月十七日

陝西總督臣岳鍾琪謹奏：爲回民積習已深，密請漸施化導，以期消患于未形事。

竊查編户之中有回民一種，其寺皆名禮拜，其人自號教門。飲食冠裳，异于常俗，所到之處，不約而同。其習尚强梁，好爲鬥狠，往往一呼百應，聲息相聞。直省皆然，秦中尤甚。臣留心查察，知此輩率以興販私鹽、夥作盗賊、窩藏賭博、凶酒打降爲事。今渭南縣緝捕私鹽，回販竟有弓箭、長槍、鈎鐮槍等項兵器，敢于拒捕，現在拿獲外，即此則凡屬販私行劫之回民，不止藏匿短兵暗器而已，以此類積習凶横，再敢顯然執持長械抵拒公差，則杜漸防微，宜早爲計。今西安省會，及東西附近屬邑，回衆最多，而甘屬自平凉，西北至于寧夏，比屋皆是。他如西寧、河州、甘、凉，所在多有，念之，實懷隱慮，急之，又恐生心。今但于回民增設科條，稍嚴約束，彼必自相驚愕，轉啓其扇誘之端。臣惟密諭近省地方官，于行查牌甲時，將各回户之牌頭、甲長，副以百姓，使回民不得徇隱同類，以便于其邪僻爲非者，逐漸清理，照平民犯法之處，一例懲制，庶無區别回民意象，俾不致惶駭自疑。但民習恬和，率多怕事，縱令各州縣牌頭、甲長皆能選任良民，而回衆恃强，未必馴聽約束。今試行數處，不過暫時斂抑之法，非轉移積習之方也。

臣思此輩同秉天良，同沾聖化，而其積習獨與齊民迴异者，總缘不讀儒書，不知禮法，無以啓迪其辭讓羞惡之良心，是以汩没久深，相沿成俗耳。合無仰請敕諭有司，于回衆最多之處，另設回民義學，延師教其子弟，俱令其師恭録《御製聖諭廣訓》，敬授生徒，熟諳講解。次及《四書》《孝經》、小學，次及《禮經》。再設鼓勵之法，每季令有司率同教職到學驗課，傳集生徒之父，凡并一切回衆聽講《聖諭廣訓》。其子弟中有能熟讀《廣訓》，默寫至三條以上者，賞紙筆。能講解至三條以上者，賞花紅。并查其師之勤惰，分别懲奬。此項師生脩金、飯食、花紅、紙筆，每義學一處，約需銀三十兩，請于司貯公用銀内支給州縣備供。令其各按該境回民之衆寡，設立義學，或一二處，或三四處，給銀增減，亦如之。

其本無回民住居之州縣，及雖有而零星散住，爲數無幾者，概免設立義學，惟令有司率同教職，每季必傳集回民宣講《聖諭廣訓》。仍申飭直省各州各縣，務于回民中確訪其孝子、順孫、義夫、節婦、友兄、悌弟，悉遵恩詔請旌外，再于每季宣講《聖諭廣訓》之時，務傳孝子、順孫、友兄、悌弟、義夫，并節婦之子，賞給羊肉、米、麵，當衆簪花被彩，鼓樂迎導，以感動其倫常至性，作興其羞惡良心。

若州縣化導有方，回民犯法者少，許督撫查核薦拔。其化導不實、苟且草率者，督撫查參，照溺職例議處。俟教化三五年後，再令州縣動庫銀收買回民器械，嚴禁官役剋短價值，仍立期限，聽其自售。其限外不售者，許旁人首告有司，察實追取入官，仍行嚴處。如此則先之以奬勸，既發其固有之良，亦釋其意外之惑，然後約之以法令，不但去其驚懼，抑且堅其信從，縱有未改之奸頑，亦漸孤立而無興，積久之後，俱作良民，仰副聖天子淑人淑世之心，以成一道同風之盛。其爲裨益，豈特消患于未萌而已也。但臣管蠡所及，疏陋自慚，惟冀聖明俯垂訓示。爲此繕摺密奏，伏乞皇上睿鑒施行。

謹奏請旨。

雍正七年三月十七日具。

六年來，條奏此回教者甚多。此奏，朕詳細斟酌有旨。大概此類皆爲漢人之所輕賤，直省人數雖衆，若較漢人，千分中不及一分，小不佳則有之。每能爲者，大概朕意欲特頒上諭一道訓導之，明理良善者，必感激遵奉，而下愚不移者，其勢已分，更無足記念矣。

【《雍正朝漢文硃批奏摺匯編》第14册，第843頁第643條】

川陝總督岳鍾琪奏覆提臣路振揚操守摺

雍正七年三月十七日

陝西總督臣岳鍾琪謹奏：爲遵旨具奏事。

雍正七年三月初十日，奉到硃批諭旨："路振揚，朕仍欲著他來署固原提督之任，但不知他近日精力如何，到京自然將知。欽此。"臣查固原提督員缺甚屬緊要，必須練達端謹之員董率經理，斯于營伍有益。陞任提臣路振揚，老成持重，操守廉潔，營政事宜，留心整飭。今蒙聖主欲令其仍署固原提督之任，仰見聖明因材任使，洵爲駕輕就熟。惟其年逾六□，雖不甚衰邁，亦非十分□健。兹提臣路振揚入覲在即，我皇上睿照之下，其精力如何之處，自必上蒙聖鑒。臣謹遵旨具奏，伏祈皇上睿鑒。爲此謹奏。

雍正七年三月十七日具。

到京時，看光景再定。

卿出邊時，陝省地方最爲緊要，朕意欲將西安滿兵撥派一千名，或應在一處，或五百名一處，駐扎甘、凉一帶地方彈壓。京中委大臣來督領。卿意如何？若以朕意爲有益，可將駐于何處妥協，詳議奏聞。再，京中亦欲派兵五百至太原，同本城城守滿兵彈壓居駐。再，路振揚，朕仍欲著他來署理固原提督之任，但不知伊近日精力如何，到京，自然得知。再，達鼐聲名何如？前者伊題参已正法之侍衛，聞此事内中大有情節，可有所聞否？察訪奏聞。大兵此行内地，諸凡事宜，可爲朕悉心籌畫，務期妥協爲要。查部行到時，互相備悉，商酌奏聞。補募兵丁，當令該提鎮詳慎辦理，不可疏忽，亂招匪類。密之。

【《雍正朝漢文硃批奏摺匯編》第 14 册，第 848 頁第 647 條】

川陝總督岳鍾琪奏覆路振揚才具并請仍令其署理固原提督摺

雍正七年三月三十日

陝西總督臣岳鍾琪謹奏：爲遵旨恭奏事。

雍正七年三月二十六日，奉到硃筆諭旨："署理固原提督若路振揚，覺有年紀，將張善命來署理，卿意如何？欽此。"臣查固原陞任提臣路振揚，前蒙諭旨，垂詢可否令其仍署提督印務，臣隨將路振揚辦事年力情由，繕摺奏聞在案。今又奉諭旨，以路振揚覺有年紀，其固原提督將張善命來署理。臣欽遵諭旨，仰見我皇上重念封疆、擇人而任之至意。臣查路振揚，年齒既長，精力或有不足，但臣近年以來，與路振揚雖未相晤，而其往來文移公事，妥協周詳，尚未見有疏忽。且聞其于營伍汛防事務，亦能留心整飭，并無昏憒之處，若令路振揚仍署提督印務，似與地方營伍，均有裨益，是以臣前經奏請，俟路振揚至京之日，可否任使，自在睿照之中。今惟仰請聖鑒，如路振揚尚堪委任，則仍令其署理提督印務，誠爲駕輕就熟。倘果年力衰老，將張善命來署理，亦可勝任。臣謹遵旨恭奏，伏祈皇上睿鑒。爲此謹奏。

雍正七年三月三十日具。

俟路振揚到京再定。

【《雍正朝漢文硃批奏摺匯編》第 14 册，第 921 頁第 709 條】

※兵部侍郎通智奏報寧夏地方大渠已修通等事摺

雍正七年四月十二日

奴才通智謹奏：爲奏聞事。

雍正七年三月初一日，奴才正率員乘水小時補修魯揚渠閘口時，由驛賫到聖主賞賜人參四斤，奴才跪受，恭讀硃批諭旨，叩謝天恩訖。賫送給兵部侍郎單疇書并傳宣諭旨，因此，單疇書叩稱："蒙聖主賞賜人參四斤，業已足矣。用不完，何敢又奏請。"等語。今單疇書仰蒙皇恩得獲人參，不勝喜悦，因每日配藥服用，故已能坐立，若再調養月餘，即可復元，一再堅稱來任所。經奴才安慰駐寧夏，將指派官員帶工匠銀錢赴工地。奴才駐大渠上段中間，將建四大石閘、疏浚四十四里大渠之事，編爲十大工程，正分派官員同修，六月初旬工竣，可望放水。爲此將硃批摺子一件另裝封套，謹并奏以聞。

硃批：知道了。

【《雍正朝滿文硃批奏摺全譯》第1736頁第3364條】

川陝總督岳鍾琪奏覆遵旨教導新任陝西寧夏道鄂昌緣由摺

雍正七年四月十八日

陝西總督臣岳鍾琪謹奏：爲欽奉上諭事。

雍正七年三月二十日，臣准大學士臣張廷玉等字寄内開，雍正七年三月十一日，奉上諭："陝西寧夏道員缺，著户部主事鄂昌補授。鄂昌係鄂爾泰之侄，因其素有家教，是以用之。但伊係初任，于地方事務，未必諳練，爾等可寄信與岳鍾琪，令其將民情土俗、諸凡外任之事，一一教導玉成之。鄂昌奉差西安，若已起身回京，著岳鍾琪差人趕回，即令赴任。欽此。"鄂昌于三月二十四日解銀至陝，臣接談之際，見其爲人端謹，言語明白，誠如聖

諭，素有家教之人。臣因思寧夏，乃三邊重地，現今增設縣治，招民屯墾，寧夏道有統轄之責，一切庶務，皆其職守所關。況漢、唐等渠并新開渠工之水利，又係民生之首要，更宜興利除弊，察吏安民，方于地方有益。今奉諭旨，以鄂昌初任外職，地方事務，未必諳練，令臣將民情土俗、諸凡外任之事，一一教導，臣謹欽遵聖訓，向鄂昌備細説知，并將一切事宜，開寫手摺，交與鄂昌留心整飭，俾其黽勉自勵，將來上進有成，以仰副聖主用人期望之至意。除即令鄂昌赴任外，臣謹繕摺恭奏，伏祈皇上睿鑒。爲此謹奏。

雍正七年四月十八日具。

甚好。料伊不忍負朕用也。

【《雍正朝漢文硃批奏摺匯編》第15冊，第108頁第79條】

川陝總督岳鍾琪奏報籌補倒斃羊隻緣由摺

雍正七年四月二十二日

陝西總督臣岳鍾琪謹奏：爲籌補羊隻事宜，恭摺奏明事。

竊查鄂爾多斯買到軍需羊隻二十六萬二千有零，去冬先在寧夏口外雇鄂爾多斯彝人放廠時，曾因倒斃將及一萬隻，經臣奏明，動西安司庫軍需銀三千兩采買茶葉、布匹，交筆帖式奇書帶往寧夏沿邊一帶易换羊隻，抵補倒斃之數。續據筆帖式奇書覆稱，所買茶葉非寧夏口外彝部平日行銷之種色，已經分發凉州、西寧易换羊隻。等語。至寧夏放廠之羊，因上年十一月内趕赴凉州放廠，係水凍草枯之時驅趕行走，未免疲餒受傷。又值臘月大雪，既飢復凍，以致羊隻皆發水癀、水痘。據寧夏、凉州兩處牧羊官兵前後報，倒斃者又至七萬餘隻。臣慮有捏報情弊，屢經委員遍查各廠，其各廠羊隻情形大都相似，委無捏報情弊。

若將牧羊官兵以牧放不謹參劾著追，則癀、痘等症，時氣使然，非牧羊官兵所能自主。且徒有著追之名，而究之微末，弁兵必無賠補之實。若題報倒斃，竟不著追，則現在牧放駝隻、喂養馬匹、騾頭之官吏兵役，聞羊隻倒至十分之三，尚不追賠，未免因此寬心，不復加謹牧喂，關係又非淺鮮。且原估大兵六個月羊隻共需六十餘萬，今歸化城、鄂爾多斯、西寧口外沿邊等處儘力采買，尚不敷額數，則此項倒缺數目，勢難再令買補。臣聞西寧口外，以茶换羊，猶爲便易，隨一面于西安司庫動軍需銀一萬零八百兩，遣員前往山西之蒲州，陸續采買茶葉，運往西寧，一面遣員至西寧，將運到之茶，易换羊隻。但查苦苦腦兒曾經殘破之部落，現蒙皇上恩賞，孳生牛、羊，豈能尚往易换。臣飭委員惟赴未經殘破之部落，如額駙阿寶、郡王色不騰扎兒、貝勒彭錯、王扎兒等弁，沿邊各唐古忒部落，將茶易换，計前後共動銀一萬三千八百兩，可買運茶葉三萬餘封，在西寧口外儘數换羊，則補此倒斃之八萬餘隻，或亦不甚相遠。而前後所倒八萬數千隻之羊皮、羊毛，以及所産之羊羔皮，俱經飭令牧放官兵存貯，將來變價約可值數千金，則歸還西安司庫借動買茶銀兩所缺無多，亦易完結。如此，則倒斃羊隻之數，無庸題報，而陝甘現在牧喂駝、騾、馬匹人員，亦無由知賠與不賠之故，似于現辦軍需之處，不無補益。所有籌補倒斃羊隻緣由，擬合恭摺奏明，伏乞皇上睿鑒。謹奏。

雍正七年四月二十二日具。

應如此評情酌理料理者，總歸軍需案内，卿酌量料理。

【《雍正朝漢文硃批奏摺匯編》第 15 册，第 137 頁第 102 條】

※西安將軍常色禮等奏報西安之事仿照寧夏之制摺

雍正七年五月十五日

雍正七年五月十五日，奴才常色禮等謹奏：爲奏聞事。

奴才謹記陛辭之際皇上之訓諭，行抵西安接任後，立即將聖主愛養黎元之温旨，口頭宣諭衆官兵。又會同副都統等，將旨内各事詳細繕文，傳諭八旗滿洲、蒙古、漢軍官兵，爾等務必改正惡習，各循滿洲舊風。凡事務以淳樸節儉爲本，按現有條件，將甲盔、器械、帳篷等物整理齊全，將馬匹牲畜喂肥養壯。于各處皆宜吃苦耐勞，喜憂之事務，必依照定例而行。服飾依制，不得酗酒、賭博、閑游、聽戲。凡有差遣，俱應黽勉而行。馬步騎射，尤當訓練。依其所能，循序漸進，致而可握六力以上之硬弓。現每旗既皆挑選會教射箭、文字，滿蒙語言俱佳之人教習清文、蒙語，當各孜孜求學。漢軍各旗，亦應挑選會教清語之人教習清語。再，城内不准容留地痞惡棍，禁止婦人前往各地寺廟燒香，禁止漢人入城買物，以爲永遠之例。官兵不得私買地方民人，唯准買衛所良民爲奴。步兵巡夜應嚴加巡邏，緝拿放印子、轉子、合會及偷殺耕牛者。按時啓閉城門，備齊兵器，緝捕奸惡。不得恣意扣留出人民人之物，索取銀錢，不准擅出兵器。若有違禁者，必將該管官員參奏，將兵丁從重治罪。等情。繕文鈐印，張出告示，從嚴約束。

又交付該管官員，令步兵官兵及所遣專事巡查之員嚴加稽查巡邏。硃批：若不誠心實意，下力稽查，不能時刻專心供職，徒貼一紙告示，即能奏效，則爲君爲臣者，殊輕鬆逸樂矣。不躬身力行，雖交付派遣了，亦係徒勞無用。奏疏亦不過讀時有味，却毫無益處。除去冬訓練兵丁、步行圍獵、游戲行頭外，此際當不時令官兵射箭，增加弓力，練習放槍。查看馬、騾，上緊喂養。檢查配齊兵器，正風正俗。奬勵勤謹之賢良，懲辦不肖之惡棍。硃批：此是。唯應言行一致。至凡上朝及射場人員聚集之處，各協領官員應各按次第品級，依禮而行，務心仰副皇上愛養元元之至意。各盡其職，以武德育兵。醇化風俗，鼓勵伊等樂于學習，自覺自願，視同游戲才纔好。此當不時曉諭，絲毫不得懈怠。等語。奴才每每見之，皆盡力開導。

巡撫武格到後，向奴才傳諭："西安漢軍兵丁，射箭技藝不堪入目，宜

好好訓練之。若夫三四力之弓皆不能拿，又能何射者也？務必能射五六力之弓，方纔爲宜。倘將該兵丁人等委以一職，管轄各處之緑旗兵，反不及伊等，則緑旗兵豈能心服？著告將軍，好好訓練之，亦應教習清語。欽此欽遵。”除嚴檄傳令官兵，黽勉學習騎射、增强弓力外，奴才等會商，于滿洲旗内挑選年高、清語好、會教習之人，每旗選二人，分派于八旗漢軍教習官兵清語。此等之事正欲奏聞，四月十六日，副都統蘇穆爾濟轉告奴才等，我奏聞受任之事一摺内奉硃批：“唯求賢能。西安官兵之法令規習，務必引導教訓，以如寧夏之制。將軍遇賢者則賢，庸者則庸，著自我省察，係屬何類。將軍同僚人等倘有掣肘之情，即予密奏，朕或核實，予以處置。切勿憂柔姑息，當黽勉而爲。管兵之臣，姑息養奸，權充好人，將公務國法置之于後，換取個人虚名，乃甚惡之習，不但于國家毫無裨益，且必害于自己，并殃及子孫。唯當奉行中庸之道。一旦聞奸宄小人之恐嚇及流言蜚語，勿要心慌意亂。謹記遵行。此旨亦諭爾之同僚人等。欽此。”口諭奴才我等，奴才等不勝感激，望闕叩頭。

伏惟奴才我等本爲末等粗俗之人，荷蒙聖主隆恩，漸次擢任西安將軍、副都統之要職，叠荷主恩深重，無以爲報，正日夜惶恐不安之際，兹命將副都統蘇穆爾濟摺内硃批，亦諭奴才我等。此乃望奴才改惡從善之至仁之意，奴才等誠感激不盡。又諭“一旦聞奸宄小人之恐嚇及流言蜚語，勿要心慌意亂”。聖上所諭甚是，奴才等將銘記在心。天鑒聖明，無所不在，奴才等之善惡，難逃聖主洞鑒。誠若持以中庸之道，巧取虚名，將國法置之于後，皇上皆可洞察。若誠心思報朝廷之恩，硃批：此乃衆所周知。知道還做，朕實不明白。而求中庸之道，則不但聲譽雙至，身荷主恩，且可蔭及子孫，恩及後世。若不謹記聖訓，事必掣肘，姑息養奸，則實悖主恩。明者法所不赦，暗者罪亦難逃，會致自己遭殃，且罪及子孫。奴才我等甚爲愚昧，素賴聖主指教而行，唯將聖主諄諄教誨銘刻在心，向副都統蘇穆爾濟詢問寧夏將軍席伯管飭之法，竭盡駑馬之力，將西安之事，俱照寧夏之例而爲，竭盡全力以爲整治。爲仰答聖主隆恩于萬一，勤而又勤，慎而再慎，勤勉效力。爲此謹具奏聞。

奴才常色禮、奴才尼瑪善、奴才張正文。

硃批：說的容易，做給朕看看。

【《雍正朝滿文硃批奏摺全譯》第1744頁第3386條】

※西安副都統蘇穆爾濟奏謝訓諭摺

雍正七年五月十五日

奴才蘇莫爾濟謹奏：爲奏聞叩謝天恩事。

所遣家人達衛奏聞奴才接任之事，賫捧奏摺于四月十六日抵西安後，奴才恭設香案，叩恩拆閱，奉硃批諭旨："好，盡力而爲！務必教導西安官兵法度與寧夏之例一致。若遇好將軍則好，若逢劣將軍則劣，顧念自身，成何體統。若有將軍、朋友、大臣等掣肘之處，則即詳加奏聞，朕訪實後懲處。勿姑息，勤奮效力。管兵大臣懦弱，充當好人，耽誤國法公務，竊取虛名，甚惡劣，不僅于國家無益，必爲身憂，禍延子孫。惟秉理而行，不可稍有聽信奸詐之人之恐嚇、謠言，以亂心意。謹記照辦。將此旨亦曉諭爾之朋友、大臣等。欽此。"拜讀之下，不勝感戴，望闕叩謝天恩。將聖主訓諭，均曉諭將軍常色禮、副都統尼瑪善、張正文等人外，伏惟奴才本係一末等之人，聖主施鴻恩，連續擢用，陞至副都統，又施鴻恩，調轉西安副都統，奴才受聖恩綦重，無以報答，日夜惶恐。聖主又降訓諭，奴才實感激不盡，惟念忠心仰酬聖恩，益加勤奮，凡事誠意持理，盡力而爲。向將軍常色禮提出，將西安官兵務與寧夏之例一致，善加教導。若遇好將軍，則奴才協助，若遇劣將軍，則提示而行。若有應奏之事，則詳加奏聞，遵旨照辦。聖主所降訓諭，奴才銘記肺腑。勤奮效力，絶無姑息、懦弱、充當好人、耽誤國法公務，聞奸詐之徒恐嚇謡言迷亂心意等事。奴才粗鄙，惟忠心感戴報效聖恩外，實無奏述之言，爲此叩恩，將硃批摺子一并裝入封套，謹奏。

硃批：知道了。言行不合，朕或得知矣。勉之。

【《雍正朝滿文硃批奏摺全譯》第1745頁第3388條】

※西安副都統蘇穆爾濟奏報各項禁令摺

雍正七年五月十五日

副都統蘇穆爾濟所送禁令之原摺硃批："查郎阿等閲後，遵照硃批而行，此摺交常色禮家人帶回，著常色禮閲之。"爲修訂頒布法令事。

臣奏聞到任一摺内奉硃批："唯求賢能。西安官兵之法令規習，務必引導教訓，以如寧夏之制。將軍遇賢者則賢，庸者則庸，著自我省察，係屬何類。將軍同僚人等倘有掣肘之情，即予密奏，朕或核實，予以處置。切勿優柔姑息，當黽勉而爲。管兵之臣，姑息養奸，權充好人，將公務國法置之于後，邀取個人虛名，乃甚惡之習，不但于國家毫無裨益，且必害于自己，并殃及子孫。唯當奉行中庸之道。一旦聞奸宄小人之恐嚇及流言蜚語，勿要心慌意亂。謹記遵行。此旨亦諭爾同僚人等。欽此欽遵。"賫至前來。我等既荷聖主隆恩，鎮守陝西岩疆，與各官員人等一道化育兵丁，引導向善，乃我等分内之責。聖主曾屢屢降旨訓諭，爲官者各盡其職，協同效力，使所轄兵丁或爲精鋭之兵，以求名符其實。家計生理，亦甚爲重要，服用各項，當按職分，力求節儉。此地滿洲兵丁恪遵法令，生計如常。但因年久，恐致懈怠鬆弛，亦未可料。兹理應仰副聖主仁愛官兵之至意，爲使各能遵守，特重修法令。

一項，令閑散幼丁學習滿語、蒙語及其倫理綱常甚爲重要。故各佐領宜從文章好，會清語、蒙語，品行端正，勤謹有爲之人内，挑選人員補爲老師。官員、領催等亦須不時嚴查督學。倘若教習不良，凡爲官者，决不留情，領催者，亦必予懲處。

一項，須不時嚴查巡捕賭博之人。

一項，滿洲城内，須派章京、兵丁巡查緝拿酗酒、鬥毆之人。巡查官員于關閉城門之前，須親率巡邏兵丁，將是否有案之情禀報將軍、臣等。

一項，各旗佐領不准濫扣兵丁錢糧。

一項，兵丁拴養之馬匹，由各旗佐領遣官輪流巡查喂養。

一項，腰刀乃兵丁威儀所在，時刻不准離身。我等既在此駐守，外行差配帶腰刀外，街途行走亦須配帶腰刀，以證身份。倘若違令，將該管領催、族長一并懲處。

一項，打架鬥毆、竊盗作亂之案，確實皆出自于酒肆。故滿洲城内，嚴禁開設酒鋪，永爲禁止。硃批：此皆應驅逐。若留下酒肆，又禁止兵丁去買，反使民人失去生計耳，非屬仁舉，著改之。謬論。如若違禁，于後墻偏角開門偷買，一旦被拿獲，除將領催、族長鞭五十外，開鋪者係屬另户，則鞭八十，除甲；倘爲奴才，則鞭十，穿枷一個月。將催工房主、奴才之主，一并照開鋪另户例治罪。此項經奴才等公共商議後，予以裁撤矣。

一項，凡前鋒須向協領、翼長、佐領、閑散章京、前鋒、參領行禮禀報下馬外，對驍騎校亦須行禮禀告。對別旗官員，亦當依此而行。披甲以下之兵丁，對驍騎校以上各官，皆須行禮禀告下馬。領催、委前鋒校則向協領、翼長、佐領行禮禀告下馬，對閑散章京、驍騎校站立禀告，若在馬上，則勒馬讓路。凡違禁者，必予懲處。

一項，此處滿洲内城頗大，地曠人稀，亦有胡同。既然馬步兵丁差役不多，理應多增設些堆子，亦如京城。夜晚坐堆，配帶撒袋，送簽敲梆子打更，查訊過往行人，緝拿案犯。對此協領、翼長、兵丁，申案官員人等輪班，不時巡查，以爲一項事宜。再，滿洲城内寺廟亦多，對寺廟内之和尚、道士、姑子等，宜記名稽查。

一項，凡兵丁所居街道胡同，宜交付步兵，仿照京城，每日將各户門外地方清掃一次。此宜專門交付管理步兵之官員。

一項，官兵人等如若生病，前往臨潼、太峪口温泉調養，官員須向臣等請假，兵丁、閑散人等向官員請假後，方准前往。禁止婦人前往，宜爲永久之例。此項奴才等商議後裁去矣。硃批：滿洲婦人成群前往温泉居住，甚爲扎眼。雖然常色禮言婦人們去治病，但其他省没有温泉之處，又當如何？再若以京城温泉而論，北面温泉各旗皆有池子，民人不得前往。豈可以此與臨潼各省雜處，毫無法紀之處，相提并論耶？理應禁止。著下力禁止。

一項，官兵不准擅自出城過夜，各佐領官員每晚召集兵丁、閑散查點，倘若遲誤，由該管官員即予懲處。

一項，滿洲之頭銜，關係甚重。我等既居省城，滿洲婦人不宜成群結夥步出城外，更不准去漢人城内店鋪采買貨物。此情，嗣後應予嚴禁。

一項，須專門選派一些官兵查拿酗酒醉卧街頭、打架鬥毆、賭博行凶者，不時巡查捕拿。所遣官員，若徇情不拿，一旦爲他人告發，或爲我等察覺，則予指名參奏。

一項，以領催委署之前鋒校、領催、前鋒、披甲，仍照前頒之令服用，不得僭越。倘違禁察出，决不寬貸。再，閑散幼丁不准擅服紅緑、僭越飾用，随其父兄以用。如若違禁，將其父兄一并杖責。婦人令随其夫。

一項，官兵不可放印子、轉子等錢，不准收取高利錢，錢俸禄不准請會。如若違令，官員則即參劾，兵丁則杖責，革去披甲，奴才則將其主一并治罪。

此各項禁令内，凡犯事三項者，將該協領、翼長紀録一次。犯事二次者，將佐領、閑散章京紀録一次，驍騎校則凡有犯事者，即紀録一次。

一項，佐領、雲騎尉等官員、驍騎校等，皆須向將軍、副都統臣等下馬。硃批：律例中唯指出京之臣而言，并非將軍之例。況且此乃屬將軍爾，請旨遵行之事，亦理當遵照施行，而非有悖于此。常色禮違背了爲臣之職責。

此數項，當普遍遵行，不可怠玩。

【《雍正朝滿文硃批奏摺全譯》第 1746 頁第 3389 條】

川陝總督岳鍾琪奏請將紫荆關參將張豹補授沙洲協副將摺

雍正七年五月二十二日

陝西總督臣岳鍾琪謹奏：爲軍務現在需員，遵旨請補，以裨行走事。

竊臣前准部咨，奉諭旨："該署督既稱鍾維岳不稱副將之任，著將鍾維岳解任，交與岳鍾琪酌量以川陝兩省參將缺題補。欽此。"又准部咨，奉諭旨："紫荆關參將張豹，已補直隸督標副將，今著往陝西，交與岳鍾琪，以緊要副將缺題補。欽此。"臣俱即欽遵在案。今查有現出沙州副將一缺，係在口外地方遺缺，洵屬緊要。又有固原城守參將一缺，俱係例應題補。臣謹遵旨，請將張豹補授沙州協副將，鍾維岳補授固原城守營參將，似屬相宜。理合繕摺具奏，伏祈皇上睿鑒施行。爲此謹奏請旨。

雍正七年五月二十二日具。

該部照所請行。

【《雍正朝漢文硃批奏摺匯編》第 15 册，第 381 頁第 290 條】

※兵部右侍郎通智奏報辦理前侍郎單疇書喪事摺

雍正七年五月二十八日

奴才通智謹奏：爲奏聞事。

因前侍郎單疇書病愈，故將伊長子舉人單洪遣至家，惟留伊五子舉人單鐸服侍，藥亦停用。五月二十五日，派人至工地，告稱從二十日起病復發，發燒瀉肚，經大夫診治後痊愈。二十五日晨，忽然流汗病故。等情。臣當即趕往辦理入殮事。詢問其盤纏事，答稱去年應得之六百兩公費銀因行文不久，尚未得到，竟無盤纏。奴才于工地由商人戳子處多出銀二千五百兩餘歸入正額，存于道庫，用于購買工程雜項器物、堤壩上種樹、雇傭脚力等項。奴才此一次内動用二百兩，交給伊子單鐸暫辦事之用，懇請聖主施恩。再，將單疇書生前所留奏本，照例交付驛站另奏以外。爲此謹奏。

硃批：知道了。降諭由部將爾處錢糧，賞與單疇書千兩銀，文到後，由此内入殮耳。

【《雍正朝滿文硃批奏摺全譯》第1772頁第3401條】

※兵部右侍郎通智奏報辦理寧夏水利工程事摺

雍正七年五月二十八日

奴才通智謹奏：爲奏聞事。

前已故侍郎單疇書率工程通判穆永士與寧夏道一同雇傭工匠、脚力、車船，購買物品，辦理錢糧，配合工程，奴才處處指揮，又查工程錢糧數額後，均已共商辦理。今水渠堤壩、城鋪房屋工程，需料雖多半辦得，仍須至來年秋季辦理。奴才親隨工程，不在寧夏。而在工程之道員宛天佑，人敬謹，奴才將伊駐于寧夏，仍率通判穆永士與寧夏道員鄂昌、知府牛廷載共商辦理工程所需工匠、脚力、錢糧等事。奴才又查工程所用錢糧數額。今蒙聖主之恩，大渠進水之五橋洞之大石閘一座，減水各四個橋洞之大石閘三座，于五月二十六日全部竣工。渠口正加固，大約六月十二吉日祭祀後，將水引入大渠。渠口正對水流方向，不怕水少，衹防備水大，開減水閘數日。將新堤壩防守，當即奏聞。爲此將滿漢文硃批摺子四件另裝封套，一并謹奏。

硃批：知道了。

【《雍正朝滿文硃批奏摺全譯》第 1772 頁第 3402 條】

蘭州巡撫許容奏報審理李元英案情形并繳硃批張廷棟原摺摺

雍正七年六月初六日

蘭州巡撫臣許容謹奏：爲恭繳硃批事。

竊照署撫臣張廷棟參奏李元英抵換侵吞塞思黑物件一摺。臣同李世倬遵旨逐一查審，一面將審出各情由繕摺具奏，一面將李元英供出法海原文無印底册二本，密發寧夏府知府鈕廷彩，親向法海查問確實。後據法海回稱，這兩本是原册子。等語。正在具奏間，于本年六月初三日，臣家人自京捧賫前摺回署，蒙皇上硃批："若止此罪，尚可原，此事不必察究，將物件估價變賣，交内務府查收可也。欽此。"遵即飭令按察使李世倬將各物定議估變外，所有張廷揀交到硃批原摺一件，擬合另封恭繳。再，查李元英任内别項款迹，現在逐一查審，俟審明，遵照部文具題。合并奏明，伏乞睿鑒。爲此謹奏。

雍正七年六月初六日。

知道了。此非朕施恩與李元英之意，事應如是結者。莫错會朕意，將别案不肯秉公據實卜度迎合、胡亂開釋也。

【《雍正朝漢文硃批奏摺匯編》第 15 册，第 478 頁第 377 條】

※寧夏副都統蘇圖奏報領兵前往大軍營地所經路綫摺

雍正七年六月初七日

駐寧夏等地之副都統臣蘇圖謹奏：爲奏聞事。

臣因親領寧夏一千兵馬前往大軍安營之處，其所行之路不可不核准查明。故臣經與將軍席伯、副都統海福商議，行文辦理蒙民事務之郎中散達理轉行，由鄂爾多斯貝勒諾依羅布扎木素處帶熟諳路途之嚮導前來詳問。據嚮導佐領額爾德尼等告稱，康熙五十四年，我鄂爾多斯兵派往阿勒泰駐防時，曾隨貝勒甘珠爾自阿拉善山以北，沿黄河，由郎山經郭多理到達阿勒泰。此路雖有些戈壁，但路不甚遠。既使于戈壁内，一段段仍間或有水草，其餘地方之水草足够兵行之用。等語。又查問得，康熙三十五年，滅噶爾丹那次用兵，將軍孫思克率七千緑旗兵亦係由此路，經郭多理至昭莫多的，現寧夏總兵官郭成功當時曾隨將軍孫思克前往。經問郭成功曰，此路直至郭多理，兵皆可行。故臣與將軍、副都統商定，按欽命所擇吉日，領兵于六月十二日辰時，向東南方向起程。出阿拉善山之鎮遠關後，視水草好，慢慢牧養馬畜，由郎山、郭多理前往大軍駐地。爲此謹具奏聞。

硃批：善。

【《雍正朝滿文硃批奏摺全譯》第 1774 頁第 3405 條】

※雙全等奏繳硃批諭旨摺

雍正七年六月十一日

奴才雙全等謹奏：爲雍正六年二月十一日至二十日主子所降諭旨，按日恭繕奏覽事。……

十三日。……兵部奏稱：寧夏將軍席伯、廣州將軍石禮哈等以軍政考試卓异。等因。保送協領一員、佐領二員、防禦二員，共五員，伏祈明日于旗事後引見具奏。等因。具奏奉旨：“知道了。欽此。”……

【《雍正朝滿文硃批奏摺全譯》第 1783 頁第 3411 條。譯自《宫中檔雍正朝奏摺》】

都察院左副都御史臣謝王寵謹奏請于寧夏後衛興復學校摺

雍正七年六月十一日

都察院左副都御史臣謝王寵謹奏：爲懇恩興復學校，以廣教化事。

欽惟我皇上御極以來，樂育人才，增學廣額，又敕令各省州縣遍立義學，使窮鄉僻壤，咸知義理。從古帝王，作人雅化，未有如今日者也。臣祖籍寧夏後衛，古未有學，俗尚勇武，人但知耕田充伍，鮮聞禮教。明嘉靖年，始設後衛儒學，歲考取入文生拾貳名，武生拾貳名。科考取入文生拾貳名，廩膳生貳拾名，增廣生貳拾名。歲貢叁年，出兩人，佾禮生陸拾肆名，教授壹員，生童考試屬靈州中路同知提調。文廟建立花馬池城内，春秋祭祀，照中學例動用正項銀兩。彼時，人粗知學，少有成就。

至我朝深仁厚澤，培養捌拾餘年，文武科目輩出，武臣如馬會伯，與臣同出身後衛學舊，因邊地連年歉收，生童多就食河西，學業荒疏。前督臣年羹堯于雍正貳年題請衛所改爲州縣，會同學臣王謨裁去後衛壹學，已奉部議，准行在案。臣竊思後衛一帶，逼近邊疆，距寧夏叁百餘里。花馬池地方，東鄰延綏，南接平慶，周圍闊數百里。防守則有花馬池副將、興武營游擊及各營堡守備、千把總等官，牧民則有守禦所千總，訓士則有後衛學教授。今裁去後衛學并教官、守禦所貳員，歸并靈州知州統屬，相去貳叁百里不等，生童分散寧靈各學，考試多起争端。民間訟盜，兩案往返，多延時日。且聖廟猶存，祀典已虚，臣竊以爲未便。

我皇上至誠格天，時和年豐，就食河西者，盡皆復業，勉强學問者，亦漸有人。臣愚請設一後衛縣，駐扎花馬池，提調學政，徵收錢糧，監放兵丁糧餉，管理訟盜。每遇朔望，宣講《聖諭廣訓》。仍設教授壹員，訓飭士子、庶人，知忠孝大義，家習禮讓，風尚醇厚，彌久彌固，方不負我朝累世培植盛德、我皇上作養人才之至意也。至于縣署，舊有守禦所衙署，無庸添設。

臣書生淺見，未知可否，伏乞皇上睿鑒施行。謹奏。

雍正柒年陸月拾壹日。

都察院左副都御史臣謝王寵。

【《雍正朝漢文硃批奏摺匯編》第15冊，第515頁第402條】

△諭著通智賞給單疇書家屬恤典

雍正七年六月十四日

十四日。……又奉上諭："單疇書，謹慎老成，操守廉潔，辦理寧夏渠工，實心效力。今聞溘逝，深爲憫惻。其應得恤典，該部察例具奏外，著通智將彼地修工銀兩動支一千兩賞給，爲歸途之用。回籍之日，准其柩櫬入城。寧夏渠工等事，著右通政史在甲前往辦理。……"

【《雍正朝漢文諭旨匯編》第7冊《上諭内閣》，第396頁"雍正七年六月十四日"條】

陝西寧夏道鄂昌奏謝恩准具摺陳事摺

雍正七年六月十八日

陝西寧夏道臣鄂昌謹奏：爲恭謝天恩事。

雍正七年六月初十日，接得甘肅撫臣許容傳帖云，奉旨許臣奏摺，臣即恭設香案，望闕叩謝外。竊臣一介庸愚，粗能識字，甲辰[1]科，謬叨鄉薦，前歲經本旗保舉引見，我皇上不弃葑菲，即用臣爲户部主事。效力甫及一載，諸事未能歷練，今又蒙皇上格外施恩，由主事而擢爲道員，倍負惶慚，許小臣以摺奏天廷，愈深畏惕。且寧夏爲邊方要地，道員有整飭紀綱、察吏

①甲辰：雍正二年（1724）。

安民之責，臣自問何人，當此重寄，唯有實心任事、虚心體理，不敢怠玩苟安，不敢沽名邀譽。倘能竭盡駑駘，以圖報聖恩于萬一，則非獨臣一身之幸，亦臣祖宗父叔之深幸也。臣于四月二十九日到任，目下承辦軍需渠工諸務，并查受庫貯、軍需、渠工、籽種銀兩交代。至地方民情土俗，一切事宜，臣係新任，尚未悉其底裏，容臣細心諮詢，俟有確知灼見，不時次第陳奏，以請睿裁，庶臣之愚昧得以欽遵聖諭、仰體聖心矣。今因奉到許臣奏摺之旨，理合具摺恭謝天恩，臣不勝戰慄惶悚之至。謹奏。

雍正柒年陸月拾捌日。

覽。責任中事。不過如何辦理，後隨便奏聞，或不奏聞亦可，自有你上司官經理。汝便奏聞，朕亦未有輕督撫兩司而重汝道員、聽信之理。汝等微員，亦令奏摺之意，不過廣朕耳目。汝責任中事情之外，或地方上情形、吏治之勤墮、上司之公私、屬員之優劣、營伍之整飭、雨暘之時若、百姓之生計，不但本省，便鄰省、遠省，便部内之政事，凡有駭人聽聞者，得知，皆當以風聞入告，不可必待深知灼見而方摺奏也。但奏摺時，若有深知確見處，即將情由寫奏。如得之傳言，亦將“風聞”二字明書。朕自察訪，自得實情。至汝等非本管轄，便欲究其確情而不能也。便誤奏，失于確實，朕亦不怪也。但“密”之一字緊要。凡有密奏，不可令一人知之，便汝叔亦不必令知也。若藉此以爲作威福，挾上司，陵人舞弊，少存一點私意，不但非榮事，而乃取禍之道也。著實遵朕訓諭，慎爲之。再，實有可奏之事，便一月兩三次奏聞何妨。如無可奏處，便數年不奏，亦不罪汝也。不可因無事可奏，搜羅細小，遮飾塞責。奏宜簡，不必頻。況朕日理萬機，奏對處甚多，亦無暇批覽。再，差人來奏摺，可著到怡親王府交遞，著王轉接奏聞。汝當法汝叔之居心行事，能勉法汝叔之居心，自然做汝叔如此之人矣。光耀祖宗，策名史册，不以美歟。第一操守，其次秉公，斷不可以小仁小義而爲欺君誤國之事，不可以趣利遠害之心，失人臣致身擔荷之道。不可傲慢上司，不可欺陵屬僚，亦不可逢迎上司，姑容屬員。寬嚴勸懲，總不必預爲立意，隨人因事，評情酌理，秉公而處之，能如此堅固根本。其他吏治之諳練與否，地方之情形洞徹與不，似此枝葉邊事，實力留心學習，不數時，自然能者易事也。便初任些微，有未經歷不妥協處，斷不至于大過也。況心誠求之，雖不中不遠，虛勤以處之，未有不能辦理者。勉之勉之。欽此。

【《雍正朝漢文硃批奏摺匯編》第15册，第582頁第457條】

欽差兵部右侍郎通智奏請賜寧夏查漢托護地方新築嘉名摺

雍正七年六月十八日

該部議奏。

奏。

臣通智謹奏：爲恭請天恩事。

竊照寧夏所屬之查漢托護大灘，地廣土沃，荷蒙皇上命臣與前户部侍郎單疇書浚渠築堤、設縣安民，仰見我皇上愛惠邊氓、體國經野之至意也。臣等率在工官弁開鑿大渠二百七十餘里，口寬一十八丈，抵渠尾以至四五丈不等。建進水大石閘一座，四墩五空；退水大石閘三座，各三墩四空；尾閘一座，一空。大枝渠百餘道，户口又開小陡口、小獾洞百餘道。各閘座旁，共置水手，房四十四間，照唐、漢渠式，設水手以司啓閉。又在大渠底之下，建大石暗洞四座，以通唐渠、漢渠之出水。建石橋、木橋二十三座，以便往來。沿大渠之東，障黄河泛溢，築長堤三百一十餘里。渠堤兩岸種柳六萬餘株，盤固湃岸，兼備日後歲修取材之用。沿大渠之西，疏浚西河舊淤三百五十餘里，以泄漢、唐二渠并大渠餘水，以及諸湖碱水。亦架橋梁一十六座。各項工程，俱已就緒，恭擇于六月十三日吉辰，臣率在工文武官弁，虔誠叩祭，展開渠口，自黄河引水放入大渠内。觀其水勢，甚是充暢。順流長引，三閘齊開，退入黄河，尚有十分水枝渠陡口飛引四布，不但新渠、寶豐兩縣田畝均沾灌溉，即寧夏、平羅兩縣唐渠、漢渠之水不能及者，皆自大渠各開枝渠，亦得灌溉。萬民歡悦，觀者如堵，咸戴皇恩，群歌帝力。

又，六羊改渠一百一十餘里，上年春夏，建進水大石間一座，兩墩三空；退水大石閘二座，鼓水大石閘三座，各一墩兩空。各閘旁，共置水手房二十間，大枝渠二十餘道，户口又各開小陡口、小䢕洞百餘道。于上年六月十七日，閘工一竣，即自黄河引水入渠矣。因俟大渠工竣，一并奏聞。此改渠，水勢亦甚大。上年俱已得秋水、冬水，今年又得夏水。招徠户口，遠近搬家，領受皇恩，籽種、牛具、蓋房銀兩，紛紛治辦，安居樂業，領票投户者，已到七千餘户矣。兩縣户口殷實，指日可期。

伏查漢渠名延渠，長一百九十五里，唐渠名來渠，長二百六十餘里。共灌田畝不過八千餘頃。今皇上指示臣等浚修，大渠可灌萬頃，六羊改渠可灌六七千頃，則數倍于唐、漢兩渠田畝矣。臣等托賴皇上天恩，所修大渠并六羊改渠，大工規模已竣，乞請皇上俯賜兩渠嘉名，以垂永遠。爲此繕摺具奏，伏乞皇上睿鑒施行。謹奏。

雍正七年六月十八日。

【《雍正朝漢文硃批奏摺匯編》第 15 册，第 584 頁第 458 條】

欽差兵部右侍郎通智奏請敕封寧夏地方龍王廟名號摺

雍正七年六月十八日

該部議奏。

奏。

臣通智謹奏：爲恭請天恩事。

竊思寧夏地方，皆賴黄河之水灌溉田畝，歷年兹多，漢、唐二渠正閘之旁，俱建龍王廟。今大渠、六羊改渠工竣，于正閘旁，亦照式，俱建龍王廟，并蓋橋房，焕然一新，規模弘大，以祈龍神靈佑，并壯邊陲觀瞻。伏查江南、河南河工龍王廟，俱蒙皇上敕封，列于祀典。今寧夏一帶，資賴水利實多，乞請皇上敕封名號，頒賜春秋祭祀，以昭盛典，庶于寧夏水利愈有裨益。爲此繕摺具奏，伏乞皇上睿鑒施行。謹奏。

雍正七年六月十八日。

【《雍正朝漢文硃批奏摺匯編》第 15 册，第 585 頁第 459 條】

欽差兵部右侍郎通智奏報三次祀龍放水之日皆降大雨摺

雍正七年六月十八日

臣通智謹奏：爲奏聞事。

看得寧夏地方，自今年二月，以至四月，雨澤甚少，黄河水亦小，唐、漢二渠澆灌微艱。臣等建造大渠進水大石閘于四月二十七日建畢，梭墩四座，率在工官弁虔誠恭祀，合對龍首、龍尾，是日大雨，自午及酉。五月二十二日，三座退水大石閘建畢，梭墩共九座，亦虔祭，合對龍首龍尾，是日又雨，自晝徹夜，處處沾足，唐、漢渠水，遂亦足用。六月十三日，在黄河虔祭，展口放水，又復大雨。今寧郡田禾倍盛，米價亦賤，傍近居民，皆踴躍歡呼，稱頌天恩浩蕩，自多休徵協應也。因三次雨澤之時，適當臣等工所請龍放水之日，爲此繕摺奏聞，伏乞皇上睿鑒施行。謹奏。

雍正七年六月十八日。

欣悦覽之。

【《雍正朝漢文硃批奏摺匯編》第 15 册，第 586 頁第 460 條】

欽差兵部右侍郎通智奏報寧夏渠工形勢摺

雍正七年六月十八日

臣通智謹奏：爲奏聞事。

今臣等奉旨浚修大渠，已經放水暢流，但係新建閘座，湃岸水未滲定，恐有疏虞，臣率在工官弁兵丁，自渠口，直抵尾梢，分布查看。已經五六晝夜水滲，著實托皇上天恩，共慶安瀾。交于水利通判年允軾率領水手踏看巡查，封湺水利，分與户口灌溉田畝外，臣即率在工官弁齊力，新渠縣城工包磚蓋房，并備辦寶豐縣城工磚瓦物料。今蒙皇上天恩，户口來者愈多，不一二年間，新設兩縣可成蕃庶。大渠、六羊改渠兩岸，大小陡口、枝渠三四里以至三四十里者，雖已開百餘道，但兩大渠，形長地廣，今秋明春，視户口齊集之多寡，再酌添數十道，務期兩縣普沾水利。六羊改渠上年放水，今春臣率領官弁，將一切閘座又加補修，愈覺堅固矣。大渠今夏放水，滲至明春，再將閘座湃岸酌量補修，則愈堅固。大概渠工、城工，明歲秋間，全可告竣，總計所費不過十六萬餘兩，即可成此兩項大工矣。俟全竣之時，臣等將渠工、城工形勢，并用過錢糧數目，逐一分晰造册，繪圖呈覽。爲此繕摺具奏，伏乞皇上睿鑒施行。謹奏。

雍正七年六月十八日。

覽。

【《雍正朝漢文硃批奏摺匯編》第 15 册，第 587 頁第 461 條】

欽差兵部右侍郎通智奏報采辦渠工城工用料情形摺

雍正七年六月十八日

臣通智謹奏：爲奏聞事。

伏查臣等奉旨建修新渠縣、寶豐縣兩處城工，并六羊改渠各處閘座，需用大石二萬餘塊。若照寧夏所用之石，自靈州觀音堂山場采辦，往返水旱轉運約有六百餘里，力費用煩。臣等在賀蘭山周圍踏看，即近六羊渠尾石嘴采得石塊，勝于靈州之石。且船運往返，始有二百三十餘里，甚屬簡便。再，兩縣城工燒造磚瓦，計用石炭須二萬餘車。若照常自中衛縣常樂堡山場采辦，往返水旱轉運約有一千二百餘里，甚屬寫遠。臣等細看石嘴與常樂堡出石炭之山，俱屬一脉，留心踏看開挖，又得石炭窑數座，運至新渠縣城工，往返始二百餘里，運至寶豐縣城工，往返僅五十餘里。就近雇覓車輛，轉運將完。新渠縣城工需用四百餘萬磚瓦已經燒出，甚屬便益。再，兩縣城工并廟宇、衙署房屋用鐵甚多，臣等詳思石嘴既出煉鐵之炭，亦必然有鐵，留心撿石煆煉，果然得鐵，現在取用。

再，寧夏、平羅等處居民柴薪采資查漢托護灘中者居多，今灘中已設兩縣，萬户開墾，未免乏于柴薪。臣等在賀蘭山一帶留心踏看，指示人民，試挖開出大小煤窑十數座，遠近居民現在取用，不但寧夏、平羅并新設兩縣不乏燒薪，且石嘴等處又出乾泥，户口人民做成缸、盆、盤、碗等具，就炭燒成磁器使用，此皆皇上宵旰勤勞、愛民經野，所以山川呈瑞，而爲國家之用、萬民之利也。爲此繕摺具奏，伏乞皇上睿鑒施行。謹奏。

雍正七年六月十八日。

此皆上天仁恩，蒼生之大懷，以手加額覽焉。

【《雍正朝漢文硃批奏摺匯編》第15册，第588頁第462條】

陝西提督紀成斌奏謝恩賞銀兩摺

雍正七年七月十一日

提督陝西固原總兵官臣紀成斌謹奏：爲恭報微臣欽領皇賞銀兩，叩謝天恩事。

欽惟我皇上廟謨廣運，肅申天討，士懷恭養之恩，人切同讎之奮。乃聖主天恩有加無已，官員以下、兵丁以上，逐加厚賞。臣身膺顯爵，又食厚禄，出兵報效，原屬職分。今蒙恩賞臣銀壹萬兩，寬裕之中，更加寬裕，已從川陝督臣岳鍾琪衙門領運到日，臣望闕叩謝，祗領訖。其標路官弁兵丁感戴天恩，歡呼踴躍下情，應轉報大將軍臣岳鍾琪彙題叩謝外，所有微臣領到皇賞，感激誠悃，理合恭繕奏摺，叩謝天恩。再，臣于雍正陸年在肅州總兵官任内奉到硃批奏摺肆扣，謹差臣標把總劉宗家人雷和奉賫奏摺，伏祀皇上睿鑒施行。爲此謹具奏聞。

雍正柒年柒月拾壹日。

提督陝西固原總兵官臣紀成斌。

覽奏謝，夫可黽勉協助大將軍。仰仗上天慈恩，聖祖賜佑，速成大功，早奏凱歌，如意回旋，君臣歡會可也。

【《雍正朝漢文硃批奏摺匯編》第15册，第751頁第603條】

陝西提督紀成斌奏報地方雨水米價摺

雍正七年七月十一日

提督陝西固原總兵管臣紀成斌謹奏：爲奏聞地方雨水米糧價值事。

竊臣仰荷聖恩，補授固原提督，奉派領兵。見今遵奉大將軍臣岳鍾琪、札付等候署員到日，馳赴軍前。臣檄固之初，料理兵馬，簡閲軍裝，至于臣屬地方，幅幀遼闊，官員賢否，營伍情事，莅任日淺，遽難確悉，因此不敢冒奏，謹將地方雨水、米糧市價，逐細奏報。固原地方，肆月以前，田地缺雨，自伍月迄今，雨水甚爲調匀，穀禾播種得時，土膏和潤，長養暢茂。目今市價，每春麥，京斗壹斗，價銀伍分柒厘，豌豆壹斗，價銀叁分陸厘，黄米壹斗，價銀伍分柒厘，粟米壹斗，價銀伍分柒厘。軍民商賈，咸稱托賴萬歲洪恩，我等共享豐樂。等語。又節據延綏鎮屬沿邊各營相報，雨澤俱各沾足，時估亦相仿佛，軍民樂業，地方寧静。臣以官兵遠出防範，倍宜嚴謹，道路村莊、荒岩野谷等處，嚴飭各該管汛會同文員，選差兵役，巡緝盤查，合并聲明具奏，恭請皇上睿鑒。爲此謹具奏聞。

雍正柒年柒月拾壹日。

提督陝西固原總兵官臣紀成斌。

欣悦覽之。

【《雍正朝漢文硃批奏摺匯編》第 15 册，第 751 頁第 604 條】

陝西提督紀成斌奏報存貯營中公項銀兩數目摺

雍正七年七月十一日

提督陝西固原總兵官臣紀成斌謹奏：爲奏明事。

竊臣到任以後，查據臣標中軍參將賀鼎臣册報，營中原存節年拴養馬、駝料草銀柒千壹百伍拾陸兩肆錢零，内除陞任提臣路振揚與營中陸續製造盔甲、炮位、火藥、鉛彈、封口、群子及車兵旗幟等項，其使過銀陸千肆百叁兩叁錢零，下存銀柒百伍拾叁兩零。等情。據此，臣查存貯銀兩係營中公項，仍飭參將賀鼎臣收貯，以備補修軍裝等項公用外，理合繕摺奏明，伏祈皇上睿鑒施行。爲此謹具奏聞。

雍正柒年柒月拾壹日

提督陝西固原總兵官臣紀成斌。

覽。

【《雍正朝漢文硃批奏摺匯編》第 15 册，第 752 頁第 605 條】

陝西總督查郎阿奏將常泰調署督標左營守備摺

雍正七年七月十五日

吏部尚書署陝西總督臣查郎阿謹奏：爲敬陳下悃，仰懇聖鑒事。

竊臣一介庸愚，罔無知識，重承聖恩高厚，畀署川陝總督印務。臣惟矢

清矢慎，勉竭駑駘，以伸報效。但臣初膺外任，又當川陝要區，幅幀遼闊，一切地方事宜，必須見聞有藉、諮詢有資，方可悉心辦理。再而子午谷等處，開修道路，建置經營，雖經督臣岳鍾琪奏明，委令西安府知府王紹文董理其事，而臣之稽查校核，必得一二相信之員，以備差委。今查屬員内素無親知灼見之人，其言其行，難以輕信，惟有命往陝西委署守備之常泰，前在圓明園千總任時，臣見其年力精壯，爲人誠實，行走亦好。昨來陝之後，業經督臣岳鍾琪委署固原城守營守備。臣因向臣岳鍾琪面商，可否改委調署，以收臂指之效。督臣岳鍾琪即云，因材器使，各就其人，此等委署人員，于題報之後，如有所知，即酌量改署，洵無不可。况以地方用人起見，不必拘泥委署之在先也。臣復與督臣岳鍾琪商議妥確，今已將常泰調署臣督標左營守備，即以原署左營守備之姜大經，改署固原城守營守備，俱已抵營任事。除咨明兵部記檔外，理合繕摺具奏，伏祈皇上睿鑒。爲此謹奏。

雍正七年七月十五日具。

覽。

【《雍正朝漢文硃批奏摺匯編》第15册，第757頁第610條】

陝西按察使碩色奏查花馬池大使送靖遠廳鹽監規銀兩情形摺

雍正七年七月十六日

陝西按察使兼管河東鹽務臣碩色謹奏：爲奏聞事。

據延安府靖邊同知錢金森詳稱，蒙督質對撫兩院牌開，欽奉上諭："地方陋規，著督撫等悉心確查。若無礙于國，無礙于民，可以歸公之項，則將緣由備細聲明陳奏，候朕批示。欽此。"行查到廳。遵查，花馬池大使如遇雨水調匀之年，有送靖邊廳鹽規銀肆百兩，若雨水欠缺，止有壹半，此係天施地生，并非民脂民膏，應請歸公。等情。到臣。臣隨留心訪查，聞得花馬

大池鹽斤不用人力澆曬，每年肆伍陸柒月間，雨水調匀，自然滋生，所産甚多。延安府屬壹帶地方，皆藉食于大池所産之鹽，每年僅額銷引壹萬肆千肆百道，尚有餘鹽。州縣官雖報有土商領引賣銷，而鹽課銀兩仍係百姓輸納，并無殷實良商承辦，以致壩夫、巡役通同私賣。在百姓急公納課，而土商以此取利，遂將所得銀兩饋送上司道、府等處。衙門各有陋規，即靖邊同知鹽規，亦不止于肆百兩之數，積習相沿，已非壹日。

臣思陝省官員，均沐皇上恩賞養廉，既有陋規，自應據實首報，豈容任其朦混中飽。况池鹽所産甚多，更應徹底清厘。臣見在檄委署城堡廳事、按察司經歷沈應俞現往查勘，如何設法稽察，而使官鹽不致偷賣，應設何官盤查，而使私販不致潛越。并行延安府吴瑞確查所出鹽斤，除額引行銷之外，每年約計餘鹽若干，作何召募良商承辦，增加引課，并各衙門陋規據實首報之處，統俟護府等查覆至日，另行確議具奏外，所有花馬池情形，并委查緣由，理合奏聞，伏乞皇上睿鑒施行。爲此謹奏。

雍正柒年柒月拾陸日。

此皆題咨案件，况又未有請旨預聞之處，如此煩瀆，甚屬無知。

【《雍正朝漢文硃批奏摺匯編》第 15 册，第 776 頁第 625 條】

※張文斌等奏繳硃批諭旨摺

雍正七年閏七月初三日

奴才張文斌等謹奏：爲將自雍正六年三月二十一日至三十日主子所降諭旨，按日恭抄奏覽事。

二十一日。……兵部奏稱：杭州將軍鄂彌達、荆州將軍吴納哈、寧夏將軍席伯等，以軍政考試卓异，保舉送來佐領雙保等七人，請子明日于旗務後引見具奏。等因。具奏奉旨："知道了。欽此。"……

二十四日。……兵部奏稱：將杭州將軍鄂彌達、荆州將軍吴納哈、寧夏將軍席伯等，以軍政考核卓异。等因。保送前來之佐領雙保等七人，帶領引見。奉旨：“雙保、張福壽、蘇巴里、四格、劉邦志、本達里、薩克沙哈，著俱做卓异人員。欽此。”……

二十日，刑部奏稱：奉天將軍伊禮布等送來之文，内開：由盛京刑部枷號杖完之沈茂修等十六人，送部。等因。送來。送來之沈茂修等十六人，或遣往荆州、西安等地，令于苦差上行走，或留京城，令于苦差上行走之處，請旨。等因。具奏。奉旨：“著將趙保遣江南，何紀遣浙江，蔣二遣寧夏，何天禄遣西安，多爾濟遣荆州，高成功遣右衛。楊大成、劉二、沈茂修，交内大臣。李二、何四、楊方春、李大、阿西圖、伊穆色楞、關東，遣回盛京。欽此。”……

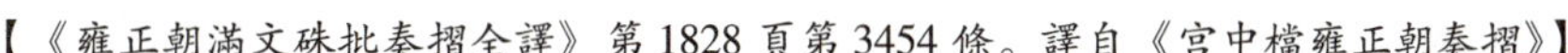
【《雍正朝滿文硃批奏摺全譯》第1828頁第3454條。譯自《宫中檔雍正朝奏摺》】

欽差兵部右侍郎通智奏遵旨賞賜單疇書歸鄉費銀摺

雍正七年閏七月十八日

兵部右侍郎臣通智謹奏：爲奏聞事。

雍正七年七月初七日，臣在新渠縣城工，恭接由驛遞發下奏摺，恩賜前侍郎臣單疇書歸櫬之費銀一千兩，天恩高厚，爲臣子者，皆頂感無地矣。臣前奏請動用暫與單疇書料理事務銀二百兩，已經扣除運項訖，至臣單疇書歸櫬之期，擬于八月十八日送歸外，前臣欽奉硃批清字摺二件、漢字摺三件另封，一并恭行奏繳。謹奏。

雍正七年閏七月十八日。

覽。

【《雍正朝漢文硃批奏摺匯編》第16册，第116頁第98條】

欽差兵部右侍郎通智奏報單疇書之子單鐸呈請扶柩回家事畢仍來工所效力摺

雍正七年閏七月十八日

兵部右侍郎臣通智謹奏：爲代謝天恩事。

雍正七年七月十二日，據舉人單鐸呈稱："竊臣單鐸，年二十九歲，係雍正元年癸卯科舉人，已故户部右侍郎單疇書之第五子。臣父于雍正四年五月内奉命管理寧夏查漢托護工務，臣鐸即隨到工所。雍正七年五月二十五日，臣父病故。六月十四日奉旨：'單疇書，謹慎老成，操守廉潔，辦理寧夏渠工，實心效力。今聞溘逝，深爲憫惻。其應得恤典，該部察例具奏外，著通智將彼地修工銀兩，動支一千賞給，以爲歸途之用。回籍之日，准其柩櫬入城。該部知道。欽此。'咨文一到，兵部右侍郎臣通智隨將銀一千兩賞臣，臣隨即更换吉服，恭設香案，望闕叩頭謝恩祗受訖。竊思臣父由知縣以至户部侍郎，十有餘職，身受皇上天恩之處，難以枚舉。今臣父溘逝，又蒙皇上天恩，大加奬美，極深憫惻，賞銀一千兩，以爲臣父歸途之用。仰見我皇上諄諄眷注之至意也。臣父自歷任以來，臣俱隨任。凡我皇上屢加優擢，時頒寵錫之處，臣實一一記憶，感激之私，日夜圖報。且臣父臨終時，又諄以報效朝廷囑臣，臣情願扶柩回家之後，仍來工所效力，庶少酬皇上高厚之恩于萬一，臣父亦可瞑目于地下也。懇祈代爲奏聞。"據呈到臣工所。

臣看單疇書之子五人，惟其第五子單鐸隨伊父來工，將近三載，頗堪學習行走，且一切奏稿文案，多出于此子之手。其父物故後，甘肅撫臣許容、藩司臣孔毓璞各賞銀二百兩助喪，伊遵父教，并未肯受，亦屬可嘉。今既願在工效力，以終父志，臣見其哀求情切，是以具奏，伏乞皇上天恩，可否將此子賞留工所，學習行走。工竣之時，清算開銷、查叙文案，亦不無裨益也。爲此繕摺謹奏。

雍正七年閏七月十八日。

好。著他在工效力行走事畢，你親帶來京引見。

【《雍正朝漢文硃批奏摺匯編》第16册，第116頁第99條】

署陝西固原提督張善奏謝殊恩霖沛并陳感鄙誠摺

雍正七年閏七月十八日

署理陝西固原提督印務、山西大同總兵官臣張善謹奏：爲恭謝天恩事。

竊臣自任山西大同總兵官，愧無涓埃之報。荷蒙聖旨，調臣陛見，即命臣署理陝西固原提督印務。驚聞寵命，感懼交加。又蒙皇上格外隆恩，賞賜孔雀翎、紙纓帽壹頂。見臣眼疾，即賞賜洗眼藥方。又傳旨，著太醫院治臣目病。臣冒昧以私情妄瀆，荷蒙聖恩，准給臣曾祖父母一品誥封。臣子□□更蒙天恩，賞列藍翎侍衛。臣既喜屢瞻天顔，又荷恩日賜克食。臣前赴固原，又欽選柒月初貳日著臣起身。臣初壹日跪請聖訓，荷蒙教誨諄切、指示周詳，復賜臣紗褂、紗袍、火鐮、鼻烟、荷包、餑餑、果蔬各壹匣。

伏念臣邊鄙庸材，毫無知識，乃荷皇上不斥愚劣，既任以提督重寄，何敢當叠沛殊恩，賜方賜醫，實聖主之曠典，解衣推食，更人臣之罕逢。祖、父受封，俱屬非常之數；臣、子侍衛，更爲難得之榮。而又屢奉恩旨，教訓敬聆，睿謨精詳。且臣一路服藥，眼疾已經大愈，更感皇上再造隆恩，種種高厚，是皆古今臣子不世有之奇遇，而□□臣更爲夢想所不敢望者。今一旦有之，極盡人世之蒙清夜，自思感激難名。但皇恩愈重，圖報愈難。臣惟有凛遵聖訓，黽勉自勵，盡此愚昧鄙誠，不敢稍存欺負，竭蹶供職，以冀少答鴻恩于萬一耳。所有微臣感激情形，繕摺恭謝天恩，伏祈睿鑒。爲此專差家人張榜賫捧，謹具奏聞。

雍正柒年同柒日拾捌日。

署理陝西固原提督印務、山西大同總兵官臣張善。

柔善小器之態，萬不可蹈，爲人欺主之事，萬不可爲。能此，方不負朕格外超拔之恩、保全功名之大道。若少涉私心，行小惠，沽小名，枉法從人，因私廢公，朕若稍覺，决不輕貸汝也。勉力爲之。

【《雍正朝漢文硃批奏摺匯編》第16册，第121頁第102條】

署陝西固原提督張善奏報自京起程沿途禾稼豐美摺

雍正七年閏七月十八日

署理陝西固原提督印務、山西大同總兵官臣張善謹奏皇上御前：臣于柒月初壹日叩辭闕廷，于初貳日自京都起程，出居庸，由宣府，至大同，渡黄河，視延綏沿邊一帶，抵固原。數千餘里，臣睹各處雨暘時若，禾稼豐美，而黎庶臣民無一處不感頌聖德弘敷所致，無一郡不咸呼皇上萬壽無疆。臣目擊兵民商賈歡戴情形，臣不勝雀躍慶幸，理合一并具奏，伏祈睿鑒。謹具奏聞。

雍正柒年閏柒月拾捌日。

署理陝西固原提督印務、山西大同總兵官臣張善。

凡如此等之奏，不可絲毫粉飾過言，甚無味之習氣，總務一真誠爲要。志之！

【《雍正朝漢文硃批奏摺匯編》第16册，第122頁第103條】

署陝西固原提督張善奏報招募馬步守兵等情形摺

雍正七年閏七月十八日

署理陝西固原提督印務、山西大同總兵官臣張善謹奏：爲奏聞事。

竊臣欽奉聖旨，命署固原提督印務，到任後，即將一切應行事宜，次第料理。所有陝省召募兵丁，已經寧遠大將軍臣岳鍾琪照會臣標，召募馬步守兵壹千伍百名，内除署事游、守各官叁拾壹員，應給親丁、馬步守糧貳百貳拾貳分外，實應召募馬步守兵壹千貳百柒拾捌名，著臣于陝提標屬定議召募外，隨臣酌量營汛之邊疆内提標爲召馬步守糧共捌百伍拾名，鎮屬各協營路按營分派，共應召馬步守糧共肆百貳拾捌名。臣已開單牒呈寧遠大將軍臣岳鍾琪，并咨明署理陝西總督臣查郎阿外，隨一面飭行標協營路將備各官，務要召募年力精壯、技藝嫻熟之人勤加訓練，臣不時合操，期成勁旅，以盡臣察。其應需馬匹、旗帳等項，另咨督臣購買製□，再陝省官員署任者多，昨臣赴任一路，凡有接見之員，臣仰體聖意，面加教訓，諄切告誡，必期實心竭力，思奮以圖報效。此中□存貪瀆乖張不肖之負，臣即咨會督臣題參，必不少徇情面。

至于固原提標管中中軍参將賀鼎，臣摺開營中前存一切錢糧，已經前任提督路振揚將用過銀數奏明，且下剩銀柒百伍拾叁兩柒錢柒分有零，見存中營衙門收貯。等情。臣遵旨復加細查得，前任提督今陞兵部尚書臣路振扬，仕固叁年，極其小心，管好無誤。其一切用過錢糧既經奏明，無庸臣再奏。據查路振揚陞任起身時，曾與過提撫中營参將馬叁匹，右、前、後叁營游擊各馬貳匹，中、左貳營守備，并減守營、守備各馬壹匹。嗣有提標中營参將，右、前、後叁營游擊，并中、左貳營守備，各與路振揚送盤費銀陸拾兩，□守營守備送盤費銀肆拾兩。路振揚俱各收訖。路振揚至西安，與提標肆營参、游，以及中左□守營守備每員又各帶送銀捌兩，俱係實情，餘查無據。臣□加查明，相應一并據實具奏，伏祈皇上睿鑒。謹具奏聞。

雍正柒年閏柒月拾捌日。

署理陝西固原提督印務、山西大同總兵官臣張善。

路振揚除標撫之外，一無可取，大詐大巧，混帳人也！

【《雍正朝漢文硃批奏摺匯編》第16册，第123頁第104條】

西安將軍常色禮奏報料理傳示禁止官兵條約緣由摺

雍正七年閏七月十八日

奴才常色禮謹奏：爲奏聞事。

奴才于雍正柒年伍月拾伍日，將從前欽奉上諭陸續傳禁官兵條約情節，并副都統蘇穆爾吉口傳硃批上諭，謹遵奉行之處，業已繕摺奏聞。今副都統蘇穆爾吉照依寧夏之例，送到嚴禁官兵條約，内有將滿城酒鋪概行禁止。等語。奴才與副都統等商議，寧夏城小，又係起初駐防，民人尚未及入城貿易，較之西安，易于禁止。西安城内寬大，駐防八十餘年，民人在滿城貿易者甚多，藉此爲生，由來已久，一旦概行禁止，恐致有誤生計。若以爲鬥毆行凶之事皆因酒鋪所致，祇將酗酒鬥毆妄行之徒嚴行禁止，特派官兵嚴加查拿，我等亦不時稽查，犯者即從重治罪，如此則不肖之徒自知戒懼，貿易之人得遂生理，法亦行而民亦安，似覺兩便。將此公同議定裁去。

又有將婦女有病坐湯者概行禁止。等語。奴才問副都統蘇穆爾吉，寧夏曾有湯泉否。蘇穆爾吉言，寧夏并無湯泉。奴才因言寧夏既無湯泉，自無傳禁。對于西安臨潼湯峪口之温泉，與有疾之人大有裨益，往往服藥無效，坐湯得痊者竟多。且京城婦女坐湯者，亦未嘗禁止，今若概行傳禁，則有病婦女未免不便。嗣後婦女内果係有病者，令伊等本夫或子弟跟隨前往。若無疾病、借端閑游者，嚴行禁止。如此則婦女不得肆意閑游，與有疾之婦女甚有裨益。此條與副都統等議定，亦行裁去。

惟有佐領、防禦，遇將軍、副都統，俱令下馬一條，奴才查儀注内開，都統精奇尼哈番、尚書、内大臣、副都統、護軍統領、前鋒統領、大學士、侍郎、阿思哈尼哈番、步軍統領等官出外，佐領、員外郎、拖沙喇哈番、主事等官遇，勒馬候過。等語。因此奴才問副都統蘇穆爾吉，寧夏佐領、防禦等官見將軍、副都統下馬，或係部頒之例，或奉將軍傳行。蘇穆爾吉言：

"我後到寧夏，不知原情。但寧夏官員俱如此遵行，今奉旨照寧夏整理，不便裁去。"言之再三，必欲傳示。奴才復與副都統蘇穆爾吉等商議，佐領、防禦等官遇將軍、副都統勒馬候過，係國家定例。寧夏官員所行既非定例，不便即行傳示。已經商酌數日，方一口同音，議定裁去。

及至將應傳條約寫就，奴才惟恐不能畫一，復將寫就條約令人送去與副都統等觀看。倪麻善言："將軍説使得，我就著官銜。"蘇穆爾吉言："内中尚少兩條，不便傳示，再行商議。"卓鼐言："蘇副都統著官銜，我亦著官銜，伊不著官銜，我亦不著官銜。"張正文言："蘇副都統既説少兩條，我們不便著官銜。"等語。奴才因事不畫一，衹得再候商議，但不知所少兩條又係何事，而亦并不言明，以致將應傳條約遲延至今。

奴才細思，諸事俱係國家公務，理宜公同計議，畫一施行。寧夏官兵制度，將軍西伯料理有方，理宜效法。况奉上諭，愈宜凛遵辦理。但佐領、防禦下馬一條，明違定例，所以奴才不敢傳示。奴才本愚昧之人，一切事務，俱蒙我皇上恩賜指示，此皇上深知洞見者。此事原非緊急要務，不宜冒瀆聖聽，但事關國典，奴才不敢私行更易。若將禁止條約不即行傳示，又係奉旨之事，奴才實不敢當。今蘇穆爾吉送到條約内有硃批上諭，令曉諭同僚大人，未令傳示官兵。况蘇穆爾吉不著官銜，奴才不敢擅將硃批自行傳示。再，佐領、防禦下馬一條，與例有違，奴才亦不敢擅專輒行傳示外，其餘俱照蘇穆爾吉送到條約，奴才自著官銜，鈐押印信，曉諭官兵，一概凛遵奉行，已嚴傳八旗訖。謹將蘇穆爾吉原送到清字條約，另行繕摺，一并呈覽。爲此謹繕摺奏聞。

雍正柒年潤柒月拾捌日。

批與清文摺上。

【《雍正朝漢文硃批奏摺匯編》第16册，第125頁第107條】

甘肅提督宋可進奏報寧夏總兵郭成功年老惛憒實難勝任摺

雍正七年閏七月十八日

提督甘肅總兵官臣宋可進謹奏：爲鎮臣年老惛憒，恐致貽誤邊管，臣謹具實奏聞，仰祈睿鑒事。

竊照寧夏□營處在沿邊地方衝要，總兵壹官統率屬員，有彈壓控馭之責，臣訪得寧夏總兵官郭成功，年已柒拾貳歲，年老惛憒。且起坐維艱，實難勝任。臣查寧夏乃極邊重地，鎮臣郭成功，衰老龍鍾，恐致貽誤事宜，臣謹具實繕摺恭奏，差遣臣家人劉復興、張成賫進，伏祈皇上睿鑒施行。爲是謹具奏聞。

雍正柒年閏柒月拾捌日。

提督甘肅總兵官臣宋可進。

所奏是，朕亦有此意，俟朕斟酌有旨。

【《雍正朝漢文硃批奏摺匯編》第16册，第128頁第109條】

※西安副都統蘇穆爾濟奏報修改官兵有關章程摺

雍正七年閏七月二十四日

奴才蘇穆爾濟謹奏：爲奏聞事。

竊奴才赴西安副都統任所，其奏謝恩摺子，奉聖主硃批諭旨："務必教導西安官兵，法度、風俗，如寧夏例一樣。將此旨著給將軍、大臣等知曉。"等因。到來。奴才即給將軍、副都統等知曉。奴才繼之繕寫寧夏所禁款項，除給將軍常色禮外，語之曰："女人等赴湯泉者甚多，生計攸關，名望亦壞。將此應一并禁止。"等情。將軍常色禮言："諭曰止遵寧夏法度、風俗而行。寧夏地方，并無湯泉。于爾寫給之禁項内，言佐領等官遇將軍、副都統等皆下馬。等情。此項亦不必禁止。按京城例，并無佐領等官遇大臣等下馬之例。”等語。故奴才語之曰：“此皆皇上硃批諭旨，令西安官兵法度、風俗皆與寧夏同。我不敢違背。將軍或施行，抑具奏後施行之處，在于將軍定奪。”等情。常色禮言：“我等再商議。”等情。奴才等候數日，并未提起。奴才又問之，據伊言：“咨查寧夏例。”等情。因此，奴才又等候月餘，并未咨行寧夏。奴才欽遵皇上諭旨，繕寫寧夏所禁款項皆交付將軍常色禮，而迄今未施行，惟裝作好人推諉，所以奴才不敢隱瞞。爲此謹奏聞。

硃批：常色禮很古怪，朕已知覺。將此等事告訴查朗阿，爾所奏言、朕所降諭旨，亦密行告知之。風聞今年六、七兩月，西安周圍亢旱，以致秋糧失收。爾因何未奏聞？

【《雍正朝滿文硃批奏摺全譯》第1842頁第3472條】

陝西寧夏道鄂昌奏請量免雍正八年甘屬河西額徵本色銀兩摺

雍正七年九月初一日

陝西寧夏道臣鄂昌謹奏：爲密陳管見，恭懇皇恩事。

欽惟我皇上念甘肅等省歷年軍需雖動公帑辦備，亦資民力轉輸，特沛洪恩，將庚戌[①]年額徵銀兩，悉行蠲免，老幼同歡，士民咸慶。此誠聖主愛恤生民、天高地厚之至意也。臣查甘省所屬之河東四府，原係里民，額徵者，多銀兩。河西四府原係屯民，今改爲州縣，額徵者，多本色。即寧夏一府額徵銀六七千餘兩，額徵本色糧共計一十四萬七百餘石。舊以屯田起科輕于民地，凡遇蠲免，多不免本色。如今載大兵出口，河西承辦軍需十分之六七，河東所辦不過十分之三四。河東因額徵銀兩蒙免甚多，河西因額徵本色蒙免無幾。伏查此番蠲免，乃皇上格外之恩，非尋常可比，請將河西庚戌年額徵

①庚戌：雍正八年（1730）。

本色内，亦量免其十分之三，或十分之五，後不爲例，則四府邊民倍沐皇仁于無盡矣。再，查寧夏一府現貯倉糧一十一萬二千四十石零，其别府大概可知，明歲兵丁應支本色糧石，亦不至于缺誤。臣受恩深重，鄙見如此，敢不據知陳奏，伏乞皇上睿鑒。臣不勝惶悚之至。謹奏。

雍正柒年玖月初壹日。

此奏是。已有旨之事矣。

【《雍正朝漢文硃批奏摺匯編》第16册，第487頁第385條】

陝西寧夏道鄂昌奏報寧鎮營伍廢弛摺

雍正七年九月初一日

陝西寧夏道臣鄂昌謹奏：爲邊鎮營伍事。

伏查寧夏爲邊方重地，而營伍尤關緊要。近因總兵官郭成功年老，精神不能應事，而各營將弁任意疏忽怠玩，多不遵號令，以致寧鎮營伍大半廢弛。臣居住同城，見此情形，理合據實奏聞，伏乞皇上睿鑒。臣謹奏。

雍正柒年玖月初壹日。

此亦有旨者。

【《雍正朝漢文硃批奏摺匯編》第16册，第488頁第386條】

陝西寧夏道鄂昌奏報雨水調匀秋禾茂盛新招户口安生樂業摺

雍正七年九月初一日

陝西寧夏道臣鄂昌謹奏：爲奏聞事。

竊臣到任以來，欣逢寧夏今歲雨水調匀，秋禾茂盛，收成甚好。兼之渠工告竣，渠水暢流，開設之新渠、寶豐二縣，招納之户口，俱各安生樂業。

此我皇上至誠格天，使萬民坐享無窮之福。臣邊省微員，當此不勝慶幸之至。謹奏。

雍正柒年玖月初壹日。

深慰朕懷。

【《雍正朝漢文硃批奏摺匯編》第16册，第489頁第387條】

陜西寧夏道鄂昌奏謝恩諭訓誨并繳硃批摺

雍正七年九月初一日

陜西寧夏道臣鄂昌謹奏：爲恭謝聖訓事。

雍正七年閏七月初七日，奉到臣恭謝天恩一摺，蒙硃批："覽。責任中事。不過如何辦理，後隨便奏聞，或不奏聞亦可，自有你上司官經理。汝便奏聞，朕亦未有輕督撫兩司而重汝道員聽信之理。汝等微員，亦令奏摺之意，不過廣朕耳目。汝責任中事情之外，或地方上情形，吏治之勤惰，上司之公私，屬員之優劣，營伍之整飭，雨暘陽之時若，百姓之生計，不但本省，便鄰省、遠省，便都内之政事，凡有駭人聽聞者得知，皆當以風聞入告，不可必待深知灼見而方摺奏也。但奏摺時，若有深知確見處，即將情由寫奏，如得之傳言，亦將'風聞'二字明書。朕自察訪，自得實情。至汝等非本管轄，便欲究其確情而不能也。便誤奏失于確實，朕亦不怪也。但'密'之一字緊要。凡有密奏，不可令一人知之，便汝叔亦不必令知也。若藉此以爲作威福，挾上司，陵人舞弊，少存一點私意，不但非榮事，而乃取禍之道也。著實遵朕訓諭，慎爲之。再，實有可奏之事，便一月兩三次奏聞何妨。如無可奏處，便數年不奏，亦不罪汝也。不可因無事可奏，搜羅細小，遮飾塞責。奏宜簡，不必頻。況朕日理萬幾，奏對處甚多，亦無暇批覽。再，差人來奏摺，可著到怡親王府交遞，著王轉接奏聞。汝當法汝叔之居心行事，能勉法汝叔之居心，自然做汝叔如此之人矣。光耀祖宗，策名史册，不以美歟？第一操守，其次秉公，斷不可以小仁小義而爲欺君誤國之事，不可以趣利遠害之心，失人臣致身擔荷之道。不可傲慢上司，不可欺陵屬僚，亦不可逢迎上司，姑容屬員。寬嚴勸懲，總不必預爲立意，隨人因事，評[①]情酌理，秉公而處之，能如此堅固根本。其他吏治之諳練與否，地方之情形洞徹與否[②]，似此枝葉邊事，實力留心學習，不數時，自然能者易事也。便初任些微，有未經歷不妥協處，斷不至于大過也。況心誠求之，雖不中不遠，虛勤以處之，未有不能辦理者。勉之勉之。欽此。”諭旨諄諄，恩加高厚。

臣望闕叩首跪讀之下，如對天顔，敢不實力遵循，竭盡犬馬，以圖仰報于萬一。爲此具摺，恭謝聖訓，謹繳硃批。臣不勝惶悚之至。謹奏。

雍正柒年玖月初壹日。

【《雍正朝漢文硃批奏摺匯編》第16册，第489頁第388條】

署陝西固原提督張善奏謝硃批教訓摺

雍正七年九月十五日

署理陝西固原提督印務、調補寧夏總兵官臣張善謹奏：爲敬聆聖訓，微臣刻骨銘心，叩謝天恩事。

竊臣前奉命署理固原提督，其摺謝恩，今于本年玖月拾壹日，據臣家人賫摺回署，臣跪接開讀，蒙硃批：“柔善小器之態，萬不可蹈，爲人欺主之事，萬不可爲。能此，方不負朕格外超拔之恩、保全功名之大道。若少涉私

①評：原作“詳”，據前文《陝西寧夏道鄂昌奏謝恩准摺陳事摺》附雍正硃批原文改。
②否：《陝西寧夏道鄂昌奏謝恩准摺陳事摺》附雍正硃批原文作“不”。

心，行小惠，沽小名，枉法從人，因私廢公，朕若稍覺，决不輕貸汝也。勉力爲之。"又報雨水摺，蒙硃批："凡如此等之奏，不可絲毫粉飾過言，甚無味之習氣，總務一真誠爲要。志之！欽此。"臣恭設香案，望闕叩頭謝恩訖。

伏念臣至愚極賤，荷蒙聖主，不次拔擢，歷任封疆，异數寵榮，迥超格外。午夜自思，臣何人斯，被此生成。每對妻子，輒爲感激涕零，未審作何圖報。兹蒙皇上教訓至再，切臣不勝感戴悚懼，惟有仰遵聖諭，日夕兢兢，不敢少涉私心，竭力黽勉，捐糜自天，以期報答高深于萬一。所有微臣感激下情，理合繕摺，恭謝天恩，伏乞睿鑒。爲此專差家人張榜賫捧，謹具奏聞。

雍正柒年玖月拾伍日。

署理陝西固原提督印務、調補寧夏總兵官臣張善。

覽。

【《雍正朝漢文硃批奏摺匯編》第16册，第591頁第474條】

△諭户部應將寧夏等河西四府額徵本色加恩豁免

雍正七年九月十八日

十八日，奉上諭："年來用兵西藏，剿撫苗蠻，及目今辦理軍需，一切皆動支公帑，而糧餉轉輸不無資于民力。朕心深爲軫念，是以降旨，將甘肅、四川、雲、貴、廣西五省庚戌[①]年地丁錢糧全行豁免。查甘屬之河西四府，如寧夏、西寧及甘、凉、肅，以至嘉峪關外之靖逆、赤金、柳溝等衛所，歷來額徵俱係糧料、草束，與各省額徵折色無异。今當用兵之際，雖絲毫不派及民間，而黎民踴躍，急公之意，大將軍岳鍾琪屢次奏聞，甚屬可嘉。應將額徵本色加恩豁免，以示惠愛邊民之至意。著户部即行查明具奏。"

①庚戌：雍正八年（1730）。

【《雍正朝漢文諭旨匯編》第8册《上諭内閣》，第42頁“雍正七年九月十八日”條。亦見同書第3册《無時間硃改諭旨》，第146頁第313條】

欽差兵部右侍郎通智等奏報寧夏查漢托護大渠工程告竣暨辦理新渠縣工務情形摺

雍正七年九月二十一日

臣通智、臣史在甲謹奏：爲奏聞事。

竊臣等奉命辦理寧夏查漢托護地方工務，仰賴皇上洪福，大渠工程于本年六月内告竣。水勢暢流，渠身湃岸，一切閘座、飛槽、暗洞，今經半載，并無疏虞之處。臣等于七月初，即赴新渠縣布置工程，分頭辦理。現今三面包磚俱已砌完，南面亦包至二十餘層。至城樓、敵樓、瓮樓、角樓、鼓樓，以及廳縣衙署、祠廟、倉廒、兵房，已蓋造十分之六七。因九月十七日立冬後早晚寒冷，恐灌漿、砌灰之工一經冰凍，難以堅久，臣等于月盡停工。又分頭采辦物料，運堆各工，以爲明歲新渠、寶豐兩縣并山後定遠營城工房屋之用，明歲二三月間，開凍興工。是。新渠縣四月可以告竣，寶豐、定遠城工亦可次第修舉。爲此繕摺具奏，仰祈聖上睿鑒施行。謹奏。

雍正七年九月二十一日。

嘉悦覽之。

【《雍正朝漢文硃批奏摺匯編》第16册，第729頁第577條】

欽差兵部右侍郎通智等奏報賀蘭山葡萄泉額駙阿寶居屋毁壞情形摺

雍正七年九月二十一日

臣通智、臣史在甲謹奏：爲奏聞事。

伏查雍正三年十二月，臣通智奉旨查看賀蘭山葡萄泉額駙阿寶房屋，因格格櫃箱存在房内，未敢進房，惟在草灘架支帳房，住扎五日，逐一細查，房屋門窗俱全。迨雍正四年三月，臣通智又同督臣岳鍾琪奉旨查看查漢托護工程，并議山後築堡設兵事宜到寧。督臣岳鍾琪面交于前任總兵官張君烈撥兵看守，隨據張君烈面稱，已撥弘廣營兵二十名看守矣。

至雍正七年八月内，渠工、城工稍有頭緒，臣通智即率效力官弁帶領夫役，由打磑口赴賀蘭山後葡萄泉地方料理興工。但見周圍房屋拆倒，大小房屋門窗皆無，院内羊糞、駝糞深積尺餘，大廳大房内皆曾圈養駝、馬、羊隻，各房内地面、炕面磚拆起，安鍋支鋪，砌槽喂馬。問及看守彝人額靈、臣巴扎兒等供稱，上年十月内，有中衛何外委領人十五六名，趕羊四千餘隻到此，將門鎖强行打開，亂住亂拆，俱行燒了，將羊即圈在院中大廳大房内。今年五月間，有寧夏陸千總又領人二十餘名，趕駝萬隻到此，亦在房内居住，將門窗拆燒。略向勸阻，即行罵打。等語。

又嚴詢看守兵丁，據鎮北堡頭目趙國慶、毛連等二十名供，供此處係弘廣營地方，原撥弘廣營兵十名，鎮朔、鎮北堡兵各五名在此看守。到雍正五年三月内，説與鎮北堡相近，都歸在鎮北堡撥兵看守。自雍正五年十二月以後，弘廣營游擊并鎮北堡把總并未撥兵前來。中衛外委名何士輝、寧夏千總名陸清原在此牧放羊、駝是實。本月二十日，弘廣營游擊江之湛聞得大人來此安置工程，方行文于鎮北堡，該堡把總傅作周始撥我們二十名前來。等語。即鎮北堡把總傅作周稟同前供。

查額駙阿寶房屋，係奉旨蓋造之房，未經築城設立弁兵之先，該管營汛自應封鎖，嚴加看守，乃竟玩忽從事，甚至牧放駝、羊之千總、外委打開封鎖，圈站駝、馬、羊隻，拆倒房屋，燒毁門窗，任意作踐，甚屬不合。臣等咨明寧夏總兵官臣郭成功嚴查外，理合奏明，并將拆毁内外房屋門窗清單一張，恭呈御覽，仰祈皇上睿鑒施行。謹奏。

雍正七年九月二十一日。

郭成功，老邁不堪，自顧不暇，何能察此。若處治妥協則已，若少不當，俟張善到任後，著他嚴加查處。

【《雍正朝漢文硃批奏摺匯編》第16冊，第729頁第578條】

△諭將寧夏縣知縣偏武革職拿問

雍正七年十月初四日

初四日。……又奉上諭："據通智、史在甲參奏，寧夏縣知縣偏武遺失銀兩，被民人拾取送還，偏武轉縱衙役向拾銀之人勒索錢文，又將拿獲偷錢之賊縱令釋放。且生性孟浪，諸事怠忽，聲名甚是不好。等語。偏武乃包衣下至微至賤之人，因淳親王保薦，是以用爲知縣，俾司牧民之任。乃伊不知感恩報效，輒敢放肆乖張，公行不法，甚屬可惡。著革職拿問。偏武行止如此，其從前必另有劣迹，即著通智、史在甲悉行查出，一并嚴審，定擬具奏。"

【《雍正朝漢文諭旨匯編》第8冊《上諭内閣》，第46頁"雍正七年十月初四日"條】

光禄寺卿史在甲奏謝天恩升授光禄寺卿摺

雍正七年十月初八日

光禄寺卿臣史在甲謹奏：爲恭謝天恩事。

雍正七年十月初二日，准署陝西總督臣查郎阿咨。雍正七年九月十四日，准吏部咨。雍正七年八月二十四日，奉旨："史在甲，補授光禄寺卿。欽此。"竊臣一介菲材，至愚極陋，荷蒙聖恩，由翰林院檢討歷補道、府。五年以來，涓埃未報。復蒙聖恩，補通政使司右通政，命往寧夏辦理渠工等事。方懼識淺才庸，報稱維艱，今又蒙皇上天恩，升授光禄寺卿。聞命之下，感愧交集，惟有勉盡駑駘，仰報高厚弘恩于萬一耳。臣恭設香案，望闕叩頭謝恩外，爲此繕摺，恭謝天恩，臣曷勝感激恐惶之至。謹奏。

雍正七年十月初八日。

覽。

【《雍正朝漢文硃批奏摺匯編》第16册，第898頁第671條】

欽差兵部右侍郎通智等奏謝欽賜插漢拖護地方渠名匾額摺

雍正七年十月初八日

臣通智、臣史在甲謹奏：爲恭謝天恩事。

竊臣等奉命辦理寧夏渠工事務，于雍正七年六月内，大工告竣，臣等謹繕奏摺，恭請渠名。雍正七年九月十一日，准署督臣查郎阿咨稱，雍正七年八月十八日，准工部咨。雍正七年閏七月二十六日，内閣交出插漢拖護地方新開大渠，欽定"惠農渠"，六羊改渠，欽定"昌潤渠"。等因。知照工所。臣等捧讀之下，感激歡欣，隨恭爲書寫，敬製匾額，擇于本年十月初二日，率領效力文武官弁，望闕叩頭謝恩，恭捧欽賜渠名匾額，懸挂于正閘橋房。其建造廟宇，敬塑龍神，即于是日慶贊開光。遠近士民，觀者如堵，歡聲載道。欽惟我皇上道協中和，功參化育，至治覃敷于率土，共沐生成，湛恩溥被于遐方，群安耕鑿。爰以粒食有關邦本，由是嘉名定自宸衷，惠我群黎，白叟黄童，咸戴皇仁之浩蕩；潤兹百穀，西成東作，盡屬帝德之經營。百爾騰歡，兆民稱慶，洵千百年之美利，實億萬載之宏模。爲此謹繕奏摺，恭謝天恩，臣等曷勝踴躍歡忭之至。謹奏。

雍正七年十月初八日。

覽。

【《雍正朝漢文硃批奏摺匯編》第16册，第898頁第672條】

蘭州巡撫許容奏報秋成分數并甘霖沾足土膏滋潤摺

雍正七年十月二十二日

蘭州巡撫臣許容謹奏：爲恭報秋成分數，仰慰聖懷事。

竊查甘屬八府三州及安、靖二廳，今歲秋禾收成大有，兹據布政使孔毓璞詳，據各府廳、州報到收成分數。平凉府所屬地方，十分者居十之二，九分者居十之四，八分者居十之三，七分者居十之一。慶陽府所屬地方，九分者居十之一，八分者居十之五，七分者居十之四。臨洮府所屬地方，十分者居十之二，九分者居十之四，八分者居十之三，七分者居十之一。鞏昌府所屬地方，十分者居十之二，九分者居十之四，八分者居十之三，七分者居十之一。甘州府所屬地方，七分者居十之七，五分者居十之三。凉州府所屬地方，八分者居十之三，七分者居十之七。寧夏府所屬地方，九分者居十之四，八分者居十之六。西寧府所屬地方，八分者居十之二，七分者居十之六，六分者居十之二。直隸秦州并所屬地方，十分者居十之一，九分者居十之六，八分者居十之三。直隸階州并所屬地方，九分者居十之一，八分者居十之五，七分者居十之四。直隸肅州并所屬地方，八分者居十之六，七分者居十之四。至口外安西、靖逆二廳地方，每年止種一熟。今年安西廳所屬衛所俱收成十二分，靖逆廳所屬衛所九分者居十之二，八分者居十之八。

伏查甘省土燥雨稀，天寒霜早，今歲仰賴我皇上恩膏叠沛，蠲賚頻加，仁風翔洽于西陲，至誠感孚乎天意。雨暘時若，高下均沾。序屬深秋，風和日暖，是以秋成豐稔，倍勝往年。百姓咸謂得此沾足甘霖，土膏滋潤，不但今歲獲慶豐收，即明春亦得及時播種。人人踴躍，處處歡呼。臣目擊民情不勝忭舞，爲此據實奏聞，仰慰聖懷。臣謹奏。

雍正七年十月二十二日。

明歲再看。朕想岳鍾琪出邊，甘陝數大員之居心本領未必能感上蒼之垂佑也，朕實

【《雍正朝漢文硃批奏摺匯編》第17册，第21頁第17條】

諭著將怡親王儀仗增加一倍及大學士馬爾賽等加銜褒嘉事

雍正七年十月二十七日

雍正七年十月二十七日，奉上諭："數年以來，怡親王及内外大臣中，數人協贊朕躬，忠誠宣猷，爲國家辦理政務勤慎，奉職效誠，甚屬可嘉。怡親王之儀仗，著增一倍。大學士公馬爾賽，著加太子太傅。大學士張廷玉，著加少保。大學士蔣廷錫，著加太子太傅。刑部尚書勵廷儀，著加太子少傅。靖邊大將軍公傅爾丹、寧遠大將軍公岳鍾琪，雲貴、廣西總督鄂爾泰，俱著加少保。河東總督田文鏡，著加太子太保。浙江總督李衛、吏部尚書查郎阿、寧夏將軍西伯，俱著加太子少保。欽此。"

【《雍正朝漢文諭旨匯編》第2册《諭旨》，第45頁第68條。亦見同書第8册《上諭内閣》，第60頁"雍正七年十月二十七日"條】

署陝西延綏總兵惠延祖奏覆密薦瓊州鎮標左營游擊周宗旦摺

雍正七年十月二十七日

署理陝西延綏總兵官印務、寧夏花馬池革職留任副將臣惠延祖謹奏：爲欽奉上諭事。

竊臣于雍正陸年貳月内，在花馬池副將本任内，蒙寧夏鎮臣郭成功牌文，内開：欽奉上諭，武官自副將以上，各保舉一人，轉行到臣。緣奉文時中，正值臣料理進藏兵馬起程會合出口，迨自西藏撤兵回汛，即署理延綏總鎮總兵印務。任事以後，陸續選派官兵運送馬、騾、軍裝等項。嗣蒙寧遠大將軍臣岳鍾琪檄委，前往定邊一帶駝場查勘駱駝，往回倥偬，未敢率舉。敬懷恩命，日切悚惶。

伏念臣一介庸愚，知識淺陋，蒙下及之殊恩，領薦賢之重任，敢不公忠敬慎，務竭愚誠。謹遵俞旨保薦。有廣東瓊州鎮標左營游擊周宗旦，江南人，壬辰①科武進士，由侍衛，補授寧夏水利都司。雍正叁年內，因裁缺離任赴部，改補升授今職。該員年力精壯，人品端方，辦事小心，居官勤謹。臣前署寧夏鎮印務，渠壩工程，每歲春月興工修浚，例係鎮道統率文武分段督修。該員實心辦理，毫不苟且，一切籌畫，悉合規制。臣親見灼知，用敢密薦，以期仰副聖主旁求至意。謹繕密摺，專差家人羅士英賫捧恭進，伏祈皇上睿鑒施行。爲此謹具奏摺以聞。

雍正柒年拾月貳拾柒日。

署理陝西延綏總兵官印務、寧夏花馬池革職留任副將臣惠延祖。

【《雍正朝漢文硃批奏摺匯編》第17冊，第39頁第32條】

寧遠大將軍岳鍾琪奏請將游擊王翰章加參將銜并王能愛等各管領兵游守事務摺

雍正七年十一月十二日

寧遠大將軍臣岳鍾琪謹奏：爲請旨事。

竊查固原提標左營游擊張存孝，經臣奏派出師，并請加以參將職銜，領兵由肅州出口。今據固原提臣紀成斌報稱，張存孝領兵行至肅州，于雍正七年八月二十五日病故。等因。到臣。除張存孝病故日期應聽署督臣查朗阿取結題報外，臣查出師參游，俱係按照馬量兵丁之數奏派管領，所遺員缺，似

①壬辰：康熙五十一年（1712）。

應仍爲選派，以足原數。

臣查原派出師之固原提標左營守備王能愛、提標前營千總張世禄二員，經臣派委管押戰車、駱駝，王能愛等俱各行走勤慎，竭力經理，并無錯誤，且俱年力精壯，技藝嫻熟，臣是以委令守備王能愛暫行管理固原提標左營游擊事務，其所遺左營守備員缺，即令千總張世禄暫爲管理，統俟大兵凱旋之日，給咨赴部引見。其所遺千總、把總員缺，即在把總、外委中揀選委署。至張存孝係加銜參將，今于途次病故，亦應仍于出師之游擊内，遴選勝任之員，請旨加銜，領兵行走。

查有寧夏鎮屬廣武營游擊王翰京，前經臣委令挑收寧夏各口外采買之駝隻、馬匹，并令管解出口。王翰京經管挑驗，解送各項馬、駝，均屬諳練，且實心任事，承辦甚勤，委堪管理參將事務。臣謹仰懇聖恩，可否將王翰京加以參將職銜，王能愛、張世禄等各暫令管理領兵游、守事務，以足原派參、游、守備之數。其委署之游、守、千、把所需鹽菜，并跟役口糧等項，均照所委銜缺支給，理合繕摺具奏，恭請訓旨遵行，伏乞皇上睿鑒。爲此謹奏。

雍正七年十一月十二日具。

有旨諭部，照所請行矣。

【《雍正朝漢文硃批奏摺匯編》第17册，第217頁第170條】

署陝西固原提督潘之善奏謝恩賜尚方嘉珍并繳硃批摺

雍正七年十一月二十四日

署理陝西固原提督、原使安西鎮總兵官臣潘之善謹奏：爲奏謝天恩，并繳硃旨事。

竊臣奉命，前赴固原署理提督印務，于雍正柒年拾月初捌日，途次安西

所屬靖逆地方，遇前差家丁于秀捧到硃旨暨尚方嘉珍，兼口傳諭旨。臣于旅舍，敬九叩，謝恩祗領訖。伏思臣本樗椿庸才，謬叨聖訓，擬以干城梁棟，自叩五中，愧歉益深。更蒙隆恩，憫念臣實窮苦，出内庫以酬醫士，賜奇品以賚微臣，即臣愚賤家丁，統邀聖賞，浩蕩弘恩，無微不至，此誠千古之异數、格外之優加也。臣即隕首結草，亦不能少盡毫末于至聖至仁之守中矣。所有感激下忱，理合恭繕奏摺，叩謝天恩覽奏謝矣。捧到硃旨，一并奉繳。再，臣于奉文之日，拮据就道，應于壹月間，可到固原。緣臣途次甘州，偶患項癰，沿途療治，以致遲延時日，方于拾壹月貳拾日抵任。至臣之癰疾，仰托聖主福庇，今已全愈，合并奏明，伏祈皇上睿鑒施行。爲此具摺奏聞。

雍正柒年拾壹月貳拾肆日。

朕想□一點外症必係有益之事，關大夫所論。其朕秉公，因將伊等所奏，一并發來你看，睹此奏，朕深爲欣慰，如此則病之根永除矣。

聞得袁繼蔭嗜酒，廢弛營伍，又將汝所請備用錢糧，任意借與兵丁。等情。果然否？此任甚爲緊要。況汝初到之日，任少有一些回互□□□□莫此爲甚也，據實奏聞，一使速定去就。

【《雍正朝漢文硃批奏摺匯編》第 17 册，第 316 頁第 242 條】

陝西固原提督紀成斌奏謝恩賜元狐皮暖冠摺

雍正七年十一月二十五日

提督陝西固原總兵官臣紀成斌謹奏：爲恭謝天恩事。

雍正柒年拾壹月拾柒日，寧遠大將軍臣岳鍾琪轉捧沿驛賚來臣奏摺壹扣到臣，并奉到恩賜臣元狐皮暖冠壹頂，隨即跪接，迎至行營，望闕叩謝天恩祗領訖。伏讀硃批諭旨，仰見我皇上敬天法祖、撫遠安邊之至意。臣跪聆之下，咫尺天顏，儼若親承訓誨，惟有凜遵諭旨，時加儆惕，即寤寐之間，亦不敢少有懈忽。惟有仰賴皇上洪福，臣益加勉策，早奏膚功，以副聖懷于萬一也。至臣深沐優渥，涓埃未報，今復蒙恩賜，臣實何修，叠邀聖眷。所有感激下忱，理合繕摺恭奏，叩謝天恩，伏祈皇上睿鑒。爲此謹奏。

雍正柒年拾壹月拾柒日。

提督陝西固原總兵官臣紀成斌。

覽奏謝矣。有旨批諭與大將軍。

【《雍正朝漢文硃批奏摺匯編》第17册，第327頁第249條】

甘肅巡撫許容揭報雍正三年分地丁等項錢糧并經徵職名

雍正七年十二月三日

正月二十四日到。【注】

巡撫甘肅寧夏臨鞏等地方贊理軍務兼理茶馬、都察院右副都御史、加四級紀録後降一級留任許，爲奏銷雍正三年錢糧查參未完各官事。

雍正柒年拾壹月貳拾柒日，據平慶臨鞏布政使孔毓璞呈，蒙巡撫甘肅許都院牌開，案照寧夏河西各道，并平、慶、臨、鞏肆府雍正叁年地丁奏銷錢糧册籍，擬合飭行。爲此，仰司官吏照牌事理文到，即將各道府雍正叁年地丁奏銷册籍，作速照依往例造賫，以憑核題，慎勿遺漏舛錯。速速。等因。到司。

蒙此，卷查前于康熙貳拾伍年肆月初伍日，蒙前任巡撫甘寧葉都院案驗，爲奏銷康熙貳拾叁年等事。康熙貳拾伍年肆月初伍日，准户部咨開：嗣後奏銷册内，將已完錢糧各官開明歲内、歲外全完。等因。備行到司。蒙此，又于康熙貳拾伍年拾壹月初拾日，蒙前任巡撫甘寧葉都院案驗，爲錢糧宜歸畫一，以便稽查事。康熙貳拾伍年拾壹月初捌日，准户部咨開：甘山道等肆道寧鎮地丁及雜税等項，彙爲壹疏奏報事。等因。備行到司。

蒙此，又蒙前任總督川陝圖部院案驗，准户部咨同前事。等因。俱行到

司。蒙此，又于康熙貳拾陸年柒月貳拾壹日，蒙前任巡撫甘寧葉都院案驗，爲銷算存留錢糧理應畫一事。准户部咨開：存留項下支用并支剩者，隨起運疏内造册奏銷。如有未完，照雜項錢糧例處分。至裁扣充餉銀兩，俱應歸并起運數内總作分數考成。等因。備行到司。

蒙此，又于康熙貳拾陸年玖月初陸日，蒙前任巡撫甘寧葉都院案驗，爲請停歲貢廷試事。康熙貳拾陸年玖月初肆日，准户部咨開：未支銀兩并以後歲貢盤纏銀兩，應造入存留裁扣册内報部充餉。等因。備行到司。蒙此，又于康熙貳拾柒年捌月拾捌日，蒙前任巡撫甘寧伊都院案驗，爲錢糧宜歸畫一等事。康熙貳拾柒年捌月拾伍日，准户部咨開：嗣後每年帶辦銀兩，照《全書》開載之數歸入起運解部。如遇鄉會之年，照數于起運銀内動給，造入奏銷，報部查核。等因。備行到司。蒙此，又于康熙貳拾捌年肆月初壹日，蒙前任巡撫甘寧伊都院案驗，爲條列應行事宜，仰祈睿裁事。康熙貳拾捌年閏叁月貳拾柒日，准户部咨開：每歲年終，將現在未完各項件分晰造具簡明清册，送户科，以備稽查。等因。備行到司。

蒙此，又于康熙貳拾捌年肆月初肆日，蒙前任總督川陝噶部院案驗，准户部咨同前事。等因。俱行到司。蒙此，又于康熙叁拾貳年正月貳拾日，蒙前任巡撫甘寧嚴都院案驗，爲遵奉堂諭事。康熙叁拾貳年正月拾捌日，准户部咨：陝西清吏司案呈，查得先經前任甘撫吴赫將所屬驛站錢糧分晰留支裁扣充餉細數造册咨部，本部將原册移送兵部查明去後。今准兵部咨稱：原額協濟等銀共玖萬貳千壹百伍拾壹兩壹錢叁分零，内夫馬工料等項共應支銀伍萬柒千肆百壹拾貳兩壹錢，與撫甘寧册報相符。其下剩裁銀係叁萬肆千柒百叁拾玖兩叁分零，與該撫册報數目不符。等因。前來。查夫馬工料等項供應支銀伍萬柒千肆百壹拾貳兩壹錢，既經兵部查與衙僻册内數目相符，應毋庸議。其下剩裁銀叁萬肆千柒百叁拾玖兩叁分零，兵部雖稱與衙僻册内數目不符，但該撫既稱係各屬新堡，并官役俸食，以及舉人盤纏坊價。等因。從前衝僻册内未經造入，今照實徵之數更正，康熙叁拾壹年爲始，歸入起運項下充餉。等語。應令該撫造入該年奏銷案内，報部查核可也。等因。備行到司。

蒙此，卷查前司于雍正元年捌月貳拾叁日，蒙前署甘肅巡撫事傳布政使牌開：雍正元年捌月貳拾日，准户部咨，爲奏銷康熙陸拾壹年錢糧等事。陝西清吏司案呈，准署甘撫傳咨稱：康熙陸拾壹年地丁錢糧奏銷，以及兵馬銷算各項册籍，定例于雍正元年肆月終造册題報。但伍拾捌玖、陸拾等年奏銷銷算錢糧，俱係前任折布政司任内經手之事，請俟交代確查清楚伍拾捌玖、陸拾等年奏銷銷算册籍，次第造銷題報之後，陸拾壹年奏銷銷算册籍，接續造賫，庶錢糧有所稽核，而款項亦不致錯雜。等因。前來。查該署撫雖稱伍拾捌玖、陸拾等年地丁錢糧奏銷，俱係前任折布政司任内經手之事，請俟交代確查清楚，次年題報，接續造賫。等語。但折爾金經手錢糧交代册籍，已屢經行催，因何不行題報？明係虧空，故爲延挨。應令該署撫限文到，作速嚴查催造，將伍拾捌玖、陸拾并陸拾壹等年銷算册籍，接續具題奏銷可也。等因。行司。

蒙此，除雍正貳年奏銷各册業已造賫前任撫憲具題外，所有雍正叁年分應徵地丁本折起存各項錢糧，查明分晰額荒、實徵、開墾、解支細數，相應造具總撒青底册，揭開列歲内、歲外并已未完分數職名，擬合呈賫具題。共司庫：雍正叁年兵餉册造，實在銀貳萬陸千伍百肆拾壹兩玖錢陸分肆厘叁毫貳絲玖忽叁微伍塵伍渺；各年兵餉册造，實在銀伍拾柒萬壹千柒百壹拾伍兩壹錢柒厘陸毫陸絲叁忽伍微叁纖肆塵；朋合册造，實在銀壹拾陸萬玖千肆百陸兩貳分玖厘叁毫玖絲肆忽捌微陸纖伍塵伍渺捌漠；雜項册造，實在銀貳百貳拾陸萬肆千貳百捌拾捌兩柒錢柒分肆厘壹毫玖絲玖忽捌微陸纖伍塵肆渺叁漠陸埃玖沙錢貳拾陸千陸百壹拾伍文。以上兵餉并雜項銀兩内，除前司彭振翼、署司陸暘言前司鍾保任内，將收過靖遠廳，解到雍正叁年地畝銀肆拾陸

兩伍錢陸分玖厘捌毫肆絲肆忽叁微貳纖伍塵肆渺，雍正貳年地租銀壹兩肆分貳厘捌毫。寧夏府，雍正貳年公用店房租銀玖拾肆兩叁錢。又，靈州雍正貳年地丁銀玖拾陸兩捌錢玖分玖毫伍絲柒微柒纖。洮州衛，雍正叁年表箋銀壹拾叁兩。以上共銀貳百伍拾壹兩捌錢叁厘伍毫玖絲伍忽玖纖伍塵肆渺，係未奉大部撥動雍正叁年兵餉之項，前司未經查明，誤收兵餉項下，應于兵餉項下收入雜項册内，聽候撥動。

又將已奉大部動撥雍正叁年兵餉銀内，收過涇陽縣解雍正叁年裁站銀壹百捌兩壹錢陸分叁厘壹絲捌忽陸微柒纖伍渺，淳化縣解雍正叁年裁站銀壹拾兩陸錢叁分肆厘叁毫壹絲貳微柒纖伍塵伍渺，盩厔縣解雍正叁年裁站充餉銀壹百肆拾兩，醴泉縣解雍正叁年裁站銀陸百肆拾叁兩壹錢玖分肆厘柒毫捌忽伍微壹纖叁塵玖渺。以上共銀玖百壹兩玖錢玖分貳厘叁絲柒忽肆微伍纖玖塵玖渺。前司未經查明，收入雜項之内，應于雜項内提入兵餉項下，以敷原撥之數。至前造報大部交代册内，亦屬舛錯，但前司俱已革職離任，其造册舛錯之處，毋庸揭參。今應以銷算册内更造實在之數爲確。兵餉册内，應該實在銀貳萬柒千壹百玖拾貳兩壹錢伍分貳厘柒毫柒絲壹忽陸微柒纖。雜項册内，止該實在銀貳百貳拾陸萬叁千陸百叁拾捌兩伍錢捌分伍厘柒毫伍絲柒忽伍微玖渺叁漠陸埃玖沙錢貳拾陸千陸百壹拾伍文叁厘。册造實在銀叁萬壹千叁百貳拾貳兩貳錢柒分玖厘捌毫捌絲柒忽貳微貳纖伍塵陸渺捌漠玖沙錢貳拾柒千叁百壹拾貳文。

再，查舊例，凡呈賫奏銷册籍，司庫存有實在銀兩，應請憲臺親詣盤查，出結保題。今本司呈賫雍正叁年奏銷銷算册籍，雖册開有存剩實在銀兩，俱經前司。等因。從前承辦軍需，采買駱駝，并賑恤灾民，散賑口糧，以及籽種、脚價與夫沿途供應等項，詳蒙前各憲批示，墊用無存，現于各本案内詳請撥補完結。查前項應存銀兩，多已墊用無存，無庸呈請盤查，應請俟雍正肆年奏銷後，再爲呈請盤查，合并聲明。等情。呈詳到臣。

該臣看得，平、慶、臨、鞏肆府，寧夏河西各道，雍正叁年分地丁考成錢糧裁官經費，以及雜税等項奏銷册籍，經臣飭行布政司照例造報去後。兹據布政使孔毓璞將各道府所屬廳、州、縣、衛、所雍正叁年分壹切本折起存錢糧，分晰額荒及起運錢糧完解，備載册内，開列經催、經徵各官職名并税銀税單，造具册揭，呈賫前來。查雍正叁年兵餉以及各年兵餉朋合雜項，册造實在銀叁百叁萬壹千玖百伍拾壹兩捌錢柒分零錢貳拾陸千陸百壹拾伍文又叁厘，册造實在銀叁萬壹千叁百貳拾貳兩貳錢柒分零錢貳拾柒千叁百壹拾貳文。臣覆核無异。

再，查奏銷之期，例應臣親臨司庫盤查，具結保題。今據布政使孔毓璞詳稱：奏銷册籍，雖開有存剩實在銀兩，俱經前司等從前承辦軍需，采買駱駝，并賑恤灾民，散賑口糧，以及籽種、脚價與夫沿途供應等項，墊用無存，現于各本案内詳請撥補完結，無庸呈請盤查。應俟雍正肆年奏銷後，再爲呈請盤查。等情。前來。查前項應存銀兩，既已墊用無存，應俟雍正肆年奏銷後，照例盤查，具結保題。除原册揭分送部科外，臣謹會同川陝督臣查合詞具題，伏乞皇上敕部核覆施行。再，此案册籍，前據該司孔毓璞呈賫到臣，因錢糧股項率多舛錯，屢次駁更，是以至今始行題報，理合聲明。爲此除具題外，理合具揭。須至揭帖者。

雍正柒年拾貳月初三日。

【注】本面餘紙之背記注。

【《明清檔案》A42—2，B23601—B23608】

欽差兵部右侍郎通智等奏明查漢托護渠工效力知縣劉庶叩懇回籍丁憂摺

雍正七年十二月初四日

臣通智、臣史在甲謹奏：爲據實陳情，叩准奏明丁憂事。

雍正七年十一月十七日，據查漢托護渠工效力知縣劉庶呈稱，庶係江南淮安府山陽縣人。生父劉宮于雍正六年正月在籍病故，五月聞訃，例應丁憂。緣庶父弟兄二人，伯父一子，伶仃多病，曾以庶過繼伯父。及康熙五十五年，庶由監生在《古今圖書集成》館效力，親身考職州同。至雍正四年四月書成，議敘知縣。時去家十餘載，伯父之子復有子，庶應歸本支，是以在部投供注明并無過繼。等情。雍正四年六月初五日，吏部帶領引見。蒙皇上命往查漢托護渠工效力，去家益遠，書信罕通。及庶父在籍病故，家人不知部供内已經聲明無過繼之情，猶狃于舊曾過繼之説，遂以降服訃聞。庶曾將情由稟明大人，懇求奏明，回籍丁憂。大人以渠堤一切等工正在需員之際，庶家信既稱降服，仍欲丁憂，恐係規避，不便具奏。庶不敢復請，仍在工竭力奔走。至今秋，渠工告竣，邊塞黎民，均沾聖澤。伏念庶在工數載，稍效臣子犬馬微勞，但以父喪未終，部供可據，人子之心，一日爲愈。伏乞俯准下情，轉達天聽，使得回籍，終此數月之喪，歿存均感生生世世矣。等情。到臣。

該臣等查得，查漢托護渠工效力知縣劉庶，于雍正四年八月到工，經今三載，辦事勤慎，錢糧絲毫不苟。緣雍正六年五月内聞伊父劉宮在籍病故，呈請丁憂。時臣通智與原任侍郎臣單疇書看其家書，稱係降服。况大渠正在興工，需員料理，恐係規避，未敢具奏。今渠工已經告竣，劉庶承管錢糧亦俱清楚，復行哀籲前來，應否當此停工之際，給假數月，回籍治喪，俾將少盡人子之心。出自聖恩，非臣等所敢擅便。爲此繕摺具奏，仰祈皇上睿鑒施行。謹奏。

雍正七年十二月初四日。

給假。

【《雍正朝漢文硃批奏摺匯編》第17册，第428頁第327條】

欽差兵部右侍郎通智等奏請恩賞劉庶餘平銀一百兩作爲回籍路費與喪葬之資摺

雍正七年十二月初四日

臣通智、臣史在甲謹奏：爲恭請天恩事。

竊查漢托護渠工效力知縣劉庶，到工三年，勤慎供職，不辭勞瘁，承管錢糧，出入清楚。荷蒙聖恩，效力各官每月給賞公費銀五兩，愈加感激，竭力奔走。今以父故，懇求奏明丁憂。臣等另摺具奏外，查劉庶在工主僕二人，惟資月費以爲衣食之用，今請回籍治喪，倘蒙聖恩俞允，往回八千餘里，長途路費，并喪葬之資，無可措置。可否在餘平銀内賞銀一百兩？出自皇上天恩，非臣等所敢擅便。爲此繕摺具奏，恭請天恩，仰祈皇上睿鑒施行。謹奏。

雍正七年十二月初四日。

好。賜與之。

【《雍正朝漢文硃批奏摺匯編》第17册，第429頁第328條】

欽差兵部右侍郎通智等奏報渠工效力通判張資自首從前監生考職係故父托人代考摺

雍正七年十二月初四日

臣通智、臣史在甲謹奏：爲遵旨自首，籲懇奏明事。

雍正七年十一月二十日，據查漢托護渠工效力通判張資呈稱，資于康熙四十三年遵常平積貯等事例，在陝西寧州捐納監生。康熙五十六年考授州同，康熙五十九年三月在山西大同府由候選州同捐駝十隻，以本項應陞之缺即用。又于康熙五十九年十一月遵謹陳末議事例，在陝西肅州道照湖灘河所新增九款例，由候選通判捐改歸單月即用米六十石。雍正四年六月初五日引見，蒙皇上命，往查漢托護梁工效力。當年監生考職，并未親身赴部，係故父張大緒托人代考。至代考之人是何名姓，未曾説知，無可查報。今奉恩旨，歷年考職監生托人代考得官者，准其自首，合行據實具呈，伏乞俯准奏明。等情。到臣。

該臣等查得，查漢托護渠工效力通判張資，爲人明白，實心辦事，一切差委，并無遲誤。今據自首，從前監生考職，係伊故父托人代考，懇乞奏明前來，臣等不敢隱匿。爲此繕摺具奏，仰祈皇上睿鑒施行。謹奏。

雍正七年十二月初四日。

此非摺奏之事。

【《雍正朝漢文硃批奏摺匯編》第 17 册，第 430 頁第 329 條】

欽差兵部右侍郎通智等奏總兵張善分别處治拆燒額駙阿寶房屋各員似屬妥協摺

雍正七年十二月初四日

臣通智、臣史在甲謹奏：爲奏聞事。

竊臣等到賀蘭山後辦理築堡建造營房事務，查看額駙阿寶房屋，鎮北堡把總傅作周并不撥兵看守。外委何士輝、千總陸清打開封鎖，前後圈站駝、羊，拆燒房屋門窗，弘廣營游擊江之湛不行查揭。于雍正七年九月二十一日繕摺具奏，奉硃批諭旨："郭成功，老邁不堪，自顧不暇，何能察此。若處治妥協則已，若少不當，俟張善到任後，著其嚴加查處。欽此。"臣等欽遵諭旨，看得郭成功，委係老病，不能辦理此事，新任總兵官張善于雍正七年十一月二十六日到任，移咨嚴加查處。

隨准張善咨開：查額駙阿寶房屋，乃係奉旨動帑蓋造，今額駙阿寶雖移住西寧口外，其舊存房屋，自應鄰近營汛撥兵加謹看守，不時稽查，以免作踐。乃鎮北堡把總傅作周，雖因軍需解馬、牧羊需兵，竟不詳報該管上司，擅撤看守兵丁，以致外委何士輝開鎖，圈羊作踐，拆燒房屋門窗。傅作周，相應革去把總責懲，以爲不職者戒。外委何士輝，相應責革枷示。千總陸清，係總理查看牧駝之員，縱容所帶兵丁住居屋内，相應責處記過，以策後效。再，鎮北堡營汛，係弘廣營游擊江之湛所管，雖把總傅作周未經詳報，但不行查揭，咎亦難辭。所有拆燒房屋門窗，著同陸清等賠修完固，以儆疏忽。現在繕摺具奏請旨外，此案係本部遵旨咨明嚴加查處事件，今恭繳硃批所有總兵奏摺一扣，祈統爲具奏。等因。到臣等工所。

該臣等看得，拆毁額駙阿寶房屋一案，總兵官張善查明把總傅作周等擅撤看守兵丁、拆燒房屋門窗、圈站羊隻是實，分别責革、記過、賠修，處治似屬妥協。可否如其所請，出自聖恩，非臣等所敢擅便。爲此繕摺具奏，仰祈皇上睿鑒施行。臣等恭繳硃批五件，寧夏總兵張善奏摺一扣，一并附呈。謹奏。

雍正七年十二月初四日。

覽。

【《雍正朝漢文硃批奏摺匯編》第17册，第431頁第330條】

陝西寧夏總兵張善奏擬分别處置拆燒額駙阿寶房屋案内各員請旨施行摺

雍正七年十二月初四日

鎮守陝西寧夏總兵官臣張善謹奏：爲奏聞事。

竊臣邊鄙庸材，至愚極陋，荷蒙我皇上隆恩叠沛，調補寧夏總兵官。所有到任日期，另疏題報外，臣惟勉竭駑鈍，隨將應行事宜次第料理間，拾壹月貳拾捌日，准兵部右侍郎臣通智、光禄寺卿臣史在甲咨開，雍正柒年玖月貳拾壹日，本部奏摺，内開：伏查雍正叁年拾貳月，臣通智奉旨查看賀蘭山葡萄泉額駙阿寶房屋，因格格櫃箱在房内，未敢進房，惟在草灘架支帳房，住扎伍日，逐一細查，房屋門窗俱全。迨雍正肆年叁月，臣通智又同督臣岳鍾琪奉旨查看查漢托護工程，并議山後築堡設兵事宜到寧。督臣岳鍾琪面交于前任總兵官張君烈撥兵看守，隨據張君烈面稱，已撥洪廣營兵貳拾名看守矣。雍正柒年捌月内，渠工、城工稍有頭緒，臣通智即率效力官弁帶領夫役由打磑口赴賀蘭山後葡萄泉地方料理興工，但見周圍房屋拆倒，大小房屋門窗皆無，院内羊糞、駝糞深積尺餘，大廳、大房内，皆曾圈養駝、馬、羊隻，各房内地面、炕面磚拆起，安鍋支鋪，砌槽喂馬。問及看守彝人額靈、臣巴扎兒等供稱，上年拾月内，有中衛何外委領人拾伍陸名，趕羊肆千餘隻到此，將門鎖强行打開，亂住亂拆，俱行燒了，將羊即圈在院中大廳、大房内。今年伍月間，有寧夏陸千總又領人貳拾餘名，趕駝萬隻到此，亦在房内居住，將門窗拆燒。略向勸阻，即行罵打。等語。又嚴詢看守兵丁。據鎮北堡頭目趙國慶、毛連等貳拾名俱供，此處係洪廣營地方，原撥洪廣營兵拾名，鎮朔、鎮北兵各伍名，在此看守。到雍正伍年叁月内，説與鎮北堡相近，都歸在鎮北堡撥兵看守。自雍正伍年拾貳月以後，洪廣營游擊并鎮北堡把總并未撥兵前來，中衛外委名何士輝、寧夏千總陸清原在此牧放羊、駝是實。本月貳拾日，洪廣營游擊江之湛聞得大人來此安置工程，方行文于鎮北堡，該堡把總傅作周始撥我們貳拾名前來。等語。即鎮北堡把總傅作周稟同前供。

查額駙阿寶房屋，係奉旨蓋造之房，未經築城設立弁兵之先，該管營汛自應封鎖，嚴加看守。乃竟玩忽從事，甚至牧放駝、羊之千總、外委打開封鎖，圈站駝、馬、羊隻，拆倒房屋，燒毁門窗，任意作踐，甚屬不合。臣等咨明寧夏總兵官臣郭成功嚴查外，理合奏明，并將拆毁内外房屋門窗清單壹張，恭呈御覽，仰祈皇上睿鑒施行。等因。奉硃批諭旨：“郭成功，老邁不堪，自顧不暇，何能察此。若處治妥協則已，若少不當，俟張善到任後，著他嚴加查處。欽此。”等因。到本部。查寧夏總鎮郭成功已經告休，未經處治。今貴鎮到任，擬合遵旨移咨貴鎮，煩請查照，嚴加查處，見覆施行。等因。到臣。臣隨行臣標署中軍游擊劉順，備查營汛因何不撥兵看守，如何作踐情由去後。隨據該將回稱，查鎮北堡，係鄰近營汛，把總傅作周因軍需解馬、牧羊需兵，是以將看守兵丁撤回，以致外委何士輝擅開封鎖，在彼圈羊作踐。千總陸清并未專管牧駝，係委用總理往來查看之員，未在房内住宿，但將所帶之兵丁貳拾餘名留住至内，不無蹂躪，俱屬實情。等情。到臣。據此，查額駙阿寶房屋，乃係奉旨動帑蓋造，今額駙阿寶雖移住西寧口外，其舊存房屋，自應鄰近營汛撥兵加謹看守，不時稽查，以免作踐。乃鎮北堡把總傅作周，雖因軍需解馬、牧羊需兵，竟不詳報該管上司，擅撤看守兵丁，以致外委何士輝開鎖圈羊作踐，拆燒房屋門窗。傅作周，相應革去把總責懲，以爲不職者戒。外委何士輝，相應責革，枷號示衆。千總陸清，係總理查看牧駝之員，縱容所帶兵丁住居屋内，相應責處記過，以策後效。再，鎮北堡營汛，係洪廣營游擊江之湛所管，雖把總傅作周未經詳報，但不行查揭，咎亦難辭。所有拆燒房屋門窗，著同陸清等賠修完固，以儆疏忽。緣奉硃批事理，擬合繕摺具奏，是否允協，伏祈皇上睿鑒施行。謹具奏聞。

雍正柒年拾貳月初肆日。

覽。

【《雍正朝漢文硃批奏摺匯編》第17册，第432頁第331條】

※卓鼐奏謝調補爲寧夏滿洲副都統摺

雍正七年十二月二十二日

奴才卓鼐謹奏：爲叩謝天恩事。

雍正七年十二月二十九日，兵部欽遵上諭，咨行奴才文稱，將奴才調補爲寧夏副都統。等情。奴才恭設香案，望闕謝恩訖。伏思奴才一介微末，仰蒙聖主鴻恩，授奴才爲西安漢軍副都統。奴才纖毫未效，且今復蒙皇上之恩，將奴才調補爲寧夏滿洲副都統，奴才實難仰承。奴才惟欽遵皇上訓示，除勤奮效力外，莫可言喻。奴才將于雍正八年正月初七日自西安起行赴寧夏。爲此具叩謝天恩摺子，專差奴才家人富爾泰賫捧。謹具奏聞。

硃批：知道了。朕調爾到寧夏之意，特爲爾在將軍席伯近處，視其意行，以便聽從伊之指教之故，盡力學習效法。爾誠能如席伯一樣存心，則即如席伯尊敬朕，爲朕疼愛，且永享朕恩，成爲名臣矣。勤之！一處如席伯不能盡忠，而欲享朕如此看待之恩，不要指望。努力吧！

【《雍正朝滿文硃批奏摺全譯》第1910頁第3599條】

雍正八年（1730）

寧遠大將軍岳鍾琪奏覆所聞袁繼蔭居官情形并請將張善調補安西鎮摺

雍正八年正月初四日

寧遠大將軍臣岳鍾琪謹奏：爲遵旨覆奏事。

雍正七年十二月十七日，奉到硃批諭旨："朕料袁繼蔭未有負朕深恩，至于此極之理，但從安西回來調治，潘之善大夫問伊等，皆推委，衹言日在潘之善宅中，但亦有言袁繼蔭吃酒者，其他皆不深知云云。若果如查朗阿之參奏時，此鎮最爲緊要，依卿意，孰可勝此任也？卿就近可有聞見否？朕爲此甚爲憂心，燈下批書者。欽此。"伏查臣前在西安之時，鎮臣袁繼蔭在凉州鎮任内稍聞有好酒之名，臣隨屢屢密字切誡，伊尚能勉力供職，無誤操防。及上年臣統師出口，于途次接見，又面爲戒飭，據云近來并不飲酒。等語。至署督臣查朗阿奏參袁繼蔭廢弛營務，辦事懈怠，且將恩旨撥發安西給兵通融借用之銀兩一任營員那用之處，臣委無所聞。今大兵出口，雖由安西鎮所轄之地方行走，而安西僻處一隅，并非大路，往來者少。其袁繼蔭歷任安西，果否廢此營務，并將撥發兵丁通融借用之銀有無任聽營員那用各情事，臣實無由悉知。容臣密爲訪察，如果得實，即爲據實参奏請旨、嚴加議處外，但安西爲極邊重鎮，現今出師之際，所關甚巨。袁繼蔭，性既好酒，似難勝任。我皇上廑念邊方，上切宸衷，蒙恩垂問，臣敢不謬抒管見，敬陳于君父之前。

伏思安西一鎮，遠處西陲，巡邊防守，任重責專，必須明敏勤慎之鎮臣，方與邊疆有益。臣思寧夏鎮臣張善，居官勤謹，營務熟嫻，但寧夏係張本籍，其地方人情澆薄，刁悍者多，未免致有牽制，難于整頓。臣不揣冒昧，仰懇聖恩，即將張善調補安西鎮，其所遺寧夏鎮印務，查有命往署涼州鎮印務之副將李繩武，人甚明白，辦事慎勤，堪以署理寧夏鎮印務。并請將袁繼蔭調回涼州，如果仍耽麯糵，舊習不改，并懈怠營私之處，在署督臣查朗阿得以就近察訪確實，嚴参究處，俾邊方重鎮，俱各得人，與營務大有裨益。但臣智識淺鄙，是否有當，伏乞皇上睿鑒，特降諭旨遵行。爲此謹奏請旨。

雍正八年正月初四日具。

好。朕原意欲將張嘉翰二人調用，卿此斟酌更爲是。當另有旨諭。

朕料袁繼蔭未有負朕深恩。至于此極之理，但從安西回來調治，潘之善大夫問伊等，皆推委。祗言日在潘之善宅中，但亦有言袁繼蔭吃酒者。其他皆不深知云云。若果如查郎阿之参奏時，此鎮最爲緊要。依卿意，孰可勝此任也。卿就近可有聞見否？朕爲此甚爲憂心。燈下批書者。

【《雍正朝漢文硃批奏摺匯編》第 17 册，第 643 頁第 497 條】

欽差兵部尚書查弼納等奏辦理采買出口軍需羊隻情形摺

雍正八年正月十五日

兵部尚書臣查弼納等謹奏：爲遵旨辦理事。

臣等查，今春出口粳米、粟米、炒麵，除估定糧車柒千輛、騾駝陸千隻馱載之外，餘剩米、麵，現准甘撫許容陸續咨報雇運全完，且糧車將次告竣。現存駝隻飭令加意喂養，派定日期，俱于叁月内，起發出口，運送軍營，是進剿之口糧米、麵，已必無遲誤矣。惟是原估進剿陸個月口糧、羊陸拾壹萬陸百餘隻，内經寧遠大將軍岳鍾琪扣除臺站兵丁羊隻，并各處買獲羊隻之外，行令凉、寧、西叁府采買羊壹拾貳萬隻，于冬月買足，派撥官兵解送肅州口外赤金湖牧放，俟今年清明後，青草發生，再行趕解巴爾庫爾在案。今時屆春令，尚未買齊起解，已屬遲誤。

又准甘撫許容咨稱，各府報到號買羊隻已有拾分之捌玖。緣水凍草枯，不能膘壯，寧夏營員惟恐倒斃，百中選壹，不肯接收。酌派文員協解，并買加壹餘羊以備添補。等語。臣等誠恐文武不和，推諉貽誤，隨派司官檄委按察司李世倬會同寧夏總兵官張善秉公挑驗，并嚴查是否營員刁難不收，抑係采買各官以瘦小之羊搪塞抵數，開具違誤職名，送參去後。復准甘撫許容咨稱，寧夏總兵官張善以此時羊隻疲瘦居多，長途解送，實屬萬難，暫交原主牧放，俟青草發生，再行起解，辦理軍需。尚書馬會伯又以前次寧夏鎮標游擊馬紀官等解送出口之羊，時值嚴寒，水涸草枯，羊隻凍餒生症，沿途倒斃，拾去其玖。今續買之羊，正值冬末春初，脱毛换骨，萬不能趕解到營。已將寧屬羊隻停其采買，應作何辦理，另撥糧石。等因。前來。

臣等伏思，羊隻壹項，係估給兵丁進剿之口糧，斷難缺誤。目下塞外春寒，沿途牧放爲難。又值下羔落膘之候，似張善所請俟草生趕解，未爲不是。但時日濡遲，恐誤進剿行期，即改運糧石，亦宜籌盡萬全。今馬會伯并不計及如許糧石作何運送軍營，以及軍營有無可供添運進剿之車、駝，始則以行司查議爲詞，繼則以作何辦理咨商甘撫，并無隻字知會臣等，遽將寧夏已買之羊，概行停止，似此草率孟浪，勢必誤羊隻而兼誤糧石，所關非淺。臣等荷蒙聖主委任，何敢因循遷就，惟有凜遵動帑添辦不可節省錢糧之恩諭，設法料理。此時内地青草雖未發生，入春以來，雪消凍解，天氣融和，水泉流溢，大與口外不同。若寧夏、西寧羊隻，仍從口外趕解，恐未到赤金，已多倒斃。今臣等面詢久慣牧販之人，僉云羊隻回内地加料飼喂，可以長途驅趕。臣等已行令采買各官多備餘羊，并飭甘、涼道、府兼買牛隻，雇覓善于趕羊之人，將寧、西、甘、涼羊隻挑選膘力强壯者，俱從内地趕解。令沿途州縣各照本地所産與羊性相宜之料草，逐站預備，并令管押文武各員給領銀兩，以備沿途買糧料，保其膘力，俾得直抵赤金湖牧放，俟青草生長，解至軍營。仍恐沿途復有倒斃，添撥折價銀伍萬兩解送買補，寧使有餘，毋致不足。

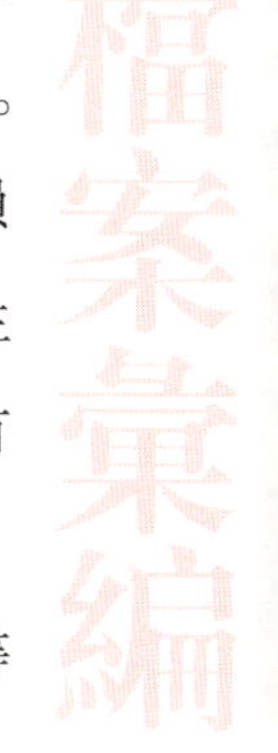

至改運糧石，必需馱載。此時駝隻甚少，添造糧車，亦猝難多備，臣等與許容酌議，惟有增加運價、廣招脚户之壹法，可以克期而至。如有不敷，再賃買民間車馬，易于運送軍營，但額估進剿之車、駝有無餘閑添運糧石，臣等未能周知。且游擊馬紀官等，解羊壹拾陸萬玖千餘隻，沿途疲傷變價，以及口内、口外倒斃，共計捌萬餘隻。此項缺額羊隻，爲數既多，内地采買，壹時難得。其去秋西寧等處，所解出口羊隻，有無倒缺，應否一并撥解折價，抑照數補運糧石之處，臣等俱經料理，預備齊全，壹面飛咨寧遠大將軍岳鍾琪酌定，移覆到日，或仍解拾貳萬羊隻，或撥解折價，或改運糧石，即當應付，必不貽誤進剿之期。理合據實具奏，伏乞皇上睿鑒施行。謹奏。

雍正捌年正月拾伍日。

兵部尚書臣查弼納、署户部侍郎臣常德壽、原任巡撫臣常賚。

有旨内閣頒發。

【《雍正朝漢文硃批奏摺匯編》第17册，第712頁第545條】

諭内閣著將寧夏總兵張善調補安西總兵等武弁調任事

雍正八年正月二十日

雍正八年正月二十日，内閣奉上諭："寧夏總兵官張善，著調補安西總兵官。署涼州總兵官李繩武，著補授寧夏總兵官。張善到安西時，袁繼蔭再回涼州總兵之任。袁繼蔭赴任後，李繩武再往寧夏。李繩武未到之先，寧夏總兵官印務，著將軍席伯暫行署理。欽此。"

本日，满中書吴拔世交來，云已交兵學習謝應翰抄出。……

【《雍正朝漢文諭旨匯編》第5册《上諭底册》，第13頁第14條】

署陝西固原提督潘之善揭賀地涌醴泉

雍正八年正月二十日

揭帖。

二月初三日到。【注】

署理陝西固原提督印務、原任安西鎮總兵官潘揭：爲天賜上瑞，地涌甘泉，恭抒歡誠，仰祈睿鑒事。

雍正柒年拾貳月初陸日，准署理川陝總督印務臣查朗阿咨，爲地出醴泉等事。雍正柒年拾壹月貳拾柒日，准禮部咨，儀制清吏司案呈，禮科抄出和碩怡親王等奏賀，内稱：據雲貴廣西總督鄂爾泰奏報，雲南大理府趙州于本年閏柒月地涌醴泉由。等因。于雍正柒年拾月拾柒日奏，本月貳拾日奉諭旨，欽遵。抄出到部，相應抄録粘單，行文直隸各省督撫，轉行駐札該省之將軍、提鎮、文武各衙門可也。等因。并粘單壹紙，移咨到臣，"欽此欽遵”。隨即轉行標鎮協營一體欽遵外，臣誠歡誠忭，稽首頓首。

欽惟我皇上帝德汪洋，皇仁浩蕩。體乾健以敷治，庶務理而徹底澂清；本太和以迓庥，瑞徵現而源頭廣運。人民享其樂利，溶溶萬頃恩波。草木得以繁榮，滚滚千重膏澤。以故惟天鑒德，惟德格天。聖道涵泓，嘉祥叠見于寰内；湛恩汪濊，甘泉慶溢于滇南。是蓋上帝之賜休，恩流萬世；非由人力之掘井，沾被四方。注東海以朝宗，先西疇而濟衆。家家溝澮，南畝賴以生成；處處桔槔，東郊資其浸潤。瘠壤變爲腴壤，千斯倉而萬斯箱；石田化作桑田，既多黍而復多稌。花村緑野，咸賡鼓腹之歌；白叟黄童，共效華封之祝。洵爲兆民之利賴，實本一人之中和。乃大德謙冲，躬已聖而不自知其聖；王言涣汗，因一臣而并勵乎諸臣。夫惟宸邃不矜，愈見乾坤之大。况復恩綸諄切，恍瞻日月之光。從兹藐藐臣鄰，恪遵帝典；蚩蚩比閭，共樂堯天。官飲廉泉，悉臻清白之世界；民蒙甘露，盡登富庶之春臺。臣無任踴躍歡忭，謹恭疏慶賀。伏祈皇上睿鑒施行。爲此除具題外，理合具揭。須至揭帖者。

右具揭帖。

雍正捌年正月貳拾日。

【注】本面餘紙之背記注。

【《明清檔案》A42—43，B23833—B23835】

署陝西固原提督潘之善揭賀景陵瑞芝呈祥

雍正八年正月二十日

二月初三日到。【注】

署理陝西固原提督印務、原任安西鎮總兵官潘揭：爲聖德日新，神物叠見，恭疏題賀，仰祈睿鑒事。

雍正柒年拾壹月貳拾肆日，准署理川陝總督印務臣查朗阿咨，爲知會事。內開：景陵聖德神功碑亭儀樹之右，産瑞芝壹本于石上，長陸柒寸，祥光焕發，觀者無不欣喜。等因。備咨到臣。隨轉移行標鎮協營一體欽遵外，臣誠歡誠忭，稽首頓首。

欽惟我皇上，道邁陶唐，孝隆虞舜。本如日如天之至德，恩光遍播于臣民；展丕承丕顯之精思，嘉休迥出乎今古。聖德明而繩武乎祖德，符應無方；帝心誠而昭格于天心，昇平有象。以故百川應運、海晏河清之政垂拱，珠聯璧合。卿雲屢見而捧日，醴泉忽涌以溉田。嘉木呈足食之祥，瑞繭獻豐衣之兆。前逢龍山吐秀，蓍草挺生；兹睹神碑告成，靈芝焕發。蓋由我聖祖仁皇帝，久道化成，深仁厚澤。太和保合，物阜民安。我皇上達孝格天，至誠動物。故當萬壽之令節，忻瞻神芝之發榮。紫蓋丹紋，雜萬國衣冠而稱壽；金柯玉葉，映五色黼黻以添籌。聞者悉踴躍嵩呼，見者盡欣訝神异。臣職守遥邊，幸生盛世，快睹奇葩之有自，願祝聖壽以無疆。臣無任歡忻踴躍之至，謹恭疏慶賀，伏祈皇上睿鑒施行。爲此除具題外，理合具揭。須至揭帖者。

右具揭帖。

雍正捌年正月貳拾日。

【注】本面餘紙之背記注。

【《明清檔案》A42—44，B23837—B23838】

署陝西固原提督潘之善奏謝恩賜珍物及福字并繳硃旨摺

雍正八年正月二十七日

署理陝西固原提督、原任安西鎮總兵官臣潘之善謹奏：爲恭謝聖恩并繳硃旨事。

臣賫摺家丁于秀等于本年正月拾伍日回固，捧有硃批諭旨，并賜臣珍

物。臣即郊迎至署，恭設香案，望闕九叩，謝恩開讀。蒙我皇上垂憫殘軀，温綸俯慰，兼讀大夫奏帖，實係臣負質素濁，多服補劑，根本完固，率有積熱，是以患瘡之際，眼目復覺昏暗。及瘡潰之後，視物較明于前。蒙我皇上至明如神，洞鑒纖微，以爲臣躬之有益，臣果得其益濟，從此殘疴永退，餘息克延，皆我皇上再造之深仁、重生之大德。又荷聖恩，頒賜臣“福”字壹軸。福臨邊塞，寵被滿門，當即襲爲世寶。肉食嘉珍，臣即薦之祖考，分賜僚屬，俾得共沐皇仁。伏思臣愚蒙武卒，譾劣庸材，雨露之恩愈厚，涓埃之報愈難。縱捐糜頂踵，實不能仰答宏恩于萬一。臣不勝感激之至，謹差家丁于秀代臣叩謝，并繳硃批諭旨，伏祈皇上睿鑒施行。爲此具摺奏聞。

雍正捌年正月貳拾柒日。

覽奏。謝矣。

【《雍正朝漢文硃批奏摺匯編》第17册，第783頁第603條】

署陝西固原提督潘之善奏遵旨整頓營伍製辦軍器摺

雍正八年正月二十七日

署理陝西固原提督、原任安西鎮總兵官臣潘之善謹奏：爲欽遵聖訓事。

雍正柒年拾貳月初貳日，臣賫摺家丁顧德裕回固。臣跪讀硃批諭旨，荷蒙操守聖訓，臣日夜儆惕，寧敢復蹈前轍，有負我皇上委任至意。訓練兵馬，係武臣職分，但臣細查固原營伍，自臣叔祖鎮綏將軍臣潘育龍初故以後，兵卒尚屬可觀。何消説得，仍屬天下第一營伍。其盔甲、旗幟、鳥槍以及鍋帳諸色軍器，俱係舊損。臣思軍裝者，朝廷之國威，提鎮諸臣，皆宣威之人也，豈容任其舊損。經臣查詢其故，實係臣叔祖在日設立軍庫，凡一應鉛藥、器具，皆有存蓄，故當前次兵興之際，用之不乏。自康熙伍拾玖年，軍庫失火崩裂，所藏軍器、鉛藥，毁壞無遺。兼之陝提一缺，自康熙伍拾捌年至雍正肆年，曾易捌玖人，大年又多署事，俱未及詳加料理。即前任提臣路振揚略爲補葺，又經貳次出兵，亦多損傷，目今存營軍器俱應修飾補遺。

惟鳥槍尤屬要務。查大將軍臣岳鍾琪之所造，俱已帶往軍前營中，所存雖有壹千捌百杆，其中堪以修補備用者，僅僅陸百杆，餘皆根大梢細，衹可容彈貳錢有餘，又復烘眼過大，不能致遠。玆臣擬欲整頓製辦，第因營中公費于去歲供應軍前使用，尚在不敷。前提臣路振楊奏明閑項銀兩壹股，俱經營中動用，今衹存貳百餘金，不足措辦。除臣現在設法料理外，倘銀兩有不敷之處，當另奏請旨遵行。事關營伍，臣不敢隱匿，謹具摺奏聞。

雍正捌年正月貳拾柒日

是。

【《雍正朝漢文硃批奏摺匯編》第17冊，第784頁第604條】

寧遠大將軍岳鍾琪奏請以王翰京署理固原城守營參將并選送游擊守備各員摺

雍正八年二月初一日

寧遠大將軍臣岳鍾琪謹奏：爲請旨事。

據提臣紀成斌呈稱，據固原城守營參將鍾維岳平常人也，因伊能醫馬用來者。酌量傳旨，厚加賞賜遣回。家人韓榮報稱，其主偶患内感外傷病症，醫藥不效，于雍正七年十二月初七日在營病故，理合報明。等因。轉報到臣。隨取具鍾維岳的□并醫生甘結，及鍾維岳原領札付，移咨署督臣查朗阿具題外，臣查出師參將有派定管領官兵之責，所遺事務，自應委員署理。今于在營游擊内詳加遴選，查有加銜參將、寧夏鎮屬廣武營游擊王翰京，才具明敏，辦事勤慎，堪以署理參將事務。至領兵參將，仍須選派游擊，請旨加銜，以足原派之數。今選督標前營游擊宋宗璋，居官諳練，辦事勤敏，堪勝領兵參將之任。其所遺游擊事務，并選得肅州鎮標中營守備豆斌，營伍熟嫻，人亦勤謹，亦堪署理游擊事務。又選得督標左營千總紀勇，辦事勤慎，人亦明白，并請即以紀勇署理肅州鎮標中營守備事務。俾軍營一切得資辦理。倘蒙聖恩允准，容臣于凱旋之日，再將王翰京等送部引見，理合將遴選各員暫行署理緣由繕摺，恭請訓旨遵行，伏乞皇上睿鑒。爲此謹奏請旨。

雍正八年二月初一日具。

有旨諭部。王翰京等皆令實操本職矣。

【《雍正朝漢文硃批奏摺匯編》第17册，第816頁第625條】

※監察御史平圖奏請靈州等縣就地繳納税銀摺

雍正八年二月初四日

監察御史史臣平圖謹奏：爲恭陳管見，仰祈聖主睿鑒事。

切臣看得，陝西寧夏府管轄一州四縣。民人等變賣、典當房田時，俱赴寧夏府知府衙門納税，但靈州距府三百里餘，中衛縣離府四百里餘，平羅縣距府一百里餘，寧夏縣、寧朔縣均在府城内。靈州、中衛縣、平羅縣離府甚遠，民人若赴知府衙門納税，則不僅耗費盤纏，且往返甚是劬勞。以臣愚意，府城内之寧夏、寧朔兩縣民人等應納之税銀，照常繳知府衙門外，其靈州、中衛縣、平羅縣等三處税銀，繳各自所屬州縣。如此則民人不致耗費盤纏，且免往返之苦。所收税銀之數目，由各自州縣造具清册，并其錢糧解交寧夏府知府衙門，轉交布政司庫。臣恭陳管見，伏祈聖主睿鑒。

【《雍正朝滿文硃批奏摺全譯》第1927頁第3645條】

※寧夏左翼副都統卓鼐奏報到任謝恩摺

雍正八年二月初八日

寧夏左翼副都統、二品阿達哈哈番、加三級臣卓鼐謹奏：爲到任叩謝天恩事。

雍正八年正月初七日，奴才由西安啓程，于二月初二日抵達寧夏任所，恭設香案，望闕叩謝天恩訖。伏思奴才原係末秩之輩，承蒙聖主之恩，不次簡用至副都統，毫無寸效。且今又蒙調補初次駐兵之寧夏副都統。臣年幼無能，惟恐難以勝任，幸遇將軍席伯治理有方之地，臣宜當盡力協助將軍席伯辦事，謹遵聖主，顧降訓旨，竭力奮勉外，莫可言喻。到任叩謝天恩之處，理合奏聞。爲此謹奏。

寧夏左翼副都統、兼二品阿達哈哈番、加三級臣卓鼐。

硃批：惟與將軍同心協力，則無可非議，著勤學效仿，請席伯指教行事。倘若有能，不僅現在之任，若明義理、識輕重而行事，則一生受益。勉之。

【《雍正朝滿文硃批奏摺全譯》第1931頁第3651條】

欽差兵部右侍郎通智等奏報查出原寧夏知縣偏武從前劣迹赴寧提審定擬摺

雍正八年二月初八日

臣通智、臣史在甲謹奏：爲奏聞事。

竊臣等遵旨，嚴審原參革職寧夏縣知縣偏武劣迹二款，又查出偏武從前劣迹八款。自工所赴寧，提齊各犯證到案，逐一嚴審定擬，謹將審擬緣由，先行繕摺具奏，是否允協，仰祈皇上睿鑒施行。謹奏。

雍正八年二月初八日。

交部議矣。

【《雍正朝漢文硃批奏摺匯編》第17册，第912頁第714條】

陝西寧夏道鄂昌請諭令通智、史在甲查議修補寧夏三渠摺

雍正八年二月十五日

陝西寧夏道臣鄂昌謹奏：爲恭懇皇恩事。

竊臣伏查，寧郡萬民衣食之源，在乎大清、漢、唐三渠之水利，所以每歲自清明起，至立夏止，水利同知及時疏浚修理，使水流暢足，民田得以均沾灌溉。奈歷年專司之員，疏忽怠玩，祇圖折草折夫，致各閘道湃岸逐漸損壞，時有衝决渠身，淤泥填塞，日見淺窄。而三渠之中，惟唐渠爲尤甚。近來其口過低，其稍過高，水勢不能逆流而上，多誤小民耕種之期。雖每春定有歲修之例，恐不能以一月之工程，整十數年之荒廢也。前因署水利同知、鳳翔府通判靳樹鋘玩忽渠務，經臣詳稟，撫臣許容題參，奉旨將靳樹鋘枷示渠工，著令賠修。欽遵在案。除在靳樹鋘任内衝决者，令靳樹鋘修理外，其從前積年損壞之處，亦復不少者，再不加補築，以後日復一日，更難設措矣。現在兵部侍郎臣通智開浚惠農、昌潤二渠，頗悉寧夏一切水利，伏乞皇上諭令通智、史在甲即行查議，今歲預辦物料，明春動工修補，務使三渠永固，則邊郡黎元倍沐恩膏于無盡矣。

再，查開渠銀原撥來一十五萬兩備用，今已用過銀一十三萬九千餘兩，尚餘銀一萬餘兩，復有餘平銀二千餘兩，現貯道庫。據侍郎通智云，新渠、寶豐兩縣城工，并山後一堡各物料、夫價，俱已辦理齊全，此外所用有限，請即將此項餘銀動用，仍乞皇上命通智、史在甲估計確數，奏聞請旨遵行。臣備員邊末，職任司民，鄙見所及，敢不據實陳奏，恭請聖裁，臣曷勝惶悚之至。謹奏。

雍正捌年貳月拾伍日。

所奏是。另有上諭領發。

【《雍正朝漢文硃批奏摺匯編》第 17 册，第 935 頁第 731 條】

署陝西總督查郎阿奏報寧夏鎮臣張善徇私作弊摺

雍正八年三月初七日

署理陝西總督臣查郎阿謹奏：爲署鎮袒護徇私，謹據實密陳，仰祈聖鑒事。

竊查寧夏鎮屬石空寺堡守備楊芳，因阻撓軍需羊隻一案，經臣特疏參拿，所遺員缺，即照會寧夏鎮臣張善揀選合例人員，呈請委署去後。兹據鎮臣張善呈稱，遴選標下左營千總陸清，堪以請委。等情。臣查千總陸清，係拆毁阿寶額駙房屋案内，經欽差兵部侍郎臣通智奏明，奉諭旨："著張善嚴加查處。欽此。"隨經鎮臣張善查明，陸清係總理查看牧駝之弁，乃縱容所帶兵丁住居作踐，相應責處記過，以策後效。所有拆毁房屋門窗，仍著陸清等賠修完固，以儆疏忽。等情。呈報在案。則千總陸清，方當責處記過之後，若遽行委署守備，何以昭示勸懲。且查陸清從無行走著有勞績，更不應遴委，希圖朦混，以致功過不分。况聞陸清即係寧夏人，家道殷實，乃鎮臣張善之親戚，何以不顧公論，任意徇私，顯有情弊。除一面嚴行飭駁，另移甘提臣宋可進揀選合例人員署理外，臣伏思鎮臣張善，身受皇上簡任封疆重寄，理應感戴天恩，實心任事，乃敢違例妄行，徇私作弊，深爲負恩。宜乎不能整飭屬員，于軍需事件，安心玩視也。臣見聞既確，未便以張善調任安西，稍爲徇隱，謹繕摺密奏，應否具疏題參之處，恭請訓示遵行。爲此謹參請旨。

雍正八年三月初七日具。

張善原不甚妥協小器善柔之人，岳鍾琪出格保薦，因而用者。即此安西，亦因大將軍之有勝任而調者，想必有深知處，方如是耳。伊隨岳鍾琪行走處甚多，但朕目中甚覺平庸，且試用看。所奏知悉矣。

【《雍正朝漢文硃批奏摺匯編》第18冊，第100頁第74條】

※寧夏右翼副都統卓鼐奏謝硃批教誨摺

雍正八年三月初八日

寧夏右翼副都統、兼二品阿達哈哈番、加三級臣卓鼐謹奏：爲欽遵聖訓事。

雍正八年二月二十六日，奴才賫摺家人回返。臣跪接展讀硃批訓諭後，恭設香案，叩謝天恩。伏思奴才年青昏庸，新到任省城，不諳事務，爲恐辜負超擢之恩時，今聖訓自天而降，開導臣之昏庸無知之處，隆恩高厚，實同天地。聖主洞鑒我之優劣，指以效仿之準則，臣我惟誠意效仿將軍席伯奉公，諸事務從席伯教導，雖即難接近席伯，屏弃不忠狡譎，以副聖主諭旨，盡忠黽勉。爲此謹奏。

寧夏右翼副都統、統二品阿達哈哈番、加三級臣卓鼐。

硃批：知道了。著竭誠黽勉。具奏之言，乃空話耳，何用？

【《雍正朝滿文硃批奏摺全譯》第1950頁第3677條】

欽差兵部尚書查弼納奏遵旨委派何師儉接署凉莊道事務摺

雍正八年三月初十日

兵部尚書臣查弼納謹奏：爲欽奉上諭事。

雍正柒年拾貳月貳拾柒日，准吏部咨，將原任廣東糧驛道何師儉帶領引見。奉旨：“何師儉，命往陝西，交與查弼納，于甘、凉等辦理軍需地方，酌量以道、府委用。欽此欽遵。”移咨到臣。查凉莊道殷邦翰，因隨寧遠大將軍岳鍾琪軍營辦事，將道務委令寧夏府知府鈕廷彩署理。今鈕廷彩又經寧遠大將軍岳鍾琪派押糧車赴營，員缺緊要。臣隨遵旨，檄委何師儉接署凉莊道事務，料理壹切軍需。爲此謹具奏聞。

雍正捌年叁月初拾日。

兵部尚書臣查弼納。

是。朱一鳳，人甚平庸，未知此任可能勝否？留心訪察，如有不妥協處，據實奏聞，若可借職則不必者。①

【《雍正朝漢文硃批奏摺匯編》第18册，第119頁第90條】

諭著通智史在甲將寧夏三渠明春修補作何動用錢糧之處詳議具奏

雍正八年三月十二日②

上諭：“寧夏地方，萬民衣食之源，在于大清、漢、唐三渠之水利，是以定例，每年疏浚修理，使水流暢足，民田得以均沾灌溉。聞得歷年專司之員疏忽怠玩，祇圖打草折夫，以致閘道、湃岸逐漸損壞，時有衝決渠身，淤泥填塞，日見淺窄。而三渠之中，惟唐渠爲尤甚。近來其口過低，其梢過高，水勢不能逆流而上，多誤小民耕種之期。雖每春定有歲修之例，然不能以一月之工程，整十數年之荒廢也。前因署事通判靳樹鋠玩忽渠務，已被參革治罪。其從前積年損壞之處，亦復不少。若再不加補築，恐日復一日，將來難于經理。現今兵部侍郎通智開浚惠農、昌潤二渠，于寧夏水利，自然明

①硃批與朱一鳳有關，而本奏所奏與何師儉有關。疑影印本排版有誤。

②“雍正八年三月十二日”爲諭旨擬出時間。

悉。著會同史在甲①，即行查議，今歲預備物料，明春動工修補，務令三渠堅固，俾邊郡黎元灌溉有資，永享盈寧之慶。其作何估計動用錢糧之處，著通智、史在甲詳悉妥議具奏。特諭。”交工部學習行走張豐功抄出。

【《雍正朝漢文諭旨匯編》第5册《上諭底册》，第33頁第48條。亦見同書第8册《上諭内閣》，第106頁“雍正八年三月十二日”條】

陝西提督紀成斌奏謝恩將長子紀勇次子紀麟分别賞補守備摺

雍正八年三月十五日

提督陝西固原總兵官臣紀成斌謹奏：爲恭謝天恩事。

竊臣世受國恩，荷蒙豢養，即捐糜頂踵，亦難仰答高深。兹有臣次子紀麟，叨中丁未②科武進士，蒙聖恩不弃譾劣，分發雲南試用。今于本年叁月初捌日，接臣子紀麟家信，荷蒙聖主隆恩，賞補順雲營守備。臣聽聞之頃，隨即望闕叩謝天恩。正在恭繕奏摺叩謝間，有臣長子紀勇，係川陝督標左營千總，見在出征巴里坤軍前，方愧寸長未效，今蒙聖恩，補授陝西肅州鎮標中營守備。臣聞命自天，惶感無地，隨即叩謝天恩訖。

伏念臣子勇、麟，均屬駑鈍，不堪驅策，乃蒙聖主殊恩，優擢守備，自揣臣父子何修，纍世邀沐恩澤，榮耀萃于一門，捫躬自思，寢食難安。惟有切囑臣子勇、麟，勉竭駑駘，時勤奮勵，謹供厥職，各矢忠誠，共期仰報高厚于萬一也。所有微臣感激下悃，理合繕摺恭奏，叩謝天恩，伏祈皇上睿鑒施行。爲此謹奏。

雍正捌年叁月拾伍日。

---

①史在甲：《雍正朝漢文諭旨匯編》第8册《上諭内閣》第106頁“雍正八年三月十二日”條此三字前有“太常寺卿”四字。

②丁未：雍正五年（1727）。

提督陝西固原總兵官臣紀成斌。

覽奏。謝矣。

【《雍正朝漢文硃批奏摺匯編》第 18 册，第 159 頁第 116 條】

寧遠大將軍岳鍾琪奏覆動用司庫銀兩賞給病故參將鍾維岳家屬摺

雍正八年三月十六日

寧遠大將軍臣岳鍾琪謹奏：爲回奏事。

前據陝提臣紀成斌呈報固原城守營參將鍾維岳在營病故。等因。經臣繕摺具奏，奉硃批俞旨："酌量傳旨，厚加賞賜遣回。欽此。"臣查鍾維岳在營病故，伊家人韓榮等已經搬移回去。臣欽遵恩旨，酌量議賞銀四百兩，隨即移咨署督臣查朗阿即令于西安藩司貯庫公用銀内動銀四百兩，賞給鍾維岳家屬收領，并取領狀報□。爲此繕摺回奏，伏祈皇上睿鑒。謹奏。

雍正八年三月十六日具。

覽。

【《雍正朝漢文硃批奏摺匯編》第 18 册，第 161 頁第 119 條】

蘭州巡撫許容奏請動支河東税羡銀兩加修固原城垣及挑挖洮河摺

雍正八年四月初八日

蘭州巡撫臣許容謹奏：爲恭請訓旨事。

伏查固原州係提臣駐札之處，城垣理宜鞏固。因康熙四十八年地震坍塌，經前任鎮綏將軍臣潘育龍捐銀修葺，未及告竣，緣銀兩不敷，兼值軍興，遂爾中止。嗣于康熙五十七年，復又地震塌壞。兹據署提臣潘之善咨稱，查估工程物料約需銀一萬二千餘兩。等語。臣查此係約估數目，尚未的確，議委平慶道趙泉楠，逐細估計庀材鳩工督修完整所有需費銀兩。臣查河西税羡，已蒙聖恩，當爲各家養廉，并通省公用，尚有河東四府雍正五六七三年税務，據報贏餘銀一萬五千餘兩，可否即此項内動支報銷。臣未敢擅便，理合繕摺，恭請訓旨遵行。

再，查臨洮府城西面爲洮河冲激，多有倒壞。臣現在委員查驗洮河情形，挑挖修築，其所需工料可否亦在河東税羡内動支？理合一并奏聞，伏候聖裁。爲此謹奏。

雍正八年四月初八日。

與督臣商□行之。

【《雍正朝漢文硃批奏摺匯編》第 18 册，第 402 頁第 290 條】

欽差大理寺卿通智等奏報寧夏惠農昌潤二渠閘座各工告竣等情摺

雍正八年四月十五日

臣通智、臣史在甲謹奏：爲奏聞事。

竊臣等奉命辦理寧夏查漢托護等處工務，于雍正七年六月内，惠農、昌潤二渠告竣。放水之後，新渠、寶豐兩縣前後領票認墾者一萬一千餘户，其内造房搬家受地安居者，已有八千餘户。現今正在車載船運，接踵而至。前因新修閘座、湃岸水未滲實，俟今春再爲浚補修理，愈覺堅固之處，已經繕摺具奏在案。兹于二月十七日陸續興工，臣等挨次查看一切閘座、暗洞、橋梁，毫無損壞。所有新開渠道試水一年，渠内高低之處，盡行露出，俱按水痕平綫疏浚平妥，長湃馬頭重加堅築，口外護湃加幫囤埽，前後欄門加釘桩橛。又相度頂冲水勢，添設馬頭四十餘座，免其冲刷淤澄。又因新開之渠底深水溜，高阜田地，難以溥及，酌建鼓水大木閘八座。各工俱于四月初八日告竣，臣等即于是日開埽放水。初九日，率在工效力文武官弁虔祭龍神，水勢充暢，更勝于前，不三晝夜，直達渠尾。再，昌潤渠閘，兩縣户民分工歲修，亦甚充暢受水。百姓見渠流汪濊，各開陡口，引水灌溉，白叟黄童，望闕嵩呼。

又，臣等先于二月内委員赴新渠、寶豐、定遠三處城工備辦各項，放水之後，于四月初九日，率領官弁兵役赴新渠城工督修，量五月内大工可竣。至寶豐、定遠城工，現在分員次等辦理，伏思渠堤閘座非他工可比，水滲之後，愈修愈堅，臣等委員不時巡查，酌加修整，務使永遠堅固，嗣後易于歲修，萬户人民，均沐天恩于無既矣。爲此繕摺具奏，仰祈皇上睿鑒施行。謹奏。

雍正八年四月十五日。

覽。

【《雍正朝漢文硃批奏摺匯編》第18册，第485頁第363條】

※副都統蘇圖奏報抵達察罕庋爾軍營查看情形摺

雍正八年四月二十二日

管轄寧夏兵丁、參贊大臣、副都統奴才蘇圖謹奏：爲詳加奏聞事。

奴才于正月十三日啓程，二月二十日抵達軍營，將聖主訓諭傳知大將軍傅爾丹等，會議進兵事宜時，大將軍傅爾丹言稱："進兵事宜，俟博貝抵達後，陸續辦理。"等語。奴才初抵軍營，因不諳事務，未敢即予唐突具奏。後相續會議進兵事宜時，奴才獲悉數項不利之事，豈敢觀望忍耐，誤及軍務。是以奴才恭陳具奏。

一項，緑旗兵被裁三千，精選六千兵丁。奴才探得，由緑旗内騙招滿洲兵丁之跟役、逃犯充爲兵丁者。又查探滿洲跟役之辦理情形，京城八旗滿洲之跟役并未酌情平分、周全辦理，但八旗合計每兩人應配跟役一人，因未分旗即予搭配，以致不敷，此内有旗之跟役超過限數，亦有尚不足搭配之旗。

有人跟役泛多，亦有二三人竟無跟役者。跟役泛多之旗，補給跟役不敷之旗，跟役泛多之人，將跟役補充空額，補給無跟役之人，斷難得力。奴才欽惟凡駝馱兼歸軍營，除每日當差卡倫、屏障、邊界外，又有護送駝馱、馬、羊牧群之差務，即無暇看守其私馱，若跟役不敷用，則難免其丢失行李、倒斃牲畜。今又由緑旗招去滿洲跟役充爲兵丁，則跟役益加不敷用。況且其逃犯係應以法治罪之人，以此等之輩，苟且充爲兵丁，不僅靡費國家之錢糧，亦減弱兵力。臣之愚意，此等招來充當兵丁之原滿洲兵丁之逃逸跟役，應交付大將軍傅爾丹查明，將無賴之徒仍解回京城，可充爲跟役者，還交原主充爲跟役。若有無跟役之兵丁，應切實補齊，再令進兵，則與軍事大有裨益。倘若進軍之六千緑旗兵有減，則由裁留之三千兵丁内選補，裁留之三千兵丁數額有減，則即照現有實數供給錢糧。如此，則不致靡費國家之錢糧，亦不使兵丁之牲畜丢失、倒斃。

一項，緑旗兵丁年前啓程後，途次因拮据所借之米，抵達後，由月米相續扣除，故緑旗兵丁不敷食用，以致乞討，人員受損。每人尚未扣除之米七斗餘，定于進軍前所撥之米陸續扣除。又裁留之三千緑旗兵丁所借之米，亦定于進軍之兵丁應領之米内扣除。奴才欽惟是次兵丁，供給敷足，而聖主仍不謂足。奴才啓行時，特降旨："若仍有不敷之處，著將軍等即定施行，無須多慮靡費錢糧。欽此。"實爲撫育兵丁如赤子之至意。倘若如去歲，今仍扣除進軍之緑旗兵丁之米，則人心惶恐。此等拖欠之米，一概暫免扣除，滿數撥給食米，俟撤兵之時，再行扣除，則進軍之緑旗兵丁不致拮据。

一項，編派布魯特一路兵丁時，選京城右翼四旗兵丁四百，黑龍江兵丁八百，吉林烏拉兵丁一百，科爾沁、土默特兵丁四百，喀爾喀兵丁二百，寧夏兵丁一百，總計爲二千兵丁。編派布林幹一路兵丁時，選京城左翼四旗兵丁四百，奉天兵丁三百五十，吉林烏拉兵丁三百五十，右衛兵丁三百，察哈爾兵丁三百，土默特兵丁一百，喀爾喀兵丁二百，總計二千兵丁。奴才恭

核，聖主洞悉布魯特一路關係緊要，恐照别路選派兵丁，特降旨“著布魯特一路多選派黑龍江兵丁，烏拉兵丁應精選，寧夏兵丁不得逾百”。等語。裁定今編派之兵丁，不符原降旨意，故惶恐奏聞。奴才欽惟兵器乃軍事之第一要物。因京城兵丁年前艱難而抵，兵器諸物有受損者，今將進軍，仍苟且草率了事，無一求實，則關係重大。故此奴才與大將軍酌商，會查京城八旗兵器，其弓箭、撒袋、馬鞍等物多少不等，缺損屬實。大將軍酌情辦理馬鞍外，又委派人員砍伐木材，製作弓、鞍補充。不敷之箭，酌情將官員多餘之箭，通融辦理，補給兵丁。弓則由多餘之旗調補不足之旗，使兩人配以弓三。此等兵丁皆係鳥槍兵，今查辦之弓箭，斷不誤其實戰之用。

奴才自抵達軍營以來，看得大將軍辦理軍政事宜，甚無謹慎之意，京城軍營之各項事務，僅傳營總交付辦理，多不傳知我等。奴才及衆参贊大臣以各自所知建議時，大將軍竟不采納。奴才欽惟軍機事宜雖委大將軍統辦，亦需聽取衆議，明其是非，謹慎從事，方與事務大有裨益。待進軍後，軍務將更爲緊要，甚恐不能謹慎施行聖主爲衆生所定之神謀大略。奴才荷蒙鴻恩，超擢任軍營要職，雖大將軍不聽衆議，奴才豈敢忍耐不吐所知。今大將軍四月二十二日，由察罕廋爾分路開赴卡倫。爲此謹具奏聞。謹請聖主睿鑒明斷。

副都統奴才蘇圖。

【《雍正朝滿文硃批奏摺全譯》第 1969 頁第 3719 條】

寧遠大將軍岳鍾琪奏請將孫道林馬元勛調補測爾兔營游擊守備摺

雍正八年四月二十二日

寧遠大將軍臣岳鍾琪謹奏：爲遵旨揀選事。

雍正八年三月二十一日，准部咨，粘單内開，議得，署理陜西總督查朗阿疏稱，測爾兔城垣、衙署、營房工程俱已告竣，其應設之游擊、守備等官，應行照例選補。選得凉州鎮屬鎮羌營游擊孫道林、寧夏鎮標左營守備陸邦寧，人材壯健，辦事勤敏，俱各熟悉邊情，以之調補，均屬人地相宜。等因。查先經議政，原議西大通鎮屬白塔川、測爾兔等處應設官兵駐札。等因。具奏奉旨："這事依議。西大通等處，初設兵丁，甚屬緊要，應添設之官員，若由部放，恐人地未必相宜。陜西省武官内人去得，漢仗好者甚多，岳鍾琪深知彼處官員，將應添設之參將、游擊、守備、千總等官，著交與岳鍾琪，應題補者題補，應調補者具題調補。欽此欽遵。"知照在案。今測爾兔游擊、守備員缺，應行令岳鍾琪將伊深知應行題補之人題補到日，再將查朗阿奏稱，照白塔川之例，添設千把，給與新設營名游擊關防，并游擊、守備各官，裁撥各營馬步兵丁搬家時，俱照大通之例，給與口糧、盤費銀兩，令其搬移居住等處，一并議奏可也。等因。具奏奉旨："依議。欽此。"移咨前來。

臣查測爾兔地處邊方，且係新設之營汛，選補游擊、守備等官，必須熟練營務、兼悉邊情之員，方克勝任。今查署督臣查朗阿所選之凉州鎮屬鎮羌營游擊孫道林，熟悉邊情，辦事勤慎，人亦老成，堪以調補新設測爾兔營游擊。至寧夏鎮標左營守備陸邦寧，雖人材壯健、弓馬熟嫻，而于邊地情形，尚恐不能周知。臣謹選得固原鎮屬西鳳營千總馬元勛，年力精壯，辦事亦勤，屢經出兵進藏，著有勞績。且于雍六年經臣會同吏部尚書臣查朗阿遵旨差馬元勛前赴波羅鼎處辦事行走，俱屬勤慎，營伍彝情，頗稱諳練，請即以千總馬元勛陞補新設守備，甚屬人地相宜。再，查測爾兔係口外新設之營汛，應請皇上欽定佳名，并請敕部頒給游擊關防，以重職守。其該營千總二員、把總四員，臣現在軍前，難以調驗，應請仍令署督臣查朗阿遴選咨部外，又查，兵丁前赴測爾兔駐防，其搬移家口所需口糧、盤費，查從前裁撥各營兵丁搬家至大通之時，經臣議奏，照沙州招民之例，將兵丁家口查明，大口每口給盤費銀八分，小口每日給盤費銀四分，大口每百里給車價銀八分，小口每百里給車價銀四分，各計道路之遠近，按日期之多寡，分别給與，統于蘭州布政司庫貯正項銀内，照數撥給報銷。等因。經議政大臣等議覆，奉旨允准，欽遵在案。

今各標營裁撥前赴測爾兔駐防兵丁應需搬移家口之項，似應仍照原議，于蘭州布政司庫動支照數給發報銷。臣謹遵旨議奏，除游擊孫道林係對品調補之員，無需送部引見外，相應將千總馬元勛給咨赴部，應否准其補授測爾兔營守備之處，臣未敢擅便，伏乞皇上睿鑒，敕部議覆施行。爲此謹奏請旨。

雍正八年四月二十二日具。

已諭部，悉照卿所請行矣。

【《雍正朝漢文硃批奏摺匯編》第18册，第520頁第388條】

署陝西總督查郎阿揭繳寧夏總兵官原領敕諭

雍正八年四月二十六日

五月初六日到。【注】

太子少保、吏部尚書、署理陝西總督印務、加二級查：爲恭繳敕諭事。

雍正七年八月二十九日，准兵部咨，職方清吏司案呈，内閣抄出。雍正七年八月十八日，奉上諭："寧夏地方緊要，總兵官郭成功年逾七旬，精力衰邁，著以原品休致。寧夏總兵官員缺，著署固原提督、大同總兵官張善調補。潘之善病已全愈，安西鎮總兵官印務現有袁繼蔭署理，著潘之善即往固原署理提督印務。張善俟潘之善到固原之日，再赴寧夏新任。張善到寧夏後，郭成功再起身回籍。大同總兵官員缺，俟另降諭旨。欽此。"相應知照該署督可也。等因。移咨到臣，業經移行，欽遵在案。

茲據寧夏鎮總兵官郭成功呈稱：署固原提督印務、調補寧夏總兵官張善來赴寧夏新任，本職遵將寧夏總兵王命印信以及原奉上諭等書，并未用火牌、勘合，已結、未結一切事宜，于雍正七年十一月二十六日，委署鎮標中軍游擊事劉順賫送任事訖。所有本職原領寧夏總兵官敕諭一道、札付一張，相應賫繳。等情。到臣。據此，該臣看得，准部咨，欽奉上諭："寧夏地方緊要，總兵官郭成功年逾七旬，精力衰邁，著以原品休致。寧夏總兵官員缺，著署固原提督、大同總兵官張善調補。潘之善病已全愈，著即往固原署理提督印務。張善俟潘之善到固原之日，再赴寧夏新任。張善到寧夏後，郭成功再起身回籍。欽此。"隨移行欽遵去後。

茲據寧夏鎮臣郭成功呈稱，署固原提督印務、調補寧夏鎮臣張善來赴寧夏新任，遵將寧夏總兵官王命印信以及原奉上諭等書，并未用火牌、勘合一切事宜，于雍正七年十一月二十六日，委署鎮標中軍游擊事劉順賫送調補寧夏鎮臣張善任事訖。所有原領寧夏總兵官敕諭一道、札付一張，呈賫前來。敕諭札付送部外，相應具題，伏祈皇上睿鑒施行。爲此除具題外，理合具揭。須至揭帖者。

雍正捌年肆月二十六日。

【注】本面餘紙之背記注。

【《明清檔案》A43—82，B24631—B24633】

※寧夏左翼副都統卓鼐奏報發配寧夏重犯家眷私行返京摺

雍正八年五月十一日

奴才卓鼐：爲謹具奏聞事。

奴才抵達寧夏後，經詳加查看，將軍席伯耿直廉潔，誠心爲官兵，嘔心瀝血，使吏治肅嚴，兵丁齊整。奴才世代仰蒙聖主重恩，奴才之所聞所知，

豈敢不奏聖主。發配寧夏之阿靈阿之子達勒當阿、和碩托莫和、親王之原一等侍衛扎哈里、原參領洪海俱爲重犯。阿靈阿，生性狡黠，其逆行不道，罪大惡極，本應連其子輩俱皆斬決。扎哈里、洪海，悖逆卑賤，彼等俱皆爲重犯，國法難容，理當處决之輩。因聖主慈育爲懷，又超法施以重恩，豁免死罪，發配寧夏苦役，此乃天恩矣。此等人，宜當改過自新，不時感戴聖主不殺之恩，安分爲生方是。而仍不悔過，于去歲六月隨軍之前兩日，肆意令其妻室返回京城。由此可見，此輩仍無畏懼之心。此等人應食錢糧二十五口，一半口糧并未罰没，仍舊領取。將軍席伯係一老者，而副都統等一時考慮不及，其管轄之協領、佐領等，理當將達勒當阿等原發配前來即携來妻室，今此輩肆意令妻室返回京城，則斷然不可等處。曉諭將軍、副都統等，而未提示，殊屬不當。此輩之妻室，今并在寧夏，又未罰其錢糧、口糧，亦極爲不是。此事奴才雖未趕辦，但已得悉，豈敢推諉不知而隱匿不奏聖主。爲此卓肅誠惶誠恐，謹具奏聞。

【《雍正朝滿文硃批奏摺全譯》第1976頁第3729條】

陝西寧夏總兵官李繩武揭報接印任職日期

雍正八年五月十三日

五月三十日報。【注】

鎮守陝西寧夏等處地方總兵官署都督同知，兼拜他喇布勒哈番，又壹拖沙喇哈番，又共帶降肆級留任李繩武：爲恭報微臣接印任事日期事。

竊臣荷蒙聖恩，補授寧夏總兵官，欽遵。自凉起程日期，業經恭疏題報在案。兹臣于本年伍月拾叁日抵寧夏鎮城，准寧夏將軍、暫署寧夏總兵官印務臣席伯委臣標署中軍游擊劉順賫送寧夏總兵官銀印壹顆、王命旗牌伍杆面、《御製人臣儆心録》清漢書各壹本、《聖諭廣訓》壹本、《聖訓》壹本、

《御製朋黨論》滿漢各壹本、扇面連四紙裱的壹張、上諭清漢書貳本、上諭《爲政首重安民》漢字書壹本、上諭《君臨天下其道至難》清漢書貳本、上諭《爲阿靈阿等》清漢書貳本、上諭《人君圖治首在用人》清漢書貳本、上諭《比周爲黨者帝王之所必誅》清漢書貳本、《欽定律例》壹部、上諭漢字書壹本、《大義覺迷録》壹部到臣。臣隨望闕叩頭謝恩，即于本日接受任事訖。其一切應行事宜，臣現在清查，次第料理外，所有微臣接印任事日期，理合恭疏題報，伏祈皇上睿鑒施行。除具題外，理合具揭。須至揭帖者。

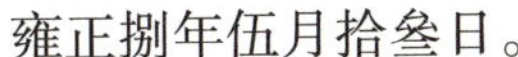
雍正捌年伍月拾叁日。

【注】本面餘紙之背記注。

【《明清檔案》A44—3，B24773—B24774】

欽差兵部尚書查弼納等奏報出口糧車到營交收日期摺

雍正八年五月十七日

兵部尚書臣查弼納等謹奏：爲恭報糧車到營交收日期事。

竊照額估糧車柒千輛裝載進剿米、麵，所關綦重，臣等遵旨督催，將糧車分爲貳拾起，于叁月初壹日起發起，至貳拾壹日齊全出口。嗣據押運各官弁陸續禀報，糧車到營，分發各營盤交收米麵、車輛、騾馬等項，并無貽誤。又據總理糧運沙州副將張豹、寧夏府知府鈕廷彩呈報，奉委押運糧車柒千輛共貳拾起，于肆月貳拾玖日全行抵營交收。各等情。前來。此皆仰賴我皇上睿謀廣運，訓諭周詳，俾臣等遵奉辦理，糧車重運得以依期抵營，充足兵食。理合恭摺奏聞。謹奏。

雍正捌年伍月拾柒日。

兵部尚書臣查弼納、署户部侍郎臣常德壽、原任巡撫臣常賚。

有何可諭可嘉之至。

【《雍正朝漢文硃批奏摺匯編》第18册，第687頁第511條】

寧遠大將軍岳鍾琪奏請將冶大雄署理病故副將冒重光所遺原領兵馬事務等事摺

雍正八年五月三十日

寧遠大將軍臣岳鍾琪謹奏：爲請旨事。

竊查川陝督標副將冒重光在營病故，經臣另摺奏明在案。其所遺員缺，查有管領出師兵馬之責，甚屬緊要，必須精明强幹之員，方克勝任。今選得加銜副將、凉州鎮屬莊浪營參將冶大雄，諳練營務，辦事明敏，堪以署理。所遺莊浪營參將員缺，選得加銜參將、寧夏鎮屬廣武營游擊宋宗璋，才具敏練，曉暢營務，堪以署理。其所遺廣武營游擊員缺，選得安西鎮標右營守備張明聰，因上年差委赴營，現在哈密、土魯番等處辦理糧石，人才壯健，辦事勤慎，堪以署理。查冶大雄、宋宗璋、張明聰等，俱堪勝領兵副、參、游擊之任，臣謹奏請：將冶大雄等署理各所遺原領兵馬事務，統俟大兵凱旋之日，另行給咨，赴部引見。至張明聰所遺安西鎮標右營守備員缺，不在原派出征守備備數内，軍前未便委署。倘蒙聖恩，准允張明聰署理廣武營游擊，隨師進剿，恭候命下之日，再爲移咨署督臣查朗阿揀選署理。

抑臣更有請者。原派副將一十二員，今副將冒重光病故員缺，雖經請以加銜副將冶大雄署理，其領兵副將仍缺一員。查出師參將張朝良，已蒙恩請授山永協副將，欽遵准咨之日，因出征副將現足十二員之數，是以仍令張朝良以副將管理參將事務。兹副將冒重光病故，署理遺缺之員，仍係加銜副將，所缺領兵副將一員，應請即以副將張朝良頂補原派出征副將額數。再，查張朝良既已管理副將事務，其領兵參將仍不敷原派之數，應以領兵游擊内遴選，請旨加以參將職銜，補足原派領兵參將之數。今選得固原提標左營游擊李質粹，熟諳營務，辦事勤敏，堪勝領兵參將之任。理合一并繕摺，恭請訓旨遵行，伏乞皇上睿鑒。爲此謹奏請旨。

雍正八年五月三十日具。

好。

【《雍正朝漢文硃批奏摺匯編》第18册，第810頁第601條】

※寧夏將軍席伯奏請將子從重治罪摺

雍正八年六月初二日

太子少保、世襲騎都尉、駐防寧夏等地將軍、加四級降一級留任臣席伯謹奏：爲請旨事。

奴才承蒙聖主擢用，到任封疆重任六年，荷沐重恩，殊榮已極，欽遵聖訓，辦事年久，寧夏地方安然無事。本年五月十八日，正黄旗協領雅郎阿上訴："將軍之子濟里、鑲紅旗佐領甘勝、正紅旗驍騎校長壽、筆帖式展柱等晝夜爆飲、賭博。"我極爲惶悚，便首告等呈狀審雅郎阿于何處賭博。供稱："于正月，曾玩擲骰，近期玩骨牌。曾于甘勝家玩過，亦于我家玩過。近四月，于鑲紅旗佐領温圖輝箭房内賭博。"等語。又審雅郎阿何人輸贏時，供稱："皆各用各自之錢，或帶一千，或幾百賭博，相互不曾拖欠，輸贏未記。"等語。又審雅郎阿此外有無他事，供稱："即係我等貿易之地，察其情形，二萬滋生銀將皆攤我肩。"等語。因該雅郎阿、甘勝、長壽皆係委派貿易之人，恐其貿易中有舞弊情形，委派副都統卓鼐往查其四店鋪，本利皆無短缺。

臣將雅郎阿上告一事，交付八旗協領等審辦官員，從詳鞫訊。該協領劉金恩等經審呈稱，查得刑書内定："在京師或在外省之大小官員犯罪，或因

公犯罪，或因私犯罪，該管官員擬寫罪情，謹封奏聞請旨，不可私解鞫訊。倘若奉命詳審者，則照律議定奏聞，再行斟酌。仍復奏裁定，施行了結。”等語。又查得定例内：“凡賭博者，若被旁人出首，或被賭博同夥出首，皆没收其牌骰，以現有證據爲憑治罪，不可株連。”等語。今協領雅郎阿呈告賭博一案，并非當即出首，又無憑據，無憑鞫訊。等語。前來。

臣欽惟該協領出首一案，雖無憑證，若係無影之事，豈能出首？但若僅涉及該旗官員，臣尚可酌情辦理，因此案涉及臣之子，謂其無憑證而不請旨詳審，則難免庇護兒子之嫌。且臣終生不敢徇私，孜孜黽勉，將被玷辱，辜負聖主殊恩。謹請聖主睿鑒，將協領雅郎阿出首臣之子濟里、佐領甘勝、驍騎校長壽、筆帖式展柱皆交付臣審辦，臣定能鞫明，照律治罪。官員具奏外，將臣之子濟里加重治罪，并臣未能管束子輩、有失家教等處議定具奏。爲此惶恐具奏請旨。

太子少保、世襲拜他喇布勒哈番、駐守寧夏等地將軍、加四級降一級留任席伯。

硃批：實屬允當。并會同卓鼐秉公從嚴審辦，關係爾之一生是非曲直。

【《雍正朝滿文硃批奏摺全譯》第 1983 頁第 3747 條】

欽差兵部尚書查弼納等奏覆審擬參革守備楊芳等收解軍需羊隻推諉阻撓一案情形摺

雍正八年六月十七日

該部核擬具奏。

奏。

兵部尚書臣查弼納等謹奏：爲特參阻撓軍需之備弁，以肅法紀事。

先經臣等查甘屬采買羊壹拾貳萬隻，係關進剿兵糧，經寧遠大將軍岳鍾

琪奏明，行令寧夏、凉州、西寧叁府于冬月買足，派撥官兵，解至赤金湖牧放，俟清明後，再趕解巴爾庫爾在案。乃寧夏府屬分買羊肆萬隻，延至今春，尚未買足起解，已屬遲誤。而寧夏總兵官張善所派管解營弁又以水凍草枯、羊隻疲瘦，不肯接收，以致采買州縣紛紛詳報臣。等因。該屬文武不和，隨于雍正捌年正月初肆日，行次静寧州地方，飛委甘肅按察使李世倬并派司官赴寧，會同總兵官張善，秉公挑收。復准甘撫許容咨會，飭令各州縣多買餘羊，另派文員，協同營弁解送。臣等誠恐羊隻出口，力微路遠，復采訪輿論，酌定解羊事宜。令由内地趕解，動用錢糧，沿途預備草料，酌量飼喂，并于挑收之日，先令認料，養其膘力。又遴選熟悉羊性之員弁，隨帶久慣牧販之人赴寧，公同驗收，于清明後，分起起解去後。各該營弁，自宜勤慎奉公，遵照辦理。詎中衛營守備楊芳、千總納善策派收中衛縣羊捌千捌百隻，共號買羊貳萬餘隻。始則百中選壹，刁難不收，繼因按察使李世倬驗明羊隻等次，指令照式挑收。且時值春令，甘、凉各府所買之羊，膘分俱屬相同，乃該備弁復以所收係微有精神之羊，并非頭號肥壯，具文聳報，仍前推諉刁難，明係有心阻撓，大干法紀。相應參拿請旨，將楊芳、納善策革職，嚴審究擬。

再，查凉州、西寧貳府分買羊隻，文武同心，現在買足候解，即臣等另檄甘州、凉州文武各官額外買解羊隻，俱各踴躍從事。惟寧夏管解營弁始終違抗，即該總兵官張善，亦不以軍需爲重，實心料理，壹任屬員推諉刁難，漫無約束，甚屬不合，理合壹并附參。除中衛縣羊隻另派督標守備張嵩、永昌營把總高文秀，協同原買官挑收認料，加意喂養，俟清明後，挨次解送，其餘寧夏各屬，并甘、凉、西叁府，采買羊隻，臣等已經料理齊備，欽遵俞旨，務于進剿前，解至軍營交收。等因。于雍正捌年貳月拾貳日，繕摺參奏，續准兵部、刑部咨開，本月貳拾壹日，奉旨：“楊芳、納善策，俱著革職拿問，交與尚書查弼納等，將阻撓情由嚴審，定擬具奏。張善受朕深恩，

不思報效，于軍需重務，壹任屬員推諉留難，有忝〔添〕職守。著張善自行明白回奏。該部知道。欽此欽遵。”咨會前來。

臣等隨提問參革守備楊芳：“你是那裏人？多少年紀了？由恁麽出身？那軍需羊隻，係進剿兵糧，最關緊要，你既奉文管解中衛縣羊隻，理該上緊挑收，急公效力，怎麽推諉刁難，掯勒不收。迨後酌定解羊之法，由内地趕解，飼喂料草，并檄委按察司李世倬到縣驗明羊隻膘分，挑定式樣。收齊之後，又揑稱羊隻微有精神，具文聳報，仍前推諉刁難，明係有心阻撓，從實供來。”據供：“犯官是山西太原府人，由行伍出身，今年柒拾壹歲，履歷上寫的是陸拾伍歲。去年冬月裏，奉文同千總納善策管解中衛縣采買羊捌千捌百隻。到了臘月内，中衛縣趕來的羊是納千總去挑的，嫌他瘦小，挑得不多，文書也是他報了本協轉報的。今年正月拾捌日，按察司李世倬到來，驗明羊隻膘分，挑出式樣來，勒定限期，交犯官照式挑解。那時中衛縣趕進城來的羊隻數目，如今記不清了，犯官原説他瘦小，衹挑了捌隻。後來犯官同納千總將羊數收齊，看來總不是頭號肥羊，所以具文報明，説是微有精神是實。犯官草芥末弁，怎敢有阻撓軍需的心。求詳察。”隨撩夾嚇問：“你既稱不敢阻撓軍需，爲何交羊之時，刁難不收？收羊之後，揑詞聳報？况挑收的羊隻，另委守備張嵩、把總高文秀趕解到肅，膘分俱好，已經驗發出口。據此看來，這明是你推諉阻撓，還有何辯處呢？”據供：“守備張嵩等後來趕解，壹路得了料草，所以都好了。犯官挑的羊，原有頭、貳、叁號不等，總因中衛到軍營路遠，青草未長，趕解恐有倒斃，後來難免賠累，所以預先報了這角文書，希圖卸責。這就是犯官私心該死處，實實没有阻撓的心。”又問：“你揑報的文書，是你自己主意，還是同納善策商量過的呢？”據供：“文内説羊隻收齊的話，納善策是知道的。其餘實是犯官壹人的主意，不敢妄供。”

問革職千總納善策：“你既同楊芳奉文管解軍需羊隻，怎麽收羊之時百中選壹，又通同楊芳將收齊之羊報稱微有精神，任意推諉阻撓呢？”據供：

"小的奉委同守備楊芳解羊，上年臘月裏，中衛縣采買的羊，交小的去挑，羊數也日久記不清了。原嫌他瘦小，頭壹次挑了柒拾多隻，貳次挑了叁拾多隻。現有報本協的文書，小的也没得辯。後來按察司李世倬驗定式樣，勒令照式挑收。楊芳在近城處挑羊，小的就往河南壹帶地方去挑羊。到了貳月初貳日，小的已將羊隻印烙齊全，交與楊芳，壹同候解。原圖出力報效，怎敢推諉阻撓。那報羊隻收齊的文書，楊芳對小的説過。至羊隻微有精神，都是貳號、叁號的話，實不知道。"又問："你是那裏人？多少年紀？由恁麽出身的？"據供："小的是寧夏人，現年叁拾捌歲。從前在巴里坤行營行走得的千總。"各等語。據此，查楊芳所供現年柒拾壹歲，履歷開寫陸拾伍歲之處，是否確實，隨行文甘肅提督宋可進查覆，楊芳履歷内，係陸拾叁歲。等因。前來。

該臣等看得，參革中衛協守備楊芳、千總納善策收解羊隻推諉阻撓壹案，經臣等參奏，奉旨："革職拿問，嚴審定擬。欽此。"遵即嚴行提訊。據楊芳供，去冬奉文同千總納善策管解中衛縣采買羊捌千捌百隻，到了今年正月拾捌日，按察使李世倬到縣挑定式樣，勒限收解。那時中衛縣趕來的羊，犯官原説他瘦小，衹挑了捌隻，後來同納善策將羊數收齊，看來總不是頭等，所以具文報明，説是微有精神之羊。總因到軍營路遠，趕解恐有倒斃，難免賠累，預報文書，希圖卸責。這是犯官私心該死處，并没有阻撓的心。至文書内説羊隻收齊的話，納善策知道的，其餘實是犯官的主意。等語。據納善策供，小的奉委同楊芳解羊，上年臘月去挑羊，原嫌羊瘦小，頭壹次挑了柒拾多隻，貳次挑了叁拾多隻。後按察使李世倬勒令照式挑收，楊芳在近城處挑羊，小的就往河南壹帶挑羊。到貳月初貳日，印烙齊全，交與楊芳壹同候解。原圖出力報效，怎敢推諉阻撓。等語。餘與楊芳供同。

查羊隻係進勦兵糧，最關緊要，理宜遵限收解。乃楊芳玩視軍需，慮干賠累，始則刁難不收，迨經臣等酌定解羊之法，由内地飼喂料草，并委按察

使李世倬前往查驗膘分，挑定式樣，責令照式收齊之後，復揑稱羊隻微有精神，具文聳報，冀圖諉過卸責。迹涉阻撓，情實規避。楊芳除收解羊隻遲誤限期，輕罪不議外，合比依官文書有所規避而增減者，杖罪以上，各加本罪貳等，罪止杖壹百，流叁千里，律應僉妻流叁千里，至配所，杖壹百，折責肆拾板。其所供現年柒拾壹歲，與履歷所開年歲不符，明係誑供，不准收贖。納善策係協同楊芳收解羊隻之弁，其揑詞申報之處，雖不知情，但奉文挑收羊隻，刁難勒措，違誤解期，罪無可寬，合照臨軍征討供給行糧違期不完者，當該官吏各杖壹百，律應杖壹百，折責肆拾板，不准收贖。

再，中衛縣采買羊隻，臣等已另委督標署守備張嵩、永昌營把總高文秀管解出口，前赴軍營交收，并無貽誤。理合壹并具奏，伏乞皇上睿鑒施行。爲此謹奏請旨。

雍正捌年陸月拾柒日。

兵部尚書臣查弼納、署户部侍郎臣常德壽、刑部侍郎臣常賚。

【《雍正朝漢文硃批奏摺匯編》第 18 册，第 934 頁第 697 條】

陜西寧夏總兵官李繩武揭謝開復

雍正八年七月九日

揭帖。

鎮守陜西寧夏等處地方總兵官署都督同知、兼拜他喇布勒哈番、又壹拖沙喇哈番李繩武：遵旨開復，恭謝天恩事。

雍正捌年陸月拾肆日，准甘肅提督宋可進上諭事。准署川陜督臣查朗阿咨，准吏部咨，雍正捌年拾壹日，内閣交出，奉上諭："朕澄清吏治，整飭官方，時時訓勉大小臣工，實熙庶績而惠兆民。又恐職官甚多，優劣不等，或視文不儆惕，是以遇有參處之案，率多按例處□，蓋欲其謹小慎微，時時檢束，則□不至□□□□罰也。而外省督撫等，亦皆遵奉法紀，察吏□□□容。内外之考課如此，無非察吏安民，懲貪□□□刻，以待臣工也。近年以來，朕留心體察，内外□□不敢言，盡皆大法小廉，而奉公守法，各勤□□□知謹凛，朕心深爲嘉悦。而從前參罰之案，□□□今歲秋冬之間，開恩寬免，以示奬勵。曾向大臣□京師雨澤愆期，朕虔加修省，并推求政事之闕失□由。因思朕原有寬免各官參罰之心，而未曾降旨。數百人員之中，罰當其罪者固多，而限于成例，情有□諒亦不少。應即頒諭旨，廣沛恩膏，咸予以自新。遷□特旨永停俸禄者不行開復外，著將内外滿漢文武大小官員一應革職、降級留任及罰俸停陞之案，悉行寬免，准其開復。倘此次降革人員開復之後，將來有犯貪□□□罪者，著于本内聲明具奏。特諭。欽此。”等因。轉咨□□設香案，望闕叩頭謝恩，即轉行臣標屬各官一體欽遵訖。

竊臣一介庸愚，□前在湖廣黄州副將任内，因失察黄陂縣居民□被盜諱强爲竊一案被參，部議照例降叁級調用。恩旨：“李繩武，著降壹級，從寬留任。欽此欽遵。”又因朱□鄉居生員柳弘達家被盜諱强爲竊一案，被參部降叁級調用。復蒙天恩，著降叁級，仍從寬留任。俱欽遵在案。查貳案皆臣疏察，例應處分，乃叠蒙殊恩，俱從寬宥。臣感戴天恩，至厚且渥，愧難圖報。今又蒙皇恩高深，際天極地，廣沛恩澤，咸予以自新之路，將内外滿漢文武大小官降級留任及罰俸停于之案，悉行寬免，准其開復，降肆級留任，均得仰邀曠典。聖恩浩蕩，從古未有。俾臣感激難名，倍切惶悚，夙夜思糜頂踵，實難報稱。惟有益加敬謹，殫心盡力黽勉，期無負我皇上高厚天恩于萬一而已。所有臣遵旨開復，感激愚忱，理合恭疏，叩謝天恩，伏祈皇上睿鑒施行。除具奏外，理合具揭。須至揭帖者。

雍正捌年柒月初玖日。

七月廿五日到。[①]

【《明清檔案》A44—85，B25231—B25233】

陝西寧夏道鄂昌奏報修補三渠工程事宜摺

雍正八年十月初一日

陝西寧夏道臣鄂昌謹奏：爲修補渠工事。

欽惟我皇上念寧夏三渠荒廢日久，特命大臣發帑金相度補修，以足萬民衣食之源。此誠聖主格外之恩、寧郡無窮之福也。惟是寧夏邊居西北，地氣甚寒，歲修三渠，必待清明之時，冰凍初開，方可動工。立夏之日，工程完畢，即行放水。先澆麥、豆，次灌稻田，務使芒種以前，二輪水足，禾苗始能茂盛。倘立夏不能放水，遂致有誤農期。伏查此番修理，工程浩繁，非尋常歲修之可比。而三渠共長五百餘里，閘道共十餘座，若一齊興工，則一月之内不能告竣。尤恐限于時日，忙迫之中，不無草率之弊。且凡所需之物料，須于今冬辦足，多雇民車，挽送到渠，以備明春取用。因秋間續辦軍需，民堡健壯牛車，俱經雇覓運糧赴肅，現在所餘車輛無幾，亦恐挽送不及。若將三渠分作兩年修理，實爲便而且易。再，查三渠，雖俱荒廢，而其中惟唐渠爲尤甚。伏乞皇上諭令兵部侍郎臣通智、太常寺卿臣史在甲，明春先將唐渠修好，其大清渠、漢渠，仍令動歲修額設夫料，照常修理。至壬子[②]年，再將大清渠、漢渠修補，則工程既得從容就理，而物料亦可陸續辦運矣。臣曷勝惶悚之至。謹奏。

雍正捌年拾月初壹日。

---

①七月廿五日到：此六字爲本面餘紙之背記注。
②壬子：雍正十年（1732）。

另有旨密諭通智等。

【《雍正朝漢文硃批奏摺匯編》第19册，第265頁第198條】

陝西寧夏道鄂昌奏雨澤收成萬民安寧情形摺

雍正八年十月初一日

陝西寧夏道臣鄂昌謹奏：爲奏聞事。

竊臣伏查寧郡今歲春夏雨澤調匀，麥、豆豐收。秋初雨水略多，各州縣水田收成八九分不等，山田足收十分。蒙皇上特恩，將今歲額徵錢糧，悉行蠲免，小民家有餘資，實享盈寧之福。臣目睹情形，曷勝慶幸之至。謹奏。

雍正捌年拾月初壹日。

覽。

【《雍正朝漢文硃批奏摺匯編》第19册，第266頁第199條】

陝西寧夏道鄂昌奏請諭示嗣後摺進呈事宜摺

雍正八年十月初一日

陝西寧夏道臣鄂昌謹奏：爲參請聖旨事。

竊臣荷蒙皇上天恩，賜臣奏摺。臣嗣後所有摺奏，或即交與奏事官進呈，或交與某大臣轉奏，恭請皇上諭旨遵行。臣曷勝惶悚之至。謹奏。

雍正捌年拾月初壹日。

著鄂爾奇提奏。

【《雍正朝漢文硃批奏摺匯編》第19册，第267頁第200條】

甘肅布政使諾穆圖奏請將張掖地方添設新縣并在固原州屬下馬關添駐州判摺

雍正八年十月二十一日

甘肅布政使臣諾穆圖謹奏：爲請分劇邑，以清錢糧，改隸州佐，以資彈壓事。

竊臣奉命補授甘肅布政使，遵旨到任。……再，查固原州地方廣闊，其西北直與寧夏所屬之靈州接壤，逶迤四百餘里，地遠人稀，易藏奸宄。知州居于固原，實有鞭長不及之勢。從前于適中之下馬關原設有鎮戎所守禦千總一員，以資分防。自裁并衛所，將千總裁汰，迄今乏員彈壓。查下馬關地方，係惠安小池鹽運經由之要路，商民往來不絕，應于此處設文職一員，稽查奸宄，巡緝私鹽，庶可通商裕課。臣查涇州雖處大路，然係民居輻輳，非若固原之曠野，向設有州判一員，似屬閑曹。以之改隸固原州，令其駐札下馬關之遇旺城，專司緝私察匪之責。其衙役俸工，自有原設，無庸增添。至所住房舍，亦有守備、千總之舊署，衹須修葺而居，更免糜費。臣爲地方錢糧起見，故敢縷悉上聞。如果臣言可采，伏祈皇上睿鑒，敕部議覆施行。爲此謹奏。

雍正捌年拾月貳拾壹日

此應與督撫言之者，何得越奏。

【《雍正朝漢文硃批奏摺匯編》第19册，第329頁第240條】